LES PRÉCIEUSES
OU COMMENT L'ESPRIT VINT AUX FEMMES

DU MÊME AUTEUR

Mme de Sévigné, Correspondance, édition critique, « Bibliothèque de la Pléiade », 3 volumes, Gallimard, 1973-1978.

Courrier, édition des lettres de Louis Brauquier à Gabriel Audisio (1920-1960), M. Schefer, 1982.

L'Imposture littéraire dans les Provinciales *de Pascal*, Université de Provence, 1984.

Histoire de Provences-Alpes-Côte d'Azur :
La Provence devient française (536-1789), Fayard, 1986.
Naissance d'une région (1945-1985), Fayard, 1986.

Mme de La Fayette, *Œuvres complètes*, édition critique, François Bourin-Julliard, 1990.

Madame de Sévigné et la lettre d'amour, Bordas, 1970, réédition Klincksieck, 1992.

Bussy-Rabutin, *Histoire amoureuse des Gaules* (en collaboration avec Jacqueline Duchêne), coll. « Folio », Gallimard, 1993.

L'Impossible Marcel Proust, Robert Laffont, 1994.

La Fontaine, Fayard, 1990 ; réédition, 1995.

Chère Mme de Sévigné, coll. « Découvertes », Gallimard, 1995.

Naissances d'un écrivain : Mme de Sévigné, Fayard, 1996.

Madame de Sévigné ou la Chance d'être femme, Fayard, 1982 ; réédition, 1996.

Molière, Fayard, 1998.

Marseille (avec la collaboration de Jean Contrucci), Fayard, 1998.

Ninon de Lenclos ou la Manière jolie de faire l'amour, nouvelle édition augmentée, Fayard, 2000.

Madame de La Fayette, nouvelle édition augmentée, Fayard, 2000.

Mon XVIIe siècle, de Mme de Sévigné à Marcel Proust, cédérom édité par le CMR 17, 2001.

Roger Duchêne

LES PRÉCIEUSES
ou comment l'esprit vint aux femmes

suivies de

Antoine Baudeau de Somaize

Les Véritables Précieuses
Les Précieuses ridicules mises en vers
Le Grand Dictionnaire des Précieuses,
* ou la Clé de la langue des ruelles* (1660)
Le Grand Dictionnaire des Précieuses (1661)

et autres annexes

Fayard

100294 790S

T

Introduction

« Mon père, permettez à deux infortunées
D'aller finir leurs jours dans le fond d'un couvent. »

Ce pourrait être la prière finale de Magdelon à Gorgibus. C'est la demande formulée par Ninon, en son nom et en celui de sa sœur Ninette, à un certain moment du roman dans lequel Laërte, leur père, s'est complu à les plonger pour leur présenter le fils d'un de ses amis. Bientôt, elles demanderont d'aller « vivre loin du monde », en gardant les moutons « sur le bord des ruisseaux ». Tout finira, comme prévu, par un mariage arrangé entre deux familles. Mais Ninette et Ninon auront eu leur part d'aventures imaginaires. Le Musset d'*À quoi rêvent les jeunes filles* est du côté de Cathos et de Magdelon, qui refusent de « commencer le roman par la queue ». Il a senti que, sous ses allures de farce, *Les Précieuses ridicules* sont le drame d'une éducation sentimentale oubliée, manquée, bâclée. Gorgibus n'a pas compris que sa fille et sa nièce avaient bien raison de vouloir rêver avant d'entrer dans leur vie de femmes.

À vrai dire, quels parents, au XVIIe siècle, auraient songé à préparer leur fille au mariage en leur accordant le droit de croire un moment que le réel peut s'inscrire dans l'imaginaire ? Les conditions que doit remplir le parfait amant des romans sont d'autant plus sévères qu'elles n'ont rien à voir avec celles qui sont nécessaires pour aboutir aux clauses d'un « bon » contrat passé devant notaire en présence des parents, amis et alliés des futurs époux. Le mariage étant une affaire de raison, on demeure persuadé que les intéressés, généralement trop jeunes pour connaître la vie et aveuglés par leurs sentiments, sont les moins capables de bien choisir. « Ne vous occupez de rien », écrit la future sainte Chantal à sa fille en lui présentant le mari qu'elle lui a trouvé. Et elle fera de même au moment d'établir son fils, le père de Mme de Sévigné. Le malheur, à en croire l'abbé de Pure, c'est qu'en ce domaine, la raison n'égare pas moins que la passion. Si bien que, pour certains, ce ne sont pas les conditions du mariage qu'il conviendrait de mettre en cause, mais une institution qui serait mauvaise dans son principe.

Les questions qui se posent à l'occasion d'un mariage débordent en effet singulièrement cette circonstance particulière d'une vie féminine. Comme la jeune fille doit y arriver vierge et ignorante, et qu'elle doit demeurer fidèle à un mari épousé pour la vie, c'est la réussite ou l'échec de sa sexualité qui se joue, ce jour-là, quasi d'un seul coup. C'est aussi son statut intellectuel et mondain. Être faible selon la quasi unanimité des moralistes, et qui a par conséquent besoin d'être dirigé, la femme devra obéissance à son mari, qui est aussi son guide et son tuteur. Dans une société qui partage encore largement l'idéal d'Arnolphe sur le statut conjugal, la femme mariée en sait toujours assez quand elle sait prier Dieu, aimer son mari, « coudre et filer », c'est-à-dire s'occuper des soins du ménage ou diriger les domestiques qui s'en acquittent à sa place. La tradition ne prévoit pas qu'une épouse prenne du temps pour avoir une vie intellectuelle. Point de vie mondaine non plus. Ce serait introduire le loup dans la bergerie.

En 1659, au moment où Molière écrit sa pièce, cela fait un bon siècle que ces idées reçues, dont beaucoup remontent à l'Antiquité, adoucies mais non réformées par la tradition chrétienne, sont contestées par des pionniers qui croient en l'égalité des sexes. À la base, une idée simple, mais qui paraît alors subversive et révolutionnaire : les femmes ne sont pas moins capables de raison que les hommes. Elles ont donc droit à une vie intellectuelle, avec toutes les conséquences de ce droit : droit de s'instruire, droit d'accéder à la culture, droit de juger des œuvres littéraires, éventuellement droit d'en écrire, droit aussi, pour celles qui en ont les moyens financiers, de tenir des « assemblées » où elles s'épanouiront dans la compagnie d'hommes et de femmes de leur milieu, mais aussi de gens de lettres et de beaux esprits.

Cathos et Magdelon ne rêvent pas moins de ces plaisirs que des douceurs d'un prince charmant. Les deux rêves sont liés. Si les prétendants doivent faire la cour aux jeunes filles avant de parler de les épouser, c'est qu'ils les traitent en êtres libres, capables de les apprécier, eux et leur discours. Rien de ridicule dans tout cela, mais une profonde aspiration à plus de justice entre les sexes : ayant comme eux cœur et raison, les femmes sont aussi « précieuses » que les hommes.

Et pourtant, depuis Molière, tout le monde rit des précieuses, définies, attaquées, défendues, jugées à partir de ses deux « pecques provinciales ». Il les a plaisamment mises en scène au début de sa carrière parisienne, après douze ans de province, pour créer un événement littéraire qui le fît enfin admettre, lui et sa troupe, parmi ceux dont parlaient les gazettes, l'unique « média » du temps. La pièce lui vaut un succès immédiat et total : Loret, pour la première fois, lui consacre un long développement dans son hebdomadaire. La troupe du Petit-Bourbon a maintenant sa place à côté de celles de l'hôtel de Bourgogne et du Marais. Molière a créé pour elle une excellente pièce, excellemment jouée. Cathos et Magdelon méritaient d'être moquées ; elles étaient si naïves, elles parlaient si bizarrement... Mais peut-on juger du projet qu'elles exposent sur sa caricature et dans une farce géniale ? Le gazetier l'a remarqué parmi ses louanges : *Les Précieuses ridicules* ne sont pas un reportage. Molière y a montré des précieuses imaginaires...

En fait, les précieuses ont-elles existé avant lui ? D'autres auteurs en ont-ils déjà parlé ? Brièvement ou longuement ? Dans quelle sorte d'œuvres ? Avec sympathie ou ironie ? Sur le mode de la réalité ou de la fiction ? Molière a-t-il effectivement traité le sujet annoncé dans son titre, ou parlé de sujets voisins ? Savait-il, et ses contemporains savaient-ils ce qu'étaient les précieuses et s'il y en avait ? Ne les confondait-on pas avec d'autres catégories de femmes, dont d'autres parlaient alors, comme les coquettes, les mignonnes, les galantes ? L'immense succès des *Précieuses ridicules* a toujours détourné de ces questions simples et essentielles. Les poser, en réexaminant les textes, au demeurant peu nombreux, qui ont mentionné ou dépeint les précieuses avant Molière, conduit à redécouvrir non seulement ce qu'ont été quelques femmes en vue à cette époque, mais tout ce qu'on a pensé, imaginé, dit et écrit de la femme pour arriver à lui accorder son juste prix.*

---

* Pour alléger et faciliter la lecture, nous avons placé les notes à la fin de la première partie de l'ouvrage. Le lecteur y trouvera, classés chapitre par chapitre, les références et les éclaircissements dont il pourrait avoir besoin.

Chapitre 1

Précieuses, coquettes,
ou galantes ridicules ?

Molière a trouvé le moyen d'écrire une pièce intitulée *Les Précieuses ridicules* en n'employant que deux fois le mot « précieux », et seulement dans la première scène. C'est La Grange, prétendant éconduit, qui le prononce d'emblée à l'intention de Du Croisy, son compagnon d'infortune : « Je connais ce qui nous a fait mépriser. L'air précieux n'a pas seulement infecté Paris, il s'est aussi répandu dans les provinces. » Selon Furetière, dans son *Dictionnaire*, publié vingt-cinq ans plus tard, l'« air » signifie la « manière d'agir, de parler, de vivre, soit en bonne ou en mauvaise part ». Exemples : « Il est des gens du bel air. Il a l'air de pédant, de campagnard. Il a bon air, bonne grâce à parler, à danser. » L'air se rapporte à la conduite en société. L'adjectif ou le complément classe cette conduite parmi les bonnes (bel et bon air) ou parmi les mauvaises (air pédant, air campagnard). Seules les mauvaises sont rattachées à des types sociaux (le professeur, le paysan), facilement ridicules. On devine que les bonnes doivent, par contraste, appartenir au monde de la noblesse et de la cour. On n'hésite donc pas longtemps sur la valeur positive ou négative du mot « précieux ». Puisqu'il est lié au collège et à la province, c'est forcément un mauvais air. Une métaphore médicale (« infecté ») en fait le support d'une contagion. Avant de savoir ce qu'est l'« air précieux », on sait qu'il faudra s'en garder.

En retrait par rapport à son titre, Molière, dans cette première approche, parle d'« air précieux », non de précieuses. Alors que le mot a été mis à la mode comme nom féminin, pour désigner des femmes ou des conduites de femmes, La Grange s'en sert comme adjectif masculin. Cela généralise le phénomène. Seules des femmes peuvent être précieuses, mais des hommes peuvent avoir l'« air précieux ». D'autant que rien n'est plus difficile à saisir qu'un air. C'est à la fois une apparence et du vent. L'« air précieux » n'est-il qu'un faux air, une apparence, un masque qui sert à nommer autre chose qu'on ne comprend pas ? Ou bien l'attrape-t-on comme on attraperait la grippe, selon l'interprétation de La Grange ?

« Nos donzelles ridicules en ont humé leur bonne part », dit-il à propos des « deux pecques provinciales » que son ami et lui pensaient épouser et qui les ont mal reçus. « En un mot, c'est un ambigu de précieuse et de coquette que leur personne. » La Grange aime filer la métaphore. Il emploie un mot rare figurément. Serait-il précieux lui aussi, sans le savoir ? En tout cas, il a introduit une importante nuance dans la définition des demoiselles qui viennent de lui faire grise mine en les présentant comme un mélange, puisqu'un ambigu était, d'après Furetière, « un repas où l'on servait ensemble les viandes et le dessert ». Cathos et Magdelon ne sont pas des précieuses à l'état pur ; ce sont aussi des coquettes. À prendre à la rigueur ce que dit La Grange, la pièce devrait s'appeler *Les Précieuses et Coquettes ridicules*.

Précieuses et coquettes appartiennent au même monde littéraire. Dans sa *Carte du royaume des Précieuses*, probablement écrite en 1654, Maulévrier place à l'intérieur du pays, comme une des parties qui le composent, « deux grandes plaines de Coquetterie ». La même année, dans sa *Relation du royaume de Coquetterie*, l'abbé d'Aubignac cite les Précieuses à la fin d'une liste énumérant les diverses sortes de dames qui y habitent. Les Précieuses ne sont pour lui qu'un sous-genre des Coquettes. Dès leur entrée dans la littérature, précieuses et coquettes sont à la fois distinguées et inséparables. Elles attirent pareillement les galants.

Galants, Coquettes et Précieuses habitent le même pays, font partie d'un même peuple. Dans la carte de Maulévrier, Galanterie est la citadelle du royaume des Précieuses. « Il ne faut pas, expliquera Charles Sorel dans ses "Lois de la galanterie", que les dames s'étonnent de ce qu'il n'y a ici aucune ordonnance pour elles, puisque leur galanterie est autre que celle des hommes, et s'appelle proprement coquetterie. » D'après lui, c'est donc la coquette qui est la femelle du galant.

Pour ridiculiser les précieuses qui l'ont mal accueilli, La Grange fait appel à un pseudo-galant. Son valet, annonce-t-il à Du Croisy, les vengera de l'affront reçu : « C'est un extravagant qui s'est mis dans la tête de vouloir faire l'homme de condition » et « se pique ordinairement de galanterie et de vers ». À deux jeunes filles « infectées » par l'« air précieux », on envoie donc un Mascarille entêté non de préciosité, mais de galanterie. La suite de la comédie confirme amplement ce glissement. On n'y retrouve jamais les mots « précieux » ni « précieuse », mais « galant » revient treize fois. La Grange, Cathos et Magdelon le disséminent au fil du texte, et particulièrement dans les deux scènes les plus importantes et les plus longues de la comédie.

Étonnant décalage entre l'annonce du contenu de la pièce et la qualification que les personnages mis en scène donnent à leurs faits et gestes. Molière les dit précieux. Ils se disent galants. Ont-ils raison contre leur auteur ? A-t-il raison contre ses personnages ? A-t-il volontairement confondu précieuses, coquettes et tenants de la galanterie parce que le grossissement comique ne lui permettait pas de travailler dans la nuance ? A-t-il voulu se moquer de distinctions trop subtilement établies ? Ou bien, malgré son titre, n'a-t-il absolument pas dépeint des précieux et des précieuses, mais des galants et leurs femelles coquettes ? Puisque la préciosité laisse définitivement la place à la galanterie après la scène d'exposition, la dernière hypothèse est la plus probable. *Les Précieuses ridicules* sont bâties sur une substitution de personnages.

« Nous avons une amie particulière, affirme fièrement Magdelon à la scène IX, qui nous a promis d'amener ici tous ces Messieurs du *Recueil des pièces choisies*. » On a cru que ce titre désignait l'édition, parue en 1653, du premier des recueils de *Poésies choisies* édités par Charles Sercy, dont le titre complet réunit les noms de Corneille, Benserade, Scudéry, Boisrobert, Sarasin, Cotin, etc. Il pourrait également renvoyer à la troisième ou à la quatrième partie du même recueil, toutes deux parues avant *Les Précieuses ridicules*. Y ont collaboré, outre les auteurs précédemment cités, Segrais, Bertaut, Marigny, Montreuil, Têtu, Bardou « et plusieurs autres ». Ce ne sont pas des auteurs précieux. Cathos et Magdelon se vantent de recevoir bientôt chez elles tous les poètes à succès de leur temps. Non sans comique, puisque la salle qui leur sert de « salon » est restée jusqu'alors désespérément vide, et qu'elle ne suffirait évidemment pas à contenir tant de beau monde.

Comme Magdelon n'a pas parlé de « poésies choisies », mais de « pièces choisies », Molière a aussi bien pu viser, publié chez le même éditeur que les recueils en vers, le premier *Recueil de pièces en prose les plus agréables de ce temps, composées par divers auteurs*, paru avec un achevé d'imprimer du 20 mai 1658, et par conséquent diffusé dans le public dix-huit mois avant la première représentation des *Précieuses ridicules*. Aucun nom d'écrivain ne figure dans son titre, et toutes les pièces y sont anonymes. Celles qu'on a identifiées sont presque toutes de Charles Sorel, qui n'est pas un précieux. Il s'y ajoute des « billets galants et billets doux », attribués à Mme de Choisy, la « Carte du royaume d'Amour », qui serait de Tristan, et la « Carte du royaume des Précieuses » de Maulevrier. À elle seule, cette carte suffirait à expliquer l'allusion de Molière au recueil en prose de Sercy.

Il y a plus. On tentait, depuis des années, de transplanter en France les loteries italiennes. Le projet semblait sur le point d'aboutir. On avait, quelques mois plus tôt, imprimé un épais catalogue des lots. Loret, qui publiait chaque semaine une gazette en vers, en avait annoncé la parution en novembre 1657. C'est pour parodier ce catalogue, dont il reprend les diverses rubriques, que le recueil de Sercy commence par celui d'une « Loterie » imaginée par Sorel. « Au reste, dit-il, comme dans la loterie ou blanque nouvelle à la mode d'Italie qui s'est faite à Paris, il y avait une chambre pleine de livres, il a fallu que la nôtre en ait été pourvue pareillement, mais des meilleurs et des plus exquis, dont la plupart n'ont pas encore vu le jour. Voici le catalogue des principaux. » Et en effet suit une longue liste de livres, réels ou supposés, qui forment une bibliothèque de fantaisie à la manière de celle que le Pantagruel de Rabelais découvre à l'abbaye de Saint-Victor. À la Carte du royaume de Coquetterie de l'abbé d'Aubignac et à la Carte du royaume de Tendre, que tout le monde connaissait depuis que Mlle de Scudéry l'avait divulguée dans *Clélie* en 1654, s'ajoutaient plusieurs titres d'œuvres imaginaires : « "La Chronique des Précieuses", qui raconte leur origine et ce qu'elles ont fait de mémorable depuis leur établissement, "Les Précieuses Maximes des Précieuses et les Lois qu'elles observent selon leur institution", "Le Dictionnaire des Précieuses", où le langage vulgaire français est d'un côté de la page et le langage précieux de l'autre. »

Toute la comédie de Molière est dans les deux derniers titres. La grande tirade de Magdelon, au début de la scène IV, avec ses « doit » et ses « il faut », donne « les règles dont en bonne galanterie, on ne saurait se dispenser », autrement dit les lois de la galanterie amoureuse. Et une grande partie du texte fonctionne à la manière d'un dictionnaire, qui apprend au public l'équivalence entre les termes insolites employés par les personnages mis en scène dans la comédie et les mots de l'usage habituel. « Voilà un laquais », dit Marotte. « Voilà un nécessaire », corrige Magdelon. En évoquant le titre du recueil en prose de Sercy, Molière ne désigne pas un modèle supposé de la préciosité (ce recueil n'a rien de précieux). Dans une sorte de clin d'œil aux gens bien informés, il désigne un ouvrage dont il s'est largement inspiré pour écrire sa pièce.

Il s'y est particulièrement servi des « Lois de la galanterie », le troisième traité du récent recueil en prose de Sercy, dû comme la « Loterie » à la plume de Sorel. On y trouve la question de Mascarille à Jodelet : « Vicomte, as-tu ton carrosse ? », puisqu'on y explique que la mode n'est plus d'aller en visite à cheval, mais en carrosse. On y trouve l'arrivée de Mascarille dans sa chaise à porteurs : « Vous pouvez aussi, pour le plus sûr, vous faire porter en chaise, dernière et nouvelle commodité si utile qu'ayant été enfermé là-dedans sans se gâter le long des chemins, on peut dire qu'on en sort aussi propre que si on sortait de la boîte d'un enchanteur. » Mascarille ne veut pas payer. Il pousse à la limite l'argument de Sorel expliquant que les « chaises de louage » sont un moyen de transport économique, puisqu'on n'en fait la dépense que « quand l'on veut », alors qu'il faut nourrir son cheval tous les jours.

Les « Lois de la galanterie » donnent ensuite au galant des conseils sur l'hygiène, la tenue et le vêtement. « Il faut voir, dit Sorel, en l'état qu'il doit être pour entrer dans les maisons de qualité. » *Les Précieuses ridicules* montrent au spectateur ce que les « Lois » édictent. Dans le *Récit de la farce des Précieuses*, publié peu après la création de la pièce, Mlle Desjardins a décrit la tenue de Jodelet et de Mascarille, avec leurs vastes perruques, leurs tout petits chapeaux et leurs énormes canons. Cet accoutrement est conforme à ce qu'avait écrit Sorel. Et Molière y a trouvé, par contraste, la tenue des futurs maris éconduits. « Il faut prendre, disent les "Lois", pour bons gaulois et gens de la vieille cour ceux qui se tiennent à une mode qui n'a plus de crédit à cause qu'elle leur semble commode. Il serait ridicule de dire : "Je veux toujours porter des fraises pour ce qu'elles me tiennent chaudement. Je veux avoir un chapeau à grand bord, d'autant qu'il me garde du soleil, du vent et de la pluie." » L'habit n'existe plus en fonction du confort de celui qui le porte, mais du rôle que le galant entend jouer dans une société où il veut s'intégrer en suivant la mode.

Rien de naturel dans sa conduite. Sorel décrit son attitude « dès l'entrée de la chambre » où il commence ses révérences, « tenant le chapeau en main et penchant la tête et la moitié du corps tantôt d'un côté et tantôt de l'autre, ce qu'on aurait autrefois appelé *dandiner* », et cela jusqu'à ce qu'il soit parvenu à l'endroit où se trouvent les dames. Puis, les premiers compliments faits, « il sera bienséant d'ôter le gant de votre main droite et de tirer de votre poche un grand peigne de corne dont les dents soient fort éloignées l'une de l'autre et de peigner doucement vos cheveux ». Ainsi Mascarille, « après avoir salué », complimente-t-il les demoiselles. S'étant assis, il s'informe des nouvelles « après s'être peigné et avoir ajusté ses canons », autrement dit les rubans de ses habits.

En homme de théâtre averti, Molière a vu tout ce qu'il pouvait tirer des notations des « Lois de la galanterie » dans une comédie où il ferait rire non seulement des propos de ses personnages, mais encore des attitudes et des accoutrements qui les souligneraient. La mode galante définie par Sorel avait pour lui le grand mérite de s'accorder avec son métier de metteur en scène, qui devait habiller ses acteurs et leur prescrire un comportement capable de faire rire. Nul réalisme évidemment. Les « Lois de la galanterie » ne sont pas une peinture exacte, mais une piquante satire de la galanterie, et Molière exagère encore ce que son prédécesseur avait déjà conté avec exagération. Il s'agit pour lui d'amuser un public qui se plaît à reconnaître sur la scène, non la mode, mais un imaginaire passage à la limite de ce qu'elle comporte d'excessif.

Comme tout auteur de théâtre, Molière doit donner de quoi dire à ses personnages. En tant qu'auteur de pièces comiques, il doit faire rire avec des mots. La mode galante décrite par Sorel l'intéresse d'autant plus qu'elle porte largement sur le langage, sa matière première. Sa tâche est grandement facilitée dès lors qu'il fait parler des personnages qui ont, d'avance et en quelque sorte par nature, des façons de parler ridicules. La satire du langage qu'il prête à ses précieuses est ce qui a le plus amusé le public, ce à quoi on s'est le plus attaché, ce qu'aujourd'hui encore on en retient le plus. Au point qu'on a souvent réduit la préciosité aux excès de langage qu'auraient commis un certain nombre de femmes désireuses de se singulariser.

Mais sur ce point aussi, la galanterie de Sorel avait précédé la préciosité de Molière. « Il est besoin de vous prescrire ici des lois pour le langage, qui est l'instrument de l'âme dont il faut se servir dans la société. » Point de galanterie sans art de bien dire. On fuira donc les termes pédants ou « trop anciens ». On se gardera des proverbes et des quolibets, sauf par raillerie. Si Mascarille et Jodelet y ont très largement recours, c'est que Molière a voulu montrer leur maladresse. On usera « des mots inventés depuis peu et dont les gens du monde prennent plaisir de se servir ». Il faut les « avoir incessamment en la bouche », quelque « bizarrerie » qu'on puisse y trouver. On ne dira donc plus : cet « homme a de l'esprit », mais : « cet homme a esprit », sauf si « on y ajoute infiniment », ou si « cela se répète avec affectation. Il a de l'esprit infiniment, et de l'esprit du beau monde et du monde civilisé ». À quoi Molière fait écho dans la louange de Mascarille à Jodelet : « Il a de l'esprit comme un démon », aussitôt développée par Magdelon : « Et du galant et du bien tourné. »

Après avoir rappelé la vogue de l'adverbe « furieusement », Sorel énumère quelques autres mots à la mode : « Il faut aussi parler très souvent de justesse, de conjoncture, d'exactitude, d'emportement, d'accablement, d'enjouement, et dire que l'on donne un certain air aux choses, que l'on les fait de la belle manière, que cela est de la dernière conséquence, que l'on a des sentiments fins et délicats, que l'on raisonne juste, que l'on a de nobles et fortes expressions, qu'il y a du Tendre et de la Tendresse en quelque chose. » Molière a plaisamment repris la plupart de ces expressions. Ce sont, explique Sorel, des « termes d'autant plus estimables qu'ils sont nouveaux et que les hommes d'importance s'en servent, de sorte que qui parlerait autrement pourrait passer pour bourgeois ».

Mais l'auteur des *Précieuses ridicules* est allé bien au-delà des quelques exemples relevés dans les « Lois de la galanterie ». Comme l'avait pressenti Sorel, le comique des mots à la mode ne pouvait faire rire le public sans effet d'accumulation. C'est pourquoi Molière en a ajouté, qu'ils soient neufs dans le sens employé, comme « incontestable », « talent » ou « vision », ou plus anciens, mais remis en vogue par les galants, comme « qualité », « condition » ou « bel air » et « bel esprit ». Plus tard, dans son traité *De la connaissance des bons livres*, Sorel les citera à son tour, sans qu'on puisse absolument décider s'il les prend dans Molière ou dans l'usage commun des galants. D'où l'impossibilité de marquer la limite entre l'énumération plaisante à la manière des « Lois de la galanterie » et l'accumulation caricaturale à la Molière, qui n'exclut pas les inventions d'auteur, dont certaines ont pu devenir à la mode à cause de lui, et passer ainsi malgré lui dans l'usage...

Au comique des mots, Molière a renchéri par celui des tournures, des périphrases et des métaphores, ce que ne faisait pas le galant de Sorel dans les « Lois ». *La Connaissance des bons livres* marque la limite entre l'usage réel ou possible et la fabrication artificielle par Molière d'un langage comique prétendument précieux. Par exemple, il est à la mode de dire à quelqu'un : « Vous avez bien la mine de faire une telle chose. » Sorel l'admet. Il estime en revanche excessif de dire, comme si on avait toujours un miroir devant soi : « J'ai bien la mine de ceci ou de cela. » On peut donc à la rigueur trouver élégante la phrase de Mascarille à Magdelon : « Vous avez toute la mine d'avoir fait quelque comédie. » Mais toute personne sensée trouve ridicule d'entendre dire : « Je vois ici des yeux qui ont la mine d'être de fort mauvais garçons, de faire insulte aux libertés et de traiter une âme de Turc à More. » Le langage supposé précieux est constitué par un passage à la limite d'expressions à la mode chez les mondains.

Il s'y ajoute des métaphores que Molière a puisées un peu partout et parfois tellement renouvelées qu'il paraît les avoir inventées. Il en est ainsi du fameux « conseiller des grâces », qui viendrait d'une expression de Martial telle que l'avait traduite Grenaille dans son livre des *Plaisirs des dames*. On n'a pas eu de peine à donner des exemples de métaphores hardies des *Précieuses ridicules* tirées d'écrivains du début du siècle, tels Guez de Balzac ou le père Le Moyne, et qui n'ont donc pas été recueillies parmi les mots et expressions à la mode en 1658-1659. En comparant Sorel et Molière, on découvre la limite qui sépare les galants du premier et les prétendues précieuses du second. Les uns suivent une mode attestée par l'usage du monde ; les autres amusent par leurs abus de langage.

Molière a emprunté aux « Lois de la galanterie » non seulement les habits et les façons de ses personnages ridicules, mais également l'idée de leur prêter un langage à part. Et il est allé jusqu'au bout. De ce que Sorel considérait d'un œil critique, il a fait un tableau bouffon. Loin de se contenter, comme son modèle, de reproduire quelques mots à la mode, il a mis toute sa verve et toute sa créativité verbale au service d'une satire du langage. Chez les deux auteurs, il s'agit de la peinture d'une même réalité, satirique et critique dans un cas, caricaturale et hostile dans l'autre.

Mais s'agit-il bien, chez Molière, d'une peinture de la réalité ? Comment ses personnages peuvent-ils, aujourd'hui encore, apparaître comme des caricatures des précieuses et des précieux s'ils ont été composés d'après le modèle ironique du galant selon Sorel ? Si Mascarille et Jodelet sont des galants, comme leur source et les (ridicules) compliments de leurs admiratrices invitent à le penser, faut-il dire que la préciosité est une dégradation de la galanterie ? Ou bien faut-il souligner qu'à proprement parler il n'y a eu que des précieuses, et qu'on ne parle de précieux que par une assimilation abusive ? En ce cas, il faudrait distinguer la préciosité de Cathos et de Magdelon de la galanterie de Mascarille et de Jodelet... À l'évidence, pour le langage surtout, Molière n'a pas conservé cette sorte de distinction. Mieux encore, ce sont surtout les deux jeunes femmes qui emploient le langage que Sorel attribue aux galants.

Puisque l'auteur des *Précieuses ridicules* n'a pas craint de partir du portrait du galant idéal des « Lois de la galanterie » pour peindre ses précieuses et leurs galants, c'est que, pour lui et pour les spectateurs auxquels il s'adressait, préciosité et galanterie se confondaient aisément dans une même mode et dans un même ridicule. Loin d'être parti de types sociaux précis et définis, derrière lesquels on pouvait deviner tel ou tel personnage, Molière a mis sous une étiquette vague, dont personne ne savait ce qu'elle recouvrait exactement, la caricature de pratiques sociales relativement connues et répertoriées sous le nom de galanterie. Puis il les a attribuées à des jeunes filles ridicules, qu'il a appelées précieuses.

C'est dire que ses précieuses sont une invention littéraire, et même une invention littéraire au second degré, puisqu'il les a créées à partir de la représentation satirique du galant tel que Charles Sorel l'avait non pas décrit, mais représenté, ou pour mieux dire réinventé. Il y a eu des galants, ou du moins un idéal galant et des conduites galantes. Les « Lois de la galanterie » les racontent sur le mode de la mystification et du jeu. Molière part de ce jeu pour créer des précieuses : étonnante et géniale supercherie à laquelle ses contemporains eux-mêmes se sont laissé prendre, quand ils sont allés rire de sa pièce, puis des nombreuses suites et contrefaçons dont elle a été l'occasion.

Il existe une bonne preuve de la supercherie. Le *Recueil* de Charles Sercy de 1658 n'est, dans sa plus grande partie, qu'une réimpression d'un recueil publié sans grand succès par Nicolas Sercy quelques années plus tôt, en 1644. Si la « Loterie » n'y figure pas, les « Lois de la galanterie » s'y trouvent déjà, à peine moins développées. Et l'on y trouve bien sûr l'essentiel du portrait du galant (habits, manières un peu, langage surtout). Si la préciosité date de 1654, comme on le dit d'après des indices convergents, Mascarille et Jodelet, Cathos et Magdelon, qui suivent des « lois » que Sorel leur a prescrites dix ans plus tôt, bien avant la naissance de la préciosité, ne peuvent être que des galants.

Le paradoxe est que le texte des « Lois de la galanterie » se propose de dépeindre une mode, quelque chose dont le principe est le changement et la fugacité. Comment Sorel peut-il, au prix d'un petit nombre de remaniements, continuer à décrire la même mode quatorze ans plus tard ? Et comment un auteur comique aurait-il pu bâtir un succès d'actualité sur un texte qui dépeint des manières vieilles de plusieurs années ? Molière, en fait, n'a pas tant cherché à reproduire, en les caricaturant, les façons de faire des galants réels qu'à inventer, à partir d'un texte lui-même normatif et non descriptif, et déjà caricatural, des personnages hautement spectaculaires. C'est parce que le galant de Sorel est décrit comme le symbole d'une volonté d'ostentation que Molière y a tout de suite découvert la possibilité de le transformer en personnage de théâtre.

La critique du langage conduit à des remarques analogues. Le passage de Sorel sur les mots à la mode de 1658 ressemble beaucoup à celui de 1644. Et Sorel l'a repris et étoffé dans l'intervalle, en 1654, dans un *Discours sur l'Académie française* où il examine si celle-ci est de « quelque utilité aux particuliers et au public ». Il reprendra les deux passages, bien qu'ils se répètent, dans la quatrième partie, intitulée « Du nouveau langage français », de son traité *De la connaissance des bons livres*, paru en 1671. Curieux « nouveau langage » que ces listes de mots commentés dont le noyau central remonte à dix-sept ans plus tôt, compilation qui mêle aux premières remarques de Sorel des exemples empruntés à Molière et aux contrefaçons qu'en fera Somaize, son imitateur, dans un prétendu Dictionnaire des précieuses !

L'auteur des « Lois de la galanterie » s'est constamment intéressé à ce qui touche au langage. Il a fait suivre son *Berger extravagant* de « remarques où l'on trouve ce qu'il y a de plus remarquable dans les romans et dans les ouvrages poétiques avec quelques autres observations tant sur le langage que sur les créatures ». Il y relevait les mots nouveaux qui s'introduisaient dans la langue, parfois pour les louer, plus souvent pour les critiquer. Dans sa préface, il prenait parti contre les faiseurs de romans et de bagatelles poétiques. « Qu'on regarde ces écrivains, l'on les trouvera vicieux, insupportables pour leur vanité et si dépourvus de sens commun que des gens de métier leur apprendraient à vivre. Tout leur savoir ne gît qu'en sept ou huit pointes dont l'on s'est servi si souvent qu'elles sont toutes émoussées, et en trois ou quatre maximes frivoles sur le langage, dont ils nous voudraient quasi faire une cabale aussi mystérieuse que celle des rabbins. » Attaque contre les romans et les faiseurs de pointes, c'est déjà toute l'attitude de Molière contre la préciosité, et Sorel écrit tout cela en 1627...

Près d'un demi-siècle plus tard, dans *La Connaissance des bons livres*, cet auteur relève la « licence » avec laquelle, « depuis quelques années », on se plaît à trafiquer le langage « tout exprès et par profession ». Sans toutefois être qualifié pour le faire, car « ce ne sont pas toujours les hommes savants qui choisissent les mots qui nous manquent ». La langue tombe en quenouille : « La plupart du temps, ce sont des femmes qui, s'estimant fort habiles pour avoir lu quelques romans et quelques poésies, font des mots nouveaux et des façons de parler nouvelles, et sitôt que deux ou trois dames les ont entendues, elles les redisent sans cesse, croyant qu'elles ne peuvent mieux faire que de se conformer à celles qu'elles estiment des miracles d'esprit et de suffisance. Après cela, quelques jeunes hommes parlent de même, non seulement pour leur plaire à toutes, mais pour faire connaître qu'ils fréquentent le grand monde et qu'ils n'ont point de termes bas et bourgeois. »

Les Précieuses ridicules visent clairement les utilisateurs de nouvelles façons de parler. Comme le texte de Sorel, qui ne parle pas de « précieuses », elles dénoncent l'usurpation par des femmes ignorantes d'un pouvoir jusqu'alors légitimement détenu par des savants masculins. Pis encore, des « jeunes hommes » reconnaissent ce pouvoir de mauvais aloi en imitant les usurpatrices. Le tout repose sur un phénomène social qui n'a rien à voir avec le bon fonctionnement du langage : la volonté de distinction. C'est le prestige de la cour et de ses façons de parler qui a induit les fausses modes de ceux qui la singent sans la connaître. On veut faire croire que l'on appartient au « grand monde », et l'on montre seulement qu'on a lu les romans à la mode, ou tout simplement fréquenté deux ou trois dames qui les ont lus.

Envisagé sous cet angle, ce que Molière attribue par commodité à de prétendues précieuses n'apparaît plus comme une mode lancée par une coterie. C'est la dégradation, chez les sots, d'une mutation capitale de la créativité verbale. Nommée « élocution » dans les manuels de rhétorique, cette créativité était autrefois le privilège de l'écriture docte, celle des magistrats et des poètes. Le partagent aujourd'hui ceux et celles qui doivent savoir parler en toutes circonstances, les courtisans qui brillent autour du prince, les femmes vraiment capables de tenir un cercle, et ridiculement tous leurs fades imitateurs et imitatrices. Molière s'attaque moins aux personnages réels d'une coterie qui aurait effectivement existé, et qu'on pourrait circonscrire clairement dans le temps et dans l'espace, qu'à la dépossession des professionnels du langage par des amateurs éclairés, singés par tous ceux qui se croient capables de faire comme eux.

L'auteur des *Précieuses ridicules* s'en prend, par la caricature, à l'émergence d'un phénomène qui le concerne et le conteste en tant qu'écrivain. Le langage n'est plus exclusivement son affaire et celle de ses pairs. Il est devenu celle des courtisans et des cercles qu'ils fréquentent. Molière le sait et l'accepte du point de vue de la réception de son œuvre, vantant le rôle et le goût des Clitandre qui ont fait son succès. Mais il le rejette du point de vue de la création littéraire, condamnant les petits genres dans lesquels se complaisent les mondains, et plus encore les ingénieuses trouvailles formelles, généralement orales, qui les ravissent. S'il prête généreusement de telles trouvailles à ses personnages, s'il en invente de caricaturales, c'est pour en étaler le ridicule au public des non-spécialistes et, par ce biais, mieux lui dénier le droit de jouer avec la langue. Mais il triche doublement pour y parvenir. Il ne met en scène que « des pecques provinciales », c'est-à-dire de mauvaises copies de ceux qui sont en train de s'emparer des mots et des phrases ; il présente comme venant d'autrui des façons de dire dont il est largement l'inventeur.

L'« élocution » est un des principaux sujets de sa pièce. Si Gorgibus est d'abord frappé par le fond des propos de Magdelon (« Que me vient conter celle-ci ? »), il est ensuite surtout abasourdi par la forme de son discours : « Quel diable de jargon entends-je ici ? Voici bien du haut style. » Puis il ne comprend rien au « baragouin » de Cathos. Entre les jeunes filles et lui, il y a bien une difficulté de langage. Le baragouin désigne, selon le *Dictionnaire* de Furetière (1690), « un langage corrompu ou inconnu qu'on n'entend pas » ; le jargon, « le langage vicieux et corrompu du peuple [...] qu'on a de la peine à entendre ». Mais il désigne aussi, selon le même auteur, « une langue factice dont les gens d'une même cabale conviennent afin qu'on ne les entende pas, tandis qu'ils s'entendent bien entre eux ». C'est le cas de l'argot. La question se pose de savoir si les précieuses ont seulement un langage corrompu par la mode, ou si elles veulent avoir un langage de cabale, un langage codé.

Jargon : le mot revient sous la plume de ceux qui parlent d'elles. Le chevalier de Sévigné l'emploie en 1654 dans une lettre à Christine de Savoie. Scarron, au début de 1659, dans son « Épître chagrine » au maréchal d'Albret, évoque les fausses précieuses qui ont « un langage ou jargon,/ Un parler gras, plusieurs sottes manières,/ Et qui ne sont enfin que façonnières ». La conjonction des mines et façons avec le jargon confirme qu'il s'agit bien, comme le montrait Sorel, d'un phénomène social de distinction.

Non seulement vers le milieu du siècle, mais de 1627 à 1671 au moins, des femmes ont cru bien faire en affichant des manières et un langage qui singeaient le bel usage de la cour, plus ou moins confondu avec celui des romans à la mode. Imitation si confuse et si maladroite qu'on ne peut voir, dans ces manières ou dans ce langage, les signes de reconnaissance d'une cabale. Les femmes dénoncées sous le nom de précieuses n'avaient qu'un objectif : copier la nouvelle distinction des mondains de qualité.

Elles exprimaient ainsi, maladroitement, leur désir de ressembler à ceux et celles qui donnaient le ton à la cour et à la ville. Elles n'avaient pas, comme Molière le donne à croire, une volonté réfléchie de se singulariser en lançant une mode spécifique à un groupe désireux de faire bande à part. C'est à peine si elles existaient socialement. C'est moins un groupe de femmes qu'un état d'esprit que *Les Précieuses ridicules* incarnent dans des personnages parce qu'il fallait l'incarner pour le rendre perceptible. Mais en même temps que la pièce le concrétise, il le déconsidère en l'attribuant à des jeunes filles ridicules. C'est que Molière ne comprend ni ne partage la légitime aspiration qui les anime. Chacun, pour lui, doit rester à sa place. Il ne faut pas que le bourgeois se veuille gentilhomme. Et la rhétorique est une affaire trop sérieuse pour que les femmes et les cavaliers s'arrogent le droit de jouer avec le langage.

Chapitre 2

Une double substitution

La première grande scène des *Précieuses ridicules* traite un sujet de comédie inépuisable : le mariage des filles. Le bourgeois Gorgibus en a deux à la maison, sa propre fille et sa nièce. Il a arrangé leur mariage. Elles refusent les partis proposés. Gorgibus a le ridicule de tous les pères « marieurs ». Mais, pour une fois, l'obstacle ne vient pas de sa volonté d'entraver des mariages voulus par les intéressées, mais de l'attitude des demoiselles, qui ne veulent pas entendre parler de mariage sans roman.

Face à Gorgibus, venu s'enquérir des raisons du mécontentement des prétendants, La Grange et Du Croisy (« Et qu'y trouvez-vous à redire ? »), une longue scène permet aux jeunes filles d'exposer les raisons de leur conduite. « La belle galanterie que la leur ! » s'écrie d'emblée Magdelon pour justifier son refus. Et Cathos à son tour : « Le moyen de bien recevoir des gens qui sont tout à fait incongrus en galanterie. » Le refus des demoiselles n'est pas motivé par l'affirmation de leur prix, c'est-à-dire de leur droit à un libre choix individuel, mais par référence à un certain code de conduite, un code mondain. Elles ne rejettent pas le mariage au nom de la préciosité, mais de la galanterie, cette galanterie dont on sait que se pique le valet de La Grange. Ce nom ou l'adjectif « galant » reviendront cinq fois dans la scène.

Cathos et Magdelon se trompent. La galanterie n'est pas un art de courtiser les jeunes filles à marier. Sorel l'affirme explicitement dans ses « Lois » : ce n'est pas un code des rapports sentimentaux en vue du mariage, mais une manière de parler d'amour en marge de lui. Selon certains critiques, elle ne voudrait rien dire : « Les soupirs les plus caverneux ne signifient rien d'autre que goûtez mon tour de style, et tenez-moi pour un homme de mérite. » Les aveux masculins n'ayant plus de sens, la femme ne se compromettrait pas à les entendre, dès lors qu'ils seraient faits avec suffisamment d'adresse. Car, dans la galanterie, ce n'est pas manifester un amour supposé inexistant qui est coupable, mais être maladroit en le manifestant. Jeu de société qui permet à l'élite masculine et féminine du temps de se rencontrer à peu près librement et de converser agréablement (ce qui est une originalité française), la galanterie, dont l'hôtel de Rambouillet a été le berceau, et Voiture le maître, serait en fin de compte un moyen de lutter contre la sensualité et d'en sublimer les instincts.

Cette analyse, qui n'est pas fausse, ne retient qu'un aspect des choses. Car la galanterie peut aussi devenir un alibi commode. Elle introduit dans les rapports de société un langage qui, malgré ses conventions, demeure un langage amoureux. En rappelant sans cesse la distance des sexes, elle en rappelle aussi l'existence et la différence. Donner dans les fréquentations mondaines, comme elle le permet, une place privilégiée à l'amour ne va pas sans risques, même si c'est par jeu, puisqu'on peut se prendre à ce jeu et en venir à croire aux paroles convenues. La galanterie est le chemin naturel de la séduction interdite. Grâce à elle, le Don Juan éventuel n'a pas besoin d'inventer son langage, et il peut d'autant mieux conduire à ses fins l'objet de ses désirs que son air et ses propos galants entourent de cérémonie la recherche de l'assouvissement du désir.

Quand Richelet publiera en 1689 *Les Plus Belles Lettres des meilleurs auteurs*, il mettra le doigt sur l'ambiguïté des lettres galantes, analogue à celle de la conduite galante. Elles sont un jeu d'esprit, mais il peut arriver que l'on y gagne... « L'esprit, dit-il, y a autant de part que le cœur, et on tâche, d'une manière fine et touchante, à persuader à la personne de qui on veut se faire aimer qu'on a une véritable passion pour elle. Une jolie dame n'est pas là-dessus de fort difficile créance, et pour lui grossir davantage les idées que l'amour-propre lui donne de ses charmes et de l'extrême penchant que l'on a pour elle, on la cajole avec adresse. Cela achève de l'enchanter d'elle-même et lui inspire de l'estime pour celui qui l'a encensée agréablement. Et s'il est vrai qu'il n'y a qu'un pas de l'estime à l'amour, la belle y passe avec joie en faveur de son galant panégyriste, et c'est là ce qu'on demande. »

Parce qu'elles excluent l'épanchement sincère et les mouvements du cœur, comme les lettres galantes, les conversations galantes fournissent à l'homme d'esprit l'occasion d'exprimer des sentiments qu'il devrait en principe soigneusement cacher. Portant un nom qui rime avec roture, Voiture sait bien qu'il doit aimer ailleurs qu'à l'hôtel de Rambouillet, et d'une façon générale en dehors des dames de la bonne aristocratie. Il ne s'en prive pas, car c'est un séducteur. Le galant doit pourtant offrir ses hommages aux demoiselles de la maison. D'où de continuelles déclarations d'amour galantes, orales ou écrites, qui finissent par créer un climat équivoque. On a posé en principe que les mœurs du palais d'Arthénice étaient au-dessus de tout soupçon, ce qui n'est pas si sûr. Il n'en était pas de même partout. Le développement de la galanterie est lié au développement d'une vie mondaine qui favorisait entre des hommes et des femmes qui se rencontraient familièrement l'apparition de sentiments et de désirs qui ne pouvaient pas être avoués directement.

La différence de rang social était l'un des cas où se nouait une situation de ce genre. Elle n'était pas le seul. La galanterie pouvait devenir dangereuse chaque fois que risquait de naître un amour défendu. On proclame la suprématie des femmes et leur droit aux aveux masculins, et on affirme dans le même temps, au nom de la morale et de la religion, l'indissolubilité du mariage et la haute valeur de la vertu des filles. Leur parler d'amour se révèle en conséquence à la fois nécessaire et impossible, sauf précisément par le biais de la galanterie, masque commode et qui permet d'oser beaucoup, puisqu'elle est réputée jeu d'esprit innocent, admis et même recommandé par les conventions de la vie mondaine. Ainsi s'expliquent, par exemple, les rapports de Mme de La Fayette avec l'abbé Ménage, de Mme de Sévigné avec le même abbé, mais aussi avec son cousin Bussy. La galanterie, qui est au centre de ces rapports, est le moyen d'introduire, sous une forme apparemment anodine, des sentiments qui, sans cela, seraient inconcevables ou interdits entre une marquise ou une comtesse et un savant abbé, ou entre deux cousins auxquels leurs mariages respectifs interdisent irrévocablement de s'aimer.

Soupape de sécurité inventée par les roturiers, les poètes et les abbés de cour pour donner, malgré le mariage et les différences sociales, une certaine place à l'amour ou à ses contrefaçons dans les rapports qu'ils entretiennent dans le monde avec les femmes et les demoiselles inaccessibles de l'aristocratie, la galanterie est un jeu de séduction truqué, dont Cathos et Magdelon ignorent tout, et qui n'est pas de mise en l'occurrence puisqu'il s'agit de les marier. « Quoi, débuter d'abord par le mariage ! » s'exclame

Magdelon. On s'attend à entendre parler des servitudes du mariage, et on pense voir les deux jeunes filles lui opposer un refus absolu, puisque c'est l'attitude que l'on prête d'ordinaire aux précieuses. Par un glissement sur lequel repose toute sa pièce, Molière les montre entêtées de tout autre chose : elles veulent que leurs prétendants soient galants.

À cette première confusion, il en ajoute une autre, encore plus étonnante : à la galanterie dont elles rêvent, ses jeunes filles substituent une vision de l'amour qui n'a rien à voir avec elle. Magdelon ne cache pas à son père que l'idée qu'elle s'en fait lui vient des romans. « Mon Dieu, que si tout le monde vous ressemblait, un roman serait bientôt fini ! » lui répond-elle. Et pas de n'importe quel roman : « La belle chose, ce serait si d'abord Cyrus épousait Mandane et qu'Aronce de plain-pied fût marié à Clélie ! » Molière renvoie très précisément aux deux grands romans à succès de Mlle de Scudéry. Commencée en 1649, la publication d'*Artamène ou le Grand Cyrus* avait égrené ses dix volumes jusqu'en 1653. Celle de *Clélie* avait aussitôt pris le relais. Au moment des *Précieuses ridicules*, la romancière en était au huitième volume, paru le 1er août 1658 en même temps que le septième. Une bonne partie du public connaissait parfaitement cette source des idées que prônent ridiculement les jeunes filles, et qui n'est ni précieuse ni galante.

À la « belle galanterie » ironique opposée par Magdelon aux façons de faire des maris refusés, succède l'expression de son attente d'une « bonne galanterie », qu'elle définit longuement dans une tirade qui en énonce les lois : « Mon père, voilà ma cousine qui vous dira aussi bien que moi que le mariage ne doit jamais arriver avant les grandes aventures. Il faut qu'un amant, pour être agréable, sache débiter les beaux sentiments, pousser le doux, le tendre et le passionné, et que sa recherche soit dans les formes. » Suivent des conditions soulignées d'un « premièrement », d'un « ensuite », d'un « après cela », et d'une conclusion impérative : « Voilà comme les choses se traitent dans les belles manières, et ce sont des règles dont, en bonne galanterie, on ne saurait se dispenser. » Magdelon, qui devrait dépeindre au public l'attitude des précieuses devant l'épineux problème du mariage des filles, se borne à déplorer le manque de galanterie des prétendants évincés, substituant sans le savoir à cette galanterie, qui n'a effectivement rien à voir avec l'affaire, ce qu'elle a retenu et déduit de la conduite de certains héros de romans.

Dans une tirade parallèle, Cathos fait chorus, substituant à la galanterie effective des mondains une galanterie imaginaire, empruntée à Mlle de Scudéry. « Je m'en vais gager qu'ils n'ont jamais vu la carte de Tendre, dit-elle de La Grange et de Du Croisy, et que Billets-Doux, Petits-Soins, Billets-Galants et Jolis-Vers sont des Terres inconnues pour eux. » À la fin d'août 1654, dans le premier volume de son second roman, Mlle de Scudéry avait cédé à la mode en illustrant une des nombreuses conversations qu'elle avait l'habitude d'inclure dans son récit d'une carte de sa façon, la Carte de Tendre. Les confins, qui figurent la passion, y sont appelés « Terres inconnues », comme l'étaient alors, sur les vraies cartes, les lieux encore inexplorés. Cette « galanterie », car c'en était une dans l'esprit du temps, rencontra un succès énorme.

La carte insérée dans *Clélie* était le produit d'une aventure sentimentale où la réalité, le jeu et la littérature s'entremêlaient. Intime ami de Mlle de Scudéry, Conrart, premier secrétaire perpétuel de l'Académie française, lui avait procuré la connaissance de Pellisson. Le jeune homme éprouva pour la romancière une vive sympathie, et sans doute un peu plus. Avant de lui dire si elle répondrait à ses sentiments, la romancière lui demanda d'attendre et de faire ses preuves. Elle le tiendrait périodiquement informé de ses progrès. Pellisson accepta et fit de son mieux pour conquérir ses bonnes grâces. L'affaire n'avait rien de secret. Tous ceux qui constituaient l'entourage de la jeune femme étaient au courant de la sorte d'expérience sentimentale qu'elle menait avec le nouveau venu. On en fit un jeu de société, qui occupait les rencontres hebdomadaires chez la romancière ou les réunions qui avaient lieu entre amis à la campagne, notamment chez Conrart. On consigna cette aventure sentimentale sur le mode plaisant dans une sorte de journal collectif, la « Chronique du samedi ».

Pour matérialiser sentiments et progrès, Mlle de Scudéry imagina une carte. Pas plus que les récits de la Chronique, elle ne disait forcément la vérité. Elle en présentait aux amis une vision plaisante, une représentation littéraire. On l'appela la « Carte de Tendre », cheminement d'un homme attiré par une femme vers l'obtention de l'amitié de cette femme. Ceux qui avaient connu l'existence de cette carte, et qui avaient parfois contribué à son élaboration, la firent connaître autour d'eux. On en parla tellement que certains des amis de la romancière, tel Chapelain, alors guide écouté dans le domaine des lettres, la convainquirent d'intégrer sa carte dans le roman qu'elle était en train d'écrire. Elle céda. Certains l'en blâmèrent, mais le succès de la carte fut aussi éclatant qu'inattendu. Démesuré par rapport aux circonstances de sa conception et aux intentions de son auteur, ce succès entretint des polémiques et suscita des imitations.

Quand Molière cite la Carte de Tendre, tout le monde la connaît, tout le monde en parle. À la différence des autres cartes du même genre et notamment de la « Carte du royaume des Précieuses », écrite dans le même temps, mais publiée seulement en 1658, dans le même recueil que les « Lois de la galanterie ». Et c'est parce que tout le monde connaissait le roman, la carte et souvent même l'aventure de Mlle de Scudéry et de Pellisson, que Molière a choisi de les citer dans sa comédie. Non sans une énorme distorsion. À en croire Cathos et Magdelon, c'est chez Mlle de Scudéry qu'il faut aller chercher les préliminaires obligés du mariage. Mais Pellisson et Mlle de Scudéry ne se sont jamais mariés et, dans le récit de la « Chronique du samedi » comme dans la présentation de la carte insérée dans le roman, il n'est question que d'amitié.

Au début de *Clélie*, Horace et Aronce, qui sont amis, aiment Clélie à l'insu l'un de l'autre et sans avoir déclaré leur amour à l'objet de leurs vœux. Horace a aimé Clélie dès qu'il l'a vue : c'est l'habituel coup de foudre. Aronce, qui a été élevé avec elle, en devient « éperdument amoureux » en la retrouvant après une absence. Une conversation, que Célère, l'un des personnages du roman, rapporte mot à mot selon les conventions du genre, s'engage à propos d'un double mariage. L'un des devisants, qui avait aimé sa future femme « dès le premier instant qu'il l'avait vue », a cessé de l'aimer aussitôt après le mariage. L'autre, qui n'aimait pas sa future épouse, l'a au contraire aimée « aussitôt après ses noces ». On s'attend à un débat classique sur l'amour et le mariage.

Mais Horace et Aronce, pleins de leur propre cas, dévient la conversation sur les conditions de la naissance de l'amour. Le premier connaît, dit-il, quelqu'un qui a aimé une belle dès le premier jour qu'il l'a vue ; le second, quelqu'un « qui a eu long-temps de l'estime et de l'admiration, sans avoir de l'amour pour une merveilleuse personne », qu'il pensait n'avoir pas le droit d'aimer. À Clélie, qui lui demande s'il a cessé d'admirer cette personne en commençant de l'aimer, il répond que ces deux sen-timents ne sont pas incompatibles. Ce qui pourrait aussi être le sujet d'un débat.

C'est alors qu'un intervenant, Barcé, jette au passage un mot inattendu, qui va encore dévier la conversation et introduire son véritable sujet : « Pour moi, entre ces deux sentiments [l'amour et l'admiration ou adoration], j'aimerais mieux celui qui convient à une maîtresse que celui qui n'appartient qu'à une déesse, et la tendresse du cœur est si préférable à l'admiration de l'esprit que je ne mets nulle comparaison entre ces deux choses. » *Tendresse*, le mot est lancé, que va reprendre Sozonisbe, qui renchérit : « La tendresse est une qualité si nécessaire en toutes sortes d'affections qu'elles ne peuvent être ni agréables ni parfaites si elle ne s'y rencontre. » Ainsi se trouve posée la suprématie d'une « qualité », la tendresse, seule capable de vivifier l'affectivité, qui est *tout entière* de son domaine.

La nouveauté de la théorie de Mlle de Scudéry vient très précisément de cette universalité de la tendresse, qu'elle veut voir régner aussi sur l'amour. C'est à l'héroïne principale de son roman qu'elle confie le soin de le souligner en marquant sa surprise. « Je comprends bien, réplique Clélie, qu'on peut dire une amitié tendre, et qu'il y a même une notable différence entre une amitié ordinaire et une tendre amitié ; mais, Sozonisbe, je n'ai jamais entendu dire un tendre amour, et je me suis toujours figuré que ce terme affectueux et significatif était consacré à la parfaite amitié, et que c'était seulement en parlant d'elle qu'on pouvait employer à propos le mot tendre. » Vraie ou fausse (il faudrait une longue enquête lexicographique pour en décider), la prétention de Mlle de Scudéry est on ne peut plus nette : elle lance dans *Clélie* une expression nouvelle, calquant un insolite « tendre amour » sur un banal « tendre amitié ».

L'auteur veut par là redonner du prix et du poids à un adjectif dévalorisé. « Tant de gens s'en servent aujourd'hui, dit Célère, qu'on ne saura bientôt plus sa véritable signification. » Clélie, qui confesse avoir l'« âme tendre », prend la défense du mot et se charge de le définir dans son domaine traditionnel. À l'amitié « ordinaire », qui est « tranquille » et « ne donne ni de grandes douceurs ni de grandes inquiétudes », elle oppose l'*amitié tendre*, qui est « constante et violente » tout ensemble, fondée sur le partage des émotions. « Pour bien définir la tendresse, je pense pouvoir dire que c'est une certaine sensibilité de cœur qui ne se trouve jamais souverainement qu'en des personnes qui ont l'âme noble, les inclinations vertueuses et l'esprit bien tourné, et qui fait que lorsqu'elles ont de l'amitié, elles l'ont sincère et ardente et qu'elles sentent si vivement toutes les douleurs et toutes les joies de ceux qu'elles aiment qu'elles ne sentent pas tant les leurs propres. » Au contraire de l'amour-propre, dont elle est le meilleur remède, l'amitié tendre fait constamment sortir de soi pour se placer du point de vue de l'autre.

« C'est cette tendresse, explique encore Clélie, qui oblige [ceux qui l'éprouvent] d'aimer mieux être avec leurs amis malheureux que d'être dans un lieu de divertissement ; c'est elle qui fait qu'ils excusent leurs fautes et leurs défauts et qu'ils louent avec exagération leurs moindres vertus. C'est elle qui fait rendre les grands services avec joie, qui fait qu'on ne néglige pas les petits soins, qui rend les conversations particulières plus douces que les générales. » Donnant plus de prix à un seul être qu'à toute la communauté, l'amitié tendre inverse les valeurs de la vie de société. Ce qui serait d'insurmontables obstacles dans les rapports mondains n'existe plus entre ceux qui l'éprouvent : « Par un charme inexplicable, ceux qui ont une véritable tendresse dans le cœur ne s'ennuient jamais avec ceux pour qui ils ont de l'amitié, quand même ils seraient malades et mélancoliques. » Ils sont tellement heureux d'aimer qu'ils n'ont cure des autres plaisirs. Attitude rare, car peu de gens connaissent « cette précieuse et délicate partie de l'amitié ».

Cette distinction faite, c'est au tour d'Aronce, l'autre personnage principal du roman, d'appliquer la même théorie à l'amour. Il se fait le champion de « cette tendresse amoureuse qui met de la différence entre les amants ». Elle est, dit-il d'emblée, « encore plus nécessaire à l'amour qu'à l'amitié », car elle seule peut mettre un peu d'ordre dans le désordre de sentiments sur lesquels la raison n'a pas de pouvoir. « Un amour sans tendresse n'a que des désirs impétueux, qui n'ont ni bornes ni retenue, et l'amant qui porte une semblable passion dans l'âme ne considère que sa propre satisfaction, sans considérer la gloire de la personne aimée, car un des principaux effets de la tendresse, c'est qu'elle fait qu'on pense beaucoup plus à l'intérêt de ce qu'on aime qu'au sien propre. » Comme l'amitié tendre, le tendre amour est à l'opposé de l'amour-propre.

Cette sorte d'amour conduit à adopter une conduite tout opposée à celle des « amants fiers », qui ne songent qu'à satisfaire leur passion. « Ils croient que la plus grande marque d'amour qu'on puisse donner soit seulement de souhaiter d'être tout à fait heureux, car sans cela ils ne connaissent ni faveurs ni grâces. Ils comptent pour rien de favorables regards, de douces paroles et toutes ces petites choses qui donnent de si sensibles plaisirs à ceux qui ont l'âme tendre. » Ils ignorent tout ce qui fait le charme de la tendresse. « Ce sont de ces amants qui ne lisent qu'une fois les lettres de leur maîtresse, de qui le cœur n'a nulle agitation quand ils la rencontrent, qui ne savent ni rêver ni soupirer agréablement, qui ne connaissent point une certaine mélancolie douce qui naît de la tendresse d'un cœur amoureux, et qui l'occupe parfois plus doucement que la joie le pourrait faire. »

Horace, qui personnifiera dans le roman l'amant passionné et incapable de tendresse, s'insurge contre la distinction d'Aronce. Il ne sait point, dit-il, « discerner la tendresse d'avec l'amour », car la violence de cette passion « occupe si fort ceux dont elle s'empare que toutes les qualités de leur âme deviennent ce qu'elle est ». Aronce, qui incarne le parfait amant, lui accorde qu'il est « vrai que l'amour occupe entièrement le cœur » de quiconque aime vraiment. Mais celui qui a « le cœur naturellement tendre », affirme-t-il, aime « plus tendrement » que celui qui est d'un « tempérament plus fier et plus rude ». Conclusion : « Je soutiens que, pour bien aimer, il faut qu'un amant ait de la tendresse naturelle devant que d'avoir de l'amour, et cette précieuse et rare qualité qui est si nécessaire à bien aimer a même cet avantage qu'elle ne s'acquiert point, et que c'est véritablement un présent des dieux dont ils ne sont jamais prodigues. » On peut acquérir de l'esprit et se corriger de ses vices. « On ne peut jamais acquérir de la tendresse. »

Celle-ci est la pierre de touche de la qualité de l'amour. « Toutes les paroles, tous les regards, tous les soins et toutes les actions d'un amant qui n'a point le cœur tendre sont entièrement différentes de celles d'un amant qui a de la tendresse, car il a quelquefois du respect sans avoir d'une espèce de soumission douce qui plaît beaucoup davantage ; de la civilité sans agrément ; de l'obéissance sans douceur, et de l'amour même sans une certaine sensibilité délicate qui seule fait tous les supplices et toutes les félicités de ceux qui aiment et qui est enfin la plus véritable marque d'une amour parfaite. »

Entre les deux sortes d'amour, le passionné et le tendre, la distinction est si importante pour Mlle de Scudéry qu'elle marque la limite du bien et du mal. « Je pose même pour fondement, conclut Aronce, qu'un amant tendre ne saurait être ni infidèle, ni fourbe, ni vain, ni insolent, ni indiscret, et que pour n'être point trompé ni en amour ni en amitié, il faut autant examiner si un amant ou un ami ont de la tendresse que s'ils ont de l'amour ou de l'amitié. » La tendresse est un préalable absolu.

L'arrivée du prince de Numidie, puis de Maharbal, interrompt brusquement cette brève conversation, dont les conclusions sont d'autant plus nettes que les propos de Clélie et d'Aronce n'ont pas le temps d'être discutés par ceux qui les ont entendus. Signe du caractère tranché des convictions de l'auteur, le rôle de la tendresse n'est pas défini, comme il arrive le plus souvent pour d'autres sujets, dans un débat contradictoire. On est tendre ou on ne l'est pas. Ou plutôt on naît tendre ou incapable de l'être. La tendresse est un état. Clélie et Aronce sont tendres par nature et en toute circonstance. Horace, malgré tout son amour, ne le sera jamais. Comme on appartient ou non à la noblesse par la naissance, on est ou non digne d'entrer au royaume de Tendre selon qu'on a ou non reçu la tendresse parmi ses dons naturels. C'est une question de « tempérament ». Le mot est employé, par contraste, pour ceux qui, étant d'un « tempérament plus fier et plus rude », sont incapables d'avoir le cœur tendre.

Il faut évidemment garder ces distinctions en tête quand on lit, deux cents pages plus loin, la fameuse carte, dessinée de la main de Clélie, « qui enseignait par où l'on pouvait aller de Nouvelle Amitié à Tendre ». Cette conversation préalable explique pourquoi il ne sera maintenant question que d'amitié (contribution de Clélie à la définition de la tendresse, qui se trouve ici complétée), et non d'amour (contribution réservée à Aronce, qui ne sera jamais reprise et développée). La jeune fille, remarque Célère, « a trouvé lieu de faire une agréable Morale d'amitié, par un simple jeu de son esprit, et de faire entendre d'une manière assez particulière qu'elle n'a point eu d'amour et qu'elle n'en peut avoir ». Parfaitement claire, l'opposition est en outre fortement soulignée. Contrairement à l'opinion répandue partout, la Carte de Tendre n'est pas présentée comme celle de l'amour, mais seulement comme celle de l'amitié. Elle est faite par Clélie, alors qu'elle n'a pas encore découvert qu'elle aime Aronce, à l'intention d'Herminius, qui lui a demandé comment « l'on pouvait aller de Nouvelle Amitié à Tendre » – Herminius qui ne fait et ne fera jamais partie des amoureux de Clélie.

La Carte de Tendre s'applique donc à l'ensemble des amis ou amies de l'héroïne, sans aucune considération de sexe. Elle définit ceux qui sont ou non dignes de partager ses sentiments, et par suite d'appartenir au petit cercle de ses intimes, amis de cœur privilégiés au sein d'une plus vaste société où se déroule la vie mondaine. Elle ne peut s'appliquer à l'amour que par analogie, dans la mesure où Aronce et Clélie ont antérieurement posé l'existence d'un amour tendre parallèle à l'amitié tendre. Mais, contrairement à ce qu'on attendrait, Aronce n'est pas invité à adapter à l'amour tendre la carte de la tendre amitié. Peut-être parce que cela va de soi, et qu'un nouveau développement parallèle serait littérairement inutile et maladroit. Ou bien parce qu'au contraire l'amour tendre serait beaucoup trop difficile à codifier.

« On peut, selon Clélie, avoir de la tendresse par trois causes différentes, ou par une grande estime, ou par reconnaissance, ou par inclination. » On connaît ce texte et la suite, avec ses villes et ses rivières. Il n'est pas sans ambiguïté, puisque la tendresse est un don de nature, une qualité innée qui ne saurait *stricto sensu* être causée. La tendresse ne naît pas de l'estime, de la reconnaissance ou de l'inclination ; elle s'éprouve et s'épanouit grâce à ces sentiments. Ces trois causes ne sont que des *causes secondes*, entre personnes douées d'avance de cœurs tendres, des climats favorables, qui permettent aux cœurs tendres de se reconnaître. Il n'y a donc pas de lien mécanique entre les actes qui sont décrits comme menant à Tendre et le don de la tendresse. Ce sont des signes plus que des causes. La preuve, c'est que « la tendresse qui naît de l'inclination n'a besoin de rien autre chose pour être ce qu'elle est ». C'est la constatation pure, simple et immédiate de l'accord des sentiments entre deux cœurs doués de tendresse.

Pour illustrer le rôle de l'estime, « Clélie a ingénieusement mis [sur sa carte] autant de villages qu'il y a de petites et de grandes choses qui peuvent contribuer à faire naître par estime cette tendresse dont elle entend parler. » Contribuer : le mot rappelle qu'il ne s'agit que d'un apport, non d'une recette infaillible, puisque la tendresse des cœurs est un nécessaire préalable. « De Nouvelle-Amitié, on passe à un lieu qu'elle [Clélie] appelle Grand Esprit, parce que c'est ce qui commence ordinairement l'estime. Ensuite vous voyez ces agréables villages de Jolis-Vers, de Billets-Galants et de Billets-Doux, qui sont les opérations les plus ordinaires du grand esprit dans les commencements d'une amitié. Ensuite, pour faire un plus grand progrès dans cette route, vous voyez Sincérité, Grand-Cœur, Probité, Générosité, Respect, Exactitude et Bonté, qui est tout contre Tendre. »

Déjà, dans la conversation sur la tendresse, Clélie et Aronce avaient parlé des lettres soigneusement conservées par les tendres amis et plusieurs fois relues par les tendres amoureux, alors qu'elles sont rapidement lues des amoureux passionnés, pressés d'aller au fait. Et tous deux avaient pareillement rapproché ces attitudes des qualités de l'âme. S'il y a une part de littérature et de jeu social dans les manifestations de la tendresse, elle est loin d'être l'essentiel. « Il ne peut y avoir de véritable estime sans bonté », conclut Clélie, et « on ne peut arriver à Tendre de ce côté-là sans avoir cette précieuse qualité ».

Pour arriver à Tendre-sur-Reconnaissance, il faut passer par Soumission et Petits-Soins, puis par Assiduité et Empressement, et encore par Grands-Services, village fort petit, car il y passe peu de monde. Ensuite, « il faut passer à Sensibilité pour faire connaître qu'il faut sentir jusques aux plus petites douleurs de ceux qu'on aime ». C'est ce qu'avait précédemment expliqué Clélie sur le partage des sentiments. Puis, après être passé par Tendresse, « il faut aller à Obéissance, n'y ayant presque rien qui engage plus le cœur de ceux à qui on obéit que de le faire aveuglément ». Il faut enfin « passer par Constante-Amitié, qui est sans doute le chemin le plus sûr pour arriver à Tendre-sur-Reconnaissance ». Chemin étroit, car on s'égare facilement dans des pays aux noms de défauts comme Perfidie, Orgueil, Médisance, etc. « Par ces routes différentes », Clélie a voulu, dit-elle, faire voir « qu'il faut avoir mille bonnes qualités pour l'obliger à avoir une amitié tendre ».

Si l'on trouve décrites dans ce texte un certain nombre d'attitudes qui rappellent celles que l'on prête au cheminement dit précieux (douces paroles et favorables regards, par exemple, ou bien obéissance aveugle), si on y lit des expressions comme petits soins ou billets doux qui sont censées appartenir à la préciosité, elles ne sont qu'une part infime d'un contexte, beaucoup plus vaste et beaucoup plus riche, de qualités morales et de dons de sensibilité hors desquels elles n'ont point de sens. À la différence des conduites que Molière décrit comme précieuses, qui seraient des gestes nécessaires et suffisants pour montrer qu'on appartient à une coterie quel que soit l'intérieur de l'âme, chez Mlle de Scudéry les conduites tendres n'ont d'importance et ne sonnent juste que si elles traduisent les richesses du cœur. À la grimace et aux gesticulations, elles opposent la sincérité et la discrétion.

Il est donc tout à fait abusif de prétendre définir la préciosité à partir de la Carte de Tendre. D'abord, parce que si Mlle de Scudéry a parlé d'amitié tendre et non d'amour précieux, c'est sans doute qu'elle avait ses raisons, et qu'il faudrait de bons et valables arguments pour montrer, malgré elle, que les deux expressions sont équivalentes. Ensuite, parce qu'il ne faut pas, parmi les exigences de l'amour ou de l'amitié tendre, qui forment un ensemble cohérent, en extraire telles ou telles (comme les billets doux ou les petits soins) à l'exclusion du reste. Si l'amour tendre devait servir de base à la définition de la préciosité, il faudrait le prendre dans sa globalité et restituer à la préciosité une dimension morale qu'on ne lui accorde pas d'ordinaire. La tendresse est un don fait par la nature à quelques âmes particulièrement bien nées. Comment dire la même chose de la préciosité ? On ne peut pas non plus l'assimiler, elle que Molière représente comme une collection d'attitudes obligatoires (« il faut », « on doit », ne cessent de proclamer Cathos et Magdelon), à la tendresse, qui est, selon Clélie, un état d'âme, un mouvement du cœur, un enrichissement de la sensibilité.

Pour qualifier de précieuse la tendresse selon Mlle de Scudéry, il faudrait qu'elle l'ait elle-même présentée comme telle. Or elle n'emploie que rarement le mot « précieux », et elle le place toujours avant le nom. La tendresse est pour elle « une précieuse et rare qualité ». Bel aveu de préciosité pour les esprits approximatifs, qui aiment jongler avec le vocabulaire et qui peuvent allégrement en déduire que la tendresse est la rare qualité des précieuses... Pour ceux qui respectent les textes, cela veut dire que Mlle de Scudéry n'ignore pas le mot « précieux », mais qu'elle lui garde son sens traditionnel. Elle connaît l'amour tendre et l'amour galant. Elle les définit avec la plus grande précision. Elle ne définit pas l'amour précieux. Elle en ignore jusqu'à l'existence. Il ne peut être de bonne méthode d'en chercher chez elle les symptômes, parce qu'il a plu à Molière de la mettre en cause dans une pièce où, sous couleur de préciosité, il a ridiculisé... la galanterie.

En affirmant la nouveauté de l'expression « amour tendre » dans la première conversation de son nouveau roman, Mlle de Scudéry invite ses lecteurs à découvrir une nouvelle façon d'aimer, celle qui va la lier si longtemps avec Pellisson. Ce modèle a séduit plus d'une grande dame. C'est celui qu'a suivi, par exemple, Mme de La Fayette avec La Rochefoucauld comme avec Ménage. C'est celui de l'« ami de cœur ». Amour exclusif, quoique chaste, qui n'exclut pas l'existence autour de lui d'un réseau de tendres amitiés. Forme d'amour qui se voulait nouvelle, l'amour tendre venait de l'expérience vécue de Mlle de Scudéry, qui en a éprouvé les charmes et les mérites avec Phaon (dans *Cyrus*), puis Herminius-Pellisson (dans *Clélie*), en même temps qu'elle cultivait la tendre amitié de ses nouveaux et anciens amis. Comme la Carte, qui était le fruit des jeux des Samedis, la tendresse renvoyait à un moment de sa vie. Elle se révélait opérationnelle non seulement pour comprendre ses rapports avec les membres de son entourage et séparer les vrais amis des simples relations, mais aussi pour distinguer la meilleure forme de l'amour d'une amitié qui est à son image.

Contrairement à ce qu'on attendrait, l'« amour tendre » n'est pour ainsi dire jamais explicitement désigné comme tel dans la suite de *Clélie*. La conception de l'amour qu'il englobe est sans doute le fondement des rapports d'Aronce et de Clélie, et son contraire, l'amour-passion, à la base des actions d'Horace. Mais l'expression n'est pratiquement plus employée après la fameuse carte, dont les chemins ne sont nullement explicatifs des actions et progrès à venir des divers personnages du roman. À la différence de la galanterie, qui demeure opérationnelle d'un bout à l'autre du livre comme une des catégories de l'amour, des relations sociales et même de la littérature, la tendresse disparaît très tôt de *Clélie*.

À partir du moment où les jeunes gens découvrent qu'ils s'aiment, l'amour tendre est très vite absorbé dans des mouvements intérieurs plus violents. Et c'est le mot « passion » ou simplement celui d'« amour » qu'utilise désormais l'auteur. Comme si l'univers romanesque avait ses lois, différentes de celles de la vie, et que ces lois excluaient les nuances et raffinements vécus par Mlle de Scudéry. Même si Aronce aime tendrement, il ne saurait comme Pellisson se contenter de l'amour tendre, et Clélie a vite fait d'aller plus loin que la tendre amitié... Tout finira à Tendre-sur-Mariage, que l'auteur n'avait pas pensé à placer sur sa carte.

Il suffit de lire les textes pour constater que l'auteur des *Précieuses ridicules* a volontairement brouillé les pistes. En qualité de reine de Tendre, Mlle de Scudéry s'est amusée à écrire une théorie de l'amour tendre. Elle n'a jamais parlé d'amour précieux. Par une singulière confusion, à ce que la romancière a explicitement présenté comme la plus authentique représentation de l'amour tendre, Molière donne le nom de ce qu'elle est la première à considérer comme la pire de ses contrefaçons, la galanterie. Et voilà de surcroît qu'à cause du titre de la pièce et de son influence sur les contemporains eux-mêmes, l'œuvre de Mlle de Scudéry s'est trouvée pour toujours cataloguée comme précieuse... Comme si la reine avouée et glorieuse du royaume de Tendre pouvait, à juste titre, être identifiée avec le modèle honteux d'une préciosité sur laquelle personne n'a jamais voulu régner !

Molière a procédé par amalgame. Il avait annoncé préciosité, et il montre une galanterie mâtinée de tendresse dans un mélange contre nature. Ses « pecques provinciales » confondent tout. Ces confusions sont le support d'un programme comique qui amusait trop son public pour qu'il y prît garde. Avec le temps, elles ont pris l'apparence de la vérité.

Cela fait maintenant plus de trois siècles qu'on parle de préciosité à propos de tout et de rien. Faute de définition, chacun invente la sienne et n'a pas de peine à en retrouver les caractéristiques dans l'œuvre ou le personnage qu'il a choisi arbitrairement comme prétendu modèle. Pour Mlle de Scudéry en tout cas, malgré les insinuations de Molière qui ont fait tomber tant de critiques dans le panneau, il n'y a aucun doute : elle est la reine de Tendre, et Clélie une sujette de ce beau royaume. Elles ne sont pas du pays des Précieuses, vaste domaine largement imaginaire où chacun plaçait ses ennemis et où personne ne voulait aller.

Chapitre 3

Littérature précieuse
ou littérature galante ?

Après une entrée mouvementée (il se querelle avec les porteurs de sa chaise), Mascarille est la vedette de la deuxième grande scène des *Précieuses ridicules* (scène IX). Il y éblouit Cathos et Magdelon par sa connaissance (sa prétendue connaissance) des usages du monde. Son rôle est de dépeindre, ou plutôt de caricaturer la préciosité. Mais à peine est-il arrivé qu'il annonce aux demoiselles que la renommée s'est emparée d'elles, et qu'elles vont surpasser « tout ce qu'il y a de galant dans Paris ». Comme Cathos et comme Magdelon dans la scène IV, à la préciosité annoncée par le titre de la pièce, Mascarille substitue la galanterie. Les critiques font souvent de même.

Antoine Adam l'a parfaitement (et inutilement) souligné dès juillet 1969 : « Lorsque nous lisons certaines descriptions qui en ont été données, nous comprenons bien qu'aux yeux de Sainte-Beuve par exemple, et de bien d'autres, la poésie précieuse est tout simplement synonyme de poésie galante. Les délicatesses excessives, les affectations inévitables d'une poésie devenue jeu de société, ses mignardises et ses afféteries, voilà ce que serait la préciosité... » S'il s'agit là, continuait Antoine Adam, d'une convention, d'une routine, ce n'est pas grave. « Mais en ce cas, nous devons comprendre que nous employons le mot *précieux* dans un sens qui n'est pas celui qu'il avait au XVIIᵉ siècle. »

Cette substitution d'un mot à un autre pourrait effectivement n'avoir pas d'importance. Si par exemple le mot « galant » n'avait pas eu, au temps même où l'on place la naissance et l'essor de la préciosité, un sens fort et précis, s'il n'avait pas correspondu à une réalité sociale qu'on peut dater, à une esthétique et à des œuvres particulières, qu'on ne doit évidemment pas confondre avec l'esthétique précieuse et ses fruits (à supposer que la préciosité ait eu une existence cohérente, une esthétique et des « fruits »). À la différence en effet du nom, et même de l'adjectif « précieux », dont l'emploi reste extrêmement rare jusqu'à ce que Molière les ait mis à la mode en brouillant tout, « galant » et « galanterie » ont été des mots largement employés par les contemporains, qui ne s'en servaient pas au hasard.

Sorel le disait sans y insister dans ses « Lois » : l'écriture fait partie de la galanterie. Quand La Grange annonce que son valet « se pique ordinairement de galanterie et de vers », il ne lui attribue pas une double prétention, il insiste sur un des aspects particulièrement importants de la galanterie. Sous couleur de préciosité, Mascarille en présente une caricature. On rit de son comportement mondain, dont font partie ses prétentions littéraires. Le premier est visible dans son costume et ses façons de faire ; les secondes sont le principal sujet de sa conversation avec Cathos et Magdelon.

« Galant » revient cinq fois dans cette scène pour qualifier les activités que Molière met en cause. Rien d'ironique à première vue dans le premier emploi du mot. Paris est, dit Magdelon, « le centre du bon goût, du bel esprit et de la galanterie ». L'admiration naïve de la provinciale rejoint l'autosatisfaction de la nouvelle Parisienne, heureuse d'habiter désormais au centre de la vie intellectuelle. Elle pourra donc voir des auteurs. « Ces visites spirituelles » sont le moyen d'être « instruite de cent choses qu'il faut savoir de nécessité [...]. On apprend par là chaque jour les petites nouvelles galantes, les jolis commerces de prose et de vers ». Magdelon met sur le même plan la connaissance des potins mondains (les « nouvelles galantes ») et des potins littéraires. Elle confond la connaissance de la littérature avec la fréquentation des auteurs. C'est aussi ce que fait Mascarille : « Il est vrai, répond-il, qu'il est honteux de n'avoir pas des tout premiers tout ce qui se fait. » En quoi, une fois de plus, les personnages de Molière se comportent à l'image et ressemblance du galant de Sorel.

Les nouvelles, et particulièrement celles qui concernent l'actualité littéraire, sont au centre de ses préoccupations. « S'il s'imprime quelque comédie ou quelque roman, disent les "Lois de la galanterie", il faut en avoir des feuilles à quelque prix que ce soit, dès auparavant même que les dernières soient achevées, afin de contenter les dames qui aiment la lecture. Que s'il y a des pièces curieuses qui ne s'impriment point, il faut en avoir la copie bien écrite ». Comme les précieuses de Molière, le galant de Sorel est entiché de bagatelles littéraires, non par vrai goût des choses de l'esprit, mais par vanité, pour étaler qu'il est au courant de tout ce qui se dit et s'écrit dans le monde. « Pour montrer, dit Sorel, le crédit que vous avez parmi les gens d'esprit, il faut toujours avoir vos pochettes pleines de sonnets, épigrammes, madrigaux, élégies et autres vers, qu'ils soient satiriques ou sur un sujet d'amour. » On reconnaît les « sonnets et sonnettes » dénoncés par Gorgibus et par Molière.

« Vous ne devez pas manquer non plus, continue Sorel, de faire voir les nouvelles pièces de théâtre aux dames, soit que vous fassiez venir les comédiens chez elles, ou que vous reteniez une loge à l'hôtel de Bourgogne ou au Marais. » Conformément à ce programme, Mascarille s'offre aux demoiselles pour les « mener l'un de ces jours à la comédie » voir une pièce nouvelle. Il va bientôt donner lui-même une des siennes « aux grands comédiens » – ceux justement de l'hôtel de Bourgogne.

Même convergence à propos du chant et des violons. « Nul ne peut être dit vrai galant, affirme Sorel, qui de sa vie n'a donné ni le bal ni la musique. » Mascarille, qui se pique de chanter, n'oublie pas d'organiser un bal. « Ce n'est ici qu'un bal à la hâte, s'excuse-t-il, mais l'un de ces jours, nous vous en donnerons un dans les formes. » Et de s'enquérir : « Les violons sont-ils venus ? » Il commence tout juste à danser quand son maître survient, interrompant la comédie.

Le galant doit évidemment être capable d'écrire, et mieux encore d'improviser. Mascarille improvise donc. Sur la situation qu'il prétend être en train de vivre depuis son arrivée chez Cathos et Magdelon.

> Oh ! Oh ! je n'y prenais pas garde
> Tandis que, sans songer à mal, je vous regarde,
> Votre œil en tapinois me dérobe mon cœur.
> Au voleur, au voleur, au voleur, au voleur !

L'impromptu de Mascarille est de Molière. C'est un pastiche. Dommage, car la démonstration aurait été meilleure si on avait entendu un texte authentiquement qualifié de précieux par les contemporains. Mais les jeunes filles elles-mêmes s'y trompent une fois de plus. Après l'avoir entendu, Cathos s'exclame : « Ah ! mon Dieu ! voilà qui est poussé dans le dernier galant ! » Et Magdelon symétriquement : « Il faut avouer que cela a un tour spirituel et galant. » Décidément envahissante, la galanterie littéraire prend ici la place de la prétendue préciosité littéraire, comme la galanterie amoureuse a pris, dans la scène IV, celle de la préciosité amoureuse.

Molière n'a pas opéré cette substitution par hasard. Il n'y avait pas alors de débat au sujet d'une littérature précieuse, inconnue et indéfinissable en novembre 1659. Il y en avait un, fort intéressant, sur le statut de la littérature galante.

Voiture était mort en 1648 sans avoir pris soin de réunir ses œuvres. Pinchêne, son neveu, les publia en 1650, avec une importante préface où il expliquait n'avoir mené cette entreprise que sur la pression des amis de son oncle, et surtout de femmes du grand monde (Mme de Longueville, Mme de Montausier, fille de Mme de Rambouillet, la marquise de Sablé), qui, dit-il, « ont jugé qu'il approchait fort des perfections qu'elles se sont proposées pour former celui que les Italiens nous décrivent sous le nom de parfait courtisan, et que les Français appellent un galant homme ».

Cette galanterie est, dit-il, un art de se tenir dans le monde et même de s'habiller. Voiture avait « la contenance bien composée et, quoiqu'il fût petit et d'une complexion délicate, il était fort bien fait et extrêmement propre sur soi ». C'est aussi un certain don de séduction. Il avait des « talents avantageux » qui le rendaient agréable dans le « commerce du monde ». Il avait « ceux de réussir admirablement en conversation familière, et d'accompagner d'une grâce qui n'est pas ordinaire tout ce qu'il voulait faire ou qu'il voulait dire ». Sa galanterie tenait en grande partie à son attitude envers la culture. Il ne laissait pas « d'avoir beaucoup d'étude et de connaissance des bons auteurs », mais, à la différence des pédants, il ne l'étalait pas, il s'en servait avec « une grande adresse ». Quand il traitait d'un point de science ou devait donner son jugement, « il s'y prenait toujours d'une façon galante, enjouée, et qui ne sentait point le chagrin et la contention de l'école. Il entendait la belle raillerie, et tournait agréablement en jeu les entretiens les plus sérieux ».

Cette capacité-là revient comme un leitmotiv chez tous ceux qui ont tenté de définir la galanterie. Elle est liée au fait que la galanterie ne s'épanouit que dans la compagnie des femmes, qui exclut le pédantisme. À la fin de sa préface, Pinchêne leur confie l'avenir de son oncle, car, dit-il, « dans la délicatesse du goût des dames et l'extrême politesse qu'elles demandent dans les écrits et dans l'entretien, il a toujours eu le bonheur de leur plaire et de

réussir auprès d'elles ». La réputation mondaine et la gloire littéraire sont désormais entre leurs mains. Voiture, dans cette préface,
apparaît moins comme un auteur admirable par son art d'écrire
que comme le modèle d'un art de vivre : il a été le plus parfait
galant de la meilleure société.

Ses lettres et ses poésies, affirme Pinchêne, sont littérairement
le produit brut de cette galanterie vécue. Elles lui sont si indissolublement liées que la lecture en est difficile, voire impossible,
sans explications, à ceux qui n'ont pas partagé la connaissance
qu'avait l'auteur des milieux où elles sont nées. De la parfaite
galanterie de son oncle et du lien étroit de cette galanterie à son
œuvre, Pinchêne ne tire aucune théorie en faveur d'une galanterie
littéraire, aucun argument en faveur d'un nouvel art d'écrire. Il
présente ses *Œuvres* comme le miroir dans lequel une société aura
plaisir à retrouver son image, non comme un modèle pour les
auteurs à venir. Avec cette singularité que l'idéal galant, né dans
les cours et destiné aux gens de qualité, s'est (rétrospectivement)
incarné dans un roturier au sein d'un salon de la ville, la fameuse
chambre bleue de Mme de Rambouillet, lieu d'élection de la
galanterie – et non d'une préciosité qui n'existait alors ni socialement ni littérairement.

En 1653, dans le dernier tome du *Cyrus*, Mlle de Scudéry a
consacré à l'« air galant » une longue conversation, qu'elle reprendra en 1684 dans ses *Conversations nouvelles*. « Il n'y a point,
dit Cléonice, son porte-parole, d'agrément plus grand dans l'esprit
que ce tour galant et naturel qui sait mettre je ne sais quoi qui
plaît aux choses les moins capables de plaire, et qui mêle dans les
entretiens les plus communs un charme qui satisfait et qui divertit. » À l'opposé d'une « certaine espèce de bel esprit, qui a un
caractère contraint et qui sent les livres et l'étude », l'air galant
« consiste principalement à penser les choses d'une manière délicate, aisée et naturelle, à pencher plutôt vers la douceur et l'enjouement que vers le sérieux et le brusque, et à parler enfin facilement
et en termes propres de toutes choses sans affectation ». L'esprit
galant tient de l'esprit de finesse du « monde choisi », aux antipodes de la rigueur géométrique des doctes et des pédants. Il « doit
être proportionné à ce qu'on est et à ce qu'on fait ». Il suppose
que l'on sait se comporter envers autrui en fonction de son rang
et de la situation dans laquelle on se trouve. Il s'exprime fondamentalement dans un parfait comportement en société – parfait
aux yeux d'une société donnée.

Cette perfection se manifeste particulièrement dans la conversation. L'air galant se traduit par une certaine façon de s'exprimer, par un art de dire qui sonne juste aux oreilles des gens de goût (d'un certain goût). Il donne le pouvoir de traiter agréablement n'importe quel sujet : « Il y a une manière de dire les choses qui leur donne un nouveau prix, et il est constamment vrai que ceux qui ont un tour galant dans l'esprit peuvent souvent dire ce que les autres n'oseraient seulement penser. » Il n'a pas de domaine particulier. Il permet au contraire d'aborder tous les sujets, même les plus sérieux.

Produit d'un art de vivre dans une société mondaine où les femmes jouent un rôle prépondérant, l'air galant, qui leur est particulièrement agréable, se trouve indissolublement lié à leur « conversation », c'est-à-dire leur fréquentation, et au désir de leur plaire. « Il faut qu'un honnête homme, dit Plotine, intervenant dans la même conversation, ait eu au moins une fois en sa vie quelque légère inclination s'il veut avoir parfaitement l'air galant. » Mais cette inclination, qui est surtout de l'ordre du jeu, n'a rien à voir ni avec la passion ni avec l'amour tendre. Elle crée seulement un climat dans lequel se développe un art de plaire fondé sur la surprise et la rapidité. Il y a, précise l'auteur, « une galanterie sans amour qui se mêle même quelquefois aux choses les plus sérieuses et qui donne un charme inexplicable à tout ce que l'on fait ou à tout ce que l'on dit », comportement social né « de cent choses différentes » et particulièrement du « grand commerce du monde choisi et du monde de la cour ».

Par « galanterie sans amour », Mlle de Scudéry n'entend pas seulement une galanterie sans débauche. Elle exclut la galanterie amoureuse, si répandue alors dans les rapports sociaux, si dangereuse par les ambiguïtés qu'elle permet et encourage, si contraire surtout à l'idéal de l'amitié tendre, fondé sur la sincérité et la transparence. Rien de plus opposé à cet idéal que la conduite de Mascarille : à peine entré, il craint qu'on n'assassine sa « franchise » et consacre son impromptu à cet assassinat, ou plutôt à ce vol. Magdelon partage son erreur. L'amant, expliquait-elle dans la scène IV, « rend plusieurs visites, où l'on ne manque jamais de mettre sur le tapis une question galante qui exerce les esprits de l'assemblée ». Comme si, dans les conversations mondaines, on ne parlait jamais que d'amour – d'amour galant.

Il n'en est rien. Une des conversations du *Cyrus*, dont l'objet est précisément de définir la galanterie, explique qu'on y traite de toutes sortes de sujets en évitant par-dessus tout d'être pédant et ennuyeux. Les discussions galantes (et non précieuses) que moque la pièce de Molière prendront le nom inattendu de *Conversations morales* quand Mlle de Scudéry les sortira de ses romans pour les publier à part, une trentaine d'années plus tard. Elles montrent comment une société choisie discute avec entrain de ses pratiques et de ses valeurs. Elles ne correspondent en rien à l'image qu'on donne d'ordinaire de la préciosité.

En septembre 1655, à la fin de la deuxième partie de *Clélie*, Mlle de Scudéry applique à la lettre mondaine ce qu'elle avait écrit de l'air galant à la fin de *Cyrus*. « Ces sortes de lettres étant à proprement parler une conversation entre personnes absentes, dit Plotine, il faut se bien garder d'y mettre d'une certaine espèce de bel esprit qui a un caractère contraint, qui sent les livres et l'étude, et qui est bien éloigné de la galanterie que l'on peut appeler l'âme de ces sortes de lettres. » Comme dans la conversation, on peut y aborder quasi tous les sujets, à condition d'y pratiquer « un certain art qui fait qu'il n'est presque rien qu'on ne puisse faire entrer à propos dans les lettres de cette nature, et que depuis le proverbe le plus populaire jusqu'aux vers de la Sibylle, tout peut servir à un esprit adroit ». Il ne faut surtout pas y employer la « grande éloquence », mais « une autre qui, quelquefois avec moins de bruit, fait un plus agréable effet, principalement parmi les femmes, car l'art de bien dire des bagatelles n'est pas su de toutes sortes de gens ».

Conçue primitivement comme une certaine façon de se conduire et de converser dans le monde, la galanterie se prolonge dans la lettre en art d'écrire – un art d'écrire fait pour les dames, ou du moins pour des compagnies où il y a des dames, qu'elles soient auteurs ou destinataires des textes galants. Car Mlle de Scudéry est formelle. Point de galanterie sans présence féminine, sans jeu oral ou écrit ou les deux, autour d'un amour que l'on n'éprouve pas forcément (en fait, on ne peut bien jouer que si on ne l'éprouve pas). Tout cela crée un ton, une façon de faire, de dire et d'écrire qui ne s'apprennent pas dans les collèges, mais à l'école du monde, du « monde choisi ». On est à cent lieues des précieuses de Molière.

À la fois disciple et rival de Voiture, dont il était le cadet de dix-sept ans, Jean-François Sarasin n'avait pas publié grand-chose quand il mourut prématurément en 1654. Ménage, qui avait été son ami, recueillit et publia ses œuvres deux ans plus tard. Elles étaient précédées d'une importante préface de Paul Pellisson, jeune provincial ambitieux qui venait de monter à Paris pour y faire une carrière littéraire. Il y vante « cette urbanité que les mots de civilité, de galanterie et de politesse n'expriment qu'imparfaitement », dont le modèle était selon lui la *Pompe funèbre de Voiture*, publiée par Sarasin en 1649. Dans ce poème en prose mêlé de vers, à la fois parodie et éloge du disparu, qui racontait plaisamment les funérailles dont on l'avait honoré après son arrivée au Parnasse, Pellisson voyait un « chef-d'œuvre d'esprit, de galanterie, de délicatesse et d'invention », fondé sur la surprise et la nouveauté, car « rien ne fait rire que ce qui surprend, rien ne divertit agréablement que ce qu'on n'attendait pas ».

La réussite de Sarasin dans cette « poésie galante et enjouée, à laquelle il s'est principalement occupé », de préférence à « la plus sérieuse qu'il ne laissait pas d'aimer passionnément », pousse Pellisson à poser l'égalité de ces deux registres. « Et d'ailleurs, affirme-t-il, pour le dire en passant, si quelqu'un s'imagine que la grande poésie ne consiste qu'à dire de grandes choses, il se trompe. Elle doit souvent, je le confesse, se précipiter comme un torrent, mais elle doit souvent encore couler comme une paisible rivière, et plus de personnes peut-être sont capables de faire une description pompeuse ou une comparaison élevée que d'avoir ce style égal et naturel qui sait dire les petites choses ou les médiocres sans bassesse, sans contrainte et sans dureté. » En passant, et sans avoir l'air d'y toucher, Pellisson invitait à une véritable révolution culturelle : reconnaître l'égalité poétique de tous les styles et de tous les sujets.

Le galant Sarasin était un docte de formation, qui savait le latin, l'italien et l'espagnol. Guez de Balzac l'avait naguère défini comme « un docteur excellent », qui débitait « beaucoup de choses d'une manière très agréable ». Il fréquentait assidûment la savante Académie des frères Dupuy, gardes de la bibliothèque du roi, dont l'un des membres lui avait un jour longuement écrit pour le prier de ne pas négliger ses travaux d'historien : « Vous vous amusez de temps à autre à rimer de petits vers de tendresse et de galanterie. Je ne vous le défends point. Mais de grâce, achevez enfin ce sujet tiré de nos antiques annales, que vous avez déjà fort avancé. Voilà le principal, voilà ce qui vous fera le plus d'honneur. » Le point était précisément de savoir si les travaux d'érudition valaient mieux que la poésie, et si la poésie légère, qui plaisait aux gens du monde, valait moins que la grande, qui imitait l'Antiquité.

Sarasin n'avait jamais vraiment choisi. S'il s'était peu à peu laissé entraîner vers la poésie enjouée, il n'avait cependant jamais renié ses productions plus austères. Tout en mettant l'accent sur le succès de ses œuvres galantes, Pellisson présentait les unes et les autres en les mettant sur le même plan. On pouvait, disait-il, assurer sa gloire par l'un ou par l'autre chemin. On pouvait imiter les Anciens. On pouvait aussi, comme Sarasin, imiter le « principal apport » de Voiture : un « style » et un « caractère de poésie qui, renonçant à la gravité sans s'abaisser jusqu'à la bouffonnerie, est plus propre que pas un autre à divertir les honnêtes gens ».

Formé comme Voiture à l'école des Anciens, Sarasin avait comme lui évité l'écueil de la pédanterie et compris que pour être admis des mondains, et particulièrement des dames, le sérieux devait être enrobé dans le plaisant. Mais, à la différence de la préface de Pinchêne aux *Œuvres* de Voiture, le *Discours sur les Œuvres de Monsieur Sarasin*, pour reprendre son vrai titre, ne parle pas du comportement de l'auteur, mais seulement des textes qu'il a écrits et de sa réussite artistique. Il ne rattache plus expressément l'œuvre à la vie de l'auteur, comme si la littérature galante pouvait se dissocier sans peine du milieu qui la produit. Avec ce que Pellisson dit de Sarasin, la galanterie cesse d'être représentée comme une pratique vécue pour devenir le style d'une œuvre et même la base d'une théorie littéraire. À la différence de Pinchêne, Pellisson théorise, définit, justifie l'existence d'une littérature galante, qui n'apparaît plus comme une sorte de miracle passé, lié à un milieu d'exception, mais comme un modèle qu'on peut reproduire et dépasser, un exemple pour l'avenir.

Dans la quatrième partie de *Clélie*, publiée le 1ᵉʳ août 1658, un an avant les *Précieuses*, Mlle de Scudéry va encore plus loin que Pellisson. À Hésiode, qui l'écoute en rêve, une muse prédit l'évolution de la poésie depuis l'Antiquité jusqu'au présent, dont elle affirme et vante la fécondité : « Jamais on n'aura tant vu de grands et magnifiques poèmes héroïques, de belles comédies, de charmantes églogues, d'ingénieuses stances, de beaux sonnets, d'agréables épigrammes, d'aimables madrigaux et d'amoureuses élégies. » Comme Pellisson, la romancière place les galantes productions appréciées des salons sur le même plan que les œuvres relevant des grands genres hérités de l'Antiquité. Mais, par une double audace, des genres traditionnels, elle ne retient ensuite que l'élégie, pour faire l'éloge des poésies d'une femme, Henriette de Coligny, comtesse de La Suze. Et elle laisse voir sa préférence pour les petits genres, comme les « mille aimables chansons qui contiendront agréablement toute la morale de l'amour ».

« Ce sera principalement en ce siècle-là, insiste-t-elle, qu'on verra un caractère particulier de la poésie galante et enjouée, où on mêlera ensemble de l'amour, des louanges et de la raillerie, mais ce sera sans doute de la plus délicate et de la plus ingénieuse, car il y a bien de la différence entre divertir et faire rire. » La galanterie ne cherche pas à faire rire, par exemple en dénonçant des ridicules. Elle vise à divertir en amusant, en surprenant, en donnant au lecteur, qui a souvent été d'abord un auditeur, l'impression qu'il a de l'esprit. La poésie qui en résulte est adaptée à ce climat. Pour Mlle de Scudéry, l'avenir n'est pas dans l'imitation des grandes œuvres des Anciens, mais dans une poésie divertissante adaptée au goût des mondains, où règnent les femmes. « Elle aura, dit la prophétesse, tantôt de la tendresse et de l'enjouement, elle souffrira même de petits traits de morale délicatement touchés ; elle sera quelquefois pleine d'inventions agréables et d'ingénieuses feintes. On y mêlera l'esprit et l'amour tout ensemble. Elle aura un air du monde, qui la distinguera des autres poésies, et elle sera enfin la fleur de l'esprit de ceux qui y seront excellents. » La culture galante donnera naissance à des œuvres galantes, qui auront elles aussi leurs chefs-d'œuvre.

Ce qui est prophétie dans le roman de Mlle de Scudéry était histoire pour ses lecteurs. « La France aura trois ou quatre poètes de cette espèce en un même siècle, qui seront admirables quoiqu'il doive y avoir encore assez de différence entre eux. » Mlle de Scudéry pensait, bien sûr, à Voiture et à Sarasin, dont Pellisson venait de souligner l'originalité. Elle pensait aussi à des familiers de Foucquet comme Bouillon ou Maulévrier, qu'elle fréquentait alors quotidiennement. Il savait, avait écrit le premier à la mort du second, en juillet 1657, « toucher » celles « qui lui étaient rebelles » en leur parlant « d'un air doux et galant ».

> Il était le bon ouvrier
> Des courantes, des chansonnettes
> Des billets doux et des fleurettes.
> Il ne se passait point de jour
> Qu'il ne fît naître quelque amour.

Après avoir décrit dans le *Cyrus* les charmes mondains de l'air galant, Mlle de Scudéry allait plus loin dans *Clélie* en soutenant, devant le large public qui lisait ses romans, que l'avenir de la poésie était dans la transposition littéraire de ce climat. La galanterie dont Voiture avait donné l'exemple dans son comportement à l'hôtel de Rambouillet devient le support d'une nouvelle façon d'écrire, maintenant qu'on la voit comme ressuscitée dans ses *Œuvres*. Pellisson en avait reconnu le caractère novateur. Il avait également soutenu que cette galanterie n'était pas inimitable, puisque Sarasin avait écrit à la fois autrement et dans le même esprit. Franchissant une nouvelle étape, Mlle de Scudéry ne se contente pas, dans *Clélie*, de rappeler l'existence d'une poésie galante, elle affirme sa capacité à donner des chefs-d'œuvre. Grâce à Pellisson, à son amie et au couple Sarasin-Voiture, la poésie galante avait son programme et ses modèles. Molière égarait sciemment son public en oubliant leur existence et le vrai débat que tout cela soulevait au profit de quelques vers ridicules prétendument précieux, dont il était le seul auteur.

Avant de lire son impromptu, Mascarille énumère les petits genres littéraires qu'il pratique. On voit, dit-il, courir de sa façon, « dans les belles ruelles de Paris, deux cents chansons, autant de sonnets, quatre cents épigrammes et plus de mille madrigaux, sans compter les énigmes et les portraits ». Sur quoi Magdelon enchaîne : « Je vous avoue que je suis furieusement pour les portraits ; je ne vois rien de si galant que cela. » Le ridicule de Mascarille vient de sa prétendue facilité et de l'accumulation quantitative qui en résulte. Mais Molière avait sûrement entendu parler de la célèbre journée des madrigaux qui s'était déroulée autour de Mlle de Scudéry, et il savait combien on était attentif aux portraits qu'elle multipliait dans *Clélie*. Sonnets, épigrammes, madrigaux et chansons sont à la fois dans la liste de Mascarille et dans celle des galanteries prophétisées par la romancière. Autant d'indices convergents qui montrent que, comme dans la scène IV sur le mariage, Mlle de Scudéry est la principale cible de Molière dans la scène où il fait la satire des liens du monde et de la littérature.

Molière, dans ses *Précieuses ridicules*, n'a désigné que deux sources : les « Lois de la galanterie », qu'il faut deviner dans son allusion au *Recueil des pièces choisies*, et, très explicitement, les romans à succès de Mlle de Scudéry. Les claires allusions de Magdelon aux deux principaux héros de *Clélie*, celles de Cathos à la Carte de Tendre à la scène IV, sont suivies dans la scène VI de la protestation de Marotte, leur domestique, qui s'excuse de sa méconnaissance des nouveautés que ses patronnes tentent de lui imposer : elle n'a pas appris, comme elles, « la philofie [la philosophie] dans le Grand Cyre ». Vient la scène IX, placée d'emblée sous le signe de la romancière. « C'est le caractère enjoué », dit Cathos à l'arrivée de Mascarille. « C'est un Amilcar », traduit Magdelon, qui croit reconnaître en lui le personnage de *Clélie* qui représente le poète Sarasin, successeur et rival de Voiture en galanterie littéraire. Cette présentation du personnage qui entrait en scène était un signe destiné aux spectateurs avertis : dans cette scène non plus, il ne s'agirait pas de préciosité, comme l'annonçait le titre de la pièce, mais de galanterie, et plus précisément de la galanterie littéraire prônée par Mlle de Scudéry.

Quatre allusions à ses grands romans, dont une explicite à sa Carte de Tendre ! Ces renvois sont si nombreux et si clairs qu'on se demande pourquoi on discute encore, et souvent longuement, pour décider si Mlle de Scudéry est ou non visée dans les *Précieuses*. Molière, incontestablement, a voulu montrer les ravages que la romancière pouvait faire dans des cervelles prêtes, comme Magdelon, à tirer d'aventures imaginaires des « il faut » et des « on doit » valables dans la vie. Cathos, de son côté, reproche aux prétendants proposés par Gorgibus de ne pas avoir une compétence suffisante dans le domaine de l'écriture des billets doux, billets galants et jolis vers. Autre ravage, intellectuel celui-là, provenant encore du même roman. Cette dénonciation répétée ne va pas sans un grand décalage entre le contenu et le titre de la pièce. Comme l'indique le nom des « billets galants », les textes de ce genre ressortissent eux aussi à la galanterie (littéraire) et non à la préciosité.

« Galant » apparaît une dernière fois dans *Les Précieuses ridicules*, à la scène XII, juste avant le retour des maîtres qui démasquent leur valet. « Il a de l'esprit comme un démon », dit Jodelet. « Et du galant, et du bien tourné », reprend Magdelon. Dans cet éloge de Mascarille, qui vient de promettre « un impromptu à loisir », le mot « galant » porte, cette fois encore, sur l'activité littéraire. En l'employant une treizième fois en un si court espace, Molière en fait le mot clé d'une comédie où le mot « précieux » a disparu dès la deuxième scène. L'étonnant, c'est qu'à l'adjectif « galant » il n'a jamais substitué le mot « précieux » comme l'y poussait le titre de sa pièce. Il serait plus satisfaisant pour l'esprit que les *précieuses* Cathos et Magdelon admirent l'esprit *précieux* et les œuvres *précieuses* de leurs visiteurs, non leur galanterie.

La confusion de la préciosité et de la galanterie était commode. Elle permettait aux tenants de la galanterie visés par Molière de ne pas se reconnaître, puisqu'il plaçait apparemment sa cible ailleurs. Le cas de Mlle de Scudéry, sa principale victime, contribuait à brouiller les cartes. Prônant la tendresse en amour comme en amitié, dans sa vie comme dans son œuvre, elle vantait la galanterie littéraire, mais rejetait les troubles jeux de la galanterie amoureuse. Et voilà que *Cyrus* et *Clélie* sont présentés par Molière comme la bible de précieuses qui en admirent... la galanterie.

Ces amalgames rendent tout à fait impossible de définir la préciosité à partir des *Précieuses ridicules*. Molière en a fait l'étiquette d'un sac qui ne parle que de galanterie, comme si, pour lui, les deux termes étaient parfaitement synonymes ou complémentaires. À l'instar de la Coquette, la Précieuse serait-elle donc la femelle du galant ? Et l'emploi de ces mots ambigus viendrait-il simplement de ce qu'un galant ne peut décemment s'adresser à une « femme galante » ? En ce cas, la préciosité, qui a fait couler tant d'encre, ne serait que la conséquence inattendue et démesurée d'une dérisoire anomalie grammaticale. Puisque Molière, après quelques autres, avait dénoncé l'existence des précieuses, on n'a pas manqué de conclure qu'il devait y en avoir. Le succès de sa pièce garantissant leur omniprésence, tout le monde s'employa à en trouver et à les qualifier. Sous couleur d'en faire l'inventaire, Somaize les multiplia pour grossir son livre. Elles existèrent à force d'en parler.

Chapitre 4

Naissance des Précieuses
(1654-1655)

On a eu beau multiplier les recherches, les emplois du mot « précieux » avant la Fronde, même comme adjectif, restent rares, isolés, sans signification. S'ils augmentent à partir de 1654 et se multiplient après la parution en 1658 de la fin du roman de l'abbé de Pure (*La Précieuse ou le Mystère des ruelles*), ils demeurent jusqu'à la pièce de Molière le plus souvent laudatifs. C'est seulement après elle, à cause d'elle, que les précieuses sont à la fois en vogue et habituellement ridicules.

Si l'on est, bien à tort, persuadé que l'hôtel de Rambouillet a été le centre de la préciosité, on s'empressera de faire un sort à ce que Voiture écrit de Rome, en novembre 1638, à la fille de la marquise, Julie d'Angennes, qui n'est pas encore devenue Mme de Montausier : « Je reconnais que vous êtes la plus précieuse chose du monde. » Mais l'épistolier, dans cette lettre, ne renvoie pas à une espèce de femmes connues ou à une cabale particulière, il exprime son regret d'être loin de sa correspondante : « Je trouve par expérience, continue-t-il, que toutes les délices de la terre sont amères et désagréables sans vous. »

En 1646, dans ses *Épîtres en vers et autres œuvres poétiques*, le poète Boisrobert donne un « Dialogue entre Madame la duchesse d'Enghien et Mademoiselle de Boutteville, sous le nom de Daphné et de Précieuse ». Claire-Clémence de Maillé-Brézé, femme depuis 1641 du futur Grand Condé, y célèbre Isabelle-Angélique de Montmorency-Boutteville, devenue duchesse de Châtillon un an avant la publication du poème : « Quel charme se peut comparer, dit Daphné,/ Aux doux attraits de Précieuse ?/

Chacun se plaît à l'adorer./ Moi-même, j'en suis amoureuse.../ Précieuse n'a point de prix. » Puis Précieuse célèbre à son tour les charmes de Daphné. Elles sont entourées d'autres femmes, telles Sylvie et Cloris.

La même année, en décembre, le comte d'Avaux s'étonne que Mme de Longueville, « une personne si précieuse », se soit exposée à tant de dangers et ait fait tant de chemin pour « chercher un vieil mari ». En 1650, dans sa préface aux *Œuvres* de Voiture, Pinchêne parle de ses « rares et précieuses qualités ». En 1651, un libelle élogieux, *Le Temple de la déesse de Bourbonie*, confie « la garde de sa précieuse personne » à une certaine demoiselle de Fermelis. En 1652, Sarasin, dans une lettre, loue la « précieuse personne » de Mlle de Viger, une Bordelaise, qui « plaît infiniment à Mme de Longueville ». Voilà apparemment Mme de Longueville la première et la plus nommée au *hit parade* des précieuses. Ce serait par un abus de langage, car l'adjectif garde partout son sens originel. Par sa naissance comme par son esprit, Mme de Longueville est une dame qui a du prix.

Segrais, dans ses *Poésies diverses*, publiées en 1658, prête sa plume à la comtesse de Fiesque pour célébrer les mérites d'une dame anonyme « jouant au reversis devant la duchesse de Châtillon » : « L'esprit galant et beau, la grâce merveilleuse,/ Les yeux doux, le teint vif, et mille autres appas,/ Obligeante, civile et surtout précieuse,/ Quel serait le brutal qui ne l'aimerait pas ? » On sait maintenant qu'il s'agit de Mme de Brégy et que le poème remonte à 1648-1649.

Maigre bilan : en dix ans, sept ou huit occurrences avérées de l'adjectif « précieux » pour qualifier cinq personnes (trois jeunes filles et deux femmes mariées). On ne peut pas vraiment prétendre que « vers 1648, le mot "précieuse" était en cours dans la société mondaine ». Jusqu'à la Fronde, on ne l'utilise qu'exceptionnellement pour souligner le grand prix que l'on attribue, indifféremment, à une femme ou à une jeune fille, à une princesse (Mme de Longueville), à une très grande dame (la future duchesse de Châtillon), ou simplement à une dame en vue dans le monde, voire à une provinciale. À l'évidence, aucun de ses emplois ne renvoie péjorativement à une cabale, ni à une société définie, ni même à une notion particulière, ressemblant de près ou de loin à ce qu'on a ensuite cru voir derrière le mot « préciosité ».

Il en va de même les années suivantes. Le 5 juin 1651, l'adjectif apparaît pour la première fois dans la presse naissante pour qualifier une personne. Loret l'emploie, dans sa gazette toute neuve, à propos des demoiselles de La Louppe, futures comtesse d'Olonne et maréchale de La Ferté, qui ont accompagné à Limours la cousine germaine de Louis XIV, Mlle de Montpensier. La princesse a conté rapidement dans ses *Mémoires* qu'elle y est allée deux ou trois jours avec son père, Gaston d'Orléans : « J'y menai avec moi la plus agréable compagnie et la plus belle qui était quasi toujours avec moi. C'étaient Mme de Frontenac et Mlles de La Louppe, toutes trois jolies et spirituelles. Nous ne faisions que danser et nous promener à pied et à cheval. » Loret rapporte le voyage, sans citer Mme de Frontenac : « L'une et l'autre mignonne Louppe/ Étaient de cette illustre troupe/ Plus fraîches et belles cent fois/ Que les fleurs des champs et des bois. » Après les avoir vues, on ne peut plus dire que « loupe est une laide chose », car « il n'est point de personnage/ Voyant ce couple précieux [...]/ Qui ne souhaitât une loupe ».

En décembre 1651, Scarron salue plaisamment la future comtesse de La Fayette, à la fin d'une lettre à sa mère : « Je baise humblement les mains, écrit-il, à Monseigneur de Sévigné, à Mlle de La Vergne, toute lumineuse, toute précieuse, toute etc., et à vous, Madame, votre très humble et affectionné serviteur. » En février 1653, le chanoine Costar emploie le même adjectif pour encourager la jeune fille à supporter l'exil angevin, où l'a entraînée l'attitude de René-Renaud de Sévigné, le second mari de sa mère, qui a malencontreusement pris le mauvais parti, celui du cardinal de Retz, pendant la Fronde qui s'achève. Elle est passée le voir au Mans. Il l'en remercie dans une lettre où il l'invite à bien goûter, dans la solitude, le « contentement [de] posséder la plus précieuse chose du monde » en se possédant soi-même. L'adjectif, bien évidemment, n'a encore rien de péjoratif.

La même année, Segrais publie *Athys*, long poème pastoral, où il célèbre « plusieurs précieuses beautés », dont Mmes de Rambouillet, de Saint-Simon, de Frontenac et Mlle d'Outrelaise. Comme il y vante aussi les « nymphes de l'Oise au précieux renom », il prend soin de préciser, en marge de son texte, qu'il nomme ainsi Mlles d'Aumale et d'Haucourt. Ces demoiselles apparaîtront bientôt comme des précieuses-modèles. Pour le moment, vu le contexte où il se trouve deux fois placé, l'adjectif reste à l'évidence un compliment.

L'année suivante, en février 1654, Godeau écrit admirativement à Mlle de Scudéry, depuis son lointain évêché de Grasse, qu'il pense aux richesses de son esprit et souhaite de ses lettres : « Écrivez-moi donc souvent, ma très précieuse Sapho ; je n'oserais ajouter ma très chère si l'amitié n'osait et ne pouvait oser ce que la grimace de la civilité condamne. » Le 19 avril, pour donner à Mlle de Scudéry des nouvelles de Mme de Rambouillet, le même Godeau parle de « cette précieuse marquise, qui vit maintenant en recluse ». L'adjectif est louangeur, sans référence à une réalité sociale dont la personne louée est maintenant exclue par son âge et sa mauvaise santé. Celui qui devait à l'hôtel de Rambouillet, vingt ans plus tôt, son surnom de Mage de Sidon se serait sûrement gardé d'employer deux fois le même mot pour les deux femmes qu'il loue si cet adjectif avait eu pour lui un sens péjoratif, s'il avait su qu'il pouvait renvoyer à une cabale précieuse.

Jusqu'alors, « précieux » n'a été utilisé que comme adjectif. Benserade fut le premier à sauter le pas. Louis XIV aimait les ballets. Il y dansait. La Fronde était à peine finie qu'on donna à sa cour le Ballet royal de la Nuit, énorme machine de quarante-cinq entrées. Le 14 avril 1654, on créa un opéra italien, *Les Noces de Pélée et de Thétis*, entremêlé d'un ballet à la française. Pour la première fois, des dames de la cour y dansaient. Sur chacune de celles qui y paraissaient, Benserade fit, comme précédemment pour les danseurs, quelques vers où il jouait habilement de la conformité de leur personne et du personnage représenté. Dans la dernière entrée, dite « Les arts libéraux », Mlle d'Estrées, future comtesse de Lillebonne, était l'astrologie, et le livret de Benserade lui faisait dire : « Nature fit d'heureux efforts/ En travaillant après mon corps,/ Et me fit l'âme ingénieuse/ Et de ses passions maî-tresse impérieuse/ Mais toujours un peu curieuse/ Et le ciel répan-dit tout ce qu'il a de mieux,/ Et ses dons les plus précieux/ Sur une délicate et fine précieuse. » Ce dernier mot, à la fin d'un portrait intellectuel assez précis, n'a évidemment pas ici le sens vague qu'avait l'adjectif appliqué par Godeau à Mme de Rambouillet et à Mlle de Scudéry. Il suppose l'existence d'une sorte de femmes particulières dont il est louable de faire partie.

Le 16 août de la même année, après avoir pris bonne note que sa cousine, Mme de Sévigné, fera désormais, par précaution, lire à sa tante, Mme de La Trousse, tout ce qu'il lui écrira, Bussy s'adresse directement à ce chaperon : « En vous rassurant sur les lettres trop tendres, j'ai honte d'en écrire de si folles, sachant que vous devez les lire, vous qui êtes si sage, et devant qui les pré-cieuses ne font que blanchir. » On disait qu'un boulet ne faisait que blanchir un mur lorsqu'il le frappait sans l'ébranler. On employait le mot au figuré pour parler d'efforts inutiles. Afin de se garder des tendresses inopportunes de son cousin, Mme de

Sévigné s'est mise entre les mains d'une gardienne qui réalise beaucoup mieux que les précieuses leur idéal de sévérité et de sérieux.

Ce compliment témoigne de la vogue d'un mot, employé cette fois au pluriel, comme si on connaissait maintenant l'existence et les façons de faire de celles qu'il désigne. Utilisé comme adjectif pour qualifier des filles ou des femmes généralement illustres et de haut rang, lancé comme nom dans le public à l'occasion d'un ballet de cour prestigieux, repris par un homme d'esprit s'adressant à deux veuves spirituelles dans une correspondance privée, « précieux » garde dans tous les cas un sens entièrement positif.

Le 3 avril 1654, onze jours avant le ballet de *Thétis*, René-Renaud de Sévigné, beau-père de Mlle de La Vergne, qui a longtemps servi en Savoie et correspond familièrement avec Christine de France, qui y exerce la régence, lui annonce en fin de lettre : « Il y a une nature de filles et de femmes à Paris que l'on nomme précieuses, qui ont un jargon et des mines avec un démanchement [*sic*] merveilleux : l'on en a fait une carte pour naviguer en leur pays. Je souhaite qu'elle divertisse un moment Votre Altesse Royale de tout le chagrin que lui donne *il nostro briguelo* [notre fourbe, c'est-à-dire Mazarin]. » Cet acte de naissance des précieuses est sans gloire. Il se trouve à la fin d'une lettre où René-Renaud s'est longuement lamenté sur la situation de la France après le retour de « ce fripon » de Mazarin. La carte qu'il envoie n'est qu'un jeu, à un moment où il est, depuis quatre mois, exilé en Anjou, dans sa terre de Champiré. Pour se distraire et distraire la princesse, il doit faire flèche de tout bois. Mais il n'a plus grand-chose à dire. Cette lettre est une des dernières qu'il lui envoie.

Attribuée à Maulévrier, la « Carte du royaume des Précieuses » ne paraîtra qu'en 1658, dans le premier *Recueil* en prose publié par Charles Sercy. C'est la seule à nommer les précieuses dans son titre. Comme elle est expressément présentée comme « la première de toutes » les cartes qui se sont alors répandues, on en a conclu, sans doute avec raison, que cette carte est celle que René-Renaud de Sévigné a envoyée en Savoie. Très brève (une douzaine de lignes), elle ne cite personne et, sans jamais employer dans son texte ni « précieux » ni « précieuse » ni « préciosité », elle décrit généralement la conduite de femmes qui ont un évident désir de se singulariser : « On s'embarque sur la Rivière-de-Confidence pour arriver au Port-de-Chuchoter. De là, on passe par Adorable, par Divine et par Ma-Chère, qui sont trois villes sur le chemin de Façonnerie, qui est la capitale du royaume. » Non loin d'un « château bien fortifié, qu'on nomme Galanterie », se trouvent « deux grandes Plaines-de-Coquetterie, qui sont toutes couvertes d'un côté par les Montagnes-de-Minauderie et de l'autre par celles de Pruderie ». La Galanterie est la citadelle du royaume. La Coquetterie en est une partie.

Employé comme adjectif ou comme nom, « précieuse » s'appliquait jusqu'alors à des femmes belles, intelligentes, cultivées, spirituelles, nommément désignées. Maulévrier renverse brutalement cette image en se servant du même mot pour dénoncer l'existence d'un groupe de femmes anonymes et désagréables. Non contentes de se montrer façonnières, elles forment coterie avec leurs mots familiers (« adorable », « divine », « ma chère ») et un comportement public affecté, au mépris de la plus élémentaire politesse (confidence, chuchoterie). En présentant la carte de Maulévrier, René-Renaud de Sévigné souligne leur démarche quasi mécanique (un « démanchement ») et leur langage particulier, voire incompréhensible (un « jargon »). Aux dames et demoiselles bien réelles que des poètes en vue qualifient de précieuses pour leurs qualités effectives s'oppose une catégorie de femmes et de filles sans visage présentées collectivement comme insupportables dans un texte de fiction inventé par un écrivain d'occasion. Fils de François de Savary, Maulévrier était un brillant gentilhomme qui avait appartenu à l'entourage de Gaston d'Orléans. Disgracié, il fréquente à Paris la société mondaine, notamment chez Mme de La Suze et chez Mlle de Scudéry, qui fera son éloge dans *Clélie* après sa mort en 1656.

Il ne faut pas donner à sa carte plus d'importance qu'elle n'en a eu. Elle n'est que la moindre des cinq cartes inventées en 1654, et les précieuses, que son titre met en vedette, ne tiennent, dans les autres cartes, qu'une place fort réduite, ou même pas de place du tout. Publiée dans *Clélie* quatre mois après la lettre de René-Renaud, la carte la plus célèbre à l'époque, la seule dont on parle encore aujourd'hui, la Carte de Tendre, ne dit pas un seul mot de ces nouvelles venues. Mlle de Scudéry, qui n'a jamais, semble-t-il, employé « précieux » comme nom, ne se sert (rarement) de l'adjectif que dans son sens le plus usuel.

Dans sa « Carte du royaume d'Amour, ou la description succincte de la contrée qu'il régit, de ses principales villes, bourgades et autres lieux, et le chemin qu'il faut tenir pour y faire le voyage », probablement écrite au même moment que la carte de Maulévrier et publiée par Sercy dans le même recueil, le poète Tristan L'Hermite mentionne les précieuses dans la première phrase : « Le royaume d'Amour est situé fort près de celui des Précieuses. » Puis il n'est plus question d'elles. Signe que les précieuses sont loin d'avoir envahi la littérature.

Chez Maulévrier, la Coquetterie forme une partie du royaume des Précieuses. Dans l'allégorie beaucoup plus longue (soixante-dix-sept pages), et plus élaborée, que l'abbé d'Aubignac publie, en 1655, sous le titre : *Histoire du temps ou Relation du royaume de Coquetterie*, les Précieuses ne sont au contraire qu'une des nombreuses variétés de Coquettes. Énumérant les dames du pays, l'auteur cite les Admirables, les Ravissantes, les Mignonnes, les Évaporées, les Embarrassées, qui « ont toujours dix parties [de plaisir] à la tête et dix galants à la queue », les Barbouillées de blanc, de rouge ou de gras, les « Sainte-n'y-touche », les « Malassorties » (unies à des vieillards), et « les Précieuses, qui maintenant se donnent à bon marché ». Sans doute celles-ci doivent-elles leur rapide apparition dans la *Relation* à ce bon mot, qui ruine leur être (car comment se définir comme « précieuses » si l'abondance, en les rendant communes, leur ôte le prix qu'elles prétendent avoir ?). Pour d'Aubignac, les précieuses ne sont qu'un sous-genre des coquettes, parmi beaucoup d'autres. En 1659, il écrira tout un livre (*La Défense du royaume de Coquetterie*) pour définir et défendre le genre de l'allégorie. Il y soutient avec vivacité, contre une éventuelle priorité de Mlle de Scudéry, que sa Carte a été la première de ce genre nouveau. Elle ne concerne que très indirectement les précieuses.

La *Carte du pays de Braquerie* est restée encore plus longtemps inédite que celles de Maulévrier et de Tristan : elle n'a été publiée qu'en 1668, sous le nom de *Carte géographique de la cour*. Comme les précédentes, c'est un jeu. Le prince de Conti, qui commandait en Catalogne, avait dessiné cette carte pour se distraire, explique Bussy, qui venait de servir sous lui pendant la campagne de 1654. Il y avait placé « les femmes qui avaient été galantes ». En décembre, alors qu'il était encore à Montpellier, il demanda à Bussy d'en compléter l'inventaire : « Écrivez-moi la force de ce corps-là, car je ne doute pas qu'il n'augmente tous les jours. » Les précieuses n'occupent dans cette carte qu'une petite partie du pays et du texte.

Trois peuples se disputent le terrain : les Braques, les Cornutes, les Ruffiens. Chez les premiers, « il y a plusieurs rivières ». Les principales sont la Carogne et la Coquette. La Précieuse sépare les Braques, pays des dames galantes, de la Prudomagne, ou pays de la Pruderie. Ces trois rivières prennent leur source chez les

Cornutes. Au milieu de la ville de Grimaud, « la Carogne se cache sous terre par un grand canal que la nature a fait et qu'on appelle vulgairement le Trou-Grimaud ». Elle en sort à deux lieues de là pour se jeter dans la Précieuse, « rivière de grande réputation ». Son eau est « claire et nette », et « il n'y a lieu du monde où la terre soit mieux cultivée ».

Le pays comprend un certain nombre de villes situées sur les principales rivières. Ces villes portent des noms de femmes. À la différence des autres cartes, celle de Bussy met en cause des personnes nommément désignées, chaque ville étant l'occasion d'un portrait satirique rapide, mais précis, de celle qui lui donne son nom. Quatre villes se trouvent sur la Précieuse : Montausier, où cette rivière « passe au milieu », puis Olonne, « chemin fort passant », Guise, qui se plaint du manque d'assiduité de son gouverneur, et enfin Longueville, « ville grande et assez belle » qui « a eu quatre gouverneurs », dont un l'a fort endommagée. Dans la Carte du royaume des Précieuses, la Galanterie se réduisait à la citadelle du royaume. Au pays de Braquerie, la Précieuse n'arrose que quatre villes sur la trentaine qui y est décrite, et la galanterie est répandue partout. Entre les prudes façonnières anonymes de Maulévrier et la collection de femmes à la vertu fragile citées dans la carte de Bussy (même ses « Précieuses » sont majoritairement loin d'être inaccessibles), il n'y a pratiquement rien de commun.

Année de la naissance des précieuses, à en juger par la lettre de René-Renaud de Sévigné, l'année 1654 est aussi celle où le mot, devenu substantif, change parfois d'emploi, de sens et même de signe. Bussy, qui avait, au mois d'août, appliqué le mot à Mme de La Trousse de façon positive, l'emploie de manière négative dans sa Carte, quatre mois plus tard. Scarron, qui l'avait utilisé comme adjectif trois ans auparavant pour vanter les mérites de Mlle de La Vergne, s'en sert comme nom, à la fin de décembre, pour dénoncer un groupe de femmes qui ont voulu ruiner sa dernière pièce, *L'Écolier de Salamanque ou les Ennemis généreux.*

« On a haï ma comédie devant que de la connaître », déclare-t-il dans la dédicace qu'il joint à sa pièce en la publiant au tout début de 1655. « De belles dames, qui sont en possession de faire la destinée des pauvres humains, ont voulu rendre malheureuse celle de ma pauvre comédie. Elles ont tenu ruelle pour l'étouffer dès sa naissance. Quelques-unes des plus partiales ont porté contre elle des factums par les maisons comme l'on fait en sollicitant un procès, et l'ont comparée d'une grâce sans seconde à de la moutarde mêlée avec de la crème. » Heureusement, la pièce a été bien accueillie « à la cour et à la ville », et cet « applaudissement » général a eu plus de poids qu'« une conjuration de précieuses ».

Explicitement accusées de former une cabale organisée, les précieuses apparaissent ici, pour la première fois, mêlées à une querelle littéraire. Quand Scarron avait envoyé sa pièce à l'hôtel de Bourgogne, où on le jouait d'ordinaire volontiers, il s'était trouvé en concurrence avec Boisrobert, qui avait par malice ou par coïncidence traité le même sujet, tiré du même auteur espagnol, dans *Les Généreux Ennemis*. Les comédiens choisirent Boisrobert, et Scarron dut donner sa pièce au théâtre du Marais, fondé longtemps après l'autre théâtre et toujours considéré comme moins prestigieux, malgré les beaux succès qu'y avait rencontrés Corneille.

Boisrobert a dédié sa pièce à Suzanne Garnier, comtesse de Brancas, fille d'un riche financier, mariée à un homme de bonne noblesse. « Puisqu'il est constant, lui dit-il, que sans la protection que vous avez donnée à cette comédie, elle n'aurait jamais vu le jour, il est juste qu'elle vous soit consacrée et qu'elle rende publiquement ses hommages à celle qui l'a mise au monde. » Si Scarron parlait à bon droit d'une « conjuration de précieuses », la comtesse de Brancas en serait le chef. Mais personne, nulle part, n'a jamais placé nommément cette dame parmi les précieuses. Ce n'est probablement pas elle, mais le comte d'Harcourt, qui a fait la différence en faveur de Boisrobert en menaçant les comédiens d'une bonne bastonnade s'ils préféraient Scarron.

De la dédicace de *L'Écolier de Salamanque*, il est difficile de rien conclure sur des précieuses dont l'auteur dénonce les intrigues, mais qu'il laisse dans l'anonymat. Bien différentes de celles de Bussy, encore plus de celles de René-Renaud de Sévigné, qui ne se signalaient que par leurs mines, leurs façons de parler et leur pruderie, elles s'intéressent à la vie littéraire et cherchent à en infléchir le cours par leurs jugements péremptoires. Elles ont, écrit Scarron, comparé sa pièce à « de la moutarde mêlée avec de la crème ». Elles jugent donc que sa comédie manque d'unité de ton. Mais, malgré la position sociale élevée que le poète leur prête (elles peuvent infléchir le cours de la destinée des « pauvres humains » qui leur sont inférieurs), elles n'ont de pouvoir ni sur la cour ni sur la ville, puisqu'elles n'ont finalement pas pu y empêcher le succès de la pièce.

En dédiant sa pièce à Mlle de Montpensier, toujours en exil à Saint-Fargeau pour sa conduite pendant la Fronde, Scarron, lui-même ancien frondeur, place la princesse parmi les ennemies de la cabale qu'il dénonce. Ancien protégé de Richelieu, Boisrobert au contraire était toujours resté fidèle à la cour et à Mazarin. Cela explique peut-être que l'hôtel de Bourgogne ait prudemment préféré sa pièce.

Datée du 1er janvier 1655, une bien curieuse annonce a été conservée en manuscrit. Intitulée *Avis au public pour l'établissement de la société précieuse*, elle n'a ni le format ni l'écriture d'une affiche. Adressée « Aux beaux esprits de ce siècle », elle invite ceux qui sont « de la qualité requise pour être enrôlés dans la plus auguste assemblée qui se soit jamais faite à Paris » à s'y inscrire au plus tôt afin de profiter « durant près de trois mois », du 1er janvier à la mi-carême, de « tous les divertissements que l'esprit raisonnable se peut imaginer ». Et en effet, pour trois pistoles seulement, somme dérisoire par rapport aux prestations fournies, en se rendant au Palais Précieux, rue de Béthisy, on pourrait chaque jour de la semaine, d'après l'*Avis*, non seulement profiter d'une table mise « à dix-huit couverts », mais selon les jours avoir bal, comédie, avec distribution de fruits confits, ou concerts avec les meilleurs chanteurs, ou leçons de philosophie avec le sieur de Lesclache, ou conférences-débats à la manière de celles du bureau d'adresses de Renaudot.

De bons spécialistes comme Gustave Reynier et Antoine Adam ont pris ce prospectus au sérieux. Ian MacLean a depuis établi que, comme Charles Sorel l'avait immédiatement suggéré, il s'agit d'une supercherie littéraire. C'est évidemment par plaisanterie que l'auteur inconnu du prospectus a introduit dans les activités de son prétendu « Palais Précieux », malicieusement situé à l'endroit d'une mythique loterie royale, des conférences qui parodiaient celles qu'avait instituées Théophraste Renaudot et que continuait Louis de Lesclache, l'un et l'autre attachés à répandre dans le « grand public », et notamment parmi les femmes, un embryon de savoir sur des sujets d'actualité. Ce document fictif rappelle, pour s'en moquer, l'intérêt que beaucoup de mondains, et en particulier les femmes, prêtent alors à la vie de l'esprit. En le portant à l'extrême, il invite aussi à ne jamais oublier le caractère ludique des textes qui prétendent parler des précieuses.

Après la « Carte du royaume des Précieuses », mais beaucoup plus long qu'elle (trois pages), et surtout plus élaboré, l'*Avis au public* est le premier texte qui porte le mot « précieuse » dans son titre. Mais en attribuant aux précieux et précieuses la fondation d'une « société » où l'on s'intéresse à la vie culturelle et mondaine (comédie, musique, débats, mais aussi bals et rencontres), ce dont ils ne sauraient avoir l'exclusivité, ce prétendu document ne révèle rien de particulier sur leur identité ou leurs activités. L'*Avis au public* n'est qu'un jeu, une parodie, qui possède l'une des caractéristiques majeures de la « littérature précieuse », ou plutôt de la littérature sur les précieuses : on y affirme l'existence de quelque chose dont on se moque sans qu'on puisse rien tirer de précis ni de décisif sur l'objet prétendu de cette moquerie. Il y a (peut-être) eu des précieuses. Il existe des textes parodiquement considérés comme précieux ou qualifiés de précieux par la critique. Il n'y a aucun texte sérieusement présenté par son auteur comme un texte authentiquement précieux.

Au début de 1655, avec un privilège d'avril 1654, paraît un poème dédié à la reine de Suède, intitulé *L'Art de plaire*. Il est de Gabriel Gilbert, qui avait écrit en 1650 un *Panégyrique des dames* dédié à Mlle de Montpensier. C'est un défenseur des vertus des femmes, qui n'aime pas les coquettes. Il s'en prend donc à « la belle » qui, « pour se rendre encore plus précieuse,/ se pare de dédain et fait la rigoureuse./ Et parfois sa fierté immole à ses appas/ l'amant qu'elle méprise, ou qu'elle n'aime pas ». Avec Gilbert, on revient aux prudes dédaigneuses de Maulévrier. Si quelques textes, de débit limité, répandent alors sur les précieuses des idées négatives, c'est en ordre dispersé et sans qu'il soit possible de décider véritablement qui elles sont, des « dédaigneuses » comme chez Gilbert, des femmes qui veulent s'emparer du pouvoir culturel comme chez Scarron, ou simplement y participer comme dans l'*Avis*.

Un an après la carte de Maulévrier et la lettre de René-Renaud de Sévigné, malgré les défauts que prêtent aux précieuses quelques textes qui restent largement confidentiels, le mot demeure à la mode dans son sens positif. Loret, par exemple, continue de l'employer avantageusement dans sa gazette. Le 23 janvier 1655, en contant un bal qui vient d'avoir lieu chez Monsieur, frère du roi, il énumère un certain nombre de danseuses, qu'il flatte de qualificatifs variés. Parmi elles, sans vouloir pour cela les distinguer des autres, il loue conjointement « Leuville, Estrées et Villeroi,/ Où l'on voit ce je ne sais quoi/ Qui rend les filles gracieuses/ Et les fait nommer précieuses ». Mieux encore, il emploie l'adjectif « précieux » à propos de Marie d'Orléans : « Aimable et précieuse fille/ Qui vous gobergez en famille/ Au beau château de Coulommiers [...] », commence-t-il à son intention, le 17 avril 1655. Née du premier mariage du duc de Longueville, celle qui deviendra en 1657 la duchesse de Nemours est une grande dame particulièrement chère à l'auteur de ces vers, puisqu'elle est la dédicataire attitrée de la gazette en vers qu'il compose pour elle chaque semaine.

Le 14 août, le même Loret parle d'une « petite précieuse,/ Mademoiselle de Joyeuse ». C'est pour annoncer son décès. Elle a quatre ans. En septembre, il décrit longuement la réception que Mazarin a donnée en l'honneur du duc de Mantoue, prince souverain de passage à Paris : « Le roi, notre illustre monarque/ Dont le glorieux et beau lustre/ Ne peut d'aucun être terni,/ Menait l'infante Mancini,/ Des plus sages et gracieuses/ Et la perle des précieuses. » En novembre, ce sera le tour de Robinet d'employer le même mot en vantant « Motteville, la bien-disante/ Autant modeste que savante/ La précieuse de ce temps/ Ce trésor d'esprit et de sens ». Dans tous ces cas, le mot « précieuse » est fortement laudatif. Il est trop vague pour renvoyer à une image précise, encore moins à une coterie.

Il est remarquable que dans la presse du temps, c'est-à-dire dans des textes destinés à être largement répandus dans le public, les gazetiers continuent de désigner comme précieuses des personnes de la cour en vue et qu'ils veulent particulièrement mettre en valeur. Ni Loret ni Robinet n'ont voulu attacher à la future duchesse de Nemours, à Olympe Mancini, future comtesse de Soissons, ou à Mme de Motteville, confidente et favorite de la reine, l'image péjorative que donnent des précieuses la carte de Maulévrier, le texte de Scarron ou celui de Gilbert. Si les gazetiers appellent précieuses de très grandes dames, c'est que leurs lecteurs ne se soucient guère de l'existence du sens péjoratif que le mot a quelquefois pris. Pour le public, les précieuses sont les femmes en vue, celles qui sont belles et qui dansent bien, celles qui ont de l'esprit et qui savent le montrer.

Chapitre 5

Les précieuses : des intellectuelles ?

C'est en 1656, avec *La Précieuse ou le Mystère des ruelles*, de l'abbé de Pure, que les précieuses sont pour la première fois longuement présentées au public. L'année est à peine commencée quand son œuvre paraît, divisée en deux livres. Puis viennent une deuxième partie en juin et une troisième en septembre. Une quatrième suivra en mai 1658. Pendant deux ans, l'abbé de Pure restera le seul spécialiste du phénomène qu'il prétend décrire. Face à la disparate et au vague des allusions antérieures, il a toute liberté d'inventer. Et en effet, malgré les apparences, qui ont souvent fait lire ce texte comme si c'était un reportage, *La Précieuse* est fondamentalement une œuvre de fiction, s'inscrivant dans la perspective habituelle des rares auteurs qui ont jusque-là parlé de la préciosité : l'invention, la parodie et le jeu.

Quand Agathonte lui propose d'« établir sa réputation parmi les précieuses », Philonime demeure interdit. Plus familier des doctes que du monde, il ignore l'existence des précieuses, et même leur nom. « Il n'osait pas demander l'explication d'un mot assez significatif de soi-même, et assez connu, dit l'abbé de Pure. Il avait peine aussi d'en concevoir le mystère et l'application. » Quand il entend pour la première fois, au tout début du roman, le mot « précieuses », qui lui donne son titre, Philonime ne comprend pas le sens inhabituel qu'Agathonte lui confère en l'appliquant à un groupe de femmes. Le voilà tout déconcerté et curieux du sens nouveau d'un terme connu. Supposant son lecteur dans la même situation que son personnage, l'abbé de Pure se propose de satisfaire sa curiosité en même temps que celle de Philonime. Mais, malgré sa longueur et la diversité de son contenu, le livre lui conservera son « mystère » (autre mot du titre). Car c'est le propre des précieuses, selon l'auteur, de demeurer insaisissables. Ce qui ne l'empêche pas de les montrer, toujours semblables et différentes.

« Cher Philonime, explique Agathonte, le premier mentor du jeune homme en préciosité, ce mot qui vous étonne n'est pas échappé de ma bouche et n'est pas un terme volontaire et capricieux dont j'ai voulu revêtir quelque bizarre application. C'est un mot du temps, c'est un mot à la mode, qui a cours aujourd'hui comme autrefois celui de prude, et depuis celui de feuillantine. » À la suite des incartades de la présidente Lescalopier, enfermée dans un couvent de feuillantines en 1649, on avait un moment appelé « feuillantines » des femmes réputées de mœurs légères. *La Précieuse* est un roman, et la succession proposée par son auteur n'a rien d'historique. Elle est entièrement rhétorique : prude (thèse), feuillantine (antithèse), précieuse (synthèse). À ce compte, la préciosité serait un compromis entre pruderie et galanterie. Elle concernerait la conduite morale des femmes, jugée à l'aune de leur comportement sexuel.

Mais à cette piste, l'abbé de Pure en préfère une autre, clairement indiquée par l'attitude qu'affichent selon lui dans le monde un ensemble de femmes qui prétendent se distinguer du commun en donnant la première place à la vie de l'esprit. « Aujourd'hui, continue Agathonte, on appelle les précieuses certaines personnes du beau sexe qui ont su se tirer du prix commun des autres et qui ont acquis une espèce et un rang tout particuliers. » Philonime, que cette réponse n'éclaire pas, interroge : « Font-elles corps parmi elles ? S'assemblent-elles en lieux et temps réglés ? Ont-elles d'emploi et d'objet fixe [*sic*] ? » S'agit-il d'une réalité ou d'une fiction ? « Car de penser qu'il y ait des femmes si épurées des sens et si fort attachées aux intérêts de l'esprit, cela me fait grand-peine, et surtout quand j'entends les mettre en nombre, comme vous m'avez fait entendre qu'elles sont plusieurs. » Par l'intermédiaire d'Agathonte, avec laquelle il a une des rares conversations en tête-à-tête du roman, Philonime découvre l'existence d'une espèce nouvelle et mystérieuse d'intellectuelles en train de proliférer.

Elles se piquent de s'intéresser à la culture, largement confondue avec la littérature. *La Précieuse* commence abruptement sur une sévère critique, par Agathonte, d'une chanson de Philonime. Elle lui rapporte l'avis « de Sophronisbe, Eulalie, Mélanire, Philotère, Caliste et mille beaux esprits, quoique dans le corps du second sexe » (c'est-à-dire de femmes qui se comportent en *intellectuels* malgré leur sexe). Elles ont soigneusement examiné le texte de la chanson, rapporte Agathonte, et très précisément justifié leur condamnation : « Dans le premier mot du second vers, ont-elles dit par exemple, on trouve une rudesse capable d'égorger en passant un pauvre gosier. » Le quatrième a « pensé faire tomber Eulalie de sa hauteur [...]. Elle était dans une indignation et une colère si violente qu'il fallut lui donner du temps pour se remettre et pour revenir de l'excès de son ressentiment ». Ces remarques étonnent et amusent le jeune homme, qui « ne peut se tenir de rire, voyant jusqu'où l'indignation poussait l'esprit de cette aimable critique et l'exagération qu'elle venait de faire ».

Les femmes que peint d'emblée l'abbé de Pure sont des femmes qui s'arrogent le droit de juger entre elles, de leur seule autorité, un écrit dont on leur a fait part. C'est une usurpation insupportable du « second sexe » sur les prérogatives du premier. Même s'il ne s'agit que d'une chanson, d'une bagatelle que Philonime a faite « sans faire profession d'être poète ». C'est, de plus, une usurpation ridicule. Entre la minutie de la critique, culminant dans la colère d'Eulalie, et l'insignifiance des six vers improvisés par un jeune homme qui débute dans le monde, il y a une telle disproportion qu'elle augmente le scandale et déconsidère celles qui s'arrogent le droit de juger, alors qu'elles sont incapables de discerner ce qui mérite ou non l'attention et la discussion. La première image que l'abbé de Pure donne de celles qu'il qualifiera expressément de « précieuses » au moment où il introduira Philonime chez elles, c'est celle d'un ensemble de femmes (« mille beaux esprits »), groupées autour de quelques fortes personnalités (les trois premiers noms cités vont devenir les vedettes de son roman), décidées à prendre dans la vie culturelle toute la part qui doit, croient-elles, leur revenir, ce dont elles se montrent parfaitement incapables. En quoi elles préfigurent exactement les « femmes savantes » de Molière vingt-six années plus tard.

Désireuse de réconforter Philonime, Agathonte, la toute bonne comme le veut son nom, lui conseille de « faire un second couplet, où dans le sens contraire » il emploiera « les mêmes vers ». Cela plaira à Eulalie, et le jeune homme pourra « tirer d'une si docte bouche un peu d'approbation après en avoir reçu une si sévère critique ». Il s'exécute. Agathonte l'en récompense en lui conseillant de s'introduire chez le groupe de femmes (« un si beau sénat et rempli de si aimables juges ») sur lesquelles elle modèle habituellement son jugement et dont elle lui décrit les mérites : « Il faut vous résoudre à connaître ce monde (j'appelle ainsi le triage de ces personnes), car en vérité ce sont des abrégés [*sic*] de tout ce que le monde peut avoir de beau et de spirituel. Une de leurs conversations est plus utile que la lecture des meilleurs livres et remplit plus l'esprit que la conférence des docteurs. Outre qu'on n'apprend pas seulement la substance des choses, mais de plus on y forme de belles notions, et la manière de les débiter. »

Les femmes du groupe auquel appartient Eulalie sont (ou se croient) des personnalités choisies (un « triage », une élite), qui allient l'intelligence à la beauté. Elles refusent le savoir traditionnel, celui des hommes qui ont fait des études pointues (les « doctes »), celui des livres, qui sont censés contenir une science achevée, élaborée par les doctes du passé. À la lecture, elles préfèrent la conversation. À l'étude, dont elles ont été privées en tant que femmes n'ayant pas eu accès au collège, elles entendent substituer les bienfaits de la communication orale. Grâce à son caractère interactif, la conversation permet en effet de dépasser la connaissance abstraite que les savants prétendent avoir des choses pour en prendre une connaissance active, génératrice d'idées (de « notions »), qui se mettent en forme dans le même temps qu'on les conçoit parce qu'on a besoin de les dire pour prendre part à un débat. Les précieuses* qu'Agathonte présente à Philonime ont un programme ambitieux, qui révèle un grand appétit intellectuel d'un savoir rénové dans son contenu et dans ses méthodes.

Les amies d'Agathonte ont beau être un « triage », elles n'ont pas le privilège d'être seules de leur espèce ; elles sont représentatives d'autres groupes analogues. « Si vous avez tant de curiosité de ces choses que vous témoignez d'en avoir, dit la jeune femme à Philonime, vous n'avez qu'à vous trouver dans quelque ruelle un peu remarquable. C'est le temple où ordinairement cette sorte de divinité habite. » On y parle principalement de littérature : c'est « surtout quand il y a lieu d'agiter quelque point d'esprit, ou de censurer quelque ouvrage », que ces « nouvelles Muses » ont « soin de s'y trouver comme s'il s'agissait de leur fortune ou de celle de tout le monde ». Tel est le « mystère des ruelles » annoncé par l'abbé de Pure dans son titre : une singulière passion dont des

---

* Dans ce chapitre et dans tous ceux où il est question du livre de l'abbé de Pure, il aurait été fastidieux d'écrire chaque fois « les précieuses, selon l'abbé de Pure ». Il n'en reste pas moins que c'est d'elles et d'elles seules qu'il s'agit, et non des précieuses en général ou de précieuses réelles. La même remarque vaut à propos des autres sources utilisées.

groupes de femmes se sont pris pour la vie culturelle, une certaine vie culturelle, tournée principalement vers la critique des textes littéraires, même si ce sont de simples bagatelles, au sein de conversations animées où chacune peut librement dire son avis.

Comme pour confirmer ces propos, Mélanire survient chez Agathonte en compagnie de Sophronisbe, furieuse d'avoir perdu son après-midi chez Véturie. « Il n'y avait qu'un pauvre abbé assez bien intentionné, qui s'efforçait de dire de bons mots », et qui « étala un sonnet, et puis des stances ». Elle les a trouvés exécrables. Elle s'est enfuie. La précieuse s'intéresse à la littérature. Elle croit avoir du goût. Elle est difficile à satisfaire. Elle est circonspecte. Agathonte ayant proposé à ses visiteuses d'écouter la nouvelle version du sonnet de Philonime, celles-ci se dérobent, « surprises d'avoir rencontré fortuitement une personne d'esprit ». Sa « force n'était pas connue, la matière n'était pas concertée, la préparation n'était pas suffisante, enfin la chose n'était pas encore en état pour donner lieu et occasion à une précieuse de parler et d'agir ». À la vision idéale du groupe que vient de donner Agathonte s'opposent la petitesse et la mesquinerie actuelles des « alarmes » de Mélanire et de Sophronisbe, incapables de s'exprimer devant un inconnu et sans préparation.

S'apercevant que les femmes rient de lui entre elles (autre trait de précieuses), Philonime prend congé de la compagnie. Mélanire se met aussitôt à « le tailler en pièces, avec tout le reste des auteurs, qui se mêlaient de faire quelque chose d'esprit comme vers, chansons et même quelques contes de ruelles ». Cette attitude est délibérée : « J'ai, explique-t-elle, un extrême plaisir à m'élever en autorité sur l'ouvrage d'un homme d'esprit qui se présente à mon tribunal et qui est comme sur la sellette pour attendre mon jugement. Mon âme véritablement est ravie d'exercer cet empire de gloire et d'esprit et de me voir l'arbitre de ces hauts sujets qui sont au-dessus des sens et au-dessus du vulgaire. » La précieuse Mélanire tire son plaisir du pouvoir souverain qu'elle exerce dans le domaine de l'esprit quand elle juge librement les textes littéraires qu'on lui soumet. Elle jouit intellectuellement d'être en position de dominer le mâle qui lui a soumis son œuvre. Elle s'arroge, dans le domaine de l'esprit, une supériorité qui compense les infériorités physiques et morales qu'on attribue à la femme depuis la nuit des temps.

Agathonte lui ayant reproché son intransigeance, Mélanire – que son culte de l'esprit n'empêche pas, comme son nom l'indique, d'être coléreuse – la quitte ulcérée. Elle va se consoler chez

Eulalie (la belle parleuse), autre membre du groupe, « qui est un esprit vif, mais emporté, dont les lumières ont des ardeurs aussi incommodes que belles ». Celle-ci encourage l'offensée à se venger en faisant la satire d'Agathonte sous couleur de faire celle de la bonté. Cette satire devra rester orale, car, explique Eulalie, « les ouvrages écrits sont très dangereux. Les yeux sont bien plus sévères que les oreilles ». Si « les choses écrites essuient favorablement les premiers regards, elles éprouvent mille rigueurs des suivants ; et le beau surprenant n'a point d'effet parce que la réflexion le ruine ». Confirmant ce qu'il a avancé à propos de la conversation, l'abbé de Pure prête à ses précieuses une préférence exclusive pour la pratique d'un art oral, art de la surprise et de l'instant, qui permet de briller sans souci de durer.

L'oral avantage la femme. « Le parler, outre qu'il est de moindre dépense, a encore beaucoup plus de force par les agréments de la voix et de la personne qui parle. » Le charme féminin donne toute sa force à l'art de dire, qui est, dit Eulalie, « dans son climat [à son apogée] dans la bouche d'une personne de notre sexe ». Les femmes ont donc tout intérêt à s'y cantonner. « Celui d'écrire, il faut le laisser aux hommes sans leur porter envie et sans vouloir les imiter. » Qu'il existe des ouvrages de femmes écrivains particulièrement réussis ne change rien à l'affaire. « Comme ces personnes sont rares, l'admiration leur en est bien due, mais l'imitation en est trop difficile. » Surprenante concession. Selon l'abbé de Pure, la revendication culturelle de la précieuse ne vise pas à une égalité, encore moins à une identité culturelle. Femme, la précieuse veut jouir d'un empire féminin. C'est un empire de la conversation où elle révèle sa supériorité dans l'art de dire et où elle exerce son droit souverain de juger les productions littéraires masculines.

Mélanire a tôt fait d'éprouver la vérité des conseils d'Eulalie. Elle veut préparer par écrit sa satire d'Agathonte. « L'ardeur et le ressentiment l'importunaient et même poussaient sa pensée et sa main hors des règles. Elle jeta les yeux sur son emportement, que l'écriture lui rendait visible, et ayant fait agir une partie de son jugement, elle reconnut bien le faible de l'esprit du sexe et le désordre d'une forte passion. Elle vit bien que quoique l'esprit fasse naître de jolies choses dans la bouche de celles qui parlent, ce sont des enfants bien malheureux dans l'éducation et dans la suite quand ils ne passent que par les mains des mères. L'art demande quelque chose de plus, et l'expression des pensées n'a jamais son effet ou ses grâces sans l'aide d'un art que, pour l'ordinaire, les femmes n'ont point. » L'abbé de Pure prend à son compte la pensée qu'il avait d'abord prêtée à sa précieuse Eulalie. Sans aller jusqu'à s'interroger sur la raison qui priverait les femmes d'un art libéralement accordé aux hommes.

Il reprendra bientôt la même idée quand Mélanire aura prononcé la satire préparée et que viendra pour Agathonte le moment de lui répliquer. Affolée, celle-ci ressent le besoin d'une aide masculine. Sa servante la rassure en lui expliquant que cette pratique est habituelle chez les femmes qui veulent briller dans le domaine intellectuel. « Elles ont un homme d'esprit, pauvre et malheureux, auquel elles donnent un dîner par semaine et un habit par an, et le font travailler tout leur soûl sur toutes les pensées qui leur tombent dans l'esprit. D'autres en ont de riches qui ne leur coûtent rien, et d'autres en ont de propres et de galants, qui font tout ce que les belles désirent, j'entends des vers, des chansons et quelquefois des cadeaux [des fêtes avec collation], quoique rarement, car les vers leur coûtent beaucoup moins, donnent la comédie, l'assemblée et les marionnettes. » Ces discrètes interventions masculines servent « à donner des pensées ou à corriger les vers qui passent au public sous le nom de ces femmes qui n'y ont jamais pensé ». Elles contribuent à leur réputation.

Accompagné d'Agathonte, Philomine pénètre chez une précieuse, la « docte Aracie », dont c'est le jour, car ces dames tiennent l'assemblée tour à tour, selon « un certain calendrier de la ruelle ». On doit y entendre Mélanire, qui « supplie Philonime de l'excuser si elle ose en sa présence débiter un ouvrage de femme et traiter une question devant une personne de sa force », espérant que « sa bonté la voulût excuser des défauts qui se trouveraient dans ce petit discours qui n'était qu'un essai et qu'un amusement d'esprit plutôt pour entretenir le commerce de la ruelle que pour divertir un esprit comme le sien et une personne de son mérite ». La précieuse a beau revendiquer la souveraineté des jugements féminins en matière littéraire, elle s'inquiète (ou fait mine de s'inquiéter) de devoir parler en présence d'un homme, et croit devoir minimiser le sérieux de son propos, qui n'est, somme toute, qu'une occupation de femme, indigne d'un bel esprit masculin. Puis elle se met « en posture de haranguer », selon une coutume établie dans ces réunions, où « il est assez ordinaire d'avoir de ces divertissements ».

La harangue de Mélanire est un discours rhétorique paradoxal, genre alors bien répertorié : elle s'y applique à discréditer une valeur unanimement reconnue comme positive. Avoir une réputation de bonté est, soutient-elle, un excellent moyen de couvrir tous ses vices, à preuve les avantages que cette réputation apporte dans le cas de l'hypocrisie. Une discussion s'ensuit, dans laquelle Eulalie se distingue en employant des mots savants. « Je veux, dit-elle, qu'on soit bon en deux choses, en naturel et en son espèce. » Puis, s'excusant auprès de Philonime d'avoir employé des « mots qui peut-être sont trop hardis dans la bouche d'une femme et qui sentent plus l'école que la ruelle », elle se lance à son tour dans un discours paradoxal, soutenant qu'« il faut développer celles de nos qualités qui, n'étant pas bonnes en soi, le sont en leur espèce, comme la fierté, la rudesse, la vengeance, la colère et le reste de ces mouvements dangereux qui ne naissent dans une âme que pour faire injure ou quelque dommage », mais « ne laissent pas d'être louables dans le soldat ou à la guerre ». Bref, chacun doit suivre sa nature et « faire valoir ses talents, sans vouloir les forcer par des principes étrangers ni les confondre avec les talents d'autrui, et les détremper de ces *mieux* que l'exemple et l'art promet [*sic*] aux efforts et à l'étude des prétendants ».

Philonime veut lui répliquer, mais le débat risquant de dégénérer en querelle personnelle entre Agathonte et Mélanire, la sage Sophronisbe dévie la conversation et « met en jeu le pauvre Philonime, que le respect du sexe et l'étonnement du fait tenaient en suspens entre l'envie de rire et d'éclater, et celle de prendre part dans la querelle ». La discussion, qui redevient littéraire, porte sur la facilité d'improviser et sur le rapport entre la valeur de l'œuvre et le temps qu'on lui a consacré. Les dames sont pour le brillant et la rapidité. Philonime concède que « les bons esprits doivent être prompts, vifs, brillants, féconds, mais cela est bon dans les conversations, dans la promenade, dans la ruelle. Dans ces carrières, on ne peut être trop léger ». Il n'en va pas de même pour les « ouvrages ». Peu importe que le poète y ait ou non passé du temps. Seul compte le résultat : il faut que les vers soient beaux. Philonime rappelle une constante : l'opposition de l'oral et de l'écrit, de la conversation et de l'écriture, de la communication et de la création littéraire, qui recoupe ici celle du féminin et du masculin. Puis la compagnie se sépare.

Juste avant de donner la parole à Agathonte, l'abbé de Pure s'est excusé de ce qu'il a appelé « un petit détour », indispensable, selon lui, à la bonne compréhension de son récit. Les dieux, à la naissance du monde, se demandèrent, conte-t-il, auquel des deux sexes ils en donneraient le commandement. Le destin décida qu'il fallait « partager l'empire du monde en deux ». À l'homme, il donna celui de la raison, dont les pôles sont la prudence et la force ; à la femme, celui de l'amour, dont le pôle, « directement opposé à celui de la raison, s'appelle le pôle de la passion ». L'abbé de Pure en déduit toute une géographie des qualités et des valeurs masculines et féminines. À son tour, il invente une carte digne de celles qui avaient lancé la mode de cette sorte de géographie, deux ans plus tôt : la « Carte de l'empire des deux sexes », carte du partage effectué par le destin entre la raison et la passion.

Ce jeu d'esprit n'est pas sans signification : il rappelle que, d'après l'idéologie du temps, le rôle de chacun des deux sexes, fondé sur des dons différents, est et doit rester distinct selon une frontière infranchissable. C'est cette loi naturelle que transgressent les précieuses, qui cèdent à un penchant irrésistible chez les femmes d'aller au-delà de leur domaine. Aracie, dit l'abbé de Pure, « ne put résister à l'empire du sexe, qui se veut toujours étendre et ne peut se tenir dans ses bornes ». Telle est une des « révélations » du *Mystère des ruelles* : en un temps où, pour la quasi-totalité des moralistes et des théologiens, la femme reste un être inférieur, qui doit être tenu d'une main ferme par un homme (père, mari ou directeur) si elle souhaite vivre correctement et assurer son salut, il y a un « triage » de femmes, celles justement que l'abbé de Pure désigne et dépeint comme précieuses, qui empiètent sur l'empire des hommes pour s'arroger une part de leurs prérogatives. Au lieu de se cantonner du côté du corps et de la passion, qui est leur lot, elles se prétendent des êtres de raison et veulent juger par elles-mêmes, notamment dans le domaine de l'art et de la morale pratique. Les précieuses sont et veulent être des intellectuelles, rôle jusqu'alors spécifiquement masculin.

De retour parmi les hommes, Philonime conte à ses amis, Géname et Parthénoïde (Ménage et Chapelain), la surprenante et ridicule découverte qu'il vient de faire. Géname s'étonne que le jeune homme ait jusqu'ici ignoré les « faiblesses du sexe » et « ses plus belles conversations ». Pour l'aider à comprendre l'affaire, il va, dit-il, lui expliquer « certains termes importants qui servent de notion à tout le mystère », autrement dit ce que c'est « que Précieuse, qu'Esprit fort, que Coquette, que Prude ». Comme dans les cartes de 1654, la précieuse n'apparaît pas ici comme une espèce unique et privilégiée, mais à l'intérieur d'une énumération de femmes réparties en catégories à la fois voisines et distinctes.

Mais, alors qu'il décrit rapidement les trois autres catégories annoncées, Géname traite longuement de la précieuse. Cette espèce, jusque-là inconnue et dont personne n'avait encore parlé, est, dit-il, apparue brusquement dans les ruelles, à peu près quand « on eut déclaré permis de prendre la macreuse pour poisson et en manger tout le carême ». Impossible à dater parce qu'elle est tout imaginaire, cette prétendue permission de l'Église signifie que les précieuses, comme la macreuse, ne sont ni chair ni poisson, qu'elles sont une chose et leur contraire, un mélange indéfinissable. Ce qui ne les a pas empêchées d'être tout de suite accueillies avec faveur, en raison du goût des Français pour les nouveautés.

Leur origine est tout intellectuelle. « On dit qu'elles ne se forment que d'une vapeur spirituelle qui, s'excitant par les douces agitations qui se font dans une docte ruelle, se forme enfin en corps et compose la Précieuse. » Cette nouvelle espèce de femmes n'est pas « l'ouvrage de la nature sensible et matérielle ; elle est un extrait de l'esprit, un précis de la raison ». D'après les préjugés du temps, résumés dans la Carte de l'empire des sexes, une telle nouveauté est une aberration, puisqu'elle transgresse le partage voulu par le destin, autrement dit la volonté divine de stricte division des facultés et des rôles masculins et féminins.

Sur la mutation qui a produit cette espèce aberrante, Géname a, dit-il, entendu bien des contes, par exemple que « deux grandes voyageuses qui s'appellent Vanité et Coquetterie » ont amené « cette mode de précieuses, mais que la guerre et la pauvreté avaient empêché et beaucoup diminué le gain de leur négoce ». Ce qui est sûr, « c'est que parmi les précieuses, il est impossible de savoir comment le débit s'en est fait, et comment la chose s'en est rendue si commune », surtout « depuis six mois ». Freinée un temps par les troubles de la Fronde, la précieuse a brusquement envahi les ruelles, où elle a maintenant son rang, comme la duchesse. Le privilège du livre de l'abbé de Pure étant de la mi-décembre 1655, cela placerait la multiplication des précieuses au milieu de cette année-là.

Pour préciser sa pensée, Géname lit une lettre (évidemment fictive) qu'il aurait envoyée en son temps à son ami Niassare (le poète Sarasin, mort en décembre 1654). Elle donne la date de leur soudaine apparition : « Les premiers beaux jours que la paix nous a donnés ont fait cette heureuse production et en ont embelli leur sérénité et enrichi nos conversations. » Le roi étant rentré à Paris le 21 octobre 1652, cela renvoie la naissance des précieuses au printemps de 1653, un an avant que René-Renaud de Sévigné en signale l'existence à Christine de Savoie, deux ans avant leur prétendue prolifération dans les ruelles. Cela relie surtout leur apparition et leur multiplication au renouveau de la vie mondaine après la Fronde.

La lettre de Géname définit la précieuse comme « un précis de l'esprit » et « un extrait de l'intelligence humaine ». C'est en faire une intellectuelle, usurpatrice de l'empire de la raison. Les précieuses, dit encore la lettre, veulent et croient tout savoir : « Rien ne peut se dérober à leur curiosité ni se soustraire à leur connaissance. » Leur première et principale caractéristique, pour Géname-Ménage comme pour l'abbé de Pure, est donc bien leur volonté d'être autre chose que des femmes en s'arrogeant le droit masculin de penser et de savoir. Pour exercer à leur aise cette activité illicite, elles se réunissent entre elles : cette « secte nouvelle » n'est, dit la lettre, composée que « de personnes du beau sexe. On n'a point voulu de mélange du nôtre pour agir avec plus de pureté et pour pouvoir donner essor à leur esprit avec moins de scrupule et plus de liberté ». En quoi ces précieuses sont différentes des femmes dépeintes par l'abbé de Pure, qui, pour les besoins de son roman, introduit constamment parmi elles au moins un homme, Philonime, puis plusieurs autres dont Géname et Parthénoïde.

« Comme les anges font leur espèce particulière, de même chaque précieuse a la sienne. » Ainsi Mélanire et Aracie sont-elles « si visiblement opposées » qu'il faut définir chacune d'elles séparément, « comme des espèces toutes différentes ». Fidèle au goût de son époque pour la taxinomie, Géname énumère quelques-unes de ces espèces, distinguant les beautés, journalières ou changeantes, fières ou sévères, d'*encore*, de *plus* ou de *moins*, de consolation ou d'espoir. Distinctions destinées à amuser le lecteur capable d'apprécier la subtilité et l'humour de l'écrivain, et que l'on a trop souvent prises pour une description minutieuse de la réalité, comme si ces distinctions avaient effectivement eu cours chez ses contemporains. Ce qui frappe au contraire, c'est combien chaque auteur invente ses propres subdivisions à l'intérieur de la sorte de femmes (précieuses, mais aussi coquettes ou galantes) qu'il a choisi de peindre.

Sous couleur de citer Géname, l'abbé de Pure donne libre cours à sa verve pour montrer ces beautés qui n'hésitent pas à célébrer elles-mêmes leurs mérites, au lieu de se contenter d'étaler silencieusement leurs charmes comme les autres femmes : « La précieuse doit savoir en douze façons pour le moins dire qu'elle est belle sans qu'on puisse imputer à orgueil ce qu'elle peut dire de soi-même. Il faut qu'elle ait l'adresse de pouvoir vanter son mérite, donner prix à ses sentiments, réputation à ses ouvrages, approbation à ses railleries, force à ses sévérités, et quoi qu'elle puisse avoir de commun avec le reste du sexe, qu'elle le rende singulier par son esprit et par son industrie. » À l'inverse de ce qui se passe d'ordinaire, dans « ce beau monde », l'autorité n'est pas « déposée entre les mains des personnes d'âge et de maturité » ; c'est « la plus belle qui a tout le pouvoir », et au lieu de lui ôter son rang, « la jeunesse lui donne droit à l'empire et en augmente l'autorité ».

Chez les précieuses, cet insolite renversement des valeurs n'est cependant pas l'essentiel. « L'objet principal et qui occupe tous leurs soins, c'est la recherche des bons mots et des expressions extraordinaires. » Ce qui occupera tant de place chez Molière et chez ses successeurs apparaît ici tardivement, vers la fin de leur portrait épistolaire, sans que l'abbé de Pure en donne alors le moindre exemple. Accusation singulière, puisque la lettre montre aussitôt les précieuses attachées au style moyen, cher aux théoriciens de la rhétorique : elles passent leur temps, dit la lettre, « à juger des beaux discours et des beaux ouvrages pour conserver dans l'empire des conversations un juste tempérament entre le style rampant et le pompeux ».

Géname reprend ici ce qu'a montré le début du roman, le désir des précieuses de régner sur le royaume des lettres : « Elles se donnent encore charitablement la peine de censurer les mauvais vers et de corriger les passables, de travailler les dons de l'esprit et les mettre si bien en œuvre qu'ils puissent arrêter les sens, élever le commerce de leurs plaisirs et les rendre aussi spirituels que sensibles. » Les précieuses refusent d'être des femmes gouvernées par leur seule sensibilité ; elles veulent être des intellectuelles capables de jouir des plaisirs de l'esprit.

Comme une dernière touche à ce portrait, Géname précise qu'elles font trois vœux : subtilité dans les pensées, méthode dans les désirs, pureté du style. À quoi s'ajoute « un quatrième, qui est la guerre immortelle contre le pédant et le provincial, qui sont leurs deux ennemis irréconciliables ». Et encore un cinquième, « qui est celui de l'extirpation des mauvais mots ». En fin de compte, la préciosité apparaît comme la contestation, par des femmes de la capitale, des idées établies sur le partage des rôles dans la vie culturelle. Cette contestation est symbolisée par leur révolte contre les pédants, représentants du savoir traditionnel, et manifestée dans leur volonté de conquérir le pouvoir intellectuel, qu'il s'agisse de régenter la langue, qu'elles souhaitent épurer et enrichir, ou de juger de la qualité littéraire des œuvres immédiatement contemporaines. Elles entendent exercer ce pouvoir collectivement

dans les conversations qu'elles tiennent entre femmes lors des
« assemblées », exclusivement féminines, qui les réunissent dans
les ruelles.

On a vu des précieuses à l'œuvre. On a entendu Agathonte et
Philonime en parler. On a lu la description qu'en a faite Géname.
Quoi de mieux ? Quoi de plus précis ? On sait dès maintenant ce
que sont les précieuses. D'autant plus que l'abbé de Pure prétend
reproduire des documents réels (le discours de Mélanire, la lettre
à Niassare). Il insiste sur la précision des « rapports » (Philonime
annonce qu'il dira « mot à mot » à la troupe des précieuses les
propos de Parthénoïde et de Géname à leur sujet). Ses personnages
prennent des notes (Gélasire demande la permission de « tenir
registre » de l'importante conversation finale). Tout est fait pour
que le roman apparaisse comme une sorte de reportage, presque
comme une enquête.

Mais tout cela fait partie de la fiction qu'on nous présente. Et
l'auteur lui-même, qui intervient plusieurs fois dans son propre
livre, met en garde son lecteur contre une lecture trop sérieuse et
trop cohérente. Au moment où Géname s'apprête à lire sa lettre
à Niassare, Philonime lui demande s'il doit « se préparer à rire ou
à admirer ». Cette question incongrue marque l'ambiguïté de la
peinture qu'on va lui faire. Au lieu de lui répondre directement,
Géname renforce l'incertitude du lecteur. « Je connais, dit-il, un
auteur qui a fait *Le Mystère de la ruelle*, qui voulait par avance
exposer un dessein d'une lettre qu'il avait conçue [expliquer son
projet dans une lettre-préface], et après, la chaleur de l'imagination
l'emportant, il se trouvait toujours avoir menti et avoir écrit toute
autre chose. » D'après ce texte, l'abbé de Pure aurait renoncé à
dire ses intentions, s'étant trouvé incapable de s'y conformer,
emporté par sa verve ailleurs que là où il voulait aller. Sur quoi
Philonime renchérit. Il connaît Gélasire, et il sait mieux que personne « par quelle saillie et avec quelle liberté » il a écrit son livre.
« Il suffit qu'il ne fût pas si chagrin entièrement qu'il ne crût avoir
sa part de la raillerie qu'il faisait des autres. » L'auteur ne se
moque pas moins de lui-même et de son entreprise que de ses
personnages.

« De l'humeur dont je le connais, ajoute Philonime, ce n'a pas
été par intérêt d'esprit qu'il a mis la main à la plume ; je le
soupçonnerais bien plutôt de l'avoir fait par un esprit de vengeance. » À ce compte et à ce stade du livre, *La Précieuse* ne
serait qu'une satire destinée à venger son auteur de ceux ou plutôt
de celles qui l'auraient offensé. Simple hypothèse, reconnaît aus-

sitôt Philonime : « Mais, continue-t-il, ne perdons point de temps à des imaginations et à des conjectures inutiles. » Mieux vaut écouter la lecture de la lettre à Niassare. En quelques lignes, le lecteur est étourdi de dits et de contredits, comme si l'abbé de Pure était bien décidé à brouiller les pistes. Il interviendra de plus en plus dans son livre, toujours dans le même sens. Il décrit un mystère dont il n'entend pas donner la clé. C'est au lecteur de décider, au coup par coup, et à chaque instant de son roman, s'il se venge ou s'il s'amuse, s'il est sérieux ou s'il raille, s'il est hostile ou amusé par les femmes qu'il décrit, et parfois même, pourquoi pas ? admiratif devant leur audace...

Chapitre 6

« Fausses muses » ou esprits avides de « belles lumières » ?

Comme le suggère l'abbé de Pure, l'originalité de son livre vient de ce qu'il ne cherche pas à donner, sur le sujet qu'il traite, une vision unique et totalement cohérente. Le volume publié au commencement de 1656 est censé présenter une enquête où alternent des scènes qui décrivent des précieuses en action et des hommes en train de parler d'elles. Il les montre de divers points de vue, laissant au lecteur une liberté de jugement d'autant plus grande que, loin d'être tous et toujours du même avis, les personnages du roman hésitent eux-mêmes sur ce qu'elles sont.

Au début prédomine la vision masculine et critique, voire comique, de Philonime, le principal témoin. Il lui arrive de se demander s'il va éclater de rire ou prendre part à une discussion qui lui paraît ridicule. Quand il retrouve ses amis masculins, après sa première découverte d'une nouvelle espèce de femmes, il a hâte de leur exposer « la manière dont les unes et les autres qui se piquent d'esprit et de lumière débitent leurs sentiments et traitent leurs mystères dans les ruelles, et comme il avait été contraint d'écouter sans mot dire le galimatias d'Eulalie, les ridicules preuves et l'importune et médisante harangue de Mélanire, les faiblesses d'Aracie, et enfin la fausse prudence de Sophronisbe ». Bien qu'il soit flatté d'avoir été accueilli dans leur groupe et même d'être autorisé à y retourner, Philonime n'épargne aucune des précieuses qu'il vient de rencontrer.

À la fin du volume, renvoyant à ce qui précède, l'abbé de Pure lui fait tenir des propos très sévères : « La femme la plus stupide qui soit a assez d'esprit pour concevoir de la vanité et se faire valoir plus qu'elle ne vaut, et c'est de là que partent ces mots pompeux, ces imaginations extraordinaires, cette présomption de juger de tout, soit vers, soit prose, qu'elle n'entendra point, faire des discours dont elle n'a point l'art, s'embarquer dans des questions qu'elle ne peut résoudre, enfin entreprendre au-dessus de ce qu'elle peut. » Pour Philonime, la compétence des précieuses qu'il a rencontrées n'est pas à la mesure de leur appétit de savoir et de leur désir de juger. C'est ce que Molière montrera aussi dans ses *Précieuses ridicules* et surtout dans ses *Femmes savantes*.

Parthénoïde-Chapelain partage ce jugement péjoratif. « C'est une description aussi agréable et juste qu'on en puisse voir ou désirer », dit-il de la lettre de Géname à Niassare. Et à l'intention de Philonime : « Vous pouvez après cela juger si la conversation de ce monde féminin et précieux peut divertir et satisfaire un homme solide, qui s'engagerait dans une ruelle. » Ces femmes sont, pour lui, de « fausses muses, qui n'oseraient chanter que sur des musettes, et encore des vaudevilles bien simples et de peu de mérite ». À la grandeur d'une ambition culturelle démesurée s'oppose la faiblesse de projets dérisoires. Les précieuses s'intéressent à des minuties, s'attardant sur les mots et les métaphores les plus ordinaires.

L'une d'elles, continue Parthénoïde, lui a tenu tête sur des expressions aussi simples que « j'aime le fruit, j'aime le melon, je hais le sucre ». Car ce serait, a-t-elle objecté, traiter « le vin de Cloris et de maîtresse : Ah ! l'aimable citrouille ! Ah ! l'adorable lard ! Ô miracle d'amour ! saupiquet de gueule ». On a pris de tels passages au sérieux. On les cite comme des témoignages. Bien à tort. L'abbé de Pure s'amuse. Il se laisse volontairement emporter par sa verve et invente plaisamment ce qu'il prétend décrire. C'est une invite à se rappeler que le prétendu reportage est un jeu. Il est normal que des personnages de roman aient une conduite et des propos largement imaginaires.

Cette conversation, ajoute Parthénoïde, s'est achevée dans une atmosphère de grande futilité. Une femme en interrogeait une autre sur la beauté de son collet, une autre sur sa coiffure, et ainsi de suite. Il lui fallut « céder au torrent de babil », qui l'emporta avec son interlocutrice « depuis la dernière des vétilles jusqu'à la plus haute des spéculations ». Une des précieuses va jusqu'à lui parler d'astrologie, car l'abbé de Pure tient à rappeler que la culture à laquelle veulent accéder ces femmes n'est pas seulement littéraire. Mais, dit Parthénoïde, « je m'aperçus qu'elle affectait si fort de dire les termes de l'art que je soupçonnai qu'elle était fort bornée à ses termes et qu'elle n'en savait guère plus ». Comme il n'a pas de peine à la confondre, la précieuse croit se tirer d'affaire en changeant de sujet et en entamant un éloge de Vaumarille, un auteur renommé qui vient de mourir. Elle le fait en prenant un « ton d'orateur » et en se lançant dans un long discours, ridicule dans la bouche d'une femme. Plus qu'une peinture, l'abbé de Pure fait ici, comme il l'a annoncé, une caricature des habitantes des ruelles.

Mais curieusement, au moment où elles semblent parfaitement discréditées, Géname-Ménage, celui qui vient de lire sa lettre à Niassare sur leur nature et leur apparition, déclare qu'il voudrait bien pouvoir assister à une réunion de « ces oracles si diserts et si doctes ». Il a été intéressé par ce que Parthénoïde a raconté. « Vous nous avez dit là deux ou trois bonnes choses de ces conversations. » Il s'inquiète seulement qu'il s'agisse d'un « triage » qui n'en ait gardé que le meilleur. « Cela, dit-il, mi-séduit, mi-critique, sent la promptitude d'un esprit qui se secoue et qui n'est pas si peu chargé de fruit [qu'il] n'en laisse tomber quelque chose. » Sans doute y a-t-il beaucoup de défauts dans les improvisations des précieuses, mais elles ont une spontanéité dans laquelle il devrait y avoir à glaner.

Vers la fin du volume, Géname reprend avec force son rôle d'avocat de la valeur intellectuelle des femmes. On est chez Gélasire, un personnage plaisant, nouvellement apparu, qui représente l'auteur. Philonime survient, qui le trouve entouré de « nombre d'honnêtes gens » en train d'échanger des « propos raisonnables ». Il leur apporte des nouvelles de la ruelle. Cela ne plaît guère à certains « esprits sévères » qui se trouvaient là, « et qui n'aimaient pas autrement la perte du temps de ces faibles agitations d'esprit ». On donne la parole à l'un d'eux, Quintilian, respectable « suppôt de l'université ». Il se ridiculise en citant tout Cicéron et tout Quintilien pour conclure « que c'était une chose épouvantable et bien expressive des malheurs du siècle qu'il fallût que les femmes fussent la règle du discours et du mérite des choses de savoir ». La situation devient intolérable : « Hé quoi, il faudra qu'un homme qui a consommé sa vie à étudier les belles choses et à pénétrer jusqu'au fond de leur mérite n'ait de réputation que sur l'approbation d'une dame ou d'une demoiselle ? La ruelle deviendra un tribunal où les savants seront jugés souverainement et en dernier ressort, où il faudra rendre compte de ce qu'on sait à des personnes qui ne savent rien, et avoir pour juge des dons de l'esprit celles qui en seront les plus mal partagées ? »

On est loin d'une peinture critique des précieuses. Dans la bouche d'un personnage ridicule, l'abbé de Pure exprime un vrai problème, et qui ne manque pas d'intérêt à quelque époque que ce soit : qui doit juger l'œuvre littéraire (ou l'œuvre d'art en général) ? les doctes spécialistes de littérature (ou de toute autre matière), qui ont passé du temps à étudier les œuvres du passé et les règles de l'art, ou les amateurs qui n'ont d'autre titre pour juger que le droit qu'ils s'en sont arrogé, et d'autre guide que leur goût formé au mieux par la pratique des ouvrages, au pis par la cabale ou le hasard ? Si Molière admet que le goût du parterre vaut autant, sinon mieux, que le sentiment des doctes, il est du côté du pédant de l'abbé de Pure, qui refuse d'accorder aux femmes assez de goût pour bien juger des productions de Mascarille ou de Trissotin. Ce qui pose la question de la nature des femmes, de leur capacité à accéder au savoir, de leur formation intellectuelle et de leur place dans la vie culturelle.

Face au pédant, Philonime, parfois si critique envers les précieuses, ne tarit pas d'éloges : « À les voir, on juge bien de leur sexe par leur beauté, mais non par leur discours. Elles ont la réponse aussi vive, le jugement aussi solide, le discernement aussi exact que l'homme les peut avoir. Elles ont de plus cet art de dire les choses, d'exprimer leurs pensées et de tourner leurs imaginations tout autrement que nous n'avons pas. » Trente ans avant le célèbre texte de La Bruyère sur la facilité épistolaire des femmes, l'abbé de Pure leur concède un art de l'expression, fondé sur la spontanéité, supérieur à celui que les hommes ont péniblement acquis en étudiant au collège. Philonime vante « la manière des conversations » des dames dont il a parlé. C'est, dit-il, ce qu'il a trouvé le plus « capable de plaire à l'esprit ». Il a eu beau se moquer plus d'une fois des conversations des ruelles, il les préfère de beaucoup à ce qu'il a vu dans les réunions d'hommes doctes et versés dans les belles-lettres, y compris « dans l'assemblée d'un des corps des plus considérables du monde » (sic) (l'Académie française ?). Il y régnait le désordre, l'emportement et l'ennui.

Géname va encore plus loin. Confiant à son auditoire une pensée qu'il a jusque-là « tenue secrète par respect », il conteste la nécessité de la connaissance des Anciens. « Je ne doute point, déclare-t-il, que les femmes ne soient capables de plus d'invention que les hommes par la raison même de leur ignorance. » N'ayant point « l'embarras de notions étrangères » et de règles contraignantes, elles peuvent agir en toute liberté et suivre leur essor. Bref, leur ignorance laisse leur créativité intacte. « Si bien que la nature abandonnée à elle-même s'élève tout autrement dans cette fougue qu'alors qu'elle est dans les contraintes de l'art et embarrassée dans les principes du savoir. » Sous le pseudonyme de Géname et par la plume de l'abbé de Pure, Ménage, un des meilleurs connaisseurs des littératures latine et grecque qu'il pratique dans ses œuvres au point qu'on l'accuse volontiers de n'être qu'un plagiaire, conteste leur utilité, préférant la fécondité de la nature aux richesses empruntées de la culture.

Gélasire, qui prend le relais, abonde dans son sens, rejetant l'idée que « tout le mérite du savoir et de l'intelligence » consiste à connaître tout « ce qui a été traité » en grec et en latin. Oubliant à dessein la distinction des sexes, il défend la primauté de la réflexion personnelle. « À dire vrai, un bon esprit, vif et suffisamment appliqué aux grandes choses, dont le fonds est ferme, dont les rayons sont pénétrants, le raisonnement solide, ne ferait-il pas un plus grand progrès à méditer toujours, à réfléchir sur soi-même et tourner dans sa propre pensée ces beautés de l'intelligence humaine qu'à ramper parmi les ordures de l'école, les galimatias des pédants et les fadaises du faux savoir ? » À côté de cette violente attaque contre les tenants de la culture traditionnelle, tout ce qui a été dit jusque-là contre les précieuses du cercle d'Eulalie, Sophronisbe et consorts semble des gentillesses. En quelques lignes, l'abbé de Pure rejette tout ce qui fonde la culture, au moins depuis la Renaissance, et qui continuera à la fonder pendant près de trois siècles. Au grand scandale du savant de son livre, qui croit à l'importance de la connaissance des Anciens et à la nécessité de leur enseignement par l'école. Autre vaste débat, toujours d'actualité, *mutatis mutandis*.

C'est par cette question capitale que l'abbé de Pure termine la première partie de sa *Précieuse*. Il ne peut comprendre, écrit-il sous le nom de Gélasire, « comment un docte et un habile homme qui fait profession des belles-lettres et qui étudie aux véritables beautés de l'âme est toujours si insipide dans ses sentiments, si difforme du public, si opposé à l'honnête homme qu'il semble que les universités et les écoles ne professent que les maximes de Barbarie et celle des antipodes des agréables conversations ». Le « dégoût que l'on a des savants » entraîne le « mépris que l'on a pour les lettres ». Le salut viendra d'un sursaut. Car le « génie des lettres » finira par se lasser de voir ainsi profaner ses autels. Et ce sursaut viendra des femmes. « Je ne sais, dit Gélasire, s'il peut se libérer plus glorieusement de l'oppression de cette bassesse que par l'ardeur qu'il a jetée dans le beau sexe d'étudier aussi bien que nous et de prendre leur part de ces belles lumières qui ravissent les sens et les esprits. »

Étonnante conclusion d'un livre qu'on croyait une satire des précieuses. Après avoir critiqué les maladresses et les outrances de celles qu'il a montrées en train de s'agiter pour s'introduire dans la vie culturelle de leur temps, l'auteur reconnaît aux femmes le droit réclamé par quelques protestataires d'être des intellectuelles. Bien plus, c'est de leur conquête des « lumières », correctement menée et pleinement acquise, qu'on peut espérer le salut d'une littérature compromise par l'obscurantisme des pédants. On accorde aux précieuses plus qu'elles ne réclamaient.

Aux précieuses ou aux femmes ? L'abbé de Pure tend à oublier les précieuses pour parler des femmes en général. Ce glissement n'est pas la marque d'une opposition entre des précieuses ridicules, qu'il aurait précédemment décrites, et d'autres femmes dont viendrait le salut de la culture. Philonime, au début du développement final, renvoie explicitement à sa récente expérience, qui reste la base des derniers propos de Gélasire et de Géname. La seule et véritable opposition du volume est entre les tenants de la culture traditionnelle et des femmes qui représentent un bouillonnement culturel imparfait et parfois critiquable, mais prometteur.

Les propos des précieuses, au fil du livre, ne sont pas moins différents, selon celle qui les prononce, que les jugements portés sur elles par les personnages masculins. Géname le précise dans sa lettre à Niassare : il y a plusieurs variétés de précieuses. La revendication féminine d'un droit à participer à la vie de l'esprit n'a pas la même vigueur ni la même étendue dans toutes les bouches. Mélanire la soutient avec violence, affirmant son « plaisir extrême » de s'ériger en juge des ouvrages de l'esprit. Elle ne fait aucune allusion à la « faiblesse » de son sexe et aux limites que cette faiblesse impose aux femmes dans leur conduite et dans leurs jugements.

Aracie et Eulalie en tiennent au contraire largement compte quand elles exposent leurs goûts littéraires à Philonime. La seconde s'excuse de « faire la savante en choisissant » et invoque sa « faiblesse » de femme pour ne pas traiter des livres de « dévotion ». Et pour la poésie, où elle dit son choix, elle reconnaît ne pas porter « de raisonnable jugement à son sujet ». Peu importe, reprend Aracie, car « il n'est pas question de juger, mais de goûter ». Elle ne se décide pas par des « pronostiques si doctes ni si importants » que Philonime : « J'agis en femme, dit-elle, c'està-dire avec faiblesse et ignorance, réduite entre ma pensée et mon

goût. » Si Aracie et Eulalie prennent volontiers part à la vie culturelle, si elles reconnaissent avoir leurs genres littéraires préférés
et leurs auteurs favoris, elles le font sans avoir l'arrogance de
Mélanire. Et parce qu'elles reconnaissent la faiblesse de leur sexe,
elles substituent ou se croient obligées de substituer une critique
fondée sur le goût (sur le goût individuel) à la critique masculine,
celle des doctes, fondée sur la raison et sur la connaissance des
règles.

Eulalie, ces réserves faites, vante Corneille pour le théâtre et
Benserade pour les vers galants. Elle loue Chapelain pour son
épopée *La Pucelle*, qu'elle défend contre ses détracteurs. Elle
déclare aimer Boisrobert pour ses satires et ses comédies, mais
aussi pour ses qualités humaines et sa bonne humeur dans le
monde, et pour sa facilité d'improvisation. Aracie, qui avoue préférer les romans à l'histoire, fait à ce titre un éloge enthousiaste
de Mlle de Scudéry, « la muse de notre siècle ». Elle loue aussi
Vaumorière, qui débutait alors dans l'écriture. Ce choix et ces
louanges ne sont pas ironiques. La gloire de Corneille est alors à
son comble. La louange de Chapelain est un geste de solidarité
envers un ami dont l'épopée, très attendue, allait juste paraître.
Tout le monde aimait Boisrobert. L'abbé de Pure peint l'état d'un
goût féminin qui donne sa juste part à une culture moderne, fondée
sur la lecture d'auteurs vivants, dont la plupart cultivent le ton
galant. Par la bouche d'Eulalie et d'Aracie, plus que la culture
des précieuses, l'abbé de Pure décrit celle de toutes les femmes
qui s'intéressaient à la vie de l'esprit – et des « cavaliers » qui
s'étaient échappés de la férule des doctes.

Les précieuses, et avec elles Géname, qui représente les doctes
ouverts à leurs aspirations, donnent une importance fondamentale
à la conversation. Présentant à Philonime le cercle d'Eulalie, « ce
sont, lui déclare Agathonte, des abrégés de tout ce que le monde
peut avoir de beau et de spirituel. Une de leurs conversations est
plus utile que la lecture des meilleurs livres et remplit plus l'esprit
que la conférence des docteurs. » Eulalie et Aracie préfèrent la
conversation des auteurs à leurs livres. Boisrobert y fait preuve
d'un naturel d'un « caractère particulier que l'art n'attrape pas ».
Mlle de Scudéry s'y montre « capable de ternir toutes les belles
productions » qu'elle a données, car elle est si bonne et si aimable
qu'on aime encore mieux la voir que la lire ». Bref, « on préfère
sans hésiter sa conversation à ses ouvrages ». Ces idées ne sont
pas nouvelles ; ce sont celles que Pinchêne exprimait à propos de
Voiture en éditant ses *Œuvres* six ans plus tôt.

Préférer le feu de l'oral à la froide perfection de l'écrit, et juger l'œuvre d'après la personne et non plus en elle-même, d'après les règles, c'était opérer une grande révolution culturelle. L'abbé de Pure l'attribue aux précieuses. En fait, elle était l'œuvre de tous les contestataires mondains qui rejetaient le poids de la tradition classique pour affirmer l'existence d'une nouvelle culture, adaptée à leur temps, à leur milieu, aux aspirations des femmes qui n'avaient pas étudié les Anciens dans les collèges, mais aussi des hommes qui s'étaient empressés de les oublier en entrant dans le monde, c'est-à-dire l'immense majorité de ceux dont la culture n'était pas le métier. De ces conversations dont elles attendent tout, rien n'est exclu pour les précieuses, sauf la théologie par respect et la philosophie pour son inutile complication.

La question du rapport des hommes et des femmes, qui tiendra tant de place dans la suite du roman, n'occupe que quelques pages dans le premier tome (7 % du total). C'est Sophronisbe qui l'aborde en lisant à la compagnie l'histoire de Polixène, Loine et Mélasère, transcription romanesque d'un fait divers récemment arrivé entre trois femmes, leurs galants et leurs maris. On y apprend qu'en France les femmes sont les « souveraines » et que les maris doivent tout leur passer parce qu'elles ont l'opinion pour elles. « Tout ce qu'on peut dire d'un mari [contre un mari] sera toujours mieux reçu que ce qu'on peut dire d'une femme parce que de l'une les fautes sont obscures et de l'autre les fautes sont évidentes. » L'anecdote racontée, dont une part des lecteurs sait sans doute plus que l'auteur n'en dit, contribue à donner au roman l'apparence de la réalité. Elle inscrit la peinture des précieuses dans un contexte de liberté des femmes françaises dont ne jouissait certainement qu'une minorité privilégiée.

Vers la fin du premier tome, sur une question d'Eulalie concernant la satisfaction des désirs (« Pensez-vous, mesdames, que tous les succès des désirs soient des bonheurs ? »), et après la réponse positive de Mélanire, sauf pour « ceux qui aiment trop bien », l'abbé de Pure introduit une nouvelle digression pour expliquer cette expression inattendue. Il raconte les propos tenus par trois femmes devant un maréchal jadis enfermé à la Bastille (Bassompierre ?). Une dame de la noblesse s'y plaint d'avoir un mari qui ne la quitte jamais. Il l'« aime trop bien ». L'épouse d'un avocat se dit insatisfaite d'avoir un mari trop occupé de ses affaires. Il ne l'aime pas assez. Seule la bourgeoise se flatte d'avoir un mari qu'elle « aime tendrement », et qui le lui rend bien. La recette de son bonheur ? s'en tenir au rôle traditionnel de la femme. « Vous faites trop les entendues pour être heureuses, dit-elle aux deux autres femmes. Si vous vous contentiez de plaire à vos maris, d'élever vos enfants, de gagner [d'économiser] quelque chose, vous verriez que vos maris de leur côté vous plairaient toujours. » Arnolphe ne dirait pas mieux.

Les précieuses ne contestent pas ce discours. Elles écoutent Eulalie distinguer l'amour d'*oui*, de *non*, de *mais* et d'*hé bien*, respectivement représentés par la coquette, la finette, la discrète et la bourgeoise. C'est l'un de ces passages pleins de verve où l'abbé de Pure laisse aller son imagination. Puis ses personnages se lancent dans un débat, très rapide, sur la qualité de l'amour. On ne peut aimer que bien, conclut Sophronisbe, car « l'amour n'est point dans un cœur jusqu'à ce que la conviction de l'amitié ne l'ait asservi sous la chose aimée, que l'âme soit si persuadée et captive sous le poids de son amour qu'elle n'ait point de liberté ni de mouvement que par l'ordre de son objet et pour l'intérêt de ce qu'elle aime ».

De cette forte définition théorique, on passe sans transition à une question pratique : une jeune fille peut-elle se dégager après avoir donné des « faveurs particulières » ? Non, répond Philonime, et elle ne doit par conséquent « jamais rien accorder au-delà des faveurs communes et pratiquées ; sinon, elle se met en la puissance de celui qui a reçu les faveurs qu'elle n'aurait pas dû faire ». Mélanire abonde en ce sens, car « on n'accorde point ces faveurs que l'on ne donne en même temps l'espérance de quelque chose de plus ». La femme mariée doit par conséquent adopter sur ce point la même réserve que la jeune fille. Tout le monde en convient.

Le premier volume de *La Précieuse* n'aborde le problème de l'amour et de la situation conjugale des femmes qu'accessoirement. Celles-là mêmes qui, dans la suite, se montreront les plus audacieuses et les plus révoltées s'y rallient sans difficulté aux positions les plus traditionnelles et les plus conservatrices, à peine nuancées par la prétendue nécessité où se trouveraient les maris français de laisser à leurs femmes la plus grande liberté. Dans la peinture des précieuses, à la fois caricaturale et sérieuse que l'abbé de Pure livre au public au début de l'année 1656, lui offrant d'elles, pour la première fois, une image détaillée au lieu de rapides et vagues allusions, la revendication d'avoir accès à la vie culturelle est la seule qui soit vraiment mise en avant par des femmes qui ne contestent pas leur statut d'épouse et ne discutent guère de sentiments. À ce stade du roman, la préciosité n'est nullement un féminisme.

Ses héroïnes réclament le droit d'avoir un avis sur toutes sortes de sujets et d'en parler, un avis fondé sur le goût et l'opinion du temps, et non un jugement établi sur une solide connaissance des Anciens. Cet avis se forge dans les conversations, tenues dans le cercle, lieu de débat où bouillonnent les idées et où personne n'a confisqué l'autorité. Dans cet espace de liberté, les femmes ne craignent pas de prendre parti selon leur « faiblesse », c'est-à-dire sans prétendre rien imposer, mais aussi sans se soucier des principes prétendument étayés sur le savoir traditionnel, auquel leur éducation ne leur a pas donné accès. Elles auraient, de cette exclusion, pu faire la base d'une contestation générale. Elles ne le font pas. Sans s'arroger le droit de « juger » au sens traditionnel, elles se donnent celui de penser et de sentir autrement, selon leur goût et leur plaisir. Malgré son apparente modestie, cette revendication est une révolution : elle implique la possibilité d'une autre façon d'accéder à la connaissance, l'existence d'une autre culture.

Si vive qu'elle soit, la revendication des précieuses à la vie culturelle reste limitée. Elles se contentent de l'oral, des plaisirs de la conversation, et du droit de s'intéresser aux œuvres littéraires, principalement à la poésie et au roman, en donnant librement leur avis. Elles abandonnent le soin d'écrire aux hommes. En voulant transgresser l'interdit, Agathonte et Mélanire se fourvoient. Non seulement elles ont eu besoin de recourir à une aide masculine, mais leurs discours sont ridicules. Et pourtant leur écrit n'était qu'un support pour l'oral, nullement un texte destiné à la publication. L'œuvre d'art écrite reste aux mains des hommes. Son statut n'en est pas moins profondément modifié, puisqu'il lui faudra désormais plaire aux dames pour avoir du succès. Avec l'avènement des précieuses (ou simplement avec celui d'un monde où brillent des femmes éclairées), c'en est fini de la tyrannie des doctes et de leurs règles.

Au moment d'achever le premier tome de son livre, l'auteur en définit le principal sujet par la bouche de Philonime. « Si vous voulez lire *La Précieuse*, dit ce personnage, vous y trouverez ce caractère d'esprit que les habiles hommes condamnent dans les femmes et dont les habiles femmes condamnent les hommes les plus savants. Vous y verrez cette ardeur de la curiosité du sexe et l'ambition de s'égaler au nôtre. » Le volume de *La Précieuse* paru au début de 1656 se présente, dans sa dernière page, comme la peinture d'un conflit entre des intellectuelles pleines de curiosité et les détenteurs du savoir traditionnel. L'abbé de Pure s'est plu à mettre en scène dans une fiction les circonstances et les modalités de leur opposition. Il s'y moque des deux camps, mais entre deux maux il opte pour le moindre, et il prend finalement parti pour le camp de la nouveauté, celui des femmes, contre la tradition sclérosée et sans avenir des doctes.

Chapitre 7

Le vrai passé
de précieuses imaginaires

L'abbé de Pure a-t-il dépeint dans sa *Précieuse* une situation nouvelle, une situation effectivement en train de se créer par suite d'une soudaine révolte des femmes contre leur statut intellectuel traditionnel ? Ou bien a-t-il pris plaisir à décrire une sorte de monde à l'envers, une situation obscurément rêvée par les femmes, mais entièrement idéale, où les hommes oublieraient leur traditionnel monopole de la culture pour leur abandonner tout ou partie du pouvoir intellectuel ? Dans les deux cas, on est loin de Molière, chez lequel l'auteur masculin conserve tout son prestige sur les femmes qui l'écoutent. La scène entre Agathonte et Philonime est bâtie sur le commentaire critique d'un texte que lui lit son créateur. Molière en reprendra le schéma dans plusieurs scènes célèbres, et d'abord dans celle où Cathos et Magdelon louent l'impromptu de Mascarille. Mais alors que les précieuses de l'abbé de Pure se plaisent à déchirer le texte de Philonime, l'auteur des *Précieuses ridicules* garde toujours aux hommes, même discrédités aux yeux des spectateurs, l'admiration d'un auditoire féminin qui les considère comme supérieurs. Les « femmes savantes » continuent d'approuver tout ce qui sort de la bouche de Trissotin.

Ce n'est pas le seul indice du caractère largement imaginaire du livre de l'abbé de Pure. À l'en croire, les précieuses se réuniraient entre elles. Ne serait-ce que pour conserver leur mystère. En fait, tous les salons que l'on connaît sont mixtes. Dans son *Traité de l'origine des romans*, Huet, l'ami de Ménage et de Mme de La Fayette, insistera bientôt sur la féconde originalité de la société française, où se développe un art de vivre, de penser et de converser que permet seul le mélange des sexes dans les « assemblées ». Mlle de Scudéry vante cette mixité dans ses romans. Elle la pratique dans son propre « salon », comme faisait Mme de Rambouillet. Cette mixité est et sera de règle autour de Foucquet. On ne voit pas que les hommes soient exclus des cercles de la cour où prédominent des femmes.

Dans les premiers tomes de son roman, l'abbé de Pure n'a paradoxalement placé qu'une seule scène, très rapide, où il n'y a que des femmes, celle où Agathonte et Mélanire se fâchent après le départ de Philonime. Nul témoignage précis ne confirme cette prétendue volonté féminine de conversations dont les hommes seraient absents. L'auteur ne l'a imaginée que pour mieux souligner le désir d'indépendance intellectuelle de ses précieuses. Dans la réalité, les femmes les plus désireuses de participer activement à la vie culturelle restent, semble-t-il, tributaires du savoir masculin des doctes, les Ménage et les Cotin, et ces femmes, telles Mme de Sévigné ou la comtesse de La Fayette, s'en accommodent fort bien. Parce qu'elles n'ont pas eu accès à la culture des collèges, et que la culture ne s'improvise pas (sauf à être ridicules comme les précieuses ou les femmes savantes de Molière), les femmes ont besoin de médiateurs culturels, c'est-à-dire d'hommes instruits selon la tradition, mais capables de leur former l'esprit sans les accabler de connaissances. Elles le savent et ne cherchent pas à s'en passer, mais à en tirer profit.

Si l'abbé de Pure présente sérieusement son roman comme un témoignage objectif, voire comme une sorte d'enquête, sur une réalité nouvelle, il ne faut pas oublier qu'il s'agit d'un jeu, dont cette présentation même fait partie. En contrepoint, il distribue çà et là plusieurs invites à en découvrir et à en apprécier le caractère ludique, telle l'allusion à la permission de manger de la macreuse en carême. Philonime et surtout Gélasire sont présentés comme des caractères facétieux, qui ne prennent pas tout à fait au sérieux ce qu'ils prétendent décrire. Et plus d'un développement, par exemple sur les différentes sortes d'amour, n'a d'autre but que d'amuser le lecteur. Quand l'abbé prétend qu'une dame de la cour s'est gargarisée du mot « antipéristase » et qu'elle en est maintenant à « apocryphe », il ne faut pas chercher à identifier ce personnage. À l'occasion de cette anecdote, il cite quatre strophes tirées des *Visionnaires*, une comédie à succès de Desmarets de Saint-Sorlin où l'extravagant poète Amidor a entassé des mots savants dans des stances qu'admire Phalante. C'est ce texte qui lui a donné l'idée de son personnage, et non l'inverse. La littérature se nourrit de littérature. *La Précieuse* ne décrit pas la réalité. Elle présente une amusante fiction sur l'aspiration, bien réelle, et déjà ancienne, des femmes de la bonne société à la vie intellectuelle.

Rien de neuf dans l'accusation portée contre les précieuses de raffiner sur le langage. Elle est traditionnellement développée contre les femmes dès qu'elles se mêlent de vouloir accéder au savoir. Juvénal le leur reprochait déjà et, en 1638, l'auteur des *Visionnaires* prétend mettre en scène les dames de son temps. Quatre ans plus tôt, dans *Le Rôle des présentations faites au Grand Jour de l'éloquence française*, satire contre l'Académie naissante, Sorel avait lui aussi introduit des femmes s'intéressant aux questions de langue. Devant le tribunal compétent « se sont présentées, écrit-il, plusieurs dames expressément revenues du cours [de la promenade] pour requérir qu'elles pussent s'approprier le mot de *ravissant* et l'appliquer à tout ». Ces mêmes dames revendiquent l'usage exclusif de plusieurs superlatifs, tandis qu'une « certaine marquise » demande que soit réglementé l'emploi de mots comme *conception* « pour éviter les occasions de mal penser que donnent souvent les paroles ambiguës ». Ces femmes veulent préserver la « pureté » du langage.

De tels propos ne sont pas, comme on l'avance d'ordinaire, de simples « précédents à la représentation littéraire des précieuses ». Ils font partie d'un ensemble qui montre que l'abbé de Pure, et Molière après lui, n'ont pas décrit un phénomène nouveau, mais ont largement repris de vieux thèmes littéraires, aux effets toujours assurés. Car la critique de la femme qui aspire à la vie intellectuelle est, à leur époque, un thème ancien, aussi ancien que la reconnaissance, par les trop rares tenants d'une opinion éclairée, un bon siècle plus tôt, de son droit d'accéder à la culture.

La préciosité, si préciosité il y a, est la lointaine conséquence de cette reconnaissance, au début du XVIᵉ siècle. C'est alors que l'on a enfin (partiellement) accordé à la femme la possibilité de ne pas se cantonner dans les soins du ménage ou dans l'oisiveté. Pour la première fois sans doute, on a renoncé au principe, hérité des Grecs et des Latins, et si longtemps considéré comme une vérité d'évidence, que les études lui convenaient d'autant moins qu'elles avaient pour effet de l'inciter au vice. Le savoir, a-t-on répliqué, lui permettrait au contraire d'être plus forte pour lutter contre la faiblesse de son sexe. Renversement essentiel, causé par la confiance retrouvée dans la nature humaine et par l'enthousiasme de la Renaissance pour la vie de l'esprit. La Réforme a aussi encouragé ce mouvement en invitant chacun – et chacune –

à lire la Bible en français, ce qui suppose un apprentissage général de la lecture. Pour beaucoup de femmes, l'adhésion au protestantisme a été « un appel à la vie intellectuelle ». Non sans réserves, avec des limites précises, et toujours sous la surveillance et avec l'aide des hommes, Renaissance et Réforme ont entraîné, pour les femmes qui se sont mises à lire et à raisonner, une révolution culturelle capitale.

Cette révolution s'est d'abord accomplie au sommet de la société. Agrippa d'Aubigné, dans une lettre à ses filles, reconnaît que certaines femmes sont « par leur condition, obligées au soin, à la connaissance, à la suffisance [au savoir], aux gestions et autorités des hommes ». On accorde depuis longtemps aux princesses et aux femmes de rang élevé les mêmes droits qu'aux hommes, y compris dans le domaine de la connaissance, indispensable au maniement des affaires. À situation sociale exceptionnelle doit correspondre un savoir exceptionnel, que princesses et grandes dames ne souhaitaient pas nécessairement voir partagé par le grand nombre. Si l'exemple de la sœur de François Ier, Marguerite de Navarre, a pu encourager des femmes à revendiquer le droit à la vie intellectuelle, cette princesse ne l'a jamais ouvertement revendiqué pour elles. Ce sont des femmes de moindre rang qui l'ont réclamé, principalement des femmes de la bonne bourgeoisie, désireuses de sortir de l'obligation de silence et de retenue qui leur était constamment faite. Louise Labé, en 1555, demande aux « vertueuses dames » de se cultiver et d'obtenir ce qui n'était jusque-là accepté que pour les princesses.

Un siècle avant le livre de l'abbé de Pure, la « Belle Cordière » de Lyon affirme « le temps venu que les sévères lois des hommes n'empêchent plus les femmes de s'appliquer aux sciences et disciplines ». Celles qui ont la « commodité » de le faire « doivent, dit-elle, employer cette honnête liberté que notre sexe a autrefois tant désirée » à acquérir le savoir, et « montrer aux hommes le tort qu'ils nous faisaient en nous privant du bien et de l'honneur qui nous en pouvaient venir ». Elle va plus loin. Plus audacieuse que les précieuses de l'abbé, elle revendique pour les femmes l'accès à l'écriture : « Et si quelqu'une parvient en tel degré que de pouvoir mettre ses conceptions par écrit », elle doit « le faire soigneusement et non en dédaigner la gloire, et s'en parer plutôt que de chaînes, anneaux et somptueux habits ». Louise Labé veut tout : le droit au même savoir que les hommes, un savoir qui inclut la connaissance des Anciens, un savoir qui se prolonge dans une participation à tous les aspects de la vie intellectuelle et qui comprend le droit d'écrire et de publier.

Cette revendication fera son chemin. Dans une des lettres d'un recueil qu'il publie en 1630, le médecin et moraliste Jean Auvray s'en inquiète : « Les dames d'aujourd'hui font profession de savoir et faire beaucoup de choses, et si l'on n'y prend garde, il se faudra servir d'un moyen pareil à la loi salique de peur que l'empire de l'éloquence ne tombe en quenouille. » En 1638, dans une lettre à Balzac, Chapelain, le futur Parthénoïde de l'abbé de Pure, si hostile aux précieuses, écrit déjà que la « pédanterie » règne « aussi bien parmi les femmes que parmi les hommes », et qu'une partie des dames « se sont érigées en savantes et font de cette qualité partie de leur coquetterie ».

Dans un traité paru dans le même temps, La Mothe Le Vayer dénonce les femmes ambitieuses, « volontiers » entourées de « beaux esprits », qui « font profession de bien dire et de tout savoir ». Et en effet, explique-t-il, elles ont « si bien appris en l'école de *L'Astrée*, et si bien retenu les belles moralités et les riches exemples du *Décaméron* et de *La Célestine*, qu'elles mesurent les mérites et les bonnes grâces d'une femme au nombre et à la condition de ceux qu'elle tient engagés à son service [à l'abondance de ses galants] ». La prétendue intellectuelle des temps nouveaux s'instruit dans les romans, non sans péril pour sa moralité. Les « femmes qui passent aujourd'hui pour femmes d'esprit », continue Le Vayer, tirent leur réputation de ce qu'elles « savent mieux que les autres l'application des histoires de l'*Amadis de Gaule* aux occurrences du temps présent ». Les titres changent, l'attitude est la même. Les précieuses de l'abbé de Pure lisent Mlle de Scudéry et La Calprenède ; celles de Molière ont la tête tournée par *Cyrus* et *Clélie*. À un quart de siècle près, c'est chez La Mothe Le Vayer et chez Molière la même dénonciation d'une fausse culture tirée des romans. L'abbé de Pure décrit le même phénomène, mais en renversant la conclusion : Géname et Gélasire invitent à valoriser la lecture des contemporains et à en faire le point de départ d'un renouveau intellectuel.

Cela fait plus d'un siècle que des femmes ont pris la parole pour manifester les aspirations intellectuelles de leur sexe. Le mouvement, depuis, n'a cessé de s'amplifier. Il emporte maintenant une large partie de l'opinion : les femmes, toutes les femmes qui le peuvent (les femmes de l'élite sociale, les seules qui comptent alors en ce domaine) entendent désormais jouer un rôle dans la vie de l'esprit.

Les précieuses de l'abbé de Pure appartiennent à l'aristocratie. Plusieurs d'entre elles rappelleront, dans la suite du roman, qu'elles sont « nées demoiselles », affichant leur mépris pour les bourgeoises qui essaient de les imiter. Né dans la noblesse, le mouvement favorable à la culture des femmes s'est pourtant très tôt propagé chez les femmes des bourgeois cultivés qui, par le moyen des offices, s'intégraient ou aspiraient à s'intégrer à la noblesse de robe. C'est même probablement parce que ces femmes ont vu, dans la nouvelle culture des dames de l'aristocratie, un moyen de se rapprocher d'elles en reproduisant leur mode de vie et de penser, que la vie intellectuelle s'est si largement développée. « Pour ces bourgeoises, a-t-on écrit, l'émancipation passe par la vie mondaine, la fréquentation des beaux esprits, l'accès à une culture raffinée, essentiellement littéraire. » Au lieu d'en conclure : « La préciosité n'est pas loin », il faut reconnaître que, du point de vue de la culture, tout ce qu'on a appelé à tort ou à raison préciosité existait déjà au début du siècle et ne cessait de gagner du terrain.

L'auteur de *La Précieuse* présente comme une nouveauté les « assemblées » que des femmes de la ville tiennent alternativement chez elles, abordant toutes sortes de sujets dans des conversations animées. En fait, ces réunions étaient loin d'être une nouveauté. On date du milieu du XVIe siècle le premier « salon » littéraire, celui de la dame de Morel et de ses trois filles. Vers 1570, la maréchale de Retz accueille en son hôtel « tous ceux que leurs talents ou leur culte de la poésie rendaient dignes d'y être admis ». C'est donc bien longtemps avant le livre de l'abbé de Pure qu'apparaissent, phénomène nouveau, quelques assemblées mixtes qui se tiennent en dehors de la cour et s'ouvrent largement aux poètes et aux gens d'esprit. Elles n'ont pas forcément lieu autour de dames de la noblesse, et le phénomène n'est pas uniquement parisien. Il se développe notamment à Lyon, ville d'imprimeurs : leurs femmes et leurs filles sont nombreuses à y participer. Et chacun connaît, due à des circonstances particulières (la tenue des Grands Jours), la vogue du « salon » des dames des Roches à Poitiers, qui réclament, elles aussi, la gloire littéraire si constamment refusée aux femmes.

Freiné par les guerres de Religion, ce mouvement reprend avec la paix civile en même temps que s'instaure un nouveau modèle culturel. Malgré le prestige que l'humanisme de la cour des Valois garde dans les mémoires, malgré la persistance des cercles qui entourent des dames formées à la culture savante comme la maréchale de Retz, morte en 1603, ou Marguerite de Valois, première femme d'Henri IV, morte en 1615, c'en est maintenant fini de la revendication, pour les femmes, d'une culture fondée sur l'étude du latin et du grec. Même chez les grandes dames humanistes, qui aimaient les « doctes discours », apparaît désormais un goût différent, qui donne la plus large place à la poésie galante, à des genres que les poètes de la Pléiade avaient relégués comme mineurs.

C'est alors que l'on a banni, chez les gens du monde, une érudition inégalement partagée et qui aurait été pesante pour les moins cultivés. Et c'est alors que s'est instaurée, autour des « dames » et des « cavaliers », une autre forme de culture, non plus livresque et scolaire, ou du moins fondée sur une bonne connaissance des Anciens, mais d'origine orale, acquise pour et par la conversation, résolument moderne, centrée sur la poésie et le roman en langue vulgaire. Car les femmes pensent désormais qu'on peut prendre part à la culture en lisant des ouvrages écrits ou traduits en français, ou simplement en conversant avec des gens de lettres. Exclues depuis toujours de la culture traditionnelle, les femmes cessent de vouloir combler de leur mieux, en cultivant coûte que coûte les belles-lettres savantes, ce qu'elles ne considèrent plus comme un handicap. Le savoir qu'elles réclament n'a désormais plus rien de l'ancienne pédanterie. Elles privilégient une culture générale moderne, acquise dans le monde et pour le monde, et adaptée à la nouvelle vie mondaine.

Dans un traité féministe intitulé *La Femme généreuse*, un auteur anonyme se réjouit, en 1643, que la connaissance des lettres ne soit plus l'apanage des hommes, qui doivent maintenant aller « à l'école des femmes apprendre les mots à la mode, dont elles tiennent la régence ». Parce qu'il existe désormais une littérature écrite dans la langue du pays, les femmes ont tout loisir de s'imposer dans un domaine « dont elles sont jugées capables ». Pour le déplorer ou s'en réjouir, on s'accorde, dans les années 1630, sur l'apparition d'une nouvelle forme de culture, qui bouleverse la vie intellectuelle dans ses acteurs comme dans son contenu. De la culture traditionnelle, fondée sur l'étude des Anciens, les femmes se trouvaient, par nature, presque toutes écartées. Rien ne s'oppose en revanche à ce qu'elles s'intéressent à la nouvelle culture, et qu'elles y jouent un rôle, peut-être même prépondérant.

C'est pourquoi, avec le début du siècle, s'est soudainement accélérée l'évolution qui va substituer les « salons » à la cour comme lieux de la conversation et des divertissements littéraires. Celui de la vicomtesse d'Auchy s'est ouvert vers 1605. « Comme elle était fort vaine, écrit Tallemant, tous les auteurs et principalement les poètes étaient reçus à lui en conter [...]. Malherbe, nouvellement arrivé à la cour comme le maître de tous, était le mieux avec elle. » Au point qu'en 1609, jaloux du poète, son mari l'exila en province, d'où elle ne revint qu'en 1628. Dès son retour, elle ouvrit de nouveau son logis à des réunions littéraires. Chapelain, qui n'aime pas cette dame, le rapporte plaisamment à Balzac dans une lettre de mars 1638 : « Dans cette académie femelle, les femmes n'y font que recevoir et les hommes y donnent toujours », ce qui veut dire que les hommes sont les seuls à écrire.

« Elles y sont juges des matières, continue la lettre, et tiennent la place en ce lieu qu'elles tiennent dans les carrousels. Il y a foule de participants, et tout est bon pour l'appétit de ces fées, qui la plupart ont beaucoup d'âge et peu de sens. C'est une des nouveautés ridicules de ce temps. » Âge des participantes mis à part, car ses précieuses sont toutes jeunes, l'abbé de Pure peint des « assemblées » qui ressemblent beaucoup à celle dont Chapelain se moquait une vingtaine d'années plus tôt. S'il n'en avait pas lui-même fait partie, cet auteur aurait pu en dire presque autant du salon de Mme des Loges et, avec quelques nuances, de celui, si célèbre, de Mme de Rambouillet, puisqu'on y faisait aussi place aux poètes et à leurs productions.

Ces trois salons, les plus souvent cités, n'étaient pas les seuls. De 1630 à 1650, ils se multiplient : « La même société se retrouve régulièrement à l'hôtel de Condé, à l'hôtel de Ventadour, à l'hôtel de Créqui, à l'hôtel du chancelier Séguier », écrit Georges Mongrédien qui rappelle qu'on se réunissait aussi chez Mme de Saint-Martin, chez Mme de Belval, chez la présidente Larcher, chez Mme de Chavigny, chez Mme de La Calprenède, chez Mme de Choisy, sans parler des lieux de réunion qui restent à inventorier. C'étaient des assemblées, plus ou moins nombreuses, au public différent selon le statut et les amitiés de la maîtresse de maison, mais toutes composées d'hommes et de femmes, à la différence des académies, tenues par des hommes et entièrement composées d'hommes. Sans y mépriser les Anciens, dans ces réunions mixtes, on se montrait surtout attentif à ce qui était directement accessible aux dames : la modernité, voire l'actualité.

De cette prolifération des « assemblées », la littérature porte très tôt témoignage. Dans La Chrysolite, roman à clé de Mareschal publié en 1634, l'héroïne s'intéresse aux discussions littéraires. Elle va souvent « chez une de ses parentes » passer « les après-dîners avec des cavaliers à discourir sur toutes les pages et les feuillets des bergeries d'un auteur grec et nouveau qui servait depuis peu de divertissement à toutes les dames d'Athènes ». Ce Grec nouveau, c'est Honoré d'Urfé, dont on lisait et discutait le roman de *L'Astrée* dans les « salons » du début du siècle. Tout est déjà en place, y compris la transposition des aventures galantes dans une Grèce de fantaisie, où Athènes signifie Paris. Dans plusieurs des romans de cette époque, des soupirants se plaignent d'être délaissés par leurs belles, qui préfèrent recevoir et écouter des écrivains, poètes et beaux esprits qui leur apportent une certaine renommée en les célébrant dans leurs vers. Ils sont dans la même situation que La Grange et Du Croisy, les prétendants des *Précieuses ridicules*, en face de Mascarille. Et l'on est seulement sous Louis XIII...

Le phénomène est général. Il s'étend même à la province si l'on en croit l'oratorien Jean Eudes, qui raconte ce qu'il a vu, étant en mission à Valognes, en 1643, l'année de la mort de ce roi. « Il s'y était élevé depuis quelque temps une académie française d'un genre tout nouveau ; elle était ornée d'une troupe de demoiselles qui s'arrogeaient le droit de décider du mérite des prédicateurs, de les critiquer, de les tourner en ridicule et de prononcer en dernier ressort sur ce qui s'appelle les choses de l'esprit. » La prétention des provinciales est ici d'autant plus condamnable qu'elle porte sur un domaine réservé aux clercs, l'explication de la parole de Dieu. Signe que, dès avant la Fronde, existaient des « assemblées » où des femmes entendaient juger souverainement des « œuvres de l'esprit », et que leur volonté de peser sur la vie intellectuelle a été un phénomène général, dépassant largement les sphères privilégiées de l'aristocratie parisienne.

Selon l'abbé de Pure, les cercles féminins auraient soudain proliféré après la Fronde, et en général on l'en croit. Bien à tort. On peut certes établir une liste assez longue des lieux où hommes et femmes se sont alors rencontrés dans des assemblées qui s'intéressaient plus ou moins à la littérature. Mais si la liste s'allonge, c'est surtout parce qu'on a des informations plus complètes à mesure qu'on avance dans le siècle. Rien n'établit formellement qu'il y ait eu une mutation significative autour de 1652. L'augmentation du nombre des « salons » et le développement parallèle du rôle des femmes dans la vie intellectuelle se sont en fait inscrits dans une évolution qui s'est effectuée sur la longue durée ; ils résultent d'un progrès lent et constant depuis la Renaissance et la Réforme, dont ceux-là mêmes qui croient voir dans la préciosité une nouveauté ont étudié précisément les modalités, et montré les virages décisifs bien avant la Fronde, vers 1570, puis vers 1630. « Nous ne sommes qu'esprit », déclare la Sestiane des *Visionnaires*, se définissant, elle et ses semblables, avec un quart de siècle d'avance, exactement comme Géname définit la précieuse dans sa lettre à Niassare.

Si Sestiane se flatte d'être une pure intellectuelle, vers le même temps, le père du Boscq, dans le troisième volume de *L'Honnête Femme* (1636), et François de Grenaille, dans *L'Honnête Fille* (1640), dénoncent vivement l'existence de cette nouvelle sorte de femmes, qu'ils rattachent au type de la Coquette. Du Boscq lui consacre un chapitre, dans lequel il distingue, parmi plusieurs autres variétés, des « coquettes d'esprit, affectant trop de paraître savantes ou éloquentes ». Grenaille décrit « le caractère des coquettes savantes ». Ces coquettes-là, disent ces auteurs, se reconnaissent à leurs préoccupations exclusivement intellectuelles. Entourées de « beaux esprits », elles passent leur temps à juger des « pièces d'éloquence et de poésie », des romans et des comédies, sans connaître « une seule règle de rhétorique ». En quoi Grenaille les trouve ridicules, comme fera le pédant Horatian dans la dernière scène du premier tome de *La Précieuse*.

Ce n'est donc pas entre 1653 et 1656, comme le prétend l'abbé de Pure, que s'est développé l'intérêt des femmes pour les choses de l'esprit. Cet intérêt remonte au XVIᵉ siècle, quand les femmes ont été influencées par l'humanisme et la Réforme. Mais cet intérêt évolue avec le temps, et à partir des années 1630, sous l'influence de celles qui ont été nouvellement attirées par la vie intellectuelle et mondaine, en raison de leur plus grand nombre et d'une certaine diversité de leur origine sociale, la culture prend un caractère tout nouveau. S'il y a eu rupture, ou mutation, c'est alors qu'il faut la placer, et non pas autour de la Fronde. Et c'est dès ce temps-là qu'ont commencé les railleries et les attaques qui entoureront leurs continuatrices, les futures précieuses.

À supposer que le mouvement des femmes vers le savoir se soit un peu accéléré avec la fin des troubles, il n'a pas alors changé de nature. En datant l'apparition des précieuses des années qui ont immédiatement précédé la parution de son livre, l'abbé de Pure a voulu lui donner une apparence d'actualité qu'il ne devait pas à l'émergence d'un phénomène nouveau, mais à la continuité d'un débat capital. Même si les femmes n'ont pas joué après la Fronde un plus grand rôle intellectuel que sous Louis XIII ou au début de la Régence, les « assemblées » qui se tenaient chez elles et le climat intellectuel et moral qui y régnait lui ont à juste titre paru un phénomène suffisamment important pour qu'il soit désormais possible de consacrer aux revendications féminines un roman susceptible d'intéresser un public, heureux d'y trouver la représentation d'activités et d'interrogations déjà anciennes, mais qui restaient effectivement les siennes.

La nouveauté du livre de l'abbé de Pure est sans doute moins dans son contenu que dans l'adoption de la forme romanesque pour le mettre en scène. Quoi qu'il dise pour faire croire à la vérité de sa peinture, présentée comme un reportage, son projet n'est pas de décrire la réalité, de révéler le « mystère » des ruelles, mais de traiter sur le mode de la fiction un sujet toujours à la mode et qui le restera longtemps. Son principal mérite est, sur ce sujet difficile, d'adopter une forme romanesque ouverte, qui essaie, pour la première fois, de présenter une vision globale de la question sans craindre de montrer en même temps le pour et le contre, sans craindre non plus d'ajouter inventions et fantaisies à des faits réels et à des arguments réellement échangés.

Les précieuses du *Mystère des ruelles*, des précieuses de roman, des précieuses statutairement imaginaires, ne sont et ne peuvent être qu'un prétexte. Faute de témoignages objectifs, la question fondamentale reste donc posée : les précieuses ont-elles existé ? ont-elles eu véritablement un avènement ? ou bien l'événement n'est-il pas le livre de l'abbé de Pure, qui a placé sous leur nom – vague, mais relativement à la mode – les aspirations au savoir, latentes ou déclarées, de toutes les femmes de la bonne société depuis un siècle ?

Chapitre 8

« S'attacher aux diverses conditions de notre sexe »

Sauf les personnages, les deuxième et troisième tomes de *La Précieuse* n'ont presque rien de commun avec le premier. Encore y a-t-il de nouveaux survenants, et l'on n'entend pratiquement plus parler de Philonime, personnage principal et introducteur à la préciosité du début du roman.

L'abbé de Pure avait prévenu son lecteur : « J'ai ouï dire, déclarait Philonime à l'extrême fin de la première partie, qu'il y aura quelque autre volume où l'on ne parlera plus du tout que de [*sic*] ce qui concerne la pure *galanterie* de la ruelle, ce qui s'y passe, les questions qui s'y agitent, et l'esprit qui y règne. » Plus question donc de définir la précieuse. On se contentera de la voir et de l'écouter. En conséquence, le roman change de titre. *La Précieuse ou le Mystère des ruelles* devient *La Précieuse ou les Mystères de la ruelle*. On n'ira plus ici et là enquêter sur le mystère unique de la nature de la précieuse. On suivra les habituées d'une seule ruelle dans les divers mystères de ses principaux centres d'intérêt. Et au lieu d'y chercher la quintessence de la préciosité, on y découvrira la « pure galanterie ». Curieusement, comme chez Molière, le mot « galant » se substitue à l'adjectif « précieux » pour qualifier les conversations des ruelles.

Le roman s'organise désormais autour d'elles. « Première conversation », lit-on en tête du deuxième tome. Il en contiendra huit. Le troisième en donnera trois autres, avant de s'achever sur une « Dernière conversation », de nature toute différente : l'« Histoire d'une précieuse ». Sauf dans cette fin, chaque conversation traite, sous forme de dialogue, un sujet distinct et en principe préalablement défini, ce qui n'empêche ni les digressions ni l'insertion d'histoires adventices. La question du statut culturel des femmes, qui occupait presque tout le premier volume, est largement éclipsée dans les deux suivants par une discussion générale sur leur condition où leurs rapports à l'amour et au mariage prennent la place capitale.

Tout commence par une question d'Eulalie, intriguée par l'intérêt qu'une belle inconnue, lors d'un carrousel, porte à un homme d'un rang social plus élevé qu'elle, en essayant de le cacher. Cette précieuse la pose dès son arrivée chez Mélanire, où apparaissent deux nouvelles venues, Caliste et Philotère : une femme doit-elle résister ou céder à un amour disproportionné ? Voilà, déclare l'hôtesse, « un fond agréable, et qui peut fournir à une galante conversation » : le ton enjoué et détendu (le ton « galant ») est au moins aussi important que le sujet sur lequel on cause. Aracie ouvre le débat en soutenant que la passion ne doit jamais prévaloir contre la raison, et qu'on peut toujours venir à bout d'un amour naissant. Sophronisbe lui réplique « qu'il est bien plus impossible de se défendre d'aimer une chose qui nous paraît aimable qu'il n'est impossible de faire réussir une affection disproportionnée », car « l'amour est partout le maître ». On doit donc essayer de se faire aimer de celui qu'on aime, quelle que soit sa condition.

Survient Gélasire, que l'on informe de l'affaire. Pressé de dire son avis, il la tourne « en ridicule », et prend l'exemple contraire, qu'il conte plaisamment, de l'échec d'un mariage conclu selon « les règles ordinaires, par avis de parents et amis », entre deux êtres parfaitement assortis. C'est que « l'alliance entre les personnes si semblables et si proportionnées est la plus désagréable de toutes par mille raisons ». La vie a besoin de diversité. Mieux vaut donc ne point fuir la disproportion. L'avocat chargé du divorce du couple trop bien marié en a apporté une preuve vivante. « Il a eu peur de cette ordinaire disgrâce du choix qui fait prendre le pire. Il n'a fait qu'un pas de sa cuisine à son cabinet, et son affaire s'est trouvée faite. » Autrement dit, il a eu la sagesse d'épouser une personne qui lui était utile et qu'il connaissait bien, sa cuisinière. « Je trouve cela plus commode que tous les grands projets qui précèdent les autres mariages. Il faut épouser dix familles dans une seule noce, mettre cinquante noms dans un contrat où il ne s'agit que de deux, faire assemblée pour un mystère où il ne faut pas de témoin, faire bal et passer sur pied toute la nuit où il n'est question que de se coucher. »

Pour Eulalie, toute discussion sur les conditions d'un bon

mariage est inutile, parce qu'il n'y a pas de règles. Les meilleures prévisions peuvent se révéler fausses, et les calculs trompeurs. « Tous les jours, les plus sages et les plus avisés échouent et sont les plus malheureux, tant il est vrai qu'il n'y a que le pur hasard qui préside à ce choix et qui donne succès à ces amitiés de longue durée et de longue haleine, qui font mourir sans mourir et qui vivent encore après la mort par le semblant et par les suites dont l'injuste et sotte coutume a voulu les honorer. » Eulalie admet qu'il peut, par chance, y avoir des mariages réussis et durables. Elle déplore les rites du veuvage, qui prétendent prolonger artificiellement ces unions.

Mélanire, qui aurait de quoi dire, craint d'ennuyer. « Je suis, dit-elle, nouvellement instruite que les longs propos, quand ils seraient ravissants et adorables, ne laissent pas d'être importuns. » Aracie abonde en son sens. Il faut, dit-elle, « dans la ruelle quelque chose de plus libre » que dans les discours organisés, « plus de naturel que d'esprit, plus d'agrément que de fonds, et plutôt la diversité que la suite ». L'abbé de Pure ne se contente pas de prétendre reproduire dans son roman les conversations des ruelles ; il en fait la théorie. Et pour mieux souligner que son livre est à la fois conforme à cette théorie et à l'image de ce qu'il dépeint, Aracie enchaîne directement sur la lecture qu'elle vient de faire du premier tome de *La Précieuse*. « Le corps de l'ouvrage, dit-elle, est plus chagrin et plus massif que beau. Il est fait, mais il n'est pas formé [...]. Il commence les choses et il les abandonne ; il promet et il ne tient pas. Il se montre, puis il se cache, et soit par art ou par malice, il parle et ne dit rien. » Ainsi procède en effet l'abbé de Pure, qui ne circonscrit rien de ce qu'il peint. Ainsi font également ses personnages, qui débattent sans épuiser les sujets et sans jamais conclure. À l'image sans doute de ce qui se passait dans les « salons », et pas seulement chez ses imaginaires précieuses.

La conversation suivante se passe chez Sophronisbe. Après une rapide discussion sur le sens du premier volume de *La Précieuse*, on s'interroge sur les questions dont on traitera ce jour-là et dans la suite. On s'accorde à décider qu'il faut prendre « certains sujets spacieux et grands qui puissent fournir à plusieurs entretiens », occasions pour chacune d'exprimer à sa manière « ses difficultés et ses peines ». Eulalie en propose un : « Pour faire et dire quelque chose qui soit à notre main et qui n'ait rien au-dessus de nous, j'ai cru, dit-elle, qu'il fallait s'attacher aux diverses conditions de notre sexe. » On parlera successivement des filles, des femmes et des veuves. Plaisamment contestée par Gélasire, qui objecte lestement qu'il y a des filles qui ne sont pas filles (vierges) et des femmes qui ne sont pas femmes, et par Mélanire qui pense qu'il y a des mariages si différents qu'on ne peut mettre toutes les femmes mariées dans une même catégorie, la proposition d'Eulalie est adoptée comme base des conversations à venir. Évidemment, on ne s'y tiendra guère...

« Il faut dès demain commencer », dit Aracie, « et que chacune à son gré fasse une question la plus jolie qui lui sera possible et qui lui tombera dans l'esprit, mais à condition que le principal sujet sera celui des femmes et de tout ce qui peut les concerner. Nous y agirons toujours galamment et avec civilité, nous éloignant avec soin des chagrins et des rudesses de la pédanterie, et nous arrêtant aux choix qu'on pourra faire des principales et plus divertissantes questions. » La préciosité apparaît ici comme un narcissisme : des femmes se réunissent pour parler des femmes. En quoi, elles s'inscriraient une fois de plus dans une longue tradition. Leurs devancières des *Caquets de l'accouchée* faisaient exactement la même chose. Sans avoir, il est vrai, la même volonté délibérée de ne parler que d'elles et de le faire plaisamment. Car si le sujet du livre a changé dans ce deuxième tome, l'esprit des prétendues précieuses demeure : c'est celui de la galanterie littéraire, hostile à l'ennui des savants de profession, bien décidé à aborder tous les sujets, même les plus sérieux, avec humour et légèreté.

Ce jour-là, la conversation continue de porter sur la conversation. On convient de parler librement, sans craindre d'amener des amis dans la ruelle pour « les rendre auditeurs ou adorateurs de ce qu'ils pourront voir ou entendre ». À la seule condition que ce soient « des personnes de condition ou d'esprit », dit Mélanire. Ou plutôt « de condition et d'esprit », corrige Sophronisbe. Contrairement à ce qui avait été avancé, les précieuses renoncent au secret et se prononcent pour la mixité de leur assemblée. « Si une personne de condition n'a point d'esprit, continue Sophronisbe, laissons-la dans son écurie et dans sa ferme, et choisissons un roturier qui parle et qui raisonne. » On préférera l'esprit à la naissance en veillant à ce que l'ami invité ait « un esprit de conversation ». On se gardera du provincial, bavard, vantard et incapable de sortir de minuties qui n'intéressent que lui. Mélanire en a récemment fait l'expérience avec « un grand provincial du pays d'Auvergne », qui a été jusqu'à vouloir lui parler latin. Elle s'est réfugiée dans les bouts-rimés. Mais Eulalie doit aller au Louvre. « Il fallut rompre la conversation. »

Celle-ci reprend sur une question conforme au programme annoncé (c'est la « troisième conversation » du deuxième tome) : « Laquelle est la plus aimable d'une femme ou d'une fille ? » Gélasire y répond par l'« histoire de Mystère et de Pædie », une femme deux fois veuve et sa fille, pour laquelle la première n'a rien négligé de ce qui peut « contribuer à l'éducation d'une honnête personne » : formation initiale dans un couvent, puis perfectionnement auprès d'elle, afin de lui donner les « traits du monde ». Un gentilhomme du voisinage, plein d'esprit et de savoir-faire, « s'enflamma et fut si épris qu'il rendit ses soupirs visibles et qu'il ne put les déguiser ». La mère fait semblant de croire que c'est pour sa fille ; la fille croit que c'est pour sa mère. Il réussit à se faire aimer des deux... Interrogé sur ses sentiments, il s'en tire par des vers bien ajustés. Gélasire interrompt brusquement son histoire en disant qu'il contera la suite plus tard, dans le chapitre des veuves...

En attendant, il rappelle qu'en certains pays « les filles étaient en exécration jusqu'à ce qu'elles fussent femmes », au point qu'on devait, quand on les mariait, les garantir « franches de toute filiation » (*sic*). On dépensait beaucoup, dit-il, pour trouver « un homme assez hardi et vigoureux pour servir [au] roi de second contre cette insupportable qualité de fille ». Ce sont là des débats traditionnels sur le prix du pucelage opposé à la valeur de l'expérience amoureuse de la femme dans les rapports sexuels. On en trouve des variantes chez Brantôme comme dans Montaigne. L'abbé de Pure les reprend pour divertir son lecteur et faire le tour de ce qu'on disait alors à propos des femmes et des filles. On se plaisait sans doute à ces lieux communs paillards dans certains milieux. Il est paradoxal de les placer chez Eulalie, dans une ruelle précieuse. Comme Gélasire, l'auteur de *La Précieuse* s'amuse plus d'une fois à y introduire des gaillardises.

Fait étonnant : dans tout ce que ses personnages disent ici sur l'état de fille, il n'y a pas un mot pour soutenir ce dont on fait d'ordinaire une des pierres de touche de la préciosité, le refus du mariage. Personne n'élève la voix pour justifier et même valoriser le célibat. Prenant à son tour la parole pour conter l'histoire de Caliste, la précieuse Eulalie ne craint pas de répéter les propos d'un homme qui préfère l'amour d'une femme expérimentée à celui d'une jeune fille : « Le mariage assaisonne ce que la nature a laissé de trop cru [...]. Il ôte ce goût fade de la jeunesse et de l'innocence, et l'élève et le raffine par les premiers essais de l'hymen. » Pour les précieuses de l'abbé de Pure, qui sont très majoritairement des femmes mariées, il ne fait pas de doute qu'un être du sexe féminin n'atteint sa plénitude qu'après avoir fait l'expérience de sa sexualité. Même si cette expérience est loin d'être toujours agréable.

La même Eulalie le laisse entendre dans la conversation qui suit, contant comme sien un mariage imposé. « Ce ne fut point, dit-elle, le flambeau de l'hymen qui éclaira à mes noces, ni celui de l'amour qui brûla dans mon cœur. Je fus une innocente victime sacrifiée à des motifs inconnus et à des obscurs intérêts de maison, mais sacrifiée comme une esclave liée, garrottée, sans avoir la liberté de pousser des soupirs, de dire mes désirs, d'agir par choix. On se prévaut de ma jeunesse et de mon obéissance, et on m'enterre ou plutôt on m'ensevelit toute vive dans le lit du fils d'Évandre. » Les mariages décidés dans l'intérêt des familles, sans tenir compte des sentiments de l'intéressée, sont la plus insupportable des tyrannies. C'est cependant un risque que courent maintes jeunes filles de bonne famille. Eulalie les plaint : « Je ne vois, déclare-t-elle, rien de plus malheureux qu'une femme de naissance, de condition, d'esprit et de mérite. » Si les mariages étaient à l'époque habituellement conclus par les parents, ils n'étaient pas tous aussi brutalement imposés, mais cela pouvait arriver. L'abbé de Pure se fait l'écho des protestations de ces victimes. Se plaindre d'un tel sort, ce n'était pas nécessairement être précieuse.

Ces plaintes ne conduisent pas les personnages féminins de *La Précieuse* à la révolte. Eudoxe, chez laquelle se tient la conversation suivante, demande « si une femme raisonnable, engagée dans les liens du mariage par le choix des siens, sans qu'elle y ait concouru ni contribué que d'une aveugle obéissance », après s'y être opposée de son mieux, peut, en restant une honnête femme, « conserver le souvenir d'un amant [d'un amoureux écouté] » qu'elle aurait préalablement aimé, et « tourner son esprit et sa pensée vers l'objet dont on a détourné son cœur ». Eulalie reconnaît la situation de la Pauline du *Polyeucte* de Corneille. Puis, malgré ce qu'elle a conté de son mariage forcé, elle exclut toute possibilité d'un reste de tendresse pour la personne antérieurement aimée. Sa décision est formelle : « L'amour du mari doit occuper tout le cœur de la femme, sans qu'il y ait lieu pour y placer le moindre souvenir ou le moindre désir pour un autre que le mari. » Gélasire a beau plaisamment argumenter au contraire, Eulalie n'en démord pas, citant de « beaux vers » de Corneille pour conforter son avis.

Contre Parthénoïde, qui défend le droit des femmes à tromper les trompeurs, ces maris qui ne sont maris que par le contrat et non par leur conduite, la sage Sophronisbe prend elle aussi le parti d'une vertu farouche : « Il faut, dit-elle, conclure que l'honnête femme ne doit avoir de sentiment que pour son mari, n'ouvrir son cœur et sa pensée qu'à ce qui peut y entrer de sa part. » Cette conduite ne va pas forcément sans « malheur », mais c'est ainsi. Gélasire a beau affirmer que seule la liberté peut « sucrer le choix et le rendre agréable », il a tort, car « l'obéissance et la liberté se trompent aussi souvent l'une que l'autre ; toutes deux sont aveugles ou toutes deux sont imparfaites ». Aracie renchérit : « La passion n'a pas les lumières de la liberté. Or ceux qui n'aiment point et qui choisissent pour autrui, indubitablement, sont plus clairvoyants et jugent mieux des choses. » Singulières précieuses, qui ne refusent ni l'idée du mariage, ni les mariages arrangés.

La sixième conversation se passe chez un nouveau personnage, Néossie, qui demande si « une femme bien faite et douée de toutes les qualités qui peuvent rendre une personne aimable, et qui a même tourné son cœur en faveur de son mari [...] peut aimer ce mari qui ne l'aime point ». Situation impossible, répond Sophronisbe. Les hommes ne peuvent être si ingrats. Aracie lui réplique en contant son histoire. Elle a été aimée et enlevée par l'homme qu'elle aimait et qui l'a épousée. Mais il a bientôt cessé de l'aimer. Elle sait qu'il a « une âme changeante », qu'il sera « toujours inconstant », et elle « toujours malheureuse ». La compagnie s'indigne unanimement contre tous les maris volages. Géname, pour détendre l'atmosphère, affirme plaisamment qu'un mari n'a en effet pas le droit de changer de sentiments. À moins évidemment que le temps n'ait fait des ravages dans l'objet aimé. Il ne saurait en effet être « obligé de se crever les yeux pour aimer une chose qui fait peur ».

Ce sont là des « instances » (des opinions) qu'on peut dire « en raillant », lui rétorque Mélanire, mais « non pas soutenir dans le sérieux ». « Les vertus se trouvent égales et également dans les deux sexes, quoique les vices n'y soient ni égaux ni également », les hommes ayant « hors part, la tyrannie, la dureté, la médisance et la légèreté ». Une honnête femme ne doit donc pas tenir compte des défauts de son mari. « Son courage et sa vertu doivent la faire agir comme à l'égard d'un mal incurable. » Elle montrera « assez de force pour le supporter, assez d'esprit pour le dissimuler, assez de fermeté pour y résister, assez de bonté pour le souffrir, et assez de charité pour le pardonner ». Ce sont les derniers mots de la première partie du deuxième tome. Par une singulière évolution, maintenant qu'on les connaît mieux (deux d'entre elles, Eulalie et Aracie, ont conté ou prétendu conter leur histoire), les précieuses de l'abbé de Pure se confondent de plus en plus avec les autres femmes, dont elles partagent largement la résignation et les idées conservatrices. Ayant quasiment oublié leur désir d'intervenir activement dans la vie intellectuelle, elles déplorent le sort de leur sexe sans le contester.

Leurs conversations ne diffèrent guère des débats qui se déroulaient à l'époque dans les célèbres conférences du Bureau d'adresses et, qui sait ?, dans n'importe quel « salon ». On parle sans prétendre apporter de doctrines ou de solutions définitives. « Vous nous avez tous aujourd'hui dit de belles choses, remarque Eudoxe après une intervention de Mélanire sur le sort d'Eulalie, mais je ne trouve dans tous les discours que j'ai ouïs que de nouvelles matières de douter plutôt que de résoudre, et des secrets pour augmenter ma peine plutôt que pour la guérir. » Les précieuses de l'abbé de Pure restent dans l'expectative. On ne peut tirer de leur conversation une théorie claire et cohérente de ce que serait la préciosité. Des femmes parlent sagement à des femmes de leur condition de femmes en présence d'hommes qui les provoquent vainement à sortir de leur réserve en soutenant plaisamment des idées plus hardies. Grâce à ces joyeux compagnons, on ne s'ennuie pas. On rit, et souvent de gaillardises, qu'ils savent présenter sans grossièreté. À cette étape de son roman, la ruelle des précieuses de l'abbé de Pure est un lieu où l'on s'amuse à raconter le monde d'un point de vue féminin sans autre but que de se distraire. On y soutient les idées reçues.

Avec le second livre du deuxième tome, le décor change, et aussi les personnages. C'est le printemps. Il fait beau, et on quitte les ruelles pour se promener au Luxembourg. On quitte aussi les personnages qu'on connaissait. Quatre femmes apparaissent, dont deux jeunes filles, et deux hommes, dont l'un, Gélaste, ressemble à Gélasire comme un frère jumeau. Alors que l'auteur s'était jusque-là contenté de montrer des personnages en action, il présente cette fois chacune des quatre femmes en faisant préalablement leur portrait moral et en les situant socialement et financièrement. Ce ne sont pas des dames de qualité comme les précieuses du début du roman, mais des descendantes de bons bourgeois anoblis ou aspirant à l'être. Après s'être montrées dans les jardins, elles cherchent un lieu « plus solitaire » pour y être en repos. Comme Œcopée s'y rend d'un pas rapide, Philocris lui dit : « Mais, madame, vous allez d'un air de fille ! »

La conversation s'engage sur cette expression, dont on demande l'explication. « Ce terme spirituel, répond Philocris, vient d'une précieuse. » En effet, comme l'Académie prononce ses arrêts, « de même la précieuse donne force aux mots qu'elle dit. Le plus simple et le plus imparfait devient énergique dans sa bouche et se purifie dans son imagination [...]. Les esprits communs laissent la liberté d'examiner ce qu'ils disent, mais la précieuse vous force à l'admiration et ne vous laisse qu'autant de liberté qu'il en faut pour préférer, par un beau choix, tout ce qu'elles [*sic*] disent à tout ce qu'on peut jamais avoir entendu de beau, de grand, d'éloquent et d'agréable. Tout le vieux goût meurt sitôt qu'on a tâté de sa conversation, et l'on ne peut plus vivre sans les [*sic*] voir, ou du moins sans les entendre ». L'abbé de Pure avait déjà parlé de l'intérêt des précieuses pour des termes comme « antipéristase » et de leur volonté d'extirper les mauvais mots. Cette fois, il fait d'elles (ironiquement) une nouvelle instance de décision sur la langue. Mais toujours sans y insister, différant en cela de Molière qui mettra bientôt le jargon de Cathos et de Magdelon au centre de la préciosité.

Œcopée veut en savoir plus. Elle demande ce que sont donc ces précieuses. Avec Gélaste et Érimante, qui arrivent à point nommé pour participer à la réponse, on reprend le débat sur le rapport du mot et de la chose, et on raisonne gaillardement sur l'expression « air de fille ». Puis Érimante raconte qu'il vient de lire *La Précieuse*, un livre où tout lui paraît « faible et mal assorti », et surtout « défectueux en un point irréparable » : le manque de clé, qui empêche de connaître « les histoires entières et les événements tout purs ». De la lettre de Géname à Niassare, on ne peut rien tirer de valable, car « ce sont des choses qui ne sont point. [L'auteur] y décrit des beautés en idée [imaginaires] qui ne sont que des fantômes imaginés et fabriqués par une mélancolie gratuite ». Mieux vaudrait, dit Érimante, s'en tenir à la définition qu'il tient de la bouche même d'une précieuse : « C'est qu'une précieuse donne un prix particulier à toute chose quand elle juge et quand elle loue, ou quand elle censure », même pour « les choses les plus communes ou les plus triviales ». Elle a « l'art familier d'élever les choses et de les faire valoir ». À moins, rétorque-t-on, qu'elle ne prétende avoir cet art sans l'avoir en effet...

L'assemblée n'est pas satisfaite. Elle reproche à Érimante d'avoir longuement parlé sans rien dire de ce qu'on désirait. Ainsi, aux trois quarts du deuxième tome du livre de l'abbé de Pure, ses personnages constatent-ils encore ignorer ce qu'est une précieuse. Tout ce qu'on a lu jusqu'alors n'ôte rien de leur mystère à des personnages qui ont des noms de roman, mais qui n'ont pas été désignés de leur vrai nom, et qui, faute de clé, demeurent par conséquent des êtres de fiction. Tout est à recommencer parce que le roman n'a jamais parlé de personnes réelles. On décide que « dès le lendemain on se trouverait au même lieu, et l'on mettrait sur le tapis la question des précieuses en général, mais même en particulier, afin de connaître à fond ces divinités modernes et ces oracles des ruelles ». On efface tout et on recommence.

La dernière conversation, la huitième, n'apportera pas la réponse souhaitée et quasi annoncée. Elle commence en effet par une longue digression, où l'auteur s'en prend vivement à l'opulence des financiers, enrichis dans la perception des impôts, et se moque de leurs femmes. C'est à elles, pour montrer leur luxe ostentatoire et inutile, qu'il prête par plaisanterie l'invention, présentée partout comme une mode effective chez les précieuses, de porter deux jupes au lieu d'une, la « friponne » sur le dessus et la « fidèle » en dessous. « L'une éblouit et ne sert qu'à tromper les yeux des dupes », tandis que « l'autre porte les couleurs de l'amant et, pour ainsi dire, touche du doigt au point du parfait amour ». À Polidée, qui ne saurait souffrir ces nouveaux riches, et qui choisirait d'épouser « un gentilhomme simplement hors du besoin » plutôt qu'« un coquin dans l'abondance et dedans la plénitude des biens », Philocris, bien que née demoiselle, réplique qu'avec l'argent « il n'y a point de honte qui ne se tourne en gloire, point de bassesse qui ne s'élève, point d'infamie qui n'éclipse, point de grandeurs où l'on ne puisse aspirer ». Vaste débat pour et contre les financiers, dont l'arrestation de Foucquet sera bientôt l'un des épisodes, et qui sera toujours d'actualité au temps de La Bruyère. Mais, sauf à qualifier leurs femmes de précieuses parce qu'elles sont richement vêtues, ce débat n'a strictement rien à voir avec la préciosité.

Érimante invite la compagnie à revenir au sujet prévu. « Avez-vous bien étudié votre précieuse ? » demande-t-il à Philaciane. Oui, répond-elle, car elle a reçu la visite d'un jeune homme plein « de cet esprit galant, qui voit le monde et qui a quelque sorte d'accès dans la cour ». Ils ont parlé de la précieuse, « non pas de cette précieuse en idée, mais de cette précieuse en livre qu'il avait acheté au Palais ». Curieux jeu entre le réel et sa représentation. Au lieu du débat programmé pour enfin « connaître à fond » la précieuse, une créature de l'abbé de Pure renvoie à son livre, dont les personnages féminins, naguère présentés au lecteur comme d'authentiques précieuses, viennent de convenir qu'il fallait « mettre la question sur le tapis ». Comme si elles ignoraient ce qu'elles sont. Sans doute parce que la précieuse n'existe qu'« en idée », en imagination, et qu'elle tire sa seule réalité des conversations du roman.

Après une assez longue digression sur une contestation qui s'était effectivement élevée à ce moment-là entre Ménage et l'abbé d'Aubignac, tous deux amis de l'abbé de Pure, représentés ici sous les noms de Géname et de Nidhélie, l'interlocuteur de Philaciane vante la discrétion de l'auteur : « Si Gélasire avait voulu pousser sa pointe, il n'y eût ruelle qui n'eût frémi ; il n'y eût galante qui n'eût pesté ; il n'y eût endroit du Marais qui n'eût été foudroyé. » Gélasire aurait pu exposer tous les secrets des conversations en les contant, comme il a commencé à le faire, « sous des noms empruntés ». Cette méthode laisse ses auditrices sur leur faim. « Je voudrais connaître la personne plutôt que le personnage, dit Œcopée, et voir le visage plutôt que le masque. » Êtres sans noms et, partant, sans visages, dont on n'a toujours pas vraiment appris ce qu'elles sont, les précieuses se perdent dans la foule des femmes qui participent aux « assemblées ». L'abbé de Pure prétend décrire le réel, mais il le fait dans une œuvre d'imagination, dont les éventuels éléments de vérité sont incontrôlables pour son lecteur.

Pour contrecarrer cette objection, Gélaste, qui intervient le dernier, insiste sur la fidélité de sa peinture. Il prétend rapporter mot à mot une conversation qu'il a surprise, entre « huit heures et demie du soir et deux heures du matin », entre trois femmes dans les jardins de l'Arsenal. « Je proteste ma foi la plus religieuse que je puisse vous devoir, et la plus respectueuse que je puisse avoir pour tout ce qui m'est cher au monde, que je n'ajouterai pas un mot à ce qu'elles dirent, et si je suis forcé de parler à ma guise et de mettre quelque chose de ma façon de parler et de mon style, je ne laisserai pas d'observer le plus et le mieux que je puis leurs propres mots, et surtout dans la circonstance du fait, car je veux mourir si j'invente et si je fais le moindre trait de mon imagination. » Au moment d'achever le deuxième tome de son roman, par la bouche de Gélaste qui le représente, l'abbé de Pure affirme une fois de plus qu'il fait un reportage et non pas un roman. On n'est pas obligé de le croire.

Car l'« Histoire des trois précieuses » que conte ensuite Gélaste n'est rien d'autre qu'un petit roman dont ces précieuses sont le sujet, à l'intérieur de *La Précieuse*. Dans cette brève mise en abîme, Gélaste se retrouve curieusement dans la situation initiale de Philonime découvrant une « nouvelle nature de femmes ». Le lecteur, lui, n'y découvre rien de nouveau, sinon la prétendue existence de ces longues réunions nocturnes. « Que l'on se raille tant qu'on voudra de nous autres qu'on appelle précieuses, s'écrie l'une des femmes. Qu'on nous appelle esprits forts, qu'on nous appelle précieuses, qu'on nous dise si l'on veut des injures, mais avec tout cela le monde nous a de l'obligation. Ce n'est pas un pauvre petit bien de bannir de la société l'impureté des mots aussi bien que des choses, de réduire les conversations en ce point de spiritualité où vous les voyez, d'avoir tiré la ruelle des mains des barbares qui s'en étaient emparés, et d'avoir la liberté de faire la cour aux lettres qui gémissaient depuis tant de siècles sous la tyrannie des pédants. »

L'essentiel des propos entendus par Gélaste porte sur la conquête intellectuelle réalisée par les précieuses, qui ouvre au sexe féminin « un passage que tous les siècles passés lui avaient tenu fermé ». La condition des femmes mariées y est à peine évoquée à propos des gronderies que pourra faire l'un des maris en voyant son épouse rentrer si tard. Pour le reste, on se moque du provincial qui veut faire le galant, on proclame la supériorité de l'esprit sur la naissance, on convient qu'il faudra parler avec ordre et méthode sur des sujets préalablement déterminés, on affirme le droit de n'accueillir dans le cercle que des personnes choisies et qui sauront garder le secret, et on finit en discutant longuement et ridiculement sur le nom qu'il conviendra de donner à ces assemblées. Après maintes propositions, l'une des précieuses avance « Le Bel Air du monde », une autre « Les Oracles modernes », et la troisième « Les Mystères de la ruelle », qui « demeura le seul arrêté et choisi pour servir à toutes leurs conversations ».

Le substitut de l'abbé de Pure a conté une histoire qui « fait voir d'où venait le titre et peut-être aussi le sujet du livre » dont Philaciane a rappelé l'existence. Cela inquiète ses interlocutrices. Puisqu'il leur a rapporté la conversation qu'il a surprise, ne racontera-t-il pas aussi ce qu'elles disent devant lui ? Gélaste les assure de sa discrétion. Il continuera son histoire, pour elles seules, et seulement si elles le souhaitent. « Ce sera donc à vous, mesdames, dit-il, à répondre de ce que je devrai dire et à m'ordonner ce qu'il vous plaira de me faire taire et de régler mon discours et mon silence. » Autrement dit, la continuation du livre et son contenu dépendront de l'attente éventuelle des lecteurs – ou plutôt des lectrices. L'abbé de Pure a bouclé une boucle, qu'il est prêt à rouvrir, son sujet se révélant d'autant plus inépuisable qu'il demeure indéterminé.

Chapitre 9

Des victimes sans illusions

Paru au début de 1657 avec un achevé d'imprimer du 30 décembre de l'année précédente, le troisième tome du roman de l'abbé de Pure s'organise autour de quatre conversations, dont la quatrième, intitulée « Histoire d'une précieuse », se confond presque entièrement avec ce récit. Les autres traitent de la situation de la femme mariée. Cette fois chacune des conversations porte un titre : « Des remèdes aux maux du mariage », « Des ragoûts pour les dégoûtés du mariage », « Raisonnement de la précieuse sur le mariage et son pouvoir sur le nombre des années ». Dans la première conversation, on est chez Néossie, et on retrouve les personnages qui avaient disparu dans les deux derniers entretiens du volume précédent. Tout se passe comme si cette fin n'avait pas existé, comme si on reprenait les discussions là où on les avait laissées après l'histoire d'Aracie, également contée chez Néossie.

En fait, les précieuses de l'abbé ont beaucoup changé : elles ne se contentent plus de décrire et de déplorer leur sort misérable, elles le contestent et n'hésitent plus à critiquer vertement l'institution du mariage et à s'en affirmer les victimes. Néossie commence la conversation en reprochant à ses interlocutrices d'avoir été jusque-là plus attentives aux mots qu'aux choses, plus soucieuses de juger de vers, de sonnets, de lettres ou de livres que des réalités de la vie. Elle souhaite qu'on parle d'une « chose qui concerne les femmes et qui est, ce [lui] semble, la plus importante à savoir et à régler tout ensemble ». Sans illusions, dit-elle, sur le « fruit véritable » qu'on pourra tirer du débat, elle le lance cependant à partir d'un mot entendu à propos d'une mariée : « Contre qui se marie-t-elle ? » Elle demande « quelle règle on pourrait apporter au désordre du mariage pour en adoucir la rigueur de l'esclavage, la dureté des fers, et ce qui peut-être est encore plus fâcheux que tous les deux ensemble : la durée de l'un et de l'autre ».

Cette conversation se révélera peut-être utile, au moins dans l'avenir, répond Eulalie. « Et quand nous n'aurions que la satisfaction de montrer aux nôtres que nous sommes savantes des maux que nous souffrons, que ce n'est point par stupidité ou par ignorance que nous les supportons, que c'est avec connaissance et avec courage que nous les embrassons, c'est toujours faire honneur à notre sexe et en relever un peu les soumissions, c'est en honorer l'esclavage. » Bref, « c'est faire naître l'espoir du remède ou de quelque consolation et de quelque allégement du mal ». Eulalie soutient une idée intelligente et très en avance sur son temps : parce qu'elle est le moyen d'une prise de conscience, la parole des femmes sur les maux des femmes est déjà une amorce de libération.

Après les avis lénifiants et mesurés de Parthénoïde et de Tanatime, Gélasire donne plaisamment le sien, radical : aux grands maux, les grands remèdes, il faut supprimer le mariage. Sans lui, les hommes se donneraient du mal pour conserver leurs compagnes, et réciproquement. « Et si les premiers essais n'avaient pas tout le succès que [les femmes] s'étaient promis, du moins avec le temps, et par de nouvelles expériences, elles pourraient conduire et porter pour ainsi dire la plus aimable passion du cœur non seulement au comble des désirs, mais même au plus haut point de perfection. » Pour donner plus de poids à la contestation du mariage, l'abbé de Pure intervient. « Par une prudence aussi chagrine qu'incommode », dit-il, son personnage n'a pas donné les justifications historiques de son opinion. Il les résume à sa place, concluant que Gélasire n'aurait pas eu de peine à faire convenir les barbons et les tenants de la tradition que celle-ci n'a aucun fondement raisonnable.

Mélanire, qui parle plus sérieusement, veut se montrer plus modérée. « Le mal du mariage, dit-elle, a ses remèdes et ses antidotes. » Des « gens doctes » le lui ont affirmé : « Ce mariage que nos lois font durer autant que notre vie n'a pas toujours été si rigoureux. » Il y a eu des nations où on pouvait le dissoudre. Pourquoi ne pas lui « prescrire un temps et des bornes pour le finir » ? Pourquoi pas un mariage à l'essai avec contrat renouvelable ? « Quand, après un an, on aurait trouvé dans la possession ce que l'espoir et le désir auraient pu promettre, on renouerait pour une année suivante. On ferait un nouveau bail. On se ferait tout de nouveau l'amour [c'est-à-dire la cour] et, par de nouveaux soins, on tâcherait de mériter la continuation des mêmes faveurs. » Sinon, chacun « rendrait la foi à son compagnon et, reprenant sa liberté, chercherait à l'engager en quelque endroit plus agréable ». Étonnante proposition, dont les mœurs d'aujourd'hui risquent d'empêcher de voir le caractère scandaleux, ou plutôt utopique, à l'époque où elle est avancée.

Mélanire, qui a réponse à tout, n'oublie pas de prévoir le cas où les partenaires provisoires auraient été féconds. « Que si toutefois il y a des enfants à élever, s'il y a quelque fruit de reste de leur récolte, que l'année ait été heureuse et leur ait donné pleine moisson, il sera libre à tous deux d'en prendre les soins que la nature les oblige de prendre sans que cela puisse apporter aucun obstacle aux seconds engagements, diminuer le prix des secondes flammes, et ravaler le mérite des nouveaux fers. » Cette confiance dans la nature pour régler un problème qui se révèle difficile dans la vie pratique s'inscrit dans un courant philosophique bien connu. Il n'a rien de nouveau ni de typiquement précieux. Comme la liberté sexuelle, dont le contrat renouvelable est une variante, c'est un vieux thème libertin.

Sophronisbe compare longuement le mariage actuel à un supplice. Pour y remédier, il faut, dit-elle, « donner un espace de temps pour agréer ou pour se faire agréer ». Quand la « passion » aurait fait « un honnête progrès » et quand les « désirs » auraient atteint « une raisonnable maturité », l'union se ferait naturellement, sans « ces distractions de la pompe et de la conséquence du monde », sans pressions ni interventions extérieures. On veillerait ensuite soigneusement à l'entretien mutuel des sentiments afin de se donner de meilleures chances d'une union durable. Mais « à la première plainte de l'un des deux, la liberté de se quitter interviendrait dans leurs désirs et serait la seule peine de leur refroidissement ». Celui qui aimerait encore trouverait dans le sens de sa dignité la force de consentir à la séparation. « Je ne suis pas assez basse pour souffrir le mépris », dirait la délaissée, « pour être toute à vous et ne pas vous avoir tout à moi ». Non sans optimisme, Sophronisbe envisage un mariage d'amour, suivi d'une séparation sans drame : « Je vous quitte donc, puisque vous me quittez. Je n'aurai plus d'amour, puisque vous n'en avez plus. » Le mariage est, dit-elle, « une société arbitraire, où l'on ne fait point de vœu » et d'où l'on devrait pouvoir sortir quand il semble bon.

« J'aimerais bien mieux, rétorque Aracie, borner la durée du mariage et en prescrire le terme au premier enfant. Après ce premier ouvrage et cette marque de bénédiction des honnêtes feux dont [l'homme et la femme] auraient brûlé l'un pour l'autre, ils partageraient le butin ; l'enfant demeurerait au père et la liberté à la femme que le père reconnaîtrait de quelque somme considérable et qui répondrait au mérite de son ouvrage. » La femme stérile serait punie de sa stérilité en étant obligée de passer une année entière avec son mari, tandis que la femme féconde aurait, « pour prix de sa fécondité », la possibilité de quitter son mari au bout de neuf mois. Curieuse solution, qui ne tient compte ni des sentiments, ni des plaisirs de la sexualité hétérosexuelle, et fait de la fécondité le moyen pour la femme d'une liberté dont on ne dit pas le but. Aracie, de toute évidence, n'aime ni les hommes ni les enfants.

Plutôt que d'opiner à son tour, Néossie demande qu'on raconte à la compagnie l'histoire d'Iphis. Tanatime la rapporte d'après les *Métamorphoses* d'Ovide. Pour la sauver d'un père qui ne veut plus de fille, une mère élève et présente à tous comme un garçon la fille que lui a donnée le ciel. Par miracle, le jour de ses noces, les dieux exaucent la mère en transformant la demoiselle « en un véritable et généreux garçon ». On plaisante Néossie et les dames de la compagnie sur le désir qu'on leur prête de souhaiter la même aventure. Néossie répond qu'elle ne souhaite pas être un homme, mais seulement le partage de l'autorité entre les hommes et les femmes. Elle voudrait « que durant un mois ou un an, le mari fût le maître, et que la femme, pour autant de temps, eût le droit d'exercer le même empire, donner le nom, les armes aux enfants qui naîtraient en cette année de son exercice ». Bref, elle voudrait exercer à son tour toutes les prérogatives habituelles de l'homme. Une plaisanterie de Gélasire, sur la femme revêtue du rôle de l'homme, qui battrait son mari quand celui-ci tiendrait le rôle de la femme, fait ressortir à quel point la proposition de Néossie semble alors extravagante.

Eulalie dénonce le caractère utopique de toutes les solutions proposées. Pour elle, la difficulté n'est pas dans le mariage, qui est « immortel », mais dans le mari. C'est lui seul qui fait « tout le mal du mariage » ; c'est lui seul « contre lequel il faut se pourvoir ». À quoi la compagnie répond qu'elle a beau jeu de parler ainsi, puisqu'elle est veuve. Elle ne s'en lance pas moins dans une longue et amusante théorie (un de ces brillants développements où l'abbé de Pure se plaît à laisser aller son imagination) sur les mariages faits par A (amour, avarice, adresse), les mariages faits par C (considération, caprice, conscience), et les mariages faits par P (prudence, précaution, précieuse). Ces trois derniers ne peuvent être que bons, affirme Eulalie, qui décrit longuement le mariage de la précieuse. « Elle est mariée comme si elle ne l'était pas. Le mariage ni le ménage, qui en est une des plus importunes suites, n'en trouble point ni la quiétude de l'âme ni les doux emplois de l'esprit. Elle sait rendre ses différents devoirs ; elle s'acquitte également bien envers le mari, le monde et soi-même [...]. Elle considère autrement le mari et le favori. »

Le moyen de cette réussite ? Le réalisme et la maîtrise de soi. « L'âme ayant une idée particulière dans laquelle elle se flatte et se divertit, [la précieuse] ne descend point dans le désordre et dans les fougues de son mari que par interprétation et par la nécessité des sens qui expose l'oreille au bruit qui la frappe, mais dont le coup ne passe pas outre. Il n'y en a point de si fâcheux ni de si emporté qui soit capable d'interrompre ses plaisirs secrets et les amusements de son âme. » Son secret, résume Gélasire, c'est qu'elle est « plus indifférente qu'embrasée, et ainsi elle se soucie très peu de la bizarrerie du mari, de sorte que son indifférence fait son insensibilité ». L'ennui, dit-il, c'est que cette attitude « philosophique » n'empêche pas les effets « de mille autres coups que la force de son esprit ne peut ni repousser ni soutenir ». Il se lance donc à son tour dans une nouvelle distinction de trois sortes de mariages, par A, par C et par P, développant seulement celui de la dernière catégorie, le mariage « à la provençale ».

En fait, loin d'apporter une solution, Gélasire développe une nouvelle utopie, fondée sur la prétendue douceur des Provençaux. Là-bas, « on n'aime pas seulement pour se marier comme ailleurs, mais on se marie pour aimer. Ce qui est encore plus estimable, les maris aiment toujours trop leurs femmes, et les femmes aiment quasi toujours leurs maris ». Suit une description idyllique du mariage, dont le caractère ironique est finalement révélé par l'histoire de la Provençale qui a perdu son mari et qui l'aime tant qu'elle refuse d'en reconnaître la mort. « Elle ne put jamais être ébranlée de son poste de fierté et de constance, ni quitter le bal pour le deuil, ni la gaze pour le crêpe, ni le cours pour la solitude, ni les divertissements accoutumés pour les grimaces bizarres du deuil. » D'où une évidente conclusion : la méthode pour être heureuse en ménage est simple, « car on vit avec un mari comme avec un autre, et on se passe de son mari tout aussi bien que d'un autre ».

Finalement, après tant de propositions plus ou moins sérieuses, rien n'a été résolu. Tanatime le souligne : « Tous ces moyens ne sont qu'imaginaires et au-delà de toute exécution, dont les plus raisonnables sont les plus impossibles et dont les plus possibles sont les plus défendus par nos règles et nos lois. » Pour inverser la situation, il n'y a, dit-il, qu'un moyen : suivre les conseils des casuistes que les « lettres au provincial » viennent de révéler au public. L'abbé de Pure renvoie de temps en temps à l'actualité pour inscrire son récit dans la réalité. Et en effet, pendant qu'il rédigeait son livre, Pascal égrenait ses *Provinciales* contre la morale relâchée des jésuites, accusés de trouver de bonnes excuses à tous les péchés, homicide et adultère compris. Mais la ruelle repousse ces solutions, qu'elle juge à la fois immorales et étrangères. Hommes et femmes ont eu beau longuement parler, ils n'ont rien pu décider de concret. Ils sont prisonniers des habitudes et des institutions. Ils le resteront dans les deux conversations suivantes, où il sera vainement question de rendre le mariage compatible avec l'amour, ou tout simplement vivable.

Si les femmes que l'abbé de Pure met en scène s'en prennent unanimement à l'institution du mariage, elles sont loin de le faire toutes de la même façon, et il n'est pas de bonne méthode, comme on le fait d'ordinaire, de dépeindre les précieuses en leur attribuant certaines ou quelquefois l'ensemble des idées qui sont énoncées dans cette partie du roman. Les propos de la précieuse Mélanire, de la précieuse Sophronisbe ou de la précieuse Aracie sur le mariage par contrat, à l'essai ou le temps d'avoir un enfant, ne sont pas acceptés par l'ensemble du groupe, qui reconnaît finalement leur caractère utopique. En fait, l'abbé de Pure n'énonce pas là des élucubrations de femmes un peu folles. Il met dans la bouche de prétendues précieuses les idées les plus audacieuses de son temps, n'hésitant pas à les puiser chez les utopistes, et même chez les libertins, quitte à s'amuser à y ajouter, pour en cacher l'origine, quelques imaginations de son cru.

Avancées plus ou moins sérieusement dans des ouvrages d'hommes, les idées prêtées aux précieuses par l'abbé ne sont pas spécifiquement des idées de femmes, au contraire. Si bien qu'au bout du compte, après avoir lu les propos de ses personnages, on sait tout ce qu'on a pu dire à son époque et bien avant pour critiquer le mariage, mais on ne sait ni pourquoi ni quand ni comment les précieuses les auraient connues et adoptées. Comme celles du premier volume incarnaient la longue revendication des femmes à une vie intellectuelle, les précieuses du troisième incarnent les idées avancées sur le mariage traditionnel depuis sa mise en cause dès le temps de Rabelais. En fait, on ne sait même pas si les précieuses ont eu sur le mariage des idées différentes de celles des autres femmes insatisfaites de leur condition, ou si on doit les reconnaître à cette insatisfaction. Finalement, on ne sait toujours pas si elles ont ou non existé ailleurs que dans le roman de l'abbé de Pure.

C'est donc par jeu, et pour aiguiser la curiosité de lecteurs qui aimaient beaucoup à y jouer, que l'auteur intervient à plusieurs reprises pour inviter à lire son livre comme un document qui mettrait en scène de véritables personnages dont il faudrait chercher les clés. En fait, contrairement à ce qu'il a annoncé, l'auteur de *La Précieuse* ne peint pas les « mystères » d'une secte représentative de femmes qui auraient des façons de faire ou des préoccupations originales par rapport à l'ensemble des femmes. Il décrit, à l'occasion d'un groupe particulier de personnages fictifs, tout ce qu'on disait à ce moment-là et depuis bien longtemps sur les femmes, en y ajoutant quelques fantaisies de sa façon. *La Précieuse* est une amusante amplification des thèmes que les misogynes et les défenseurs des femmes avaient contradictoirement mis à la mode. On s'égare en voulant y trouver de vraies conversations, de vraies ruelles, de vraies femmes. À la transparence simpliste des pseudonymes masculins s'oppose l'opacité des surnoms féminins dont, à une ou deux contestables exceptions près, personne n'a su percer le mystère pour la simple raison que ce sont des personnages de roman. D'un roman satirique, burlesque, ludique, où l'imagination de l'auteur s'est donné libre cours.

Pour souligner ce caractère ludique, l'abbé de Pure introduit à la fin du troisième tome de son livre une « conversation » intitulée « Histoire d'une précieuse ». Comme si on allait enfin découvrir ce que c'est que précieuse et que préciosité, selon un procédé qu'il a déjà brièvement utilisé à la fin de son deuxième tome. La meilleure preuve du caractère indescriptible ou imaginaire de ce que le roman prétend dépeindre, c'est qu'il faut toujours aller chercher ailleurs le modèle de ce qui a pourtant été déjà décrit pendant deux volumes entiers et les deux tiers d'un troisième. Mieux encore, la nouvelle histoire de la précieuse se révèle, elle aussi, imaginaire, et même doublement, puisqu'elle ne correspond pas à des personnages et à des faits avérés et que, par une sorte de jeu de miroir, elle inclut une fiction littéraire, le résumé d'une comédie intitulée « La Précieuse ».

Cette dernière « conversation » se passe chez Sophronisbe.

Gélasire y arrive, tenant une « dame inconnue par la main ». C'est la précieuse qu'attendait la ruelle, oublieuse que ses membres ont eux-mêmes servi à Philonime de modèles de la préciosité. Ne serait-on jamais précieuse qu'aux yeux d'autrui, jamais de son propre aveu ? Sur les instances de Gélasire, qui l'agace « sur son esprit et sur son éloquence », l'inconnue dit « deux ou trois mots de savoir ». Puis elle avoue « qu'elle a travaillé à un livre qui paraîtra un jour tôt ou tard ». Elle semble aller plus loin que le cercle de Sophronisbe et d'Eulalie, qui laissait l'écriture à l'autre sexe. Mais on apprend bientôt qu'elle fait son livre de concert avec un homme d'esprit. Elle se comporte donc, avec un projet de publication en plus, comme ont fait sous nos yeux Agathonte et Mélanire.

Ce livre, dit-elle, s'appellera le « Dictionnaire des ruelles, pour servir à l'intelligence des traits d'esprit, tons de voix, mouvements d'yeux et autres aimables grâces de la précieuse, œuvre très utile pour ceux qui veulent converser et fréquenter le beau monde et faire progrès dans les mystères de la ruelle ». L'abbé de Pure s'amuse à parodier les longs titres de maints traités sérieux de son temps. Il s'amuse également à renvoyer une fois de plus, sinon à son propre ouvrage, du moins à une peinture semblable à celle qu'il est censé faire. À mesure que son livre s'avance, il multiplie les signaux qui en indiquent le caractère ludique.

La précieuse inconnue est attentive aux questions de vocabulaire. Avec quelques-unes de ses semblables, elle a eu « la pensée de faire une espèce de langage » à part « pour dérober aux écoutants l'intelligence de [leurs] discours ». Bien différentes en cela des précieuses de Molière et de Somaize, elles n'ont pas réussi à réaliser leur projet : « Nous ne pûmes jamais mettre demi-douzaine de mots en usage. » Elles ont alors eu une autre idée : faire un dictionnaire, qui décrirait les manières des précieuses en définissant certains mots. Le sourire par exemple, présenté comme « une approbation indigeste dont l'ignorance et l'afféterie, prévenant ordinairement la raison, sont toujours libérales et souvent prodigues ». On a pareillement procédé pour l'« œil gracieux », le « faux semblant », la « dent blanche », le « sourire dédaigneux ». Bref, à ce moment de son livre, l'abbé de Pure identifie la préciosité à l'intérêt que portent aux mots, dans l'intention d'avoir un langage à elles, un groupe de femmes désireuses de distinction. Dénoncée tardivement et comme en passant par l'abbé de Pure, cette attitude deviendra chez Molière, puis chez Somaize, un trait fondamental de la préciosité.

Priée de conter son histoire pour illustrer son goût pour la vie de l'esprit, la précieuse inconnue, dont on apprend à ce moment-là qu'elle se nomme Aurélie, commence un long récit. Elle était jeune et n'était pas laide comme aujourd'hui lorsqu'elle est tombée amoureuse d'un « certain malheureux dont l'air était plus sévère qu'agréable, et qui paraissait élevé au-dessus du commun des hommes par la recherche de ses discours et par la vivacité de ses pensées ». Malheureusement, si sa naissance n'avait « rien de bas », il était pauvre et se trouvait « réduit jusqu'à vendre ses peines et ses travaux pour subsister et à prostituer à l'opinion des sots les beaux sentiments de son âme ». Bref, Aurélie est tombée amoureuse d'un homme de lettres, et cela « par les plus raisonnables principes qui puissent émouvoir une belle âme » : elle a placé au-dessus de tout les qualités intellectuelles.

Pour la guérir de cet amour indigne d'elle, une amie l'emmène voir à la « comédie des Italiens » une pièce intitulée « La Précieuse ». Les Italiens, qui jouaient effectivement alors au Petit-Bourbon, y représentent sa propre aventure : une jeune fille y préfère « un faux poète à un galant effectif et de condition ». Comme Cathos et Magdelon préféreront le faux brillant de Mascarille et de Jodelet aux bons maris que Gorgibus avait prévu de leur donner. C'est l'histoire, somme toute banale, d'une jeune fille à laquelle les vers d'un poète font tourner la tête. Abélard avait fait la même chose à son élève avec la philosophie. Héloïse n'était pas précieuse pour autant. La comédie (fictive) que l'abbé de Pure résume dans son roman fait partie, comme le contexte dans lequel elle s'insère, de sa fiction romanesque. C'est un des éléments de l'histoire d'Aurélie : se voir jouée sur la scène produit sur elle un salutaire effet de surprise et la délivre de ses illusions sur le poète qu'elle croyait aimer, comme d'autres aventures la délivrent parallèlement de ses autres amoureux. Dure leçon, car elle se retrouve seule et abandonnée, après avoir eu à choisir entre quatre soupirants...

Comme souvent, l'abbé de Pure joue de son propre récit. Dans la troisième partie d'un livre qu'il a lui-même appelé *La Précieuse*, Aurélie conte l'« Histoire d'une précieuse ». Et à l'intérieur de cette histoire figure, comme ressort important, la représentation d'une pièce intitulée « La Précieuse ». Ce n'est pas tout : Clomire, l'un des soupirants d'Aurélie, pour la détourner de son poète, lui apporte des « chansons nouvelles » ou des vers, ou « quelque jolie lettre de précieuse », dont il y a foison. Un jour même, il lui « apporte une courante toute nouvelle, qui se débite sous le nom de Précieuse ». L'abbé de Pure multiplie les effets de miroir. Si l'on ajoute qu'Aurélie est menée chez Sophronisbe par un homme dont elle ignore l'identité, qui n'est autre que Gélasire, auquel elle se plaint des mauvais tours que Gélasire lui a joués, et particulièrement de ce qu'il a fait pour la détourner de son poète, il est indubitable que l'on est en plein romanesque, ou plutôt dans une parodie des romans.

On ne peut dès lors prendre au sérieux le nouveau portrait de la précieuse qu'Aurélie fait en conclusion de son aventure : « Je commençai, dit-elle, à conjurer contre toute sorte de tendre, et fis une petite ligue avec les plus aimables précieuses pour établir une sorte de célibat, ou une mode de ne se point marier si jeune, d'attendre le plus que l'on peut, et cependant faire amas de mérite pour pouvoir faire une plus digne conquête. C'est ce qui a fait résoudre tant de beautés à préférer le déplaisir de la trentaine à la bizarrerie d'une jeune amitié. » Aurélie, qui faisait penser à Cathos et Magdelon, annonce soudain Bélise. Aux précieuses jeunes, belles et majoritairement mariées que l'abbé de Pure a dépeintes jusqu'alors s'ajoutent ici des précieuses laides, célibataires ou tardivement résolues à faire une fin dans le mariage. L'auteur désoriente son lecteur une dernière fois avant de le laisser sur sa faim : Aurélie arrête son récit pour ne pas lasser son auditoire. Elle promet qu'elle le reprendra. Il restera inachevé...

Après tant de pages, de portraits, de récits, de débats, il demeure impossible de définir objectivement la précieuse. L'abbé de Pure a composé son roman pour montrer cette impossibilité, annoncée dès le début. Il ne cesse de changer de point de vue et de brouiller les pistes, sans doute pour signifier qu'il n'y en a pas de bonnes. Sous le nom de précieuses, il a décrit des femmes qui aspiraient à une certaine autonomie intellectuelle et morale, c'est-à-dire finalement toutes les femmes d'un certain niveau social qui réclamaient le droit de penser par elles-mêmes et de débattre librement, chez l'une ou l'autre d'entre elles, sur leur condition et leurs problèmes de femmes. Pour compléter le tableau, il a mis dans leur bouche tout ce qu'on pouvait dire sur le mariage et ses difficultés. *La Précieuse* n'apparaît pas, à l'examen, comme une description précise d'une cabale particulière, mais comme un panorama de ce qu'on a dit (et écrit) sur les femmes depuis le début du siècle et même avant. Son auteur s'est saisi d'un mot vaguement à la mode pour lui donner un contenu changeant et largement imaginaire. Bien malin celui qui, après avoir lu les trois volumes qu'il leur a consacrés, pourrait dire qui sont et ce que sont les précieuses.

Chapitre 10

Les précieuses des gazetiers
(1656-1658)

En même temps que l'abbé de Pure publie son roman, une quinzaine de passages de Loret ou de Robinet mentionnent des précieuses, presque toutes de haut rang, et toujours pour les célébrer. Fait surprenant, la « naissance » de précieuses plus ou moins ridicules dans des textes d'imagination ne détourne absolument pas les gazetiers d'employer l'adjectif comme épithète louangeuse. Comme s'il n'y avait, sur ce point, aucun rapport entre la littérature et la vie.

En avril 1656, Loret annonce le retour à Paris de la princesse de Conti : « L'aimable dame de Mercœur,/ À qui chacun donne son cœur,/ Et la précieuse Mancine,/ L'une et l'autre étant sa cousine,/ Et bref, toute la parenté/ De cette adorable beauté/ Allèrent loin au-devant d'elle. » Laure Mancini, femme du duc de Mercœur depuis 1651, et sa sœur Olympe, future comtesse de Soissons, vont au-devant d'Anne-Marie Martinozzi, mariée au prince de Conti depuis février 1654. Ce sont les trois aînées des huit nièces de Mazarin, successivement accueillies à la cour de France. En janvier 1657, Robinet parle de la « précieuse Motteville ». Loret, en février 1658, célèbre « La précieuse Manneville/ De la beauté vrai domicile/ Et dont les glorieux appas/ Blessent et ne guérissent pas ». Dans ces trois textes, « précieux » est un adjectif qualificatif de valeur fortement positive. Les gazetiers veulent donner au public une image favorable des dames et demoiselles citées. En l'absence de Mlle de Montpensier, exilée, et de la princesse de Condé, femme d'un félon qui combat pour l'Espagne, la princesse de Conti se trouvait être alors la première dame du royaume après la reine. Comme Mme de Motteville, Mme de Manneville était une des favorites d'Anne d'Autriche. Il n'était point question, pour un Robinet ou un Loret, respectueux des valeurs établies, d'en rien dire qui puisse faire penser à la moindre satire.

Trois semaines plus tard, à la fin d'avril, Robinet annonce le mariage de Mlle de Neuillan, fille d'honneur de la reine, et la nomination de Mlle de Chémerault pour remplir sa place. Pour fêter l'événement, Philippe d'Orléans reçoit le roi, son frère, et sa mère, avec, dit Robinet, « une troupe bien chère/ Des précieuses de la Cour ». Puis il cite nommément Gourdon et Manneville, toutes deux filles de la reine, et le trio des nièces de Mazarin mentionné par Loret à l'occasion du retour à Paris de la princesse de Conti. Ce passage, où « précieuse » est employé comme nom, ne laisse aucun doute : les « précieuses de la Cour » se confondent avec les filles d'honneur de la reine et les nièces de Mazarin, autrement dit avec les femmes qui sont les plus proches de la reine-régente Anne d'Autriche. C'est un honneur et un privilège que d'en faire partie. L'expression qui les désigne et les distingue ne saurait être péjorative.

En novembre 1656, Robinet s'inquiète de la petite vérole qui a attaqué les « attraits précieux de Mlle de La Louppe », oubliant que la plus jeune des anciennes voisines de Mlle de La Vergne est mariée depuis mai 1655 au maréchal de La Ferté. Le mois suivant, il vante la maréchale de Guébriant, « cette rare marquise/ Que maint beau talent rend exquise,/ Et dessus tout, le plus charmant,/ De s'exprimer fort galamment/ Dedans les plus belles matières ». La maréchale l'a assuré de sa protection, « Avecque d'autres précieuses/ Non moins vraiment officieuses,/ Mais de qui je n'ai su le nom/ Dont je meurs de regret, sinon/ De la brave dame Someuse,/ Que je puis bien nommer heureuse/ Pour la belle-fille qu'elle a/ Et qui doucement brillait là,/ Avec de Marans ou Sancerre,/ Laquelle est un ange en terre ».

Sans avoir la renommée des dames de l'entourage immédiat de la reine, puisque Robinet ne les connaît pas toutes par leur nom, les femmes qu'il a vues chez Renée du Bec, maréchale de Gué-briant, sont des personnes de bonne noblesse, comme la maréchale elle-même, plusieurs fois célébrée par Loret. Après avoir accompagné Marie de Gonzague dans son voyage vers son mari, le roi de Pologne, elle avait été désignée en 1651 pour être la dame d'honneur de la future épouse de Louis XIV. En annonçant sa mort subite en septembre 1659, au moment où la cour s'en allait conclure la paix des Pyrénées et le mariage du roi, le gazetier rappelle qu'elle avait en poche le brevet de cette haute charge, et que son « mérite insigne » l'en « rendait parfaitement digne ». Si Robinet la qualifie de « précieuse » en même temps que celles qui l'entourent, en se prévalant de leur protection puisqu'elles sont « officieuses », c'est qu'il est sûr que cette appellation ne leur déplaira pas.

En janvier 1657, non content de parler de la « précieuse Motteville » et de qualifier les nièces de Mazarin d'« objets précieux », Robinet vante Anne de Gonzague, sœur de Marie, « du cercle précieux,/ L'un des joyaux les plus précieux ». Cette princesse de la maison de Clèves, devenue en 1645 femme de l'électeur palatin de Bavière, n'était pas un mince personnage. Amie de la marquise de Rambouillet, liée avec la maison de Condé, elle était, avant la Fronde, une des dames importantes de la cour d'Anne d'Autriche. Elle le resta après, ayant su demeurer fidèle à la reine et profiter de ses relations dans les deux camps pour ménager les nécessaires compromis et réconciliations. À sa mort, en 1684, Bossuet lui consacrera une flatteuse oraison funèbre, où il se réjouira de sa tardive conversion. Chacun savait qu'elle avait été galante et que c'était un esprit fort. En 1657, au moment où Robinet lui donne une place de choix dans le « cercle précieux », elle brillait parmi les dames et demoiselles qui entouraient la reine mère.

Le 16 juin suivant, Loret évoque les « précieuses sœurs » de Mlle de Montpensier, filles du second mariage de Gaston d'Orléans, oncle de Louis XIV. Marguerite-Louise, Élisabeth et Françoise-Madeleine, qui avaient alors entre neuf et douze ans, n'étaient précieuses que par leur naissance. Le 3 novembre, annonçant la mort d'un fils de Mme de Châtillon, le même gazetier écrit : « Il lui reste encore tant de charmes/ Et de si ravissants trésors/ Tant en son esprit qu'en son corps/ Que ces richesses naturelles/ Rares, précieuses et telles/ Qu'elles charment tout aujourd'hui/ Doivent adoucir son ennui. » On ne saurait noyer davantage un adjectif prétendument chargé de sens dans une suite de termes également flatteurs.

En février 1658, Loret s'adresse à la dédicataire de sa *Muse historique*, la duchesse de Nemours : « Noble et précieuse personne/ De mes vers l'illustre patronne [...]. » Il reprend le même adjectif qu'en 1655, dans une interpellation parallèle. Point question, en pareille circonstance, de se servir d'un mot équivoque. Sa protectrice est une personne précieuse parce que sa naissance lui a donné du prix et qu'elle possède toutes sortes de rares qualités, y compris celle d'être généreuse et de subventionner largement le poète-journaliste.

À quelques mois des *Précieuses ridicules*, plus de quatre ans après la Carte de Maulévrier, l'adjectif « précieux » n'est toujours pas dévalorisé sous la plume des gazetiers. On le trouve chez Loret, en février 1659, à propos des belles dames qui ont brillé lors d'une fête donnée par le duc de Saint-Simon : « Mais entre toutes, la duchesse,/ Du lieu, la ravissante hôtesse,/ Y fut le paradis des yeux/ Par mille agréments précieux,/ Et par les grâces naturelles,/ Qui la font mettre au rang des belles. » Quelques mois plus tard, le 21 juin, remerciant Marie Mancini de l'argent qu'elle lui a donné, Loret l'appelle « Noble et généreuse Marie/ À qui la nature apparie/ Outre mille attraits précieux/ Un bel esprit et de beaux yeux »... Le nouvel emploi du mot « précieux », qui étonne si fort Philonime dans le roman de l'abbé de Pure, n'a manifestement pas entraîné de modifications dans l'usage qu'on en fait dans les rapports vécus. On continue à s'en servir, comme si de rien n'était, dans son sens le plus ordinaire.

Le mot n'apparaît, semble-t-il, que deux fois dans les gazettes à propos d'une personne qui ne soit pas de la cour ou du grand monde. Robinet, dans sa *Muse royale* du 9 septembre 1657, vante une demoiselle Béranger, savante valentinoise, « Ayant facilement en main/ Le Français, toscan et romain/ Chose assez rare et curieuse/ Pour en faire une précieuse ». La connaissance de plusieurs langues définit cette précieuse-là. On ne lui en fait pas reproche. Les compliments à Mme de Guébriant contenaient une ébauche de portrait qui la présentait comme une femme cultivée, capable de s'exprimer galamment et d'entretenir agréablement une conversation sur n'importe quel sujet. Mlle de Marans, que le gazetier a vue chez elle, sait faire facilement des « vers doux et coulants ». Pour mériter d'être appelée précieuse, il faut savoir animer plaisamment un petit cercle où l'on converse agréablement et où l'on s'occupe éventuellement de textes de circonstance.

Claude Le Petit, gazetier d'occasion, utilise, lui, le mot à contre-emploi, à propos des prostituées que la police royale a ramassées pour les envoyer en Amérique. En annexe à son « Adieu aux filles de joie de la ville de Paris », qui constitue l'Extraordinaire de *La Muse de cour* du 17 juillet 1657, il publie un sonnet de « Consolation ». Inutile de résister, dit-il, aux « donzes » et « donzelles » : « Tout le corps précieux des tendres demoiselles,/ Quoique certaine en doute et n'en soit point d'accord,/ Vous accompagnera malgré le vain effort/ Que feront leurs galants, leurs amis, leurs ruelles. » Elles ont tort de se lamenter, car « Du plus barbare peuple, amour perce les âmes » : les hommes de là-bas sauront les « contenter ainsi que nos amants ». Ce texte provocateur n'aurait pas de sens si son auteur ne partait d'idées reçues favorables pour les renverser. Pitoyable envers les putains vénales, malheureuses exilées, l'auteur s'y moque des femmes nanties, les « précieuses de la cour », les vraies « tendres demoiselles », qui restent en France, entourées des galants qui viennent les cajoler dans leurs ruelles. C'est, jusqu'en février 1659, la seule fois que, dans une sorte de gazette, le mot n'est pas directement laudatif.

La façon dont les journalistes s'en servent établit un fait capital : la longue description des différentes sortes de précieuses que l'abbé de Pure a faite dans les trois tomes de son roman n'en a nullement infléchi le sens dans le public. Toujours largement positifs, même chez Le Petit qui l'emploie ironiquement, de 1656 au début de 1659, le nom ou l'adjectif « précieux » continuent, malgré l'abbé de Pure, d'être utilisés, à propos de personnes réelles, comme s'ils étaient sans mystère. On dirait que la littérature sur les précieuses, qui, à ce moment-là, reste rare, n'a aucun rapport direct avec l'existence d'un certain nombre de femmes auxquelles on attribue flatteusement la qualité de précieuses pour les féliciter de leur naissance, de leur place à la cour ou de leur particulière aptitude à la conversation mondaine.

Des mentions relativement fréquentes des nièces de Mazarin parmi les précieuses des gazettes, on a cru récemment pouvoir conclure que les « Mazarinettes » auraient eu un rôle privilégié dans l'existence et l'influence de la préciosité. Ce sont, dit-on, des « filles de prix », à en juger par leurs dots et leurs beaux mariages. Elles sont, après la Fronde, les reines de la cour. « Craintes politiques, rivalités amoureuses et mépris de caste peuvent animer les adversaires des nièces de Mazarin et donner au titre de *précieuses*, dont la cour les honore, sa tonalité prudemment satirique. » Il ne faut pas tout mêler. Le montant des dots et la grandeur des mariages sont, en l'occurrence, des gestes politiques, qui n'ont rien à voir avec le prix moral que sont censées réclamer les précieuses. Aucun des textes où les nièces du ministre sont appelées précieuses n'est, même prudemment, satirique. Et il faut distinguer les personnes et les dates.

Trois nièces de Mazarin sont placées par Robinet parmi les « précieuses de la cour » : la princesse de Conti, la duchesse de Mercœur et Olympe Mancini. Les deux premières sont de pieuses et vertueuses princesses, très attachées à leur mari. Appelée d'Italie en mars 1653, Anne-Marie Martinozzi est mariée en février 1654, à seize ans, au prince de Conti, désireux de se réconcilier avec le cardinal, qu'il avait combattu et vilipendé pendant la Fronde. Cette nièce avait, dit Mme de Motteville, « de la beauté, beaucoup de douceur, beaucoup d'esprit et de raison ». Elle quitte la cour dès novembre pour rejoindre à Pézenas, où il a des terres, son mari, qui commande l'armée de Catalogne. Elle n'en revient qu'au moment où ses cousines vont l'accueillir, au tout début d'avril 1656.

Quand Robinet la cite, à la fin du même mois, parmi les « précieuses de la cour », ce ne peut être qu'en l'assimilant, dans un compliment vague, aux brillantes dames et demoiselles qui assistent avec elle au mariage de Mlle de Neuillan. Pendant son long séjour à Pézenas, elle a été constamment soumise à l'influence du directeur janséniste de son mari, en cours de conversion à la rigoureuse doctrine de Port-Royal. Elle n'aspire dès lors qu'à vivre à ses côtés dans la retraite. Quand le prince s'en va en Italie, où il dirige les opérations militaires de mai à octobre 1657, elle ne cesse de le lui répéter, dans les nombreuses lettres qu'elle lui adresse pour lui dire son amour conjugal. À l'issue de la campagne, devenu membre de la Compagnie du Saint-Sacrement, Conti se comporte en dévot zélé et a tôt fait d'entraîner sa femme dans la même étroite dévotion. Le gazetier ne parle plus d'elle que pour annoncer qu'elle a eu un enfant, qui meurt bientôt, ou la montrer au sacre d'un évêque.

Née en 1635, Laure Mancini est arrivée en France en 1647. À la différence de sa cousine Martinozzi, elle y a été éduquée, avant les troubles de la Fronde, par la reine, qui la traite comme sa nièce. En juillet 1651, le duc de Vendôme, auquel elle est promise, transgresse toutes les défenses pour aller la retrouver à Brühl, en Allemagne, où elle a accompagné son oncle, qui a dû s'y exiler. Victorieux, le cardinal le récompensera en lui donnant de beaux commandements et le gouvernement de Provence. La duchesse de Vendôme était belle, intelligente, enjouée et point du tout galante. D'août 1653 à février 1654, elle est avec son mari, en Provence. Quand elle ne l'accompagne pas, elle vit dans son château d'Anet, ou auprès d'Anne d'Autriche, qu'elle accompagne volontiers dans ses dévotions. Elle meurt en février 1657, quelques jours après la naissance de son troisième enfant. En avril précédent, Robinet la plaçait comme la princesse de Conti parmi les « précieuses de la cour ». La mort l'en a ôtée encore plus vite et plus brutalement que la dévotion n'en a éloigné sa cousine. Toutes deux n'ont dû d'être citées comme précieuses qu'à la place élevée qu'elles occupaient près de la reine.

Arrivée en France en même temps que Laure, Olympe Mancini, sa cadette de quatre ans, était née la même année que Louis XIV, en 1639. Elle reçut à la cour, sous la surveillance de la reine, une éducation commencée dans un couvent de Rome. Constamment près du jeune roi jusqu'à la Fronde, elle avait avec lui la plus grande familiarité. En 1651, la guerre civile les sépara plusieurs mois quand le cardinal emmena ses nièces dans son exil. Le roi l'en remarqua davantage à son retour. Les gazetiers lui attribuèrent bientôt « le pouvoir » de « graver ses marques » sur « l'esprit des monarques ». Elle plut à la reine Christine de Suède, qui osa dire, en 1656, « que ce serait fort mal de ne point marier au plus vite deux jeunes gens qui se convenaient si bien ». Mais si la reine mère ne « se fâchait point de l'attachement » du jeune roi pour Olympe, elle « ne pouvait souffrir, même en riant, qu'on parlât de cette amitié comme d'une chose qui pouvait tourner au légitime » (Mme de Motteville). Pour couper court, on maria Olympe à Eugène de Savoie en février 1657. On rétablit à cette occasion le titre de comte de Soissons, auquel ce prince pouvait prétendre par sa mère, et Olympe Mancini brilla désormais à la Cour sous le nom de comtesse de Soissons.

Après comme avant son mariage, cette brune au visage long et au menton pointu, aux yeux petits, mais vifs et expressifs, sut plaire au roi par l'ardeur avec laquelle elle partagea ses goûts et ses plaisirs. Mazarin avait compris, après la Fronde, qu'il fallait divertir la jeune cour avec des carrousels, des mascarades, des ballets, des jeux de bague, qu'accompagnaient de somptueux festins. Louis XIV se plaisait à ces festivités, auxquelles il participait activement. Olympe aussi. Elle dansait, se masquait, encourageait les tenants lors des courses de bague. Elle jouait également, surtout après son mariage.

En octobre 1659, lors du voyage qui conduit le roi vers sa future femme, un témoin a noté qu'il s'empressa de quitter le carrosse de sa mère pour aller s'installer dans celui de la comtesse de Soissons : « Il a repris avec Mme la comtesse le commerce de lui parler et de rire avec elle, et particulièrement d'y jouer plus qu'avec qui que ce soit, de sorte que cela va aussi bien qu'on le peut souhaiter, et dure comme cela depuis six jours. Ils ont dîné tous les jours tête à tête sans en sortir. » Il est certain qu'ils ont été amants, après sinon avant le mariage d'Olympe. Avec cette

« Mazarine », Louis se plaît parce qu'elle n'est pas une intellectuelle. « C'était, dira Mme de La Fayette, une personne qu'on ne pouvait appeler belle, et qui néanmoins était capable de plaire. Son esprit n'avait rien d'extraordinaire ni de fort poli, mais il était agréable et naturel. » Ce portrait est tout le contraire de celui que l'on fait habituellement de la précieuse.

De Laure Martinozzi, arrivée en France tardivement, les gazetiers ne disent rien jusqu'à l'annonce de son mariage, deux ans après, en mai 1655, avec le duc de Modène. Elle quitte alors la France pour s'installer dans le duché de son époux. À la fin de sa gazette du 19 juin, Loret la remercie de la belle somme qu'elle lui a envoyée avant de partir et lui promet de parler souvent d'elle dans sa gazette, comme elle le lui a sans doute demandé en échange de son argent. Il n'en fera rien. Cette « Mazarine » a vite disparu du paysage culturel français.

À la fin de janvier 1656, l'arrivée de Marie-Anne Mancini, future duchesse de Bouillon, la plus jeune des nièces du cardinal, est saluée par Loret comme un événement : « Fillette d'esprit infini,/ Qui vint l'autre jour d'Italie », elle est tout de suite « des plus grands de la Cour [...], le cœur, la joie et l'amour,/ N'ayant pourtant atteint que l'âge/ De six ans et point davantage. » Elle n'a pas encore dix ans au moment des *Précieuses ridicules*. Elle est beaucoup trop jeune pour avoir quelque ressemblance avec les précieuses dépeintes par l'abbé de Pure.

Arrivées en France en 1653, Hortense et Marie Mancini séjournèrent huit mois à Aix chez leur sœur, la duchesse de Mercœur. À Paris, on les plaça dans un des couvents de la Visitation pour parfaire leur éducation. Hortense défraiera la chronique, mais plus tard, quand elle aura épousé, en mars 1661, juste avant la mort de son oncle, celui qu'on appellera désormais le duc de Mazarin. Jusqu'alors, elle n'apparaît jamais dans les gazettes, sauf dans les louanges collectives généreusement distribuées aux nièces de Son Éminence. Il en va de même de Marie, mariée quelques semaines après Hortense à un grand seigneur d'Italie, le connétable Colonna, avec lequel elle ne s'entendra pas mieux que sa cadette avec son propre mari. En 1655-1656, quand Loret parle de « précieuses » et que l'abbé de Pure en fait le sujet de son roman, il ne peut être question d'elles. Elles ne sont venues à la Cour qu'après le mariage de leur sœur Olympe, donc après février 1657.

C'est alors, dit Mme de Motteville, que le cardinal « mit sur le théâtre de la Cour la troisième des sœurs Mancini, qu'il retira des filles Sainte-Marie, où elle avait été quelque temps. Il voulut donner en elle et en sa sœur Hortense, qui était parfaitement belle, une compagnie au roi qui pût lui être agréable ». Le roi n'aimait pas les petites filles. À la belle Hortense, il préféra donc la compagnie de sa sœur aînée, beaucoup moins attrayante : « Elle était brune et jaune ; ses yeux, qui étaient grands et noirs, n'ayant point encore de feu, paraissaient rudes. Sa bouche était grande et plate... » Point question d'amour. À ce moment-là, Louis s'éprend de Mlle de La Motte d'Argencourt.

Tout change en 1658, pendant la campagne de Flandres, lors d'une maladie qui faillit emporter le jeune roi. Marie a embelli. Elle avait, reconnaît Mme de Motteville, « moins de maigreur et beaucoup de feu dans les yeux ». Quand on crut le roi perdu, alors que chacun se détournait de lui, elle lui manifesta sa fidélité et sa tendresse. Louis XIV s'attacha à elle. Quand il fut guéri, il découvrit en elle une jeune fille cultivée. Elle avait lu les poètes italiens avant de quitter son pays. Elle les savait par cœur. Elle avait découvert en France les romans à la mode. Elle avait vu les beaux palais d'Italie. Elle voyait ceux de son pays d'accueil. Elle s'intéressait aux arts. Elle savait briller dans la conversation sur toute sorte de sujets. « Le roi, dira Mlle de Montpensier, était de bien meilleure humeur depuis qu'il était amoureux de Mlle Mancini [Marie]. Elle lui avait fort conseillé de lire des romans et des vers. » Elle-même en lisait, et aussi des tragédies, dans le cercle de la reine Anne d'Autriche. Si l'une des nièces de Mazarin a mérité d'être appelée précieuse, pour sa bonne culture générale et son enthousiasme romanesque, c'est Marie, mais après l'été 1658, à un moment où nul gazetier ne se sert plus de ce mot pour parler des nièces du cardinal.

En fait, les gazetiers, même lorsqu'ils parlent globalement à leur propos d'« objets précieux » comme Robinet dans la *Muse royale* de janvier 1657, ne parlent jamais de toutes les nièces de Mazarin à la fois. Rien de plus trompeur que de parler à leur sujet de « Mazarinettes », ce qui donne faussement l'impression d'un groupe de femmes homogène et cohérent. Elles sont diverses par leur âge, leur comportement, leur culture. Celles qui brillaient à la Cour au moment de la « naissance » des précieuses ne correspondent en rien aux premiers portraits qu'on en donne. Marie, qui le serait par son ostentation d'une culture moderne, ne l'est point par sa passion affichée pour le roi et par les excès qui s'ensuivront dans son comportement, puisqu'il faudra toute l'autorité de la reine mère et du cardinal pour empêcher un mariage inégal et séparer les deux amants au moment où Louis XIV s'en va vers la frontière pour épouser Marie-Thérèse d'Autriche.

Tandis que l'abbé de Pure publie son roman, le mot « précieux » n'a pas de sens précis dans les gazettes. Quand Loret parle alors de « sexe précieux », il ne veut évidemment pas dire que toutes les femmes sont des précieuses, mais que toutes les femmes (toutes les femmes de la Cour) ont du prix et méritent d'être louées. Lorsqu'en septembre 1655, à l'occasion d'un bal où elle paraît au Louvre, il dit Olympe « la perle des précieuses », il veut vanter celle qu'il a appelée en juillet « l'astre de la Cour », celle dont il disait en janvier : « Charmant objet, toujours muni/ De grâces, d'esprit, de prudence/ Et de très fine intelligence », réservant, cette fois-là, le nom de précieuses à « Leuville, Estrées et Villeroy », collectivement. Pour les gazetiers, « précieuse » est un mot à la mode, qu'ils emploient pour tâcher de varier un peu des compliments obligatoires et répétés.

Si on lit une gazette dans sa continuité, *La Muse historique* par exemple, on a tôt fait de s'apercevoir que ce sont toujours les mêmes femmes, le même groupe de femmes, qui héritent à tour de rôle des qualificatifs les plus louangeurs. Ce sont celles qui accompagnent le roi, la reine ou Monsieur, ou les trois, dans les fêtes et dans les grandes cérémonies. En 1655-1658, les trois aînées des nièces de Mazarin viennent d'ordinaire en tête, parce qu'Henriette d'Angleterre, nièce d'Anne d'Autriche, est encore trop jeune pour paraître à la Cour, et que Mademoiselle, cousine germaine du roi, est en exil. Puis viennent, dans un ordre incertain, les filles d'honneur de la reine et quelques favorites, toujours les mêmes. « Précieux » fait partie du stock de louanges dont disposent les gazetiers pour les flatter. Cela prouve que, malgré ce qu'on a déjà écrit des précieuses, le mot reste entièrement positif dans l'esprit du public.

Les louanges décernées dans les gazettes aux plus grandes dames de la Cour doivent être lues comme des flatteries où les mots utilisés n'importent guère. Proclamer qu'elles sont belles, intelligentes, vives, spirituelles, précieuses, ce n'est pas les définir, les placer dans une catégorie où il y aurait d'autres femmes en qui elles pourraient se reconnaître, c'est leur confirmer qu'elles appartiennent à un monde à part, et qu'elles sont par nature tout ce qu'il y a de mieux. Si quelques expressions rattachent parfois celles qui sont qualifiées de « précieuses » à un même groupe, à un « cercle », à un « corps », c'est seulement pour souligner que telle femme ou jeune fille fait partie du cercle étroit des dames de la Cour les plus en vue : filles d'honneur de la reine mère et nièces de Mazarin, qu'Anne d'Autriche traite comme ses propres nièces. Cela ne signifie pas qu'elles y forment une coterie, encore moins un groupe de pression. Quand Robinet dit d'Anne de Gonzague qu'elle est « du cercle précieux, un des joyaux les plus précieux », cela ne veut pas dire qu'il existe à la Cour un cercle de précieuses ayant des caractéristiques définies, mais qu'il existe, en son centre, un cercle par excellence, un lieu privilégié où se retrouvent autour de la reine, du roi et de Mazarin toutes celles à qui ils ont bien voulu donner du prix.

Chapitre 11

Un utopique « empire des femmes »

En 1654 et 1655, on avait un peu parlé des précieuses dans de brefs ouvrages de fiction. En 1656, l'abbé de Pure en parle beaucoup dans les trois parties de son roman, égrenées au fil de l'année. Mais contrairement à ce qui se passera bientôt, après la pièce de Molière, son livre n'entraîna ni imitation ni contrefaçon. Il n'eut de suite que celle qu'il lui donna lui-même, deux ans plus tard. Jusqu'en 1659, gazettes exceptées, où le mot n'a qu'un sens vague et louangeur, les précieuses n'ont guère fait parler d'elles.

Brébeuf, dans son *Lucain travesti*, transposition burlesque de *La Pharsale*, leur consacre une rapide parenthèse en 1656 : « On voit jeunes éventés si richement ajustés/ Que souvent dans les ruelles/ Beaux se piquent d'être belles,/ Qu'à la ville, qu'à la cour,/ Bien souvent en moins d'un jour,/ Par troque facétieuse,/ Blondin devient précieuse. » Dans sa brièveté, ce texte place la préciosité sous un éclairage nouveau. Il jette sur elle la lumière trouble de la transsexualité, peut-être même de l'homosexualité. Ces femmes si désireuses, selon l'abbé de Pure, de se comporter en hommes dans le domaine de l'esprit et dans leur ménage, ces femmes si attentives à la légende d'Iphis, ne seraient-elles pas tout juste l'inverse de ces blondins qui se plaisent à se métamorphoser en femmes ? Mais la satire n'est sans doute pas si insidieuse. Elle vise surtout les galants qui se soucient trop de leur toilette.

L'année suivante, les précieuses continuent d'être ignorées des écrivains. Elles n'apparaissent que dans un texte récemment mis au jour, peut-être deux. Le premier serait une *École des filles en dialogues*. L'auteur y prend la défense des femmes qui veulent rester célibataires. Ce serait, dit-il, les « traiter avec trop de rigueur » que de « les vouloir empêcher de savoir quelque chose de plus que le commun des filles ». Le savoir, en effet, reste alors fortement lié au célibat. C'est une évidence pour les hommes, car il a été longtemps chez eux l'affaire des clercs. C'est encore plus vrai pour le sexe féminin. On l'a toléré, à la Renaissance, chez plusieurs femmes, dont l'érudition pouvait quasi atteindre celle des hommes. Mais elles ont dû ensuite choisir entre se marier et continuer l'étude et les belles-lettres. Car les activités intellectuelles, pense-t-on généralement, sont incompatibles avec les devoirs d'une épouse, qui doit se montrer entièrement disponible pour son mari et ses enfants.

Au début du XVIIᵉ siècle, des voix s'élèvent en sens contraire, à l'occasion d'un débat de fond sur la possibilité et le droit des femmes d'accéder à la culture. Certains novateurs vont jusqu'à leur reconnaître les mêmes capacités intellectuelles qu'aux hommes et recommandent l'étude comme remède à l'oisiveté pernicieuse des dames de la bonne société, voire comme un moyen de fortifier la faiblesse naturelle des femmes. Mais dans la mentalité collective prévaut encore largement l'ancien modèle, celui que proclamera encore Arnolphe : le sexe féminin n'a pas besoin de savoir. C'est un signe d'ouverture d'esprit que de concéder aux célibataires, comme le fait l'auteur de *L'École des filles*, le droit d'en savoir plus que les femmes mariées. Et d'admettre qu'on peut rester fille sans devoir s'enfermer dans un couvent.

Encore faut-il que le savoir de ces célibataires reste discret. « Elles doivent bien prendre garde néanmoins, continue *L'École des filles*, de ne pas devenir de fausses précieuses », auxquelles « on a tant donné la chasse, depuis que l'illustre Sapho s'est déclarée leur ennemie que l'on a vu paraître depuis peu contre elles une satire de plusieurs volumes ». De l'histoire racontée par Mlle de Scudéry à la fin du *Cyrus*, l'auteur a retenu l'opposition entre Sapho et Damophile, la vraie femme cultivée, qui cache son savoir, et la fausse, celle qui l'affiche avec ostentation. Ayant assimilé la première à la précieuse et la seconde à une maladroite copie, il en déduit que les critiques de la romancière ont déclenché une campagne contre les fausses précieuses. Si *L'École des filles* est effectivement parue en 1657, la « satire en plusieurs volumes » dont elle fait état pourrait être *La Précieuse*, dont trois volumes sont alors publiés. Mais l'abbé de Pure est loin d'y être uniment hostile à ses précieuses, surtout dans leurs désirs de participer à la vie de l'esprit, et l'on n'a pas retrouvé d'exemplaire de *L'École des filles* antérieur à 1672. Jusqu'à ce qu'on en ait retrouvé un, on peut considérer que cet ouvrage est largement postérieur à la pièce de Molière, en un temps où surabondaient les satires contre les précieuses.

Celles-ci n'apparaissent donc certainement, en 1657, que dans une curieuse publication de l'éditeur parisien Chamhoudry, une *Gazette galante* dont on ne connaît que deux numéros, datés des 12 et 16 juin. C'est un jeu, comme l'indique son prétendu lieu d'impression : « Fait au bureau d'adresse, à la joie du cœur, au royaume de l'indifférence. » On y conte qu'on est sur le pied de guerre. On envoie donc des lettres (non reproduites) pour se concilier des appuis. Dans le premier numéro, ces lettres partent de Fierté-sur-Bel-Esprit au royaume des Précieuses, de Beauté, capitale du royaume d'Amour, de Rengorgement-sur-Tour-d'Épaule, de la province de Grimace au royaume de la Coquetterie, de Belle Amitié au royaume de Tendre, de la Dupe. Dans le second, les lettres sont adressées depuis Nécessité-Vertu au royaume de la Bigotisme, de Compassion-étudiée-en-la-vallée-de-la-Médisance, de Coquette-raffinée, de Constante-Amitié, d'Amitié-Désintéressée, de Coquette-par-Caprice, de Dernier-Doux.

Ces textes reprennent plaisamment les cartes mises à la mode en 1654, et ils ne font, comme elles, qu'une maigre part aux précieuses, simple catégorie parmi une quinzaine d'autres. Cette *Gazette galante* n'aurait guère d'intérêt si elle ne citait Sapho à plusieurs reprises, de manière plutôt favorable, en la qualifiant de « princesse des précieuses » ou de « souveraine des précieuses ». Dans un contexte où prime un jeu galant analogue à celui de la fameuse « journée des madrigaux », on place clairement Mlle de Scudéry, désignée par son nom de roman, à la tête des précieuses, sans chercher pour autant à la dévaloriser. Cela montre que, pour une large partie du public, il n'était alors nullement péjoratif de régner sur les précieuses. Cela montre aussi que les contemporains n'entendaient pas toujours grand-chose à des distinctions essentielles aux initiés qu'ils mettaient en cause : Sapho se plaisait à jouer son rôle de reine de Tendre, bien distinct, pour elle et ses amis, des terres mal délimitées d'une préciosité qui n'était pas de son domaine. Ces confusions d'époque expliquent, sans les justifier, les confusions d'aujourd'hui.

Il faut attendre la *Nouvelle allégorique ou Histoire des derniers troubles arrivés au royaume d'Éloquence* de Furetière, en avril 1658, pour entendre à nouveau parler des précieuses, et encore n'y font-elles qu'une rapide et banale apparition. La princesse rhétorique, dit l'auteur, régnait paisiblement. L'Académie et ses quarante barons veillaient soigneusement sur le dictionnaire, excluant tous les mots barbares et étrangers. « Il est vrai que les nouveaux venus, pour s'y établir, obtenaient quelquefois des lettres de naturalité à la sollicitation de quelque précieuse, mais c'était toujours à la charge de la vérification en cette cour, et sans cela ils n'osaient paraître dans le public. » Ce n'est pas du côté des précieuses que sont venus les troubles de l'éloquence. Elles s'intéressent aux questions de langage (c'est le seul point de vue dont Furetière parle d'elles), mais sous l'autorité de l'Académie, et en parfaite harmonie avec cette noble institution. Loin d'être les ridicules perturbatrices de la langue bientôt mises en scène par Molière, les précieuses de la *Nouvelle allégorique* participent paisiblement à son enrichissement grâce à leur créativité contrôlée.

Le 9 mai 1658, toujours seul spécialiste d'une préciosité dont il est sans doute largement l'inventeur, l'abbé de Pure publie le quatrième et dernier volume de sa *Précieuse*. Avant d'en venir au fait, il adresse à l'abbé de Clermont-Tonnerre, d'une famille orgueilleuse de ses titres, une curieuse dédicace. « Je connais trop, lui dit-il, le peu de rapport qu'il y a entre des fausses précieuses et un véritable précieux, entre de défectueuses copies et un parfait original, entre le mérite imaginaire que le public leur attribue et le véritable que vous possédez. » Ainsi les volumes successifs de l'abbé ne seraient-ils qu'une suite de satires destinées à mettre ses contemporains en garde contre de malencontreuses contrefaçons. Rien jusqu'alors n'avait suggéré ce genre de distinction. On était parti à la recherche des précieuses sans savoir qu'il y en avait de bonnes et de mauvaises. La suite du livre non plus ne suppose rien de tel.

Dans une sorte de préface « aux plus malins critiques », l'abbé de Pure prévoit que des lecteurs malveillants trouveront son ouvrage plein de défauts. Il en convient. « Je n'ai non plus, dit-il, eu l'intention de faire un livre que de faire la guerre, et le premier tome n'est qu'un assemblage de plusieurs dépits dont j'avais fait long commerce avec une précieuse. Quelques amis ramassèrent des billets assez ardents et impétueux, car c'est ma manière d'écrire. » Et plus loin : « Je n'ai attaqué ce fantôme de la précieuse que par une juste indignation et par un ressentiment légitime. » S'il a écrit pour se venger, l'abbé n'a cependant, prétend-il, fait que des « reproches couverts, qui ne peuvent être démêlés que par les intéressés ». Du féminin singulier, on est passé au masculin pluriel. Des précieuses, on est passé aux précieux.

Dans son livre, ajoute l'abbé de Pure, « il y a peu de choses qui n'aient un sens caché ». On les comprendra tôt ou tard. « Il y aura des clés. » Par ces sous-entendus obscurs, qui devaient être alléchants pour les contemporains, l'abbé cherche à réveiller leur curiosité pour une matière qu'il a déjà abondamment traitée. Il le reconnaît : « Je m'étonne seulement comment j'ai pu si souvent revenir à la même chose et rejouer si longtemps la même comédie. » À vrai dire, il n'a pas tout dit et ne dira pas tout : « J'ai, prétend-il, plus retranché de choses que je n'en ai laissé, et c'est un miracle [...] qu'ayant été contraint d'ôter tout le meilleur, il puisse rester encore quelque chose de passable. » Ce n'est pas un mauvais moyen d'intéresser le lecteur que de lui laisser croire qu'il va lire un ouvrage que son auteur a dû censurer. Mais curieusement, alors même qu'il parle de clés et de vengeance contre des personnages réels, l'abbé de Pure ajoute que son attaque a porté sur « un fantôme » (« ce fantôme de la précieuse »), autrement dit, selon Furetière, « une vaine apparence que nous croyons voir [...] quoique ce ne soit rien en effet ». *La Précieuse* : un moyen de se venger de personnes réelles par la création de précieuses imaginaires...

À la fin de la troisième conversation du volume précédent, toutes les dames avaient prié Gélasire d'apporter « Le roman de la précieuse », qu'il avait aperçu chez un ami. On enchaînait sur l'« Histoire d'une précieuse » (inachevée), que contait elle-même l'intéressée, la précieuse Aurélie, amenée par Gélasire dans la ruelle. On croyait qu'elle contait le roman annoncé. On se trompait. C'est seulement maintenant, au début du quatrième tome, que Gélasire arrive avec sous le bras l'ouvrage en question, qui donne son titre à ce dernier volume : *Le Roman de la précieuse ou les Mystères de la ruelle*, nouveau roman dans le roman, plus développé que l'histoire précédente. L'auteur procède par emboîtages successifs, prétendant à chaque reprise, depuis les premières interrogations de Philonime, révéler l'essence de la précieuse, ou la faire saisir en action. Tâche impossible : quand on croit en avoir saisi les traits principaux, le texte s'interrompt sans que le portrait ait été achevé, laissant la place à un autre modèle, qui se dérobe à son tour. Gélasire, cette fois encore, n'achèvera pas sa lecture.

L'abbé de Pure ne se presse pas d'entrer dans le vif du sujet. Il commence son quatrième tome sur une éclipse de soleil, occasion de donner la parole à un vieux mage qui prédit l'avènement du sexe faible. Les femmes, dit-il, vont prendre l'empire jusque-là donné aux hommes, retrouvant « un rang que l'injustice des lois

humaines avait usurpé sur [leur] mérite et [leur] beauté ».
L'éclipse annonce une lumière différente : « Que nous allons voir,
dit l'oracle, d'astres nouveaux, de femmes savantes, de termes
inouïs, d'opinions modernes, de sentiments recherchés et de choses nouvelles ! » Il y aura bientôt nombre « d'ouvrages nouveaux
et de productions d'esprit chez les libraires », annonce le vieillard,
qui mourra « satisfait de voir que du moins la postérité ne sera
pas sevrée de ces belles lumières qui ont si peu brillé dans les
siècles passés et de voir nos neveux plus heureux et plus éclairés
que nos pères ». Surprenante déclaration (ironique ?) en faveur
des modernes, au moment où commence, dit-on, l'entrée dans le
classicisme, fondé sur le principe de l'imitation des Anciens et de
leur incontestable supériorité.

Après l'éclipse, la guerre. La ville est prise par une troupe
armée. Didascalie n'aime pas la guerre, dit-elle, ni les « propos
de guerre ». D'où une discussion sur « les romans qui ne tournent
que sur les travaux des héros ». On devrait changer de sujet. « Je
n'improuve pas ce qui est fait, explique Didascalie, je désire seulement de voir ce qui n'est pas fait encore, qui est un roman de
pur amour, dont le héros ne soit armé que de fidélité, de constance,
de soumission et d'esprit, et dont l'héroïne soit belle, de bonne
grâce, personne de mérite, mais sans chagrin et sans cruauté. »
L'idéal serait de lire « un roman merveilleux », où il n'y aurait
« rien que des effets d'amour et de tendresse, sans aucun mélange
de vaillance ni de bravoure ». Un tel roman reposerait tout entier
sur l'accord des sentiments : « Je veux faire aimer deux belles
âmes, qui soient toutes deux déprises de la faiblesse des sens et
des impuretés de la matière et qui ne s'aiment que par des motifs
de raison et ne brûlent que de flammes spirituelles. »

Fidèle à la tradition, Mélanire se moque de ces fadaises. Elle
veut des héros qui « font paraître la grandeur de leurs âmes par
leurs exploits et par leur valeur ». « Si on retranche ces belles et
ces grandes choses, dit-elle, si on se renferme dans l'espace d'une
ruelle, si on se contente d'en écrire une conversation, si on borne
le roman à des choses communes et triviales, ou à des galanteries
continuelles sans mélange de bravoure, il est impossible qu'on ne
s'ennuie en le lisant. » Dans le vaste débat, qu'il est un des premiers à aborder, sur ce que doit être la matière romanesque, l'abbé
de Pure plaide le faux pour défendre le vrai. Ce qu'attaque Mélanire et ce qu'a proposé Didascalie, c'est justement la sorte de
roman qu'il a expérimenté dans sa *Précieuse*, celle que Gélasire
va lire maintenant.

On reprend l'« Histoire de Didascalie » du début, dès avant la naissance de l'héroïne. Didascale, un père qui alliait la beauté à une parfaite sagesse, l'a eue d'une femme horrible, mais pleine d'esprit, qu'il a aimée « sans que [ses] sens aient part à [ses] désirs ». Cet homme tout raisonnable aurait aimé s'unir à celle qu'il aimait sans l'épouser, car si « le mariage est honnête à un homme sensuel », il est « indigne et insupportable à un homme d'esprit ». Sous la pression de la société, il consent malgré lui au mariage, en y introduisant une clause insolite : c'est, dit-il à sa future épouse, « de nous aimer comme si nous n'étions point mariés [...] et, par une spirituelle élévation d'esprit, effacer ce caractère conjugal et reprendre celui de galant et d'amant ».

La suite est décevante : « Ce mariage après toutes ces précautions et ces délicatesses se fit ainsi, et ne fut pourtant pas plus heureux que les autres. » Par chance, continue Gélasire, l'épouse importune « fut dans peu de jours grosse, et le terme de l'accouchement fut si heureux qu'elle mit au monde le plus bel enfant qui se pût voir et en tira la plus laide chose qui se fût jamais vue » ; autrement dit, la mère mourut en couches... Didascale donne à sa fille une nourrice qui « avait fait son enfant sans mari », préférant à celles qui consultent les dieux et les prêtres pour se marier « les filles qui souffrent la galanterie comme galanterie sans consulter d'autres dieux et d'autres prêtres que leurs sens », et qui, portant « leurs autels avec elles-mêmes », sont elles-mêmes la « divinité ». Didascalie, dès sa petite enfance, vit parmi les « conversations galantes », puis elle est « mise entre les mains d'une gouvernante qui avait été élevée par deux des plus illustres femmes du siècle ». Bref, tout est fait pour qu'elle soit une parfaite intellectuelle.

Brillante, elle est entourée de galants, dont quatre retiennent particulièrement son attention : un « esprit fort », un « esprit raisonnable », un « esprit d'amusement », un « esprit galant ». Avant de choisir, elle consulte Gélaste. Il lui demande si elle veut faire ce choix pour un mari ou pour un amant, et conclut : « Si c'est pour un mari, nul n'est bon, et il ne faut point choisir, crainte du pire ; et si c'est pour un amant, il n'en faut point non plus choisir, car ce n'est pas trop de quatre, et même de la douzaine si la beauté les peut acquérir de bonne guerre et de bonne foi. » Instruite par la fâcheuse expérience de ses parents, Didascalie répond qu'elle est bien décidée « à ne jamais languir sous l'empire d'un tyran ». Comme elle ne veut pas donner de faux espoirs à ses galants, elle écrit sur-le-champ à « tous les quatre de ne plus la voir ».

Gélaste profite de leur disgrâce. « Comme je ne pouvais, dit-il, être suspect à aucun d'eux, ni même passer pour amant, je lui rendais le plus de visites que je pouvais, et comme elle a le plus bel esprit du monde, j'étais ravi d'y passer la meilleure partie de mon temps. » Gélaste représente l'abbé de Pure. C'est un abbé, ou du moins un clerc, séparé de Didascalie par sa profession et la différence de leur condition. Cette différence n'empêche pas l'existence, entre eux, d'une profonde connivence intellectuelle et même sentimentale, conformément au schéma de l'amour galant. Protégée d'une mésalliance par ce qui la sépare inexorablement de Gélaste, Didascalie se trouve, pour le reste, dans la même situation qu'Aurélie par rapport au poète Scaratide. La précieuse idéale, c'est peut-être en effet la jeune fille, ou la femme d'esprit, telle Mme de La Fayette, qui s'épanouit auprès d'un intellectuel que son statut social lui interdit d'épouser.

Didascalie entretient Gélaste de littérature. « Elle me disait un mot à introduire, un sujet de comédie à faire, une ode qu'elle avait faite, un projet de roman. » Elle lui parle surtout de deux projets, l'un d'écrire un livre sur l'absence, l'autre « d'une plus haute conséquence » : entreprendre de « rétablir l'empire du sexe usurpé par le nôtre avec tant d'injustice ». Elle veut « travailler à la liberté de [son] sexe », et pour cela « faire une société qui fasse vœu de délivrer les misérables [femmes] et qui sacrifie sa vie, ses soins et ses travaux à la réparation de cette injure et à la destruction de cette épouvantable servitude ». Dans le deuxième volume, les précieuses gémissaient sur leur sort. Dans le troisième, elles s'en indignaient et cherchaient des « remèdes », tous jugés impossibles. Cette fois, Didascalie veut prendre la tête d'une révolte active. Après avoir inventorié ses alliés, elle pense avoir pour elle non seulement les intellectuelles, mais tous les domestiques, qui leur sont attachés, et bien des maris, qui n'oseront résister à leurs épouses. Le plus dur sera d'entraîner les femmes qui, le plus souvent, « maltraitent celles qui [ont] un peu d'esprit ».

Le mouvement est en marche. Avec quelques amies, Didascalie a établi « une espèce de société et de conversation douce et agréable, qui pût plaire aux esprits élevés sans rebuter les esprits faibles [...], qui fît profession d'un savoir civil, d'une étude galante et d'une liberté réglée, qui débitât ses connaissances sans rudesse [...] et se piquât d'une intelligence plus modeste qu'ambitieuse ». Cette « société » prospère. Après avoir réuni « jusqu'à demi-douzaine » d'adeptes, « j'eus une joie incroyable, confie Didascalie, de voir la foule qui venait à nous pour être des nôtres. Il n'y avait plus personne qui ne voulût épouser notre profession et vivre sous nos règles et sous nos lois, et bénissant la douceur et la joie que ces principes galants et nouveaux avaient jetées dans leur cœur, les unes et les autres soupiraient de désir de le pouvoir répandre dans tout le sexe et lui donner ce courage glorieux de sortir de la servitude des maris et du joug du mariage ». Présentée au début du roman comme une femme avant tout désireuse d'accéder à la vie intellectuelle, la précieuse de l'abbé de Pure est devenue une féministe, décidée à prendre le pouvoir pour imposer aux hommes son double idéal de galanterie, dans les rapports vécus et dans la littérature.

Car, dans sa volonté de conquête du pouvoir, Didascalie n'oublie pas son idéal de vie intellectuelle. Elle se réjouit, dès les premiers temps de son action, de recevoir « mille beaux vers », force « lettres galantes » et mille « autres preuves du bel esprit » de ses compagnes. C'est cela qui la décide à former avec ses émules « un véritable corps », chargé d'obtenir, outre l'estime des femmes, celle « des personnages les plus illustres » de l'autre sexe. Mais « surtout, dit-elle, je tâchai que la modestie accompagnât notre vertu, et que s'il se trouvait des hommes plus doctes, il n'y eût point de femmes mieux instruites et qui alliât [sic] dans son esprit les vertus de l'école et du monde et fût savante sans pédanterie, vertueuse sans sévérité, et fière avec douceur ». En lisant ce programme, si modéré et si utopique, on se demande pourquoi l'abbé de Pure s'est si fort appliqué, au début du volume, à parler de satire et de vengeance.

Ces heureux commencements sont bientôt traversés par « la jalousie de certaines femmes ». Ses amies et elle, explique Didascalie, avaient pris « sans malice » un « nom le plus innocent du monde », qui ne signifiait « rien d'autre que la volonté de reprendre l'empire sur les hommes ». Elles avaient convenu « qu'au lieu d'appeler une dame reine, ange, et sans la flatter de ces autres qualités chimériques dont les vaines ardeurs d'un amant ont accoutumé de repaître sa vanité, on l'appellerait, pourvu qu'elle fût des nôtres et qu'elle eût fait ses preuves parmi nous, on l'appellerait précieuse ». À ce moment du roman, les précieuses sont devenues un groupe organisé, avec un but précis et un nom qui leur sert de signe de ralliement. Didascalie a beau dire qu'elles l'ont fait en toute innocence, on comprend qu'elles aient suscité l'hostilité.

C'est ce que dit Eurinome, qui profite d'une interruption du récit pour s'étonner de la « bizarre invention d'avoir un titre nouveau et de prendre cette qualité de précieuse ». Pour lui, « ces imaginations d'empire, d'élévation, de justice ne sont que des chimères assez passables dans un roman ou dans un livre d'amusement ». Dans la vie, de telles initiatives ne peuvent qu'irriter. À supposer que « l'intérêt du sexe » soit de se rétablir « dans un rang dont il serait déchu », ces actions risquent fort d'aller à l'encontre du but poursuivi. Au moment d'achever la première partie de son dernier volume, l'abbé de Pure replace l'histoire de Didascalie dans sa juste perspective, celle d'une utopie romanesque. Il ne décrit pas la réalité. Il rapporte des « chimères ». À la différence des histoires précédentes, qu'on pouvait croire des histoires vraies, celle que conte Didascalie, la dernière précieuse du roman, est une utopie avouée. L'éclipse et l'oracle du début du volume étaient là pour le signifier.

Après avoir pris un peu de repos, on reprend la lecture de l'histoire de Didascalie. On n'ira pas jusqu'au bout. Eulalie, qui, avec Sophronisbe, est à la fois un des personnages de la suite du roman et une des auditrices du récit, l'interrompt brusquement. Il est trop long, dit-elle, et « n'aboutit à rien ». On en était au moment où Sémiphis, l'un des galants de Didascalie avec lequel elle s'était réconciliée, proposait d'écrire un « ballet des Précieuses ». Comme à la fin du précédent volume, on est en plein jeu entre le réel, le prétendu réel conté par le roman, et les fictions littéraires que ce roman mentionne ou raconte. L'étonnant, c'est que, cette fois encore, d'autres réaliseront effectivement le projet littéraire fictif de La Précieuse. Une Déroute des précieuses, un ballet-mascarade, paraîtra en 1659.

Onze jours seulement après le volume de l'abbé de Pure, l'éditeur Sercy, dont les recueils de poésie, commencés en 1653, connaissent un vif succès, publie un Recueil de pièces en prose les plus agréables de ce temps, composées par divers auteurs. Sous ce titre anodin, le public découvre, enfin imprimées, la « Carte du royaume des Précieuses » et la « Carte du royaume d'Amour », mais aussi, dans une prétendue « Loterie », une série de titres de livres imaginaires, inventions de Sorel parallèles à celles des œuvres fictives mentionnées dans le roman de l'abbé de Pure. À la fin du volume, un pseudo-testament reprend le parallèle des coquettes et des précieuses ébauché dans les Cartes de 1654 : aux premières, Clyante lègue « cent mille livres d'artifice et de jalousie » ; aux secondes, « cinq cents années de sévérité et d'orgueil ». Ce n'est pas grand-chose, mais c'est la première fois qu'on prétend décrire les précieuses depuis l'abbé de Pure. On y retrouve le même jeu entre un prétendu réel (le contenu romanesque des textes) et toute une littérature imaginaire, dont n'existent que les titres. Comme si le seul nom des « précieuses » incitait à l'affabulation.

Dans la *Clymène* de La Fontaine, sorte de « comédie », qui ne paraîtra qu'en 1671, Apollon dialogue avec les Muses. Celle de la poésie lyrique, Érato, lui déclare qu'elle était fière autrefois quand on disait qu'elle n'aimait pas. « Qu'on me vienne aujourd'hui/ Demander : aimez-vous ? je répondrai que oui. » Quelle raison ? lui demande Apollon : « Pour éviter le nom de précieuse. » Bon, lui dit le dieu, conciliant : « Si cette qualité vous paraît odieuse,/ Du vœu de chasteté, l'on vous dispensera./ Choisissez un galant. » Si ce texte était sûrement de 1658, comme le pensent certains, il montrerait l'existence dès cette date, dans l'opinion publique, d'une image péjorative de la précieuse, hostile au mariage, attachée à la chasteté. Mais il a aussi bien pu avoir été écrit après la pièce de Molière.

Entre la vision simpliste des précieuses de la muse Érato et les images complexes qu'en donne l'abbé de Pure, quoi de commun ? Pour la muse, ce sont des femmes qui refusent d'aimer, des prudes hostiles aux choses du sexe. Pour l'abbé, ce refus de l'amour n'est ni constant ni primordial. Il s'inscrit dans la triste aventure des femmes mariées et dans le grand espoir qu'elles placent, en compensation de leur déception, dans les douceurs de l'amour galant et les plaisirs de la vie culturelle. Il s'inscrit même, avec Didascalie, dans le refus de se soumettre à l'« empire des hommes », et même dans la volonté utopique de « rendre » ce pouvoir aux femmes. Ces objectifs n'apparaissent pas dès le début de *La Précieuse*. Le projet des précieuses découvertes par Philonime était beaucoup plus modeste : il se limitait au désir de prendre une part active à la vie intellectuelle du temps et au droit de juger les œuvres littéraires modernes, celles surtout qui naissaient dans les cercles où elles régnaient.

Tout se passe comme si l'abbé de Pure racontait une histoire évolutive. D'un besoin d'affirmer leurs capacités intellectuelles, ses précieuses passent à la prise de conscience de la misère de leur condition conjugale et, de là, à une révolte, verbale d'abord, puis tournée vers l'action collective en vue de l'établissement d'un utopique pouvoir féminin. Celles qui ne réclamaient au début que le pouvoir de juger sans écrire vantent maintenant la créativité féminine. Face à ce vaste programme et à leur ardent désir de réparer les injustices du passé, leurs prétentions de régenter les mots ne sont que des bagatelles, à peine et tardivement mentionnées dans un roman qui ne fait pas non plus beaucoup de place aux mines et manières signalées dès leur « naissance » dans la « Carte des Précieuses ».

Si on veut décrire les précieuses, le livre de l'abbé de Pure offre une ample matière, qui s'impose face à l'inexistence ou à la pauvreté des rares descriptions ou allusions concurrentes. L'obstacle, c'est la complexité de son roman, qui donne de celles qu'il dépeint des images contrastées, quelquefois même peu cohérentes, sauf à leur supposer une histoire expliquant leurs changements et revirements. Cette histoire, contée en quatre tomes, n'est pas celle d'un petit groupe de femmes échangeant des idées entre elles pendant quelques années à partir de 1654. Elle s'est étendue sur un bon siècle. L'abbé de Pure reprend tout ce qu'on a pu dire, depuis la Renaissance, pour ou contre l'émancipation intellectuelle, sociale et conjugale des femmes, non sans aborder au passage nombre d'idées du temps qui ne se rattachent que de loin à son sujet principal, sur la libre pensée et sur le statut du roman par exemple. À quoi s'ajoute, dans la partie utopique finale, une fin de science-fiction, qui anticipe l'avenir. Si bien qu'au bout du compte, ce prétendu livre à clé, censé nous présenter de façon plus ou moins critique quelques intellectuelles de la bonne société du temps, aspirant à exister et à s'affirmer en tant que femmes, pourrait bien n'avoir mis en scène que de pures créations de l'esprit, symbolisant toutes les aspirations que des écrivains des deux sexes expriment et précisent depuis un siècle au nom de toutes les femmes.

Les Précieuses ou le Mystère des ruelles montre les « précieuses de l'abbé de Pure », sans que rien, à aucun moment, vienne garantir la vérité objective de cette représentation romanesque. Par ses multiples interventions d'auteur, et par le décalage permanent entre la satire qu'il prétend faire de personnages contemporains et la vision qu'il donne d'une condition féminine dont les problèmes se posent et se comprennent dans le long terme, l'abbé de Pure a tout fait pour entretenir le doute. La composition emboîtée, la façon dont il joue avec son lecteur et avec ses personnages, rendent tout à fait digne des variations les plus modernes sur la forme romanesque et sur les jeux qu'elle permet un livre qui était trop en avance sur son temps pour que les contemporains l'aient jugé et estimé à sa juste valeur. Ceux qui l'ont redécouvert au XIXᵉ siècle et leurs successeurs du XXᵉ ont eu la naïveté de le considérer comme un document directement exploitable. D'où tant de sottises sur les précieuses, leur comportement, leurs habits, leurs idées... Au bout du compte, *La Précieuse* de l'abbé de Pure est un roman, qui ne pouvait, par nature, rien révéler de directement décisif. Ce n'était d'ailleurs pas le projet de son auteur. Ses précieuses sont des personnages inventés, qui ont apporté à chacun de quoi fantasmer à son gré pour construire à son tour des précieuses à sa mode.

Chapitre 12

En marge des précieuses

Depuis qu'on parle des précieuses, on le fait plus ou moins longuement dans des œuvres de fiction, cartes, romans, « avis » parodique, qui ne citent d'ordinaire aucun nom. L'abbé de Pure a beau prétendre que son roman a une clé, elle demeure introuvable pour presque tous ses personnages féminins. Les textes qui évoquent les précieuses sur le mode de la réalité, comme celui de Scarron se plaignant des « belles dames » qui ont cherché à étouffer sa comédie, ne précisent pas non plus leur identité. Sauf les gazettes, où le mot sert habituellement à louer nommément des dames et demoiselles de l'entourage immédiat de la reine, de 1654 à la pièce de Molière, il y a fort peu de documents objectifs qui qualifient expressément telle personne de « précieuse », même dans le sens traditionnellement laudatif du mot, encore moins qui l'utilisent pour placer une femme dans une catégorie particulière et précisément définie.

Quand Loret, en 1657, célèbre les « richesses naturelles » de l'esprit et du corps de la duchesse de Châtillon, il les dit « précieuses » en donnant à ce qualificatif le même sens que lui donnaient Boisrobert et Voiture une dizaine d'années plus tôt, à propos du même personnage. Dans sa *Carte du pays de Braquerie*, où le mot prend un sens nouveau, Bussy s'est bien gardé, en 1654, de placer la duchesse sur la rivière Précieuse. On n'y est pas encore arrivé quand on la découvre en chemin, « grande et belle ville par-dehors et mal bâtie. Les peuples y aiment l'argent. Elle a été si fort persécutée par deux princes qu'elle a été contrainte de se jeter entre les bras de l'Église [l'abbé Foucquet]. Un abbé commendataire en a été gouverneur, mais depuis chassé pour vouloir trop entreprendre sur les privilèges de la ville. Et maintenant il n'y en a plus, car on veut les obliger à servir jour et nuit et à payer la dépense ». C'est dire que Mme de Châtillon est toujours prête à faire l'amour, et qu'elle est vénale. En 1658, Bussy conte longuement ses fredaines dans un récit manuscrit, sa future *Histoire amoureuse des Gaules*.

En 1645, à dix-huit ans, Élisabeth-Angélique de Montmorency-Boutteville avait accepté d'être enlevée par Gaspard de Coligny, futur duc de Châtillon, afin de contraindre leurs parents respectifs à un mariage dont ceux-ci ne voulaient pas. Dès la consommation faite, le mari l'abandonne pour d'autres plaisirs. Elle s'en venge en défrayant la chronique scandaleuse, surtout pendant la Fronde où elle se compromet dans le parti vaincu. Clément envers cette grande dame, devenue veuve en 1649, le pouvoir se contente d'un bref exil près de Sens, dans le château dont elle porte le nom. En décembre 1654, elle opère à la cour un retour longuement célébré par Loret. En janvier suivant, elle figure dans une longue liste de « mignonnes », qui font l'ornement des fêtes royales. Ses intrigues la conduisent de nouveau en prison. En décembre, le gazetier annonce joyeusement qu'elle a « recouvré la liberté/ Sur l'ordre de Sa Majesté ». À la fois marginale par ses frasques et grande figure de la cour par ses titres et son rang, souvent célébrée par les poètes, cette femme imprévisible, qui n'a rien d'une intellectuelle, peut difficilement être classée parmi les précieuses. Personne ne l'a fait de son temps.

Comme sa belle-sœur Châtillon, Henriette de Coligny n'a manqué ni de maris ni d'amants. En 1643, à vingt-cinq ans, elle fit un mariage avantageux avec un seigneur anglais, le comte d'Hadington. Elle devint veuve la même année. « Il était pulmonique, et je crois qu'elle ne l'épargna guère », dit Tallemant. Revenue en France, elle épousa le comte de La Suze, dont elle se sépara bientôt, réclamant en vain le divorce au motif que son mariage lui avait été imposé par sa mère. Elle finit par l'obtenir, en 1661, en accusant son mari d'impuissance. On soumit les époux à l'épreuve du congrès. Le mari devait faire la preuve de sa virilité en pénétrant sa femme devant des témoins qualifiés (un médecin, chirurgien, sage-femme et autres témoins désignés à cet effet). La Suze, dont la maîtresse était pourtant fort satisfaite, n'y parvint pas...

La comtesse, qui collectionnait les galants (elle « avait fait cent sottises », précise Tallemant), dit un jour à un familier qui le lui reprochait : « Vois-tu, ce n'est point ce que tu penses ; ce n'est que pour tâter, pour baiser, pour badiner. Du reste, je ne m'en soucie point. Mon mari me le fit douze fois ; c'était comme s'il l'eût fait à une bûche. Si on m'avait mariée comme je l'eusse voulu, je ne ferais pas ce que je fais. » Bientôt, elle n'hésitera pas à conter en vers ses peines et ses joies d'amour, offrant le rare exemple d'une femme de haute noblesse (elle est la fille du maréchal de Coligny) qui ne se cache pas d'être une femme de lettres. Comme écrivain et pour sa fréquentation de poètes de salon dont certains, dit-on, l'auraient aidée à écrire, elle aurait mérité d'être appelée précieuse, ou à demi précieuse. Mais personne ne l'a fait de son temps.

Célébrée en 1648 ou 1649 comme « obligeante, civile et surtout précieuse » dans un poème que Segrais écrit au nom de la comtesse de Fiesque en réponse à Mme de Châtillon, Mme de Brégy n'est plus appelée précieuse dans la suite. Charlotte de Chazan était devenue Mme de Brégy en 1637, à dix-neuf ans, après la naissance d'une fille. Elle aura coup sur coup trois autres enfants. C'est un mauvais début dans la préciosité... Le départ de son mari pour diverses ambassades en Suède et aux Pays-Bas lui donne alors quelque répit. À la date du poème de Segrais, Brégy n'est pas encore revenu. Mais sans doute lui a-t-elle déjà fait promettre de ne plus coucher avec elle pour conserver sa beauté. Quand il est question de son retour, les chansonniers s'interrogent sur « le retour de Monsieur l'Ambassadeur », qu'on recevra « à contre-cœur ».

Quand il revient en France, au début de 1650, il oublie sa parole. En octobre et novembre, Loret consacre deux développements de sa gazette aux protestations de la dame contre une grossesse qu'elle n'avait pas voulue (« Brégy, cette adorable brune.../ Sentant qu'elle est grosse d'enfant/ Peste contre la destinée... »). Un fils naquit en février 1651. En mai suivant, la dame obtint une sentence du Châtelet prononçant la séparation de corps. Un procès s'ensuivit, et le Parlement ordonna à la femme, en septembre 1659, de retourner avec son mari dans les six mois. Elle n'en fit rien. L'affaire traîna jusqu'en 1665, donnant gain de cause au mari, qui dans l'intervalle avait pris une maîtresse, avec laquelle il passa le reste de sa vie. Cette aventure a de quoi fournir ample matière à disserter sur la préciosité de la dame et sur la préciosité en général. D'autant que l'intéressée fréquente les beaux esprits et n'hésite pas à prendre la plume sur des sujets galants. Mais personne ne l'a plus désignée comme précieuse après Segrais, chez lequel l'adjectif conservait encore son sens original : Mme de Brégy est une femme de valeur.

S'il faut qualifier de précieuses les intellectuelles mal mariées du XVIIᵉ siècle, nulle sans doute n'a plus mérité cette appellation que Madeleine de Souvré. D'abord fiancée à Fontenay-Mareuil, elle épousa malgré elle le marquis de Sablé en janvier 1614. Il la trompa abondamment, et elle le lui rendit de son mieux. Si on en croit Tallemant des Réaux, qui la dit « fort galante », elle aurait même eu du marquis d'Armentières une fille qu'elle cacha tant que vécut son mari. Quand son amant fut tué en duel en 1639, « la marquise ne fit plus l'amour ». Elle décida « qu'il était temps de faire la dévote ». Curieuse dévote en vérité, car « il n'y a point eu d'intrigue à la Cour dont elle ne se soit mêlée ». Devenue libre en 1640 par la mort de son mari, elle doit quitter, pour des raisons financières, son hôtel de la rue Saint-Honoré et s'installe place Royale en 1648. Convertie au jansénisme, elle fait bâtir une maison dans le jardin du monastère de Port-Royal de Paris. Elle s'y installe en février 1656. Sa tendre amie, la comtesse de Maure, l'y suit. « Elles sont porte à porte, dit Tallemant, ne se voient presque point et s'écrivent six fois le jour. Il ne faut point s'étonner de cela, car elles ont logé autrefois en même maison à la place Royale, et elles s'écrivaient de grandes légendes d'un appartement à l'autre. »

En 1659, dans un petit roman à clé, intitulé *La Princesse de Paphlagonie*, Mlle de Montpensier montrera elle aussi la princesse Parthénie (Mme de Sablé) conférant par écrit avec son amie la reine de Misnie (la comtesse de Maure). « Si on trouvait leurs lettres, dit-elle, on en tirerait de grands avantages en toutes manières, car c'étaient des princesses qui n'avaient rien de mortel que la connaissance de l'être. Dans leurs écrits, on apprendrait toute la politesse du style, et la plus délicate manière de parler sur toutes choses [...]. C'est de leur temps que l'écriture a été mise en usage ; auparavant, on n'écrivait que les contrats de mariage, et des lettres, il ne s'en entendait point parler ; ainsi, nous leur avons l'obligation d'une chose si commode pour le commerce. » La crainte de la maladie occupait à tel point la marquise de Sablé qu'elle a probablement très tôt cessé de fréquenter le monde et de recevoir régulièrement chez elle. À peine quelques intimes réussissaient-ils à y pénétrer, après de minutieuses précautions.

« Elle a bien de l'esprit », reconnaît Tallemant. La marquise de Sablé est une intellectuelle. En 1659, l'année des *Précieuses ridicules*, elle commence à prendre, pour la rédaction de maximes, un intérêt qu'elle partage avec l'académicien Jacques Esprit et avec La Rochefoucauld, devenu son ami de cœur. Ils échangent leurs idées et leurs tentatives pour les exprimer par écrit dans des lettres en partie conservées. Au bout du compte, malgré quelques maximes pour ainsi dire indivises, chacun finit par composer son propre recueil. Celui de la marquise ne sera publié qu'après sa mort, en 1678, comme il se devait pour une dame de qualité.

Goût de la littérature, délicatesse dans les pensées, amitiés tendres avec la comtesse de Maure et avec La Rochefoucauld, Mme de Sablé peut paraître prédestinée, au moins dans la deuxième partie de sa vie, à fournir un parfait modèle de précieuse. Nul de ses contemporains pourtant ne lui a jamais donné ce nom. En 1672 seulement, la duchesse d'Aiguillon, son amie de toujours, pour montrer la force de son attachement, écrit alors qu'elle est malade, dans une lettre privée : « C'est une personne si précieuse, et qui me l'est de telle manière, que je serai tous les jours à sa porte pour apprendre à chaque moment de ses nouvelles. » Bel exemple d'un emploi tardif de l'adjectif « précieux » dans son sens le plus traditionnel, qu'il conserve envers et contre tout.

« Comme j'ai dessein, écrit Tallemant, de mettre autant qu'il me serait possible tout de suite [c'est-à-dire à la file] ce qui touche à l'hôtel de Rambouillet, j'ai trouvé à propos d'insérer ici la reine de Pologne, et ses sœurs par occasion, parce qu'elle aimait fort Mme de Montausier, et que je prétends finir par Mme la Princesse [de Condé], Mme de Longueville et les précieuses. Après, nous reprendrons d'autres gens. » Curieuse annonce d'un ordre, qui va de l'hôtel de Rambouillet à quelques noms prestigieux de personnes dont il est impossible de dire d'emblée si l'auteur des *Historiettes* les place en dehors, en marge ou à la tête des précieuses.

En fait, il s'agit d'un glissement des habitantes de l'hôtel de Rambouillet à des femmes qui y ont lié amitié avec la fille aînée de la marquise, sans qu'on puisse les classer parmi les précieuses. C'est d'abord une question de date. Née vers 1612, mariée en 1646 au roi de Pologne Ladislas, puis à son frère Jean-Casimir, Marie de Gonzague avait quitté la France bien avant la « naissance » des précieuses en 1654, bien avant que le nom correspondant soit devenu d'usage courant. Mme de Motteville, qui a fait son portrait, lui attribue « de la beauté » sans rien dire de son esprit. Et pour ce qui était de l'amour, en 1642, lors de l'arrestation de Cinq-Mars, Mme d'Aiguillon intervint auprès du cardinal de Richelieu pour qu'on rendît à Marie ce qui se trouvait d'elle dans les cassettes qu'on avait saisies. À quoi le cardinal répondit qu'il le voulait bien, mais « qu'il s'était trouvé tant de lettres de femmes et tant de cheveux différents qu'il fallait qu'elle envoyât une moustache [une boucle] des siens et de son écriture pour pouvoir discerner ce qui était d'elle ». On en parlait encore lors de son mariage...

Sa sœur Bénédicte, abbesse d'Avenay, n'était pas plus vertueuse. Elle avait pour amant Henri de Guise, jeune archevêque de Reims (il avait vingt ans et n'était pas prêtre). « Quelquefois, elle sortait par la porte des bois, déguisée en paysanne, et portait du beurre au marché d'Avenay même ; le bon archevêque, déguisé en paysan, l'attendait dans les bois. Je ne sais pas, dit Tallemant, ce qu'ils y faisaient ensemble avant d'aller au marché. » Les dangers de la guerre l'ayant obligée à se retirer à Châlons, l'abbesse « y fit galanterie avec le comte de Nanteuil, ce qui fit scandale ». On la retira à Paris dans l'abbaye d'une de ses tantes, où elle mourut. Elle avait été supplantée dans les faveurs d'Henri de Guise par sa sœur Anne, venue résider un moment auprès d'elle.

Quoique archevêque, le jeune homme envoya à cette jeune fille un billet signé de son sang où il promettait de « n'aimer ni d'épouser jamais autre personne qu'elle ». Ils se marièrent probablement en secret. En 1640, quand, à la mort de son aîné, il quitta son archevêché pour prendre la tête de sa famille, Anne de Gonzague s'habilla en garçon pour aller rejoindre à Bruxelles, où il avait dû fuir la colère de Richelieu, celui qu'elle considérait comme son mari. Elle apprit en chemin que l'ancien archevêque en avait choisi une autre... En 1645, elle épousa un des électeurs palatins, « fort gueux et jaloux », dit Mademoiselle. Comme cette princesse était « d'humeur fort galante », elle obligea son mari à consentir qu'elle vît le grand monde et lui persuada que c'était le moyen de « subsister et d'avoir des bienfaits de la Cour ». On la considéra plus tard comme un esprit fort, à l'instar de Condé dont le fils épousa sa fille, Anne de Bavière.

Si Tallemant des Réaux conte les aventures de ces trois sœurs, ce n'est pas comme des spécimens de précieuses, mais pour la singularité de leurs aventures. Il cite aussi « Madame la Princesse », non la femme du Grand Condé, mais celle de son père, Charlotte-Marguerite de Montmorency. Cette princesse avait lié amitié avec Mme de Rambouillet sous Henri IV, quand celle-ci n'était encore que la femme du vidame du Mans. Elles devaient danser toutes deux dans un ballet. En voyant les répétitions, le roi devint amoureux de Mlle de Montmorency. Il la maria au prince de Condé, croyant avoir toute facilité de l'aimer. Pour la mettre hors de portée, Henri de Condé s'enfuit avec sa femme en Belgique, puis à Milan. Il ne revint en France qu'après la mort du roi.

En 1616, Louis XIII le fit arrêter. Sa femme le rejoignit dans sa prison, l'année suivante, de mauvais gré, selon Tallemant. « Sans cela, peut-être n'eussent-ils point eu d'enfants, car Mme de Longueville et Monsieur le Prince [le Grand Condé] y sont nés. » L'auteur se trompe : les enfants nés en prison y moururent, sauf la future Mme de Longueville, née en août 1619. Libérée en octobre suivant comme son mari, la princesse mène joyeuse vie. « Une fois, elle fit galanterie avec le cardinal de La Valette, qui y dépensait bien son argent. » Comme les sœurs de Gonzague, la princesse de Condé fait, avec le cardinal de La Valette, partie des originaux un peu fous dont Mme de Rambouillet adorait s'entourer.

À l'inverse des précédentes, Marie de Bourbon, devenue duchesse de Longueville par son mariage en juin 1642, autre familière de l'hôtel de Rambouillet, a été plusieurs fois qualifiée de précieuse, mais jamais par Tallemant et surtout dans un temps où ce qualificatif ne signifiait rien de précis. Elle ne le mérite guère pendant la Fronde, où elle est ouvertement la maîtresse de La Rochefoucauld. Aussi personne ne le lui donne-t-il alors, ni quand, vaincue en même temps que son frère Condé, elle se réfugie en province, dans une maison que son mari avait à Montreuil-Bellay, près de Saumur. « On dit, écrit le père Rapin, que ce fut là qu'elle commença à avoir le loisir » qui la conduisit à la réflexion et au jansénisme.

Sur les instances de son frère Conti, réconcilié avec Mazarin par son mariage avec une de ses nièces, elle obtient en 1654 permission de revenir à Paris, mais non à la cour. Elle n'y reste pas et s'installe avec son mari à Rouen, où il réside comme gouverneur de la province. Elle y approfondit sa conversion. C'est alors que Bussy, dans sa *Carte du pays de Braquerie*, la situe sur la rivière « Précieuse », pour marquer sa sagesse toute neuve et non sans rappeler qu'elle a eu « quatre gouverneurs ». Elle « s'est tellement fortifiée, dit-il, qu'il n'y a point d'ennemis si forts qui osent faire l'attaque ». En 1657, la duchesse se fait prosélyte et milite pour ses nouvelles convictions. Elle gagne au parti janséniste le haut clergé de la ville dont son mari est gouverneur. Elle en est là au moment où l'on s'achemine vers la pièce de Molière, qui, pas plus que l'abbé de Pure, n'a songé à classer parmi les précieuses les femmes qui s'employaient en faveur de Port-Royal, même si cet engagement supposait de leur part des lectures qui en faisaient des sortes d'intellectuelles, voire de redoutables raisonneuses.

Tallemant n'a pas rédigé l'historiette annoncée sur la duchesse de Longueville. Au hasard des sujets traités, il cite un de ses traits d'esprit et la montre fréquentant des poètes comme Chapelain ou goûtant particulièrement les livres de Gombauld, auquel elle fait une pension. C'est une princesse cultivée. Est-ce assez pour la dire précieuse ? En fait, si Tallemant la nomme à côté de Mme de Montausier, c'est, comme il le suggère, pour les liens d'amitié unissant les femmes qu'il a énumérées ensemble, toutes familières de l'hôtel de Rambouillet dans leur jeunesse. Née en 1619, Anne-Geneviève de Bourbon, future duchesse de Longueville, n'avait que neuf ans qu'elle fréquentait déjà Julie d'Angennes, son aînée de douze ans, qui inventait à son intention les aventures et les personnages de *L'Histoire d'Alcidalis et de Zélide*, un conte merveilleux pour enfants. La jeune fille se plaisait à le lui dire. Mais quand il fut question d'écrire, elle confia la plume au paresseux Voiture, qui s'arrêta en chemin. Dès sa jeunesse, Mme de Longueville s'est trouvée à bonne école. Celle de la galanterie, non celle (inexistante) de la préciosité.

Reste que Tallemant des Réaux affiche son intention de passer des familiers de l'hôtel aux précieuses, comme si ceux-là avaient eu de profondes affinités avec celles-ci. « Mme de Rambouillet, écrit-il, qui avait l'esprit délicat, disait qu'il n'y avait rien de plus ridicule qu'un homme au lit et qu'un bonnet de nuit est une sotte coiffure. » Julie, l'aînée des filles, renchérissait encore dans cette aversion, et une autre, abbesse de Saint-Étienne de Reims (elle n'aurait guère dû avoir d'avis en la matière), « était la plus déchaînée contre ces pauvres bonnets ». Instruit de cette aversion, Montausier, qui épousa Julie en 1645, « coucha toujours avec sa femme sans bonnet de nuit », du moins jusqu'à ce qu'il eût été gravement blessé à la tête en 1652. « C'est ce qui a fait dire, conclut Tallemant, que les véritables précieuses ont peur des bonnets de nuit. »

Il n'est pas sûr que la dernière phrase porte sur la marquise, à l'« esprit délicat » (il ne dit pas précieux), c'est-à-dire en effet pleine de manies. Et surtout, il faut tenir compte de la date de rédaction des historiettes, entre 1657 et 1659, parfois même 1661, donc souvent après la pièce de Molière, en plein moment où les précieuses, véritables ou supposées, font beaucoup parler d'elles. C'est parce que le regard rétrospectif de Tallemant a subi l'influence de l'actualité qu'il définit la marquise d'un mot anachronique, d'un mot qui a changé de sens depuis les quelques fois où l'on s'est servi de l'adjectif « précieuse » pour vanter la marquise d'être une femme hors du commun. On ne peut en déduire que l'hôtel de Rambouillet a été le temple d'une préciosité dont on ne découvre de rares et incertaines adeptes que six ans après la mort de Voiture, l'âme du « rond », celui qui a le plus contribué à y créer, ou du moins à y développer, ce climat de galanterie qui faisait son charme, aux antipodes des idées qu'on prête aux précieuses, puisque la galanterie y était à la fois jeu amoureux et refus de tout savoir affiché.

La confusion faite par Tallemant et par beaucoup d'autres après lui s'explique aisément : c'est en 1650, quatre ans avant que l'on commence à parler des précieuses, que paraissent les *Œuvres* de Voiture. C'est par elles, avec elles, que le public découvre les façons de dire et de faire de l'hôtel de Rambouillet, qui avaient été jusque-là le privilège d'un petit nombre de personnes choisies. Pinchêne, le neveu de l'auteur, le souligne dans la préface : ses « proches » n'auraient rien publié sans l'insistance de ceux qui avaient fréquenté l'hôtel, car « il n'a jamais écrit que pour eux ». À preuve tant de passages « tellement nés dans son sujet et étroitement attachés aux circonstances des temps, des lieux et des personnes » qu'il a fallu souvent mettre de « longs titres » explicatifs pour les faire comprendre. La publication des poésies et des lettres de Voiture a été voulue par ses amis, heureux de retrouver des échos de leur passé dans ses écrits, mais elle a en même temps divulgué ce qui avait, à l'époque, été le privilège d'un cénacle restreint.

Si l'hôtel a contribué en quelque chose à la naissance de ce que la critique a, beaucoup plus tard, appelé la préciosité, c'est à retardement, par imitation d'une façon de vivre et de se comporter relativement surannée, découverte dans l'œuvre d'un poète mort depuis deux ans à sa parution. Ce qui se répand alors dans le monde, ce n'est pas, ce ne peut être une préciosité inconnue de l'hôtel au temps de sa splendeur, mais une transposition, à l'usage de l'ensemble du public mondain, de l'esprit galant autrefois privilège exclusif de ses familiers. En le découvrant dans les lettres de celui qui avait été le « roi de la galanterie », les gens du monde ont voulu en imiter les comportements et le climat ; il en est résulté une mutation, due à un changement d'échelle. Et comme cela s'est fait en même temps que reprenait, après la Fronde, le mouvement des femmes, commencé dès longtemps, pour une plus grande liberté intellectuelle et parfois conjugale, la confusion était facile, presque inévitable. D'autant plus qu'à l'époque, dans la dure polémique qui continuait sur la nature des femmes et sur leurs possibilités intellectuelles, personne ne parlait objectivement de leurs conduites et de leurs aspirations.

C'est dans ce contexte qu'il faut placer le comportement de Julie d'Angennes, la fille aînée de la marquise, invariablement présentée par les manuels scolaires et les dictionnaires comme le modèle parfait de précieuses qui, pourtant, n'existaient pas encore au temps de sa jeunesse, et dont on ne parlera que dix ans après son mariage. Née en juin 1607, elle épousera tardivement Montausier, en 1645. « Elle a eu des amants [il faut traduire des soupirants] de plusieurs sortes, écrit Tallemant. Les principaux sont Voiture et M. de Montausier d'aujourd'hui. Mais Voiture était plutôt un amant de galanterie et pour badiner qu'autrement ; aussi le faisait-elle bien soutenir [elle lui tenait la bride haute]. Mais pour M. de Montausier, ç'a été un mourant d'une constance qui a duré près de treize ans. »

Par jeu sans doute à l'origine, celui qui n'était encore qu'un cadet, le marquis de Salles, entreprit de rivaliser en vers et en prose avec Voiture et conçut pour cela le projet de la fameuse *Guirlande de Julie*. On y célébrerait la jeune fille sous le nom de toutes sortes de fleurs. Elle trouva ces vers, œuvres de plusieurs auteurs, sur sa toilette, le 1er janvier 1634, dix-huit mois avant la mort d'Hector de Montausier, qui fit de Charles, son cadet, un parti sortable pour l'aînée des filles de la marquise. Il ne lui en offrit le recueil, magnifiquement copié sur un superbe vélin enluminé, qu'en 1641. Alors seulement, sans doute, songea-t-il vraiment à l'épouser, s'étant à ce moment-là seulement décidé à lever le dernier obstacle à sa carrière et à son mariage : son appartenance à la religion réformée.

Comme il peut arriver dans les amours de galanterie, les mots prononcés par jeu sont finalement devenus l'expression d'une certaine réalité. Cela n'implique pas des années d'amour sincère et de soumission absolue au désir d'une bien-aimée. Le mariage enfin obtenu par Montausier n'a sûrement pas été seulement le couronnement d'une longue cour méritoire, mais aussi le résultat d'un calcul des deux personnages concernés. Les prétendus modèles des amants précieux ont fini par conclure un bon mariage de raison, parfaitement accordé à leurs ambitions. Singulière précieuse que cette Julie d'Angennes, qui atteint la cinquantaine au moment où l'on commence seulement à parler de cette nouvelle espèce de femmes, et que l'on verra bientôt prête à tout pour complaire au roi. On chantera alors : « La Montausier est maquerelle/ De notre roi, le grand Louis de Bourbon./ Elle voudrait lui fournir des pucelles./ Mais en ce siècle, où diable en trouve-t-on ? »

« Depuis son mariage, Mme de Montausier est devenue un peu cabaleuse, note Tallemant des Réaux en 1657-1658. Elle veut avoir cour ; elle a des secrets avec tout le monde ; elle est de tout et ne fait pas toute la distinction nécessaire. Je tiens que Mlle de Rambouillet [la jeune fille] valait mieux que Mme de Montausier [la femme mariée]. Elle est pourtant bonne et civile, mais il s'en faut bien que ce soit sa mère, car sa mère n'a pas les vices de la cour comme elle. » Femme pétillante d'intelligence, qui sut, selon Mme de Sévigné, transporter jusqu'au Louvre l'esprit de l'hôtel de Rambouillet, Julie s'est toujours gardée d'apparaître comme une intellectuelle.

Si on a pu la prendre, après coup, pour une précieuse, cela vient sans doute de l'image que les *Œuvres* de Voiture ont donnée d'elle, et plus encore de la publication tardive, en 1653, de la *Guirlande de Julie*, dans le premier recueil de poésies de Sercy, qui divulgue l'idée (fausse) de la longue patience de son futur mari. Mais cela vient surtout des confidences, plus ou moins embellies, que la marquise de Rambouillet a faites à Tallemant des Réaux. C'est au moment où on commence à s'intéresser aux précieuses que s'élabore, grâce à ces confidences, la légende de l'hôtel. La longue cour de Montausier à une femme qu'il aurait conquise par son inlassable fidélité en fait partie. Elle s'accorde merveilleusement au rêve de Cathos, de Magdelon, et de toutes les jeunes filles avides d'avoir le plus longtemps possible à leur merci des hommes dont on leur répète inlassablement qu'elles devront leur être entièrement soumises dès le sacrement reçu. L'histoire embellie et simplifiée du mariage de Montausier et de Julie d'Angennes pouvait d'autant mieux devenir emblématique qu'un tel mariage était, semble-t-il, un cas unique dans la « réalité » – une pseudo-réalité qui s'accordait merveilleusement avec l'idéal, non point précieux, mais des amours de roman, triomphant de tous les obstacles.

Chapitre 13

Des précieuses en chair et en os ?

En janvier 1658, les frères Villers, jeunes Hollandais séjournant à Paris pour s'initier à la vie culturelle française, vont faire une importante visite qu'ils notent sur-le-champ dans leur journal : « L'après-midi du 4, nous allâmes voir Mme de La Fayette, qui est logée dans notre voisinage, chez le sieur de Saint-Pons, son oncle. C'est une femme de grand esprit et de grande réputation, où une fois le jour on voit la plupart des polis et des bien-disants de cette ville. Elle a été fort estimée lorsqu'elle était fille et qu'on la nommait Mlle de La Vergne, et elle ne l'est pas moins à présent qu'elle est mariée. Enfin, c'est une des précieuses du plus haut rang et de la plus grande volée. » Comme le montre l'emploi du mot dans les gazettes, un an avant le portrait satirique de Mlle de Montpensier, moins de deux ans avant la pièce de Molière, ce n'est pas un défaut d'être une précieuse. Les Hollandais sont allés en admirer un modèle achevé, comme ils sont allés visiter les plus beaux monuments de la ville.

Marie-Madeleine de La Vergne, future comtesse de La Fayette, dont le père, Marc Pioche, qui se disait « écuyer », dut à ses bonnes relations avec la nièce et les neveux de Richelieu de devenir, par complaisance, Pioche de La Vergne, avait été très tôt une jeune fille en vue quand la bonne société de Paris venait chez sa mère, rue de Vaugirard, où elle habitait avec son second mari, René-Renaud de Sévigné. C'est alors que Scarron, dès 1651, saluait Marie-Madeleine comme « toute lumineuse, toute précieuse, toute etc. ». Elle fréquentait familièrement les demoiselles de La Louppe, qui avaient à peu près son âge. Le cardinal de Retz évoquera dans ses *Mémoires* ses assiduités, au début de 1652, auprès de l'aînée de ces demoiselles, la future comtesse d'Olonne, célèbre depuis par ses débordements. « Elle était jolie, écrit-il, elle était belle, elle était précieuse par son air et sa modestie. »

Quand Retz oppose ainsi, bien des années après l'événement, la (relative) réserve que gardait la demoiselle avec sa conduite ultérieure, le mot « précieuse » a pris dans l'intervalle un sens qu'il n'avait pas encore. « Elle logeait tout proche de Mme de La Vergne, continue-t-il. Elle était amie de mademoiselle sa fille. » Les parents des demoiselles de La Louppe étaient en effet locataires et voisins des La Vergne. Une porte permettait de passer sans être vu d'une maison à l'autre. Guy Joly, secrétaire de Retz, a noté qu'on en jasa. « Mlle de La Louppe était à tout moment chez Mlle de La Vergne, où le [futur] cardinal et le duc [de Brissac] allaient souvent la nuit entretenir ces demoiselles. » À en croire Retz, les jeunes filles n'y perdirent pas leur vertu. Singulières précieuses, qui aiment les flirts, même un peu poussés.

Cela se passait pendant la Fronde. René-Renaud de Sévigné, qui y soutenait Retz, avait choisi le mauvais camp. En janvier 1653, il lui fallut s'exiler dans ses terres, à Champiré, en Anjou. Sa femme l'y rejoignit avec Marie-Madeleine. Costar, écrivain docte et tourné vers le monde, que la jeune fille rencontra au Mans, grâce à Ménage qui l'accompagnait sur le chemin de l'exil, lui conseilla de prendre son mal en patience, l'invitant à « posséder la plus précieuse chose du monde » en se possédant elle-même. Elle eut le temps d'éprouver son conseil. Elle ne rentra à Paris, en février 1655, que pour être mariée, en toute hâte, au comte de La Fayette, d'une excellente et ancienne famille, mais perdue de dettes. Riche héritière, elle reçut de son mari un rang que la naissance lui avait refusé, et elle lui apporta l'argent dont il avait besoin pour lever les hypothèques qui grevaient ses biens. Aussitôt le mariage célébré, elle dut le suivre dans ses fiefs d'Auvergne, près de Vichy. Elle n'en revint qu'à l'extrême fin de 1657. Celle que les frères Villers visitent comme une précieuse « de la plus grande volée » est à peine de retour à Paris, après sept ans d'un exil quasi ininterrompu en province.

À vrai dire, si elle habite alors chez Saint-Pons, près du Pont-Neuf, c'est que son logis, rue de Vaugirard, n'est pas encore prêt. Cette précieuse n'a pas encore de « salon », sinon celui, bien modeste et bourgeois, de la troisième femme de son oncle, tête légère qui préfère les toilettes et le jeu aux belles conversations et aux livres. Pour couronner le tout, cette singulière précieuse est enceinte jusqu'au menton. Elle aura son second et dernier enfant dans deux mois, au début de mars. L'abbé de Pure lui-même n'a pas prévu son cas dans sa galerie de précieuses... Et l'on ne peut non plus, malgré son long séjour en province, voir en la riche et noble comtesse de La Fayette, qui a été jusqu'à dix-sept ans une Parisienne en vue, une « pecque provinciale » comme dit Molière, une Cathos ou une Magdelon mariée, et dans les deux Hollandais l'équivalent de Mascarille et de Jodelet... Malgré ses handicaps, Mme de La Fayette a fait une forte impression sur ses jeunes visiteurs, qui croient lui décerner un grand compliment en faisant d'elle une précieuse insigne. Preuve que le mot garde toujours, dans l'opinion et dans l'usage commun, un sens largement positif.

En fait, la jeune femme doit tout à Ménage, le Géname de l'abbé de Pure, et d'abord aux poèmes qu'il lui a consacrés et qui lui ont donné de la célébrité malgré son absence. Savant philologue et brillant polémiste, abbé qui ne reçut jamais la prêtrise, Gilles Ménage se mit à la poésie pour chanter celles qu'il aimait selon le code de l'amour galant : la marquise de Sévigné un bref moment, puis, longtemps, son amie Marie-Madeleine de La Vergne. Il la console dans son exil angevin en lui écrivant et en allant la voir, car il est du pays. Il continue à lui écrire après son mariage, lui envoie les livres à la mode et surtout lui soumet les poèmes qu'il compose, notamment ceux qui lui sont dédiés et qui content leur histoire. Il les publie dans des recueils de ses poésies, françaises, italiennes, latines et même grecques, parus en 1652, 1656 et, dans le temps du retour de Mme de La Fayette à Paris, en 1658. Ces poèmes, qui ont rendu leur amitié publique, ont fait d'elle, qui l'en a remercié du fond de l'Auvergne, une « nouvelle Madame Laure », dont il est le moderne Pétrarque.

Il faut suivre de lettre en lettre les relations de l'abbé avec la comtesse si on veut les comprendre dans leur délicatesse et leur subtilité. Ménage joue le jeu de la galanterie. La jeune femme aspire à vivre avec lui une tendre amitié. Il la cultive comme un jardinier une plante rare. Elle attend de lui qu'il lui écrive régulièrement quand elle est en province, qu'il la tienne au courant de l'actualité littéraire, qu'il lui forme le goût et, quand elle est à Paris, qu'il l'instruise et la promène, qu'il la distraie quand elle est malade, qu'il l'initie aux affaires et l'aide à gagner ses procès (car Ménage est aussi avocat). Il l'aidera bientôt à rédiger sa première œuvre romanesque, *La Princesse de Montpensier*. Ils vivront une quinzaine d'années de chaste et chaude complicité intellectuelle et sentimentale, jusqu'à ce que La Rochefoucauld, moins ombrageux et plus sortable pour une « liaison », prenne le relais.

Quelques années avant de mourir, après vingt ans de silence, Mme de La Fayette et Ménage se retrouveront – épistolairement. Elle a, lui écrit-elle alors, l'esprit « aussi changé » que le corps. « Vous avez donné tant de belles idées de l'un et de l'autre que je ne vous conseille plus de reparler d'aucun des deux. Laissons le monde sur ce que vous lui en avez dit. » Son amitié la revigore. « Je vous trouve d'une vivacité pour moi, qui, toute malade que je suis, me redonne les idées de notre jeune temps. » Elle est profondément touchée de l'amitié présente et passée de son correspondant : « Hélas ! Que ne ferai-je point pour votre service ? Que n'avez-vous point fait pour le mien ? Combien de pas vous ai-je coûtés, sans compter les larmes que je vous ai coûtées aussi ? » Malade, elle vit de leurs retrouvailles et meurt bientôt de la mort de son vieil ami. « Notre amitié ne finira que quand nous finirons », lui avait-elle écrit. Malgré les vingt ans qui les séparaient, elle ne lui survécut que dix mois et deux jours. Si Mme de La Fayette en est le parfait modèle, la précieuse n'a pas grand-chose à voir avec ce qu'en ont dit ses contemporains, et rien avec ce qu'en a depuis dit la critique.

Les façons de vivre, de penser et d'aimer de la comtesse sont bien différentes de celles des femmes que Mlle de Montpensier, cousine germaine de Louis XIV, a stigmatisées comme « précieuses » dans ses *Mémoires*, à une date largement postérieure à l'affaire. En 1656, la duchesse de Ventadour vint, dit-elle, lui rendre visite dans son exil de Saint-Fargeau, accompagnée de Mlles d'Aumale et d'Haucourt, orphelines de mère, que la duchesse hébergeait chez elle. Ces deux sœurs étaient filles du grand chambellan de Monsieur, père de la princesse. Mlle de Vandy, que Mademoiselle estimait fort, lui en avait parlé comme « de personnes de ses amies, d'un mérite extraordinaire ». La princesse les savait en effet « filles de qualité et d'esprit », dont la cadette était « assez jolie », surtout avant d'avoir eu la petite vérole. Leur passage confirme sa bonne opinion, principalement sur Mlle d'Haucourt qui, dit-elle, lui « plut infiniment ». Mme de Ventadour était pressée. La visite ne dura qu'une journée.

La comtesse de Fiesque et Mme de Frontenac avaient fidèlement servi Mademoiselle pendant la Fronde, jouant le rôle d'aides de camp dans sa folle équipée d'Orléans. Elles partageaient maintenant son exil, dans une atmosphère de plus en plus orageuse avec le temps. « La comtesse de Fiesque, écrit Mademoiselle, qui était amie de longue date de Mlles d'Haucourt, fut fort aise qu'elles me plussent et qu'elles eussent envers moi le mérite d'être amies de Mlle de Vandy. » Elle propose de les faire venir de Langeron, non loin de Saint-Fargeau, quand elles viendront y séjourner avec Mme de Ventadour. En route vers les eaux de Bourbon, la comtesse de Maure s'arrête vers le même temps à Saint-Fargeau, accompagnée de sa nièce, Mlle de Vandy. Mlle de Montpensier demande et obtient que la jeune fille reste chez elle jusqu'à ce que sa tante la reprenne en revenant de sa cure. Malgré les avances de la comtesse de Fiesque, Mlle de Vandy reste fidèle à son hôtesse. Les demoiselles d'Haucourt étant arrivées à Langeron, la princesse envoie un carrosse les chercher. Mlle de Vandy les attend avec impatience.

« Lorsqu'elles arrivèrent, raconte Mademoiselle, après m'avoir saluée, elles allèrent à Mme de Frontenac avec un empressement non pareil et ne regardèrent quasi point Mlle de Vandy. Cela dura tout le soir. » Cela dura même plusieurs jours. Ulcérée de voir Mlle de Vandy délaissée, Mademoiselle s'en prend à Mlle d'Aumale : « Quoi ! Vous abandonnez ainsi vos anciennes amies pour de nouvelles ; cela ne m'encourage pas trop à faire amitié avec vous, moi qui crains tant les précieuses. » Après quoi, continue Mademoiselle, l'aînée, qui lui semble « meilleure fille », essaie de se montrer plus raisonnable. Mais « l'autre se moquait sans cesse de tout le monde, et souvent de moi, à ce que je crois. À table, Mme de Frontenac et elle se mettaient l'une auprès de l'autre et riaient sans cesse ».

Mademoiselle est vivement fâchée de l'impolitesse des deux sœurs envers sa favorite, des ricanements complices de la plus jeune avec Mme de Frontenac, et d'une sorte d'encanaillement de Mlle d'Haucourt par une personne devenue peu recommandable, y compris dans ses mœurs. Sur quoi, elle les traite de « précieuses », moins pour qualifier leur comportement actuel que pour exprimer sa colère en proférant contre elles une sorte d'injure. À l'admiration exprimée par les frères Villers envers Mme de La Fayette, célébrée comme une « précieuse de la plus grande volée », correspond, symétriquement et négativement, l'injure de Mlle de Montpensier envers les sœurs d'Aumale. Tant le mot reste encore ambigu, capable de changer complètement de sens selon les contextes.

À son retour à Paris, conte encore Mademoiselle, elle a trouvé le milieu de la place Royale aménagé pour la promenade, avec des palissades, « une manière de parterre de gazon » et des allées sablées. « Beaucoup d'hommes et de femmes s'y promenaient, ajoute-t-elle en parlant de l'année 1658. Mme la comtesse de Fiesque, et Mme de Frontenac, et Mlle d'Haucourt n'en bougeaient. Rien n'est moins précieux, car on se promenait sans flambeaux. » La comtesse de Fiesque, si facile envers les hommes, la Frontenac, qui lui a appris à ne pas mépriser les femmes, ont séduit la précieuse d'Haucourt. Cela jette une certaine lumière sur la scène de Saint-Fargeau : en surprenant les demoiselles d'Haucourt seules avec la Fiesque et la Frontenac, Mademoiselle, dépitée, a peut-être voulu dire : « Moi qui crains tant les lesbiennes... »

La même année, en septembre, la princesse rejoint la cour à Fontainebleau. « Les soirs, après le souper de la reine, on dansait, dit-elle, jusqu'à minuit, et quelquefois une heure. » Elle ne manque pas d'y aller, car Anne d'Autriche exige sa présence. Un jour, « Mme de Montausier y vint, qui amena avec elle une précieuse, Mlle d'Aumale, et bien qu'elle ne dansât point, cela parait le bal. Mme de Châtillon vint aussi à Fontainebleau. Enfin, il y avait furieusement du beau monde ». À l'inverse des textes précédents, peut-être parce qu'elle est venue à la cour sous l'égide de Mme de Montausier, Mlle d'Aumale n'est pas ici dévalorisée d'être qualifiée de précieuse. Elle n'en fait pas moins partie du « beau monde ». Le mot reste toujours suffisamment vague pour prendre un sens positif ou négatif selon les circonstances.

Les textes de Mlle de Montpensier sont tardifs et seraient sujets à caution s'ils n'étaient confirmés par des textes antérieurs à la pièce de Molière qui montrent que les sœurs d'Aumale ont été, avec Mme de La Fayette, les deux femmes le plus souvent et le plus clairement désignées comme précieuses. On les chansonnait volontiers. On lit dans le chansonnier Maurepas sous l'année 1659 : « Précieuses, vos maximes/ Détruisent tous nos plaisirs,/ Et vous prenez pour des crimes/ Les moindres de nos désirs./ Rambouillet et vous d'Aumale,/ Quoi, ne verrons-nous jamais/ L'amour et votre cabale/ Faire un bon traité de paix ? » Le couplet se retrouve, avec des variantes, dans *La Fine Galanterie du temps*, publiée en 1661, mais écrite avant *Les Précieuses ridicules* : « Vous prêchez dans la cabale/ Contre le dieu des amours,/ Et sa bonté sans égale/ Vous le pardonne toujours./ Mais vos attraits, très divine d'Aumale,/ Détruisent tous vos discours. » *Cabale*, le mot est fort : il désigne, selon Furetière, « une société de personnes qui sont dans les mêmes confidences et dans les mêmes intérêts, mais il se prend en général en mauvaise part ». En ce sens, les précieuses seraient des conspiratrices, et Mlle d'Aumale un des membres d'une société secrète complotant contre l'amour... Mais ce serait prendre trop au sérieux des paroles de chanson.

Tallemant des Réaux (mais c'est peut-être après la pièce de Molière) a placé lui aussi les demoiselles d'Haucourt parmi les précieuses dans une de ses historiettes. Accusé d'impuissance par sa femme, un certain Langey demanda, comme la loi l'y autorisait, à subir l'épreuve du congrès pour prouver sa virilité. L'essai eut lieu le 8 février 1659, sans résultat pour le malheureux demandeur. Les juges prononcèrent la nullité de son mariage, avec une interdiction de se marier, qui fut bientôt levée. « Il n'y a pas longtemps, commente l'auteur des *Historiettes*, que le bruit courut qu'il épousait Mlle d'Aumale, puis on le dit bien davantage de Mlle d'Haucourt, sa sœur. » Bel époux digne de demoiselles qui refusaient les plaisirs de la chair... Pour faire le compte meilleur, on faisait dire à Langey : « Au moins, sage et dévote comme elle est, quand elle aura des enfants, on ne dira pas que ce sera d'un autre que moi. »

En 1669, dans *L'Amour échappé*, Donneau de Visé présentera Mlle d'Aumale comme « une femme de grand esprit, qui sait beaucoup de choses. Elle fait sur-le-champ de beaux discours sur toutes sortes de matières, et y réussit si bien que le plus savant homme aurait de la peine à s'en mieux acquitter ». Au refus de l'amour, elle joignait donc un certain goût des activités intellectuelles, et même de l'écriture. Est-ce suffisant pour définir une précieuse ? Sous la tutelle de la sévère duchesse de Ventadour, elle et sa sœur n'étaient d'ordinaire pas très libres de leurs actes. Lorsqu'elle vient à Fontainebleau, l'aînée y est conduite par Mme de Montausier. C'est son mariage tardif avec Schomberg qui lui donnera, bien des années après, quand il aura été fait maréchal, la possibilité de faire « grande figure à la cour », comme dit Mme de Sévigné en annonçant, en 1675, le retour de « cette précieuse ». Elle se liera alors d'une vive amitié avec Mme de La Fayette. La marquise en plaisante, mais en parle comme d'une nouveauté, sans rien qui fasse penser que ce soudain engouement ait des racines anciennes.

Au nom de Mlle d'Aumale est en revanche très souvent associé celui de Mlle de Rambouillet, Angélique-Claire, qui épousera en avril 1658 François de Grignan, futur mari de Mlle de Sévigné. On retrouve ces noms, ainsi que le mot « cabale », dans un texte postérieur au mariage. Il s'agit cette fois d'un jeu, dit des « Contre-vérités », où l'on prête à une personne ou à un groupe des qualités exactement contraires à celles qu'ils ont effectivement. « Je m'en vais vous apprendre une sotte cabale :/ Manicamp, Outrelaise, Haucourt, Grignan, d'Aumale. » Ces cinq femmes sont ici plaisamment désignées, dans un texte qui n'a rien de satirique, comme des personnes particulièrement intelligentes et, puisqu'on parle de « cabale », comme un groupe organisé d'intellectuelles. Bien que le mot « précieuse » ne soit pas prononcé par l'auteur, comme trois des femmes sont ailleurs désignées comme telles, on peut penser qu'elles le sont toutes les cinq. Dénoncées d'un côté comme des ennemies de l'amour, ces précieuses sont louées de l'autre pour leur esprit. La préciosité est souvent liée à cette double image, qui fait porter sur ses « adeptes » un jugement contradictoire.

Il est très improbable que les cinq femmes des « Contrevérités » aient effectivement formé une « cabale », une association militante. Si « cabale » il y a eu, elle n'a laissé aucune trace et elle n'a pas duré. On ne sait presque rien de Gabrielle de Longueval de Manicamp, sinon qu'elle deviendra en 1663 la troisième femme du maréchal d'Estrées, alors âgé de plus de quatre-vingt-dix ans. Ce mariage tardif avec un vieillard est-il un trait de précieuse, ou un banal arrangement familial ? En 1672, veuve depuis des années, on la soupçonne, à tort selon Mme de Sévigné qui rapporte l'affaire, d'avoir écrit une chanson satirique contre Guiche et Mme de Brissac, qui filent un amour aussi compliqué que platonique. La maréchale est restée une intellectuelle capable d'esprit et d'écriture...

Après avoir été citée en 1653 parmi les « précieuses beautés » vantées par Segrais, Mlle d'Outrelaise est décrite comme insensible aux galants par Benserade, puis par Faure dans la *Fine Galanterie du temps*. Quand Mme de Fiesque veut la faire venir à Saint-Fargeau, Mademoiselle s'y oppose. Elle deviendra ensuite l'intime amie de Mme de Frontenac, chez laquelle elle vivra. Elles formeront un couple inséparable. « Elles donnaient le ton à la meilleure compagnie de la ville et de la cour sans y aller jamais, dira d'elles Saint-Simon, beaucoup plus tard. On les appelait *les Divines*. » Ces deux femmes sont de brillantes marginales, qui préféraient la compagnie, et sans doute l'amour des femmes, à celui des hommes.

« Quand M. de Lillebonne épousa feu Mlle d'Estrées, qui était précieuse, contera Tallemant, on dit de lui comme de Grignan, quand il avait épousé Mlle de Rambouillet, un des originaux des précieuses, qu'il avait fait de grands exploits la nuit de leurs noces. Mme de Montausier écrivit à sa sœur, qui était en Provence : "On fait des médisances de Mme de Lillebonne comme de vous."

Mme de Grignan répondit que, pour remettre les précieuses en réputation, elle ne savait plus qu'un moyen, c'était que Mlle d'Aumale épousât Langey. » Les précieuses, insinue Tallemant, voulaient se libérer des servitudes de la sexualité imposée par les mâles ; certaines en ont été bien punies en étant condamnées, malgré elles, aux exploits de maris particulièrement puissants.

Christine d'Estrées épousa le comte de Lillebonne en septembre 1658. À la différence des précieuses relevant plus ou moins de l'entourage de Mademoiselle pendant son exil, elle faisait partie des « précieuses de la cour », toujours louées, jamais critiquées. Elle y est placée par Loret en 1655, après avoir été qualifiée de « délicate et fine précieuse » par Benserade, l'année précédente, dans le ballet des *Noces de Pélée et de Thétis*. Elle n'est pas citée dans la « cabale » des « Contrevérités », et ne pouvait l'être : elle mourut trois mois après son mariage. Doit-on y voir une suprême révolte contre son destin de femme ? En fait, on ne sait rien de ses sentiments lors de son union avec Lillebonne.

Des cinq femmes de la « sotte cabale » des « Contrevérités », Angélique-Claire de Rambouillet, liée d'amitié avec Mlle d'Aumale depuis 1652, est celle que l'on connaît le mieux. C'était la plus jeune des cinq filles de la marquise de Rambouillet. D'après Tallemant des Réaux, elle serait « un des originaux des précieuses », c'est-à-dire une précieuse modèle. « Elle a de l'esprit, ajoute-t-il, et dit quelquefois de fort plaisantes choses, mais elle est maligne et n'a garde d'être civile comme sa sœur [Mme de Montausier]. Nous parlerons d'elle dans l'historiette de Voiture et dans celle des précieuses. » L'auteur la montre soucieuse de la pureté du langage, au point qu'un gentilhomme proclame qu'il n'ira plus voir Montausier, son beau-frère, tant que Mlle de Rambouillet y sera, car « elle s'évanouissait quand elle entendait un méchant mot ». Un autre, en lui parlant, ne savait s'il devait dire *avoine* ou *aveine*. « On ne sait comment parler céans », éclate-t-il pour finir. La future comtesse de Grignan se montre hostile à une prononciation provinciale, attentive à la qualité du vocabulaire, et non ridiculement en lutte contre les « syllabes sales ».

À la fin de l'historiette de Voiture, Tallemant la place parmi les « trois sœurs honnêtement coquettes » de l'hôtel de Rambouillet. Puis il décrit la rivalité qui oppose le poète à Chavaroche, l'intendant de la maison. Le premier « n'avait garde de laisser une fille sans la cajoler ». Le second était un peu amoureux d'Angélique-Claire, ou en faisait semblant par plaisir de « nuire » à son rival.

« La demoiselle, dit Tallemant, ne les faisait pas soutenir [ne leur tenait pas la bride haute] comme sa sœur, et il y a grande apparence qu'elle avait de la bonne volonté pour Voiture. Je les trouvais presque toujours jouant au volant, et je jouais avec eux, ou causant tout bas, auquel cas je les laissais fort à leur aise. » Ces conversations, s'interroge Tallemant, ont « peut-être servi à rendre cette fille moins raisonnable qu'elle n'eût été ». Voiture, lui, « en devint insupportable ». D'où un duel avec Chavaroche, où il fut blessé à la cuisse, vers 1645. « Mme de Rambouillet eut un étrange chagrin de cette aventure », car « elle avait peur qu'on ne dît des sottises de sa fille ». Conclusion : la demoiselle est « bien revenue de cela », c'est-à-dire de la coquetterie et des douceurs amoureuses.

À l'origine de la préciosité de la cadette de Mme de Rambouillet, une aventure sentimentale avec un poète qui a fini par mal tourner. Angélique-Claire en est restée aigrie, si on en croit son portrait par Mlle de Scudéry, sous le nom d'Acarise, paru dans le tome VII du *Cyrus* en novembre 1651. « Il y a, dit l'auteur, si peu de choses qui la satisfassent, si peu de personnes qui lui plaisent, un si petit nombre de plaisirs qui touchent son inclination qu'il n'est pas possible que les choses s'ajustent si parfaitement qu'elle puisse passer un jour tout à fait heureux en toute une année, tant elle a l'imagination délicate, le goût exquis et particulier, et l'humeur difficile à contenter. » De ce portrait individuel, à cause du texte de Tallemant qui lui est largement postérieur, on a souvent tiré un portrait de la précieuse type, femme insatisfaite et dédaigneuse, mal dans sa peau comme on dit aujourd'hui. Ces traits sont ceux d'un caractère modelé par des circonstances particulières. Ils ne peuvent intervenir qu'accessoirement dans la définition de la précieuse.

C'est sans doute à Angélique-Claire de Rambouillet et à ses amies d'Aumale que pense l'abbé de Pure quand il écrit en juin 1656, dans le deuxième volume de sa *Précieuse* : « Je ne sais pas la raison du mot [précieuse], mais j'en connais deux ou trois qui se trouvent ordinairement dans le palais d'Arthénice. » Fait unique dans les quatre tomes du roman, ce pseudonyme féminin ne laisse aucun doute : personne n'ignore qu'Arthénice désigne Mme de Rambouillet. À la date dont il est question, l'hôtel n'avait plus le même rayonnement qu'à ses débuts, au temps de Godeau et de Voiture, mais il ouvrait toujours ses portes à un public choisi, autour de la marquise vieillissante et de sa « précieuse » cadette. Et c'est sans doute à cause de cette présence tardive de deux ou trois précieuses à l'hôtel (Mlle de Rambouillet, Mlle d'Aumale et éventuellement sa sœur d'Haucourt) qu'on en a souvent fait le temple d'une préciosité qui pouvait d'autant moins s'y épanouir au temps de sa gloire qu'elle n'existait pas encore.

Aux précieuses de l'aristocratie, qui font l'essentiel de son livre, l'abbé de Pure n'a pas manqué d'ajouter quelques bourgeoises dont les maris s'étaient enrichis dans les affaires. Tallemant des Réaux en cite une, dont il conte longuement l'aventure, qu'il connaît bien, parce qu'il l'a courtisée dans sa jeunesse et qu'elle est l'amie d'une de ses parentes. Jean Gravé, sieur de Launay, qui avait fait fructifier dans les fermes du roi la fortune acquise par son père, riche marchand de Saint-Malo, fait un beau jour venir de Normandie une nièce à la mode de Bretagne pour servir de dame de compagnie à sa femme. Comme elle est habile joueuse, sa patronne lui donne de l'argent, et la met de moitié dans son jeu. Cela lui permet de s'habiller convenablement. Tallemant, qui la trouve « belle fille », la courtise : il lui « donne les violons » et la fait « danser des premières ». Il écrit « des vers pour elle », qu'il lui passe en les « coulant adroitement dans sa robe, qui était troussée ». Elle les garde sur elle pour les apprendre par cœur. Comme elle est sage, « je me contentai, dit Tallemant, de l'aimer de bonne amitié », selon le jeu et les rites de l'amour galant. « J'avais toujours quelque attachement pour la belle, dit-il, et cela m'occupait l'esprit agréablement. »

La « petite Mme de Launay » n'avait pas une bonne santé. Elle meurt bientôt. Le veuf, qui n'avait pas cinquante ans, se remarie secrètement avec la dame de compagnie. « Enfin, elle se trouva grosse, car elle a été fort féconde. » Il fallut déclarer le mariage. On est en 1646. Pour qu'elle puisse « jouer tout son soûl », son mari lui donne « d'abord trois cents louis d'or ». Il la laisse recevoir qui elle veut. Elle s'habille magnifiquement. Elle danse parfaitement bien. On la recherche. « Voilà toute la cour chez [la seconde] Mme de Launay. » Malgré quelques fausses notes, « on admirait, dit Tallemant, comment elle avait pu recevoir toute la cour chez elle, et même le roi d'Angleterre, sans qu'on en eût jamais médit ». Toujours enceinte, « elle ne songeait point à l'amour », coquette, mais seulement d'une « coquetterie de vanité ». Veuve après neuf ans de mariage, elle s'occupe elle-même des affaires laissées par son mari, qui prospèrent entre ses mains.

« Le grand monde qu'elle a vu lui a ouvert l'esprit. Elle est d'une conversation agréable et aisée, mais elle ne dira jamais des choses fort spirituelles », écrit Tallemant en 1658. « Ce carnaval, le roi l'ayant trouvée chez Madame la comtesse (Mlle Mancini) [Olympe, comtesse de Soissons], où elle joue presque tous les jours, la mit d'une mascarade à l'improviste et, dernièrement, il devait aller jouer au Palais-Royal avec elle. Je voudrais donc qu'il lui donnât après cela son pucelage. » En 1661, la brillante dame de Launay fit un excellent mariage avec Antoine de Brouilly, marquis de Pienne, chevalier des ordres du roi. Partie de rien, elle couronnait ainsi une ascension sociale, qui ne plaisait pas à tout le monde. Mme de Montausier s'en moquait. « Elle a, dit encore Tallemant, des vanités bien ridicules [...]. Elle affecte un certain air de personne de qualité ; elle fait fort la précieuse, et vous diriez qu'elle fait honneur aux gens. Toutes ses habitudes sont à la cour. » Singulière précieuse, qui ne craint pas la fécondité des rapports conjugaux, et qui a vite préféré le jeu et le soin de ses affaires aux poèmes galants...

Pour Tallemant, un an avant la pièce de Molière, être « précieuse » garde encore un sens positif. Il ne reproche pas à son amie de jeunesse d'être précieuse, mais d'affecter de l'être alors qu'elle n'est qu'une parvenue. Gazettes mises à part, de Mme de La Fayette à Mme de Launay-Gravé, en passant par la « sotte cabale » d'Angélique-Claire de Rambouillet, des demoiselles d'Aumale et de leurs trois amies, la galerie des femmes nommément désignées comme précieuses juste avant qu'on joue *Les Précieuses ridicules* sur le théâtre est aussi peu peuplée que disparate.

Chapitre 14

La grande année des précieuses
(1659)

L'année 1659, celle de la pièce de Molière, commence sous le signe des précieuses. Un des plus grands personnages du royaume, la petite-fille de Henri IV et à ce titre « petite-fille de France », Mlle de Montpensier, dite la Grande Mademoiselle, va en faire elle-même une satire, la première attaque déclarée. Dans les *Divers Portraits*, recueil préparé pour elle et sous sa direction par Segrais, secrétaire de ses commandements et son collaborateur habituel dans l'écriture, paraît, seul portrait collectif parmi cinquante-huit portraits individuels, un virulent « Portrait des précieuses ».

Comme René-Renaud de Sévigné quatre ans plus tôt, comme l'abbé de Pure il y a trois ans, Mademoiselle les présente à son tour comme s'il s'agissait d'une nouveauté. Mais, fait exceptionnel d'après l'auteur, qui s'oppose sur ce point à ce qu'a dit l'abbé de Pure, les Français n'aiment pas cette nouveauté-là. « Cette secte est généralement désapprouvée de tout le monde et le sujet ordinaire de la raillerie de ceux qui ont l'autorité d'en faire impunément de qui il leur plaît. » À en croire Mademoiselle, si on veut se moquer sans risque des précieuses, il faut, comme elles, avoir un rang ou une place qui vous met à l'abri de leurs représailles. Signe qu'elles ont de l'esprit et ne sont pas n'importe qui. On ne devrait, dit encore Mademoiselle, se distinguer des autres que par sa « bonne conduite » et sa « vertu », jamais « par mille façons inutiles ». À l'inverse des précieuses, qui recherchent une fausse distinction.

Sauf dans le cas d'Aurélie, qui se dit enlaidie par le temps, l'abbé de Pure insistait sur la beauté et la jeunesse des précieuses.

Mlle de Montpensier les dit vieilles et disgraciées. Alors que, dans le reste de son recueil, les portraits sont largement idéalisés, elle accumule dans celui-là les précisions les plus horribles (nez longs ou camus, yeux petits et enfoncés ou gros et exorbités, poitrine plate ou seins énormes). À ses cheveux roux, on devine Angélique-Claire de Rambouillet. À leurs manières, on reconnaît Mlles d'Aumale et d'Haucourt. Elles « penchent la tête sur l'épaule, ont une mine méprisante et une certaine affectation en tous leurs procédés qui est extrêmement déplaisante ». Séparée de ses compagnes, la précieuse bâille et ne répond pas, ou mal, aux questions. Dès qu'une autre précieuse arrive, elles s'allient ensemble pour se moquer des autres « fort hardiment, car ce sont des emportements à rire au nez des gens les plus insupportables du monde ».

Les précieuses de Mlle de Montpensier ne parlent pas comme les autres. « Elles ont une langue particulière, car à moins de les pratiquer, on ne les entend [comprend] pas. » Leur esprit de dénigrement les fait tout critiquer. « Il y en a parmi elles qui font les dévotes parce qu'elles ont des raisons de famille qui les obligent à prendre ce parti [...]. Il y en a qui ne sont pas d'une religion propre à cela. » Derrière le portrait collectif se cachent plusieurs portraits individuels de femmes qui ont appartenu à l'entourage de la princesse : sa pauvreté obligeait Mlle d'Outrelaise à vivre chez Mme de Frontenac ; les demoiselles d'Aumale étaient huguenotes. Loin de fuir le mariage, les précieuses des *Divers portraits* ont du mal à trouver un mari. Elles affectent de vivre retirées du monde et s'arrangent pour y vivre, fréquentent un peu n'importe qui, restent à la ville parce qu'elles sont mal vues à la cour. Quant à leur vie sentimentale, « elles sont en matière d'amitié comme elles font profession d'être sur l'amour, elles n'en ont pour personne ». C'est peu sur un chapitre réputé si important pour les précieuses. Sous couleur de généralités, Mademoiselle règle ses comptes avec des personnes particulières. Les traits qu'elle lance contre les précieuses s'adressent en fait aux femmes que la princesse avait fini par chasser de chez elle, en 1656, vers la fin de son exil à Saint-Fargeau.

Elle a fait leurs portraits et conté leurs intrigues dans un autre texte, *La Princesse de Paphlagonie*, bref roman à clé qu'elle a écrit à Bordeaux, entre août et octobre 1659, juste avant que Molière donne à Paris ses *Précieuses ridicules*. Elle s'y trouvait avec la cour, qui accompagnait le roi dans son voyage vers les Pyrénées pour son mariage et la conclusion de la paix. Les personnages, dira plus tard Segrais, qui en a donné une clé imprimée, « ne sont pas inventés à plaisir. Ils ont rapport à des personnes qui vivaient dans le temps qu'elle y travailla et qu'elle le fit imprimer. C'est une satire très fine ». Mademoiselle y apparaît comme la reine des Amazones ; la princesse de Paphlagonie y est sa protégée, Mlle de Vandy ; la reine de Misnie, c'est la comtesse de Maure, tante de la précédente ; la reine Gélatille, la comtesse de Fiesque ; « la marchande qui avait épousé un soldat, Mme de Frontenac que Mademoiselle haïssait à la mort ». Le mot « précieuse », qui n'est pas prononcé dans le texte, se trouve dans la clé. « Le ministre du royaume de Thrace [est] l'abbé Foucquet ; les dames de campagne, les précieuses, dont étaient Mme de Schomberg, qui était d'Aumale, et Mme d'Haucourt, sa sœur. »

Le roman commence par une présentation élogieuse de la princesse de Paphlagonie, élevée chez ses parents comme « dans un couvent », douée d'un « esprit à qui il fallait toujours donner de l'occupation », avide de lecture, ayant appris « toutes les langues à la mode du temps et convenables aux personnes de son sexe ». Quand la reine des Amazones l'accueillit chez elle, « tout le monde admira cette jeune merveille », qui avait su atteindre une telle perfection dans la solitude où sa mère l'avait fait vivre jusque-là. « Mais ce que l'on y remarqua surtout fut un grand éloignement pour la galanterie, quoiqu'elle aimât les esprits galants et qu'elle eût une délicatesse admirable à en faire le discernement. »

Un jour, un cavalier nomma l'amour en lui racontant une histoire. « À l'instant, il lui vint un vermillon aux joues beaucoup plus éclatant que celui qu'elle y avait d'ordinaire, ce qui fit remarquer à la compagnie que le chevalier avait dit quelque chose qui avait blessé sa pudeur. » Il s'arrêta. Un silence se fit, jusqu'à ce que la princesse rougissante lui demande, pour qu'il continuât son histoire : « Eh bien ! *l'autre*, qu'a-t-il fait ? », car elle ne voulait point « nommer l'amour ». Si bien que « depuis, on ne parla plus que de *l'autre*, et l'amour fut banni des conversations de la princesse aussi bien que de son cœur ». Culture, lecture, connaissance des langues étrangères modernes, goût des conversations galantes et refus de la galanterie amoureuse, bannissement de l'amour et même de son nom, et sur le tout un mot de langage codé, tout semble désigner la princesse de Paphlagonie comme une précieuse modèle. Selon Mademoiselle, il n'en est rien.

Devenue reine par la mort de son père, la jeune fille retourne régner paisiblement dans ses États. Elle y est troublée par la guerre que lui fait une cabale de Thraciniennes ou « dames de campagne ». Ce sont elles, selon la clé, qui sont les précieuses, poussées par « une certaine marchande, qui avait épousé par amour un soldat estropié ». Elle s'était naguère introduite chez la reine des Amazones dans le sillage de Gélatille (Mme de Fiesque), qui s'en était entichée. À la reine de Paphlagonie (Mlle de Vandy) s'oppose donc, dans le roman de Mademoiselle, la « dame sans nom » (Mme de Frontenac), soutenue par les « dames de campagne » (Mlles d'Aumale et d'Haucourt). « Ces dames, écrit-elle, avaient de l'esprit, mais l'âge et leurs déplaisirs avaient tout à fait terni ce que la nature leur avait donné de beauté, dont elles étaient bien fâchées, ne sachant par où se faire valoir. » Autrement dit, elles étaient laides, sans dot et sans appui dans le monde.

« Elles avaient quelque chose d'agréable dans la conversation, continue Mademoiselle, car elles étaient fort railleuses, et cela plaît quelquefois, de sorte qu'elles attiraient du monde chez elles, se faisant aimer de peu et haïr de beaucoup. Voilà la manière dont elles se firent connaître. Elles avaient de la vertu, mais elles croyaient qu'il n'appartenait pas à d'autres d'en avoir, et elles méprisaient toutes celles qui en avaient, leur imaginant des défauts si elles n'en avaient pas, ou les exagérant pour peu qu'elles en eussent. Enfin, elles critiquaient tout le monde, et on leur rendait la pareille. » Dans ce portrait de précieuses, qui avaient été ses amies, Mademoiselle ne donne aucune part aux préoccupations intellectuelles, si importantes chez l'abbé de Pure. Ce sont seulement des femmes d'esprit, qui le dépensent en railleries. Faisant de nécessité vertu plutôt qu'elles ne sont vertueuses, elles ne sont hostiles au mariage que faute de prétendants. Ce sont des femmes aigries, qui se cachent leur échec en censurant les autres. Elles n'ont ni la naïveté, ni l'enthousiasme, ni la générosité des héroïnes de l'abbé de Pure. On les sent enfermées dans d'étroites rivalités féminines.

Curieusement, ces querelles quasi domestiques remontent jusqu'au « ministre du roi de Thrace », c'est-à-dire l'abbé Foucquet, frère du surintendant, qui dirigeait une sorte de police parallèle, au service du cardinal Mazarin. La « dame sans nom » et les « dames de campagne » cherchent son appui pour faire la guerre à la reine de Paphlagonie. « Mais leur dessein ayant été divulgué, le bruit en vint jusqu'à la reine des Amazones », qui intervient directement auprès du roi de Thrace (autrement dit, du roi de France) pour se plaindre des agissements du ministre et de Gélatille. Nouvellement réconciliée avec le roi de Thrace, la reine des

Amazones obtient satisfaction, et tout rentre dans l'ordre. D'où l'on pourrait conclure, s'il ne s'agissait d'un roman, que l'abbé Foucquet, célèbre par ses frasques (le récit de Mademoiselle lui prête un « sérail » gouverné par Gélatille), protégeait les précieuses que la vertueuse Grande Mademoiselle pourchassait avec l'appui du roi.

À la différence de celui de l'abbé de Pure, le petit roman de Mlle de Montpensier renvoie expressément et volontairement, sous des noms fictifs, à des personnages réels, et d'ailleurs reconnaissables. C'est la première fois que cela arrive, pour les précieuses, depuis la carte de Bussy, qui n'est toujours pas publiée. Le recueil des *Divers portraits* l'a été à un petit nombre d'exemplaires, mais il l'a été aussitôt écrit, bientôt suivi d'une contrefaçon qui répandra largement la satire des précieuses. *La Princesse de Paphlagonie* connaîtra elle aussi l'impression, contribuant à divulguer, avec la caution d'une grande princesse, une image négative de celles qu'elle attaque. La princesse exprime surtout ses fantasmes, et les traits qu'elle prête à ses personnages appauvrissent singulièrement le portrait de ce que serait la précieuse. Entre le foisonnement contradictoire de *La Précieuse* de l'abbé de Pure et les maigres centres d'intérêt des railleuses « dames de campagne », comment décider de ce qu'a été au vrai la préciosité ?

Désormais, le ton est donné, et les précieuses sont maintenant à la mode et des objets de satire. Peut-être composée antérieurement, mais publiée seulement en 1659, *La Déroute des précieuses* est, comme l'indique son sous-titre, une « Mascarade », une mascarade à six entrées. La première exprime la colère de l'amour, dont « le pouvoir qu'il avait eu jusques ici sur les cœurs commençait de diminuer depuis que les précieuses s'étaient introduites dans les compagnies, d'où elles avaient résolu de le bannir entièrement ». Ses fidèles lui conseillent de discréditer ses ennemies en « dépeignant dans un almanach leurs figures grotesques et leurs belles occupations ». Aussitôt fait. Dans la deuxième entrée, des colporteurs débitent cet almanach, qui remporte un succès fulgurant. *La Déroute des précieuses*, mascarade partiellement fictive (elle n'a jamais été jouée), témoigne une fois de plus de la place que tient la mystification chez tous ceux qui ont parlé des précieuses, et de leur goût affirmé pour les titres d'œuvres imaginaires. Il n'y avait, et il n'y aura pas d'Almanach des précieuses.

La troisième entrée montre le dépit de celles qui croyaient leur triomphe établi. « Lorsque nous commencions d'établir notre empire,/ Qu'on recevait nos lois ainsi que nos beaux mots,/ Tout d'un coup contre nous paraît une satire,/ Et partout l'on nous donne le dos. » Non contentes de refuser l'amour, les précieuses auraient voulu réglementer le langage. L'entrée suivante dénonce leur tyrannie sur les sentiments et sur leur expression littéraire : « Précieuses, vos maximes/ Renversent tous nos plaisirs./ Vous faites passer pour crimes/ Les plus innocents désirs./ Votre erreur est sans égale./ Quoi, ne verrons-nous jamais/ L'amour et votre cabale/ Faire un bon traité de paix ? » Puis : « Que les auteurs ont eu de mal/ Tandis que ces vieilles pucelles/ Ont régenté dans les ruelles » : ils n'osaient « mettre au jour/ Ni stance ni rondeau sur le sujet d'amour ».

Tout est heureusement changé, et les galants triomphent dans la dernière entrée. « On n'entendra plus que fleurettes/ Et chacun criera à son tour :/ Vive l'amour et les coquettes !/ Tous les galants sont de retour. » Dans cette version, les précieuses ne se contentent pas de bannir l'amour, elles refusent le « sujet d'amour », comme la prétendue non précieuse demoiselle de Vandy. La plupart de leurs peintres en ont au contraire fait un thème privilégié des conversations qu'elles président et des poésies galantes qui se débitent chez elles. Pour finir la Mascarade, l'amour triomphe sous toutes ses formes devant les précieuses consternées de voir que personne ne prend leur défense : il triomphe en dehors du mariage, avec les galants et les coquettes, et dans le mariage aussi, puisque l'hymen, « voyant qu'on avait banni les prudes, saute de joie à l'idée que ses autels vont être de nouveau fréquentés ». On chante partout : « Vive le dieu d'Amour et celui d'Hyménée ! »

Comme dans les portraits satiriques qu'en a faits Mlle de Montpensier, les précieuses de la Mascarade sont laides et âgées ; ce sont de « vieilles pucelles », autrement dit des laissées-pour-compte. Elles ont voulu mettre de la sévérité dans l'amour. Ce sont « des jansénistes nouvelles » qui « veulent tout réformer ». Les austérités de Port-Royal étaient à la mode dans les milieux mondains. L'abbé de Pure l'a rappelé en faisant allusion aux attaques de Pascal contre la morale relâchée qui se débitaient dans les *Provinciales* en même temps qu'il écrivait son livre. Et il a d'une certaine façon préparé, à la fin du troisième volume de sa *Précieuse*, la définition donnée dans la Mascarade.

Gélasire y soutient que « la précieuse ne donne pas l'exclusion aux mâles, mais comme l'autour a un nom différent du tiercelet, aussi le mâle des précieuses s'appelle janséniste, qui est un galant spirituel et ferme, et qui, outre mille bonheurs qu'il a sur ses rivaux, s'est encore acquis, par ses propres adresses, une si haute réputation qu'il n'est point de caractère d'esprit plus noble ni plus délicat, et que la plupart du monde aujourd'hui, par la pure ambition d'avoir quelque rang parmi les beaux esprits, se pique d'être de ce nombre élevé et d'en débiter les sentiments ». Curieuse définition des jansénistes, qui convient assez bien au Pascal des *Provinciales*, mais nullement aux doctes disciples de saint Augustin, dont l'abbé ne retient que l'entêtement à vouloir être les meilleurs intellectuels du temps.

La définition des précieuses comme des « jansénistes de l'amour », dont on a plus tard faussement prêté l'invention à Ninon de Lenclos, était dans l'air. On la trouve dans une lettre de Scarron à Marigny, du 8 mai 1659. Le poète y annonce à son ami comment il commencera le prochain volume de son *Roman comique* (il mourra peu après, sans l'avoir écrit) : « Il n'y avait point encore de précieuses dans le monde, et ces jansénistes d'amour n'avaient point encore commencé à mépriser le genre humain. On n'avait point encore entendu parler du *trait des traits*, du *dernier doux* et du *dernier désobligeant* quand le petit Ragotin, etc. » Les précieuses apparaissent ici comme une malencontreuse nouveauté, des railleuses et des dédaigneuses, des façonnières au langage recherché, des femmes qui compliquent l'amour. Ces critiques semblent désormais l'emporter, chez ceux qui parlent d'elles, sur les moqueries contre leurs revendications proprement féministes et leurs prétentions littéraires.

Dans son « Épître chagrine au maréchal d'Albret », écrite dans le même temps que sa lettre à Marigny, Scarron n'accorde que quelques vers aux précieuses, parmi beaucoup d'autres sujets de se chagriner : « Mais revenons aux Fâcheux et Fâcheuses/ Au rang de qui je mets les Précieuses,/ Fausses s'entend, et de qui tout le bon/ Est seulement un langage, un jargon/ Un parler gras, plusieurs sottes manières/ Et qui ne sont enfin que façonnières,/ Et ne sont pas Précieuses de prix,/ Comme il en est deux ou trois dans Paris/ Que l'on respecte autant que des Princesses./ Mais elles font quantité de singesses,/ Et l'on peut dire avecque vérité/ Que leur modèle en a beaucoup gâté. » Scarron réduit la préciosité ordinaire à une façon de parler et de prononcer jointe à un comportement maniéré. En somme, une forme de snobisme. C'est peu.

Plus curieusement, dans ce texte public, le poète satirique fait une distinction qu'il n'avait pas songé à faire dans sa lettre privée à Marigny. À la foule des précieuses ridicules, il oppose le caractère hautement respectable de quelques très rares vraies précieuses, dont celles qui surabondent ne sont que des contrefaçons insup-

portables. On pourrait en conclure que la préciosité est un snobisme d'imitation. Mais on ne voit guère quels seraient les originaux positifs de si pauvres contrefaçons. Il s'agit plus probablement, dans un texte destiné à la publication, d'une précaution du
poète. Si d'aventure deux ou trois personnes de haut rang se
reconnaissaient dans son rapide portrait des précieuses, il va de
soi que le prix qu'elles tiennent de leur situation sociale leur ôterait
tout ridicule.

Saint-Évremond, dans un texte difficile à dater, a repris la comparaison des précieuses et des jansénistes. « On parle depuis peu
de certaine ruelle », lit-on dans le *Cercle*, où tout le monde, et
particulièrement les femmes, « viennent prendre séance en l'école
d'amour ». Ces femmes, comme souvent, sont réparties en catégories : les prudes, les insensibles, la « coquette », la « solide »,
l' « intrigueuse » et, pour finir, la « précieuse », qui occupe à elle
seule la moitié d'un texte assez court. On la voit, retirée « dans
un lieu plus secret », occupée « aux leçons de morale amoureuse ».
« C'est là, dit Saint-Évremond, que l'on distingue les fiertés et les
rigueurs, les dédains et les mépris, les tourments et les langueurs. »
Bref, on s'y intéresse à la théorie amoureuse et aux nuances de la
pensée et de la langue.

Une « chère », dans un coin, regrette que la séance soit déjà
finie. « J'avais, dit-elle, à proposer un nouveau sentiment/ Du
mérite parfait que se donne un amant. » La précieuse de Saint-
Évremond est friande de questions d'amour, semblable en cela à
la plupart des mondaines. Son zèle sur ce point ne l'empêche pas
de mépriser la foule, car elle se pique d'appartenir à la rare élite
de celles qui savent « ce que c'est que d'aimer ». On est loin des
portraits complexes des insaisissables précieuses de l'abbé de
Pure. Plus on parle d'elles, plus l'image qu'on en donne s'appau-
vrit.

À son poème, Saint-Évremond a joint un commentaire en prose,
dans lequel il prétend répondre à la question : qu'est-ce qu'une
précieuse ? « On dit un jour à la reine de Suède [la fameuse
Christine] que les précieuses étaient les jansénistes de l'amour, et
la définition ne lui déplut pas. » Elles feraient en effet de l'amour
« une espèce de religion » (Saint-Évremond devrait dire une
espèce de théologie) tout intellectuelle, car il « n'excite pas de
passion dans leurs âmes ». Ces subtilités, qui n'engagent pas les
cœurs, ont tôt fait de devenir ridicules. Rares sont celles qui y
échappent : « Le corps des précieuses, conclut-il, n'est autre chose
que l'union d'un petit nombre de personnes, où quelques-unes

véritablement délicates ont jeté les autres dans une affectation de délicatesse ridicule. »

Saint-Évremond parle à peine des « façons » et du « parler » des précieuses, seuls sujets de l'« Épître chagrine ». Scarron ne parle pas de l'intérêt des précieuses pour les questions d'amour, dont Saint-Évremond traite presque uniquement. Le poète satirique évoque « quantité de singesses », là où l'auteur du *Cercle* ne voit qu'un groupe où vraies et fausses précieuses ne font qu'un « petit nombre de personnes ». Finalement, Saint-Évremond lance un trait piquant : « Si vous voulez savoir en quoi les précieuses font consister leur plus grand mérite, je vous dirai que c'est à aimer tendrement leurs amants sans jouissance, et à jouir solidement de leurs maris avec aversion. » On est loin de l'image des précieuses refusant tout plaisir charnel, et par suite refusant de se marier ou exigeant la séparation de corps. On est loin aussi de la conversation chez Eulalie, où les précieuses, bien que mal mariées, se déniaient le droit d'avoir la moindre pensée d'amour, même pour ceux qu'elles auraient pu aimer chastement avant leur mariage.

De ces quelques attaques contre les précieuses, il ne faudrait pas conclure qu'elles occupent le devant de la scène, qu'on ne parle que d'elles, qu'elles sont clairement définies et identifiées. Publié le 2 juillet 1659, *Le Portrait de la Coquette* de Félix de Juvenel montre tout le contraire. Comme dans la *Relation du royaume de Coquetterie* dressée par l'abbé d'Aubignac en 1654, les précieuses ne sont chez Juvenel qu'une variété des coquettes, ou plutôt une forme dégradée des coquettes auxquelles il a choisi de donner la vedette dans son titre. Ce sont des coquettes vieillies, des ancêtres de la future Arsinoé de Molière. Elles « ne renoncent pas, dit l'auteur, à toutes sortes de moyens de donner de l'amour, elles changent seulement de batterie. Au lieu d'employer leurs soins pour paraître des Vénus, elles font ce qu'elles peuvent pour paraître des Pallas, mais ce sont des Pallas trompeuses, dont la science ne consiste que dans l'invention ou dans la réforme de quelques mots ». Avec ce portrait, qui pourrait à la rigueur convenir à Mme de Longueville, mais sûrement pas aux demoiselles d'Aumale, on est aux antipodes des féministes de l'abbé de Pure, avides de culture et de liberté.

Avec un achevé d'imprimer du 10 novembre, jour de la première représentation des *Précieuses ridicules*, paraît un nouvel ouvrage de l'abbé d'Aubignac, une *Lettre d'Ariste à Cléonte, contenant l'apologie de l'Histoire du temps, ou la Défense du royaume de*

Coquetterie. L'auteur y soutient que la Carte de Tendre, où on voit seulement « quatre villes, trois rivières, deux mers, un lac et trente petits villages », n'est rien auprès de la vaste étendue et des divers établissements de son propre royaume de Coquetterie. « Non, non, conclut-il, la Coquetterie n'est point la fille de Tendre, elle est bien plus âgée que lui. » Tout à sa rivalité avec Mlle de Scudéry (à laquelle il ne manque cependant pas d'exprimer poliment ses respects) sur la priorité de leurs cartes respectives, l'abbé d'Aubignac se désintéresse totalement des précieuses, dont il ne dit pas le moindre mot. C'est seulement en 1663, dans *Macarise ou la Reine des îles Infortunées,* que d'Aubignac s'en prendra aux expressions « extravagantes » des précieuses, qui se trouvent déjà dans Molière. Signe qu'à la veille des *Précieuses ridicules*, malgré l'intérêt qu'elles suscitent, dont témoignent quelques publications satiriques, les précieuses sont loin de mobiliser toute l'attention, même chez des auteurs qui se sont attachés à des sujets voisins.

Chapitre 15

Des précieuses sans ridicule...

D'avril 1654, première date où le mot « précieux » apparaît comme nom pour désigner des personnes, jusqu'à la pièce de Molière à la fin de 1659, on connaît actuellement quarante textes où le mot « précieux » figure comme nom ou comme adjectif définissant un groupe (« cercle précieux », par exemple). Leur longueur est très inégale : trente et un textes ne dépassent pas les deux, trois ou quatre lignes, cinq font une page ou deux. *Le Portrait* et *La Déroute des précieuses* vont de trois à cinq pages. S'y ajoutent les quatre tomes de l'abbé de Pure, exception disproportionnée, sans laquelle les précieuses n'apparaîtraient que dans l'équivalent d'une douzaine de pages disparates, où il n'y a aucune homogénéité de forme ni de contenu. Quoi de commun entre les longs développements de l'abbé de Pure, les rapides allusions des gazettes, les portraits express de Bussy, les facéties de l'*Avis au public* ou de la « Loterie » de Sorel, des vers de chansons, les détails d'une « historiette », et les descriptions satiriques de Mlle de Montpensier ?

Rien de plus faux que l'opinion reçue, selon laquelle les précieuses ont été blâmées d'emblée et toujours ridicules. En fait, toutes sources confondues, le mot « précieuse » garde un sens favorable dans près de la moitié des cas, dix-neuf textes, contre seize où il présente un sens défavorable, et cinq (dont le roman de l'abbé de Pure) où il est ambigu ou indifférent. Il est donc tout à fait inexact de dire qu'on ne parle des précieuses que sur le mode satirique, et plus encore de le poser en principe d'explication de leur personnage.

À elles seules, sous la plume de Loret et de Robinet, les gazettes contiennent quatorze textes, plus d'un tiers du total, tous extrêmement flatteurs. Fait capital, car ce sont ces louanges, très largement répandues dans le public, qui correspondent à l'opinion générale, qu'ils reflètent et modèlent en même temps. Les femmes qui avaient la chance d'être nommées précieuses dans les gazettes s'y trouvaient en excellente compagnie. Ces « précieuses de la cour » – de la cour telle qu'elle s'était reconstituée après la Fronde – en étaient les « vedettes ». On y trouve quatre des nièces de Mazarin et la plupart des filles d'honneur de la reine. On y trouve Mme de Motteville, sa femme de chambre et favorite, et quelques grands noms de la haute noblesse, comme Anne de Gonzague, princesse palatine, ou la duchesse de Nemours, née Orléans-Longueville. Dans les gazettes, l'appellation de précieuse est le plus souvent (dans dix textes sur quatorze) liée à l'idée de noblesse, de jeunesse, de beauté et de fête. On ne voit pas ces précieuses-là repoussant les galants un livre à la main, mais en train de danser. Ce sont des jeunes filles ou des jeunes femmes qui aiment les plaisirs. Elles sont loin d'être toutes d'une vertu irréprochable. Si quelques-unes sont cultivées, aucune n'est une pure intellectuelle, aucune n'affiche de prétention littéraire. C'est après la mort de la reine que Mme de Motteville écrira ses *Mémoires*, pour témoigner. La duchesse de Nemours ne racontera la Fronde qu'un demi-siècle après les événements.

On doit à une thèse récente de connaître l'existence de ces « précieuses de la cour », retrouvées grâce à leur présence répétitive dans la presse du temps. L'erreur est d'en avoir déduit l'« allégeance » du « phénomène précieux » au premier ministre restauré, le cardinal Mazarin, et d'en conclure à une disqualification d'origine politique des précieuses, liée à un prétendu rejet du pouvoir des femmes après la Fronde. Il paraît, dit-on, « significatif que les premières attaques contre les précieuses datent de 1654, l'année même du sacre de Louis XIV : la régence prend fin. Il va falloir remettre à leur place les femmes devenues vraiment trop remuantes, avec leurs prétentions à mettre en cause l'ancienne suprématie des "doctes" ».

Singulières confusions. De l'examen attentif, dans leur ordre chronologique, des textes qui parlent des précieuses à partir de 1654, il résulte clairement qu'il n'y a pas eu à cette date, ni après, de « phénomène précieux ». Point de rupture non plus dans l'exercice du pouvoir avec le sacre du roi. Il demeure aux mains d'un homme, Mazarin, auquel la reine l'a solidement restitué. Et si certaines femmes revendiquent le droit de penser et particulièrement celui de juger les œuvres littéraires, cela n'inquiète pas le ministre, qui n'a que faire des « doctes » et ne se soucie guère des écrivains. Sur la question de savoir si les femmes ont ou non le droit de juger les œuvres littéraires et même d'en écrire, le littéraire n'interfère pas encore avec le politique, mais (seulement !) avec la morale et la religion.

De la découverte de l'existence des « précieuses de la cour », auxquelles les gazettes ne prêtent aucune revendication intellectuelle même si certaines, parfois, ont été cultivées, résulte le contraire de ce qu'on a cru pouvoir en déduire : la faveur de l'opinion pour de jeunes femmes brillantes, qui contribuent à donner à la cour un éclat qu'elle doit à la paix retrouvée, à la plus grande satisfaction du jeune roi. Ces « précieuses » sont ses partenaires.

Il n'y a, dans les gazettes, que deux textes qui parlent de l'esprit des précieuses, et il n'y est pas question de « précieuses de cour ». Robinet vante la maréchale de Guébriant pour son « talent » de « s'exprimer fort galamment » dans la conversation, félicitant Mlle de Marans, qu'il montre près d'elle, de savoir « débiter plusieurs belles choses,/ Même des vers doux et coulants,/ Et pleins de grâce et de bon sens,/ Qu'elle a faits comme une muse,/ Car en ce noble art, elle s'amuse ». Autour de Mme de Guébriant, nettement plus âgée que les personnes citées dans le « cercle précieux » de la reine (elle est née en 1600), se trouvent quelques jeunes filles ou femmes brillantes, « précieuses officieuses » qui savent converser agréablement et qui sont même, à l'occasion, capables d'écrire avec agrément et facilité. Pour le gazetier comme pour ses lecteurs, ces pratiques n'ont rien de ridicule, au contraire. Et c'est pareillement pour la mettre en valeur que Robinet loue une provinciale, Mlle Bérenger, qui n'est pas autrement connue, de savoir plusieurs langues. On peut donc mériter d'être appelée « précieuse » de plusieurs façons, par la voie royale de l'appartenance à l'entourage immédiat de la reine, mais aussi, plus rarement, par des qualités d'esprit et de culture qui peuvent se trouver partout, même en province. Signe du caractère positif que les gazettes attachent à cette qualification, elles n'hésitent pas à donner des noms : dix-neuf en tout.

Dans les vingt-six autres sources où figure le mot « précieux » dans la période considérée, on ne trouve que douze noms, dont deux sont communs (Mlle d'Estrées et Mme d'Olonne, ancienne demoiselle de La Louppe). Au total, sur les trente personnes nommément désignées comme « précieuses » il n'y en a que neuf, dans quatre textes, qui le sont de façon négative, dont une figure d'autre part favorablement parmi les précieuses de la cour (Mme d'Olonne), et deux (Mlle de Rambouillet et sa sœur) de façon mitigée chez Tallemant. Cet inventaire permet de redresser les idées reçues : au moins jusqu'à la pièce de Molière, il n'était pas toujours ridicule ou infamant d'être appelée précieuse, au contraire.

Indépendamment des gazettes, trois personnes seulement sont louées d'être précieuses dans trois textes de genres différents. Mlle d'Estrées l'est par Benserade, en 1654, la première fois où le mot est employé comme nom, dans un ballet de cour. De même nature que celui que lui décerne un peu plus tard Loret, cet éloge la place au premier rang des « précieuses de la cour ».

Mme de La Fayette n'est au contraire appelée « précieuse » que dans des textes privés, lettres ou mémoires. Cela correspond parfaitement à son statut. Contrairement à ce qu'on dit souvent, la comtesse n'a en effet jamais fait partie des « précieuses de la cour ». Même si elle a pris une ou deux fois le titre de « fille d'honneur de la reine », elle ne l'a été qu'à titre honorifique, n'a jamais exercé cette fonction et n'en a eu ni les privilèges ni les prérogatives. C'est seulement après le mariage d'Henriette d'Angleterre, son amie, en 1660, avec le frère du roi qu'elle aura à la cour des entrées épisodiques, ne reposant que sur la faveur de la princesse. Elle n'a pas non plus fait partie de l'entourage de Mademoiselle, qu'elle ne va pas voir à Saint-Fargeau, malgré leur relative proximité pendant son séjour en Auvergne. De son retour à Paris, vers le début de 1658, à la pièce de Molière, elle continue de devoir aux poèmes de Ménage une notoriété que renforce l'amicale fréquentation de quelques savants qui savent mêler la galanterie au savoir. Si elle est apparue comme précieuse hors pair, c'est d'une préciosité à part, celle qu'admirent les frères Villers, celle des femmes d'esprit, fondée sur la vivacité de l'intelligence et le brillant de la conversation.

Mlle de Scudéry est la troisième femme désignée positivement comme précieuse dans la catégorie considérée. Ce n'est pas en effet dans une gazette, mais par jeu, dans une parodie de gazette, qu'elle est louée en 1657 d'être la « reine des précieuses ». Étonnante confusion, qui rappelle que les divisions les plus claires ne sont pas forcément perçues clairement par les contemporains. La romancière a pris le soin de se présenter elle-même comme la

reine de Tendre, et elle prône dans son œuvre la galanterie littéraire. À la différence de toutes les autres femmes désignées comme
précieuses en bien ou en mal, elle a une doctrine sentimentale et
esthétique précise et affirmée, et ses romans pour la diffuser.
Depuis 1657, elle a plus encore : le soutien actif de son ami
Pellisson, devenu secrétaire de Foucquet, dont elle partage l'affection et les idées. Libre au public de la louer ou de la critiquer en
l'appelant « précieuse », libre bientôt à Molière de créer et d'entretenir pour toujours la confusion. C'est à sa notoriété et à sa gloire
littéraire qu'elle doit d'avoir été prise pour cible, non à une prétendue préciosité, dont elle a au contraire combattu les défauts
qu'on lui prête. Reste qu'en 1657 encore, on croyait l'honorer en
lui attribuant l'insaisissable royaume de la préciosité.

En fait, jusqu'en 1658, il n'y a qu'un seul texte où des femmes
nommément désignées comme précieuses sont présentées de façon
satirique, la *Carte du pays de Braquerie*. Dans ce texte qui relève
de la verve gauloise, Bussy s'est amusé à mettre ensemble sur la
rivière Précieuse des portraits satiriques de femmes réputées sages
et de femmes perdues de réputation. Sa carte n'est qu'un jeu, où
il parodie celle de Maulévrier et la Carte de Tendre. Il n'a rien de
particulier contre les précieuses. Il donne pour nom à l'une des
rivières du pays un mot qui commence à être à la mode et y place
quatre portraits de femmes, comme il en met beaucoup d'autres
en divers lieux de sa géographie fantaisiste. La morale de l'histoire, c'est que toutes les femmes, même celles qui veulent en
paraître les plus éloignées, sont intéressées par la « braquerie »,
autrement dit par ce que contiennent les braguettes. Vieux thème
maintes fois répété, qui reflète à la fois le désir des hommes d'avoir
toujours des partenaires disponibles, et leur peur de ne pas être à
la hauteur.

À la différence de Bussy, Mlle de Montpensier s'est personnellement impliquée dans la disqualification des précieuses, revenant
à trois reprises sur le même sujet. C'est dans sa *Princesse de
Paphlagonie*, en 1659, que se trouvent, selon la clé, nommément
mises en cause trois personnes (Mme de Frontenac, Mlle d'Aumale,
Mlle d'Haucourt). Mécontente de leur conduite à Saint-Fargeau,
la princesse les appelle « précieuses » par vengeance, tandis que,
pour la provoquer, une chanson désigne comme telle Mlle de
Vandy, sa préférée, qu'elle voudrait protéger de ce ridicule. Ce
roman prolonge le portrait où elle avait, l'année précédente,
dénoncé sans révéler leur identité plusieurs femmes de son ancien
entourage. À l'opposé des prestigieuses « précieuses de la cour »,

il y a eu, provenant de chez Mademoiselle, mais en froid avec elle, quelques dames ou demoiselles qu'elle a tenté de disqualifier en les traitant de précieuses, contribuant de tout son poids de « petite-fille de France » à dévaloriser une appellation jusqu'alors largement positive.

En fait, la princesse renie par dépit ce qu'elle a d'abord adoré. S'il est un groupe de femmes qui ont vécu entre femmes, refermées sur elles-mêmes, c'est la poignée de fidèles qui l'ont accompagnée dans son exil après l'échec de la Fronde. C'est là qu'on a pensé se passer de l'amour des hommes, et même de leur compagnie. À la gauloiserie des pseudo-précieuses de Bussy et à la sexualité goulue des femmes de son royaume de Braquerie s'opposent les effarouchements des demoiselles d'Aumale et de Vandy, voire de Mademoiselle elle-même, vierges prolongées, les jalousies et les tendresses de femmes frustrées ou satisfaites de vivre quasi sans hommes, du moins de leur condition. À Saint-Fargeau, la princesse compense l'absence des plaisirs de la cour en se comportant en intellectuelle, se plaisant à converser avec les femmes qui l'entourent, comme fait la princesse Aurélie avec ses quatre amies dans l'isolement du château des Quatre Tours des *Nouvelles françaises* de Segrais, qu'elle a personnellement inspirées. C'est alors, pour tromper son ennui, qu'elle commence à écrire ses *Mémoires*. Rentrée à Paris tardivement, en 1657, elle refuse de se réconcilier avec ses anciennes amies, qu'elle s'acharne à ridiculiser.

Pour cela, elle dénonce l'existence d'une « secte » de femmes que se plaisent à railler « ceux qui ont l'autorité » de se moquer « impunément de qui il leur plaît ». Il y aurait donc des précieuses inattaquables, sauf par des personnages haut placés (comme elle). On songe aux « précieuses de la cour ». Mais la princesse, à peine rentrée en grâce, ne saurait s'en prendre à celles que vantent les gazettes et que personne ne songerait alors à « désapprouver ». Jeunes et belles, ces précieuses, qui ne forment pas une « secte », n'ont rien de commun avec les précieuses laides et vouées au célibat (telles ses anciennes amies de Saint-Fargeau...) décrites par la princesse dans son « Portrait des précieuses ». Fait surprenant, malgré son rang, qui lui permettrait d'attaquer les inattaquables qu'elle dénonce en général, Mademoiselle n'y désigne personne nommément, et dans sa *Princesse de Paphlagonie* comme plus tard dans ses *Mémoires*, elle n'a mis en cause nulle femme d'importance. Sa virulente attaque contre une « secte » qui n'existe pas est un leurre. Mademoiselle a voulu cacher que son prétendu portrait collectif ne s'en prend qu'à quelques anciennes

amies (reconnaissables), dont elle a partagé les idées et les manières, et que s'il y a eu des précieuses, elle en a été le modèle...

Le troisième et dernier texte qui présente nommément des
précieuses de façon négative est d'un tout autre genre. C'est une
chanson – une chanson qui reprend un couplet de la *Déroute des
précieuses* en y incluant les noms de deux précieuses notoires,
Mlle de Rambouillet et son amie d'Aumale. Comme dans la
mascarade, il n'y a dans ce texte plus burlesque que descriptif
aucune acrimonie contre elles. L'auteur y reprend, dans l'esprit
gaulois qui animait le Bussy de la *Carte du pays de Braquerie*,
l'idée qu'une femme a toujours tort de ne pas se soumettre à
l'amour, confondu avec le désir des hommes. C'est aussi l'idée
qui sous-tend le texte de Tallemant des Réaux où les deux mêmes
précieuses apparaissent, à titre de personnages secondaires, dans
l'histoire de Langey et du congrès qu'il a dû subir. Au total, de
1654 à 1659, la critique des précieuses nommément désignées
reste rare et, sauf chez Mademoiselle, plutôt ludique que satirique.
Sans poser de problème de fond, elle ressortit au ricanement
conventionnel des mâles devant des filles qui prétendent demeurer
pucelles.

Mademoiselle, qui prétend ne pas aimer les précieuses, igno-
rait-elle que Mme de La Fayette en était un spécimen « de la plus
grande volée » quand elle lui a demandé, dans le temps qu'elles
revenaient toutes deux d'un exil provincial, d'écrire pour ses
Divers Portraits celui de Mme de Sévigné ? Faut-il y voir le signe
que la marquise peut elle aussi être embrigadée parmi les précieuses aux côtés de sa meilleure amie ? On l'a fait de nos jours, mais
aucun de ses contemporains ne s'y est risqué. La jeune veuve, qui
aime dévorer la vie à pleines dents, est d'une gaillardise de langage
qui cadre mal avec ce qu'on dit des effarouchements précieux.
Elle aime plaire. Elle aime être courtisée. Il est vrai qu'à l'heure
du berger, elle se réfugie, selon Bussy, parmi les prudes de sa
famille. Elle s'amuse avec ceux qui se plaisent au jeu de la galanterie sans se laisser prendre, comme son amie La Fayette, au
mirage de l'amour tendre. Feignant d'être un homme pour écrire
le portrait demandé, la comtesse n'hésite pas à y affirmer : « Vous
êtes naturellement tendre et passionnée, mais à la honte de notre
sexe, cette tendresse vous a été inutile, et vous l'avez renfermée
dans le vôtre en la donnant à Mme de La Fayette. »

Ce refus de l'amour des hommes (et de ses dangereuses conséquences pour la beauté et la santé), au profit de tendresses de
femmes (ou d'abbés réputés inoffensifs), sans que soient toutefois

proscrites toutes les formes de la sensualité, est peut-être une pierre de touche. La préciosité ? une affaire de quelques lesbiennes plus ou moins conscientes, plus ou moins refoulées... Ou du moins une affaire de femmes mal mariées ou qui ont eu peur du mariage, et qui compenseraient cet échec dans des amitiés tendres. Précieuses de cour mises à part, parmi les femmes qui ont été de près ou de loin citées comme précieuses par leurs contemporains, beaucoup (mais pas toutes) sont restées filles, ou bien ont retardé le plus possible le moment de se marier, ou bien ont vécu séparées de leur mari, ou encore sont demeurées veuves. En cela différentes de Cathos et de Magdelon, qui acceptent le mariage, à condition qu'il soit précédé d'un roman d'amour. Selon le modèle qu'elles ont cru découvrir chez Mlle de Scudéry au royaume de Tendre.

Mais à trop insister sur la frustration sexuelle et sur les traumatismes qui en seraient résultés chez les précieuses, on risque de tomber dans la caricature. Et surtout d'oublier que les précieuses, selon l'abbé de Pure et plusieurs autres, sont aussi ou d'abord des intellectuelles, désireuses de participer activement à la vie culturelle de leur temps. On peut diagnostiquer cela comme une conduite de compensation : frustrées dans leur vie conjugale, ces dames se réfugient dans la vie de l'esprit. Mais c'est plus probablement le contraire : la frustration sexuelle résulte de l'aspiration contrariée des femmes à la vie de l'esprit. Comment une jeune fille intelligente et admirée par les intellectuels de son entourage ne se sentirait-elle pas menacée et inhibée par un mariage dans lequel elle devra, à ce qu'on lui répète, se consacrer entièrement à la vie domestique, aux désirs de son mari, à l'éducation de ses enfants ? Tenir un cercle, recevoir des poètes, juger des œuvres littéraires n'est pas alors, pour une femme mariée, une conduite indifférente, un droit acquis, une façon de faire habituelle. Selon la coutume, l'usage et les idées préconçues, c'est une extravagance, ou du moins une conduite d'exception. Toute personne du sexe féminin qui a eu la chance d'être initiée à la vie de l'esprit est, dans ces conditions, condamnée d'avance à se trouver en révolte contre les normes de la vie conjugale, et par là même à se trouver entachée de préciosité.

Ce qui définit peut-être le mieux la précieuse, c'est l'ascendant pris sur l'esprit d'une jeune fille ou d'une femme par un poète familier selon le schéma décrit par l'abbé de Pure dans « La Précieuse », comédie fictive résumée dans le troisième volume de son roman. C'est Voiture auprès de Julie d'Angennes et Ménage auprès de Mme de La Fayette. C'est Montplaisir auprès de la comtesse de La Suze. C'est, avec des nuances, Segrais auprès de Mlle de Montpensier. Quand on a goûté cela, peut-on, pour un mari, renoncer sans révolte aux délices de l'esprit ? Peut-on effectivement concilier vie intellectuelle et vie conjugale ? Graves questions qui transformaient d'avance et involontairement en précieuses, aux yeux de la majorité des hommes, toutes celles qui avaient eu la chance, ou plutôt la malchance, de n'avoir pas été formées dans le moule traditionnel. À ce compte, des précieuses ont surgi partout, et sont par conséquent impossibles à délimiter.

C'est pourquoi Tallemant, qui annonce à deux reprises une histoire des précieuses, s'est trouvé dans l'incapacité de la conter. Les quelques femmes que les contemporains ont expressément considérées comme précieuses étaient trop peu nombreuses, trop diverses, trop disparates, trop inclassables. Quoi de commun entre des femmes libérées, comme Mmes de Longueville et de Châtillon, auxquelles le sexe n'a jamais fait peur, sauf à craindre les conséquences effectives des plaisirs de l'amour, et les pucelles endurcies ou les demoiselles tardivement mariées de l'entourage de Mademoiselle ? Quoi de commun entre l'image que cette princesse donne des ricaneuses demoiselles d'Aumale et d'Haucourt et l'intelligent éclat des membres d'une « sotte cabale », digne de l'hôtel de Rambouillet, même finissant ? Quoi de commun entre ces femmes et une comtesse de La Fayette ? La description de la précieuse à partir de personnes en chair et en os comporte une large part d'arbitraire. Dans tous les cas, l'image est floue, variable, insaisissable. Selon celui qui parle, on peut être injuriée ou louée d'être précieuse. On ne se flatte jamais de l'être. On ne revendique jamais rien en raison de cette appartenance.

Des personnes réelles ont été effectivement désignées comme précieuses et reconnues comme telles par l'opinion. Mais leur existence n'est en rien comparable à celle de personnes ou d'un groupe de personnes qui se seraient présentées et affichées résolument comme précieuses, avec un programme défini. Affirmée par autrui et souvent sur le mode plaisant, sinon franchement satirique, l'existence des précieuses est de l'ordre de la représentation, même lorsqu'on parle de leur réalité, même quand il ne s'agit pas de purs objets littéraires. Des précieuses, vraies et fausses, ont existé aux yeux de leurs contemporains. On se trompe cependant en voulant faire d'elles une réalité sociologique, une sorte de parti cohérent, voire une cabale active. Elles ne sont que l'incarnation, dans quelques personnes disparates, des qualités intellectuelles et de la volonté de liberté que certains attribuent désormais aux femmes, ou, plus souvent, des défauts réputés féminins et des craintes masculines de voir les femmes prendre trop de pouvoir dans le domaine de la culture et du sexe.

À s'en tenir aux textes, il n'y a qu'une poignée de précieuses, qu'il est impossible de regrouper dans une catégorie unique, encore moins dans une « cabale ». On est loin des deux cent cinquante et une femmes que Somaize, faisant flèche de tout bois, placera bientôt dans son *Dictionnaire des précieuses*, au mépris de la chronologie et de la vraisemblance. Ce sont des précieuses « en idée », des précieuses imaginaires, nées de l'immense succès de la pièce de Molière. Rien de plus étonnant que de constater la disproportion entre le petit nombre des précieuses disparates dont on a pu faire l'inventaire et leur prolifération dans la critique, ainsi que le rôle écrasant qu'on leur prête, même dans les travaux les plus récents et les plus sérieux. *Les Précieuses. Naissance des femmes de lettres en France au XVIIᵉ siècle* : c'est le titre d'un gros livre paru en décembre 1999. Comme si l'existence et le statut des femmes qui ont conquis alors le droit d'écrire (et plus rarement de publier) venaient de l'action des précieuses, dont l'existence et la doctrine sont à démontrer.

« De la querelle de Job et d'Uranie à la querelle des Anciens et des Modernes, lit-on par exemple dans ce livre, les précieuses sont mêlées à la plupart des querelles littéraires qui modèlent, en un demi-siècle, le champ littéraire. » Et l'auteur d'évoquer le rôle insoupçonné des précieuses dans la querelle de l'*École des femmes* (1662) puis dans celle de *Phèdre* (1677)...

À propos de la concurrence opposant, en 1659, Boyer et Quinault, auteurs de *Fédéric* et de *Stratonice*, voici que « des précieuses fort proches de la cour » soutiennent le second : Mme Le Camus, Mme d'Oradour (sœur de Mme de Brancas) ainsi que Têtu, chevalier du guet. Pour Boyer, le voilà défendu par Mme Tallemant, la duchesse de Nemours et Chapelain. Il s'agirait, dans les deux pièces, d'évoquer la passion contrariée du roi pour Marie Mancini. Conclusion : la querelle autour des deux poètes devient la victoire, sur les précieuses « de la vieille cour », et sur l'« idéal scudérien » qu'elles partageraient, des tenants de l'irrépressible violence des passions que Quinault a célébrées pour compenser le fait qu'elles sont, dans la vie, vaincues par la raison d'État. À la grande satisfaction de Mazarin, principal acteur du rejet du mariage du roi avec la précieuse Marie Mancini. Conclusion : la querelle esthétique serait donc d'abord une querelle politique. Les « pièces mentionnées par Somaize et qui divisent la société précieuse, c'est-à-dire bon nombre de femmes les plus influentes de la Cour, sont exactement contemporaines de cette crise où se jouaient l'avenir dynastique et la fin d'une interminable guerre ». Ainsi se multiplie et prolifère, à propos de banales rivalités littéraires, devenues d'imaginaires conflits politiques, la foule des précieuses supposées partagées en sectes rivales... Et tout cela à partir de quelques pages dispersées où il est question de louer plus souvent que de blâmer une trentaine de personnes, dont quelques-unes seulement pour leurs activités intellectuelles...

Chapitre 16

Fiction et réalité

Jusqu'aux *Précieuses ridicules*, tout ce qu'on a écrit sur les précieuses forme un assez maigre corpus, dont une bonne part relève de l'imaginaire à l'état pur. C'est le cas, en 1655, de l'*Avis au public pour l'établissement de la société précieuse* et, dans le recueil de Charles Sercy en prose de 1658, du « Testament de Clyante » comme de trois des ouvrages figurant dans la liste des lots de la fictive « Loterie ou blanque nouvelle » de Charles Sorel. À cette date, « La Chronique des précieuses », « Les Précieuses Maximes des précieuses », « Le Dictionnaire des précieuses » n'existent encore qu'en imagination. Les plagiaires et continuateurs de Molière vont les écrire et les publier, donnant un contenu défini à ce qui, dans les textes de Sorel, n'était qu'un cadre imaginaire que chacun pouvait remplir au gré de sa fantaisie.

Ce caractère ouvert et indéfini de la littérature sur les précieuses se retrouve chez l'abbé de Pure. Aurélie, à la fin du troisième tome de son roman, projette un « Dictionnaire des ruelles », inventaire des « traits d'esprit, tons de voix, mouvements d'yeux et autres aimables grâces de la précieuse », utile pour « faire progrès dans les mystères de la ruelle ». Un continuateur de Molière donnera corps, juste après ses *Précieuses ridicules*, à ce qui n'était, pour le romancier, qu'un jeu autour d'un personnage fictif et du contenu (imaginaire) de son livre. Et c'est sur le projet d'un imaginaire « Ballet des précieuses » que s'interrompt l'histoire de Didascalie, la précieuse utopique du dernier volume du roman, et bientôt le roman lui-même. Cette fois encore, la fiction a précédé la réalisation : le ballet de *La Déroute des précieuses* viendra plus tard, au moment de la pièce de Molière. Aux précieuses imaginaires de l'abbé de Pure correspondent les titres d'ouvrages fictifs qu'elles mentionnent ou envisagent de faire, dont s'empareront après lui les imaginations d'auteurs qui leur donneront un contenu, par jeu ou par désir d'inscrire leur propre succès dans celui des *Précieuses ridicules*.

Si l'on s'en tient aux textes effectivement écrits de 1654 à 1659, à côté des vingt-deux textes qui parlent nommément d'une maigre poignée de précieuses, dix-huit fois sans leur être défavorables, il y en a dix-huit qui traitent des précieuses en général, sans désigner personne. Un seul le fait de façon positive, cinq – dont le roman de l'abbé de Pure – d'une manière indifférente ou ambiguë, douze de façon critique, voire fortement satirique. Curieusement, celles que l'on présente très majoritairement comme des femmes de grand mérite lorsqu'elles sont nommées se métamorphosent en ridicules caricatures quand aucune n'est citée précisément. Comme si les précieuses changeaient de nature en passant de la réalité à la représentation littéraire. Mieux encore, la connotation négative, légèrement présente dès l'origine dans les deux textes annonçant leur apparition, s'accentue avec le temps : en plus des *Précieuses ridicules*, quatre textes assez longs, tous défavorables, paraissent en 1659. Si *La Déroute des précieuses* conserve le caractère de jeu qui convient à une mascarade, les trois autres textes expriment une violente hostilité.

En 1654, dans la lettre de René-Renaud de Sévigné sur la « naissance » des précieuses, l'accent est mis d'emblée sur deux points qui n'apparaissent jamais à propos des précieuses dont les gazettes donnent les noms : leur jargon et leurs « mines ». Ces manières affectées sont mentionnées et dénoncées dans sept textes généraux. La Carte de Maulévrier parle du « port de Chuchoter », du « grand chemin de Façonnerie, qui est la capitale du royaume », et de la « montagne de Minauderie ». La lettre à Christine de Savoie évoque d'un mot les « démanchements merveilleux » des précieuses. Scarron, en 1659, parlera de « leurs sottes manières », leur reprochant d'être « façonnières ». L'abbé de Pure mentionne, mais toujours rapidement et sans en faire un thème majeur de son livre, les tons de voix et les mouvements d'yeux de ses personnages. Pour ces auteurs, il y a chez les précieuses une volonté affirmée de ne pas se comporter comme tout le monde, une volonté de distinction, qui les rend aisément ridicules.

À ces textes assez vagues s'oppose la description de Mlle de Montpensier, qui consacre un long passage de son « Portrait des précieuses » à les montrer « dans une compagnie ». Si l'une d'elles est seule de son espèce, elle bâille et se tait ou répond n'importe quoi. « S'il arrive une autre précieuse, elles se rallient ensemble et, sans songer qu'elles ne sont pas les plus fortes, elles chargent le prochain, et personne n'en est exempt, et cela fort hardiment, car ce sont des emportements à rire au nez des gens les plus insupportables du monde. » La princesse revient sur ce même comportement chaque fois qu'elle parle des précieuses. C'est celui qu'elle a reproché à ses visiteuses de Saint-Fargeau. Pour elle, les précieuses sont des femmes insolentes, moqueuses et mal élevées. La minauderie et les façonneries sont une chose ; l'impolitesse en est une autre. À supposer que les précieuses aient été des intellectuelles conscientes de leur supériorité et enclines à se moquer du monde, on peut penser qu'elles avaient aussi assez d'esprit pour savoir le cacher. Mlle de Montpensier était une grande princesse trop susceptible et trop imbue de son rang pour qu'on puisse se fier à son portrait vengeur.

Plus que les manières des précieuses, c'est leur langage qui a frappé une grande partie de ceux qui ont parlé d'elles : ce trait apparaît dans neuf textes, dont une fois seulement de façon positive chez Furetière, qui leur concède un rôle actif dans l'évolution du vocabulaire. Alors que l'abbé de Pure n'en fait, tardivement, que l'un des aspects, très secondaire, de ses personnages féminins, qui échouent, faute de matière, à les inventorier dans un dictionnaire, les façons de parler des précieuses semblent être un des traits qui les caractérisent le plus évidemment aux yeux de leurs détracteurs. « On s'embarque sur la rivière de Confidence pour arriver au port de Chuchoter. De là, on passe par Adorable, par Divine, par Ma-Chère. » C'est le début de la Carte de Maulévrier. Les précieuses ont des tics de langage, qui apparaissent dans leur façon de s'interpeller. Ce que René-Renaud de Sévigné résume en disant, sans plus de précisions, qu'elles ont un « jargon » particulier.

Il faut attendre 1659 pour en trouver de nouveaux exemples. Au début de l'année, Mlle de Montpensier explique que si on essaie d'intéresser une précieuse à la conversation, elle se dérobe en disant : « Ah ! Madame, c'est qu'on ne songe pas à ce que l'on dit. Le moyen ! Ah ! Jésus, est-ce possible ? » Exemple unique et assez maigre pour appuyer une affirmation péremptoire : « Elles ont quasi une langue particulière, car à moins de les pratiquer, on ne les entend [comprend] pas. » Scarron est plus mesuré. « On n'avait point encore entendu parler du *trait des traits*, du *dernier doux* et du *premier désobligeant...* », écrit-il en mai. Sa précieuse se plaît à créer d'étonnantes expressions superlatives. Elle aime répéter « ma chère ». Et pour dire « acheter des étoffes », elle dira : « Ah, ma chère, Bastonneau tout pur », substituant le nom d'un marchand à la mode à la marchandise qu'il vend. La précieuse est une snob, qui répète quelques expressions ou tournures qui lui servent à se signaler comme telle.

Félix de Juvenel va dans le même sens, insistant, comme l'abbé de Pure, sur la pauvreté du vocabulaire de celles qu'il cherche à ridiculiser. « Lorsque la précieuse, écrit-il, a fait un recueil de quinze ou vingt mots nouveaux, elle s'imagine avoir fait un fonds admirable pour paraître agréable et spirituelle dans le monde. Ne vous étonnez pas de l'entendre répéter les mêmes mots au bout d'un quart d'heure. » *La Déroute des précieuses*, selon l'auteur de la Mascarade, est aussi celle de leurs « beaux mots », qu'elles allaient réussir à imposer quand on les a ridiculisées dans une satire. Sur la tendance de certaines femmes à vouloir se singulariser par un ton, des mots et des tournures à part, il y a dans les textes un certain consensus. Mais, sauf dans le cas des anciennes amies de Mademoiselle, on ne sait pas dans quelles bouches mettre ce nouveau et bien pauvre jargon.

En 1654, la « Carte du royaume des Précieuses » évoque assez vaguement, en mêlant galanterie, coquetterie et pruderie, la conduite des précieuses envers l'amour. René-Renaud de Sévigné n'en parle pas. La même année, Bussy est le premier à évoquer ironiquement leur sévérité envers l'amour : il fait mine de s'inquiéter que ne lise ses lettres un peu gaillardes à sa cousine Sévigné la tante qui lui sert de chaperon, Mme de La Trousse, « devant qui les précieuses ne font que blanchir ». Il n'est pas dit que cette dame soit précieuse, et le point de vue n'est pas critique. Bussy valorise la vertu de celle qui garde la marquise contre les galants trop audacieux. Dans ces tout premiers textes, la conduite des précieuses envers l'amour n'est pas sévèrement dénoncée, mais plaisamment et rapidement mentionnée dans une atmosphère de jeu. Et c'est encore cette atmosphère qui prévaut dans l'unique phrase que leur consacre l'abbé d'Aubignac dans son *Royaume de Coquetterie* en disant qu'elles « se donnent maintenant à bon marché ».

Gabriel Gilbert réduit à une inutile pruderie la difficile question du statut des femmes par rapport à l'amour et au mariage. Il dénonce leur fierté et leur rigueur inutiles, suggérant que c'est pure grimace. La précieuse fait la « rigoureuse », mais seulement

pour écarter « l'amant qu'elle méprise ou qu'elle n'aime pas ».
Comme Mlle de Montpensier, Félix de Juvenel reprend l'idée de
l'hypocrisie des précieuses. Pour la première, ce sont de vieilles
filles refoulées, qui n'ont pas trouvé de mari. Pour le second, ce
sont des coquettes, pour ne pas dire des femmes faciles, rangées
par force, en raison de leur âge. D'autres, comme Claude Le Petit,
y voient au contraire des femmes égarées qui oublient les exigences de la sexualité. Il le dit sans ambages dans sa « Consolation »
aux demoiselles partant pour l'Amérique.

Il revient sur le sujet, avec plus de verdeur encore, dans un
sonnet de son *Bordel des muses*, de date incertaine, qui lie sexualité et intellectualité, ce que n'avaient pas encore fait les autres
textes :

> Courtisanes d'honneur, putains spirituelles,
> De qui tous les péchés sont des péchés d'esprit,
> Qui n'avez du plaisir qu'en couchant par écrit,
> Et qui n'aimez les lits qu'à cause des ruelles,
> Vous chez qui la nature a des fleurs éternelles,
> Précieuses du temps, mes chères sœurs en Christ,
> Puisque l'occasion si justement vous rit,
> Venez dans ce bordel vous divertir, mes belles [...].

Les précieuses y jouiront quasi physiquement de leurs plaisirs
intellectuels, et pourront, au besoin, remplacer leur « godemiché »
par un « livre en long roulé, bien égal et bien roide ». Pour Claude
Le Petit, les précieuses, femmes qui se veulent toutes tournées
vers l'intellectualité, ne peuvent être que des hypocrites. Le corps
se venge. Si elles ne connaissent point d'hommes, c'est qu'elles
se livrent entre elles à la masturbation.

Des femmes de l'élite sociale qui ont manifesté une certaine
répugnance pour un mariage qui leur ôterait la liberté, ou qui ont
fièrement assumé un célibat qu'elles devaient à l'insuffisance de
leur dot, voire de certaines qui ont préféré des tendresses entre
femmes à l'hétérosexualité, trop peu nombreuses pour former une
« cabale », l'esprit gaulois, y compris dans sa variante libertine, a
fait des insatiables ou des prudes coincées, affublant ironiquement
ces singulières réprouvées du nom de précieuses. Cette double
caricature n'est pas un phénomène circonstanciel, qui se serait
produit exceptionnellement à l'apparition d'une « nouvelle nature
de femmes ». Forgé par les mâles, qui ont peur de la sexualité
féminine, moins fragile que la leur, cet esprit de dénigrement, qui

s'en prend aux femmes de deux façons contradictoires et complémentaires, est de tous les temps, y compris du nôtre.

À l'ensemble de ces textes, tous critiques et parfois violemment hostiles à l'attitude des précieuses envers l'amour, le mariage et le sexe, s'opposent évidemment les développements de l'abbé de Pure, le seul à donner longuement la parole aux femmes et à ne pas traiter de façon simpliste un sujet complexe. C'est par rapport à ce contexte qu'on peut deviner le sens de son livre. S'il se moque de ses personnages et jette plus d'une fois sur ses précieuses le ridicule que les autres auteurs ne leur ménagent pas, c'est peut-être qu'il trouve quelquefois lui-même excessives les idées qu'il leur prête. C'est sûrement aussi un moyen de les divulguer, de montrer que certains peuvent les partager, et partant de faire comprendre et accepter subrepticement que ce qui occupe les trois quarts de son gros livre est un vrai problème. Un problème qui ne concerne pas seulement les quelques excentriques qu'il met en scène, mais l'ensemble des femmes par rapport à l'ensemble des hommes.

Si quinze des dix-huit textes qui traitent en général des précieuses mentionnent plus ou moins rapidement leur attitude envers l'amour, quatre seulement parlent de leur statut intellectuel, dont Mlle de Montpensier n'a pas cru nécessaire de dire un seul mot dans son « Portrait des précieuses ». C'est pourtant sur ce seul point que les textes généraux rejoignent ceux qui ont cité des noms : Mme de La Fayette, Mme de Guébriant, Mme de Motteville par exemple, et la provinciale Bérenger, y sont louées pour leur esprit et leur savoir. Cette relative absence de critique, voire cette louange des femmes cultivées s'explique. La satire des mœurs des femmes s'inscrit dans une longue et solide tradition gauloise. L'examen de leurs prétentions intellectuelles est, depuis une centaine d'années, l'objet d'un débat parfois virulent, mais presque toujours sérieux.

Sur ce point, la critique des précieuses reste aimable dans trois textes sur quatre. C'est par jeu que Sorel place de nombreux livres parmi les prix de sa « Loterie ». Par jeu aussi que l'auteur de l'ironique *Avis au public pour l'établissement de la société précieuse* donne aux conférences sur toutes sortes de sujets importants, voire philosophiques, et à la lecture des gazettes, quatre des six réunions de la semaine. On vient au palais pour manger, danser, écouter de la musique, mais surtout pour s'instruire, hommes et femmes confondus dans un même appétit de savoir, dont seuls le manque de mesure et l'absence de discernement se trouvent implicitement blâmés. À quoi s'ajoutent les développements de l'abbé de Pure, conscient de l'importance d'un débat dont il a fait – avec une sympathie apparemment mitigée, mais profonde car elle repose sur la conscience d'une nouvelle conception de la critique et de la littérature – le sujet quasi unique du premier tome de sa *Précieuse* et un thème récurrent des trois autres. Sur ce sujet plus que sur tous les autres, la cause des précieuses se perd dans celle de toutes les femmes.

Le rôle des femmes dans la vie littéraire n'est qu'un aspect de leur droit à une vie intellectuelle. Fait étonnant, de tous ceux qui ont parlé des précieuses avant Molière, seuls l'abbé de Pure et Scarron ont évoqué ce rôle, le premier en posant sérieusement le problème de leur compétence, liée à l'apparition d'une culture moderne, le second en quelques lignes, dans un esprit polémique. De « belles dames » ont, prétend-il au début de 1655, dans le seul texte du corpus profondément hostile aux précieuses intellectuelles, cabalé contre son *Écolier de Salamanque*. Heureusement, cette « conjuration de précieuses » a échoué dans son entreprise. Cas qui serait unique, si l'on en croit les textes connus, d'intervention d'une « cabale » de ce genre dans les années qui ont précédé la pièce de Molière.

Dans sa thèse, Myriam Maître rapproche l'accusation de Scarron de la rivalité qui aurait eu lieu, en ce temps-là, entre ce poète, Boisrobert et Thomas Corneille, suscitant, dit-elle, « une des premières querelles des précieuses », dans laquelle elle croit voir la vraie « pierre de touche » pour comprendre les précieuses et leurs subdivisions. Comme si on connaissait tellement de précieuses qu'il fallait les répartir en écoles... Boisrobert, il est vrai, a écrit sa comédie des *Généreux Ennemis* en même temps que Scarron son *Écolier*, qui traite le même sujet, et Thomas Corneille a donné l'année suivante une pièce intitulée *Les Illustres Ennemis*. Mais on ne peut mettre dans le même sac les rivalités de ces trois écrivains. Entre Scarron et Boisrobert, qui appartiennent tous deux à l'ancienne génération, c'est un conflit de notoriété pour savoir lequel des deux obtiendra, pour jouer sa pièce, la salle la plus prestigieuse, l'hôtel de Bourgogne. Et ce ne sont pas des femmes, mais le comte d'Harcourt, par ses menaces, qui l'a emporté en faveur de Boisrobert. Entre celui-ci et Thomas Corneille, la querelle est d'une autre nature. Le second est un jeune auteur, qui emploie pour se faire connaître une méthode éprouvée : se mettre en concurrence avec une célébrité pour faire parler de lui.

Les trois pièces, souligne Myriam Maître, sont dédiées à des femmes, respectivement à Mlle de Montpensier, à la comtesse de

Brancas et à la comtesse de Fiesque. Ce recours, relativement nouveau, au jugement et à la protection de trois femmes est en effet un phénomène intéressant. C'est sans doute un des signes de cette (relative) prise du pouvoir intellectuel par les précieuses que l'abbé de Pure a dénoncée (ou vantée) dans son roman, un des aspects les plus visibles de la lente accession des femmes à la vie de l'esprit depuis un siècle. Mais le plus remarquable, en l'occurrence, ce n'est pas une prétendue lutte entre précieuses (en 1654-1655, Mademoiselle et la comtesse de Fiesque, qui partage son exil, ne sont pas encore brouillées), mais qu'en un temps où les femmes prennent en effet de l'influence dans le succès ou l'échec des œuvres littéraires, Scarron soit seul à mettre en cause des « précieuses » dans une querelle de ce genre. Elles échouent. Signe que le rôle des femmes dans ce domaine demeure exceptionnel, et finalement réduit.

Entre 1654 et 1659, une d'entre elles semble avoir particulièrement influencé la vie intellectuelle des mondains : Mme du Plessis-Guénégaud. C'était une femme d'excellente noblesse, une Choiseul. Elle avait épousé en 1642 un riche financier, nommé l'année suivante ministre et secrétaire d'État. « D'une vertu sans tache », elle était, écrira Mme de Motteville, « assez aimable de sa personne ». À partir de 1648, elle s'installa quai Conti, à l'hôtel de Nevers, et le fit rénover. Les travaux s'achevèrent en 1652, avec la fin de la Fronde. Elle détestait Mazarin, auquel son mari devait pourtant son ministère. Elle en voulait à la reine de n'avoir pas eu accès au cercle de ses intimes. Écartée des « précieuses de cour », qui entouraient la régente, elle ouvrit largement son hôtel à la meilleure société du temps. En quoi, elle se retrouvait dans une situation toute semblable à celle de Mme de Rambouillet à ses débuts. On reconnaît chez elle l'équilibre de l'idéal galant : « Parmi un sérieux capable des plus grandes choses, dit le père Rapin, elle avait une gaieté extrême qui, par le plaisir de la société, faisait rencontrer dans sa conversation beaucoup de biens ensemble. »

Chez elle aussi, et peut-être encore davantage, car il ne s'y trouvait pas de Montausier ni de Chapelain, littérature et culture ne devaient jamais être synonymes d'effort et d'ennui. On y portait des noms de romans. On y peuplait les lieux de personnages mythologiques. On y contait des histoires tirées des romans de chevalerie. On y donnait des pièces de théâtre inventées par et pour ceux qui fréquentaient l'hôtel de Nevers, où ne jouaient que des amateurs. La marquise de Sévigné y tenait un rôle, et parmi les hommes on trouvait, entre deux campagnes, les membres de la famille Arnauld qui servaient à l'armée. La Rochefoucauld fit très tôt partie des intimes de la maîtresse de maison. C'est là sans doute que Mme de La Fayette le rencontra. Elle y venait alors avec Ménage, à l'apogée de leur liaison, faite d'amour tendre et de galanterie littéraire.

Par amitié pour les Arnauld, Mme du Plessis-Guénégaud s'intéressa aux querelles qui opposèrent à la Sorbonne l'un d'entre eux, le docteur Antoine Arnauld, ardent défenseur de Jansénius, à ses adversaires soutenus par le pouvoir royal et les autorités ecclésiastiques. « Le grand théâtre où se débitait avec plus de bruit, de même avec le plus d'applaudissements, le nouvel évangile de Port-Royal était alors l'hôtel de Nevers », écrit le père Rapin, jésuite hostile aux jansénistes, mais capable d'apprécier les qualités d'une dame d'exception. « La politesse de sa maison, dont elle faisait les honneurs, la bonne chère, car la table y était d'une grande délicatesse et d'une grande somptuosité, la compagnie la plus choisie de Paris, tant de gens de robe que de la cour, se rendaient régulièrement en cet hôtel ou allaient à Fresnes, maison de plaisance de la comtesse, à sept lieues de Paris, pour y faire des conférences d'esprit, car c'était un lieu agréable, délicieux et propre à cela. »

C'est ainsi, explique Rapin, que Mme du Plessis-Guénégaud « fit valoir » les *Provinciales* de Pascal au fur et à mesure de leur parution. Au printemps de 1656, avant de répandre la sixième lettre dans le public, « on envoya une copie à la comtesse pour la faire voir à ses amis ». Elle fait venir l'abbé de Rancé, les deux frères Barrillon, Courtin, « Pellisson, qui était alors le secrétaire favori du surintendant Foucquet », et « quelques autres ». On leur lit la lettre, fortement louée par la maîtresse des lieux. Chacun s'empresse de l'admirer. La comtesse demande leur soutien aux assistants. « Ils vont comme autant de trompettes publier par tout Paris » que cette sixième lettre est « encore plus belle » que celles qui avaient paru précédemment. On la répand alors dans le public, préalablement conditionné à la recevoir favorablement. Bel exemple d'un succès préparé par une « cabale », dirigée par une femme.

Cet exemple, pourtant, montre aussi les limites du pouvoir intellectuel féminin. Pour répandre la bonne parole, Mme du Plessis-Guénégaud ne fait pas appel à d'autres femmes, mais à des hommes auxquels leurs fonctions et leur réputation donnent du poids. Point question pour elle d'agir entre femmes, par le moyen d'un petit groupe fermé sur lui-même. Si elle crée un certain climat autour d'elle, c'est en mêlant les milieux, les cultures et les sexes. En quoi elle diffère des précieuses de Didascalie, qui veulent agir entre elles, sans aide masculine. C'est pour cela, sans doute, que malgré son activité culturelle et mondaine, aucun de ses contemporains n'a songé à placer Mme du Plessis-Guénégaud parmi les précieuses. Pour faire partie de celles de la cour, il lui manquait d'être introduite dans le cercle étroit des intimes de la reine. Et elle était trop grande dame, trop ouverte à ce qu'il y avait de meilleur dans la vie intellectuelle de son temps, pour qu'on se risquât à lui donner une qualification qui était en train de devenir péjorative.

Telle est la difficulté. *Des* précieuses ont existé. On en a nommé une trentaine, très majoritairement sans ridicules. *Les* précieuses aussi ont existé aux yeux des contemporains qui ont cru aux descriptions qu'on leur en faisait : personne n'a relevé qu'il s'agissait de portraits faits à plaisir, de pures fictions, des fantômes de l'imagination masculine. Et pourtant, sauf dans le cas des précieuses satirisées par Mademoiselle dans son « Portrait des précieuses », il est pratiquement impossible de faire coïncider les descriptions générales avec des êtres réels. Il n'est pas possible non plus d'établir un portrait-robot de la précieuse, tant les traits qu'on lui prête selon les textes s'accordent mal. Il est finalement aussi difficile de définir cette « nouvelle nature » de femmes à partir de ceux qui ont parlé d'elles en général que d'en établir le type à partir des caractères et des conduites des précieuses nommément désignées comme telles.

En fait, l'abbé de Pure mis à part, toutes les énumérations et descriptions des précieuses qu'on a inventoriées de 1654 à la pièce de Molière sont singulièrement réductrices. S'il n'y avait eu son roman, la question du statut intellectuel de la femme, si centrale telle qu'il la développe, et telle qu'on la posait alors depuis un bon siècle, serait quasi oubliée. Le problème si délicat du rapport des femmes à l'amour et au mariage se réduirait à quelques gaudrioles sur celles que leur laideur, leur âge, leur frigidité ou leur goût pour celles de leur sexe priveraient des vrais plaisirs de l'amour masculin. Nulle mise en question par les femmes des valeurs culturelles ou morales de la société du temps. Tout se bornerait en fin de compte à des manières, dans le comportement ou le langage, qui montreraient, chez les femmes, un très extérieur désir de distinction. Sans l'abbé de Pure, on en reviendrait à la principale source de Molière : la galanterie dépeinte par Sorel, dont l'essentiel est justement le comportement extérieur et les excentricités de langage. Par l'examen attentif des textes concernant les précieuses, et par l'étude de la fréquence de l'apparition des différents thèmes qu'ils développent, on rejoint ce qui surprend tant dans la pièce de Molière : l'éclipse des précieuses par ceux et celles qui se conduisent en galants.

Chapitre 17

La « littérature précieuse »

Tout le monde parle de la « littérature précieuse ». En mêlant la délicate question de ce qu'ont été les précieuses à la question plus délicate encore de « la naissance des femmes de lettres au XVIIᵉ siècle », un ouvrage récent ne cesse de parler de cette littérature comme si on en avait fait l'inventaire, comme si on disposait d'un ensemble de textes clairement définis pour l'étudier et la caractériser. Il n'en est rien.

On ne connaît les goûts littéraires des précieuses qu'à travers un ouvrage de fiction. Un long passage du premier volume du roman de l'abbé de Pure montre les choix de ses personnages en fonction des genres et des auteurs. Ses précieuses prennent vigoureusement parti en faveur des œuvres modernes et des auteurs contemporains. Elles « se rient de ces vieux barbons » que sont Aristote et Sénèque, ou Quintilien. Par goût, par tactique ou par prudence, elles refusent la théologie et la philosophie. À Géname et à Parthénoïde même, elles demandent d'écrire avec simplicité et sans référence aux Anciens. Elles aiment, disent-elles, Pierre Corneille, Boisrobert, Benserade, Vaumorière, Mlle de Scudéry, La Calprenède, c'est-à-dire principalement le théâtre, la poésie légère et le roman. Elles prennent parti pour une littérature immédiatement accessible, en un temps où ce que les doctes considéraient comme la vraie culture continuait de s'exprimer en latin ou du moins supposait une certaine connaissance des principales œuvres de l'Antiquité. En quoi elles ne diffèrent en rien de toutes les femmes éclairées de leur temps, ni des « cavaliers » qui voulaient leur plaire, ni même de toute la part des doctes qui mettaient leur culture au service des dames au lieu de les rejeter comme incapables de penser et de juger les productions de l'esprit.

Il en résulte qu'inversement il n'y a pas eu de productions spécifiques, destinées aux seules précieuses. Les femmes conditionnent désormais le succès des ouvrages, qui doivent, pour réussir, tenir largement compte de leur goût puisqu'elles forment une part capitale du lectorat. Mais nul auteur n'a jamais écrit particulièrement pour celles qu'on a qualifiées de précieuses, qui, par suite de leur petit nombre et faute d'exister réellement en tant que « cabale », ne constituaient pas un public particulier. Et nul auteur non plus, masculin ou féminin, n'a jamais été, avant la pièce de Molière, qualifié d'auteur précieux. On peut, à l'occasion, appeler Mlle de Scudéry reine des précieuses, par confusion, à cause de ses samedis et des idées qu'on y discute et qui se retrouvent dans ses romans. On n'appelle pas pour autant, à l'époque, ses romans des romans précieux. Et si Sauval parle, après *Les Précieuses ridicules*, du « précieux M. Ménage », c'est pour le personnage qu'il a joué dans la société de son temps, non pour ses œuvres littéraires. Comme Segrais, comme Pellisson, comme son ennemi Cotin, il y a pratiqué l'esprit galant, non une préciosité littéraire qui ne s'est jamais développée que dans l'imagination des critiques.

La meilleure preuve de l'inexistence de toute littérature véritablement précieuse, c'est que l'abbé de Pure (comme Molière après lui) a été contraint d'inventer lui-même les quelques exemples de cette littérature qu'il donne dans son roman. C'est le cas, dès les premières lignes, de la chanson de Philonime. Le jeune homme ne l'a pas écrite pour les précieuses dont il ignore encore l'existence, mais elle leur a été soumise. Après l'avoir jugée et d'abord refusée, elles l'admireront quand il l'aura remaniée parce que cela montre ses capacités d'improvisation et la vivacité de son esprit. Cette aimable variation sur l'opposition éculée du cœur et de la raison plaît aux précieuses du groupe d'Agathonte parce que Philonime, poète d'occasion, s'est montré capable d'en renverser la pointe.

« Je ne puis accuser mes sens,/ Quoiqu'auteurs des maux que je sens ;/ Ils ont été surpris d'un objet trop aimable ;/ Mais contre ma raison, mon cœur est animé,/ De voir que la coupable/ Me fasse plus aimer que je ne suis aimé », avait-il écrit. Ce qui devient : « Mais je me plains hors de saison,/ Je dois avouer ma raison,/ De me faire souffrir un mal si raisonnable ;/ Et loin d'en murmurer, mon cœur sera charmé,/ Pourvu que la coupable/ Me fasse plus aimer que je ne suis aimé. » Avant comme après la pièce de Molière, ce genre de poésie, dans la lignée du fameux sonnet « Uranie » de Voiture, plaisait à un public oisif de « dames » et de « cavaliers », qui voyaient dans la poésie un aimable passe-temps pour ceux qui l'écrivaient comme pour eux-mêmes qui la jugeaient.

De même qu'il a placé Philonime auprès d'Agathonte dès les premières pages de son roman, l'abbé de Pure a placé ensuite Scaratide auprès d'Aurélie, et plus tard Nomorée auprès de Didascalie. Mais l'auteur ne dit presque rien des productions de Scaratide, écrivain de profession, alors qu'il détaille ce que fait Clomire, son rival mondain, qui fournit Aurélie en ouvrages à la mode. « Il m'apportait, dit-elle, tantôt des chansons nouvelles dont vous savez qu'on fait grand cas, tantôt des vers, tantôt quelque jolie lettre de précieuse (car vous savez qu'il ne s'en est jamais tant écrit qu'à présent). » Un jour, ce bel esprit oisif va jusqu'à faire des vers. Mais c'est pour mettre des paroles sur une « courante nouvelle », intitulée « La Précieuse », qu'il a d'abord dansée. Il a entrepris de séduire Aurélie à force de divertissements. La poésie est l'un d'entre eux, une poésie qui relève de la poésie mondaine et galante, sans rien qui incite à la mettre dans une catégorie à part, typiquement « précieuse ».

Nomorée, dit le récitant de l'histoire de Didascalie, avait, selon le « bruit commun », passé « par la plus fine épreuve des lettres galantes (car, aujourd'hui, on fait autant de différence entre ces deux mots de belles-lettres ou lettres galantes, comme entre les personnes de condition et de qualité) ». Autrement dit, dans le domaine de la littérature, il y a désormais deux façons d'exceller : selon la tradition des belles-lettres, ou selon la moderne littérature galante. Ce qui plaît à la précieuse Aurélie, ce n'est donc pas une littérature spécifique, mais la littérature à la mode. « Elle se divertissait fort bien avec lui [Nomorée], continue le récitant, en recevait souvent des lettres jolies (car c'était son principal talent que ces petites choses auxquelles il donnait autant de temps et de soins que d'autres en peuvent donner aux grands ouvrages), des stances, des vers tendres, des bouts-rimés [...] et autres choses de cette force. » Le poète qui courtise Aurélie pratique les petits genres mondains, dont Pellisson expliquera bientôt, à propos de Sarasin, qu'ils peuvent à leur manière égaler les « grands ouvrages ». Nomorée n'est pas un poète précieux. L'abbé de Pure l'a dit en le présentant, c'est un poète galant, ou plutôt un mondain qui pratique l'écriture galante.

Une parenthèse de l'abbé de Pure permet d'identifier le milieu auquel il appartient, ou du moins qui lui a servi de modèle. « Car un perroquet défunt, au grand deuil de ses maîtres, explique l'abbé à propos des bouts-rimés de Nomorée, en avait rappelé la mode. » Le surintendant Foucquet avait en effet relancé en 1654 ce jeu littéraire qui avait déjà prospéré quelques années plus tôt, à l'occasion de la mort du perroquet de son amie, Mme du Plessis-Bellière. Il s'agit d'écrire un poème, en l'occurrence un sonnet, dont toutes les rimes, les plus hétéroclites possible, ont été préalablement données dans un ordre imposé. Cette poésie, qui n'est pas en principe destinée à la publication mais au divertissement d'un groupe restreint d'initiés, demande de l'ingéniosité. C'est un jeu où chacun doit manifester qu'il a de l'esprit. Ainsi Foucquet dans son sonnet, qui connut vite un éclatant succès :

> Plutôt le procureur maudira la chicane,
> Le joueur de piquet voudra se voir capot,
> Le buveur altéré s'éloignera du pot
> Et tout le parlement jugera sans soutane,
>
> On verra Saint-Amant devenir diaphane,
> Le goutteux tout perclus hantera le tripot,
> Mme de Rohan quittera son Chabot
> Et d'ouïr le sermon sera chose profane,
>
> Un barbier pour raser ira sans coquemar,
> Le clocher de Saint-Paul sera sans Jacquemart,
> L'évêque grenoblois fera couper sa barbe,
>
> Que d'oublier jamais ton funeste débris.
> Aimable perroquet : j'en jure sainte Barbe !
> Ton portrait à jamais ornera mon lambris.

Le texte de Foucquet, dit Pellisson, son secrétaire, « réveilla tout ce qu'il y avait en France qui savait rimer, et l'on ne vit, durant quelques mois, que des sonnets sur les mêmes bouts-rimés ». On en trouvera dix-huit, sur la mort du fameux perroquet, dans un des recueils de l'éditeur Sercy, car ces productions de circonstance suscitèrent tant de curiosité qu'on finit par les éditer. D'authentiques poètes, comme Boisrobert ou le père Le Moyne, y disputaient la palme à des rimeurs comme Loret, voire à de simples amatrices comme Mme de Revel ou la présidente Tambonneau. Pour mettre fin à ces débordements, il fallut que Sarasin, qui avait, comme tout le monde, pleuré l'oiseau, « fait par la mort capot en son avril », s'avisât un beau jour que cette rimaillerie mettait en péril les bons vers. Il inventa un autre jeu pour le dire : un poème héroïco-comique intitulé *Dulot vaincu ou la Défaite des bouts-rimés*. Il y représentait un mauvais poète conduisant au combat une nation de sonnets rangés sous quatorze chefs : les quatorze rimes des sonnets sur la mort du perroquet. Cet animal ne fut pas le seul célébré dans de petits vers. Chacun, à l'époque, connaissait la fauvette de Mlle de Scudéry, sa pigeonne et son caméléon.

En 1656 vint la mode des énigmes. Le surintendant en fit une sur la lettre R. On pratiqua les madrigaux. Il en composa un « sur le portrait bien fait d'un homme qui avait manqué à sa parole ». Il terminait sur un jeu de mots :

> En vain ce portrait on accuse
> De tromper et passer pour un homme important :
> Car s'il est vrai qu'il n'est personne qu'il n'abuse,
> L'original en fait autant.

Telle était la nouvelle poésie, la poésie qui plaisait aux mondains de l'importante cour qui entourait Foucquet, alors au sommet de sa gloire, où figuraient entre autres La Fontaine et Mme de Sévigné. C'est aux galanteries poétiques de cette cour que renvoie l'abbé de Pure, quand il fait, dans son volume paru en mai 1658, une allusion, évidente pour ses contemporains, au dernier recueil de poésies de Sercy, achevé d'imprimer en janvier précédent : outre les fameux bouts-rimés sur le perroquet l'éditeur avait publié d'autres textes provenant du même milieu. Bonnes ou mauvaises, pernicieuses ou non pour le bon goût, ces productions n'étaient pas, pour les contemporains, des productions précieuses, mais des œuvres galantes, celles dont Pellisson et Mlle de Scudéry faisaient au même moment la théorie et l'apologie dans *Clélie*.

C'est justement dans le huitième tome de ce roman, paru en août de cette année-là, que Mlle de Scudéry fait un élogieux portrait de Mme du Plessis-Bellière, sous le nom de Mélinthe. Cette veuve brillante tenait depuis quelques années salon dans la droite lignée de la marquise de Rambouillet. Elle se plaisait à recevoir une foule de visiteurs où se mêlaient, à de riches bourgeois épris de bel esprit, toutes sortes de poètes et de rimailleurs. Henri de Bruc, abbé de Bellefontaine, et René, marquis de Montplaisir, ses deux frères, y donnaient l'exemple d'une poésie facile. Le second passait pour faire « admirablement bien les vers amoureux », c'est-à-dire les petits vers de circonstance sur les femmes auxquelles il cherchait à plaire. Il ressemble beaucoup au poète qui courtise Aurélie... Mme du Plessis-Bellière, que personne n'a jamais appelée précieuse en son temps, malgré tout ce qui la rapproche des intellectuelles mises en scène par l'abbé de Pure, habitait à Charenton une belle maison proche de celle de Foucquet à Saint-Mandé. C'est sur le portrait de Mélinthe que Mlle de Scudéry greffe, dans *Clélie*, un bel éloge de Foucquet. Elle était son amie intime. Elle passait pour lui fournir des maîtresses. Elle l'aida certainement à recruter poètes et gens d'esprit.

Entre la galanterie de l'hôtel de Rambouillet et celle du salon de Mme du Plessis-Bellière, puis de la cour de Foucquet, la continuité est totale. Avec cette différence que le prolongement circonstanciel dans l'écriture d'un mode de vie spontané, tel que l'avait pratiqué Voiture, s'y transforme en façon de vivre et d'écrire consciente et programmée. Ce poète était mort et l'hôtel de Rambouillet sur le déclin quand ont été rédigés et se sont répandus les discours sur l'air galant et les théories et programmes de Pellisson sur la poésie galante. En même temps qu'on définissait et célébrait cette prestigieuse galanterie, vécue ou littéraire, elle se vulgarisait, et risquait de se dégrader et de se caricaturer dans la pratique. Car il n'était pas si facile de transplanter l'air galant d'un salon (ou plutôt de la ruelle d'une chambre...) dans un autre milieu, beaucoup plus vaste et moins informel, encore moins de transposer systématiquement un art de vivre en art d'écrire.

On avait commencé à s'en moquer du vivant de Voiture. Sorel, dès 1644, s'en était gaussé dans une première version de ses « Lois de la galanterie ». En 1658, au moment où Mlle de Scudéry divulgue dans le grand public les théories de son ami en rapportant les prophéties de Calliope, Sorel donne une seconde version de ses « Lois », complétée et amplifiée. Il s'y moque de la galanterie en se servant des armes de la galanterie. Il retourne contre elle cet art de railler sans lourdeur qu'elle recommandait, cette absence de pédantisme qui la rendait agréable aux dames, cette manière de rendre plaisants toutes sortes de sujets qui était son signe distinctif. Désormais, parce qu'elle s'est répandue et qu'elle est devenue un état d'esprit à la mode autour d'un ministre puissant, la galanterie risque de dégénérer en snobisme et dégénère effectivement dans certaines de ses productions, comme les bouts-rimés sur la mort du perroquet. S'il faut vraiment parler de préciosité, c'est dans cette dégradation de la poésie qu'elle sévit. Pratiquée agréablement par un La Fontaine ou une Mme de Sévigné, ou encore une comtesse de La Suze, la galanterie n'en reste pas moins à la mode.

L'abbé de Pure ne s'est pas contenté de parler de ce que les hommes écrivent à l'intention de ses précieuses, il a également montré ce que celles-ci écrivent entre elles ou pour le public. Les discours contre, puis en faveur de la bonté, de Mélanire et d'Agathonte en offrent les premiers exemples, destinés à rester dans le secret des délibérations du groupe, car selon la première partie du roman, il n'appartient pas aux femmes d'écrire, mais de converser, de préférence sans préparation. Les textes pour ou contre la bonté ont été mis par écrit occasionnellement, parce que les deux femmes se sont senties incapables des improvisations qu'elles voulaient faire. Des productions éphémères que les précieuses auraient ainsi réalisées, comme de toutes les conversations de salon, il n'est évidemment pas de traces, sauf celles, fictives, des conversations imaginaires qui constituent la trame du roman de l'abbé.

À la différence des précieuses du début du livre, Didascalie ne refuse pas l'écriture et une éventuelle divulgation de ses écrits. Elle a écrit une ode. Elle envisage d'écrire une comédie, un roman, un essai sur l'absence, mais elle est prise par l'action, sa campagne en faveur de la libération des femmes. Elle se contente donc d'exposer sa théorie d'un roman qui, à l'inverse des productions de son temps, ne reposerait que sur l'histoire de « deux belles âmes » ne s'aimant « que par des motifs de raison » et ne brûlant « que de flammes spirituelles ». C'est ce roman que l'abbé de Pure entreprend dans l'« Histoire de Didascalie ». Il y conte un échec. Ni la jeune fille ni son père n'arrivent à trouver et à vivre l'amour parfait. Il faut arrêter l'histoire avant son impossible dénouement. L'abbé de Pure a eu beau bousculer les formes traditionnelles du récit, le roman qu'a souhaité sa précieuse n'existe pas, même dans sa fiction.

Eulalie est l'une des auditrices de l'« Histoire de Didascalie ». Quand elle entend le récitant citer son nom et lui attribuer un rôle et des propos sur la littérature, elle l'interrompt et proteste contre le personnage qu'on lui fait jouer. Si l'auteur avait voulu, dit-elle, « me donner quelque place avantageuse dans son livre », il aurait dû « m'honorer par moi-même, et me dépeindre par mes couleurs ». Elle n'est pas « si inconnue dans le monde » que le mérite de ses ouvrages ait besoin « d'une recommandation étrangère ». Au début de la quatrième partie du roman, Eulalie se réclame soudain d'une réputation d'auteur, qu'elle avait oubliée jusque-là.

« J'ai fait, proclame-t-elle, des vers approuvés, des lettres ache-vées et des conversations admirables, et si j'osais dire du bien de moi, je pourrais sans vanité comparer mes petites choses aux plus grandes du siècle, et ne croirais pas faire injustice à des poèmes [des épopées] entiers que nous avons vus naître et presque mourir quand je leur préférerais quelque chose de mes ouvrages et de mes productions. » Ce qui devient en vers : « Sans faire tort à Clélie,/ On sait ce que vaut Eulalie. » Après Pellisson et quasi en même temps que Mlle de Scudéry, Eulalie soutient l'équivalence de ses « petites choses » avec les poèmes héroïques et les longs romans. Elle met sur le même plan conversations et textes écrits. Ce sont là des principes fondamentaux de l'esthétique galante revue et corrigée par le milieu Foucquet. En les mettant dans la bouche d'une de ses précieuses, l'abbé de Pure assimile une fois de plus la galanterie littéraire à son imaginaire préciosité.

On a proposé d'identifier Eulalie avec Mme de La Suze. Mieux vaut dire que l'abbé s'est inspiré de cette grande dame pour inventer son personnage. En 1658, quand paraît le volume où Eulalie s'en prend à Didascalie, la comtesse a déjà acquis dans le monde une certaine célébrité grâce à la publication de quel-ques-uns de ses textes dans le recueil Sercy de 1653, et surtout au succès de ses vers dans les milieux mondains où on se les arrache aussitôt qu'écrits. En quoi elle est dans la même situation qu'Eulalie, dont un ami, prétend Gélasire, se plaint qu'« aussitôt qu'il exposait [récitait ou montrait] une stance ou un couplet de chanson [d'elle], il trouvait du monde qui les avait vues et enten-dues ». À l'en croire, la « société » d'Eulalie prenait « un soin si exact » de tout ce qui partait de son « bel esprit » que ses pro-ductions « n'arrivaient à lui que toutes usées et flétries ». Il crai-gnait que, la nouveauté n'y étant plus, « le dégoût ne s'y mît, et ne fît tort au mérite de ses vers ». Telle est une des faiblesses d'une large part de la poésie galante. Née de l'instant, elle se consomme et s'apprécie dans l'instant. S'il n'y a pas de littérature précieuse, il y a bel et bien alors un goût nouveau, que ne partagent point ceux qui ont une plus haute idée de la création littéraire.

Mais cette littérature de l'instant n'est pas nécessairement une littérature de bagatelles. C'est une littérature de la créativité immé-diate et de la spontanéité du cœur. Si la Calliope de Mlle de Scudéry vante le siècle actuel de produire « d'ingénieuses stances, de beaux sonnets, d'agréables épigrammes et d'aimables madri-gaux », elle y ajoute les « amoureuses élégies » et enchaîne sur le portrait d'une personne d'une « illustre naissance », surpassée seulement par les maisons royales. « Elle aura, dit la muse, une bonté généreuse qui la rendra digne de beaucoup de louanges, mais sans te parler de tant d'autres qualités surprenantes, que le ciel lui donnera, sache seulement qu'elle fera des élégies si belles, si pleines de passion, et si précisément du caractère qu'elles doivent être pour être parfaites, qu'elle surpassera tous ceux qui l'auront précédée et tous ceux qui la voudront suivre. » Nul poète, sauf peut-être Anacréon, qui représente La Fontaine, ne reçoit de la muse de si chaleureux compliments que ce personnage où se reconnaît aisément la comtesse de La Suze.

Le titre du livre qu'Émile Magne lui a consacré (*Mme de La Suze et la société précieuse*) repose sur le contresens dénoncé par Antoine Adam dans son article précisément intitulé « Autour de Nicolas Foucquet : poésie précieuse, ou coquette, ou galante ? ». La doctrine littéraire exposée par Pellisson et les développements de Mlle de Scudéry sur la galanterie, art de vivre, art de converser et art d'écrire, rendent la réponse évidente. Mme de La Suze est un auteur galant. Elle le marque elle-même par la parution ultérieure de ses œuvres dans des recueils intitulés *Recueil de quelques pièces nouvelles et galantes tant en prose qu'en vers* (1663 et années suivantes) en attendant que soient publiés des *Recueils de pièces choisies de Mme la comtesse de La Suze et de M. Pellisson*, signe de l'accord profond de son esthétique avec celle du secrétaire de Foucquet, preuve aussi de la longévité de la littérature galante, puisque les recueils La Suze-Pellisson continueront d'être publiés et parfois de s'enrichir longtemps après la chute du surintendant Foucquet.

Au moment où Molière va écrire ses *Précieuses ridicules*, il n'y a pas de littérature précieuse, mais il y a une certaine littérature galante, qui émane d'un milieu où les doctes eux-mêmes se mettent à la portée des dames et se plient au goût moderne de l'éphémère et du jeu. Si les bagatelles ne sont qu'une partie de cette littérature, elle en est la partie la plus visible, la plus risible, la plus apte à fournir de la matière à une comédie. Ce n'est donc pas tout à fait par erreur que Molière substitue partout dans sa pièce « galant » et « galanterie » à la préciosité annoncée. Le mot du titre n'est qu'un leurre pour pouvoir se moquer impunément de ceux qui, non contents d'avoir pris la suite de Voiture, croient en monopoliser l'esprit et pensent s'arroger sans coup férir la surintendance des lettres à l'abri d'un ministre qui aspire à devenir tout-puissant.

Chapitre 18

« Un sujet chimérique »

Depuis un an qu'il était à Paris, Molière avait joué maintes pièces, tragiques ou comiques, des meilleurs auteurs de son temps. De lui, il n'avait rien donné de nouveau, se bornant à reprendre quelquefois les deux comédies qu'il avait écrites en province, *L'Étourdi* et *Le Dépit amoureux*. Donneau de Visé, qui fait alors ses débuts dans le journalisme, lui reproche de ne représenter jamais que de « vieilles pièces ». Les recettes stagnent.

En novembre 1658, il se décide enfin à proposer des pièces nouvelles, trois créations coup sur coup. Le 23, c'est *Oreste et Pylade*, tragédie d'un obscur Coqueteau de La Clairière, de Rouen, un ami de Corneille... Il faut la retirer de l'affiche après trois représentations. Le 12 décembre, on donne *Zénobie* de Magnon, une pièce commandée à un auteur qui avait eu du succès. Mais il n'est plus à la mode. Nouvel échec. Heureusement, le 18 novembre, Molière avait créé, presque à la sauvette, sans augmenter le prix des entrées, une petite comédie de son cru, en complément de *Cinna* : *Les Précieuses ridicules*. Expert en communication, il laisse passer une quinzaine de jours sans la rejouer, pour piquer la curiosité. Il la reprend le 2 décembre, en complément d'un classique, l'*Alcionée* de Du Ryer. Cette fois, on joue « à l'extraordinaire », en doublant le prix. Toujours donnée en complément de programme, cette petite comédie en un acte et en prose sera, fait exceptionnel, jouée quarante fois jusqu'en octobre de l'année suivante, avec toujours d'excellentes recettes.

Depuis qu'il était à Paris, Molière n'avait jamais eu la satisfaction de voir sa troupe vantée dans les gazettes. Même si, d'aventure, elles évoquaient rapidement telle représentation donnée chez un grand personnage, elles oubliaient d'en nommer le chef et les acteurs, réservant cet honneur aux « grands comédiens » de l'hôtel de Bourgogne. Nouveau venu, Molière n'a pas encore sa place dans les médias du temps. Avec *Les Précieuses ridicules*, Loret, principal gazetier des nouvelles mondaines, rompt enfin le silence et parle longuement d'une comédie dont il est devenu impossible d'ignorer l'éclatant succès. En apostille à sa lettre en vers du 6 décembre, il ajoute sur la pièce une trentaine de vers apparemment dithyrambiques, mais qui ne sont pas sans arrière-pensées. « Cette troupe de comédiens/ Que Monsieur avoue être siens,/ Représentant sur le théâtre/ Une action assez folâtre,/ Autrement un sujet plaisant/ À rire sans cesse induisant/ Intitulé *Les Précieuses*,/ Ont été si fort visités/ Par gens de toutes qualités/ Qu'on n'en vit jamais tant ensemble/ Que ces jours passés, ce me semble,/ Dans l'hôtel du Petit-Bourbon,/ Pour ce sujet, mauvais ou bon./ Ce n'est qu'un sujet chimérique,/ Mais si bouffon et si comique » qu'aucun des grands auteurs du temps (dont Loret énumère longuement les noms) n'a jamais attiré tant de monde au théâtre. Pour vanter la comédie de Molière, était-il nécessaire d'attirer sur lui la jalousie de ses confrères ? En omettant toujours de le citer lui-même.

Le gazetier reconnaît avoir beaucoup ri (pour son argent, et même plus, dit-il), et que la pièce a attiré un public considérable. Ce succès, cependant, le laisse perplexe. Il refuse de porter un jugement personnel sur la qualité de la comédie, et même sur la validité du sujet, « mauvais ou bon », dit-il, doutant qu'il méritât d'être porté à la scène : « Ce n'est qu'un sujet chimérique. » *Les Précieuses ridicules* sont une fantaisie, une œuvre d'imagination, qui ne traite pas de mœurs ou de personnages appartenant à la réalité. Ce n'est pas un sujet sérieux. C'est un thème de farce sur un sujet « bouffon ». Pour Loret, qui se veut le porte-parole de l'opinion générale, les spectateurs de la pièce de Molière n'y ont pas ri d'une satire des mœurs contemporaines, d'une caricature de précieuses existantes, mais d'une invention plaisante, d'une bouffonnerie dont les personnages et les façons de faire sont trop éloignés de la réalité pour qu'il puisse s'agir d'autre chose que d'un jeu. Le gazetier ne se trompe pas, puisque l'objectif visé par la pièce, la galanterie du milieu Foucquet, était masqué par une évidente exagération et par une moins évidente (double) substitution. De « chimériques » précieuses ont été, pour Molière, le moyen de ridiculiser la poésie galante des mondains et les subtilités sentimentales de la Carte de Tendre.

Mieux vaut se fier à Loret, qui conte ce qu'il a vu, qu'à la scène tardivement rapportée dans un recueil d'anecdotes douteuses, le *Menagiana*. On y montre Gilles Ménage assistant à la première des *Précieuses ridicules* en compagnie de Mme de Grignan, « tout le cabinet de l'hôtel de Rambouillet, M. Chapelain et plusieurs autres de sa connaissance ». En sortant du théâtre, le poète déclare à Chapelain : « Monsieur, nous approuvions, vous et moi, toutes les sottises qui viennent d'être critiquées si finement et avec tant de bon sens... Il nous faudra brûler ce que nous avons adoré et adorer ce que nous avons brûlé. » Il en fut, conclut Ménage, « comme je l'avais prédit, et l'on revint du galimatias et du style forcé dès cette première représentation ».

Ce pseudo-témoignage s'est imposé à force d'être cité parce qu'il conte une scène forte qui satisfait les imaginations. Il n'a aucune valeur historique. *Les Précieuses ridicules* ont été créées par surprise, sans véritable première. À ce moment-là, l'hôtel de Rambouillet était sur le déclin et largement dispersé ; Mme de Montausier, sûrement à Bordeaux ; Mlle de Rambouillet, devenue Mme de Grignan, probablement en Provence avec son mari. Ménage et Chapelain venaient de se brouiller gravement à l'occasion d'une élection à l'Académie française. Ils ne se voyaient ni ne se parlaient plus. Ménage a péché par les platitudes du style doucereux, Chapelain s'est perdu dans les complications des figures épiques. Ils n'ont jamais été les adeptes d'un jargon volontaire, précieux ou non. Et Molière n'a sûrement pas corrigé d'un jour à l'autre des pratiques invétérées.

*Les Précieuses ridicule*s ne sont ni une représentation caricaturale de vraies précieuses, ni une satire de leurs maladroites imitatrices. Comme l'a senti d'emblée le gazetier Loret, ce sont des précieuses imaginaires. Molière n'a pas créé ses personnages d'après nature ; il les a inventés, comptant pour attirer le public sur la curiosité récemment suscitée par une appellation vague et des activités prétendument mystérieuses. « Les précieuses, lira-t-on plus tard dans les *Mémoires anecdotes* de Segrais, n'étaient pas tout à fait du caractère que Molière leur avait donné, mais ce qu'il avait imaginé était bon pour la comédie. » Un demi-siècle après la création de la pièce, dans un recueil de propos arrangés sinon inventés, on souligne que la logique de la création littéraire l'a emporté de beaucoup sur le souci de décrire ou de critiquer des personnages réels. Il faut aller plus loin. Molière n'a pas modifié des « caractères » ; il a inventé des personnages.

Au moment où il écrit ses *Précieuses ridicules*, tout le monde commence à savoir ou à croire qu'il y a des précieuses, mais personne ne sait ce qu'elles sont. Le livre de l'abbé de Pure en a donné une image qu'il a voulue contrastée, complexe, insaisissable. Mlle de Montpensier en a fait un portrait satirique caricatural. Ailleurs, ce sont des plaisanteries ou de rapides allusions, qui supposent pour être comprises une connivence dont les lecteurs sont le plus souvent incapables, faute d'informations. Sauf pour dire que les précieuses ont des manières et un langage à part (mais lesquels ?), et qu'elles ont des difficultés avec la sexualité (mais quand et avec qui ?), il n'y a pas de consensus à leur sujet. Chacun les invente à sa manière et les place à son gré avec les prudes, avec les coquettes ou avec d'autres, subdivisées ou non en multiples sous-catégories, selon des hiérarchies et des rapports qui varient avec les textes et les auteurs. Plus qu'à la réalité, elles appartiennent à ce que le public imagine à leur sujet à partir de représentations littéraires sans homogénéité, quelquefois positives, quelquefois satiriques, souvent ludiques. Molière est donc tout à fait libre de faire comme ses prédécesseurs et de les inventer à sa guise.

À une image floue, que l'on supposait volontiers ridicule pour exorciser la peur qu'elle suscitait (l'abbé de Pure la cachait sous le nom de « mystère »), il a substitué une image de son invention, créée à partir de sa culture littéraire et de son sens de la farce, non de ses talents si vantés d'observateur de la réalité. La galanterie vue par Sorel et l'amour tendre de Mlle de Scudéry lui ont paru de bonnes sources pour la construire parce que, avec ces éléments, les spectateurs se retrouveraient en pays connu. Molière savait qu'il ferait rire, parce qu'il pouvait en tirer tout un jeu sur les costumes, les façons de parler, les manières, les comportements amoureux. Et il savait aussi qu'il mettait en cause, sans en avoir l'air, par-dessus le marché, à la satisfaction de tous ceux à qui elle déplaisait, l'influence culturelle grandissante de la cour de Fouquet, dont l'habile mécénat ralliait, autour de son secrétaire Pellisson, ce que Chapelain appellera, après sa chute, la « canaille intéressée », en fait presque toute l'élite culturelle de l'époque. Cette élite qui le tenait à l'écart parce qu'il était comédien.

Quoi qu'on en ait dit, Molière, en 1659, ne faisait pas partie de la clientèle du surintendant. Il n'a pas profité de son mécénat. Alors qu'il a joué chez d'autres grands personnages, il n'est pas allé chez Foucquet après son installation à Paris. Le ministre ne l'invite pas non plus à lui montrer ses *Précieuses*. Il ne l'accueille, pour une représentation privée de *L'Étourdi* et du *Cocu imaginaire*, qu'après octobre 1660, au moment où tout le monde le fait jouer, quand la destruction inopinée du Petit-Bourbon l'a privé de théâtre, et qu'il attend l'aménagement d'une nouvelle salle, ouverte en janvier suivant. De la commande des *Fâcheux*, en septembre 1661, on ne peut rien conclure sur les rapports antérieurs de Molière et de Foucquet, car Molière, à l'époque, était le seul capable de fournir au châtelain de Vaux la sorte de spectacle qu'il souhaitait donner au roi. En critiquant la galanterie, l'auteur des *Précieuses ridicules* avait eu la sagesse de désigner une autre cible. Il n'a pas hypothéqué un avenir, dont décidera bientôt la disgrâce du ministre. C'est sans le handicap d'avoir été son protégé que Molière accédera à la faveur, aux pensions et aux gratifications du roi.

S'il y a eu des précieuses, elles étaient disparates, et ce n'étaient pas, comme Cathos et Magdelon, des « pecques provinciales ». Leurs amis n'étaient pas comme Mascarille et Jodelet. Mais Molière a inventé d'elles une image forte et d'une grande cohérence théâtrale. Les modernes spécialistes de la communication le savent bien. Une image forte, même quand elle est fausse, prend toujours aisément le dessus d'une image floue, même si celle-ci est plus vraie. Donneau de Visé a bien raison de voir dans le succès de Molière celui d'un homme qui sait manipuler son public. En transformant les femmes inquiétantes d'une prétendue cabale en personnages de farce, il a eu l'habileté d'en faire des êtres inoffensifs et rassurants. Quels qu'aient été leurs précédents « mystères », les précieuses naissent pour le public avec la pièce de Molière. C'est par ses yeux qu'on les verra désormais. En étant persuadé de leur réalité.

De tous les thèmes traités par l'abbé de Pure et ses émules, Molière ne retient que quelques idées simples, voire simplistes. La délicate question des conditions du mariage des filles est réglée sans être posée. Tout se passe comme si le ridicule Gorgibus avait parfaitement décidé de l'avenir de sa fille et de sa nièce en leur trouvant deux maris bien assortis. Cathos et Magdelon ne les jugent pas assez « galants ». C'est leur manière de dire qu'ils ne correspondent pas à leur idéal, qu'elles ne sauraient les aimer. Elles ont tort, et la « pièce » que leur font les prétendants éconduits, par le moyen de leurs valets, n'a d'autre but que de les punir de vouloir choisir librement l'homme avec lequel chacune d'elles devrait passer toute sa vie, puisque alors le mariage est un sacrement indissoluble.

Le roman traitait abondamment, dans de longues conversations aux arguments pertinents, qui évoquaient des situations précises, du vrai problème que posait la soumission obligée des femmes à un mari qu'elles n'avaient pas choisi, avec les traumatismes psychologiques, moraux et sexuels que cela pouvait entraîner. Ces difficultés capitales sont absentes des préoccupations des précieuses de Molière. Ses jeunes filles se contentent de poser à l'union conjugale d'imaginaires conditions préalables, puisées dans un roman qui décrit la tendre amitié de deux êtres hostiles au mariage (Pellisson et Mlle de Scudéry), et non le vrai lien qui unira finalement Aronce à Clélie. Ni la perte définitive de leur liberté, ni la peur des grossesses répétées, ni l'inquiétude d'un total asservissement aux soins du ménage, si importantes chez les précieuses de l'abbé de Pure, n'entrent en compte dans la conduite de Cathos et de Magdelon, qui connaissent mieux les aventures du *Cyrus* et de *Clélie* que les difficultés de la vie.

Sur la vie intellectuelle des femmes, Molière triche pareillement, simplifiant à l'extrême une question complexe. L'abbé de Pure montre des précieuses curieuses de s'instruire. Elles refusent de laisser leur esprit en friche et prétendent prendre une place dans un domaine dont il n'y a, selon elles, aucune raison de laisser le monopole aux hommes. Certaines ont même compris que l'accès à la vie de l'esprit est le point de départ nécessaire de leur libération. C'est pour cela qu'elles s'intéressent à la littérature, pensant qu'elles ont le droit d'avoir leur goût et de juger, à ce titre, les ouvrages de leur temps, voire d'écrire, comme Mme de La Suze, des poèmes relevant de la meilleure part de l'esthétique galante. Molière laisse tout cela de côté. Confondant la littérature avec la fréquentation des poètes, Cathos et Magdelon ne songent qu'à peupler ce qui leur sert de « salon » des « Messieurs du *Recueil de pièces choisies* ». Elles pensent se cultiver en s'informant des « petites nouvelles galantes ». Point de revendications en faveur d'une littérature moderne, qu'elles seraient capables d'apprécier, mais une vaine et superficielle curiosité de savoir tout ce qui se dit sur tout ce qui est en train de s'écrire. La vague de fond qui, depuis un siècle, portait la ferme volonté des femmes d'être admises à se servir de leur intelligence devient chez elles le snobisme ridicule de deux sottes.

Nul esprit de cabale chez les précieuses de l'abbé de Pure. Elles veulent avoir le droit de dire leur goût ; elles ne songent pas à l'imposer. Ce sont des esprits indépendants. Elles s'enrichissent du contact des écrivains qu'elles fréquentent sans craindre de critiquer librement leurs œuvres, comme Philonime en fait immédiatement l'expérience. Les précieuses de Molière admirent béatement tout ce que dit et écrit Mascarille. Elles n'ont aucun esprit critique. Quand le pseudo-marquis leur promet de les mener à la comédie d'un auteur qui lui a lu sa pièce et qu'il a promis de soutenir : « C'est assez, dit Cathos ; puisque nous sommes instruites, nous ferons notre devoir de nous écrier comme il faut sur tout ce qu'on dira. » Scarron accusait une cabale de précieuses d'avoir conjuré la chute de sa pièce, dont le mélange des tons leur avait déplu. Cathos et Magdelon se montrent décidées à suivre, sans garder la moindre liberté intellectuelle, les consignes qu'on leur a données. Aux femmes avides de décider par elles-mêmes des œuvres littéraires dépeintes par l'abbé de Pure, Molière a substitué des jeunes filles prêtes à tout pour faire partie des écervelées à la mode.

Les précieuses de l'abbé n'excluent ni les jeux littéraires sur des bagatelles, ni les échanges éventuels de billets doux ou de lettres galantes. Elles n'en font pas l'essentiel de la littérature de leur temps et affirment un goût éclectique pour les meilleurs auteurs contemporains, de Chapelain, qui est en train d'achever son long poème héroïque sur *La Pucelle*, à Pierre Corneille, dont elles admirent les tragédies, et à l'historien Mézeray, dont elles aiment le style aisé. Théologie et philosophie mises à part, elles s'intéressent à tout, faisant preuve d'un esprit ouvert et d'une grande curiosité intellectuelle. Les précieuses de Molière s'en tiennent à quelques pages de Mlle de Scudéry et, pour le reste, à des genres brefs, comme en prose le portrait, et en vers les chansons, sonnets, épigrammes, madrigaux et énigmes. Parce qu'elles considèrent la littérature comme un jeu, elles admirent l'impromptu que Mascarille prétend avoir improvisé pour elles. De l'esthétique galante, elles ne retiennent que le moins bon, ce qui conduit aux bouts-rimés sur la mort d'un perroquet.

Le jargon et les mines des précieuses sont dénoncés dès leur acte de naissance et sévèrement critiqués dans la grande majorité des textes. Molière ne dit presque rien des manières de ses précieuses. Il les montre. Les actrices qui les représentaient devaient accentuer fortement le mouvement de leurs hanches, conformément à ce qu'avait, dès l'origine, écrit René-Renaud de Sévigné. On sait, avant qu'elles soient entrées en scène, que les deux cousines apparaîtront outrageusement fardées. Gorgibus se plaint à

Marotte des dépenses que cela entraîne. « Quatre valets vivraient tous les jours des pieds de mouton qu'elles emploient. » La critique des mouvements de hanche des femmes est un lieu commun, lié à la constante volonté qu'on leur prête d'attiser les désirs masculins. Celle de l'emploi du fard est un thème lié à l'incessante dénonciation de l'hypocrisie féminine par les prédicateurs et par les misogynes. Ce sont deux sûrs moyens de faire rire un public très majoritairement masculin.

Les habits font partie des « manières ». Molière ne décrit pas ceux des deux cousines, mais les spectateurs les voyaient, et on les devine à partir de l'extravagance de l'accoutrement de leurs deux visiteurs. Cette vision de la préciosité est un ajout de Molière, une caricature inspirée des « Lois de la galanterie » de Sorel. Les « précieuses de la cour » donnaient au contraire le ton du bon goût, et celles qui entouraient Mlle de Montpensier ne montraient, d'après ce qu'elle en a dit, aucune extravagance vestimentaire. Elles n'en avaient pas les moyens. On ne sait pas grand-chose des habits des précieuses de l'abbé de Pure. Cela n'entre pas dans leurs préoccupations habituelles. Quand elles apprennent les subtilités vestimentaires de quelques femmes de riches financiers, elles les critiquent et s'inquiètent des inutiles dépenses supplémentaires que cela risque d'entraîner.

L'accoutrement de Jodelet et de Mascarille n'a rien de réaliste. Il n'en transforme pas moins, aux yeux de Cathos et de Magdelon, deux valets en marquis et en vicomte. Leurs maîtres les rendent à leur condition en les déshabillant sur la scène. La société n'est que paraître, et l'habit fait le moine. Mascarille a raison de s'écrier « qu'on n'aime ici que la vaine apparence et qu'on n'y considère point la vertu toute nue ». Nécessaire à la farce qui donne aux *Précieuses ridicules* son climat de fantaisie, l'extravagance de l'habillement est une invention de Molière, qui attribue à ses personnages une façon de s'habiller qu'aucun de ceux qui avaient parlé des précieux avant lui n'avait remarquée. Amplifiant et caricaturant ce que Charles Sorel avait inventé plutôt que décrit à propos du galant, l'auteur des *Précieuses* reprend, sur ce point encore, un thème traditionnel des moralistes et des prédicateurs, la critique de la mode. Mais c'est à partir de sa pièce que va se répandre et perdurer, comme si elle était vraie, une nouvelle imagerie de l'habillement : à la sévérité des habits des tenants de la tradition vestimentaire et culturelle s'opposent désormais les excès des précieuses et des petits marquis excessivement colorés et enrubannés.

Le langage est la matière et le sujet des *Précieuses ridicules*. Il sert lui aussi à entretenir dans la pièce un climat de farce. Le parler quasi paysan de Marotte et les mauvais jeux de mots de Gorgibus lui appartiennent. Et aussi le contraste entre ces façons de dire et les raffinements ridicules de Cathos et de Magdelon, redoublés par les absurdes alliances de mots de Mascarille. Ces éblouissantes fantaisies verbales ne laissent pas d'avoir leur burlesque poésie. On rit de l'ingéniosité de l'auteur, de son aptitude à un tel jeu de langage. Molière, homme de théâtre, sait que pour être un grand auteur comique, il ne suffit pas de faire rire avec des mimiques, des postures et des costumes. Il faut aussi faire rire avec des mots. Il s'arroge tous les droits pour y parvenir. Le langage de ses précieuses est, au langage éventuellement recherché de quelques femmes de son temps, ce que sera le latin de cuisine des médecins du *Malade imaginaire* au latin solennel et technique des cérémonies de la Faculté. Peu importe le vrai jargon, assez pauvre, des éventuelles précieuses. À partir du langage qu'il invente pour les siennes, à la fois plus éblouissant et plus ridicule que tous les jargons possibles, Molière se moque de tous les jargons

On peut tout faire avec les mots. À condition de savoir les employer dans une création littéraire cohérente. Quelques auteurs seulement savent le faire. C'est leur métier. Il ne faut pas chercher à se substituer à eux. Des hommes et des femmes ont appris à manier le langage dans la vie, ceux et celles qui ont su ou savent réellement tenir salon, par exemple à l'hôtel de Rambouillet, aux samedis de Sapho, chez Mmes du Plessis-Guénégaud et du Plessis-Bellière, ou, depuis peu, autour du surintendant Foucquet. C'est là que se forme le goût, là que s'élaborent les jugements littéraires, là que se décident les succès. C'est normal. L'écrivain dépend du public. Encore faut-il que ce public soit qualifié, et que de jeunes femmes sans formation culturelle ne tombent pas sous la coupe d'ignorants qui leur en imposent et les égarent. Mascarille prétend juger de tout et dit de grosses sottises. En montrant son succès auprès de deux innocentes, sous le couvert de la farce, Molière dénonce ce qui lui paraît un important danger : l'influence de sots prestigieux sur un public mal formé.

Pis encore. Ce langage, avec lequel on peut si bien jouer, est pour lui un bien trop précieux pour qu'on le laisse librement à la disposition de ceux qui n'ont pas appris à s'en servir sérieusement. Dès sa première comédie parisienne, Molière prend parti contre les productions de circonstance qui naissent dans les salons, pour les salons, sous la plume des mondains, et souvent d'écrivains qualifiés par leur formation de « doctes », mais qui se perdent en mettant leur plume au service des petits jeux littéraires à la mode. La Fontaine est alors de ceux-là chez Foucquet. Comme les innombrables auteurs de bouts-rimés sur la mort du perroquet de son amie. Bref, comme tous ceux qui se contentent de radoter sur les sujets à la mode.

C'est à ce niveau seulement que Molière rejoint un des vrais problèmes de son temps, insuffisamment posé par les théoriciens de la galanterie littéraire comme par les prétendues précieuses de l'abbé de Pure. Dans une société où se répand le goût de l'écriture, d'une écriture de l'instant, sur des sujets minuscules, dans des textes brefs (lettres, portraits ou petits poèmes), où finit le jeu et où commence la littérature ? Et qui est qualifié pour en juger ? Le développement de la vie intellectuelle des femmes, greffé sur l'expansion de la vie mondaine après la Fronde, remet en cause le statut de l'œuvre littéraire. Elle cesse d'être l'affaire des doctes, ou plus simplement des hommes qui ont gardé de leurs études classiques des définitions précises de ce que doit être la vraie littérature, et de sérieux référents pour la reconnaître. Un siècle après le manifeste de Du Bellay en faveur de la langue française, maintenant que celle-ci a produit des chefs-d'œuvre avérés, mais aussi qu'elle est devenue l'affaire de tous ceux qui savent lire et écrire, y compris des femmes, comment séparer le bon et le moins bon, ce qui mérite de dépasser le cercle étroit qui a vu naître un texte et ce qui doit y demeurer ? Qu'est-ce qui différencie le sonnet d'Uranie de Voiture du sonnet d'Oronte ? Molière reviendra dans *Le Misanthrope* sur cette question implicitement posée dans ses *Précieuses*. Elle nous emmène loin des chapeaux à larges bords, des rubans, des dentelles et des « commodités de la conversation ». Mais elle donne son sens à une pièce qui, sans cela, ne serait qu'une farce sur un « sujet chimérique ».

En 1653, Boisrobert a écrit *La Folle Gageure*. On y voyait une comtesse tenant salon, entourée de quelques beaux esprits. Chacun lisait une pièce de vers récente. On s'amusait d'une énigme. On déclarait les bouts-rimés, les ballades et les rondeaux passés de mode. Cette comédie, dans laquelle on examinait une question d'amour (quelle est en amour la chose la plus impossible ?), montrait quelques images intéressantes de la vie mondaine et prouvait qu'on pouvait traiter de littérature dans une comédie. Elle n'a pas eu le succès de la pièce de Molière à qui elle indiquait le chemin. Elle était beaucoup plus exacte, trop exacte. Le coup de génie de Molière a été de traiter les mêmes problèmes sans se soucier de réalisme, de les plonger dans le mouvement d'une farce étourdissante. Cela a empêché sa pièce de vieillir. Mais cela a aussi eu pour effet de substituer aux vraies questions que se posaient les contemporains une image simplifiée et ridicule de femmes qui se piquaient de ne pas parler comme tout le monde. D'autant que la pièce de Molière aura des suites, qui contribueront largement à imposer cette image simpliste.

Chapitre 19

Concurrences déloyales

Au début de 1660 paraît, sans privilège ni achevé d'imprimer, un bien curieux volume intitulé *Récit en prose et en vers de la farce des Précieuses*. Il ne porte pas de nom d'auteur, mais s'ouvre sur une préface, d'une plume féminine : « Si j'étais assez heureuse pour être connue de tous ceux qui liront le *Récit des Précieuses*, je ne serais pas obligée de leur protester qu'on l'a imprimé sans mon consentement, et même sans que je l'aie su. » C'est le début. Et pour finir : « Cette aventure est assurément fort fâcheuse pour une personne de mon humeur, mais il ne tiendra qu'au public de m'en consoler, non pas en m'accordant son approbation [...], mais en se persuadant que je n'ai appris l'impression de ma lettre que dans un temps où il n'était plus en mon pouvoir de l'empêcher. » Écrit pour l'information d'une dame à laquelle il serait exclusivement destiné, le *Récit* se présente comme une lettre, dont l'auteur déclare à la dédicataire : « Je ne prétends pas vous donner une grande marque de mon esprit en vous envoyant le *Récit des Précieuses*, mais au moins ai-je lieu de croire que vous le recevrez comme un témoignage de la promptitude avec laquelle je vous obéis, puisque je n'en reçus l'ordre de vous que hier au soir et que je l'exécute ce matin. »

Conservé dans les collections de Conrart, un texte manuscrit, qui contient une version un peu moins développée que le *Récit* imprimé, donne le nom de l'auteur et de la dédicataire dans son intitulé : « Abrégé de la farce des *Précieuses*, fait par Mlle Desjardins, à Mme de Morangis ». À peine âgée de vingt ans, Marie-Catherine Desjardins vient de débuter dans la carrière littéraire, où elle réussira sous le nom de Mme de Villedieu. Après avoir composé quelques vers de circonstance sur la mort du président de Bellièvre, son protecteur, elle a écrit une « Jouissance », thème jusque-là considéré comme incompatible avec la pudeur du sexe féminin :

Aujourd'hui, dans tes bras, j'ai demeuré pâmée,
Aujourd'hui, cher Tircis, ton amoureuse ardeur
Triomphe impunément de toute ma pudeur
Et je cède aux transports dont mon âme est charmée.

Ta flamme et ton respect m'ont enfin désarmée ;
Dans tes embrassements, je mets tout mon bonheur,
Et je ne connais plus de vertu ni d'honneur
Puisque j'aime Tircis et que je suis aimée.

Ô vous, faibles esprits qui ne connaissez pas
Les plaisirs les plus doux que l'on goûte ici-bas,
Apprenez les transports dont mon âme est ravie.

Une douce langueur m'ôte le sentiment,
Je meurs entre les bras de mon fidèle amant,
Et c'est dans cette mort que je trouve la vie.

Ces vers, non imprimés, coururent sous le manteau et connurent un succès de scandale. La *Muse illustre* en publia de la même veine, que Mlle Desjardins lui avait donnés, ou qu'on lui attribua, ce qui revint au même pour sa réputation. La demoiselle était à la fois décriée et à la mode.

C'était tout le contraire d'une prude. « Quand je vois, dit Tallemant, qui lui a consacré une brève historiette, tous les autres vers qu'elle a faits, et qui sont même imprimés [en 1660] avec ce gaillard sonnet, je ne sais que penser de tout cela. D'ailleurs, elle fait tant de contorsions quand elle récite ses vers, ce qu'elle fait devant cent personnes toutes les fois qu'on l'en prie, d'un ton si languissant et avec des yeux si mourants, que s'il y a encore quelque chose à lui apprendre en cette matière-là, ma foi ! il n'y en a guère. Je n'ai jamais rien vu de moins modeste. Elle m'a fait baisser les yeux plus d'une fois. » Faut-il placer cette femme libérée parmi les ennemies des précieuses, en raison de sa conduite amoureuse, ou parmi leurs amies, puisqu'elle est une intellectuelle, et plus encore une femme de lettres ? On se heurte, comme toujours, à la difficulté de classer qui que ce soit parmi ou en dehors des précieuses en l'absence de tout critère décisif de sélection. Sauf Somaize, qui voit des précieuses partout, nul contemporain n'a placé la demoiselle parmi celles dont Molière a fait la satire.

Tallemant confirme les informations données par l'auteur sur la publication de son *Récit* : « Une des premières choses qu'on ait vu d'elle, au moins des choses imprimées, ç'a été un *Récit de la farce des Précieuses* [...]. Il en courut des copies. Cela fut imprimé avec bien des fautes, et elle fut obligée de le donner au libraire afin qu'on le vît au moins correct. C'est pour Mme de Morangis, à ce qu'elle a dit. » Cette assertion surprend Tallemant, car, dit-il, dans l'édition de Luyne, le « gaillard sonnet » suivait immédiatement le *Récit*, et la dédicataire, femme d'Antoine de Barrillon, seigneur de Morangis, personnage important de la sévère Compagnie du Saint-Sacrement, était une dévote. Contrariée de ce voisinage, Mme de Morangis a peut-être obtenu la suppression de cette première édition, dont ne subsiste aucun exemplaire, au profit d'une autre, parue chez Barbin, qui ne contient plus le fameux sonnet.

Mlle Desjardins prétend avoir été publiée malgré elle. On n'est pas obligé de la croire. Ce type d'affirmation est un lieu commun de quiconque publie ce qui n'aurait pas dû l'être, et c'est le cas du *Récit de la farce des Précieuses*, qui répand le contenu d'une pièce que les comédiens jouent encore et dont ils devraient, selon l'usage, garder le monopole pendant toute la première série de représentations. La demoiselle insiste, autre lieu commun, sur la promptitude de son obéissance. Elle déclare même avoir rédigé sa lettre « dans un temps où [elle n'avait] pas encore vu sur le théâtre *Les Précieuses*, de sorte qu'elle n'est faite que sur le rapport d'autrui ». Curieusement, Mlle Desjardins insiste sur la vérité de cette singulière affirmation : « Je crois qu'il est aisé de connaître cette vérité par l'ordre que je tiens dans mon récit, car il est un peu différent de celui de la farce. » Comme si elle n'avait pas pu introduire volontairement cette différence.

Elle prétend conter d'après le récit d'autrui une comédie qu'elle n'a pas vue... On aurait du mal à croire qu'elle eût pu retenir avec tant de précision une pièce qu'elle serait allée voir plusieurs fois. Mais on se demande encore plus qui a pu lui en faire un « rapport » si précis. Autre mystère : cet « Abrégé » singulier, commandé le soir et fini dès le lendemain, a beau avoir été hâtivement rédigé, il affiche des prétentions littéraires : c'est, souligne le titre, un récit « en prose et en vers ». L'auteur ne présente donc pas un simple résumé de la comédie, mais une réécriture soignée. Avant même que Molière l'ait imprimée, elle propose au public une autre version de ses *Précieuses*, à la fois abrégée et plus élaborée. Cela rend invraisemblable qu'elle l'ait écrite à l'intention d'une seule personne et sans avoir à sa disposition un manuscrit de la pièce, obtenu à prix d'or d'un copiste de la troupe, ou forgé à partir des souvenirs de plusieurs personnes. Ce qui implique une intrigue qu'un auteur débutant n'aurait pu mener seul.

Sous la protection plus ou moins volontaire des Morangis, Mlle Desjardins s'approprie le texte de Molière en le transcrivant dans un autre genre littéraire, celui du récit. Cela ne manque pas d'audace. On peut l'imaginer prête à tout pour profiter du succès des *Précieuses ridicules* et se faire connaître des gens du monde qui n'auraient pas de mal à percer son anonymat. Mais une telle hypothèse n'explique pas l'intrigue qui lui a procuré une version convenable de la comédie. Fait singulier, ni dans son « Abrégé » manuscrit, ni dans le texte imprimé, ni dans sa préface, ni ailleurs, Mlle Desjardins ne rappelle que la comédie dont elle fait le récit est de Molière. Pis encore, elle omet de dire que la pièce a été et est encore jouée sur son théâtre. Un auteur douteux, Baudeau de Somaize, va bientôt mener campagne contre Molière en prétendant que ce dernier n'est pas le véritable auteur des *Précieuses ridicules*, qu'il a plagié l'abbé de Pure. Les silences de Mlle Desjardins vont dans le même sens. Ils s'inscrivent dans une campagne qui vise à déposséder l'auteur de son texte. Sans cela, on s'expliquerait mal pourquoi il était si nécessaire de publier le récit fait à une dévote du déroulement d'une comédie que tout le monde pouvait aller voir.

Les différences entre la pièce et les récits de Mlle Desjardins ne sont pas si minces qu'on le dit d'ordinaire. On y voit les demoiselles se farder. On les voit recevoir les prétendants éconduits. Dans l'édition que Molière donnera lui-même de ses *Précieuses*, ces deux scènes sont racontées successivement par les prétendants, puis par Gorgibus. Deux grosses plaisanteries rapportées par Mlle Desjardins n'y figurent pas. Les jeunes filles n'y demandent pas à leur domestique d'apporter la « soucoupe inférieure », autrement dit la chaise percée. Jodelet ne s'y vante pas d'avoir, dans une bataille, reçu une balle de mousquet qu'il aurait rendue en éternuant. Mlle Desjardins réduit au contraire tout le rôle de Jodelet à cette extravagance, courant le galop sur la fin de la comédie, mentionnée plutôt que résumée. Surtout, elle modifie profondément l'esprit de la pièce en ne gardant presque rien de l'intérêt que Cathos et Magdelon (devenues chez elle Climène et Philimène) prennent chez Molière aux nouvelles de la vie littéraire, et de leur désir d'en être informées. Elles se contentent d'admirer les sottises débitées par Mascarille. Au lieu d'être des femmes maladroitement entichées de vie intellectuelle, elles bornent leur intérêt pour les choses de l'esprit à leur goût ridicule pour un langage à part qui donne des noms extravagants aux choses les plus simples.

Mlle Desjardins utilise plusieurs fois le mot « précieux ». La première, dans les deux versions de son texte, pour évoquer le « changement des noms vulgaires [des héroïnes] en noms du monde précieux », la deuxième pour parler des « applaudissements que [sur scène] les précieuses donnent aux précieux ». Une troisième fois, dans l'*Abrégé*, elle intitule « Règles de l'amour précieux » les règles à suivre pour se faire aimer. Mais dans le texte imprimé du *Récit*, elle supprime l'adjectif « précieux », peut-être parce que juste après les avoir énoncées, elle reprend les mots mêmes de Molière : « Ce sont des règles dont, en bonne *galanterie*, on ne saurait se dispenser. » Comme si, dans cette nouvelle version, Mlle Desjardins avait pris conscience du glissement de « précieux » à « galant » opéré par Molière, et de la nécessité de ne pas le signaler par un titre trop précis.

Ses récits concentrent l'attention sur la conduite amoureuse des personnages. Son principal effort de réécriture porte sur le texte des « Règles de l'amour précieux ». Elle les énonce en vers, et les distingue en sept commandements, séparés par des numéros. Elle les rapproche ainsi des maximes d'amour, genre à la mode dans les ruelles de l'époque, et aussi des textes analogues qui figuraient souvent dans les romans. En février 1657, dans la troisième partie de *Clélie*, Mlle de Scudéry avait introduit (en prose) les quatorze « maximes » de la « morale galante » de Térame – qui représente sans doute Valcroissant, un fidèle de Foucquet–, puis, par jeu, quatorze « maximes opposées à celles de Térame ». En transformant la tirade de Cathos en une suite de maximes, Mlle Desjardins invite son lecteur à voir Mlle de Scudéry derrière les précieuses, et concourt sans le vouloir aux confusions voulues par Molière.

Des *Précieuses ridicules*, elle n'a pas donné un résumé fidèle. Elle offre de la préciosité une image appauvrie par rapport à celle de la comédie, celle qui va s'imposer dans le public et jusqu'à nos jours : les précieuses sont des femmes romanesques qui se singularisent par un langage à part et qui refusent l'amour, ou du moins le compliquent au point de le rendre impossible.

En simplifiant encore la vision de Molière, déjà réductrice, Mlle Desjardins a sans doute exprimé ce qu'avaient spontanément fait les spectateurs, mais elle a aussi amplifié, auprès de ses lecteurs, ce mouvement simplificateur. Les ouvrages qui vont désormais parler des précieuses resteront largement prisonniers de ces simplifications.

Le 7 janvier 1660 d'après l'achevé d'imprimer, le libraire Ribou publie une comédie intitulée *Les Véritables Précieuses*. Son titre était provocant. En présentant ses précieuses comme « véritables », l'auteur affichait que celles de Molière ne l'étaient pas ou, pis encore, que sa pièce ne lui appartenait pas. Et en effet, dans une préface d'une rare violence, où il l'appelle toujours « l'auteur prétendu des *Précieuses ridicules* », Baudeau de Somaize accuse ouvertement son prédécesseur d'être un plagiaire. Molière, qui « singe » les Italiens par son jeu, leur a aussi dérobé, dit-il, *Le Médecin volant* et « plusieurs autres pièces » du même genre. « Cela n'a rien de surprenant, venant d'un homme qui tire toute sa gloire des Mémoires de Guillot-Gorju [un farceur] qu'il a achetés de sa veuve et dont il adopte tous les ouvrages. » Avec une belle impudence, le voleur tente de déconsidérer celui qu'il vole en l'accusant de ne pas être l'auteur de ses pièces.

Dans *Les Précieuses ridicules*, précise-t-il, Molière a « copié les Précieuses de M. l'abbé de Pure, jouées aux Italiens ». Accusation sans fondement, car même si l'idée de consacrer une pièce aux précieuses a pu venir à Molière de la lecture du roman de l'abbé, s'il y a peut-être pris (en le dédoublant) le schéma de la comédie racontée (une jeune fille séduite par les beaux discours d'un poète), il n'a pas pu « copier » une pièce qui n'a jamais existé qu'en imagination, pour les besoins d'une aventure contée dans la troisième partie du roman où, pour la guérir, on représente à Aurélie sa propre histoire sur le théâtre des Italiens. Comment Molière aurait-il pu « singer » les Italiens dans une pièce dont le sujet même (le langage) rendait impossible sa création par des acteurs qui ne jouaient pas en français ? Et comment aurait-il connu une telle pièce, si elle avait existé, puisque les comédiens italiens ne jouaient pas un texte écrit, mais improvisaient sur des canevas, à un moment où le futur auteur des *Précieuses* se trouvait encore en province ?

Dans son accusation de plagiat, Somaize est resté sans second. Même au plus fort de ses accusations, nulle part, jamais, l'abbé de Pure ne s'est joint à lui pour prétendre que Molière aurait plagié ou même imité une pièce qu'il aurait réellement écrite. Preuve supplémentaire que la comédie dont il a conté sommairement l'intrigue dans son roman n'a pas plus de réalité que ce « Dictionnaire des ruelles », dont il parle aussi dans sa fiction, et qu'écrira bientôt Somaize, l'auteur des *Véritables Précieuses* et de leur préface accusatrice.

Cet auteur n'avait jusqu'alors rien écrit qu'une brève satire, en 1657, contre une pièce d'un ancien protégé de Richelieu. Il y reprochait à Boisrobert d'avoir violé les règles de la tragédie dans sa *Théodore, reine de Hongrie*, et l'accusait lui aussi d'avoir plagié une pièce précédente. Cette attaque, pour laquelle il puisait ses arguments chez Aristote, Horace et Scaliger, le classait dans le parti des doctes. Il change de camp en s'emparant du sujet traité par Molière, dont il va faire son fonds de commerce pendant deux ans, et pour faire bonne mesure, en 1661, dans son Dictionnaire des précieuses, il brosse un portrait très flatteur de l'auteur dont il avait attaqué la tragédie trois ans plus tôt. C'est qu'il veut se faire une place dans la littérature. Frappé par le triomphe des *Précieuses ridicules*, il pense que ce sujet peut lui fournir la matière de plusieurs ouvrages à succès, dont il n'a pas même à chercher les titres. En attaquant Molière, nouvel arrivé dans la capitale dont la situation n'est pas encore très solide, en l'accusant de plagiat, il crée un petit scandale qui lui donne de la notoriété.

S'il a appelé sa pièce *Les Véritables Précieuses*, précise Somaize, c'est que ses personnages « parlent véritablement le langage qu'on attribue aux précieuses ». Curieuse formule, qui laisse une marge entre le langage des précieuses et celui qu'on leur fait parler, ce qui lui donne en fin de compte toute liberté d'inventer. Curieuse initiative aussi, qui suppose que les expressions que Molière leur a prêtées ne sont pas authentiques, ce qui est exact, et que les siennes sont « véritables », non pour être tirées de leur usage, mais parce qu'elles s'accordent à l'opinion qu'on a de leur langage. Curieuse démarche enfin, puisque si Molière avait plagié l'abbé de Pure, Baudeau de Somaize, en refaisant à son tour, sans l'aveu de l'auteur, une pièce semblable à celle qui avait prétendument été jouée aux Italiens, se trouverait forcément plagiaire à son tour.

Dans *Les Véritables Précieuses*, deux jeunes filles, Artémise et Iscarie, se complimentent dans un langage encore plus extravagant que celui de Cathos et Magdelon. « Vraiment, ma chère, je suis en humeur de pousser le dernier rude contre vous. Vous n'avez guère d'exactitude dans vos promesses : le temps a déjà marqué deux pas depuis que je vous attends. » Ce sont les premiers mots d'Iscarie. À quoi Artémise répondra en parlant d'un « galant de plain-pied », qui a « tout à fait l'air de la ruelle ». Des deux suivantes des demoiselles, l'une essaie d'imiter le parler de sa maîtresse. L'autre en fait la critique : « Çà, dites-moi s'il y a rien de plus ridicule que de nommer un lavement le bouillon des deux sœurs ? A-t-on jamais ouï dire qu'un médecin est un bâtard d'Hippocrate ? Voilà bien déshonorer la médecine, ma foi ! et c'est là le moyen d'encourager ces messieurs les médecins à nous tirer des bras du vieil rêveur, ou plutôt de l'empire de Morphée, ou, pour mieux m'expliquer, du lit, à qui vos savantes ont donné ces noms. » Dans tous les cas, il s'agit de mettre un maximum de mots et d'expressions insolites dans la bouche des personnages en scène. Leurs propos sont si inintelligibles que Somaize a dû les traduire lui-même en note.

Survient « Flanquin le précieux », valet du baron de la Taupinière. Il fait la cour, dans le prétendu langage des précieux, à Isabelle, celle des suivantes qui donne dans le défaut de ses maîtresses. Il réclame « un bain intérieur » pour demander à boire, et parle de « la métempsycose de son âme » pour désigner la mort qui l'attend si son amour n'est pas payé de retour. Doit-il quitter la compagnie pour rejoindre son maître ? « Je m'en vais donc, dit-il, faire disette à mes yeux de leurs astres tutélaires. »

Rentrées en scène, les jeunes filles commentent sévèrement des stances, comme a fait Agathonte pour la chanson de Philonime, au début du livre de l'abbé de Pure : elles n'y « trouvent pas un mot de pompeuse mesure ». Survient le baron de la Taupinière. Isabelle est priée de fournir les « trônes de la ruelle », autrement dit des fauteuils. Une conversation s'engage sur les visites que reçoivent les jeunes filles, toujours en langage précieux. On fait de même le portrait satirique d'une dame de peu d'esprit, mariée à un « inquiet » (un homme d'affaires). Le baron annonce la venue de « certain poète nouveau, qui fait des vers scientifiquement bien ». Artémise et Iscarie affirment leur goût pour les « poèmes dramatiques ».

Picotin, le poète, entre et remercie le baron dans un style de pédant. On lui demande son sentiment sur *Les Précieuses ridicules*. Il renouvelle l'accusation de plagiat, et détaille la prétendue ressemblance de cette farce et de celle qu'auraient jouée les Italiens. Il attaque les précédentes pièces de Molière. Pressé de dire son avis sur ce qu'on a joué au cours de la dernière saison théâtrale, il loue Pierre Corneille et son frère Thomas, puis la *Stratonice* de Quinault et deux pièces de Boyer. Il regrette la mort de Boisrobert, et en fait un vif éloge. Il vante aussi la *Zénobie* de Magnon, malheureusement desservie par la troupe qui la joue – celle de Molière. On demande à Picotin de lire de ses œuvres. Il s'exécute avec des extraits de sa tragédie, *La Mort de Lusse-tu-cru*, puis de sa comédie, *Les Noces de Pantagruel*. Les demoiselles se pâment d'admiration, comme Cathos et Magdelon devant l'impromptu de Mascarille.

La Mort de Lusse-tu-cru, la prétendue tragédie de Picotin, appartient à la série des œuvres imaginaires qui égaient les descriptions des précieuses. Mais son prétendu héros (Lustucru, l'eusses-tu cru, l'aurais-tu cru ?) relève d'une tradition populaire et misogyne qui s'exprime alors dans les gravures et les almanachs. « Opérateur céphalique », il malaxe les têtes un peu folles des femmes récalcitrantes pour les faire rentrer dans le devoir d'obéissance à leurs maris. Le sujet de la pièce de Picotin, c'est la mise à mort de ce personnage, grossier symbole du pouvoir masculin, par les femmes qu'il aurait voulu guérir. En mentionnant Lustucru à propos des précieuses, Somaize abaisse les subtils débats des conversations rapportées par l'abbé de Pure au niveau des grasses plaisanteries populaires, dégradant celles dont il va bientôt se présenter comme l'historien attentif et le spécialiste minutieux dans un ouvrage encyclopédique.

Le dénouement des *Véritables Précieuses* vient de Molière. Un voisin survient et révèle que le poète est un ancien valet, qui a perdu son maître. Il s'avère aussi que le baron de la Taupinière n'est qu'un pitre. C'est La Force, dit Gilles le Niais, directeur d'une troupe sans emploi, dont Picotin fait partie. Les acteurs de cette troupe s'introduisent dans les ruelles afin d'y lire ses pièces dans l'espoir de lui attirer des spectateurs. « Nous avons, reconnaît le faux baron, appris quelques mots précieux » pour l'occasion, et Flanquin a, lui aussi, bien joué son rôle « en contrefaisant le précieux ». En face des deux précieuses et d'Isabelle, leur domestique, on a donc eu affaire à des contrefaçons calculées, et non à des personnages croyant à leur rôle, comme Mascarille et Jodelet.

Les Véritables Précieuses ne sont qu'un mauvais *remake* des *Précieuses ridicules*. Somaize y reprend les situations et les procédés de Molière sans rien apporter de nouveau. Plus encore que son prédécesseur et que Mlle Desjardins, il réduit la préciosité à la volonté d'introduire dans le langage des manières de parler insolites et compliquées. Du désir des femmes d'être initiées à la vie littéraire, il ne garde que de brèves allusions dans une scène assez rapide. Il ne dit pratiquement rien de l'amour et du désir féminin d'être aimée autrement. Plus on parle des précieuses, plus leur image se rétrécit. Après avoir lu sa comédie, on n'imaginerait pas que Somaize tirera encore plusieurs volumes de ce sujet apparemment à bout de souffle.

L'auteur des *Véritables Précieuses* comptait que l'un des deux théâtres rivaux de celui de Molière s'empresserait de jouer sa pièce. Personne n'en voulut. Il la publia, profitant de la préface pour redoubler ses accusations de plagiat. Il fait plus. Il tente de s'emparer de la comédie prétendument plagiée. Pour un auteur, le seul moyen de s'assurer la propriété de son texte était alors de faire inscrire sur le registre de la communauté des libraires (qui se confondait avec celle des éditeurs), à son profit ou plus souvent au profit de l'un d'entre eux, le droit exclusif de publier tel ou tel livre. Cela s'appelait un privilège. Le 12 janvier 1660, Ribou, libraire douteux avec lequel Molière avait déjà eu maille à partir, avait, on se demande comment, indûment obtenu ce précieux privilège pour publier non seulement *Les Véritables Précieuses* (achevées d'imprimer cinq jours plus tôt...), mais aussi *Les Précieuses ridicules*. Comme les deux titres s'y trouvaient inscrits côte à côte, on en déduisait logiquement qu'ils étaient du même auteur. À plagiaire, plagiaire et demi : dans la logique de ce qu'il soutenait, Somaize ne volait pas Molière, puisque la pièce était de l'abbé de Pure...

« Je suis tombé, dira Molière en tête de l'édition qu'il devra faire d'urgence, dans la disgrâce de voir une copie dérobée de ma pièce entre les mains des libraires, accompagnée d'un privilège obtenu par surprise. » Averti à temps, il intervint fermement et réussit à parer le coup, qui aurait pu le dépouiller de sa comédie. On annula le privilège malencontreux, et on en accorda un autre au libraire de Luyne, celui qui avait le premier imprimé le récit de Mlle Desjardins, cette fois pour le compte du véritable auteur.

Ayant échoué dans sa tentative de s'approprier la comédie de Molière, Somaize ne lâche pas prise pour autant. Deux mois plus tard, le 3 mars, Ribou prend un nouveau privilège pour trois ouvrages, dont *Les Précieuses ridicules, comédie représentée au Petit-Bourbon, nouvellement mise en vers*. Curieuse démarche, dont le prétendu auteur sent lui-même et souligne le caractère insolite quand sa pièce paraît le 12 avril : « Je dirai d'abord qu'il semblera extraordinaire qu'après avoir loué Mascarille [c'est-à-dire attaqué Molière] comme j'ai fait dans *Les Véritables Précieuses*, je me sois donné la peine de mettre en vers un ouvrage dont il se dit l'auteur. » La question reste sans réponse. Somaize se contente de renouveler ses accusations contre celui qui, selon lui, s'est attribué une pièce pour avoir seulement ajouté son jeu farcesque au « vol » qu'il a fait aux Italiens de la comédie de l'abbé de Pure. À l'en croire, le texte qu'il a versifié lui appartient au moins autant qu'à Molière. Pour disqualifier les plaintes de celui dont il s'approprie le texte, Somaize utilise pour la seconde fois le même moyen : accuser sa victime de plagiat !

Il n'aurait pu agir ainsi impunément s'il n'avait eu de bons soutiens, voire des instigateurs. L'installation de Molière à Paris ne plaisait pas à tout le monde. Le succès de ses *Précieuses* inquiéta tous ses concurrents, auteurs et acteurs. Avec leur complicité, on se servit de Mlle Desjardins, puis de Somaize, pour tenter de le déposséder de son texte, le convaincre de plagiat et le déconsidérer à jamais. C'était le meilleur moyen de se débarrasser de lui. La manœuvre échoua de justesse. La série de chefs-d'œuvre qui vont suivre *Les Précieuses ridicules* apporte le meilleur et le plus cinglant démenti aux calomnies de Somaize. Première pièce de Molière créée à Paris, les *Précieuses* ont été une étape capitale dans sa carrière. Il n'a pas seulement triomphé sur la scène ; il a créé un effet de mode. On l'a volé, on l'a plagié, on l'a continué. Les précieuses sont devenues, grâce à lui, un sujet dont beaucoup se sont ensuite emparés. À défaut d'avoir été nombreuses et bien typées dans la réalité de leur temps, elles existent grâce à lui pour toujours dans la représentation collective.

Aucun théâtre n'accepta de jouer les *Précieuses* en vers. Mais comme on jouait celles de Molière, en prose, dans son théâtre, Somaize n'hésita pas, en publiant son texte, à inscrire en première page : « *Les Précieuses ridicules*, comédie représentée au Petit-Bourbon, nouvellement mise en vers ». Comme si on était en train de jouer sa pièce dans le théâtre de Molière... C'est par cette suite de procédés douteux que Somaize réussit à faire parler de lui et à commencer une carrière de prétendu peintre des précieuses, à laquelle il doit, aujourd'hui encore, la survie de son nom. Au milieu du XIXᵉ siècle, ignorant ou négligeant ses malhonnêtetés, on a cru qu'il fallait le prendre au sérieux. Les historiens de la préciosité n'ont, depuis, cessé de l'utiliser sans considérer les limites de son témoignage. Pauvres précieuses, « scientifiquement » décrites à partir des imaginations plaisantes de l'abbé de Pure, de la géniale et caricaturale invention de Molière et des infinis délayages d'un flibustier des lettres décidé à faire flèche de tout bois...

Chapitre 20

Une image de moins en moins riche

Avec un achevé d'imprimer du même jour que *Les Précieuses ridicules* mises en vers paraît, toujours chez Ribou et sur le même sujet, un nouveau texte de Somaize au titre ambitieux : *Le Grand Dictionnaire des précieuses ou la Clé de la langue des ruelles*. En fait, c'est un mince opuscule de quelques pages, qui donne, en les classant de A à Z, un certain nombre d'expressions prétendument tirées de l'usage des précieuses. Son intérêt n'est pas dans le détail de ces expressions, créées sur le modèle des publications précédentes, mais dans un nouvel appauvrissement de l'image des précieuses. De tout ce qui faisait sa richesse, sa complexité, voire ses contradictions, Somaize s'est aperçu que le public retenait surtout les fantaisies d'un langage à part. Ses *Véritables Précieuses* lui avaient plu parce qu'il les y avait multipliées. Sa nouvelle publication lui en donne une suite sans mélange. Pour lui complaire, il réduit la préciosité à une perversion de l'expression. Molière avait montré la voie, mais en justifiant l'abus d'un prétendu langage précieux par les aspirations de ses personnages. Avec *Le Grand Dictionnaire*, la préciosité n'est plus qu'un jargon, un jargon inventé, un jargon artificiel.

Dans une préface ajoutée à la seconde édition de son livre, Somaize explique modestement qu'il n'a rien inventé. Son rôle, dit-il, s'est borné à « faire un corps des parties » qui le constituent. « Je n'en attends point d'autre avantage que celui de divertir le lecteur par l'extravagance des mots que j'ai recueillis, et dont elles [les précieuses] sont les inventrisses [*sic*]. » C'est prétendre que le *Dictionnaire* est un témoignage pris sur le vif du parler réel des précieuses, que son auteur a noté dans le but avoué d'en faire rire. Mais recueillir en les mettant côte à côte des « extravagances » dispersées au fil de multiples conversations, c'est déjà un montage qui fausse la réalité en produisant un effet de grossissement. Cela n'a pas suffi à Somaize. Il a effectué son montage en puisant un peu partout, notamment dans des sources écrites, dont la plupart n'ont rien à voir avec la préciosité.

Non content d'avoir utilisé ce qu'il avait inventé pour ses *Véritables Précieuses*, il a largement puisé dans *Les Précieuses ridicules*. Sur les onze premières rubriques de la lettre C, par exemple, neuf citations viennent de Molière, en général mot à mot. « Et quelle estime, mon père, voulez-vous que nous fassions du procédé irrégulier de ces gens-là ? », avait dit Magdelon. Somaize écrit à l'article *Chose* : « Ces gens-là ne font pas les choses comme il faut : *Ces gens-là ont un procédé tout à fait irrégulier.* » Le même personnage s'exclamait : « Ah, mon père, ce que vous dites là est du dernier bourgeois ! » Cela devient au même article : « Les choses que vous dites sont fort communes : *Les choses que vous dites sont du dernier bourgeois.* » Et ainsi de suite.

Somaize a aussi beaucoup utilisé l'abbé de Pure, qui avait dispersé, sans y insister, maintes expressions recherchées au fil de son roman. Dès le début, « vous n'avez possible pas entendu parler de la précieuse, disait Agathonte [...]. C'est un précis de l'esprit et un extrait de l'intelligence humaine ». D'où chez Somaize : « Mademoiselle une telle a beaucoup d'esprit : *Mademoiselle une telle est un extrait de l'esprit humain.* » Ou à l'article *Jupe*, parce que l'abbé a montré des femmes de financiers qui se seraient mises à porter deux jupes en plus de la jupe habituelle, qu'*une* précieuse aurait appelées la friponne et la fidèle : « *Jupe* : La jupe de dessus : la modeste ; la seconde jupe : la friponne ; la jupe de dessous : la secrète. »

À propos de la chanson de Philonime, l'auteur du *Mystère des ruelles* s'était amusé à écrire : « Dans le premier mot du second vers, on trouve une rudesse capable d'égorger en passant un pauvre gosier. Un passage de gens de guerre n'est pas plus rude à pauvres gens. Il faut avoir humé l'air du Rhin et respiré à l'allemande pour prononcer impunément ce *quoiqu'auteurs*. Il tient longtemps son homme à la gorge et, sans quelque favorable hoquet, il court grand risque de ne passer jamais outre. » Cela devient, à l'article *Rude* : « Ce mot-là est tout à fait rude et il n'y a pas moyen de le prononcer : *ce mot est capable d'écorcher en passant un pauvre gosier,* ou *un passage de gens de guerre n'est pas plus rude à pauvres gens ; il faut avoir humé l'air du Rhin et respiré à l'alle-mande pour le prononcer. Il tient longtemps,* etc. »

Les expressions énumérées par Somaize ne viennent pas toutes des précédentes peintures des précieuses. Il fait son miel de tous côtés. Ainsi, à l'article *Rire* : « Cela me fait rire : *cela excite en moi le naturel de l'homme* » doit venir du fameux aphorisme de Rabelais (« rire est le propre de l'homme ») ou d'une source inter-médiaire. « *Les peintres* : les poètes muets » a probablement été emprunté au *Berger extravagant* de Sorel. Certaines expressions sont dans l'air du temps, imprégné de mythologie, comme « *La poésie* : la fille des dieux ». D'autres enfin ont dû être inventées à plaisir par l'auteur. « *Nager* : visiter les Naïades. » Ou « *Le nez* : la porte du cerveau, ou les écluses du cerveau. » Plusieurs « tra-ductions, loin d'être raffinées selon les volontés qu'on prête d'ordinaire aux précieuses, sont calquées sur des tournures popu-laires, telles qu'on les trouve consignées par exemple dans *Les Curiosités françaises* d'Oudin.

Somaize se plaît, dans son *Dictionnaire*, à donner des équivalents de mots grossiers ou se rapportant à des réalités triviales. « *Cul* : le rusé inférieur. » Ou « *La chaise percée* : la soucoupe inférieure. » Et à l'article *Chien* : « Votre chien a fait son ordure : *votre chien s'ouvre furieusement*. » Il ne craint pas les plaisanteries gaillardes : « Les véritables précieuses, étant pour d'ordinaire vieilles, ne veu-lent point de conjonction : c'est pourquoi elles ont retranché l'*et* [le *é*] de leur alphabet. » Ou encore : « Les précieuses, qui ne veulent pas que l'on connaisse leur K [on sait le sens obscène du mot *cas*, s'agissant des femmes], l'ont ôté de leur alphabet. »

Somaize accentue cette façon de faire dans le supplément qu'il ajoute à la seconde édition de son opuscule. Il y donne vingt-trois expressions nouvelles, dont certaines descendent jusqu'à des mots qualifiés de bas par les dictionnaires de l'époque. Ainsi : « D'où vient que vous êtes si salope et que vous n'avez point de linge blanc ? traduit en précieux par : *D'où vient que vous êtes si salope et que vous n'avez pas de linge dominical ?* » Ou encore : « Made-moiselle une telle est allée aux lieux communs : *Mademoiselle une telle est allée à la lucarne des antipodes.* » Certaines défini-tions semblent conventionnelles, par exemple pour dire : « Cette femme est chaste : *cette femme est une vraie Pénélope.* » D'autres sont recherchées, comme celle-ci : « *L'amour* : le dieu de la pro-preté, de l'invention et de la galanterie », ou bien : « Les soupirs, craintes, soupçons, jalousies sont appelés tous ensemble en pré-cieux : la petite oie de l'amour. »

Contrairement à ce qu'il prétend, Somaize ne donne pas à ses lecteurs le résultat d'une enquête menée auprès de femmes, « autrisses » d'expressions extravagantes. Il a puisé un peu partout des expressions littéraires qui deviennent amusantes une fois tirées de leur contexte et y a ajouté des définitions de son cru. Mettre à la place d'un mot usuel une expression insolite qui suscite le rire ou la curiosité, ou les deux, n'était pas un jeu nouveau. Molière y avait joué, et Sorel avant lui. La nouveauté, dans *Les Précieuses ridicules*, venait de l'abondance des termes extravagants placés en situation dans la bouche de personnages qui n'en sentaient pas le ridicule. Le *Dictionnaire* accentue le procédé d'accumulation, mais ôte beaucoup de leur « vérité » à des expressions non plus prononcées, mais « recueillies » auprès de précieuses absentes.

Malgré son titre ambitieux, ce *Dictionnaire* n'est qu'un essai, un échantillon pour attirer la curiosité du lecteur, une façon de mesurer son intérêt pour un ouvrage futur, plus long, plus varié, plus complet. À la limite, ce n'est qu'un long prospectus, où Somaize fait sa propre réclame. « Comme le fonds des précieuses est inépuisable, écrit-il dans sa préface, les ministres de leur empire, ayant su que je travaillais au bien de leur république et que je rendais leur langue célèbre à toute la terre par ce dictionnaire, ont pris soin de m'envoyer des mémoires utiles à ce dessein, qui me sont parvenus de tant d'endroits et en si grand nombre que je me vois contraint d'ajouter un second *Dictionnaire* à ce premier. » Contre toute évidence, l'auteur maintient la fiction d'une enquête, qu'il va encore élargir. Ce n'est plus lui, ce sont tous ceux qui lui ont adressé des mémoires qui garantissent la prétendue vérité de sa prochaine publication.

En juillet, entre la première et la deuxième édition de son *Dictionnaire*, Somaize publie, conformément au privilège qu'il a obtenu, un autre texte sur le même sujet : *Le Procès des précieuses en vers burlesques*. Il y reprend le procédé inauguré par Molière d'un personnage berné, qui croit à la réalité d'une « pièce » qu'on lui joue. Ribercour, gentilhomme manceau, arrive à Paris, avec son valet Roguespine, député par les nobles de son pays pour présenter requête à l'Académie et obtenir d'eux condamnation de « ces jaseuses/ Que l'on nomme *précieuses* ». Il le croit du moins. Mais au dénouement, quand il pense avoir obtenu la condamnation souhaitée, un billet lui apprend qu'il a été trompé : tout ce qu'il a vu et entendu était un coup monté par les nobles du Mans pour se moquer de lui. Il n'a eu affaire qu'à de fausses précieuses et à de faux académiciens, qui ont prononcé un faux jugement.

Somaize ôte lui-même à son nouveau livre toute valeur de témoignage pour le placer dans la suite des fictions inventées à propos de précieuses supposées. L'emploi du vers, du vers burlesque de huit pieds, insolite pour un texte découpé en dialogues comme dans une comédie, confirme que *Le Procès* n'est qu'un jeu littéraire.

Roguespine demande à son maître ce que sont ces précieuses dont on parle tant depuis six ans et dont on se moque à Paris, où, paraît-il, on les « imprime ». Ribercour lui répond qu'il lui en montrera. Il rencontre Pancrace, un vieil ami, « professeur ès langue espagnole, italienne et française », un pédant à l'ancienne mode, ruiné par la vague précieuse. Ribercour lui lit sa longue requête aux académiciens sur l'existence d'un « nouveau langage », ou plutôt d'un « baragouinage », qui se répand dans les provinces depuis la capitale. Il y propose que celles qui l'utilisent soient condamnées comme « factieuses » à y renoncer, avec interdiction « de ne jamais lire *Artamène*/Ni même aucun autre roman ». On leur ordonnera aussi d'avoir désormais des lits sans ruelles. Pancrace approuve.

Ribercour veut trouver des précieuses. Et voilà qu'il découvre, « au-dessus d'une porte, une affiche » d'un certain Théocrite qui habite là et y « montre à parler précieux ». Ribercour et Pancrace entrent pour faire sa connaissance. Une femme survient. À Roguespine qui la salue, elle répond : « Le beau début que voilà !/ Que vous avez l'âme grossière,/ La forme avant dans la matière !/ Ah ! Mon cher, que vous êtes dur/ Et qu'il fait dans votre âme obscur. » Roguespine a devant lui une précieuse, Rodogine, venue prendre sa leçon chez Théocrite. Ribercour et Pancrace sortent, ravis de l'accueil qu'ils ont reçu de Théocrite. Resté seul, celui-ci avoue qu'il ignore tout de la langue qu'il est censé enseigner. Désabusée par Roguespine, Rodogine traite Théocrite d'imposteur et veut qu'il lui rende son argent.

Survient Ergaste, valet d'une duchesse. Il apporte à Théocrite, de la part de sa maîtresse, un madrigal à mettre en langage précieux. Théocrite s'exécute, non sans peine. « Le cours » devient *l'empire des œillades* ; « chercher à faire des conquêtes », *chercher à faire assaut d'appas ;* « se mettre en colère », *pousser le dernier rude*. Le valet parti, Théocrite avoue à nouveau son ignorance, précisant que « sans le dictionnaire/ Qu'on a fait et que l'on doit faire », il aurait été « pris comme un sot ». Au mépris de la logique, Somaize ajoute à la réclame de son dictionnaire paru celle du dictionnaire qu'il prépare.

Ribercour avait envoyé Roguespine à la recherche des précieuses. Il n'en a pas trouvé. Mais, par peur des menaces de son maître, il invente qu'il s'est introduit parmi elles dans une maison du Marais. Elles siègent, explique-t-il, dans le demi-jour d'une chambre aux rideaux tirés pour protéger leur teint, outrageusement fardées, toutes couvertes de rubans, vêtues d'étoffes rares, une canne à la main qu'elles font sans cesse « brandiller ». À leurs pieds, assis par terre sur leurs manteaux, se tiennent leurs alcôvistes avec d'immenses rabats, de longs cheveux, des mouches sur les joues, de grands chapeaux et des canons à trois étages. Ils conversent sur des sujets littéraires : romans, poèmes héroïques, élégies, madrigaux, sonnets, portraits, comédies. On a emmailloté le heurtoir de la porte pour que personne ne puisse les interrompre. Ribercour s'émerveille du savoir de son valet. Resté seul, celui-ci avoue qu'il a apporté de sa province la moitié de ce qu'il a dit. On devine qu'il a inventé le reste. L'intérêt de cette scène n'est évidemment pas dans la peinture des précieuses, mais dans ce que Roguespine exprime en fait, l'idée que tout le monde en a désormais, en province comme à Paris.

Arrive le moment du jugement. Ribercour met en cause le langage précieux, inventé par des femmes et qui met en péril la souveraineté de l'Académie française, chargée du dictionnaire. La précieuse Épicarie réplique qu'on ne saurait interdire la diversité des langues, dont témoigne l'existence des langues régionales et nationales. « Le précieux, conclut-elle, naquit l'an six cent cinquante [*sic*]. » Les femmes l'ont sucé pendant trente-neuf ans, à la manière des abeilles, à partir des « discours des poètes,/ Des cervelles les plus parfaites/ De tous ceux qui, par leur esprit,/ Sont dans le monde en grand crédit,/ Des plus galants porte-soutanes,/ Des courtisans, des courtisanes,/ Des gens d'épée et du barreau,/ Des messieurs de l'Académie ». Tel qu'il est défini par Épicarie, le langage précieux devient paradoxalement tout semblable au bon usage des honnêtes gens selon Vaugelas. La précieuse est pourtant condamnée par les juges, trois représentants de l'Académie française. Fausse condamnation par des juges fictifs, puisque tout cela n'est qu'un coup monté pour ridiculiser Ribercour.

Le Procès des précieuses est une œuvre indigeste par ses longueurs, mais pleine d'intérêt pour saisir l'évolution de l'idée que l'on donne au public de la préciosité. Somaize ne la réduit pas, comme dans son *Dictionnaire*, à une question de langage, mais le langage en reste l'élément principal. Pour le reste, il conserve et propage, en le résumant, ce qui vient des *Précieuses ridicules* :

mêmes habits, mêmes sujets de discussions littéraires, même renvoi à un roman de Mlle de Scudéry. Les précieuses ont une image stable, qui vient de Molière, et qui s'impose désormais à toutes les imaginations, en province comme à Paris, chez les maîtres comme chez les valets. C'est une image réductrice, qui ne retient presque rien des vrais problèmes qui se posaient aux femmes, précisément évoqués par l'abbé de Pure.

Par rapport aux précieuses, Somaize se trouve dans une situation ambiguë. Dans le *Dictionnaire* déjà écrit et dans le dictionnaire annoncé, il prétend partir du réel, de ce qu'il a vu, des informations qu'on lui a transmises. Et il a écrit entre-temps une pièce où les mêmes précieuses sont entièrement placées dans la fiction. Ribercour n'arrive pas à en trouver. Théocrite ignore leur langage. Roguespine en décrit qu'il n'a pas vues. La pièce, d'un bout à l'autre, jette le doute sur la possibilité d'en trouver. Depuis le début, Somaize est en constante contradiction. Il prétend être un observateur objectif, et il se lance en même temps dans des fictions amusantes, voire burlesques. Pis encore, il introduit un doute sur l'existence de précieuses réelles.

En septembre 1660, la seconde édition des *Véritables Précieuses* y ajoute une brève fiction, toujours sur le même sujet : *Le Dialogue de deux précieuses sur les affaires de leur communauté*. Istérie y déclare à son amie Amalthée qu'elle refuse désormais d'être appelée précieuse. « Je hais ce nom, dit-elle, à l'égal de ce que je l'ai aimé autrefois. » C'est qu'elle ne veut plus être un objet de risée dans les livres qui trônent dans les vitrines des libraires (Somaize cite les siens) et dans une pièce jouée au théâtre du Petit-Bourbon. Ces ouvrages ont, dit-elle, fait grand tort aux précieuses, « puisque ceux qui ne savaient qui nous étions et qui ne connaissaient que notre nom se sont attachés à ce qu'ils ont vu représenter et ont cru que les précieuses étaient toutes ridicules ». Bien à tort.

Les vraies précieuses, répond Amalthée, se sont trop « alarmées » de voir représenter ces personnages « qui ne leur ressemblent en rien ». Si on a cru les reconnaître, et si on s'est moqué d'elles, « ce n'est qu'à cause du dépit qu'elles ont montré de ce que l'on en représentait qui portaient leur nom, ce qui fait connaître qu'il y avait des précieuses, ce dont plusieurs doutaient ». Singulière déclaration, qui affirme à la fois l'existence de précieuses véritables, et qu'on n'en aurait pas eu la certitude si elles ne s'étaient indignées de se voir caricaturer. Pas de vraies précieuses dans l'opinion sans les précieuses ridicules. Les secondes ont servi de révélatrices de l'existence des premières...

Somaize n'est pas le premier à ouvrir le débat des vraies précieuses et des précieuses ridicules. S'il le fait, lui, à ce moment-là, c'est qu'à la veille de publier son nouveau dictionnaire, il ressent le besoin de faire marche arrière et de réhabiliter celles dont il prétend maintenant établir un catalogue. Il ne peut décemment annoncer qu'il va donner une galerie de portraits et maintenir que ses personnages en seront ridicules par nature. Son nouveau projet suppose un changement de point de vue. Dans *Le Procès des précieuses*, le chaleureux plaidoyer d'Épicarie en faveur des précieuses, auquel Amalthée renvoie expressément dans le *Dialogue*, préparait ce nouveau regard sur des femmes que Somaize avait jusque-là ridiculisées. Théocrite contribuait également à ce renversement. Après avoir reconnu que son langage précieux vient du premier *Dictionnaire*, c'est lui qui en annonce un second d'un esprit tout différent.

« On y verra, dit-il, des précieuses,/ Toutes les guerres périlleuses,/ Ensemble les descriptions/ De leurs plus grandes actions./ L'on y verra leur poétique,/ L'on y verra leur politique ;/ Leur cosmographie y sera/ Et de plus on y trouvera/ Un grand narré de leurs histoires,/ Leurs conquêtes et leurs victoires,/ Leurs origines et leur progrès,/ Et par un discours fait exprès/ L'on verra leur chronologie/ Et tout ce que l'astrologie/ Pendant leur règne leur prédit. » On y verra aussi les villes qu'elles habitent, les costumes qu'elles portent. « Celles dont/ Les mérites éclatent jusque sur le front/ Leurs éloges y trouveront. » On y découvrira « De leurs mots l'étymologie », et « la devise/ De celles qui par leur esprit/ Sont dans le monde en grand crédit ». Ainsi s'amorce la mise en valeur de celles qui rempliront le prochain livre de Somaize. Comme il ne peut à la fois se moquer des précieuses et prétendre en faire un *Who's who* détaillé, il renonce à donner une « Pompe funèbre des précieuses », pourtant projetée et annoncée.

En mai 1661, tout en continuant de jouer ses *Précieuses ridicules*, Molière accueille sur son théâtre une pièce de Gabriel Gilbert, malheureusement perdue, au titre explicite : *La Vraie et la Fausse Précieuse*. Elle n'eut pas de succès, et il fallut la retirer de l'affiche. Mais elle marque une certaine tendance, au moins chez les auteurs, à transformer la caricature en débat. Le prochain livre de Somaize s'inscrit dans cette évolution.

Une réédition du premier *Dictionnaire* parut en octobre 1660, trois mois après l'annonce du second faite par le Théocrite du

Procès, au moment où Molière retirait sa comédie de l'affiche, après presque un an de succès. Dans sa préface, l'auteur répète en prose ce qu'il avait d'abord écrit en vers, dans le même ordre, presque dans les mêmes termes. Puis il présente son futur livre comme un ouvrage sérieux, qui se propose de « satisfaire tout ce que la curiosité peut exiger sur le chapitre des précieuses ». Par une révolution complète, d'objets de risée, les précieuses se transforment en objets de savoir, dans une étude complète, faite des points de vue les plus variés. Sans ennui cependant. « Peut-être que ce dessein paraîtra assez ample pour faire craindre la fatigue d'une ample et ennuyeuse lecture, mais je leur fais ici plus de peur que de mal, et je réduirai cet ouvrage en assez petit volume pour servir de divertissement à ceux qui appréhendent le plus les grandes lectures. » Les précieuses, qui étaient depuis Molière des personnages de farces, vont devenir, avec le sixième texte que Somaize leur consacre, l'objet d'un inventaire relevant de la littérature galante.

Somaize attendit février suivant pour prendre un privilège de l'œuvre annoncée. Elle parut en juin 1661, avec un fort long titre, qui parodiait ceux dont s'ornaient les premières pages de maints ouvrages de savants géographes. Comme si les précieuses étaient un peuple nouvellement découvert. Comme si, après les rapides cartes de 1654, le moment était venu d'un traité encyclopédique. *Le Grand Dictionnaire des précieuses* se déclarait en sous-titre, en caractères plus discrets, *historique, poétique, géographique, cosmographique, chronologique et armoirique.* « Où l'on verra, continuait l'auteur, leur antiquité, coutumes, devises, éloges, études, guerres, hérésies, jeux, lois, langage, mœurs, mariages, morale, noblesse ; avec leur politique, prédictions, questions, richesses, réduits et victoires ; comme aussi les noms de ceux et de celles qui ont jusqu'ici inventé des mots précieux. » Somaize se montre ici suffisamment sérieux pour qu'on croie à une étude quasi scientifique, suffisamment parodique et excessif pour qu'on en doute. Dès le titre de ce dernier grand ouvrage consacré aux précieuses, on se retrouve plongé dans l'ambiguïté qui a imprégné leur apparition, puis tout le roman de l'abbé de Pure. Quelle est, dans tout cela, la part du vrai et la part du jeu ?

Chapitre 21

Des précieuses ? Partout et nulle part

Le nouveau *Dictionnaire* de Somaize se présente comme un répertoire alphabétique exhaustif des précieuses, parisiennes et provinciales. Il s'ouvre sur une préface d'un « Ami de l'auteur », qui en explique le projet. Il prétend que l'ouvrage contient « une partie [des aventures] de plus de sept cents personnes ». Chiffre excessif, même s'il est vrai qu'aux trois cent quatre-vingt-quinze notices individuelles attachées à un pseudonyme s'ajoutent les détails donnés en passant sur nombre d'amis et relations. Ces notices ne se bornent pas aux « précieuses ». Il y a dans le *Dictionnaire* deux cent cinquante et une entrées concernant des femmes et cent quarante-quatre concernant des hommes, dont une clé donne les vrais noms. C'est beaucoup par rapport aux cinquante-neuf personnages des *Divers Portraits* de Mlle de Montpensier, et même des cent cinq du *Recueil des portraits et éloges*, où les précieuses n'avaient droit qu'à un portrait collectif. Pour atteindre un tel chiffre, Somaize a dû voir des précieuses partout.

La préface justifie l'existence du livre par l'importance du sujet traité. Pour le clarifier, son auteur s'affirme « résolu de faire voir intelligemment ce que c'est que précieuse ». Écartant toute définition générale, il propose un classement des femmes en quatre groupes. Il y a les ignorantes, « qui ne savent ce que c'est que de livres et de vers, et qui sont incapables de dire quatre mots de suite ». Elles sont naturellement à écarter. Il y a celles qui « ne lisent pas plus que les premières », et « qui ne laissent pas que d'avoir autant d'esprit que de jugement », bien qu'elles « ne se mêlent ni de juger de vers, ni d'en lire ». Comme ces femmes

« n'ont point la tête pleine d'une infinité de connaissances confuses qui ne font que charger l'esprit, elles parlent en conversation et répondent à ce qu'on dit avec autant de promptitude qu'elles s'expliquent nettement et avec facilité ». Elles s'en tiennent à leur condition de femmes. « Ce sont elles, dit la préface, dont nous entendons parler quand nous disons un esprit de femme, c'est-à-dire un esprit borné, qui ne s'élève ni ne s'abaisse et qui doit tout à la nature et rien à l'art. » Selon le préfacier, ce sont « ces sortes de femmes dont il y a le plus dans le monde ». Ce ne sont pas des précieuses.

Troisième catégorie de femmes : « celles qui, ayant un peu plus de biens ou de beauté que les autres, tâchent de se tirer hors du commun, et pour cet effet elles lisent tous les romans et tous les ouvrages de galanterie ». Elles reçoivent beaucoup. On leur envoie des vers. « Elles se mêlent d'en juger, bien qu'elles n'en fassent pas, s'imaginant qu'elles les connaissent parfaitement, parce qu'elles en lisent beaucoup. » Elles n'ont d'intérêt que pour ceux qui connaissent les règles de la galanterie. « Et comme elles tâchent de bien parler, disent quelquefois des mots nouveaux sans s'en apercevoir, qui, étant prononcés avec un air dégagé et avec toute la délicatesse imaginable, paraissent souvent aussi bons qu'ils sont extraordinaires. » Telles sont, dit la préface, les « aimables personnes que Mascarille a traitées de ridicules dans ses *Précieuses*, et qui le sont en effet par le caractère qu'il leur a donné, qui n'a rien qu'une personne puisse faire naturellement ». Il faut donc, derrière les caricatures qu'en a faites Molière (et Somaize lui-même à sa suite), retrouver la présence de vraies précieuses, définies principalement, comme celles du premier volume de l'abbé de Pure, par leur rapport à la culture, et accessoirement par leur créativité verbale.

Une quatrième catégorie est constituée de « celles qui, ayant de tout temps cultivé l'esprit que la nature leur a donné, et qui, s'étant adonnées à toutes sortes de sciences, sont devenues aussi savantes que les plus grands auteurs de leur siècle et ont appris à parler plusieurs belles langues aussi bien qu'à faire des vers et de la prose ». Ces femmes-là aussi sont des précieuses, et c'est à ces deux dernières catégories qu'appartiennent en principe toutes celles qui figurent dans le nouveau dictionnaire : « Les unes sont des précieuses galantes, ou précieuses du second ordre ; les autres sont de véritables précieuses. » Classant les femmes du point de vue de la qualité de leur savoir, le porte-parole de Somaize invite finalement le lecteur à confondre « véritables précieuses » et femmes savantes. Les voilà, au bout de sept ans, exonérées de toute singularité dans les manières, indifférentes à la façon dont on les marie et à leur statut conjugal, dépourvues de tout ridicule dans leur langage, dont l'originalité se réduit à quelques hardiesses de bon aloi. On les avait connues avides de se retrouver entre elles dans de petits groupes cultivant le secret ; on les retrouve exposées au grand jour sur la place publique, et tenant la porte grande ouverte aux hommes qui sont comme chez eux dans leurs réduits.

Après s'être fait une célébrité en faisant rire, après Molière, des précieuses et de leur langage, Somaize entreprend de se faire le peintre objectif et, en principe, louangeur de femmes dont il a « montré qu'elles sont assez illustres pour mériter que l'on travaille à leur histoire ». Celles qui se trouveront dans son *Dictionnaire*, dit la préface, auraient tort de s'en fâcher, puisqu'elles n'y sont que « comme tout à fait galantes » (c'est la même confusion de mots que dans Molière), « ou comme tout à fait spirituelles » (au sens, ici, de tout à fait savantes), et que, « de quelque manière que l'on parle d'elles, elles y sont toujours comme des personnes qui sont au-dessus du commun ». Alors qu'il a tout fait, pendant plus d'un an, pour tirer parti du ridicule que Molière avait jeté sur de prétendues précieuses, Somaize s'arroge maintenant le droit de dresser, sous le nom de précieuses, la liste de « l'élite des plus spirituelles personnes de France ».

Les faits démentent largement cette affirmation. Malgré des recherches minutieuses, près d'un tiers des femmes qu'il a citées (80 sur 251) ne sont connues que par ce qu'il en a dit. Signe qu'un assez grand nombre d'entre elles n'appartiennent pas aux milieux éclairés qu'il est censé dépeindre, ceux dont parlent mémorialistes et gazetiers, et dont les archives gardent le souvenir. Somaize prétend avoir reçu de toutes parts des « mémoires » de femmes désireuses de figurer dans son livre et qu'il lui a fallu choisir. On s'interroge : au contraire, n'a-t-il pas suffi de demander (et, pourquoi pas, de payer) pour y figurer ? Comme il a dû travailler vite, il ne s'est pas privé de se servir d'ouvrages parus antérieurement, le *Recueil des portraits et éloges* par exemple. Si bien que les femmes que Mademoiselle avait admises dans sa « galerie » pour les opposer aux précieuses honnies dont elle avait fait la satire se retrouvent maintenant en bonne place comme précieuses dans le nouveau *Dictionnaire*. Comme Somaize veut plaire à son public, dont ceux qu'il portraiture forment sans doute l'essentiel, à quelques têtes de Turc près (Quinault-Quirinus par exemple), ses portraits sont plutôt flatteurs.

Un des meilleurs spécialistes de la préciosité l'a fort bien dit, il a fait flèche de tout bois, sans rien qui justifie ses choix : « À le lire, on a l'impression que toute la société française, parisienne et provinciale, si elle s'intéresse aux lettres et aux sciences, tient salon, a quelque commerce intellectuel et mondain, est précieuse du même coup. Toutes les femmes admises dans les ruelles, parées des prestiges de l'intelligence et de l'esprit, ou plus simplement pourvues d'un vernis galant, sont des précieuses. Précieux aussi, d'une certaine manière, tous les auteurs dont on parle et qui ont un succès quelconque dans les cercles. » Et, en effet, on trouve dans ce nouveau *Dictionnaire* des auteurs aussi disparates que l'abbé d'Aubignac, Guez de Balzac, Bary, Benserade, Gilles Boileau, Boisrobert, Boyer, Brébeuf, pour s'en tenir aux premières lettres de l'alphabet. « La préciosité dès lors, continue l'auteur, n'a plus de limites précises. À travers ceux qui sont censés la représenter, elle risque de s'estomper [il faut dire : elle s'estompe] dans des notions plus vagues et plus générales. Présente partout, elle n'est plus nulle part. »

À inventorier minutieusement les femmes effectivement appelées précieuses dans des textes écrits entre 1654 et 1659, on en trouvait une trentaine, fort disparates. Somaize mêle près de quatre cents personnes des deux sexes. On ne peut, à partir de ce mélange, définir « la précieuse » que si on part de critères préétablis en oubliant tous ceux et toutes celles (Marion de L'Orme par exemple, et même Ninon de Lenclos, ou Mme de Monglat et Mme de Sévigné) dont le personnage ne saurait s'accorder avec ce portrait supposé. Quand on l'a fait, c'est en oubliant tous les traits, dispersés chez diverses femmes, qui ne s'accordent en rien avec tel ou tel portrait-robot que chacun peut tirer du *Dictionnaire*.

Pis encore. Pour grossir son volume, Somaize n'a pas hésité à faire appel aux morts. Il place par exemple, dans son fourre-tout, Mlle de Gournay, morte en 1645, Mme Aubry, morte en 1634, Mlle Paulet, morte en 1650. Il y ajoute dix-sept précieuses du « temps de Valère », c'est-à-dire de Voiture, mort en 1648, que personne jusque-là n'avait eu l'idée de placer parmi les précieux. Naturellement, Mme de Rambouillet figure dans le *Dictionnaire* sous le nom de Rozelinde, « précieuse de grande naissance dont la maison est la plus connue de cet empire ». Après avoir longuement évoqué les deux filles de la marquise, et la fameuse cour faite par Montausier à l'aînée, Somaize conclut : « Cette maison a de tous les temps été le séjour des muses, l'asile des gens d'esprit ; le mérite y a toujours été en estime, et la vertu y est encore aujourd'hui en même considération que du temps de Valère. » Telle est l'origine du mythe de la préciosité, née à l'hôtel de Rambouillet et grâce à lui.

Cette idée s'est d'autant plus facilement répandue qu'elle figure à la première page du *Dictionnaire*, sous le premier article de la lettre A, au mot *Antiquité*. « De tous temps, dit Somaize, on a vu des assemblées, de tous temps, on a vu des ruelles, de tous temps, on a vu des femmes d'esprit, et par cette raison il est vrai de dire que, de tous temps, il y a eu des précieuses. » Prémisses fausses, quand on sait la difficulté que les femmes ont eue à accéder à la vie mondaine et à la vie de l'esprit, et combien le mélange des sexes dans des « assemblées » est une « exception française ». Mais, continue l'auteur, « comme il est constant que la politesse est l'une des choses que l'âge augmente, il est constant aussi que c'est du temps de Valère que cette belle qualité, à force de vieillir, étant venue à un période à durer quelque temps dans le même état, fut introduite dans les ruelles, en accrut le pouvoir et donna commencement à ce qui a, depuis, si fort éclaté. C'est, dis-je, en ce temps que ces sortes de femmes appelées précieuses, après avoir été dans les ténèbres et n'avoir jugé de vers et de prose qu'en secret, commencèrent à le faire en public et que rien n'était plus approuvé sans leurs suffrages ».

Par une singulière confusion, reprise au XIXᵉ siècle par les premiers historiens de la préciosité, qui suivront Somaize sans toujours le dire, le salon de Mme de Rambouillet où s'est développé un art de vivre galant (ce que Somaize appelle une « politesse »), dont les activités proprement intellectuelles n'étaient que la moindre partie, devient le lieu de la conquête par les femmes d'un pouvoir de décision en matière littéraire. Alors que les écrits d'un Voiture, qui prolongent la galanterie vécue en art galant, restent étroitement liés au milieu qui les a produits et réservés à ce milieu jusqu'après sa mort et la publication de ses œuvres en 1650, « cette belle qualité » (la galanterie) est supposée répandue dès son vivant dans l'ensemble des milieux mondains et spécifiquement chez les femmes. Alors qu'à l'hôtel de Rambouillet comme ailleurs le goût mondain se formait lentement, dans le mélange des sexes et dans celui des doctes avec « les femmes et les cavaliers », on dépeint, on ne sait pourquoi, des femmes s'emparant d'une souveraineté littéraire qu'elles exerceraient seules. Alors que le jugement par les femmes de certaines œuvres seulement vient du fait qu'il existe désormais une production en français qui leur est directement accessible dans la mesure où elles ont la liberté d'aller au théâtre et où elles savent lire, Somaize y voit le résultat d'une sorte de conjuration de femmes particulières appelées « précieuses ».

À l'en croire, elles vont plus loin. Elles s'emparent aussi de l'écriture. « Cette puissance qu'alors [du temps de Valère] elles usurpèrent s'est depuis augmentée, et elles ont si loin porté leur empire que, non contentes de juger des productions de l'esprit de tout le monde, elles ont voulu se mêler elles-mêmes d'écrire et, pour ajouter quelque chose à ce qui avait paru devant elles, on les a vues faire un nouveau langage et donner à notre langue cent façons de parler qui n'avaient point encore vu le jour. » Comme si le difficile et incertain combat des femmes pour avoir accès à la vie de l'esprit s'était déroulé sans incertitude selon une sorte de plan préconçu. Comme si surtout, en 1661, toute la littérature était aux mains des femmes et que n'existaient pas, par exemple, outre l'Académie française, où ne siégeaient que des hommes, de grands auteurs, comme Corneille, formés par les doctes et poursuivant avec eux seuls les plus grands débats littéraires de l'époque.

Négligeant ce qu'il a fait dire à l'auteur de la préface, Somaize continue l'article *Antiquité* en donnant une nouvelle définition de la précieuse. Il repousse les « chimères » de ceux qui les présentent comme « des filles qui ne veulent point se marier », ou « laides » ou « âgées de quarante-cinq ans ». Ce sont, dit-il, parmi les « femmes d'esprit », celles seulement « qui se mêlent d'écrire ou de corriger ce que les autres écrivent, celles qui font leur principal de la lecture des romans, et surtout celles qui inventent des façons de parler bizarres par leur nouveauté et extraordinaires par leur signification ». Voilà qui réduit singulièrement la complexité des précieuses, identifiées aux seules femmes imbues de littérature, ce qui est loin d'être le cas de toutes les « précieuses » qu'il va entasser dans son livre.

Pour justifier l'existence de portraits masculins dans son *Dictionnaire*, Somaize ajoute une nouvelle condition : pour être précieuses, les femmes doivent « encore » être « connues de ces messieurs que l'on appelle auteurs ». Il faut même qu'il soit « malaisé ou même impossible de parler d'elles sans les y mêler ». Car, « ainsi qu'on le verra dans ce livre, non seulement les auteurs ont donné le jour aux précieuses, mais encore ils servent à étendre leur empire et à conserver leur réputation et leur puissance, ce qui se fait réciproquement entre elles et les auteurs ». L'abbé de Pure mêlait précieuses et écrivains, mais sans montrer entre eux de collusion : ils confrontaient leurs cultures et leurs idées. Molière a décrit des jeunes filles enthousiastes à l'idée de fréquenter des auteurs, prêtes à participer à des cabales littéraires, mais sans chercher à en tirer de profit personnel. Pour Somaize, les précieuses se réduisent soudain aux femmes, écrivaines ou non, qui participent aux cabales littéraires pour se promouvoir en soutenant leurs auteurs familiers.

Comment faire confiance à Somaize ? Des précieuses qui ont donné l'occasion, selon d'autres sources, de soulever tant de problèmes cruciaux sur la condition des femmes, sur leurs aspirations intellectuelles, sur leurs difficultés conjugales, sur leur place dans la société « galante » (ou « polie »), sur l'évolution de ces problèmes dans le temps, il fait de simples cabaleuses entichées de leurs auteurs « alcôvistes ». Non sans oublier ensuite toutes ces définitions préalables pour faire de son *Dictionnaire* une galerie de femmes dont beaucoup n'ont rien de précieux, ni dans le sens qu'il a lui-même défini, ni dans celui que lui ont donné au fil du temps zélateurs ou détracteurs des précieuses.

Dans son premier *Dictionnaire*, Somaize les réduisait à leur langage, un langage à part dont il prétendait faussement avoir tiré ses exemples de leur propre bouche. Dans le second, il ne renonce pas à exploiter cette veine. À la galerie des portraits s'ajoute un lexique des expressions précieuses. L'auteur, dit la préface, « n'a mis dans ce livre que dix ou douze mots précieux » du précédent volume « parce qu'il n'a voulu en mettre aucun sans savoir le nom de celle qui l'avait fait, si elle s'en était servi dans quelque ouvrage ou si elle n'avait fait que de le dire, bien que, par des raisons cachées, il se soit en quelques endroits contenté de mettre le mot sans en dire davantage ». On voit mal ces raisons cachées. Le résultat, c'est que le nouveau *Dictionnaire* donne cent cinquante-neuf expressions, dont cent neuf seulement avec les noms de leurs auteurs présumés. Ces cent neuf expressions viennent, selon les indications de la clé, de quarante-quatre auteurs différents. Dix sont attribuées à Guez de Balzac, Pierre Corneille et Le Vert (un auteur de théâtre), huit à Mlle de Scudéry, cinq à Chapelain et Malherbe, quatre à Brébeuf et au père Le Moyne, trois à Mme de Castres, Thomas Corneille, La Calprenède, La Porte et Robinet, deux à Dumas, Furetière, Gilbert, Gomberville, Mme de La Grenouillère, Mainard et Saint-Amant. Les autres, chacune à un auteur différent.

On l'a justement fait remarquer, dans cette liste disparate, des écrivains très secondaires côtoient les plus grands noms. Des morts comme Malherbe et Mainard, disparus en 1628 et 1646, se mêlent aux vivants, garants de locutions précieuses alors qu'ils sont à juste titre considérés par les historiens de la langue comme les fondateurs et les défenseurs de la rigueur classique. Voiture au contraire, que Somaize place au centre de la préciosité, et qui est l'original patenté de la « galanterie », ne lui fournit aucune expression. Surtout, fait capital, dans un livre qui annonce les façons de parler des précieuses, on ne trouve, dans les vingt noms cités ci-dessus pour quatre-vingt-quatre expressions, que trois noms de femmes pour douze expressions. Pis encore, ces façons de parler sont tirées d'ouvrages imprimés, c'est-à-dire de manières d'écrire. Sans même faire semblant de recueillir les mots de la bouche de personnes réelles, Somaize place dans celle de ses prétendues précieuses des expressions sciemment tirées d'ouvrages écrits. Peu importent, à côté de cette constatation fondamentale, les nombreuses réserves que l'on peut faire sur les erreurs de sources qu'il a commises.

Sous couleur de dépeindre Émilie et Léostène (les demoiselles Espagny et Lanquais, d'après la clé), il se montre lui-même au travail. Comme Léostène lui parle « d'une façon extraordinaire », Félix (Foucaut, marquis de Saint-Germain-Beaupré) en prend prétexte pour se moquer des façons de dire de la demoiselle. Son amie et elle lui résistent avec esprit. Il faut se séparer. Décidées à reprendre la dispute le lendemain, les deux femmes « résolurent de coucher cette nuit ensemble afin de lire quelque livre pour en tirer de quoi se défendre et justifier leur langage ». Elles choisirent à cette fin « Le Criminel innocent », qui est le dernier ouvrage de Cléocrite l'aîné (Œdipe, dernier ouvrage paru de Pierre Corneille). Félix, le lendemain, leur fait voir les « façons de parler bizarres » des précieuses dans le (premier) Dictionnaire de Somaize. Les deux femmes reconnaissent que tel est leur langage. Et, pour s'en justifier, exhibent les résultats de leur recherche.

Elles ont en premier noté des vers tirés de l'épître dédicatoire à Foucquet : « Mais aujourd'hui qu'on voit un héros magnanime/ Témoigner pour ton nom une tout autre estime/ Et répandre l'éclat de sa propre bonté/ Sur l'endurcissement de ton oisiveté [...]. » Cela les justifie de dire témoigner une autre estime au lieu de « témoigner une estime différente », l'éclat de sa bonté au lieu de « les présents et les faveurs », et l'endurcissement de son oisiveté au lieu d'« un homme qui ne travaille plus ». La précieuse peut donc déclarer, avec la garantie de Corneille : Cette personne répand l'éclat de sa bonté sur l'endurcissement de mon oisiveté, au lieu et place de : « Cette personne me fait de grands présents afin que je quitte la paresse qui m'empêche de travailler. » Et ainsi de suite. On s'étonne qu'on ait pris de tels propos au sérieux, et qu'on ait pu partir de là pour disserter sur la préciosité de Corneille. Somaize s'amuse et veut amuser son lecteur en sortant du contexte des vers qui n'ont de sens que dans le haut style de l'épître dédicatoire à un mécène. Il va de soi que nulle précieuse n'a jamais étudié Corneille pour justifier son langage, encore moins pour y trouver des façons de parler.

De la tragédie proprement dite, les précieuses citent d'abord deux vers quasi incompréhensibles : « Et par toute la Grèce animer trop d'horreur/ Contre une ombre chérie avec tant de fureur. » À Thésée, amant de Dircé, fille de Laïus et de Jocaste et demi-sœur d'Œdipe, qu'il a vainement suppliée de fuir Thèbes, ravagée par la peste, et qui a juré de le suivre dans la mort si elle est emportée par l'épidémie, la jeune fille répond : « Ce serait rendre à tous ma mémoire odieuse/ Et par toute la Grèce, etc. » D'où la question d'Émilie : « Pourquoi voulez-vous que nous ne disions pas *terriblement beau* pour dire "extraordinairement beau" », puisque Corneille « met bien *une ombre chérie avec fureur* pour dire "avec tendresse", ou, si vous voulez, "avec emportement" ? » En fait, les dictionnaires du temps indiquent tous que la « fureur » comprend une idée d'excès, de démesure, qui n'est pas absente du vers de Corneille. En assimilant « avec fureur » à un simple superlatif, Émilie fausse le sens du vers. Et c'est précisément ce jeu sur le texte qui doit amuser le lecteur.

Il est donc faux de dire, avec un auteur récent, que l'une des principales caractéristiques de « la langue précieuse », c'est d'être « naturellement tournée vers l'hyperbole », et que « l'exagération est le mode de penser habituel de la ruelle ». Il faudrait, pour cela, qu'il y ait un langage précieux avéré, et non une caricature de ce prétendu langage par Molière, puis par Somaize. Si ce dernier a pris pour exemple l'expression cornélienne « avec fureur », c'est qu'elle est l'équivalent de l'adverbe « furieusement », dont usait déjà l'Agathonte de l'abbé de Pure et abusaient ensuite Cathos et Magdelon. Guez de Balzac, en 1652, se moquait du détournement de sens des adverbes de ce genre : « Réussir prodigieusement, monstrueusement dans les conseils, dans les négociations, quel prodige, bon Dieu ! et quel monstre de langage. J'aimerais mieux dire *faire un excès de modération, être furieusement sage, être grandement petit*, comme parle d'ordinaire une dame que je connais. »

Balzac prête l'expression qu'il condamne à une dame (non à

une précieuse), signe qu'en effet les femmes, dans la conversation, ne craignaient pas d'employer des façons de s'exprimer fortes et inhabituelles. Ce n'est pas là un phénomène particulier, dû aux bizarreries volontaires d'une coterie ; cela vient de ce que, faute de formation initiale normative, les femmes n'avaient pas les mêmes retenues que les hommes. Ainsi s'expliquent, par exemple, les audaces d'expression d'une Sévigné qu'on corrigera soigneusement après coup, au moment de la publier. Et que, inversement, la « précieuse » La Fayette soumettait son texte page après page aux révisions de Ménage, Huet ou Segrais. Ce que la satire a présenté comme un dévoiement de la langue par les précieuses, c'est la caricature de ce qu'apportait à la langue la créativité spontanée d'esprits libérés des carcans hérités de l'étroite interprétation des règles des Anciens dans les collèges où le français s'apprenait à travers le latin.

Tout le monde n'était pas aussi sévère que Balzac. À propos d'*horrible* et d'*effroyable*, Vaugelas note dans une de ses *Remarques sur la langue française* : « Ces épithètes et quelques autres semblables s'appliquent souvent en notre langue aux choses bonnes et excellentes, quoiqu'elles ne semblent convenir qu'à celles qui sont très mauvaises et très pernicieuses. Par exemple, on dit tous les jours : *Il a une mémoire effroyable, il fait une dépense horrible, il a une horrible grandeur* quand on parlera d'une chose où la *grandeur* est louange, comme d'un palais, d'un parc, d'un jardin, d'une église, etc. » Loin d'être condamnable, cette façon de dire est, selon Vaugelas, « élégante », et il la justifie par une citation tirée des lettres de Cicéron. Il aurait pu de même autoriser *furieusement*, dont Molière lui-même s'est parfois servi sérieusement, comme dans sa préface du *Tartuffe :* L'on doit, écrit-il, approuver cette comédie ou les condamner toutes. « C'est à quoi l'on s'attache furieusement depuis un temps. »

L'abbé de Pure a noté la pauvreté du « dictionnaire » de ses précieuses. Mlle de Montpensier le réduit à quelques expressions stéréotypées. Somaize l'enrichit de livre en livre, mais en suivant des chemins divergents. Comment faire confiance à un homme qui a d'abord inventé un langage précieux parodique sur le modèle de Molière, qui a continué à le faire en prétendant l'avoir recueilli de la bouche des précieuses, et qui a, pour finir, donné comme spécimen d'un langage parlé féminin des expressions très majoritairement tirées d'écrits masculins ? Quant à Molière, son modèle initial, ce n'est pas dans de prétendus milieux précieux qu'il a trouvé les principes sur lesquels il a inventé le langage de personnages de farce, mais dans les « Lois de la galanterie » où Sorel se moquait des façons de dire des mondains soucieux d'être à la mode. L'auteur du *Berger extravagant* y reprenait un combat qu'il avait commencé depuis longtemps et qu'il continuera longtemps encore. Du langage des précieuses, on cherche vainement une source crédible.

L'étonnant, qui explique ce manque, c'est qu'après tout ce qu'en ont dit l'abbé de Pure, Mlle de Montpensier, Molière et Somaize, les contemporains ne croient toujours pas à l'existence des précieuses, sauf désormais, pour certains, à exploiter le filon littéraire qu'elles fournissent. C'est l'« ami » de l'auteur du second *Dictionnaire* qui le rappelle indirectement, en prétendant balayer l'objection de ceux qui pensent, dit-il, que « cet ouvrage n'est pas assez sérieux pour avoir employé tant de papier, et qu'il ne traite que d'une chose dont jusqu'ici l'on n'a pu connaître que le nom ». Pour beaucoup, en juin 1661, malgré tout ce qu'on en avait dit et écrit depuis sept ans, les précieuses restaient donc, comme Loret l'avait écrit aussitôt après la pièce de Molière, des « précieuses chimériques », des précieuses imaginaires. Somaize lui-même, au moment de commencer l'histoire d'Émilie et de Léostène, « deux des plus illustres précieuses » de son *Dictionnaire*, croit devoir écrire qu'il « ne la met ici que pour *faire voir que ce n'est pas une fable de dire qu'il y a des précieuses* ».

C'est reconnaître qu'une part au moins de ses lecteurs en doutent. Pour les convaincre, Somaize leur présente deux précieuses, en ajoutant qu'il est « bien aisé de juger qu'elles le sont autant que l'on peut l'être par ce qui suit ». On s'attendrait à les voir converser avec d'autres précieuses connues. Au lieu de cela, elles lisent Corneille, d'où elles pensent tirer leur justification. Curieux témoins que ces deux femmes dont l'une n'a pu si peu que ce soit être identifiée, et dont l'autre n'est connue que par le nom de son père (ou de son mari), René de Gouffier, sieur d'Espagny, qui « figure, paraît-il, au nombre des signataires de l'union de la noblesse contre Mazarin ». Les héroïnes chargées de persuader le lecteur de l'existence des précieuses ne sont guère représentatives.

Les précieuses de Somaize ? Comme celles de Molière, une bonne affaire littéraire reposant sur une énorme plaisanterie à laquelle, il l'avoue lui-même, tous ses contemporains n'ont pas cru.

Conclusion

Aurait-on parlé des précieuses s'il n'en avait pas existé ? Mlle de Montpensier en fait un portrait satirique. Les frères Villers en ont rencontré une au-dessus de tout éloge. Chansons et mascarades se moquent des sœurs d'Aumale. Les gazettes louent le « cercle précieux » des filles d'honneur de la reine mère. Au sens variable que le mot prend pour parler de chacune d'elles, ces femmes et quelques autres ont été des précieuses. Reste qu'il y a loin de la tendre amie de Ménage à Angélique-Claire de Rambouillet déçue d'avoir perdu son rêve de poésie et d'amour ; il y a loin des brillantes et enviées demoiselles de l'entourage royal, emportées dans le tourbillon des fêtes et des flirts, aux anciennes amies de l'exilée de Saint-Fargeau, avides de compenser leur mauvais choix passé en s'enivrant des plaisirs d'une mondanité retrouvée qu'elles partagent en couple. Il y a eu suffisamment de précieuses pour que le mot soit à la mode – à moins que ce ne soit l'inverse. Mais l'idée qu'on se faisait d'elles est restée si vague et si ambiguë qu'il a pu indifféremment apparaître comme une critique ou comme un compliment.

Cette incertitude vient de ce que, n'ayant jamais formé un « corps constitué en "cabale" », les quelques femmes qu'on a appelées précieuses n'ont pas eu d'unité de pensée ni de comportement, encore moins de volonté commune et concertée de promouvoir telles façons de parler, de s'habiller, de se déhancher. Contrairement à ce qu'on a cru à cause de l'abbé de Pure, de Molière et de Somaize, il n'y a pas eu de « phénomène précieux », ni de « mouvement précieux », pas même de « nébuleuse précieuse ».

Il est vain d'essayer de reconstituer un groupe de pression précieux qui relèverait de telle ou telle coterie « politique », amie ou ennemie de Mazarin. Il n'est même pas exact d'y voir un des avatars du féminisme, encore moins de l'histoire de la langue. Le « précieux » est une invention des auteurs qui ont prétendu peindre les précieuses.

Tout essai de définition de la doctrine des précieuses, y compris dans le domaine littéraire, est un exercice rhétorique, qui révèle l'extrême intelligence de l'exégète capable de construire un système cohérent à partir de rien. Les universitaires excellent maintenant dans cet exercice, autrefois réservé aux essayistes brillants. Tout un chacun, s'il a de l'esprit, peut sans peine improviser sa théorie de la préciosité, et montrer à quel point, né dans les salons précieux, l'art bien français de la conversation a renouvelé la littérature. C'était déjà l'idée de ceux qui ont remis la préciosité à la mode au milieu du XIXᵉ siècle. Il suffit, pour être dans le vent de l'actualité, d'y joindre une touche féministe. On cherchera donc maintenant dans la préciosité les causes et les moyens de la naissance de la femme de lettres, écrivaine ou autrice, pour reprendre des mots qui n'écorchaient pas les oreilles des lecteurs du XVIIᵉ siècle. Dans une préciosité qui n'a jamais existé que dans l'imagination des critiques.

Ou dans celle, encore plus féconde, mais plus complexe, plus nuancée, plus insaisissable, de l'abbé Michel de Pure, incontournable responsable de toutes les élucubrations ultérieures. Au terme d'un examen minutieux de tous les textes connus portant sur les précieuses, d'une lettre de Voiture, en 1638, au second *Dictionnaire* de Somaize, en 1661, on est bien obligé de conclure que l'abbé est le seul à avoir parlé précisément des précieuses – mieux, à n'avoir parlé que d'elles à l'exclusion de toutes les espèces voisines, sans mélange et sans amalgame avec les coquettes, les galantes ou les prudes... Il le prétend du moins, et à la différence de Somaize et de Molière, qui ont tout mêlé, les apparences sont de son côté. Il présente et définit ses personnages, puis il les fait longuement parler de tout ce qui les intéresse. Il n'y a qu'à les écouter pour savoir qui sont les précieuses, ce qu'elles pensent et ce qu'elles veulent. Mais elles changent à mesure qu'avance le livre. Comme si toute précieuse était condamnée à toujours trouver plus précieuse qu'elle. Et l'abbé, pour finir, se réfugie dans l'utopie.

C'est qu'au contraire de ce qu'il donne à croire, son livre n'est pas une peinture réaliste, mais un roman qui présente, comme il sied dans tout roman, des personnages imaginaires. Les noms qui y apparaissent ne cachent pas de vraies femmes, mais désignent les porte-parole des femmes, juges et parties d'un grand débat sur la condition féminine, du point de vue intellectuel, moral et conjugal. Ce débat capital n'est pas, comme on le croirait, le bavardage de quelques précieuses contestant leur situation actuelle. C'est celui auquel ont pris part depuis plus d'un siècle quantité d'hommes et de femmes, prisonniers d'anciens préjugés ou zélateurs d'idées nouvelles. Tel est le sens de l'inachèvement et de l'utopie. Le monde change. Tout est désormais possible pour la femme, puisqu'on a osé penser que son sort n'est pas inéluctablement figé dans une situation d'infériorité. À l'horizon se profile l'image d'une femme capable de devenir l'égale de l'homme, l'image de la femme d'aujourd'hui.

Le seul texte où l'on pensait trouver un reportage précis et minutieux sur les précieuses, source des œuvres qu'elles allaient encore inspirer et texte de référence pour toutes les études à venir, ne répond pas du tout à cette attente. L'abbé de Pure raconte un mythe. Le mythe de la femme moderne, avec ses ridicules et ses petitesses, mais aussi ses grandes espérances. Il révèle le « mystère » de sa gestation. Si l'auteur a intitulé « La Précieuse » son récit mythique, c'est seulement, il l'a dit lui-même, parce que c'est « un mot à la mode », qui n'a pas encore de signification définie, susceptible d'éveiller la curiosité du public et d'accueillir tout ce qui peut l'intéresser du débat en cours sur la condition des femmes. Mais ce récit est trop ambigu, trop énigmatique, trop complexe, trop savamment composé, trop difficile, et il a peut-être été trop peu lu, pour que le mot « précieuse » y ait reçu un sens clos et définitif, un sens clair pour tout le monde, un sens qui resterait immuable. Rien n'empêchait Molière de s'en saisir à son tour et de l'utiliser à sa guise. Et de le dévaluer pour toujours en y attachant un adjectif qui annonce qu'on en va bien rire.

L'immense succès de sa pièce, à sa création, puis à travers le temps, a profondément ancré l'idée qu'il y a effectivement eu des précieuses ridicules semblables à celles qu'il décrit et qu'il s'est contenté de grossir un peu les traits pour les besoins de sa comédie. Les cours de littérature française des lycées et collèges ont largement contribué à populariser ces fantômes présentés comme des réalités. Leurs étonnantes façons de parler et les grasses plaisanteries de Jodelet ont longtemps amusé les élèves lassés de règles de grammaire et de grandeur louis-quatorzienne. Sauf pour la nouvelle génération, allergique aux *Précieuses ridicules* comme au reste des œuvres classiques, c'était un article de foi que de croire que certaines femmes du XVIIe siècle ne disaient jamais un fauteuil ou une chaise, mais « les commodités de la conversation »...

Puisqu'il y avait eu des précieuses ridicules, il y avait forcément eu aussi de vraies précieuses. Molière lui-même le soutenait dans sa préface : « Les plus excellentes choses, disait-il, sont sujettes à être copiées par de mauvais singes qui méritent d'être bernés », et « ces vicieuses imitations ont été de tous temps la matière de la comédie ». Impossible de confondre ces précieuses-là avec les « véritables précieuses », qui « auraient tort de se piquer lorsqu'on joue les ridicules qui les imitent mal ». Pour illustrer la vérité de ses dires, Molière va jusqu'à demander à Gabriel Gilbert, auteur de quelques tragédies et panégyriste des dames, d'écrire pour son théâtre une comédie des *Vraies et Fausses Précieuses*. La pièce resta sans écho, et il fallut la retirer au bout de neuf représentations. La sienne continuait de triompher.

Si l'auteur des *Précieuses ridicules* se défend si vigoureusement d'avoir joué des précieuses véritables, c'est qu'on vient de l'en accuser. « Je n'ai pas prétendu, par ce titre, écrit Somaize en tête de ses *Véritables Précieuses,* parler de ces personnes illustres qui sont trop au-dessus de la satire pour faire soupçonner que l'on ait dessein de les y insérer. » Il n'a pas eu l'audace, lui, de s'attaquer à ces vraies précieuses, ridiculisées par son rival malgré leur appartenance aux plus hautes sphères de la société. « Quoique sous des images grotesques, dit Somaize, [la pièce de Molière] ne laisse pas de blesser ceux qu'il a voulu accuser. » Comme il n'en est jamais à une contradiction près, il prétend en même temps que Molière n'est qu'un plagiaire, « singe » de l'abbé de Pure, et qu'il a osé s'en prendre à des personnalités inattaquables. Son accusation n'a qu'un but : éveiller les susceptibilités des puissants pour attirer des ennuis à celui qu'il plagie sans vergogne. Et Molière répond ce qu'il faut pour se mettre à l'abri de leur susceptibilité.

Il sait mieux que personne qu'il n'a pas décrit des précieuses de haut rang, mais mis en scène des caricatures de galantes imbues de romanesque. C'est même son point faible, car, ses précieuses n'ayant pas de vrais modèles, on pouvait tout imaginer : il n'y a pas moyen d'empêcher le public de chercher et de trouver les « personnes illustres » dont il avait voulu se moquer. Par ses allusions aux coteries et aux jeux littéraires du recueil Sercy, par sa satire de la *Clélie* et du royaume de Tendre, il a lui-même orienté les regards du côté de ceux qui brillaient alors à la cour de Foucquet, adeptes d'une galanterie mondaine et littéraire, reconnaissables sous le grossissement de la farce. Heureusement, il y a ajouté, pour faire rire, tout un attirail vestimentaire et tout un jeu de langage qui ne s'appliquaient pas aux mondains et aux écrivains de l'entourage du surintendant. Si Molière a effectivement une tout autre conception de la littérature que celle qui règne autour de Foucquet, il ne souhaite pas apparaître, alors qu'il commence seulement à s'imposer dans la capitale, en ennemi d'une coterie qui ne cache pas son désir de s'emparer du pouvoir littéraire. Il doit ménager l'avenir. Affirmer qu'il s'agit de précieuses et seulement de précieuses ridicules est le meilleur moyen de désamorcer un conflit dont personne ne veut.

La distinction faite par Molière n'était pas nouvelle. Elle avait été amorcée l'année précédente par l'abbé de Pure, dans la dédicace de la fin de son roman à l'abbé de Clermont-Tonnerre. « Je ne me permettrais pas, lui dit-il, la liberté que je me donne si je consultais seulement ce que je vous dois et ce que je puis et si j'avais égard à l'idée que j'ai conçue de vous et à l'opinion que j'ai de cet ouvrage. Je connais trop le peu de rapport qu'il y a entre de fausses précieuses et un véritable précieux, entre de défectueuses copies et un parfait original, entre le mérite imaginaire que le public leur attribue et le véritable que vous possédez. » Singulier hommage, sans doute ironique, à un abbé que chacun sait gonflé de suffisance nobiliaire. Lui dire que les précieuses du roman ne sont qu'une « fausse copie » de ses mérites, une imitation dégradée de son personnage relève du paradoxe, en tête de cette dernière partie d'un roman où il n'est question que de la condition des femmes. C'est probablement dans ce texte que « précieux » sert pour la première fois à désigner un homme, de façon apparemment positive. Tout est bon pour flatter la vanité d'un dédicataire.

Au mois de mai suivant, dans l'« Épître chagrine au maréchal d'Albret », Scarron distingue plus clairement vraies et fausses précieuses. Il se plaint des secondes, à distinguer, dit-il, des « précieuses de prix/ Comme il en est deux ou trois dans Paris/ Que l'on respecte autant que des princesses », mais qui ont fait « quantité de singesses », qui se sont « gâtées » en voulant imiter un prestigieux « modèle ». Réduire les vraies précieuses à deux ou trois personnes éminemment respectables, maladroitement copiées par une foule de femmes ridicules, est une évidente exagération comique. Mais Scarron s'est sans doute souvenu de l'existence du « cercle précieux » de la reine mère, qu'il voulait ménager. En rappelant que des femmes peuvent être favorablement nommées précieuses, il prépare la distinction de Molière des vraies et des fausses précieuses, et l'idée (fausse) qui va se répandre, que les secondes sont la ridicule caricature des premières.

Ce sera désormais une opinion reçue. On la trouve par exemple dans le *Dictionnaire* de Furetière, paru à la fin du siècle : « Précieuse est aussi une épithète que l'on a donnée [l'emploi du mot comme nom n'est pas envisagé] à des filles de grand mérite et de grande vertu, qui savaient bien le monde et la langue, mais parce que d'autres ont affecté et outré leurs manières, cela a décrié le mot, et on les a appelées *fausses précieuses* ou *précieuses ridicules*, dont Molière a fait une comédie et l'abbé de Pure un roman. » On n'en finirait pas de raconter les théories élaborées au fil du temps pour retrouver les vraies précieuses derrière leur image caricaturale. Pour les uns, la différence est d'origine sociale. Les vraies précieuses sont les précieuses de cour, et les ridicules les bourgeoises qui les ont imitées. Pour d'autres, cette dégradation sociale s'est faite avec le temps. L'exquise politesse et les jeux galants de l'aristocratique hôtel de Rambouillet se sont pervertis chez la bourgeoise Sapho en pédantisme et en vaine subtilité de sentiment et de langage. À moins qu'il ne faille distinguer de sympathiques précieuses galantes et des prudes dangereuses, contrôlées par la Compagnie du Saint-Sacrement, qui seraient les seuls objets de la satire de Molière. Comme l'a écrit un bon connaisseur des précieuses, cette hypothèse « est un mythe pur et simple comme la préciosité en a sécrété plus d'un chez ses meilleurs historiens ».

En fait, c'est toute reconstitution d'une préciosité supposée véritable qui est nécessairement mythique. On peut esquisser le portrait des quelques femmes qualifiées de précieuses par leurs contemporains. On ne peut en déduire un portrait-robot de la précieuse. Pas plus qu'on ne peut le construire à partir des traits disparates disséminés dans les trop rapides mentions, favorables ou satiriques, qui parlent des précieuses en général. « Les précieuses parquées en castes, dit encore le même spécialiste, nobles, bourgeoises, prudes, galantes, véritables, fausses, grandes, ridicules – n'y aurait-il pas d'autres catégories possibles ? –, sont nées d'un excès de l'esprit d'analyse qui a créé ses propres fantômes. » Citant l'abbé de Pure, le même auteur conclut que l'impossibilité de l'analyse est due au caractère insaisissable de son objet : « La précieuse de soi, dit l'abbé, n'a point de définition ; les termes sont trop grossiers pour exprimer une chose si spirituelle. » Il ne faut pas s'en tenir à cette dérobade. On doit plus généralement affirmer que la vraie précieuse, comme la précieuse ridicule, est une construction de l'esprit, une représentation, favorable ou défavorable, non d'un groupe de femmes défini dans le temps et dans l'espace, mais des questions que posait désormais la présence des femmes dans une société mondaine devenue mixte, où leur loisir et leur curiosité pour des sujets jusqu'alors défendus leur donnaient une influence naissante, et même prépondérante.

Comme l'a bien dit Loret dans le premier compte rendu de la pièce de Molière, ses « précieuses » n'existaient qu'« en idée » – une « idée » à laquelle son succès a donné corps pour le public de l'époque, puis pour la conscience collective. Il aurait pu, comme l'abbé de Pure, incarner dans ses personnages le grand débat en cours sur la condition de la femme. Il s'y intéressera bientôt. Pour le moment, il a préféré métamorphoser en précieuses, fondamentalement ridicules, des galants caricaturaux qui avaient le mérite d'être à la mode et de prêter le flanc à la critique. Et il a, pour toujours, inventé une préciosité imaginaire, dont on peut d'autant plus inlassablement discuter que, même s'il y a eu *des* précieuses, *les* précieuses n'ont pas existé.

Puisqu'il n'y avait pas, puisqu'il n'y a pas eu de « phénomène précieux », il est tout à fait abusif de parler de la préciosité comme d'une doctrine (littéraire, sociale, morale) commune à un groupe précis de femmes à un moment donné de l'histoire (les années cinquante), encore plus comme une certaine façon de se conduire ou d'utiliser le langage partagée par une « cabale » féminine. Si l'on veut continuer à se servir d'un terme commode, mais dangereux, ce doit être sans référence à son emploi dans un temps où les précieuses ne sont apparues que dans l'imaginaire, la satire ou la flatterie. On l'utilisera avec précaution, par convention, pour éviter de répéter de longues et difficiles explications, et désigner d'un mot la juste aspiration des femmes, née avec l'humanisme et la Réforme, à participer à la vie de l'esprit et à se comporter en êtres autonomes. La préciosité, c'est, pour nous (mais non pour les contemporains), la dure et lente prise de conscience de l'égalité des sexes.

Molière a inventé une image fausse, mais forte de la préciosité. Somaize, après lui, s'est évertué à la diluer. Ils ont tous deux fabriqué des documents truqués et brouillé définitivement les pièces d'un dossier délicat. Car ils ont trop influencé ceux qui ont parlé du sujet après eux pour qu'on puisse rien en tirer d'authentique. On n'en est pas moins condamné pour toujours à rire des précieuses ridicules et à s'imaginer en vain la vérité de précieuses « chimériques ». Du point de vue littéraire, l'important est que Molière a écrit un incontestable chef-d'œuvre. Pour l'histoire des idées et de la culture féminine, son « témoignage » vaut exactement celui de Somaize, c'est-à-dire rien.

Sa pièce n'en est pas moins importante. En se moquant de prétendues précieuses, elle met en scène les grands débats en cours dans les milieux éclairés, particulièrement autour de quelques dames instruites, sur le statut intellectuel et conjugal de la femme, sur sa place dans la vie mondaine et dans la vie littéraire, sur son droit à prendre la parole et à influencer le langage. Cathos et Magdelon ont beau être ridicules, leurs aspirations sont dans l'air du temps, et elles sont profondément justes. Ce n'est pas la faute des jeunes filles si elles n'ont pas reçu le minimum de culture qui leur permettrait de discerner l'idéal et sa perversion, la bonne et la mauvaise littérature, le rêve et la réalité. Pour le sexe féminin, tenu depuis si longtemps dans la dépendance masculine, c'était beaucoup d'imaginer que les idées qui prétendaient depuis des siècles fonder cette dépendance sur sa nature n'étaient pas nécessairement vraies. Comme l'avance un des personnages de l'abbé de Pure, pour les femmes, le seul fait de montrer qu'elles sont conscientes des misères de leur situation est déjà un progrès.

Parce qu'il lui fallait frapper un grand coup pour conquérir les médias du temps, Molière a fait une grosse farce qui traduit toutes les résistances de l'époque à une autre conception de la femme, à sa libération des préjugés des « vieux gaulois », représentés par le ridicule Gorgibus. Bientôt, avec l'*École des femmes*, il prendra parti pour Agnès contre Arnolphe, pour l'amour contre le mariage imposé, pour le progrès contre la tradition, pour la liberté contre l'oppression. Sa comédie fera un grand scandale. Il n'est pas alors sans danger de prendre le parti des femmes.

Annexes

Molière, dans ses *Précieuses ridicules*, a inventé ses précieuses à partir d'éléments relevant, entre autres, de la galanterie décrite par Sorel et du romanesque de Mlle de Scudéry. Le succès de sa pièce a imposé durablement une image des précieuses où il ne s'agit plus vraiment des précieuses, mais d'une partie de ce qu'elles étaient, et beaucoup de ce qu'elles n'étaient pas. Il y a donc un avant et un après *Les Précieuses ridicules*, et il importe, pour définir la préciosité, de la chercher à sa naissance dans les textes qui ont nommé des précieuses ou qui les ont représentées avant la pièce de Molière.

Nous avons refusé de décider nous-même que tel texte est précieux pour telle ou telle raison, qui relèverait uniquement de nos préjugés ou des présupposés de la communauté scientifique. Dire : ceci est précieux parce que cela vient de Mlle de Scudéry, ou telle femme est précieuse parce qu'elle est hostile au mariage, ou, plus récemment : « Se tirer du commun des femmes, c'est évidemment se donner du prix, être précieuse », ce sont précisément les sortes d'affirmation qui n'ont cessé d'obscurcir la question de la préciosité.

Il nous a donc paru de bonne méthode de procéder à un inventaire chronologique des emplois du mot « précieux », indépendamment de toute interprétation préalable de ce qu'est la préciosité. Chez nos prédécesseurs, qui classent ces emplois logiquement sous prétexte d'éclairer le sens du mot, l'interprétation est toujours mêlée à l'inventaire. Aucun d'eux n'a non plus séparé nettement l'emploi du mot avant et après *Les Précieuses ridicules*.

Nous avons choisi de faire l'inventaire des emplois de ce mot avant cette pièce en respectant l'ordre chronologique de ses apparitions ou des événements décrits. Après elle, il prolifère, et son sens est à l'évidence largement conditionné par la comédie de Molière.

2. DATE DE NAISSANCE DES PRÉCIEUSES

Nous adoptons les conclusions de R. Lathuillère, *op. cit.*, sur la nécessité d'étudier la préciosité française comme un phénomène historiquement daté et non comme un état d'esprit permanent. C'est aussi l'opinion de R. Pintard, « Pour le tricentenaire des *Précieuses ridicules*, préciosité et classicisme », *XVIIe siècle*, n° 50-51, 1961-1962.

Pour définir la date de naissance des précieuses, la seule méthode objective est de prendre la date où le mot est employé pour la première fois afin de désigner une personne. C'est le 14 avril 1654, dans un ballet de Benserade. Par chance, cette date se trouve confirmée par une lettre qui signale, dix jours plus tôt, l'apparition des précieuses, bientôt suivie par plusieurs autres textes où il est de nouveau question d'elles.

D'autres textes, plus fantaisistes, donnent des dates voisines. Géname, par exemple, affirme à Philonime dans le tome I de *La Précieuse* de l'abbé de Pure que l'on n'a jamais vu tant de précieuses qu'on en voit depuis six mois. Comme le même personnage rapporte, aussitôt après, une lettre de lui « écrite il y a quelques mois au pauvre défunt Niassare », qui représente Sarasin, mort le 15 décembre 1654, la conversation est censée se passer quelques mois avant cette date, et l'apparition des précieuses avoir eu lieu à l'automne 1653.

Dans *Le Procès des précieuses*, Somaize fait dire à Ribercour, à propos des précieuses : « Depuis six ans, le monde en cause », ce qui date leur naissance de juillet 1654. Dans le même ouvrage, à propos du langage précieux, Épicarie affirme : « Il nasquit l'an six cent cinquante. » Des femmes l'auraient « porté trente-neuf ans », ce qui reporte à 1611. On a rapproché cette date de l'essor des salons au début du siècle. Mais les trente-neuf ans sont plutôt un souvenir des habituelles légendes sur les grossesses de longueur inaccoutumée qui précèdent les naissances illustres.

3. INVENTAIRE CHRONOLOGIQUE DES TEXTES ANTÉRIEURS À LA PIÈCE DE MOLIÈRE OU CONTEMPORAINS D'ELLE, DANS LESQUELS APPARAÎT LE MOT « PRÉCIEUSE » À PROPOS DE FEMMES

Cet inventaire est principalement établi à partir des textes cités par Y. Fukui dans son *Raffinement précieux dans la poésie française du XVIIe siècle* (1964), R. Lathuillère dans *La Préciosité, étude historique et linguistique* (1969), L. Timmermans dans *L'Accès des femmes à la culture (1598-1715)* (1993) et dans sa contribution « Madeleine de Scudéry et la préciosité » au volume *Les Trois Scudéry* (1993), et le récent livre de Myriam Maître, *Les Précieuses. Naissance des femmes de lettres en France au XVIIe siècle* (1999).

Les textes marqués d'un astérisque sont ceux où le mot « précieuse » est employé comme nom entre 1654 et la pièce de Molière. Ce sont ceux qui sont pris en compte pour le calcul du nombre des précieuses effectivement nommées comme telles, et pour l'établissement de la proportion des textes favorables (signe +) ou non (signe -) aux précieuses. Le roman de l'abbé de Pure et les diverses allusions de Tallemant des Réaux n'ont été comptés que pour un texte et classés dans la catégorie des textes neutres (aucun signe).

I. Textes écrits avant *Les Précieuses ridicules*

– 29 novembre 1638, Voiture, lettre à Julie d'Angennes (*Œuvres*, édition Ubicini, t. I, p. 316-317).

« Je reconnais que vous êtes la plus précieuse chose du monde, et je trouve par expérience que toutes les délices de la terre sont amères et désagréables sans vous. »
Proposé par A. Cioranescu, « Précieuse », *Baroque*, n° 4, 1969, le rapprochement de « précieux » avec l'espagnol *precioso*, qui signifie « aimable, gracieux, joli », rappelé par L. Timmermans, *op. cit.*, n'a pas lieu d'être fait ici. L'adjectif « précieux » est préparé par ce qui précède : « Il m'arrive de vous comme de la santé : je ne connais jamais si bien votre prix que lorsque je vous ai perdue. » Cela n'a rien à voir avec ce que l'on appelle d'ordinaire la préciosité.
– Avant 1646, Boisrobert, « Dialogue entre Mme la duchesse d'Enghien et Mlle de Boutteville, sous le nom de Daphné et de Précieuse », *Épîtres en vers et autres œuvres poétiques*, 1647.

« Quel charme se peut comparer/ Aux doux attraits de Précieuse ?/ Chacun se plaît à l'adorer./ Moi-même, j'en suis amoureuse.../ Précieuse n'a point de prix. » Mlle de Boutteville est la future duchesse de Châtillon. D'autres dames apparaissent dans le dialogue sous les noms de Sylvie ou de Cloris.
– 6 décembre 1646, lettre du comte d'Avaux à Voiture (G. Lanson, *Choix de lettres du XVIIe siècle*, p. 90-91). Il y fait l'éloge de Mme de Longueville, qui a rejoint son mari à Münster où l'on traite de la paix.

« Toutes ces belles choses ne gâtent pas mon imagination. Je considère Mme de Longueville comme j'ai fait autrefois le soleil de Suède, qui ne brille et n'éblouit pas moins que celui de Guinée, mais qui ne brûle et ne noircit personne [...]. Mais supposons que je fusse tout de soufre et de salpêtre, que je fusse enfin d'une matière aussi combustible que vous, qui vous plaignez encore des maux de la jeunesse, à quelle étincelle, je vous prie, pourrais-je prendre feu ? Une personne si précieuse, qui est venue de deux cents lieues chercher un vieil mari, qui est ici dans une gaieté continuelle [suivent plusieurs relatives élogieuses, puis :], bref qui n'a pas seulement en un haut degré la vertu des femmes, qui en a beaucoup d'autres, *quas sexus habere fortior optaret* [que le sexe fort souhaiterait avoir] ; et vous voulez que sa conversation soit dangereuse ? »

– 1648-1649, Segrais, *Poésies diverses*, 1658, p. 77-79, poème intitulé « Jouant au reversis devant Mme la duchesse de Châtillon ».

« L'esprit galant et doux, la grâce merveilleuse,/ Les yeux doux, le teint vif, et mille autres appas,/ Obligeante, civile et surtout précieuse,/ Quel serait le brutal qui ne l'aimerait pas ? »

Ce texte date de 1648-1649, car l'auteur se dit âgé de vingt-quatre ans. Le même poème figure dans un des manuscrits de Conrart avec un commentaire qui établit que la personne louée est Mme de Brégy. On appelait cette dame « la barbouillée » parce qu'elle se couvrait de « blanc d'Espagne ». Segrais écrit ce texte au nom de la comtesse de Fiesque, en réponse à Mme de Châtillon. Loret consacre un long passage de sa *Muse historique* du 19 novembre 1650 au refus de Mme de Brégy de vivre avec son mari et d'en avoir des enfants, mais il n'emploie pas à son sujet le mot « précieuse ».

– 1650, Martin de Pinchêne, préface aux *Œuvres* de Voiture, édition citée, p. 7.

« Mme de Longueville doit sans doute de grands biens de naissance et de fortune au sang des Bourbon et des Montmorency, mais elle n'est guère moins redevable à son père et à sa mère pour les avantages de l'esprit. En effet, il semble qu'elle ait hérité de l'un ces lumières et cette clairvoyance qu'il avait en toutes sortes d'affaires et qu'elle possède avec l'autre ces rares et précieuses qualités qui font toujours considérer Mme la princesse [de Condé] comme la merveille de notre siècle. »

– Janvier 1651, *Le Temple de la déesse de Bourbonnie*, libelle de Sommerance [?].

Éloge de Mme de Longueville, à Stenay. « Et pour la garde de la précieuse personne de Votre Altesse, nous vous donnons Mlle de Fermelis. »

– 5 juin 1651, Loret, *Muse historique*.

« L'une et l'autre mignonne Louppe [les deux sœurs de La Louppe, futures comtesse d'Olonne et maréchale de La Ferté] » reviennent de Limours, où étaient Monsieur et Mademoiselle. « Il n'est point de personnage/ Voyant ce couple précieux/ Quand ce serait même un des dieux/ De la haute et céleste troupe/ Qui ne souhaitât une Loupe. »

– Décembre 1651, Scarron, compliment final d'une lettre à Mme de Sévigné, mère de Mlle de La Vergne [future comtesse de La Fayette], femme en secondes noces de René-Renaud de Sévigné, oncle du mari de la marquise de Sévigné (*Œuvres* de Scarron, édition de 1786, t. I, p. 175).

« Je baise humblement les mains à Monseigneur de Sévigné, à Mlle de La Vergne, toute lumineuse, toute précieuse, toute etc., et à vous, Madame, votre très humble et affectionné serviteur. »

– Janvier 1652, lettre de Sarasin à Scarron (citée par L. Timmermans, « Madeleine de Scudéry et la préciosité », *Les Trois Scudéry*, p. 614).

Sarasin, qui est à Bordeaux, loue une jeune Bordelaise, Mlle de Viger : « Sa beauté est surprenante, son air galant, sa taille admirable, sa personne précieuse, et, pour tout dire, elle plaît infiniment à Mme de Longueville qui, comme vous savez, est le modèle de la perfection de son sexe et la première femme du monde. »

– Février-mars 1653, Costar, à la fin d'une lettre à Mlle de La Vergne, publiée dans Costar, *Lettres*, 1658, vol. I, p. 545.

« Cela étant, Mademoiselle, ne dites point, s'il vous plaît, que je me mêle d'une chose dont je n'ai que faire quand je prendrai la liberté de vous demander si vous goûtez bien dans votre solitude le contentement que vous avez de posséder la plus précieuse chose du monde en vous possédant vous-même tout à votre aise et en pleine liberté [...], et enfin si vous avez pu sauver et mettre à couvert de leurs persécutions [des provinciaux] assez de loisir pour l'employer à lire les belles choses, à cultiver votre esprit et à prendre autant de soin de lui qu'il en a pris de vous rendre la plus sage et la plus heureuse fille qui vive ? »

– 1653, Segrais, *Athys* (privilège de juin).

Célébrant « plusieurs précieuses beautés », dont Mme de Rambouillet (citée la deuxième), Mme de Saint-Simon, Mme de Frontenac et Mlle d'Outrelaise, Segrais spécifie à propos des « sœurs, nymphes de l'Oise au précieux renom » qu'il s'agit de Mlles d'Aumale et d'Haucourt. Il supprimera ce passage des éditions ultérieures de son poème.

– 7 février 1654, Godeau, lettre écrite à Mlle de Scudéry depuis son lointain évêché de Grasse. (Rathery et Boutron, *Mlle de Scudéry, sa vie et sa correspondance*, p. 250).

« Voyant les perles, les émeraudes et l'or de mes orangers, je vous en souhaiterai d'une nature moins fragile, et je penserai aux richesses de votre esprit qui valent bien mieux que toutes les pierres précieuses. Elles sont si abondantes que vous ne devez pas m'en être chiche. Écrivez-moi donc souvent, ma très précieuse Sapho, je n'oserais pas ajouter ma très chère si l'amitié n'osait et ne pouvait oser ce que la grimace de la civilité condamne ».

– * (-) avril 1654 (date conjecturale), « Carte du royaume des Précieuses », présumée de Maulévrier, publiée en mars 1658 dans le premier *Recueil* de Sercy en prose, avec une note affirmant que cette carte a été écrite la première. Elle date d'avril 1654 si le texte de René-Renaud de Sévigné cité ci-après s'applique à elle, ce qui est très probable puisqu'elle est la seule carte qui traite seulement et expressément des précieuses (texte intégral, *infra,* Dossier, p. 307).

– * (-) 3 avril 1654, René-Renaud de Sévigné, lettre écrite depuis son exil de Champiré (*Correspondance du chevalier de Sévigné et de Christine de France, duchesse de Savoie*, publiée par J. Lemoine et F. Saunier, 1909, p. 246).

Il y annonce l'arrestation du cardinal de Retz et dit à la duchesse son regret de n'être plus au centre des nouvelles, puis il continue : « Il y a une nature de filles et de femmes à Paris que l'on nomme précieuses, qui ont un jargon et des mines avec un démanchement merveilleux : l'on en a fait une carte pour naviguer en leur pays. Je souhaite qu'elle divertisse un moment Votre Altesse Royale de tout le chagrin que lui donne *il nostro briguello* [Mazarin]. » Sévigné termine en annonçant que Christine de Suède projette de venir en France.

On considère ce texte comme l'« acte de naissance » des précieuses.

– * (+) 14 avril 1654, Benserade, *Œuvres*, I, p. 86, 1698, première représentation à la cour des *Noces de Pélée et de Thétis*, dont il a écrit le ballet. Des dames et demoiselles de la cour dansent pour la première fois dans un ballet. Dans le dernier tableau intitulé « Les Arts libéraux », Christine d'Estrées danse entourée de Mme de Brancas et de Mlles Mancini, de Mortemart, du Fouilloux, de La Louppe.

« *Pour Mlle d'Estrées, représentant l'Astrologie* : Je n'ai pas mon esprit tellement dans les nues,/ Que les choses d'en-bas ne me soient bien connues./ Nature fit d'heureux efforts,/ En travaillant après mon corps,/ Et me fit l'âme ingénieuse,/ Et de ses passions maîtresse impérieuse,/ Mais toujours un peu curieuse,/ Et le ciel répandit tout ce qu'il a de mieux,/ Et ses dons les plus précieux,/ Sur une délicate et fine précieuse. »

– 19 avril 1654, Godeau, lettre à Mlle de Scudéry, (Bibl. Arsenal, manuscrit 5414, p. 65, cité par A. Niderst, *Madeleine de Scudéry, Paul Pellisson et leur monde*, p. 267).

Godeau représente Mlle de Scudéry sur le bassin de la fontaine de la galanterie et, avec elle, Mme de Rambouillet, « cette précieuse marquise, qui vit maintenant en recluse », et Voiture « à genoux devant quatre dames ».

– * (+) 16 août 1654, Bussy, apostille à Mme de La Trousse d'une lettre à Mme de Sévigné (*Correspondance*, édition R. Duchêne, t. I, p. 28).

« Croyant que notre belle marquise eût lu mes lettres toute seule, je lui aurais peut-être écrit des choses que je ne voudrais pas que d'autres qu'elle vissent, et Dieu sait quelle vie vous m'auriez faite à mon retour et quelle honte vous et moi en aurions eue. Votre prudence a détourné ce malheur, en m'apprenant que vous lisez tout ce que je lui écris, et a mis les choses en état que je vous donnerai toujours du plaisir et jamais du chagrin. Mais, Madame, en vous rassurant sur les lettres trop tendres, j'ai honte d'en écrire de si folles, sachant que vous êtes si sage, et devant qui les précieuses ne font que blanchir. Il n'importe, votre vertu n'est point farouche, et jamais personne n'a mieux accordé Dieu et le monde que vous. »

– * (-) 11 novembre 1654 (date du privilège ; page de titre, 1655), abbé d'Aubignac, *Histoire du temps ou Relation du royaume de Coquetterie. Extraits du dernier voyage des Hollandais aux Indes du Levant.*

Cette œuvre est à nouveau publiée en 1655, sous le titre *Nouvelle Histoire du temps ou Relation du royaume de Coquetterie. La Blanque des illustres filous du royaume de Coquetterie* (le second titre correspond à un texte ajouté dans la nouvelle édition).

Dans cette longue allégorie, effectivement accompagnée d'une carte, ne figurent que quelques mots sur les précieuses au tout début de l'ouvrage, p. 9 de l'édition originale. Parmi d'autres descriptions, il y a une « distinction des sujets » pour les hommes, puis, pour les femmes, une énumération de neuf sortes de dames. Les précieuses, caractérisées d'une simple relative, en deuxième position, n'y sont nullement en vedette. C'est seulement en 1663, dans *Macarise ou la Reine des îles Infortunées*, que d'Aubignac s'en prendra aux expressions « extravagantes » des précieuses. Ces expressions se trouvaient déjà toutes dans Molière.

– * (-) Fin 1654 (publication 1668), « Carte du pays de Braquerie ». Bussy-Rabutin a raconté dans ses *Mémoires* que ce texte, publié plus tard sous le nom de *Carte géographique de la cour*, remonte à 1654. L'été de cette année-là, pendant la campagne de Catalogne, Conti avait dessiné une « Carte du pays de Braquerie ». Il entendait parler des femmes qui étaient galantes, explique Bussy, qui cite une lettre, du 29 décembre 1654, dans laquelle le prince lui demande d'en compléter l'inventaire.

Trois peuples se disputent le terrain : les Braques, les Cornutes, les Ruffiens. Les précieuses n'occupent qu'une petite partie du pays et du texte. « Dans le pays des Braques, il y a plusieurs rivières. Les principales sont : la Carogne et la Coquette ; la Précieuse sépare les Braques de la Prudomagne. La source de toutes ces rivières vient du pays des Cornutes [...]. » Après plusieurs autres villes à nom de femmes, on trouve Grimaud, où passe la Carogne. « Au milieu de la ville, elle se cache sous terre par un grand canal que la nature a fait et qu'on appelle vulgairement le Trou-Grimaud, et ne sort que deux lieues plus loin, à savoir là où elle se jette dans la Précieuse [...]. » Plus loin : « Montausier, grande ville, qui n'est pas belle, mais agréable. La Précieuse passe au milieu, qui est une rivière de grande réputation. L'eau en est claire et nette ; il n'y a lieu du monde où la terre soit mieux cultivée. » Puis vient Fiennes, située sur la Carogne. « À quatre lieues de cette ville, vous en trouvez une autre, bien différente. Elle est sur la Précieuse. C'est une ville considérable pour la beauté de ses édifices. On l'appelle Olonne. C'est un chemin fort passant. On y donne le couvert à tous ceux qui le demandent, à la charge d'autant. Il y faut payer de sa personne, ou payer de sa bourse [...]. Guise est une ville sur la Précieuse, assez grande et où il se trouve de belles antiquités [...]. Longueville est sur la même rivière que Guise. C'est une ville grande et assez belle. Il y a eu quatre gouverneurs [...]. Elle se gouverne à présent elle-même et s'est tellement fortifiée qu'il n'y a point d'ennemis si forts qui osent en faire l'attaque. »

Nous citons d'après C.-L. Livet, à la fin du tome I (p. 413-416) de son édition de l'*Histoire amoureuse des Gaules* (1846). Selon M. Maître, *op. cit.*, p. 95 et 667, une version manuscrite, intitulée *Description du pays des Braquesibraques,* ne donne que deux noms : Mmes de Montausier et d'Olonne. Selon le même auteur, la version imprimée compterait six précieuses : Châtillon, La Vergne, Montausier, d'Olonne, Guise, Longueville. C'est une erreur. Les deux premières en sont « à quatre lieues ».

– * 1654-1655, *Carte du royaume d'Amour* de Tristan, parue dans le recueil Sercy en prose de 1658, mais présumée écrite en 1654, et de toute façon antérieure à la mort de l'auteur, en septembre 1655. Cette carte ne parle ni de précieux ni de précieuses, sauf un mot, au tout début, pour les situer à la limite du pays que décrit la Carte.

– * (-) 1655 (privilège du 8 mars 1654), Gabriel Gilbert, *L'Art de plaire*.

« La belle, pour se rendre encor plus précieuse/ Se pare de dédain et fait la rigoureuse/ Et sa fierté parfois immole à ses appas/ L'amant qu'elle méprise, ou qu'elle n'aime pas. »

– * 1er janvier 1655, *L'Avis au public pour l'établissement de la société précieuse* (dit « prospectus du Palais précieux ») (texte intégral *infra*, Dossier, p. 308).

Ce texte est une supercherie littéraire, comme l'a établi Ian MacLean, dans *Correspondances*, *Mélanges offerts à Roger Duchêne,* 1992, p. 173 *sq.*, et non un document comme on l'a cru longtemps.

– * (-) Début 1655, Scarron, Dédicace à Mlle de Montpensier de *L'Écolier de Salamanque ou les Ennemis généreux* (achevé d'imprimer du 31 décembre 1654).

« On a haï ma comédie devant que de la connaître. De belles dames qui sont en possession de faire la destinée des pauvres humains ont voulu rendre malheureuse celle de ma pauvre comédie. Elles ont tenu ruelle pour l'étouffer dès sa naissance. Quelques-unes des plus partiales ont porté contre elle des factums par les maisons comme l'on fait en sollicitant un procès et l'ont comparée d'une grâce sans seconde à de la moutarde mêlée avec la crème. Mais les comparaisons nobles et riches ne sont point défendues, et quand, par plusieurs autres de même force, on aurait perdu de réputation ma comédie, l'applaudissement qu'elle a eu à la cour et à la ville lui en aurait plus rendu que ne lui en aurait pu ôter une conjuration de précieuses. »

– * (+) 23 janvier 1655, Loret, *Muse historique*.

Le gazetier raconte un bal chez Monsieur et énumère, avec des qualificatifs divers, quantité de belles dames et demoiselles (d'Olonne, La Louppe, Brancas, Mercœur, d'Orval, Martinozzi, Mancini, Nogent, Richelieu, L'Hôpital), puis « Leuville, Estrées, et Villeroy/ Où l'on voit ce je ne sais quoi/ Qui rend les filles gracieuses/ Et les fait nommer précieuses ». Puis il continue en citant Gramont, Mortemart et plusieurs autres.

– 17 avril 1655, Loret, *Muse historique*.

Invocation initiale à Marie d'Orléans-Longueville, future duchesse de Nemours, dédicataire de la gazette.

« Aimable et précieuse fille,/ Qui vous gobergez en famille,/ Au beau château de Coulommiers [...]/ Quoiqu'en ce beau lieu, Votre Altesse/ Fasse la nique à la tristesse/ Et qu'assez aise vous soyez/ De tout ce que vous y voyez,/ Suivant toutefois la coutume/ De donner carrière à ma plume/ Les samedis, précisément,/ Pour votre divertissement,/ Par des épîtres que je rime,/ Mais que pas beaucoup je ne lime,/ Ces articles bons, ou méchants, S'en vont pour vous courir les champs. »

– * (+) 14 août 1655, Loret, *Muse historique*.

« Justement samedi passé,/ Vers la minuit a trépassé/ Cette petite précieuse/ Mademoiselle de Joyeuse/ Au grand regret de ses parents,/ N'ayant seulement que quatre ans. »

– * (+) 18 septembre 1655, Loret, *Muse historique*.

Réception du duc de Mantoue par Mazarin. Bal : « Le roi, notre monarque illustre/ Dont le glorieux et beau lustre/ Ne peut d'aucun être terni,/ Menait l'infante Mancini [Olympe Mancini, future comtesse de Soissons],/ Des plus sages et gracieuses,/ Et la perle des précieuses. »

– * (+) 14 novembre 1655, Robinet, *La Muse héroï-comique*.

« Motteville la bien-disante/ Autant modeste que savante,/ La précieuse de ce temps,/ Ce trésor d'esprit et de sens, /Enfin, cette noble mortelle/ Des veuves le parfait modèle/ Qui faisait à Rouen un séjour/ Depuis un mois et quelques jours,/ Est de retour dans cette villle,/ Et cette dame très civile/ À la cour montre des appas/ Que nos plus parfaites n'ont pas. »

– * (-) 1656, Brébeuf, *Lucain travesti*.

« On voit jeunes éventés/ Si richement ajustés/ Que souvent dans les ruelles/ Beaux se piquent d'être belles/ Qu'à la ville, qu'à la cour/ Bien souvent en moins d'un jour/ Par troque facétieuse/ Blondin devient précieuse. »

– * Début 1656 (privilège du 14 décembre 1655 ; pas d'achevé d'imprimer), abbé de Pure, *La Précieuse*, première partie.

– * (+) 8 avril 1656, Loret, *Muse historique*.

Arrivée de la princesse de Conti. « L'aimable dame de Mercœur,/ À qui chacun donne son cœur,/ Et la précieuse Mancine [Olympe Mancini, future comtesse de Soissons],/ L'une et l'autre étant sa cousine,/ Et, bref, toute la parenté/ De cette adorable beauté/ Allèrent loin au-devant d'elle. »

– * (+) 30 avril 1656, Robinet, *La Muse royale*.

À l'occasion du mariage de Mlle de Neuillan, fille de la reine, remplacée par Chémerault, Philippe d'Orléans traite son frère le roi et sa mère, « Avec une troupe bien chère/ Des précieuses de la cour ». Il cite nommément la princesse de Conti, la duchesse de Mercœur, Olympe Mancini, la Gourdon, Manneville, « l'allègre et gente du Fouilloux [future marquise d'Alluye] [...]/ Dont une inflexible et dure âme/ Se ferme à l'amoureuse flamme ».

– 15 juin 1656 (date de l'achevé d'imprimer), abbé de Pure, *La Précieuse*, deuxième partie.

« Je ne sais pas la raison du mot [précieuse], mais j'en connais deux ou trois qui se trouvent ordinairement dans le palais d'Arthénice. Moi, je ne sais pas les forces de ces trois que vous connaissez, reprit Gélaste, mais je sais bien l'origine du mot. »

– * (+) 19 novembre 1656, Robinet, *La Muse royale*.

La petite vérole a attaqué les « attraits précieux » de Mlle de La Louppe.

– * (+) 10 décembre 1656, Robinet, *La Muse royale*.

« Du Bec, cette rare marquise [Renée du Bec, maréchale de Guébriant],/ Que maint beau talent rend exquise/ Et, dessus tout, le plus charmant/ De s'exprimer fort galamment/ Dedans les plus belles matières/ Comme j'en eus preuves entières/ En demi-heure d'entretien/ Voyant et connaissant combien/ Cette maréchale sublime/ Nous avait dedans son estime,/ Nous assura, sans fiction,/ De sa grâce et protection/ Avecque d'autres précieuses,/

Non moins vraiment officieuses,/ Mais de qui je n'ai su le nom,/ Dont je meurs de regret, sinon/ De la brave dame Sommeuse,/ Que je puis bien nommer heureuse,/ Pour la belle-fille qu'elle a,/ Et qui doucement brillait là,/ Avec de Marans ou Sancerre,/ Laquelle est un ange sur terre. »

Mlle de Marans sait faire facilement des « vers doux et coulants ».

– 30 décembre 1656 (date de l'achevé d'imprimer), abbé de Pure, *La Précieuse*, troisième partie.

« On ne parle pas d'autre chose que de la précieuse, on ne dit pas un mot du précieux. » Il y en a pourtant : « La précieuse ne donne pas l'exclusion au mâle », mais on emploie un mot différent pour le masculin. « Le mâle des précieuses s'appelle janséniste » (Gélasire).

– * (+) 3 janvier 1657, Robinet, *La Muse royale.*

Mme de Motteville y est nommée « la précieuse Motteville ».

– * (+) 5 janvier 1657, Robinet, *La Muse royale.*

Les nièces de Mazarin y sont appelées « objets précieux ».

– * (+) 15 janvier 1657, Robinet, *La Muse royale.*

Anne de Gonzague, princesse palatine, est « du cercle précieux/ L'un des joyaux les plus précieux ».

– * (+) 11 et 16 juin 1657, *La Gazette galante.*

Les textes de *La Gazette galante* ont été récemment retrouvés à la bibliothèque de Grenoble, qui en donne une analyse dans le catalogue, où ils sont conservés sous la cote « Presse, 1969 ».

Dans cette gazette parodique, Mlle de Scudéry est favorablement nommée « Princesse des précieuses », « Souveraine des précieuses ».

– 16 juin 1657, Loret, *Muse historique.*

Mlle de Montpensier, « Vers le commencement du mois,/ Allant finalement à Blois,/ Y reçut de Monsieur son père,/ De Madame sa belle-mère/ Et de ses précieuses sœurs/ Un accueil tout plein de douceurs./ Ces deux adorables Infantes/ Fort jeunes, mais fort ravissantes,/ Par un doux et gracieux soin,/ Furent au-devant assez loin ».

– * (-) 17 juillet 1657, Claude Le Petit, sonnet « Consolation aux Dônes et Donzelles, sur leur départ pour l'Amérique », accompagnant l'Extraordinaire de *La Muse de la cour*, p. 62. Cette gazette a fait l'objet d'une publication séparée de F. Lachèvre, qui complète son édition des *Œuvres libertines de Claude Le Petit* (réimpression Slatkine, 1968). Les deux volumes appartiennent à sa grande série *Le Libertinage au XVIIe siècle* (1909-1928), dont ils constituent respectivement les tomes 6 et 14.

« Cessez, dônes, cessez, malheureuses donzelles,/ Dans votre désespoir de souhaiter la mort ;/ Bénissez seulement, sans accuser à tort,/ Le destin qui vous mène en ces terres nouvelles.// Tout le corps précieux des tendres demoiselles,/ Quoique certaines en doute [*sic*] et n'en soit pas d'accord,/ Vous accompagnera, malgré le vain effort/ Que feront leurs galants, leurs amis, leurs ruelles.// Ne croyez pas aller en des déserts affreux/ Où l'on n'est point piqué d'aucun trait amoureux ;/ Du plus barbare peuple, amour perce les âmes.// Ils savent contenter ainsi que nos amants ;/ Et comme le soleil leur prodigue ses flammes,/ Vous participerez à leurs embrasements. »

– * (+) 9 septembre 1657, Robinet, *La Muse royale*.

Mlle Béranger, savante valentinoise, « Ayant facilement en main/ Le français, toscan et romain/ Chose assez rare et curieuse/ Pour en faire une précieuse ».

– 3 novembre 1657, Loret, *Muse historique*.

À propos de la mort de son fils, le gazetier vante les mérites de la duchesse de Châtillon : « Il lui reste encor tant de charmes/ Et de si ravissants trésors,/ Tant en son esprit qu'en son corps,/ Que ces richesses naturelles,/ Rares, précieuses et telles/ Qu'elles charment tout aujourd'hui/ Doivent adoucir son ennui. »

– * (+) 4 janvier 1658, frères Villers, Hollandais séjournant à Paris, *Journal d'un voyage à Paris en 1657-1658*, publié par A. Faugère, 1862, p. 372-373.

« L'après-midi du 4, nous allâmes voir la marquise de La Fayette, qui est logée dans notre voisinage chez le sieur de Saint-Pons, son oncle. » Elle vient d'arriver de province et n'est pas encore installée chez elle. « C'est une femme de grand esprit et de grande réputation, où une fois le jour on voit la plupart des polis et bien-disants de cette ville. Elle a été fort estimée lorsqu'elle était fille et qu'on la nommait Mlle de La Vergne, et elle ne l'est pas moins à présent qu'elle est mariée. Enfin, c'est une des précieuses du plus haut rang et de la plus grande volée. »

– * (+) 16 février 1658, Loret, *Muse historique*.

« Noble et précieuse personne/ De mes vers l'illustre patronne » : invocation initiale à Marie d'Orléans-Longueville, duchesse de Nemours.

– * (+) 23 février 1658, Loret, *Muse historique*.

Énumération des « jeunes merveilles » qui ont participé à un bal royal : Henriette d'Angleterre, Mlle de Montpensier, la comtesse de Soissons, Mlle de Nemours, Hortense Mancini, Mlle de Villeroy, Mlles Gourdon, Fouilloux, Bonneuil, « la précieuse Manneville,/ De la beauté vrai domicile/ Et dont les glorieux appas/ Blessent et ne guérissent pas ». Puis viennent Chémerault et La Mothe d'Argencourt.

– * (+) 25 avril 1658 (date de l'achevé d'imprimer), Antoine Furetière, *Nouvelle allégorique ou Histoire des derniers troubles arrivés au royaume d'Éloquence*. Nous citons d'après la réimpression publiée en 1967 par Esa Genneken pour les *Textes littéraires français*. La mention des précieuses se trouve au début de l'ouvrage, p. 11.

« La sérénissime princesse Rhétorique régnait paisiblement depuis plusieurs siècles [...]. Son conseil souverain résidait dans Académie, sa ville capitale, et était composé de quarante barons confidents de la reine, qui avaient presque toute l'autorité en main. Ils tenaient conseil deux fois la semaine pour les affaires de l'État, et principalement ils travaillaient à faire un dénombrement et un rôle exact des habitants de ce grand empire, qui en la langue du pays s'appelait *Dictionnaire*, où ils ne comprenaient que ceux qui avaient droit de bourgeoisie par lettres patentes. Ils étaient incorruptibles en cette commission et passaient jusqu'au scrupule, de sorte que cela acquit à la compagnie le titre d'Exactitude, car ils excluaient impitoyablement tous les barbares et les étrangers. Il est vrai que les nouveaux venus, pour s'y établir, obtenaient quelquefois des lettres de naturalité, à la sollicitation de quelque précieuse, mais c'était toujours à la charge de la vérification en cette cour, et sans cela ils n'osaient paraître en public. »

« Ce qui fut merveilleux, c'est qu'avec une si grande puissance il [Galimatias] ne pût entrer dans la province des alcôves, où sont de petits châteaux qui n'enferment rien que de précieux. » Ces châteaux sont en effet gouvernés par dame Galanterie, principale alliée de Rhétorique, l'héroïne de Furetière.

Les attaques de Furetière contre Mlle de Scudéry visent la romancière, dont il ne partage pas l'esthétique (comme en témoignera son *Roman bourgeois*), non la précieuse qu'elle n'est pas. Le seul et bref passage de son livre où il parle des précieuses ne montre du reste aucune animosité contre elles. Ce sujet ne l'intéresse pas. Sorel répliquera à Furetière en avril 1659 dans sa *Relation véritable de ce qui s'est passé au royaume de Sophie*, mis à la suite de sa *Description de l'île de Portraiture*. Il y défend Mlle de Scudéry.

– 9 mai 1658 (date de l'achevé d'imprimer), abbé de Pure, *La Précieuse*, quatrième partie.

Dédicace à l'abbé François de Clermont-Tonnerre : « Je connais trop le rapport qu'il y a entre de fausses précieuses et un véritable précieux, entre l'original et sa copie. »

– * 20 mai 1658 (date de l'achevé d'imprimer), *Recueil de pièces en prose les plus agréables de ce temps, composées par divers auteurs, première partie*, chez Charles Sercy (premier *Recueil* Sercy en prose).

On y trouve la « Carte du royaume des Précieuses », et deux textes où il est brièvement question des précieuses, « La loterie ou blanque nouvelle » (certains lots sont des livres concernant les précieuses, les uns réels, les autres de simples titres) et le « Testament de Clyanthe » (l'auteur lègue cent mille livres d'artifice et de jalousie aux coquettes et « cinq cents années de sévérité » aux précieuses). On y trouve aussi « Les lois de la galanterie », future source de Molière bien qu'elle ne parle pas des précieuses. (Texte intégral, *infra*, Dossier, p. 311).

– 24 août 1658, Robinet, *La Muse royale*.

Mention de la princesse de Conti, âme « belle », « judicieuse » et « précieuse ».

– * [1658] Tallemant des Réaux, *Historiettes*, II, 858.

À propos de Françoise Godet des Marais, alors veuve de Launay-Gravé, plus tard marquise de Piennes.

« Elle affecte un certain air de personne de qualité ; elle fait fort la précieuse et vous diriez qu'elle fait honneur aux gens. Toutes ses habitudes sont à la cour. Il n'y a que la seule Mlle Tallemant qui soit de la ville. »

– 9 février 1659, Loret, *Muse historique*.

Le duc de Saint-Simon a reçu chez lui « quantité de beau monde ». On y a dansé. « Mais entre toutes, la duchesse/ Du lieu, la ravissante hôtesse,/ Y fut le paradis des yeux/ Par mille agréments précieux/ Et par les grâces naturelles/ Qui la font mettre au rang des belles. »

– * (-) 8 mai 1659, Scarron, lettre à Marigny, édition citée, t. I, p. 205-206.

« Il faut que je vous dise de quelle manière commencera le nouveau volume de mon *Roman comique* : "Il n'y avait point encore de précieuses dans le monde, et ces jansénistes d'amour n'avaient point encore commencé à mépriser le genre humain. On n'avait point encore entendu parler du *trait des traits*, du *dernier doux* et du *premier désobligeant* quand le petit Ragotin, etc. Ah, ma chère, à quoi avez-vous passé le jour ? Ah, ma chère, Bastoneau tout pur. C'est un terme des précieuses pour dire acheter des étoffes. Adieu, mon cher mangeur de tartines..." »

– 21 juin 1659, Loret, *Muse historique*.

En fin de lettre, le gazetier remercie Marie Mancini de l'argent qu'elle lui a donné : « Noble et généreuse Marie,/ À qui la nature apparie/ Outre mille attraits précieux/ Un bel esprit et de beaux yeux/ Et qui, n'ayant pas quatre lustres,/ Faites des conquêtes illustres. »

– 8 juillet 1659 (achevé d'imprimer), *Épigone. Histoire du siècle futur*, première partie. Ce nouveau roman de l'abbé de Pure décrit un allégorique « pays des Mignonnes » où l'on passe son temps en « discours d'amusement ». Toute tyrannie d'amour y est interdite. La constance y est une maladie de l'esprit comme la pruderie, punie de « décervellation ». Le caractère utopique de ce roman s'inscrit dans la droite ligne du dernier volume du roman précédent, et jette sur l'ensemble de *La Précieuse* un éclairage qui en confirme le caractère largement ludique.

– Après février 1659 et peut-être même après la pièce de Molière, Tallemant des Réaux, *Historiettes*, II, 894, à propos de Langey.

« Durant son procès, [il] fut un peu [amoureux] de Mlle de Marivaux, et Cauvisson, qui veut épouser cette fille, en eut de la jalousie. Il n'y a pas longtemps que le bruit courut qu'il épousait Mlle d'Aumale, puis on le dit bien davantage de Mlle d'Haucourt, sa sœur, et on faisait dire à ce fat : "Au moins, sage et dévote comme elle est, quand elle aura des enfants, on ne dira pas que ce sera d'un autre que de moi." Voilà d'où est venu ce bruit-là : quand M. de Lillebonne épousa feu Mlle d'Estrées, qui était précieuse, on dit de lui comme de Grignan, quand il avait épousé Mlle de Rambouillet, un des originaux des précieuses, qu'il avait fait de grands exploits la nuit de leurs noces. Mme de Montausier écrivit à sa sœur, qui était en Provence : "On fait des médisances de Mme de Lillebonne comme de vous." Mme de Grignan répondit que, pour remettre les précieuses en réputation, elle ne savait plus qu'un moyen, c'était que Mlle d'Aumale épousât Langey. Cela se répandit par la ville. »

Mlle d'Estrées épousa le comte de Lillebonne le 3 septembre 1658 ; elle mourut le 18 décembre suivant. Le marquis de Cauvisson épousa Mlle de

Marivaux le 17 février 1661. Angélique de Rambouillet (morte le 22 décembre 1664) épousa le marquis, futur comte de Grignan, plus tard remarié avec Mlle de Sévigné, le 27 avril 1658. Accusé d'impuissance, Langey demanda l'épreuve du congrès et y échoua. Le 8 février 1659, les juges prononcèrent la nullité de son mariage, avec une interdiction de se remarier qui fut bientôt levée.

Il est très improbable que Tallemant, qui ne parle pratiquement pas de Molière dans ses *Historiettes*, ait songé aux *Précieuses ridicules* dans ce passage. Mlle de Rambouillet est, selon lui, l'une des premières précieuses, non le modèle d'une comédie. Et, en effet, quoi de commun entre cette demoiselle cultivée, élevée au centre du meilleur monde, et les deux naïves provinciales de Molière ?

– * (-) Datée de 1658-1659, chanson (B.N., Manuscrits, fonds français, 12 638, f° 307).

« Quoique précieuse et fière/ On a vu passer Vandy/ Les jambes sur la portière [...]. »

– Datées de 1659, « Les Contrevérités » (B.N., Manuscrits, fonds français, 864, f° 135).

« Je m'en vais vous apprendre une sotte cabale :/ Manicamp, Outrelaise, Haucourt, Grignan, d'Aumale. »

Mlle de Rambouillet étant déjà mariée à Grignan, le texte est postérieur à 1658. Le mot « précieuse » n'est pas employé.

– * (-) 1659, chanson figurant dans le volume 23 du chansonnier Maurepas (B.N.).

« Précieuses, vos maximes/ Détruisent tous nos plaisirs,/ Et vous prenez pour des crimes/ Les moindres de nos désirs./ Rambouillet, et vous d'Aumale,/ Quoi, ne verrons-nous jamais/ L'amour et votre cabale/ Faire un bon traité de paix ? »

Cette chanson se retrouve, avec les mêmes noms, dans *La Fine Galanterie du temps*, 1661.

– * (-) 1659, *La Déroute des précieuses*, Mascarade attribuée à Subligny, ou à Faure, l'auteur de *La Fine Galanterie du temps*. On croit ce texte antérieur à sa date de publication. Un passage de la Mascarade reprend à peu près la chanson du recueil Maurepas en en ôtant les noms propres. (Le texte est donné intégralement *infra*, Dossier, p. 330.)

– * (-) Début 1659, *Divers portraits*, à l'initiative de Mlle de Montpensier, puis *Portraits et éloges*, publiés chez Charles Sercy (achevé d'imprimer du 25 janvier 1659). Le « Portrait des précieuses », très satirique, est probablement de la main de Mademoiselle. (Texte intégral *infra*, Dossier, p. 327.)

– * (-) Mai 1659, Scarron, « Épître chagrine au maréchal d'Albret », dans *Œuvres*, édition citée, t. VII, p. 168. Il énumère diverses sortes de fâcheux, comme le fera bientôt Molière. Puis, après une digression :

« Mais revenons aux fâcheux et fâcheuses,/ Au rang de qui je mets les précieuses,/ Fausses s'entend, et de qui tout le bon/ Est seulement un langage ou jargon,/ Un parler gras, plusieurs sottes manières,/ Et qui ne sont enfin que façonnières,/ Et ne sont pas précieuses de prix/ Comme il en est deux ou trois dans Paris,/ Que l'on respecte autant que des princesses,/ Mais elles font quantité de singesses/ Et l'on peut dire avecque vérité/ Que leur modèle en a beaucoup gâté. »

G. Couton, dans la notice des *Précieuses ridicules* de son édition de Molière à la Bibliothèque de la Pléiade, date à tort cette épître de 1652. Dans une lettre de mai 1659, Scarron l'a datée lui-même en écrivant : « La chagrine est encore toute chaude ; les autres sont de l'année passée » (A. Adam, « La Préciosité », *Cahier international d'études françaises*, 1950, p. 35).

– * (-) 2 juillet 1659 (date de l'achevé d'imprimer), Félix de Juvenel, *Le Portrait de la coquette*.

Dans ce pamphlet contre les coquettes, il n'y a que quelques lignes (un paragraphe) sur les précieuses, qui en sont une simple variété.

« Quand [les coquettes] vieillissent, elles ne renoncent pas à toutes sortes de moyens de donner de l'amour. Elles changent seulement de batterie. Au lieu d'employer leurs soins pour paraître des Vénus, elles font ce qu'elles peuvent pour paraître des Pallas, mais ce sont des Pallas trompeuses, dont le soin ne consiste que dans l'invention ou la réforme de quelques mots [...]. Lorsque la précieuse a fait un recueil de quinze ou vingt mots nouveaux, elle s'imagine avoir fait un fonds admirable pour paraître agréable et spirituelle dans le monde. Ne vous étonnez pas de l'entendre répéter les mêmes mots au bout d'un quart d'heure. »

– * (-) Août-octobre 1659, *La Princesse de Paphlagonie*.

À Bordeaux avec la cour de France, Mlle de Montpensier rédige ce récit romancé de ses démêlés contre les précieuses qui avaient vécu avec elle dans son exil à Saint-Fargeau quand celles-ci se sont montrées désagréables envers Mlle de Vandy. La princesse entreprend ce récit parce que Mme de Montausier lui a fait penser à cette affaire en voulant réconcilier Mlle de Vandy avec la comtesse de Fiesque (*Mémoires*, édition Chéruel, t. III, p. 380-381).

« Cette femme [Mme de Frontenac] s'attacha à une cabale de Thraciniennes qui demeuraient auparavant sur la frontière, de sorte que la dernière guerre avait pillé leurs biens et les avait chassées de leurs maisons. Ces dames de campagne avaient de l'esprit, mais l'âge et leurs déplaisirs avaient tout à fait terni ce que la nature leur avait donné de beauté, dont elles étaient bien fâchées, ne sachant par où se faire valoir. Elles avaient quelque chose d'agréable dans la conversation, car elles étaient fort railleuses, et cela plaît quelquefois, de sorte qu'elles attiraient du monde chez elles, se faisant aimer de peu et haïr de beaucoup. Voilà la manière dont elles se firent connaître. Elles avaient de la vertu, mais elles croyaient qu'il n'appartenait pas aux autres d'en avoir, et elles méprisaient toutes celles qui en avaient, leur imaginant des défauts si elles n'en avaient pas ou les exagérant pour peu qu'elles en eussent. Enfin, elles critiquaient tout le monde et on leur rendait la pareille. »

Le mot « précieux » ne figure pas dans *La Princesse de Paphlagonie* (ni à l'endroit correspondant des *Mémoires* de Mademoiselle), mais la clé désigne comme telles les Thraciniennes du roman : « La princesse de Paphlagonie était Mlle de Vandy [...], la reine Gélatille, Mme la comtesse de Fiesque [...] la reine des Amazones, Mademoiselle elle-même [...]. Les Thraciniennes, les dames de campagne [étaient] les précieuses, dont étaient Mme de Schomberg qui était d'Aumale et Mme d'Harcourt [pour d'Hau-court] sa sœur [...] » (Segrais, *Œuvres*, t. II, p. 147).

– 10 novembre 1659 (date de l'achevé d'imprimer, privilège du 15 janvier 1656), abbé d'Aubignac, *Lettre d'Ariste à Cléonte contenant l'apologie de l'Histoire du temps ou la défense du Royaume de Coquetterie*. L'auteur n'y parle pas des précieuses, mais soutient que la Carte de Tendre, où on voit seulement « quatre villes, trois rivières, deux mers, un lac et trente petits villages », n'est rien auprès de la vaste étendue et des divers établissements de son propre royaume de Coquetterie. « Non, non, conclut-il, la Coquetterie n'est point la fille de Tendre, elle est bien plus âgée que lui. » Il s'agit donc d'une rivalité entre Mlle de Scudéry et lui sur la priorité de leurs cartes respectives. Il ne faut pas confondre l'hostilité (relative) de l'abbé d'Aubi-gnac envers Mlle de Scudéry, à laquelle il exprime en même temps ses respects, et son hostilité envers les précieuses, qui est tardive et indépen-dante de la précédente.

– 10 novembre 1659, première représentation des *Précieuses ridicules*.

– Novembre 1659-19 juin 1660, La Fontaine, *Les Rieurs de Beaurichard*.

« Tout devient risible ici-bas,/ Ce n'est que farce et comédie ;/ On ne peut quasi faire un pas/ Ni tourner le pied qu'on en rie./ Qui ne rirait des précieux ?/ Qui ne rirait de ces coquettes / En qui tout est mystérieux/ Et qui font tant les guillemettes ?/ Elles parlent d'un certain ton,/ Elles ont un certain langage/ Dont aurait ri l'aîné Caton,/ Lui qui passait pour homme sage [...]. »

– 6 décembre 1659, Loret, *Gazette*, compte rendu des *Précieuses ridi-cules* de Molière.

« Cette troupe de comédiens,/ Que Monsieur avoue être siens,/ Repré-sentant sur leur théâtre/ Une action assez folâtre,/ Autrement un sujet plai-sant,/ À rire sans cesse induisant/ Par des choses facétieuses,/ Intitulé *Les Précieuses*,/ Ont été si fort visités/ Par gens de toutes qualités/ Qu'on n'en vit jamais tant ensemble/ Que ces jours passés, ce me semble,/ Dans l'hôtel du Petit-Bourbon,/ Pour ce sujet, mauvais ou bon./ Ce n'est qu'un sujet chimérique/ Mais si bouffon et si comique/ Que jamais les pièces du Ryer [*sic*]/ Qui fut si digne de laurier ;/ Jamais l'*Œdipe* de Corneille/ Que l'on tient être une merveille ;/ La *Cassandre* de Boisrobert ;/ Le *Néron* de Mon-sieur Gilbert,/ *Alcibiade, Amalazonte*,/ Dont la cour a fait tant de compte ;/ Ni le *Fédéric* de Boyer/ Digne d'un immortel loyer,/ N'eurent une vogue si grande/ Tant la pièce semble friande/ À plusieurs tant sages que fous./

Pour moi, j'y portai trente sous,/ Mais oyant leurs fines paroles/ J'en ris pour plus de dix pistoles. »

II. Textes susceptibles d'avoir été écrits avant fin 1659

– 1657 ? *Le Cercle*, publié pour la première fois en 1706 dans *Les Véritables Œuvres* de Saint-Évremond, est cité en entier dans l'édition des *Précieuses ridicules* procurée par Mme Cuénin (Textes littéraires français), p. 75-78. Les premiers éditeurs ont daté ce texte de 1656 à cause d'une allusion à la venue en France de Christine de Suède, mais R. Ternois, dans ses *Œuvres en prose* de Saint-Évremond (t. IV, p. 406-407), conclut d'une variante manuscrite (« on a dit autrefois » au lieu de « on dit un jour ») que *Le Cercle* peut être largement postérieur à cette venue, donc postérieur aussi à la pièce de Molière. Le même éditeur rapproche cette œuvre d'une épître en vers de la même veine, « La Prude et la Précieuse », écrite par Saint-Évremond à Londres. On trouve encore les mêmes idées dans la Maxime IX du même auteur, elle aussi difficile à dater.

– 1657 ? L'existence d'une édition de *L'École des filles en deux dialogues*, publiée à Lyon en 1657, n'est attestée que par la mention qui en est faite dans la bibliographie de R. Toinet (« Les écrivains moralistes au XVIIᵉ siècle », *RHLF*, 1916-1918, 1926). Mais cette bibliographie, on l'a montré, est loin d'être sans fautes. On ne voit pas pourquoi le très moral dialogue de 1657 aurait disparu de toutes les bibliothèques, puisqu'on n'en a pas retrouvé un seul exemplaire, même à Lyon (nous l'avons vérifié) où il a été imprimé. On a cité aussi une édition de 1659 d'après D. Dallas (*Le Roman français de 1660 à 1680*). Mais L. Timmermans, qui analyse cet ouvrage, n'a vu et cité qu'une édition de 1672 (voir sa note, *op. cit.*, p. 117).

L'auteur de *L'École des filles en deux dialogues*, favorable « aux véritables précieuses, pour qui, dit-il, toutes les personnes éclairées ont de la vénération », montre Sapho-Scudéry se déclarant l'ennemie des « fausses précieuses ».

– 1658 (date conjecturale d'écriture du poème), La Fontaine, *Clymène*.

À la muse Érato, qui veut désormais éviter le nom de précieuse, Apollon rétorque : « Si cette qualité vous paraît odieuse,/ Du vœu de chasteté, on vous dispensera. »

– Vers 1659 ? « Catéchisme » (de la Précieuse), texte retrouvé (42 lignes) à la British Library (Harley, 6948) et publié en 1982 par E. Avigdor (*Coquettes et précieuses*), cité par A. Niderst d'après le manuscrit 4359 des nouv. acq. françaises à la Bibliothèque nationale. E. Avigdor date ce texte de 1650-1653. Aucune de ses raisons n'est convaincante. Il me paraît au contraire suscité par la pièce de Molière, et donc postérieur à elle.

D'après ce « Catéchisme », le « glorieux titre » de précieuse est donné à celles qui le méritent, « le samedi après Pâques », par « un brevet de Mlle de Scudéry ».

– Entre 1659 et 1661, Tallemant des Réaux, *Historiettes* (« La marquise de Rambouillet »), I, 448.

« Mme de Rambouillet, qui a l'esprit délicat, disait qu'il n'y avait rien de plus ridicule qu'un homme au lit, et qu'un bonnet de nuit est une fort sotte coiffure. Mme de Montausier avait un peu plus d'aversion qu'elle pour les bonnets de nuit, mais Mlle d'Arquenay [Louise-Isabelle d'Angennes], aujourd'hui abbesse de Saint-Étienne de Reims [après septembre 1657], était la plus déchaînée contre ces pauvres bonnets... Le marquis de Montausier, instruit de cette petite aversion, jusqu'à la grande blessure qu'il reçut au combat de Montansais en 1652, coucha toujours avec sa femme (il fut marié en 1645) sans bonnet de nuit, quoiqu'elle le priât d'en prendre. C'est ce qui a fait dire que les véritables précieuses ont peur des bonnets de nuit. »

– Même date, Tallemant des Réaux, à propos d'Angélique-Claire d'Angennes, comtesse de Grignan en 1658 (« La marquise de Rambouillet », sous-titre Mlle de Rambouillet), I, 473.

« Elle a de l'esprit et dit quelquefois de fort plaisantes choses, mais elle est maligne et n'a garde d'être civile comme sa sœur. On dit pourtant qu'elle est bonne amie. Nous parlerons d'elle dans l'historiette de Voiture et dans celle des précieuses. »

– Même date, Tallemant des Réaux (« La reine de Pologne et ses sœurs »), I, 584.

« Comme j'ai dessein de mettre autant qu'il me serait possible tout de suite [à la file] ce qui touche à l'hôtel de Rambouillet, j'ai trouvé à propos d'insérer ici [après les historiettes concernant divers familiers de l'hôtel, et pour finir Chapelain et Conrart] la reine de Pologne, et ses sœurs par occasion, parce qu'elle aimait fort Mme de Montausier et que je prétends finir par Mme la Princesse, Mme de Longueville, et les précieuses. Après, nous reprendrons d'autres gens. »

À deux reprises, Tallemant annonce une historiette des précieuses, qui ne figure pas dans son manuscrit. Nous pensons qu'il ne l'a jamais écrite, faute de matière.

– 1659 ?, Claude Le Petit, *Le Bordel des muses*, « Aux précieuses, sonnet » (F. Lachèvre, *Les Œuvres libertines de Claude Le Petit*, réédition Slatkine, 1968, p. 108).

« Courtisanes d'honneur, putains spirituelles/ De qui tous les péchés sont des péchés d'esprit,/ Qui n'avez de plaisir qu'en couchant par esprit,/ Et qui n'aimez les lits qu'à cause des ruelles, // Vous chez qui la nature a des fleurs éternelles,/ Précieuses du temps, mes chères sœurs en Christ,/ Puisque l'occasion si justement vous rit,/ Venez dans ce bordel vous divertir, mes belles. // Si l'esprit a son vit aussi bien que le corps,/ Votre âme y sentira des traits et des transports,/ À faire décharger la femme la plus froide./ Et si le corps enfin est par l'amour fléchi,/ Ce livre en long roulé, bien égal et bien roide/ Vaudra bien un godemiché. »

III. Textes écrits après 1659, mais rapportant des faits
qui se sont passés (ou sont censés s'être passés) avant cette date

– 1649. Parmi les événements de cette année-là, Mme de Motteville, dans ses *Mémoires*, publiés pour la première fois en 1723, parle en passant de « Mme de Longueville, toute précieuse et toute brillante d'agréments [...]. Il semblait qu'elle dédaignât de plaire, et que son plus grand plaisir était de ne regarder ni estimer qu'elle seule ».

– 1652. En contant ce qui s'est passé au début de 1652, Retz évoque dans ses *Mémoires* (écrits un quart de siècle plus tard) la jeune demoiselle de La Louppe, qui sera célèbre après son mariage par ses débordements, sous le nom de Mme d'Olonne.

« Elle était jolie, elle était belle, elle était précieuse par son air et sa modestie. Elle logeait tout proche de Mme de La Vergne. Elle était amie intime de mademoiselle sa fille [future comtesse de La Fayette]. »

– 1654. D'Assoucy racontera, dans *Les Aventures du sieur d'Assoucy*, dont le texte publié seulement en 1677 a dû être écrit après le récit de Chapelle et Bachaumont, auquel il répond, son passage à Montpellier en 1654 (édition par E. Colombey, 1876, p. 140-141). On le prend pour un magicien, et il a plusieurs démêlés, notamment avec une femme.

« Si bien qu'ayant appris que certaines précieuses, de celles pourtant qui ne sont pas si prévenues qu'on ne les puisse approcher, prenaient le parti de cette femme irritée, avaient juré sur leurs mouches et par leurs ampoules de fard de ne se plâtrer jamais qu'elles n'eussent fait jeter mes cendres au vent, je leur envoyai ces vers pour les pacifier : "Actes de paix aux précieuses de Montpellier". » Suivent des vers sans rapport avec leur prétendue qualité de précieuses. Cette qualité, qui n'ajoute rien à l'aventure, leur a sans doute été attribuée en souvenir de la pièce de Molière.

– Mi-juillet 1656, Mlle de Montpensier, *Mémoires*, édition Chéruel, t. III, p. 417-425, récit (largement postérieur aux faits) du séjour de Mlles d'Aumale et d'Haucourt à Saint-Fargeau où la princesse était exilée.

Invitées par Mademoiselle à l'instigation de sa nouvelle amie, Mlle de Vandy, ces demoiselles délaissent celle-ci pour passer leur temps avec Mmes de Fiesque et de Frontenac, que la princesse déteste. Excédée, elle dit, s'adressant à Mlle d'Aumale : « Quoi ! vous abandonnez vos anciennes amies pour de nouvelles. Cela ne m'encourage pas trop à faire amitié avec vous, moi qui crains tant les précieuses. »

– Septembre 1656, Chapelle et Bachaumont, récit de leur séjour à Montpellier, qu'ils raconteront dans leur *Voyage*, publié à part seulement en 1680, mais figurant déjà dans un *Recueil de quelques pièces nouvelles et galantes*, Cologne, 1663. Un assez long passage est consacré aux précieuses de la ville.

« Dans cette même chambre, nous trouvâmes grand nombre de dames, qu'on nous dit être les plus polies, les plus qualifiées et les plus spirituelles de la ville, quoique pourtant elles ne fussent ni trop belles ni trop bien mises. À leurs petites mignardises, leur parler gras et leurs discours extraordinaires, nous crûmes bientôt que c'était une assemblée de précieuses de Montpellier, mais bien qu'elles fissent de nouveaux efforts à cause de nous, elles ne paraissaient que des précieuses de campagne, et n'imitaient que faiblement les nôtres de Paris. Elles se mirent exprès sur le chapitre des beaux esprits, afin de nous faire voir ce qu'elles valaient par le commerce qu'elles ont avec eux. Il se commença donc une conversation assez plaisante. »

Les auteurs content alors en vers les erreurs de ces dames sur les célébrités parisiennes. La conversation tombe finalement sur d'Assoucy. « Une de ces dames prit la parole et, s'adressant à celle qui nous avait paru la principale et la maîtresse des précieuses : "Ma bonne, est-ce celui qu'on dit/ Avoir autrefois tant écrit,/ Même composé quelque chose/ En vers sur la *Métamorphose* ?/ Il faut donc qu'il soit bel esprit./ Aussi l'est-il, et l'un des vrais,/ Reprit l'autre, et des premiers faits./ Ses lettres lui furent scellées dès les premières assemblées./ J'ai la liste de ces messieurs./ Son nom est en tête des leurs."/ Puis d'une mine sérieuse,/ Avec certain air affecté,/ Penchant la tête de côté,/ Et de ce ton de précieuse,/ Lui dit : "Ma chère, en vérité,/ C'est dommage que dans Paris,/ Ces Messieurs de l'Académie,/ Tous ces Messieurs les beaux esprits,/ Soient sujets à telle infamie." L'envie de rire nous prit si furieusement qu'il nous fallut quitter la chambre et le logis pour en aller éclater à notre aise dans notre hôtellerie. »

Ce texte, comme celui d'Assoucy, rédigé après coup, a dû être influencé par la comédie de Molière.

– Juillet 1658, *Mémoires* de Mlle de Montpensier.

« Il n'est pas mal à propos que je dise qu'on avait depuis peu entouré le milieu de la place Royale de palissades et que l'on y avait fait une manière de parterre de gazon et sablé les allées, des sièges au bout, et que tous les soirs beaucoup d'hommes et de femmes s'y promenaient, et Mme la comtesse de Fiesque et Mme de Frontenac et Mlle d'Haucourt n'en bougeaient. Rien n'est moins précieux, car on promenait sans flambeaux. »

– Septembre 1658, *Mémoires* de Mlle de Montpensier.

La princesse a rejoint la Cour à Fontainebleau. « Les soirs, après le souper de la reine, on dansait jusqu'à minuit, et quelquefois une heure, où je ne manquais d'aller, car si j'y eusse manqué, on m'aurait envoyé quérir. Mme de Montausier y vint, qui amena avec elle une précieuse, Mlle d'Aumale [Suzanne d'Haucourt, demoiselle d'], et bien qu'elle ne dansât point, cela parait le bal. Mme de Châtillon vint aussi à Fontainebleau ; enfin il y avait furieusement du beau monde. »

IV. Textes écrits dans le prolongement immédiat du succès de la pièce de Molière

– Fin 1659, Mlle Desjardins, abrégé (manuscrit) de la *Farce des Précieuses*, dédié à Mme de Morangis.

– Fin 1659, Mlle Desjardins, *Le Récit en prose et en vers de la farce des Précieuses*, chez de Luyne (pas d'exemplaire conservé, mais Tallemant et la préface de l'édition parue ensuite chez Barbin attestent son existence).

– 7 janvier 1660 (date de l'achevé d'imprimer), Baudeau de Somaize, *Les Véritables Précieuses*, avec une préface ajoutée postérieurement à la préface des *Précieuses ridicules* de Molière.

– 29 janvier 1660 (date de l'achevé d'imprimer), Molière, *Les Précieuses ridicules, comédie.*

– Début 1660, Mlle Desjardins, *Le Récit en prose et en vers de la farce des Précieuses*, chez Claude Barbin, avec une préface de Mlle Desjardins.

– 12 avril 1660 (date de l'achevé d'imprimer), Baudeau de Somaize, *Les Précieuses ridicules, comédie représentée au Petit-Bourbon, nouvellement mise en vers.*

– 12 avril 1660 (date de l'achevé d'imprimer, privilège du 8 avril ; 2ᵉ édition, 20 octobre), Baudeau de Somaize, *Le Grand Dictionnaire ou la Clef de la langue des ruelles.*

– Mai 1660, Gabriel Gilbert, *La Vraie et la Fausse Précieuse*, pièce (non conservée) créée en mai par Molière au Petit-Bourbon.

– 12 juillet 1660 (date de l'achevé d'imprimer), Baudeau de Somaize, *Le Procès des Précieuses en vers burlesques*, dédié à la marquise de Monloy [Montlouet].

– 6 septembre 1660 (date de l'achevé d'imprimer), Baudeau de Somaize, deuxième édition des *Véritables Précieuses* (allégée des allusions les plus venimeuses à Molière), suivi du *Dialogue de deux précieuses sur les affaires de leur communauté.*

– 4 novembre 1660 (date de l'achevé d'imprimer), probablement de Baudeau de Somaize, *La Politique des coquettes*, fait l'éloge des ouvrages de Somaize parus, et annonce les suivants.

– 28 juin 1661 (date de l'achevé d'imprimer), Baudeau de Somaize, *Grand Dictionnaire des précieuses*, historique, géographique, poétique, cosmographique, chronologique et armoirique, dédié au duc de Guise.

4. Liste des femmes nommément désignées comme précieuses de 1654 à la pièce de Molière

Cette liste ne relève, dans les textes dont il est sûr qu'ils ont été écrits entre 1654 et 1659, que les femmes expressément désignées comme précieuses (à l'exclusion de ceux où « précieuse », employé comme adjectif, garde son sens traditionnel). Le signe (+) indique un texte louangeur, le signe (–) un texte critique. Il n'y a pas de signe dans le cas où le texte est indifférent.

Gazettes

23 janvier 1655, Loret
  (+) Leuville, future marquise d'Effiat
  (+) Estrées, future comtesse de Lillebone
  (+) Villeroy, future comtesse d'Armagnac
14 août 1655, Loret
  (+) Mlle de Joyeuse
18 septembre 1655, Loret
  (+) Olympe Mancini, future comtesse de Soissons
14 novembre 1655, Robinet
  (+) Mme de Motteville
8 avril 1656, Loret
  (+) Olympe Mancini, future comtesse de Soissons
30 avril 1656
  (+) Olympe Mancini, future comtesse de Soissons
  (+) Laure Mancini, duchesse de Mercœur
  (+) Anne-Marie Martinozzi, princesse de Conti
  (+) Mlle de Manneville
  (+) Mlle de Gourdon
  (+) Mlle du Fouilloux, future marquise d'Alluye
19 novembre 1656, Robinet
  (+) Mlle de Lallouppe, future comtesse d'Olonne.
10 décembre 1656, Robinet
  (+) Renée du Bec, marquise de Guébriant
  (+) Mme de Sommeuse et sa belle-fille
  (+) Mme ou Mlle de Marans
  (+) Mme ou Mlle de Sancerre
3 janvier 1657, Robinet
  (+) Mme de Motteville
5 janvier 1657, Robinet
  (+) Nièces de Mazarin
15 janvier 1657, Robinet
  (+) Anne de Gonzague, princesse palatine
9 septembre 1657, Robinet
  (+) Mlle Bérenger, savante valentinoise
16 février 1658, Loret
  (+) Marie d'Orléans-Longueville, duchesse de Nemours
23 février 1658, Loret
  (+) Mlle de Manneville
24 août 1658, Robinet
  (+) Anne-Marie Martinozzi, princesse de Conti

Autres textes

14 avril 1654, Benserade, Ballet des *Noces de Pelée et de Thétis*
  (+) Mlle d'Estrées, future comtesse de Lillebonne
fin 1654, Bussy, *Carte du pays de Braquerie*
  (-) Mme de Montausier
  (-) Mlle de Guise
  (-) Mme d'Olonne
  (-) Mme de Longueville
juin 1657, Anonyme, *Gazette galante.*
  (+) Mlle de Scudéry
4 janvier 1658, Villers
1658, Tallemant des Réaux, *Historiettes*
  (+) Mme de Launay-Gravé
  Mlle d'Estrées, future comtesse de Lillebonne
  Mlle de Rambouillet, future comtesse de Grignan
  Mlle d'Aumale, future maréchale de Schomberg
Chanson
  (-) Mlle de Vandy
Chanson (Maurepas)
  (-) Angélique-Claire de Rambouillet, future comtesse de Grignan
  (-) Mlle d'Aumale, future maréchale de Schomberg
  (-) Mademoiselle de Montpensier, *La Princesse de Paphlagonie* (été 1659)
  (-) Mme de Frontenac
  (-) Mlle d'Aumale, future maréchale de Schomberg
  (-) Mlle d'Haucourt, sœur de la précédente

Notes

Nous avons modernisé l'orthographe et la ponctuation des citations et y avons éventuellement effectué les minimes modifications nécessaires pour qu'elles s'insèrent dans le texte avec clarté et en accord avec la grammaire.

On trouvera dans la bibliographie les titres complets des quelques ouvrages plusieurs fois cités dans les notes, auxquels il est renvoyé ici par le seul nom de l'auteur.

Notes du chapitre 1
(pages 11 à 23)

Sur les textes de Maulévrier, de l'abbé d'Aubignac et de Sorel cités dans ce chapitre, voir le chapitre 4 ; sur celui de Mlle Desjardins, le chapitre 19.

Charles Sorel a fait l'objet d'une ancienne, mais toujours excellente thèse d'Émile Roy, *La Vie et les œuvres de Charles Sorel* (1891). On y trouve notamment des renseignements précis sur les écrivains du début du siècle chez lesquels Sorel a puisé des expressions galantes, reprises ensuite comme « précieuses » par Molière. Voir par exemple p. 245, et plus généralement, sur le pseudo-vocabulaire précieux, p. 148-151, 317, 319, 320.

Au XVIIe siècle, le mot « salon » n'existe pas dans le sens que nous lui donnons aujourd'hui, les réunions mondaines ou « assemblées » étant beaucoup plus informelles et se tenant dans des lieux beaucoup plus variés que ne le laissent penser les textes littéraires. C'est pourquoi, dans notre texte, nous plaçons le mot entre guillemets. Voir à ce sujet notre article, « De la chambre au salon : réalité et représentations », colloque de Nancy, 1999, dont les actes sont à paraître.

Le premier recueil de poésies de Charles Sercy, paru en 1653, s'appelle *Poésies choisies de Messieurs Corneille, Benserade, Scudéry, Boisrobert, Sarasin, Desmarets, Bertaut, Saint-Laurent, Colletet, La Mesnardière, Montreuil, Vignier, Chevreau, Malleville, Tristan, Têtu-Mauroy, de Prade, Girard, de L'Agé* [Lacger ?]. *Et plusieurs autres.* Le deuxième recueil, paru également en 1653, ce qui prouve le succès du premier, s'intitule *Poésies choisies de Messieurs Corneille, Boisrobert, Sarasin, Desmarets, L. de Laffemas, Brébeuf, Malleville, Montreuil, Petit, Cotin, Vignier, Le Bret, de Jussy, du Périer. Et de plusieurs autres.* Le troisième, paru en 1656, a pour titre *Poésies choisies de Messieurs Benserade, Boisrobert, Segrais, Bertaut, Marigny, de Laffemas, Boileau, Montreuil, Francheville, Têtu, Petit, Loret, Le Bret, Bardou. Et de plusieurs autres.* Le quatrième, paru un an avant les *Précieuses*, est intitulé *Poésies choisies de Messieurs Malleville, Maynard, de L'Estoile, de Rampale, Cotin, Marigny, Bardou, Montreuil, Lignières, Baralis, Le Clerc, de Laffemas, Boissière, Le Vavasseur. Et plusieurs autres.* Ces recueils sont des anthologies, constituées de textes, en grande partie inédits, des poètes à la mode, aux talents variés, dont aucun n'était considéré comme ridicule (encore moins « précieux ») au moment où l'éditeur les a publiés. Comme ses prédécesseurs, Georges Couton, dans son édition des *Précieuses ridicules* à la Bibliothèque de la Pléiade, renvoie au recueil de poésies de 1658 sans penser au recueil de prose du moi de mai de la même année. Il se trompe en le datant de 1657 et y place, comme dans le recueil de 1653, des textes de « Corneille, Benserade, Scudéry, Boisrobert, Sarasin, Cotin », alors qu'il n'y a pas de textes de Corneille et de Boisrobert dans cette quatrième édition. À en juger par les noms des auteurs cités, il semble que la poésie des auteurs liés aux milieux mondains prend de plus en plus de place au fil des recueils.

« La loterie ou blanque nouvelle, dans laquelle se trouvent plusieurs choses de grand prix » occupe les pages 1 à 24 du recueil de Sercy en prose. Les titres cités apparaissent p. 15 et p. 18. Cette première loterie est suivie d'une autre (p. 25 à 27), intitulé « La Loterie d'amour ». C'est avec les soupirs, les larmes, les regrets, les poulets, les billets doux, les lettres, etc. que l'on achète les billets. « La question des loteries, écrit Myriam Maître (*op. cit.*) dans un long développement qu'elle consacre à ce sujet, fournit un exemple de cet entremêlement de motifs politiques, sociaux, financiers et moraux qui caractérise la satire des précieuses, en même temps qu'elle atteste leur participation à ces jeux de la fortune ». C'est un très bel exemple d'abus de langage, puisqu'à y regarder de près, l'intérêt des précieuses (quelles précieuses ?) pour les loteries n'est nullement prouvé. Tout vient de ce que la création des loteries en France a été d'abord concédé à Mme de Rambouillet par Louis XIII en 1644. C'est une « affaire », comme les souverains en accordent tout le siècle à des particuliers en faveur, qui pensent en tirer de l'argent. Mme de Rambouillet cède aussitôt son privilège, moyennant finances ou intéressement à l'entreprise, à un certain Chuye, batteur d'or lyonnais. L'affaire traîne. Elle est sauvée par une intervention de M. et Mme – non de Mlle – de Scudéry, en 1657, qui obtiennent le transfert du privilège à Carton et Boulanger, deux financiers. C'est toujours une affaire d'argent. Mlle de Scudéry, qualifiée avec son frère d'« organisateurs de la loterie » par M. Maître (p. 610), n'y intervient pas. Ces aléas et l'importance des lots mettent la loterie à la mode et explique la relative prolifération d'ouvrages qui traitent de ce sujet sur le mode galant, dont un ballet de la loterie et les quatre loteries décrites par Mlle de Scudéry dans ses romans. Voir Émile Magne, « Loterie d'autrefois », *Revue Hebdomadaire*, 4 décembre 1909, et surtout Sauval, qui a écrit sur les loteries un long article, écrit vers 1660, mais publié seulement en 1724 dans le tome III de son *Histoire et recherche des antiquités de la ville de Paris* (p. 58 à 85).

Le premier tirage de la loterie n'eut lieu qu'en 1660. Sauval conte qu'on prenait les billets sous des pseudonymes. Les deux gros lots seraient allés à un maître des comptes inscrit sous le nom de Petijean et à un conseiller au Parlement sous celui de Mascarille. Mlle de Scudéry a conté qu'elle s'inscrivit sous le nom de Célinte, titre et personnage d'un de ses romans, et qu'elle gagna un petit lot.

Micheline Cuénin, dans son édition des *Précieuses ridicules* (Droz, 1973), a fait plusieurs rapprochements intéressants entre les « Lois de la galanterie » et la pièce de Molière sans tirer de conclusion sur le glissement de « précieux » à « galant ».

Quand La Grange définit son valet comme « un extravagant qui s'est mis en tête de vouloir faire l'homme de condition », il définit le futur personnage du *Bourgeois gentilhomme*. En celui-ci pourtant, cette fois encore, Molière ridiculise surtout quelqu'un qui veut faire le galant. Voir notre article : « Bourgeois gentilhomme ou bourgeois galant ? », *Création et recréation*, *Mélanges offerts à Marie-Odile Sweetser*, Biblio 17, *PFSCL*, 1993.

L'expression « dames et cavaliers » sert à désigner la partie mondaine du public, celle qui refuse l'autorité des doctes, les femmes qui ne sont pas allés au collège, les hommes qui en rejettent les règles étroites.

Notes du chapitre 2
(pages 24 à 38)

Sur le sens de « galant » et de « galanterie » au XVIIᵉ siècle, voir notamment Micheline Cuénin, *Roman et société sous Louis XIV, Mme de Ville-dieu*, chapitre 7, « De la galanterie », Lille, 1979 ; Roger Duchêne, *Mme de Sévigné et la lettre d'amour*, « Vie mondaine et lettres galantes », « De la lettre familière au genre épistolaire galant », Paris, 1969 ; *Jean de La Fontaine*, « La tentation galante », Paris, 1992 ; Michel Pelous, *Amour précieux, amour galant*, Paris, 1987 ; Alain Viala, « L'esthétique galante », introduction à son édition du *Discours sur les Œuvres de M. Sarasin*, Toulouse, 1989 ; « D'une politique des formes : la galanterie », *XVIIᵉ siècle*, nᵒ 182,

1994 ; Delphine Denis, *La Muse galante*, 1997, et son introduction à la publication de la conversation de Mlle de Scudéry, « De l'air galant », 1998. Voir aussi notre étude précédemment citée : « Bourgeois gentilhomme ou bourgeois galant ? »

Sur la trop grande idéalisation de l'hôtel de Rambouillet par la critique, voir le livre mal rédigé et mal construit, mais plein de détails probants, de Barbara Krajewska, *Le Salon littéraire de Mme de Rambouillet dans les lettres des contemporains*, Biblio 17, Tübingen, 1990.

Longtemps enfouie dans une collection particulière et connue seulement par un article de L. Belmont (« Documents inédits sur la société et la littérature précieuses : extraits de la "Chronique du samedi" publiés d'après le registre original de Pellisson », *RHLF*, 1902, p. 646-673), la « Chronique du samedi » a été achetée en 1977 par la bibliothèque de l'Arsenal, où elle figure sous la cote : manuscrit 15156. Myriam Maître en donne une intéressante et précise description, *op. cit.*, p. 487.

On notera que, dans la vie, Pellisson file avec Mlle de Scudéry le parfait amour tendre, alors que dans *Clélie*, Herminius, son double, n'éprouve rien de tel pour Sapho, à la différence de son homologue dans le roman précédent, le Phaon du *Cyrus*, duquel Sapho exige précisément ce tendre amour.

La conversation sur la tendresse occupe les pages 195 à 221 du tome I du roman de Mlle de Scudéry dans l'édition de 1660 (réimpression Slatkine, 1973) ; la partie spécifiquement consacrée à la tendresse commence à la page 204. La suite de la conversation, avec la Carte de Tendre, se trouve p. 395-410. Claude Arragonès a donné en 1934 un *Mlle de Scudéry, reine du Tendre,* et Alain Niderst a consacré au « royaume de Tendre » un long et important chapitre de sa savante étude sur *Mlle de Scudéry, Paul Pellisson et leur monde.* Mais ils n'ont pas montré le sens précis de « tendresse », d'« amitié » et d'« amour tendre » dans le passage où Mlle de Scudéry a clairement voulu définir et délimiter ces sentiments. Nous avons précisé ce point dans notre étude : « Mlle de Scudéry, reine de Tendre », actes du colloque réunis par A. Niderst, *Les Trois Scudéry*, 1993.

Sur l'amour tendre de Mme de La Fayette et de Ménage, voir ci-après le chapitre 13 et, pour plus de précision, notre biographie *Mme de La Fayette*, Paris, Fayard, 2000, chapitres 6-18.

Notes du chapitre 3
(pages 39 à 51)

Le judicieux avertissement d'Antoine Adam figure dans une communication intitulée « Autour de Nicolas Foucquet : poésie précieuse ou coquette ou galante ? », prononcée lors du 21ᵉ congrès de l'Association internationale d'études françaises et publiée ensuite dans les *Cahiers de l'Association internationale d'études françaises*, 1969. Mais son auteur n'a guère appliqué ses principes dans les articles, intéressants, mais souvent aventureux, qu'il a consacrés à la préciosité.

On ne peut faire remonter l'existence (ou plutôt la représentation de l'existence) des précieuses et de la préciosité jusqu'au début du siècle qu'au prix d'approximations et d'assimilations abusives. Sur la « naissance » des précieuses en 1654, voir le chapitre suivant.

Sur la difficulté de définir une littérature précieuse, voir chapitre 17. On trouvera la préface de Pinchêne à l'édition des *Œuvres* de Voiture dans l'édition des *Œuvres* de ce poète par A. Ubicini (1855, réimpression Slatkine, 1967).

Les textes de Mlle de Scudéry cités ici se trouvent dans *Cyrus*, t. X, p. 887 *sq.* (l'air galant) ; *Clélie*, t. III, p. 1123-1148 (la lettre galante) et t. VIII, p. 855-870 (histoire de la poésie prophétisée par Calliope). Le *Discours sur les Œuvres de M. Sarasin* de Pellisson a été publié, avec une importante introduction, par Alain Viala, Toulouse, 1989.

Notes du chapitre 4
(pages 52 à 63)

Les références et les sources des textes sur les précieuses cités dans ce chapitre et les suivants se trouvent à leur date dans l'Annexe n° 1 ; l'explication de la méthode suivie dans l'Annexe n° 3, « Inventaire chronologique ».

Y. Fukui, dès 1964, a fait justice (*op. cit.*, p. 40 *sq.*) du lieu commun de la critique, des dictionnaires et des manuels scolaires d'un hôtel de Rambouillet temple de la préciosité, dans son livre pionnier, *Raffinement précieux dans la poésie française du XVIIᵉ siècle*, livre à peu près ignoré des universitaires, des critiques et des faiseurs d'articles parce qu'il détruisait des opinions généralement reçues. Il est très significatif que le titre du livre de Fukui se trouve en contradiction avec le contenu de son ouvrage, comme si l'auteur n'avait pu aller au bout de sa pensée, prisonnier du genre de la thèse et des idées préconçues qu'il savait celles de son jury. « Nous nous demandons dans ces conditions, écrit-il prudemment, si nous pouvons admettre, à l'instar de nombreux historiens, que la "préciosité" des précieuses était l'aboutissement du grand courant mondain et galant qui sourd à l'hôtel de Rambouillet. »

Sur l'intervention du comte d'Harcourt, et les circonstances de la rivalité entre Scarron et Boisrobert, qui dépasse celle de la concurrence des deux pièces, voir Émile Magne, *Scarron et son milieu*, 1924, p. 248 *sq.* Rien ne permet d'y voir l'opposition de deux clans de femmes, encore moins de deux camps de précieuses.

Notes du chapitre 5
(pages 64 à 77)

Il n'y a eu qu'une seule réédition de *La Précieuse*, celle d'Émile Magne, en 2 vol., Droz, 1936. Sur l'abbé de Pure, dont on a peu étudié la vie et l'œuvre jusqu'à ces derniers temps, on consultera l'intéressante, mais incomplète préface de son éditeur. On y ajoutera le livre de Ian M. Richmond, *Héroïsme et galanterie. L'abbé de Pure témoin d'une crise,* et l'article de Ian MacLean, « La voix des précieuses et les détours de l'expression féminine », *Présences féminines. Littérature et société au XVIIᵉ siècle français,* Actes du colloque de London (1985), Biblio 17, *PFSCL*, 1987. Myriam Maître (*op. cit.*) fait de constantes références au livre de l'abbé de Pure. Mais le tort de la plupart des études sur les précieuses est de puiser dans le roman des fragments illustrant tel ou tel aspect de leur prétendue préciosité sans suivre le progrès et aussi les méandres de la peinture, et surtout sans considérer suffisamment qu'il s'agit d'un roman, non d'une peinture d'historien ou de sociologue.

Notes du chapitre 6
(pages 78 à 88)

On notera le paradoxe : Chapelain, dans son abondante correspondance conservée, ne parle jamais de précieuses, et partant n'en dit ni bien ni mal. Il en va de même de Ménage et de Sarasin. Parthénoïde, Géname et Niassare représentent sans doute ces trois écrivains, mais y parlent en tant que personnages de roman, non en leur propre nom. Si le Géname de l'abbé de Pure est le plus favorable à la culture des femmes, c'est peut-être parce qu'il est alors effectivement le tendre ami de la « précieuse » Mme de La Fayette, dont il cultive l'esprit.

Les précieuses mises en scène ont une culture moderne. On est surpris d'entendre Sophronisbe donner de l'amour une définition platonicienne. Elle l'aura retenue de quelque conversation avec un docte.

Contrairement à ce qui est parfois affirmé, par exemple par R. Lathuillère (*op. cit.*, p. 202), il n'y a pas de vraies et de fausses précieuses chez l'abbé de Pure, mais, autour d'un groupe initial, des histoires qui présentent à plusieurs reprises d'autres précieuses, différentes, mais aussi « vraies ».

Notes du chapitre 7
(pages 89 à 99)

Sur les débuts des prétentions intellectuelles des femmes, voir le livre capital d'Évelyne Berriot-Salvadore, *Les Femmes dans la société française de la Renaissance* (1990) et les premiers chapitres (jusqu'à la page 236) de la thèse de Linda Timmermans, *L'Accès des femmes à la culture* (1993). C'est cet ouvrage (p. 29, 33, 45, 70, 89) que nous avons cité à plusieurs reprises dans ce chapitre. Sur la prolifération des salons, voir G. Mongrédien, *La Vie littéraire au XVIIᵉ siècle*, chapitre I, « Les salons aristocratiques » et chapitre III, « La préciosité, I. Salons et ruelles », 1947.

La *Lettre de M. Huet à M. de Segrais : de l'origine des romans* figure en tête de la *Zaïde* de Mme de La Fayette. Nous en avons reproduit l'essentiel en appendice de ce roman dans notre édition des *Œuvres complètes de Mme de La Fayette*, F. Bourin-Juliard, 1990, (p. 239 *sq.*). Les romans français sont les plus réussis, dit Huet. « Nous devons cet avantage à la politesse de notre galanterie, qui vient à mon avis de la grande liberté dans laquelle les hommes vivent en France avec les femmes. » Ailleurs, il est difficile d'aborder les femmes. « Mais en France, les dames vivant sur leur bonne foi, et n'ayant point d'autres défenses que leur propre cœur, elle s'en sont fait un rempart plus fort et plus sûr que toutes les clés, que toutes les grilles et que toute la vigilance des duègnes. Les hommes ont donc été obligés d'assiéger ce rempart par les formes et ont employé tant de soin et d'adresse pour le réduire qu'ils s'en sont fait un art presque inconnu aux autres peuples. » Huet regrette ensuite que, pour complaire aux femmes, les hommes aient abandonné la connaissance de l'Antiquité, qui était inutile pour leur plaire (*ibid.*, p. 251).

Pour expliquer la prétendue naissance de la préciosité après la Fronde, on parle toujours de l'essor de la vie mondaine, interrompue par les troubles. L'essor avec la paix est probable, mais la guerre civile n'a pas été continue à Paris. L'interruption des échanges sociaux et culturels y a été toute relative. En fait, la multiplication des « salons » s'est inscrite dans la longue durée.

Notes du chapitre 8
(pages 100 à 111)

Soutenir qu'on peut triompher d'un amour à condition qu'il n'en soit qu'à ses débuts est un lieu commun qui se trouve aussi dans les romans de Mlle de Scudéry. Mais il ne faut pas être pris (ou prise) par surprise. Les idées sur la difficulté des bons mariages se retrouvent chez tous les moralistes, et sont reprises dans une maxime célèbre de La Rochefoucauld. Ce qui est neuf au XVIIᵉ siècle, c'est la contestation des mariages arrangés par les familles et l'idée de la possible nécessité d'un amour préalable au mariage. Jusque-là, pour la majorité des théologiens, l'amour est une grâce attachée au sacrement, qui doit venir après lui. La contestation de cette conception traditionnelle est dans l'air dès le début du siècle ; elle ne naît pas après la Fronde, et elle n'est pas le propre d'un groupe particulier de femmes. Sur ce point, voir l'étude convaincante de Maurice Daumas, *La Tendresse amoureuse, XVIᵉ-XVIIIᵉ siècle,* 1996.

L'histoire du mariage imposé, racontée comme sienne par Eulalie, a conduit Émile Magne à identifier ce personnage à Henriette de Coligny, unie contre sa volonté au comte de La Suze. Mais Henriette a épousé La Suze en secondes noces, et ce nouveau mariage n'a nullement été arrangé pour réconcilier deux familles. Entre les deux histoires, la vraie et celle du roman, les différences sont au moins aussi nombreuses que les ressemblances. L'abbé de Pure a peut-être pensé à Mme de La Suze en donnant la parole à Eulalie, mais il lui fait conter une situation plus dramatique et de portée beaucoup plus générale. Il en va de même pour Aracie, dont on a rapproché l'histoire de celle de Mme de Châtillon, Isabelle-Angélique de Montmorency, enlevée puis abandonnée. Là encore, les circonstances entre la vie et le roman diffèrent tellement qu'on ne peut assimiler le personnage de l'abbé de Pure à son trop lointain modèle. Le personnage de la belle enlevée et abandonnée est un thème romanesque traditionnel depuis l'abandon d'Ariane par Thésée. Sur Mmes de La Suze et de Châtillon, voir chapitre 12.

Parce que le sujet du statut de la femme dans le mariage est délicat en un temps où le mariage est un sacrement et où est sans cesse réaffirmée la nécessité de la subordination de la femme, être faible, au mari qui représente la raison et la force, l'abbé de Pure procède par une lente et habile progression : des débats gaillards traditionnels sur la supériorité des plaisirs donnés par une femme ou par une vierge, il passe à une anodine question « galante », genre alors à la mode dans les salons (« peut-on garder dans le mariage le souvenir d'un amant aimé ? »), puis, sans la traiter sérieusement, à la question autrement grave de la femme mal mariée à un homme qui ne l'aime pas. Dans le volume suivant, il ira beaucoup plus loin dans la critique de l'institution du mariage.

De 1634 à 1641, Théophraste Renaudot avait publié quatre volumes (quatre « centuries ») des « conférences du Bureau d'adresses ». On y traitait contradictoirement toutes sortes de sujets dans le respect de la morale et de la religion. En 1666 paraîtra un « recueil général » de ces conférences, très suivies, notamment par le public féminin.

« Histoire » au XVIIᵉ siècle signifie « récit », et par suite « roman ». En annonçant une « Histoire des trois précieuses », l'abbé de Pure en annonce en fait le roman.

Notes du chapitre 9
(pages 112 à 121)

Le refus des servitudes de la famille, l'union libre et la liberté sexuelle, la confiance dans la nature pour que tout se passe sans heurts lors des unions et des séparations, sont d'anciens thèmes libertins, qu'on trouve développés par exemple chez Théophile de Viau et dans le *Francion* de Charles Sorel. Voir par exemple Antoine Adam, *Théophile de Viau et la libre pensée française en 1620*, 1935.

Pascal publie ses *Lettres provinciales* à partir de janvier 1656 ; après trois lettres sur la grâce, il s'en prend à la morale des jésuites à partir de la quatrième lettre, le 25 février, et jusqu'à la quatorzième en octobre.

Sur les Dictionnaires qu'écrira Somaize en 1660 et 1661, voir les chapitres 20 et 21.

On a cru que l'abbé de Pure avait résumé une pièce réellement existante, qu'il aurait écrite et fait jouer. C'est une erreur. Voir le chapitre 19 et notre article « Une comédie imaginaire : "La Précieuse" de l'abbé de Pure », vol. I du *Nouveau Moliériste*, Universités de Glasgow et d'Ulster, 1994.

À propos de Scaratide, « poète contrefait » selon Myriam Maître (*op. cit.* p. 113), et d'Aurélie, « il s'agit évidemment, dit-elle en note, de Scarron et de son épouse ». Mais Scaratide n'est pas du tout contrefait (voir son portrait, t. II, p. 165), et Aurélie ne l'épouse pas. Elle est du reste assez riche pour ne pas être obligée d'épouser le poète ni aucun de ses soupirants.

Notes du chapitre 10
(pages 122 à 132)

Sur les nièces de Mazarin, outre le livre un peu ancien d'Amédée René, *Les Nièces de Mazarin*, 1856, et celui, très utile, d'E. de Barthélemy, *La Princesse de Conti*, 1875, voir la biographie de Claude Dulong, *Marie Mancini*, 1993, et son *Anne d'Autriche*. Pour situer les diverses nièces de Mazarin dans l'espace et dans le temps, entre 1654 et 1659, la meilleure source, ce sont les gazettes de Loret et de Robinet. Myriam Maître a eu l'extrême mérite d'y retrouver et d'y signaler nombre de textes importants sur l'existence des « précieuses de la cour ». Mais elle n'a pas assez prêté attention à l'âge et aux allées et venues de celles qu'elle appelle collectivement les « Mazarinettes ». Les mêmes gazettes sont aussi la meilleure source pour identifier les autres femmes citées comme « précieuses de la cour », notamment celles du « cercle précieux », dont il faut noter qu'il s'agit en général de très jeunes filles, plus portées sur les plaisirs extérieurs de la vie de cour que sur ceux de l'esprit. Il ne faut pas non plus attribuer trop d'importance dans la vie littéraire au cercle de la reine, plus tourné vers la musique, la danse et la peinture que vers l'écriture et la langue.

Sur Claude Le Petit, voir F. Lachèvre, *Les Œuvres libertines de Claude Le Petit* (réimpression Slatkine, 1968). Elles sont utilement précédées d'une notice biographique.

Notes du chapitre 11
(pages 133 à 145)

Sur les sources des textes citant les précieuses, voir Annexe n° 3, « Inventaire chronologique ».

Il ne faut évidemment pas confondre cette pudique *École des filles divisée en deux dialogues* avec *L'École des filles*, un roman libertin paru en 1655, dont presque tous les volumes ont été aussitôt détruits par la censure. Nous avons analysé cet intéressant manuel d'érotisme dans le chapitre 10, « Les figures de l'Arétin », de notre *Ninon de Lenclos*, Fayard, 2000. Sur les raisons de ne pas croire à l'existence dès 1657 d'une édition de *L'École des filles en dialogues*, voir la présentation de ce texte, Annexe n° 3.

Sur la quasi-obligation morale des jeunes filles instruites de laisser de côté études et plus encore projets littéraires, voir notamment les livres déjà cités d'Évelyne Berriot-Salvadore et de Linda Timmermans, dont les conclusions sont reprises et développées par Myriam Maître, *op. cit.*, p. 582-585. Voir aussi les actes du colloque *Femmes savantes. Savoir des femmes*, études réunies par Colette Nativel, 1999. *La Gazette galante* est conservée à la Bibliothèque municipale de Grenoble, cote Presse, 1969.

Le passage de l'abbé d'Aubignac cité ici est le seul où ce livre parle des précieuses. On voit mal pourquoi Antoine Adam, et tous ceux qui l'ont suivi depuis, en ont fait le chef d'une cabale anti précieuse, non sans en tirer de multiples conclusions fantaisistes sur les coteries littéraires de l'époque, sur leurs relations avec le pouvoir, etc.

Sur Mme de La Fayette et Ménage ainsi que sur leur amitié oscillant entre amitié tendre et amour galant, voir, dans notre *Mme de La Fayette*, le chapitre « Au pays de Tendre » ; sur leurs rapports littéraires, voir les chapitres « Une espèce de Mme Laure » et « La Princesse de Montpensier ».

La Déroute des précieuses est donnée *infra*, Dossier, p. 330.

Un traducteur d'Ovide parle, dès le XVe siècle, de celles « qui la préciosité de leur pucelage ni l'honneur de la chasteté ne veulent jamais exposer ». La chasteté, dont la muse Érato ne veut plus se réclamer à cause des précieuses du temps, relève donc d'une longue tradition. En fait, tout change selon que cette attitude est jugée positive ou négative. La chasteté, valorisée par le christianisme autour de la figure de la Vierge Marie, peut en effet être considérée comme la valeur suprême, ou au contraire être pensée comme une sorte de mutilation par une constante tradition gauloise, reprise par les libertins, apôtres d'une libre sexualité. La Fontaine appartient évidemment au second courant. Un rejet effectif de cette préciosité-chasteté dès le temps de la pièce de Molière serait étonnant à une époque que l'on présente volontiers comme une période d'ordre moral.

Notes du chapitre 12
(pages 146 à 156)

Sur Mme de La Suze et Mme de Châtillon, voir les livres d'Émile Magne, 1908 et 1910, dont les notes et appendices restent des sources indispensables. Son admirable documentation y est malheureusement diluée dans des développements inutilisables. Roman, poésie, lettre, document administratif, tout est utilisé de la même façon, sans être replacé dans son contexte de réalité, ou de représentation, de fiction, voire de jeu. Sur Mme de Sablé, voir N. Ivanoff, *Mme de Sablé et son salon,* 1927. Victor Cousin a consacré à ce personnage un livre plusieurs fois réimprimé, utile surtout par les textes qu'il donne en appendice. Les ouvrages du même auteur sur Mme de Longueville ont été eux aussi plusieurs fois réimprimés. Voir aussi E. de Barthélemy, *Les Amis de la marquise de Sablé,* 1865. Sur Mme de Sablé, la comtesse de Maure et Mlle de Vandy, voir, également de E. de Barthélemy, *Mme la comtesse de Maure, sa vie et sa correspondance, suivies des* Maximes *de Mme de Sablé et d'une étude sur la vie de Mlle de Vandy,* 1863. Sur Mme de Brégy, voir G. Mongrédien, « Une précieuse : la comtesse de Brégy », *Revue de France,* septembre 1929, p. 36 *sq.* La légende de la longue idylle de Montausier et de Julie d'Angennes, progressivement dissipée par les spécialistes, reste tenace dans le grand public. Voir, en dernier lieu, l'excellente mise au point de Denis Lopez, *La Plume et l'Épée,* Biblio 17, *PFSCL,* 1987.

Notes du chapitre 13
(pages 157 à 168)

Le journal d'un voyage à Paris en 1657-1658 des frères Villers a été publié en 1862 par A. Faugère. Le passage sur Mme de la Fayette se trouve p. 372-373.

Sur la tardive reprise de la tendre amitié de Mme de La Fayette et de Ménage, voir dans notre *Mme de La Fayette* le chapitre « Tendresses d'automne ».

On a longtemps interprété « un des originaux des précieuses », à propos de Mlle de Rambouillet, comme « un des modèles des *Précieuses ridicules* ». Mais il est douteux que Tallemant, qui ne parle guère de Molière et jamais de ses pièces, ait songé à cette comédie. On s'accorde aujourd'hui à comprendre qu'Angélique-Claire d'Angennes a été un des premiers modèles de celles qui se comportaient en précieuses.

Notes du chapitre 14
(pages 169 à 178)

Sur la mode des portraits, le recueil de Mademoiselle et le volume des *Portraits et Éloges*, voir le livre très clair et bien documenté de Jacqueline Plantié, *La Mode du portrait en France, 1641-1681*, 1994, particulièrement sa deuxième partie, « Le portrait mondain à l'apogée de la mode », chapitres III et IV, p. 203-242.

La Princesse de Paphlagonie figure dans les *Œuvres* de Segrais (1755, réédition Slatkine, 1968, t. II, p. 213 *sq.*). Cet auteur a sûrement aidé la princesse dans la rédaction définitive de son opuscule avant son impression, quasi immédiate. La clé s'y trouve curieusement à part et avant le texte, p. 147. On y lit : « Les dames de campagne et les précieuses, dont étaient Mme de Schomberg, etc ». Le *et* est certainement une faute d'impression.

Notes du chapitre 15
(pages 179 à 189)

Pour l'identification des précieuses et des textes les concernant utilisés, dans ce chapitre et le suivant, pour le calcul du nombre des précieuses, la proportion des louanges et des blâmes, etc, voir Annexes n°s 3 et 4.

Philippe Sellier, dans un article intitulé « La névrose précieuse : une nouvelle Pléiade ? », *Présences féminines. Littérature et société au XVIIᵉ siècle français,* Actes du colloque de London, Biblio 17, *PFSCL*, 1987, a le premier parlé des précieuses de la cour et de l'« allégeance » supposée du « phénomène précieux » à Mazarin. Dans cet article, il déclarait annoncer et résumer la thèse à paraître, et parue depuis, de Myriam Maître. Encore faudrait-il qu'il y eût un « phénomène précieux ». Et l'on s'étonne de voir assimilé à une « névrose » l'espoir des femmes d'accéder à la culture et à une certaine égalité des sexes.

Mme Claude Dulong a parfaitement établi que le titre de fille d'honneur parfois porté par Mme de La Fayette n'a jamais correspondu à une charge effective. Voir une note à ce sujet dans notre *Mme de La Fayette*, p. 484. À quoi s'ajoute le long exil provincial de la comtesse.

Sur l'essentielle distinction de la tendresse et de la préciosité, voir notre article « Mlle de Scudéry, reine de Tendre » dans les actes du colloque procurés par A. Niderst, *Les Trois Scudéry*, 1993. Il y a chez Mlle de Scudéry une théorie de l'amitié tendre, à laquelle elle est favorable, et une autre de l'amour galant, auquel elle est hostile comme aussi à l'amour-passion. C'est par un évident manque de compréhension qu'avant Molière un ou deux de ses contemporains l'ont considérée comme la reine ou le modèle des précieuses, alors qu'elle présente clairement son idéal par la bouche de Clélie, son héroïne. Puis Molière a brouillé les pistes, comme on l'a vu ci-dessus. L'étonnant, c'est que tant de critiques s'y soient laissé prendre, quitte à tirer parfois la romancière hors des précieuses ridicules.

Sur le rêve pastoral et féminin de Mlle de Montpensier, voir sa lettre à Mme de Motteville, du 14 mai 1660, publiée par G. Lanson, *Choix de lettres du XVIIᵉ siècle*, p. 285 *sq.*

Le livre de Myriam Maître comprend toute une deuxième partie intitulée « "Les reines de Tendre" et la conquête du Parnasse ». On ne voit pas pourquoi, sur la question, assez délicate en elle-même, de la conquête *par les femmes* du droit de juger et même d'écrire des œuvres littéraires, on a voulu joindre une tout autre question, liée à leur statut sentimental et conjugal. Le livre cité, plein de science (mais aussi d'à-peu-près) et d'idées (pas toujours justes), serait moins contestable et plus utile s'il n'avait pas mêlé à des sujets définis la question des précieuses, qu'il embrouille au lieu de l'éclaircir préalablement. Voir p. 275 *sq.* le développement de ce livre repris ici.

Il n'y a pas eu d'« Almanach des précieuses », mais il y avait eu, publié chez Sercy en 1657, un *Grand Almanach d'amour*, dans lequel on retrouve les personnages des romans de Mlle de Scudéry.

« Aucune femme identifiée n'est appelée simultanément précieuse et janséniste », constate Myriam Maître (*op. cit.*, p. 501), qui refuse de suivre les conclusions de l'article de L. Timmermans : « Une hérésie féministe ? Jansénisme et préciosité », *Ordre et contestation au temps des classiques,* PFSCL, 1992. Elle n'en consacre pas moins plusieurs pages à répondre à la question « Les précieuses sont-elles jansénistes ? » Avec les précieuses, c'est toujours la même tendance à traiter sérieusement d'évidentes plaisanteries.

Si nous n'avons pas mentionné *Le Cercle des femmes* de Chappuzeau, c'est que la version du texte de 1656 ne parle pas des précieuses. Elles n'apparaissent que dans l'édition de 1663, signe de l'influence de la pièce de Molière, qui les a rendues « incontournables ».

Notes du chapitre 16
(pages 190 à 200)

Le texte du *Bordel des muses* intitulé « Aux précieuses. Sonnet », se trouve dans les *Œuvres de Claude Le Petit*, *op. cit.*, p. 108.

Sur Mme du Plessis-Guénégaud et son rôle dans la vie littéraire, voir Denise Mayer, « Mme du Plessis-Guénégaud, née Élisabeth de Choiseul »,

XVIIe siècle, n°s 156 et 157, 1987. Voir aussi les *Mémoires* du père Rapin, éd. Léon Aubineau, 1865, t. I, p. 403-404 et la *Correspondance de Mme de Sévigné,* édition Roger Duchêne, Bibliothèque de la Pléiade, t. I, p. 87-88 et les notes.

Notes du chapitre 17
(pages 201 à 209)

L'existence d'une « littérature précieuse » est une évidence pour Myriam Maître, qui la confond avec l'intérêt pris *par les femmes* à l'expression écrite, *op. cit., passim.*

Voir l'allusion de l'abbé de Pure aux bouts-rimés consacrés à la mort d'un perroquet, *op. cit.,* t. II, p. 253. Dans l'excellent livre d'Urbain Chatelain, *Nicolas Foucquet. Un ami des lettres, des sciences et des arts,* 1905, au chapitre III, « Les salons de Mme du Plessis-Guénégaud et de Mme du Plessis-Bellière. Foucquet poète mondain », p. 60-95, on trouve un intéressant portrait de Mme du Plessis-Bellière et de son milieu littéraire et mondain, et toute l'histoire des textes suscités par la mort du perroquet. Paru dans le quatrième *Recueil de poésies choisies* de Charles de Sercy (achevé d'imprimer du 18 janvier 1658), le sonnet de Foucquet est signé M.L.P.G., Monsieur Le Procureur Général, titre que le surintendant devait à la charge de procureur général au parlement de Paris qu'il n'avait pas quittée en devenant surintendant des Finances.

Notes du chapitre 18
(pages 210 à 220)

Sur les circonstances du retour de Molière à Paris, sur ce qu'il y a joué avant *Les Précieuses ridicules,* sur le succès immédiat de cette comédie, voir notre *Molière,* Fayard, 1998, p. 180 *sq.*

Somaize est trop peu crédible pour qu'on puisse expliquer la brève interruption des *Précieuses* par ce qu'il dit de l'intervention d'un « alcôviste de qualité ». Au vu du succès de la première représentation de sa pièce, Molière a voulu accroître la curiosité en tenant le public en haleine.

« J'étais à la première représentation des *Précieuses ridicules* de Molière au Petit-Bourbon, Mlle de Rambouillet y était, Mme de Grignan, tout le cabinet de l'hôtel de Rambouillet [...] », lit-on dans le *Menagiana,* 1693, p. 278. Le texte est incohérent, car Mlle de Rambouillet, à cette date, c'est Mme de Grignan.

Notes du chapitre 19
(pages 221 à 231)

Sur Mlle Desjardins, plus connue sous le nom de Mme de Villedieu, voir Micheline Cuénin, *Roman et société sous Louis XIV. Mme de Villedieu*, Atelier des thèses, Lille, 1979. « Le sonnet de "Jouissance" qui est ensuite [du *Récit*] fut fait aussi à la prière de Mme de Morangis, écrit Tallemant... Cela ne convenait pas à une dévote. Aussi s'en fâcha-t-elle terriblement. Depuis, la demoiselle s'est avisée de dire que ç'avait été par gageure, et que des gens le lui avaient escroqué. » Comme le sonnet qui fit scandale ne figure pas dans l'édition Barbin du *Récit*, il est probable que cette édition a été faite avec l'accord de Mlle Desjardins pour remplacer l'édition pirate procurée par de Luyne, pleine de fautes et complétée par la fameuse « Jouissance », dont les dévots amis de Mme de Morangis surent empêcher la diffusion en la supprimant : il n'en reste aucun exemplaire. Les mentions convergentes de Tallemant et de Mlle Desjardins en attestent pourtant l'existence.

Sur la pièce donnée au théâtre des Italiens à l'intention d'un des personnages du roman de l'abbé de Pure, fiction qui fait partie de l'ensemble de la fiction romanesque, voir notre article déjà cité.

Les textes de Mlle Desjardins, celui des *Véritables Précieuses* et celui de *Précieuses ridicules en vers* sont reproduits in extenso, *infra*, Dossier, p. 348 et 368.

Notes du chapitre 20
(pages 232 à 240)

Le (premier) Dictionnaire des précieuses de Somaize est donné in extenso, *infra*, Dossier, p. 414. Nous n'avons pas reproduit le texte du *Procès des précieuses* pour lequel on dispose maintenant d'une excellente édition annotée par Élisa Biancardi, Rome, Bulzoni, 1980, qui donne quelques renseignements inédits sur Somaize. Le personnage demeure toutefois largement insaisissable.

« *Définition de l'usage* : C'est la façon de parler de la partie la plus saine de la cour, conformément à la façon d'écrire de la plus saine partie des auteurs du temps [...] Il est vrai que d'ajouter à la lecture la fréquentation de la cour et des gens savants est encore tout autre chose, puisque tout le secret pour acquérir la perfection de bien écrire ne consiste qu'à joindre ces trois moyens ensemble » (Vaugelas, *Remarques sur la langue française*).

Pour ce chapitre et le suivant, voir les pages consacrées aux publications de Baudeau de Somaize, à ses sources et à sa méthode par R. Lathuillère, *op. cit.*, p. 157-200. Ce grand spécialiste de la préciosité, prisonnier du genre de la thèse et d'un certain conservatisme universitaire, n'est pas allé au bout des conclusions qui s'imposaient sur le caractère totalement artificiel des « créations » de Somaize et sur l'impossibilité d'accorder la moindre confiance à un auteur prêt à tout pour profiter d'un filon à la mode. Les citations faites dans ce chapitre sont tirées du livre de R. de Lathuillère ; les exemples lui sont empruntés. Sur les circonstances de la publication des textes de Somaize, voir l'édition déjà citée des *Précieuses ridicules* par Micheline Cuénin, et notre *Molière*, Fayard, 1998.

La liste de textes publiés à l'occasion de la pièce de Molière se trouve à l'Annexe n° 3.

Notes du chapitre 21
(pages 241 à 251)

Si le « témoignage » de Somaize ne vaut rien pour reconstituer l'histoire d'une éventuelle préciosité, il reste évidemment une source utile sur les mœurs et les comportements de nombreux personnages féminins ou masculins, précieux ou non, dont il a fait des portraits, en général documentés.

Notes de la conclusion
(pages 252 à 259)

Les données statistiques et les citations sont tirées de la thèse de R. Lathuillère, *op. cit.*, p. 172 *sq.*

Bibliographie choisie

Outre les livres et articles consacrés directement aux précieuses ou à la préciosité, nous avons retenu quelques monographies de femmes considérrée à tort ou à raison comme précieuses et quelques ouvrages généraux traitant du statut intellectuel et sentimental des femmes au XVIIᵉ siècle. Les sources traitant de point particuliers sont données en notes des chapitres concernés ; celles des textes où apparaît le mot « précieuse » jusqu'en 1660 dans l'annexe nᵒ 3.

Livres et articles portant directement sur la préciosité

Adam (Antoine), « La Genèse des *Précieuses ridicules* », *Revue d'histoire de la philosophie* » 1939.
–, « Baroque et préciosité », *Revue des Sciences humaines,* 1949.
–, « La Préciosité », *CAIEF,* 1951.
–, « Autour de Nicolas Foucquet : poésie précieuse ou coquette ou galante ? » *CAIEF*, 1970.
Adhémar (Jean) (réd.), *Salons littéraires du XVIIᵉ siècle : au temps des précieuses,* BNF, 1968.
Aris (Daniel), « Une précieuse : Charlotte Melson (1630 ?-1702) « *Hommages à Jean-Pierre Collinet,* 1992.
–, « Plotine ou la précieuse dans *Clélie* », *PFSCL,* 1976-1977.
Aronson (Nicole), « Je vois bien que c'est un Amilcar « Mlle de Scudéry et *Les Précieuses ridicules* », *PFSCL*, 1993.
Avigdor (Eva), « La vraie préciosité d'une véritable précieuse [Mme de Sévigné] », *XVIIᵉ siècle*, 1975.
Backer (Dorothy), *Precious women,* New York, Basic Books, 1974.
Belmont (Luc), « Documents inédits sur la société et la littérature précieuses : extraits de la *Chronique du samedi,* publiés d'après le registre original de Pellisson, *RHLF,* 1902.
Bray (René), *La Préciosité et les précieux, de Thibaud de Champagne à Jean Giraudoux,* Paris, 1946.

Brunetière (Ferdinand), « La société précieuse au XVIIe siècle », *Revue des deux mondes,* 1882.

Cioranescu (Alexandre), « Précieuse », *Baroque,* IV, 1969.

Collinet (Jean-Pierre), « Allégorie et préciosité », *CAIEF,* 1976.

Denis (Delphine), « Ce que parler précieux veut dire : les enseignements d'une fiction linguistique au XVIIe siècle », *L'Information grammaticale,* 1998.

Duchêne (Roger), « À la recherche d'une espèce rare et mêlée : les précieuses avant Molière », *PFSCL,* 1995.

–, « Préciosité et galanterie », *La Guirlande di Cecilia, studi in onore di Cecilia Rizza,* 1996.

Fukui (Yoshio), *Raffinements précieux dans la poésie française du XVIIe siècle,* Paris, Nizet, 1964.

Hourcade (Philippe), « La représentation de la femme dans *La Précieuse* », *RHLF,* 1977.

Lathuilière (Roger), *La Préciosité. Étude littéraire et linguistique. I. Position du probème : les Origines,* Genève, Droz, 1969 (la suite n'a jamais paru).

–, « La Préciosité, état présent », *Actes de la NASFSCFL, Œuvres et Critiques,* 1975 (congrès annuel).

–, « Au Commencement étaient les précieuses », *Au Bonheur des mots, Mélanges Gérald Antoine,* 1984.

–, « Persistance du langage précieux dans la conversation mondaine, *La Fausse Clélie, 1670* », *Mélanges Pierre Larthomas,* 1984-1985.

–, « La Langue des précieux », *Travaux de linguistique et de littérature,* 1987.

Livet (Charles-Louis), *Précieux et précieuses, caractères et mœurs littéraires du XVIIe siècle,* Paris, Didier, 1859.

Lougee (Carolyn), *Le Paradis des femmes. Women, salons and social sratification in the XVIIth Century in France,* Princeton University Press, 1976.

McLean (Ian),*Woman triumphant : Feminism in French literature, 1610-1652,* Oxford, Clarendon Press, 1977.

–, « La voix des précieuses et les détours de l'expression », *Présences féminines. Littérature et société au XVIIe siècle français,* Actes du colloque de London, *PFSCL,* 1987.

–, « Un Document ambigu sur les origines de la préciosité : l'*Avis au public* de 1655 », *PFSCL,* 1991.

–, « L'*Avis au public pour l'établissement de la société précieuse* (1655), prospectus ou supercherie ? » *Correspondances, Mélanges offerts à Roger Duchêne,* Tübingen-Aix-en-Provence, Gunter Narr-Publications de l'Université de Provence, 1992.

Maître (Myriam), *Les Précieuses : Naissance des femmes de lettres en France au XVIIe siècle,* Honoré Champion, 1999.

Maher (Daniel), « Lecture et écriture au XVIIe siècle : le cas de *La Précieuse* », *L'Épreuve du lecteur. Livres et lecteurs dans le roman d'Ancien Régime,* Louvin-Paris, 1995.

Mongrédien (Georges), « Une Précieuse : la comtesse de Brégy », *Revue de France,* Mercure de France, 1929.

–, *Les Précieux et les Précieuses,* 1963.

–, « Une Précieuse dévote : Mme de Revel », *XVIIe siècle,* 1981.

Mourgues (Odette de), « Molière et le comique de la préciosité », *Mélanges Georges Couton,* Presses Universitaires de Lyon, 1981.

Niderst (Alain), « Nature et préciosité », *Littérature classique,* n° 17, 1992.

Pintard (René), « Pour le tricentenaire des *Précieuses ridicules*, Préciosité et classicisme », *XVIIe siècle*, 1961.

Richmond (Ian), « Préciosité et valeurs », *Présences féminines. Littérature et société au XVIIe siècle français*, Actes du colloque de London, *PFSCL*, 1987.

Sellier (Philippe), « La princesse de Clèves, Augustinisme et préciosité au temps des Valois », *Images de La Rochefoucauld, Actes du tricentenaire (1680-1980)*, Paris, PUF, 1984.

–, « La névrose précieuse : une nouvelle pléiade ? », *Présences féminines [...]*, Actes du colloque de London, *PFSCL*, 1987.

–, « La Rochefoucauld et la préciosité », *PFSCL*, 1998.

–, « Se tirer du commun des femmes » : la constellation précieuse », *L'Autre dix-septième siècle, PFSCL*, 1999.

Stanton (Domna), « *The fiction of preciosite and the fear of women* », *Yale French Studies*, 1981.

Thérive (André), « Les Précieuses non ridicules », *Revue des deux Mondes*, 1959.

Timmermans (Linda), « Une ancêtre de la précieuse, la « coquette d'esprit » (1636) ou « coquette savante » (1640), *XVIIe siècle*, 1990.

–, « Une hérésie féministe ? Jansénisme et préciosité », *Ordre et contestation au temps des classiques, PFSCL*, 1992.

Zumthor (Paul), « La carte de Tendre et les précieux », *Trivium,* 1948.

Quelques monographies

Aronson (Nicole), *Mlle de Scudéry ou le voyage au pays de Tendre,* Paris, Fayard, 1986.

–, *Mme de Rambouillet ou la magicienne de la chambre bleue*, Paris, Fayard, 1988.

Barthelémy (Edouard de), *Mme la comtesse de Maure, sa vie et sa correspondance, suivies des Maximes de Mme de Sablé et d'une étude sur la vie de Mlle de Vandy,* Paris, J. Gay, 1863.

–, *Les Amis de Mme de Sablé,* Paris, Dentu, 1865.

–, *Une nièce de Mazarin, la princesse de Conti, d'après sa correspondance, inédite*, Firmin Didot, 1875.

Biancardi (Elisa), « Mlle de Scudéry et son cercle : spécificité socio-culturelle et créativité littéraire, *PFSCL*, 1995.

Boursier (Nicole), « Autour de Madeleine de Scudéry : Portraits », *Ouverture et dialogue, Mélanges offerts à W. Leiner,* Tübingen, Gunter Narr, 1988.

Cousin (Victor), *Nouvelles Études sur les femmes illustres du XVIIe siècle et la société du XVIIe siècle, la jeunesse de Mme de Longueville,* Paris, Didier, 1853.

–, *Nouvelles Études sur les femmes illustres du XVIIe siècle et la société du XVIIe siècle, la jeunesse de Mme de Sablé,* Paris, Didier, 1854.

–, *Nouvelles Études sur les femmes illustres du XVIIe siècle, Mme de Longueville pendant la Fronde,* Paris, Didier, 1859.

Dulong (Claude), *Marie Mancini, la première passion de Louis XIV*, Hachette, 1993.

Ivanoff (N.), *La Marquise de Sablé et son salon*, Paris, Presses Modernes, 1927.

Mongrédien (Georges), *Madeleine de Scudéry et son salon,* Tallandier, 1946.

Morlet-Chantalat (Chantal), *La* Clélie *de Mlle de Scudéry. De l'épopée à la gazette : un discours féminin de la gloire*, Paris, Honoré Champion, 1994.

Rathery et Boutron, *Mlle de Scudéry, sa vie et sa correspondance, avec un choix de ses poésies*, 1873.

Ouvrages généraux

Daumas (Marcel), *La Tendresse amoureuse, XVIe-XVIIe siècle*, Perrin, 1996.

DeJean (Joan), *Tender Geographies* : *Women and the origins of the Novel in France,* New York-Oxford, Columbia University Press, 1991.

Denis (Delphine), *La Muse galante. Poétique de la conversation dans l'œuvre de Mlle de Scudéry,* Paris, Honoré Champion, 1997.

Genetiot (Alain), *Les Genres lyriques mondains (1630-1660)*, Genève, Droz, 1990.

Genette (Gérard), *Géographie du Tendre*, Actes Sud, 1997.

Nativel (Colette), *Femmes savantes, savoir des femmes*, Honoré Champion, 1999.

Niderst (Alain), *Madeleine de Scudéry, Paul Pellisson et leur monde*, PUF, 1976.

Pelous (Jean-Michel), *Amour précieux, amour galant (1654-1675), Essai sur la représentation de l'amour dans la société mondaine,* Klincksieck, 1980.

Reynier (Gustave), *La Femme au XVIIe siècle, ses ennemis et ses défenseurs,* Tallandier, 1929.

Rœderer (Louis de), *Mémoires pour servir à l'histoire de la société polie en France,* Firmin Didot, 1835.

Timmermans (Linda), *L'Accès des femmes à la culture (1598-1715), un débat d'idées de François de Sales à la marquise de Lambert,* Honoré Champion, 1993.

Viala (Alain), « D'une politique des formes : la galanterie », *XVIIe siècle*, 1994.

Dossier

Dans ce dossier, nous donnons in extenso les textes devenus introuvables qui ont parlé des précieuses juste avant et juste après la pièce de Molière. Pour en rendre la lecture plus aisée, nous en avons modernisé l'orthographe et la ponctuation.

Nous n'avons pas repris ici *Le Procès des précieuses*, qui a récemment fait l'objet d'une excellente édition annotée par Elisa Biancardi, *Le Procès des Précieuses*, Rome, Bulzoni, 1980. Et, pour d'évidentes raisons de longueur, nous avons dû laisser de côté *La Précieuse* de l'abbé de Pure. Mme Myriam Maître en prépare une savante édition, qui devrait paraître prochainement.

Carte du Royaume des précieuses

Présenté et commenté ci-dessus p. 56-57, ce texte a été attribué avec vrai-semblance au marquis de Maulévrier, auteur amateur de pièces légères, qui l'aurait écrit au début de 1654. Il n'a été publié qu'en mars 1658, dans le premier recueil de Sercy en prose, où figurent plusieurs autres textes dont Molière s'est inspiré.

*
* *

On s'embarque sur la rivière de Confidence pour arriver au port de Chuchoter. De là, on passe par Adorable, par Divine, et par Ma-Chère, qui sont trois villes sur le grand chemin de Façonnerie, qui est la capitale du royaume. À une lieue de cette ville est un château bien fortifié qu'on appelle Galanterie. Ce château est très noble, ayant pour dépendances plusieurs fiefs comme Feux-Cachés, Sentiments-Tendres-et-Passionnés, et Amitiés-Amoureuses. Il y a auprès deux grandes plaines de Coquetterie, qui sont toutes couvertes d'un côté par les montagnes de Minauderie et de l'autre par celle de Pruderie. Derrière tout cela est le lac d'Abandon, qui est à l'extrémité du royaume.

Avis au public pour l'établissement
de la société précieuse

Conservé uniquement en copie, ce texte, commenté supra, *p. 61-62, a été publié pour la première fois en 1875. Ian MacLean l'a récemment reproduit en fac-similé et réimprimé d'après un autre manuscrit, avec une excellente introduction, dans PFSCL, XVIII, 1995. Le même auteur en a par ailleurs démontré le caractère facétieux dans un article publié dans* Correspondances, Mélanges offerts à Roger Duchêne, *Gunter Narr, Tübingen, 1992.*

*

* *

Aux beaux esprits de ce siècle

Messieurs et dames, qui êtes de la qualité requise pour être enrôlés dans la plus auguste assemblée qui se soit jamais faite à Paris, vous êtes avertis que l'on prépare pour cet hiver dans celle ville un divertissement dont personne ne s'est encore avisé dans les siècles passés et que l'on peut dire le plus utile, le plus honnête et le plus agréable qui ait jamais été proposé. Nous ne prétendons pas en faire part à tout le monde et le rendre public. Ce n'est que pour la fleur des honnêtes gens que nous travaillons, et nous en donnons dès à présent l'exclusion à tous ceux que nous ne jugeons pas mériter cet honneur. Nous nous mettons fort peu en peine de les avoir à dos, car n'ayant aucun dessein de leur plaire, nous leur disons déjà par avance, et leur en donnons déclaration par écrit, qu'il nous est avantageux d'être mal avec eux ; que le plus grand malheur qui nous puisse arriver, c'est d'avoir leur estime et leur approbation, de les connaître et d'en être connus ; que nous faisons vœu de les oublier pour jamais, ou de ne nous en souvenir que pour les avoir à mépris. Comme au contraire nous faisons profession particulière d'honorer d'un profond respect tous ceux et celles qui seront jugés dignes d'être admises dans la présente société, que nous voulons être composée de ce qu'il y a de plus beau et de plus fin et de plus spirituel à Paris ; à qui nous ferons aisément avouer que nous avons trouvé le plus beau secret du monde puisque nous avons trouvé celui de ne se jamais ennuyer, et le moyen de se divertir à peu de frais, dans les occupations et exercices du corps et de l'esprit les plus nobles et les plus importants qui se puissent rencontrer dans la vie.

Nous prétendons, moyennant trois pistoles seulement, fournir durant près de trois mois, à commencer du premier jour de janvier jusqu'à la mi-carême, tous les divertissements que l'esprit raisonnable se peut imaginer. Il ne faut point perdre de temps à se faire enrôler, car nous sommes résolus, passé un certain temps, et un certain nombre de gens qui sera bientôt rempli, de ne plus recevoir personne dans cette belle société. Nous enverrons dans vos logis des billets imprimés qui vous seront portés par nos secrétaires à qui vous donnerez, s'il vous plaît, en même temps les trois pistoles ; au moyen de quoi vous serez aussitôt enrôlés parmi les précieux et précieuses du siècle, ou bien vous prendrez la peine de les envoyer dans la rue Bethisy à l'hôtel d'Anjou, logis de Messieurs... Il n'y aura qu'à demander Monsieur l'Incognito, qui se trouvera toujours à point nommé pour recevoir votre argent et pour vous enrôler ; c'est là où se tiendra le bureau. Nous sommes bien aise de faire voir à tout le monde l'ordre que nous tiendrons pour ce grand dessein et les divertissements à peu près*, qui se trouveront chaque jour de la semaine dans le lieu destiné pour l'assemblée, que vous trouverez sans doute encore plus grand que nous ne vous promettons, et que vous ne pouvez vous imaginer.

Pour le dimanche
Pour rendre premièrement à Dieu l'honneur et gloire qui lui est due, et qui doit être la fin première et dernière de nos actions, nous ferons célébrer dans la grande église du grand couvent des Augustins du Pont-Neuf une messe en musique en faux bourdon qui commencera à onze heures précises, à l'intention de l'heureux succès de cette société et de tous ceux et celles qui auront l'honneur d'y être enrôlés. Et en cas que dans l'an quelqu'un ou quelqu'une vînt à mourir, nous promettons faire dire un service solennel dans la même église, pour le repos de son âme, et nous les exhortons autant que faire se peut, en cas qu'ils viennent à faire cette sottise, de faire quelques aumônes, legs pieux et de ne pas oublier les directeurs de la présente société, qui ne pourront être changés de leur vivant, et s'obligeront d'avoir toujours leur mémoire en grand honneur et vénération, et de leur faire de belles épitaphes.

Se tiendra, sous le bon plaisir du roi, tous les jours de la semaine, l'assemblée au logis où demeure présentement Monsieur... que nous avons loué pour cet effet, qui sera nommé le Palais précieux, où se tiendra tous les jours table ouverte à dix-huit couverts, qui sera la meilleure et la plus délicate de Paris, où il n'y aura que ceux qui auront payé les trois pistoles qui auront droit d'y venir et que nous supplions très humblement d'en user très discrètement.

Lundi se donnera le bal et comédie dans le Palais, qui se commencera à trois heures de relevée, pour finir à six heures du soir. Quoique ce soit de jour, il ne laissera pas d'être aux flambeaux, avec distribution de quantité de citrons doux, oranges de Portugal, et limonade. Nous prendrons cette heure pour la commodité des dames, qui font difficulté de sortir le soir, et de quelques maris qui sont bien aise que leurs femmes se retirent de bonne heure.

Le mardi, il y aura toutes sortes de concerts, de luths, de voix et autres instruments, où le sieur Lambert et la damoiselle Hilaire feront l'ouverture à deux heures précises jusqu'à quatre, et le reste de l'après-dîner se passera en autres concerts.

---

* [sic]. Faute probable pour « appropriés ».

Le mercredi se fera leçon de la philosophie, par le sieur de Lesclasche, qui traitera particulièrement de la morale, en termes fort à la mode, où les femmes aussi bien que les hommes auront grande satisfaction. Ce sera depuis deux heures jusqu'à quatre, et de quatre jusqu'à cinq, sera traité par le sieur Samson de la géographie et de l'histoire.

Le jeudi, il y aura concerts de vingt-quatre violons, depuis deux heures jusqu'à cinq, et de cinq jusqu'à six se liront les gazettes tant ordinaires que burlesques et autres pièces nouvelles qui seront soumises au jugement des doctes.

Le vendredi se passera en belles conférences et propositions curieuses qu'un chacun pourra faire, qui seront décidées par quatre des plus beaux esprits de ce temps qui ont été choisis pour cet effet.

Le samedi, l'on réitérera les mêmes divertissements du lundi, savoir le bal et la comédie, qui commenceront à neuf heures du soir précises avec même régal ; l'on donnera bonne escorte aux personnes qui en auront besoin pour la sûreté de leur argent, de leurs bijoux et point de Gênes. Peut-être n'en aurons-nous que faire, étant sur le point de traiter avec tous les filous de Paris, qui nous promettent bons passeports, moyennant quoi l'on pourra aller et venir en toute sécurité, ces Messieurs ayant fait voir depuis quelque temps qu'ils sont assez religieux à tenir leur parole quand ils l'ont une fois donnée.

Les portes du Palais précieux seront ouvertes dès une heure après midi, et l'on trouvera à s'y occuper dans les galeries et salles. En attendant l'assemblée, l'on verra de tous côtés des tableaux d'adresses et les noms des plus excellents hommes et femmes qui excellent dans toutes sortes de métier et profession, et valets à point nommé pour les aller quérir.

L'on y trouvera, dans d'autres tableaux, les noms, biens, qualités, parentés et alliances de tous ceux et celles qui sont à marier. Ne sera permis dans ladite assemblée de jurer le saint Nom de Dieu, ni de commettre aucun blasphème, à peine d'être exclu de la présente société et d'en être déclaré indigne. Ne sera non plus permis de jouer en aucune sorte de jeu que ce soit.

La dite assemblée n'étant instituée que pour exciter et entretenir toutes sortes de personnes dans l'honneur et dans la vertu, et pour les détourner du vice, des débauches et méchantes habitudes qui ne sont que trop fréquentes à Paris, Dieu veuille bénir cette sainte entreprise et lui donner la fin que les directeurs de la présente société se sont proposée pour sa grande gloire.

À commencer du premier jour de l'an 1655.

Les lois de la galanterie

Ce texte dont le titre complet est Lois de la Galanterie, de nouveau corrigées et amplifiées par l'Assemblée générale des Galants de France, *occupe les pages 45 à 97 du recueil de Charles Sercy en prose de 1658. Comme il est important de voir que ces lois n'ont rien de nouveau, puisqu'elles figuraient déjà dans un recueil publié en 1644 par Nicolas Sercy, nous avons indiqué en note les passages, peu nombreux, qui ne figuraient pas dans cette édition. Il y a aussi quelques variantes. Comme elles ne changeaient pas le sens du texte, nous ne les avons pas signalées.*

*
* *

Nous, maîtres souverains de la galanterie, à tous ceux qui mettent nos préceptes en pratique, ou qui les auront en estime et vénération, nous leur donnons le salut, et leur souhaitons joie et prospérité. Nous faisons savoir que notre coutume étant de nous assembler plusieurs fois l'année pour la réformation de nos lois, qui sont quelquefois changées plus souvent que tous les jours, il a été jugé à propos d'en faire maintenant une réunion solennelle pour autoriser les augmentations, les retranchements et les variétés qui s'y trouvent. C'est pourquoi, après quelques séances tenues entre nous par forme d'états, de l'avis des galants les plus habiles et les plus qualifiés, soit d'épée, soit de robe, nous avons conclu et arrêté qu'aucune autre nation que la française ne se doit jamais attribuer l'honneur de la galanterie, les préceptes n'en pouvant être observés excellemment que par cette nation qui est la nôtre, d'autant que la plupart des autres nations sont d'humeur grossière et mesquine, fort contraire à la subtilité, à la gentillesse, à la somptuosité, et à toutes les vertus nécessaires. Nous avons aussi ordonné que ce ne sera que dans Paris, ville capitale en toutes façons, qu'il faudra chercher la source et l'origine de la vraie galanterie et où l'on croira que sont les vrais galants, que les provinciaux ne pourront jamais avoir l'air du grand monde s'ils n'ont demeuré quelque temps dans ce superbe lieu, qui est un abrégé du monde universel, et sans y avoir fait leurs cours en propreté, civilité, politesse, éloquence, adresse, accortise et prudence mondaine, et s'être acquis toutes les autres habitudes dont la galanterie se compose, ayant écouté pour cet effet plusieurs leçons des plus doctes professeurs, et suivi ponctuellement leurs exemples. Encore avec tout cela ne pourront-ils exercer noblement et dignement notre art illustre dans leurs villes éloignées, parce qu'il n'a cours véritablement que dans Paris, ville incomparable et sans pair, de laquelle, lorsque les vrais galants s'absentent, ils se trouvent comme les grands poissons de la mer dans une petite mare où ils ne peuvent nager faute d'eau ; si bien que celui qui prétend conférer cette dignité, ne doit s'éloigner que le moins qu'il lui est possible de ce lieu, qui est son vrai élément.

II

Nous n'entendons point qu'aucun soit si hardi de prétendre en galanterie, s'il ne vient d'une race fort relevée en noblesse et en honneurs et s'il n'a l'esprit excellent, ou s'il n'a beaucoup de richesses qui brillent aux yeux du monde pour l'éblouir et l'empêcher de voir ses défauts. Néanmoins cela n'empêchera pas qu'il n'y ait des galants de divers étages, comme il y en peut avoir de différentes conditions, lesquels, tant qu'ils seront en cet état, se devront pourtant contenter d'une gloire basse et obscure parmi des gens de leur sorte, car il ne se faut point imaginer qu'il y ait aucun moyen de paraître véritablement sans être logé dans des palais somptueux, sans être superbement vêtu et suivi de quantité de valets, et même sans être nommé de quelque haut titre, soit de dignité, soit de seigneurie.

III

La noblesse s'étant attribué principalement cette prérogative de s'élever au-dessus des autres hommes, il n'y a point de doute que la galanterie lui sied mieux qu'à qui que ce soit, principalement lorsqu'elle s'est conservée de temps immémorial par l'exercice des armes ; de sorte que les enfants des hommes de robe et des riches financiers n'ont point tant de grâce à faire les galants, et ce leur est une vertu moins naturelle. Néanmoins, quelque antiquité de race qu'aient les seigneurs et gentilshommes, s'ils n'ont beaucoup de bien avec cela, leur galanterie sera fort basse, pour ce que leur condition les obligeant à faire plus de dépense que toutes les autres, et n'étant pas instruits à faire valoir leur bien par le trafic, le prêt d'argent ou les paris, et par autres moyens qui ne sont pas honnêtes pour eux, plusieurs d'entre eux seront sujets à tomber dans l'indigence et à n'avoir pas les choses nécessaires à la vie, tant s'en faut qu'ils aient ce qui ne doit servir que de parade et d'ornement. Mais nous y aurons mis un bon ordre en les avertissant d'emprunter de tous côtés, et d'appuyer leur crédit par tous les artifices imaginables, les assurant que c'est une des marques de noblesse d'en faire ainsi, et qu'encore qu'ils ne soient ni ministres d'État, ni généraux d'armées, ils ne laisseront pas d'avoir quantité de gens à leur lever qui formeront une grosse cour, dont il y en aura même qui leur prêteront de nouveau, soit argent, soit marchandise, quelquefois en aussi grande quantité qu'auparavant, pour les obliger par cette bonté à leur donner satisfaction des premières dettes. Que s'il leur arrive de se battre en duel, ou de se trouver en une bataille et en un assaut de ville, ils seront assurés qu'il y aura force gens qui prieront Dieu continuellement pour leur conservation, et qui souhaiteront de les voir bientôt de retour en bonne santé, plutôt que d'ouïr la nouvelle de leur mort, parce qu'étant morts ils auraient de la peine à tirer quelque chose de leurs héritiers, leurs biens étant possible mis en décret, ce qui est long à déterminer ; et que si les marchands ont prêté à ceux qui n'étaient pas en âge, le paiement leur en sera refusé par les parents, au lieu qu'eux vivants, les créanciers ont toujours l'espoir en leur bonne fortune, et en la bonne conscience de ceux qui leur doivent.

IV

Il faut que chacun sache que *Le Parfait Courtisan*, que le comte Baltazar de Châtillon [francisation de Castiglione] a voulu décrire en langage italien, et *L'Honnête Homme*, que le sieur Faret a entrepris de dépeindre en français, ne sont autre chose qu'un vrai galant. Mais tous les crayons qu'on en a faits, n'ont pas une entière ressemblance à l'original. Outre que toutes les bonnes qualités qu'on a souhaitées à d'autres séparément doivent être réunies en lui, il doit avoir les vertus particulières, qui sont la somptuosité, la magnificence, et la libéralité, en degré souverain, et pour y fournir, il doit avoir un grand revenu. Que s'il y a eu des philosophes qui, mettant la richesse entre les biens externes, ont dit qu'elle n'était point nécessaire à rendre l'homme vertueux ni heureux, nous leur soutiendrons que ce sont des pédants et mélancoliques, qui ne savent en quoi consiste le bien de la vie, et même qui mériteraient d'être punis de ne pas suivre leur grand maître Aristote, qui nomme la beauté du corps, la bonne fortune, et la richesse, entre les choses nécessaires à la félicité. Nous enseignons à tous ceux qui voudront observer nos ordonnances de faire ainsi leur profit des bons livres, lorsqu'ils seront conformes à nos opinions, et de corriger ceux qui en seront trop éloignés. Ils souffriront bien que l'on les appelle parfaits courtisans, ou honnêtes hommes, et qui savent ce que c'est des bonnes mœurs et des règles de la vie, pourvu que l'on entende que cela est ordonné selon leur morale particulière ; et si l'on les appelle hommes du monde, l'on sait de vrai que tous les autres hommes sont du monde comme eux, mais l'on voudra dire qu'ils sont du grand monde, qui est celui dont l'on doit faire état.

V

S'il arrive qu'un homme, qui ait l'esprit propre à la galanterie, n'ait pas néanmoins assez d'argent pour y fournir plusieurs années, nous lui permettons de manger tout son bien en un an, si le cas y échet, plutôt que de laisser échapper aucune occasion de paraître. Il suffira qu'il se réserve l'espérance, comme Alexandre le Grand, qui a été un prince des plus galants que l'Antiquité ait produit. Quelquefois il arrive des successions ou des donations lorsque l'on n'y pensait pas. Une veuve pécunieuse peut épouser celui qui n'est riche qu'en bonne mine, et en faisant la cour avec assiduité auprès des plus grands, l'on obtient d'eux des emplois et des pensions qui remettent un homme dans le haut lustre, et s'il ne s'était point hasardé de paraître tout le plus qu'il pouvait, il n'y fût pas parvenu, étant tenu pour un homme mesquin et de peu de considération.

VI

Il y a une adresse fort louable pour ceux qui ne sont pas capables de faire d'eux-mêmes tout ce qu'ils désireraient, c'est de se joindre de compagnie à ceux qui ont de quoi faire une grande dépense, et de les y engager insensiblement, mais de telle sorte que l'on croie que ce soit eux qui la fassent. Ainsi quelques-uns donneront des intentions de ballet, et feront faire quelques paris à leurs associés dont ils auront l'honneur, parce qu'ils s'entremettront de tout, et que les autres ne seront pas assez hardis pour aller publier que c'est leur bourse qui fournit à l'appointement.

VII

Lorsque la mode a voulu que les seigneurs et hommes de condition allassent à cheval à Paris, il était honnête d'y être en bas de soie sur une housse de velours, et entouré de pages et de laquais. On faisait alors mieux voir sa taille et ses beaux habits, et son adresse à manier un cheval. Mais maintenant, vu que les crottes s'augmentent tous les jours dans cette grande ville avec un embarras épouvantable, nous ne trouvons plus à propos que nos galants de la haute volée soient en cet équipage, et aillent autrement qu'en carrosse, où ils seront plus en repos, et moins en péril de se blesser, ou de se gâter. Nous savons qu'autrefois, pour parler d'un homme qui paraissait dans le monde, soit financier ou autre, on disait de lui, « il ne va plus qu'en housse ». Aujourd'hui cela n'est guère propre qu'aux médecins, ou à ceux qui ne sont pas des plus relevés. De quelque condition que soit un galant, nous lui enjoignons donc d'avoir un carrosse, s'il en a le moyen, d'autant que lorsqu'on parle aujourd'hui de quelqu'un qui hante les bonnes compagnies, on demande incontinent, « A-t-il carrosse ? » et si l'on répond que oui, on en fait beaucoup plus d'estime. C'est aussi une chose très utile à un homme qui veut être dans la bonne réputation d'entretenir un carrosse, voire deux, quand ce ne serait que pour faire plaisir à quelques dames qui n'en ont point, ou de qui les chevaux sont malades, et leur en prêter quelquefois pour leurs promenades et leurs visites, ce qui les oblige de telle sorte que l'on est après beaucoup mieux venu chez elles, et entre les bonnes qualités d'un homme, l'on ne manque pas de dire toujours d'abord, « il a un bon carrosse », ce qui vous met incontinent dans l'honneur et dans le crédit.

VIII

Si les galants du plus bas étage veulent visiter les dames de condition, ils remarqueront qu'il n'y a rien de si laid que d'entrer chez elles avec des souliers crottés, spécialement s'ils en sont logés fort loin, car quelle apparence y a-t-il qu'en cet état ils aillent marcher sur un tapis de pied, et s'asseoir sur un fauteuil de velours ? C'est aussi une chose horrible de s'être coulé de son pied d'un bout de la ville à l'autre, quand même l'on aurait changé de souliers à la porte et quoique l'on ait des mules que l'on ait laissées au bas de l'escalier ; il ne se peut faire que le bas de chausse n'ait quelque petite crotte, qui vous accuse d'être venu là sur vos pauvres jambes, et qui ne vous reproche votre pauvreté, qui n'est pas moins un vice aujourd'hui en France que chez les Chinois où l'on croit que les pauvres sont maudits des dieux, à cause qu'ils ne prospèrent point. Quiconque que vous soyez donc qui vous trouvez dans la nécessité, vous savez que, pour cacher votre défaut, il faut vous lier d'amitié avec quelqu'un qui ait carrosse, et qui vous charrie en beaucoup de lieux où vous aurez affaire, à la charge que vous lui céderez partout et que vous serez son flatteur éternel, ou bien il faudra au moins aller à cheval, non pas avec des housses de cuir pour garder vos bottes, ou votre bas, car cela sent son solliciteur de procès et son opérateur, mais avec une housse de serge grise, ou de quelque autre couleur ; ou, pour montrer que cela se fait à l'improviste, vous vous servirez d'une casaque de laquais. Vous pouvez aussi, pour le plus sûr, vous faire porter en chaise, dernière et nouvelle commodité si utile qu'ayant été enfermé là-dedans sans se gâter le long des chemins, on peut dire qu'on en sort aussi propre, que si on sortait de la boîte d'un enchanteur, et comme ces chaises sont de louage, l'on n'en fait la dépense que quand l'on veut, au lieu que, depuis qu'on a un cheval à soi*, il lui faut donner tous les jours de quoi manger, encore qu'on ne s'en serve pas. Or, pour avoir toujours une chaise propre, il est bon d'en avoir une à soi qui vous fasse remarquer dans les rues par ses armes ou ses chiffres ; cela est plus honnête que de se servir des chaises des carrefours, où se mettent toute sorte de gens ; quand votre chaise sera vue aussi en quelque endroit de votre maison, elle y servira de parade, et ceux qui la remarqueront se pourront imaginer que vous vous y faites porter presque tous les jours, quoique cela ne vous arrive pas une fois le mois, et que ce soit le moins que vous pouvez, afin de sauver la dépense des porteurs.

IX

Ne vous figurez pas qu'ayant placé le galant dans son carrosse, sur son cheval ou dans sa chaise, nous l'ayons par ce moyen équipé de toutes pièces. On a mis ceci en ce lieu, après avoir parlé en général de sa dépense, à cause qu'il n'y a presque rien qui lui soit plus nécessaire. Or, l'ayant conduit par la ville, il le faut voir en l'état qu'il doit être pour entrer dans les maisons de qualité, si bien que notre ordre est assez raisonnable. Et pour parler premièrement de ce qui concerne la personne, on peut aller quelquefois chez les baigneurs pour avoir le corps net, et tous les jours on prendra la peine de se laver les mains avec le pain d'amande. Il faut aussi se faire laver le visage presque aussi souvent, et se faire raser le poil des joues et quelquefois se faire laver la tête, ou la dessécher avec de bonnes poudres, car si l'on a tant de soin de faire nettoyer des habits, et même de tenir des chambres nettes, et tous les meubles d'une maison, à plus forte raison se doit-on soucier de son propre corps. Vous aurez un valet de chambre instruit à ce métier, ou bien vous vous servirez d'un barbier qui n'ait autre fonction, et non pas de ceux qui pansent les plaies et les ulcères, et qui sentent toujours

---

* Dans l'édition de 1644, le texte s'arrête ici, sur cette fin de phrase : « au lieu qu'un cheval mange jour et nuit ».

le pus ou l'onguent. Outre l'incommodité que vous en recevez, il y a danger même que, venant de panser quelque mauvais mal, ils ne vous le communiquent, tellement que vous ne les appellerez que quand vous serez malade et, en ce qui est de vous accommoder le poil, vous aurez recours à leurs compétiteurs, qui sont barbiers barbants, quelques défenses et arrêts qu'il y ait eu au contraire. Celui que vous emploierez à ceci étant très propre et très adroit vous frisera les cheveux ou les laissera enfler et vous accommodera la barbe selon qu'elle vous ira le mieux, car c'est un ornement naturel le plus excellent de tous, et dont il faut tenir le plus de compte. Les uns portent les moustaches comme un trait de sourcil, et fort peu au menton, les autres ont une moustache à coquille. D'une façon ou d'une autre, on est toujours bien, pourvu qu'on reconnaisse que cela n'est point négligé, mais cela est encore plus estimable quand l'on voit que cela vous donne plus de grâce*. À ce propos, on a beaucoup loué un barbier de la vieille cour, de qui la boutique et la salle étaient ornées de portraits d'hommes qui avaient la barbe d'une manière différente, afin que ceux qui se la voulaient faire n'eussent qu'à regarder ceci pour choisir la mode qui leur plairait le plus. Mais il suffit pour le présent de dire que vous voulez porter la barbe comme tels ou tels des galants de la cour. En ce qui est des cheveux, il les faut avoir les plus longs qu'on peut, et presque jusqu'à la ceinture. C'était au temps jadis qu'on ne laissait croître qu'un des côtés, qu'on appelait une moustache ou cadenette ; maintenant, ce n'est point paraître galant d'avoir les cheveux courts, il les faut avoir très longs. Si la nature ne vous a point fait ce don, il y faut pourvoir, portant une perruque faite de ces cheveux coupés sur-le-champ d'une personne qui est en vie, lesquels on ne fait point bouillir et passer par le feu, et que pour ce fait on appelle des cheveux vifs. Il y a pourtant quelque liberté de s'accommoder à la fantaisie, les uns portant une perruque entière, les autres seulement une calotte perruquée, ou bien un tour de cheveux, et les autres n'ayant que des coins. On choisit en ceci ce qui est plus propre à chacun selon les cheveux qui lui restent. Il n'importe, pourvu que les cheveux soient de chaque côté de longueur raisonnable.

X

Après ceci, on doit avoir égard à ce qui couvre le corps, et qui n'est pas seulement établi pour le cacher et le garder du froid, mais encore pour l'ornement. Il faut avoir le plus beau linge et le plus fin qu'on pourra trouver. On ne saurait être trop curieux de ce qui approche si près de la personne. Quant aux habits, la grande règle qu'il y a à donner, c'est d'en changer souvent et de les avoir toujours des plus à la mode, et nous entendons par les habits tout ce qui sert de principal vêtement avec ses dépendances, qui servent en quelque partie du corps que ce soit. Il faut prendre pour bons Gaulois et gens de la vieille cour ceux qui se tiennent à une mode qui n'a plus de crédit, à cause qu'elle leur semble commode. Il serait ridicule de dire : « je veux toujours porter des fraises pour ce qu'elles me tiennent chaudement », « je veux avoir un chapeau à grand bord, d'autant qu'il me garde du soleil, du vent et de la pluie » ; « il me faut des bottes à petites genouillères, parce que les grandes m'embarrassent » ; « je ne veux pas porter de grands canons aux jambes à cause qu'ils

---

* Dans l'édition de 1644, la loi IX s'arrête ici.

m'empêchent de marcher ». C'est n'entendre pas qu'il se faut captiver un peu pour être toujours bien mis. Ne dit-on pas qu'il ne faut point penser avoir toutes les aises en ce monde ? On a beau dire qu'il n'est rien de si inconstant que le Français ; que tantôt il porte des chapeaux hors d'escalade, et tantôt de bas ; tantôt de grandes basques, et tantôt de petites, des chausses longues et après des courtes, et que la description de cette bizarrerie ayant été faite par quelqu'un en ce qui est des collets, on a publié qu'au lieu que nos pères en portaient de petits tout simples ou de petites fraises semblables à celles d'un veau, nous avons au commencement porté des rotondes de carreforte, sur lesquelles un collet empesé se tendait étendu en rond en manière de théâtre ; qu'après, on a porté des espèces de peignoirs sans empeser, qui s'étendaient jusqu'au coude ; qu'ensuite, on les a rognés petit à petit pour en faire des collets assez raisonnables, et qu'au même temps, on a porté de gros tuyaux godronnés, que l'on appelait encore des fraises, où il y avait assez de toile pour les ailes d'un moulin à vent ; et qu'enfin, quittant tout cet attirail, l'on est venu à porter des collets si petits qu'il semblait que l'on se fût mis une manchette autour du col. Ce sont de belles pensées que l'on se forme pour exprimer le changement d'un contraire à l'autre, et le progrès différent de nos modes ; mais, quoique cela soit pris pour une censure de nos coutumes, nous ne devons pas laisser de garder notre variété comme la plus divertissante chose de la nature. Si quelques-uns disaient encore autrefois qu'ils se formalisaient de ce rond de bottes fait comme le chapiteau d'une torche, dont l'on avait tant de peine à conserver la circonférence qu'il fallait marcher en écarquillant les jambes, comme si l'on eût eu quelque mal caché, et si depuis ayant quitté l'usage des bottes, et porté de simples canons de la grandeur d'un vertugadin, on en a fait de pareilles plaintes, c'était ne pas considérer que des gens qui observent ces modes vont à pied le moins qu'ils peuvent. D'ailleurs, quoiqu'il n'y ait guère que cela ait été critiqué, la mode en est déjà changée. Les genouillères rondes et étalées n'ont été que pour les grosses bottes, les bottes mignonnes ayant été depuis ravalées jusqu'aux éperons, et n'ayant eu qu'un bec rehaussé devant et derrière. Quant aux canons de linge qu'on étalait au-dessus, nous les approuvions bien dans leur simplicité quand ils étaient fort larges et de toile baptiste bien empesée, quoique l'on ait dit que cela ressemblait à des lanternes de papier et qu'une lingère du palais s'en servit ainsi un soir, mettant la chandelle au milieu pour la garder du vent. Afin de les orner davantage, nous voulions dès lors que d'ordinaire il y eût double et triple rang de toile, soit de baptiste, soit de Hollande ; et d'ailleurs cela était encore mieux s'il y pouvait avoir deux ou trois rangs de point de Gênes, ce qui accompagnait le jabot qui devait être de même parure. Vous savez que, comme le cordon et les aiguillettes s'appellent la petite oie, on appelait un jabot l'ouverture de la chemise sur l'estomac, laquelle il fallait toujours voir avec ses ornements de dentelle, car il n'appartient qu'à quelque vieil penard d'être boutonné tout du long. Étant aussi avertis qu'à cause que les hommes ne portaient plus alors de collets à passement ou de point coupé, plusieurs les avaient mis à leur chemise, nous leur défendîmes ce ménage qui sentait trop la mesquinerie, parce qu'il faut qu'un vrai galant n'ait rien qui ne soit neuf et beau, et fait exprès. Pour retourner aux bottes, il a été de vrai un temps que l'on en pouvait porter dix ans durant sans monter à cheval, et sans que personne s'en étonnât. Or il était besoin de les avoir à long pied, encore que l'on ait dit qu'il se fallait conformer à la nature, et garder ses mesures. On sait bien qu'au même temps que les longs pieds ont été mis en usage, on a aussi porté des chapeaux fort hauts, et si pointus qu'un téton les eût couverts. La mode de ces chapeaux se changea soudain en forme plate et ronde, qui néanmoins ne s'est pas conservée, et l'on revient insensiblement à les porter pointus et hauts. Les bottes et les souliers à long pied nous sont aussi demeurés, ce qui montre l'estime qu'on en a faite. On ficha bien une fois un clou à quelqu'un dans ce bout de botte, cependant qu'il était attentif à quelque entretien, de telle façon qu'il demeura cloué au plancher, mais tant s'en faut que cela en doive faire haïr l'usage qu'au contraire, si le pied eût été jusqu'au bout de la botte, le clou eût pu le percer de part en part, et voilà à quoi cela servit à ce galant. Après les bottes, songeant aux éperons, on les portait d'argent massif, et on leur faisait changer souvent de façon, sans plaindre le coût*. Depuis, l'usage des bottes étant aboli si ce n'est pour aller à la guerre, ou se promener aux champs, les grands canons ont été en crédit, soit de toile simple, ou ornés de belles dentelles, à quoi il fallut que les vrais galants se soient accoutumés, parce que c'était un équipage magnifique, et que d'ailleurs cela servait grandement à cacher la défectuosité de quelques jambes cagneuses ou trop menues. Mais s'il arrive que maintenant la mode de ces canons se passe, il faut que chacun porte des bas de soie ou de fine laine, avec des jarretières si grosses que leur ornement supplée aux autres défauts, et l'on a aussi porté des canons d'étoffe, au lieu de ceux de toile, et quelques-uns ne se pouvant accoutumer aux grosses jarretières ont orné leurs jambes d'un simple ruban. Or nous ordonnons que ceux qui seront ainsi en bas de soie n'en auront point d'autres que d'Angleterre, et des plus fins, et que leurs jarretières et nœuds de souliers seront tels que la mode en aura ordonné, et l'on sera averti en général que dès aussitôt qu'il y a quelque nouveauté introduite, il y a de l'honneur à l'observer, afin qu'il semble quasi que l'on en soit l'auteur, et craignant que l'on ne s'imagine que l'on ait seulement le reste des autres. Pour ce sujet, il faut avoir soin de faire dépêcher les tailleurs, car il y en a de si longs, et au contraire il y a des modes qui durent si peu, qu'elles sont passées avant qu'un habit soit fait**. En général il faut être averti de rendre les choses convenables et, quand on aura des habits de belle étoffe, d'avoir aussi des collets et des manchettes de belle dentelle, de bien assortir la couleur des bas de soie et des galons ou rubans, et savoir quand il faut porter des cordons de soie, d'argent ou d'or. Bref, il faut se savoir accommoder selon le temps, et selon la condition dont l'on est, ou de laquelle l'on veut persuader que l'on a l'honneur d'être.

XI

Il y a de certaines petites choses qui coûtent peu, et néanmoins qui parent extrêmement un homme, faisant connaître qu'il est entièrement dans la galanterie, d'autant que les mélancoliques, les vieillards et les sérieux n'en ont guère de même***, comme par exemple de porter des plumes ou des rubans

---

* Le passage sur l'abolition de l'usage des bottes ne figure pas dans l'édition de 1644. Le texte reprend au choix des bas de soie.

** Dans l'édition de 1644, la loi n° X s'arrête ici.

*** Ce développement est beaucoup plus court dans le texte de 1644 : « Comme par exemple d'avoir un bon ruban d'or et d'argent au chapeau quelquefois entremêlé de soie de

de couleur au chapeau. Depuis que les aiguillettes du bas de chausses furent quittées, on mit des rubans des deux côtés jusqu'à la pochette, ce qui était un grand ornement, mais considérant que quelques-uns n'en changeaient pas assez souvent, et que quelques autres ayant porté plusieurs garnitures de différente couleur, ils les entremêlaient après pour les faire paraître nouvelles, en conséquence de cela nous étions sur le point de faire de très expresses défenses d'user de telle tromperie, qui n'était bienséante qu'aux valets de chambre seulement, lorsqu'ils se voulaient parer des défroques de leurs maîtres, et nous allions enjoindre à tous ceux qui feraient profession de la vraie galanterie de ne jamais faire mettre de garniture à leurs chausses qui ne fût entièrement neuve, mais délivrés d'une partie de ce soin, lorsqu'on fut restreint par édit à ne plus porter si grand nombre de rubans. Néanmoins, nous déclarâmes qu'il ne fallait pas manquer à en porter en tous les lieux où ils étaient permis, et que même si l'on pouvait, on en devait étendre les limites ; et notre avertissement profita si bien, qu'en peu de temps les défenses furent mises en oubli, et l'on porta des rubans plus que jamais en tous les endroits où l'on avait accoutumé d'en mettre. Or, parce que cette manière d'ornement continue, vous observerez qu'il faut toujours choisir vos rubans des couleurs les plus éclatantes qui se voient. On a beau dire que c'est faire une boutique de sa propre personne, et mettre autant de mercerie à l'étalage que si on en voulait vendre, il faut observer néanmoins ce qui a cours, et pour montrer que toutes ces manières de rubans contribuent beaucoup à faire paraître la galanterie d'un homme, ils ont emporté le nom de galants, par préférence sur toute autre chose. Depuis même, voyant que la plupart des dames, au lieu de bracelets de perles, d'ambre ou de manières de jais, se contentent d'entourer leur poignet d'un simple ruban noir, nous avons trouvé bon que les jeunes galants y en portent aussi pour faire paraître leurs mains plus blanches quand ils ôteront leurs gants. Nous ne désapprouvons pas non plus l'intention de ceux qui y ont ajouté un ruban incarnat, ou de couleur de feu, les joignant ensemble, ou s'en servant séparément, à cause que toutes ces deux couleurs s'accordent bien à la blancheur et à la délicatesse de la peau, et en rehaussent l'éclat. Mais défenses expresses sont faites à ceux qui venant déjà sur l'âge, ou ayant les mains noires, sèches, ridées ou velues, en voudraient faire de même, d'autant que cela ne tournerait qu'à leur confusion et moquerie. Il sera encore permis à nos galants de la meilleure mine de porter des mouches rondes et longues, ou bien l'emplâtre noire assez grande sur la tempe, ce que l'on appelle l'enseigne du mal des dents, mais parce que les cheveux la peuvent cacher, plusieurs ayant commencé depuis peu de la porter au-dessous de l'os de la joue, nous y avons trouvé beaucoup d'agrément et de bienséance. Que si les critiques nous pensent reprocher que c'est imiter les femmes, nous les étonnerons bien lorsque nous leur répondrons que nous ne saurions faire mieux que suivre l'exemple de celles que nous admirons et nous adorons, et que même c'est suivre la doctrine de Platon, qui dit : « que l'amant se doit transformer s'il peut en la chose aimée ».

---

quelque belle couleur et d'avoir aussi devant les chausses sept ou huit des plus beaux rubans des couleurs les plus éclatantes qui se peuvent. On a beau dire que... »

XII

Nos galants étant ajustés en la sorte que nous avons figurée ne tâcheront à faire autre chose tout le reste du jour que de se trouver aux lieux où ils croiront avoir meilleur moyen de se faire voir ; et quoique d'ordinaire ils aient assez de peine à être dévots, ils ne laisseront pas de fréquenter les églises, spécialement celles où il y aura quelque fête, quelque musique, et quelque prédicateur excellent et nouveau, et dans lesquelles la présence de quelque prince ou princesse attirera quantité de gens, surtout de ceux qui ne sont pas de petite considération, et du nombre du vulgaire, mais qui sont des plus remarquables, car ce n'est que devant ceux-là qu'il faut paraître. Et comme c'est aux dames que l'on désire de plaire le plus, ne donnant que de l'envie aux autres hommes, il faut chercher l'endroit où elles se rangent. Mais parce qu'à dire la vérité, les trop grands témoignages de galanterie font du scandale dans les temples consacrés à Dieu et destinés à l'oraison, l'on doit chercher tous les rendez-vous qui sont hors de là où le beau monde se trouve ; et les vrais galants seront curieux de dresser un almanach où ils verront en quelle saison l'on va promener à Luxembourg, et en quelle autre aux Tuileries, quand commence le cours hors la porte Saint-Antoine, et dans le bois de Vincennes, et quand c'est que le cours de la feue reine mère a la vogue (qui est depuis la porte de la Conférence jusqu'à Chaillot), où il y a quatre rangées d'arbres plantés exprès, quelle longueur de jour peut permettre de visiter les belles maisons d'autour de Paris, et à quelle heure il faut partir pour toutes ces promenades. Lorsque l'heure ne permettra plus de sortir de la ville, les plus adroits de notre profession doivent savoir où sont les beaux réduits dans lesquels l'on passe le temps soit à jouer, soit à deviser, et ils feront leurs efforts pour y avoir de l'accès. Ils sauront aussi pratiquer les jeux qui auront le plus de cours, comme le nouveau hoc, et n'ignoreront pas celui de l'homme, ni le reversis et le piquet, ni le trictrac, parce qu'il se trouve toujours quelqu'un qui veut jouer à l'un ou à l'autre de ces jeux, et en ce cas il faut adhérer non seulement aux dames, mais à leurs frères, leurs cousins, et autres personnes proches, afin de les gagner par la complaisance, de telle sorte qu'il faut jouer avec eux quand on n'aimerait point le jeu, et quand on y serait malheureux. En ce qui est des longues nuits de cette froide saison, il faudra s'informer qu'il n'y en a point quelques-unes que l'on puisse passer au bal, et d'autant qu'il y a telle nuit que le bal se donne en vingt endroits de la ville, il faut les savoir tous pour aller de l'un à l'autre, et voir les beaux visages qui s'y trouvent, s'arrêtant enfin à celui pour lequel on aura plus d'inclination. Cela s'appelle courir le bal. Et quand l'on danse quelque part un ballet, il n'y faut pas non plus être des derniers, ni même aux comédies que les comédiens représentent quelquefois aux maisons particulières, parce que c'est là que se rencontrent les plus belles femmes, et de plus de condition, et que ce sont des occasions très favorables pour se faire voir en son lustre devant elles et pour entretenir celles à qui on aura voué ses affections.

XIII

La nécessité que l'on a de savoir en quel lieu se font les belles parties où se trouvent les dames est cause que, de quelque rang que l'on soit, il est à propos de se familiariser avec quantité de basses gens, dont il faut acquérir la connaissance, à raison de leur emploi. On doit connaître des violons de toutes les bandes pour savoir en quel lieu se donnera le bal. Il faut connaître des musiciens pour apprendre où se fera quelque concert de musique ; s'il y a quelque musicien qui ait la voix belle pour chanter seul, et si quelques autres jouent excellemment du luth, de la viole ou de la guitare, il faut gagner leur amitié par toute sorte de caresses et de présents, et leur donner exprès à dîner ou à souper, pour les mener de là chez quelque dame à qui on les voudra faire ouïr, surtout si elle ne les a jamais ouïs, et si elle en a grand désir pour le récit qu'on lui en a fait ; car vous l'obligerez par ce soin à faire état de vous, sur la croyance qu'elle aura que vous ne pensez à autre chose qu'à lui plaire. Vous vous efforcerez ainsi de faire voir toutes nouveautés à celle pour qui vous aurez quelque affection. Vous aurez la connaissance de quelques jardiniers qui vous fourniront des premières fleurs pour lui envoyer des bouquets, et si elle aime les fruits, vous tâcherez de lui en faire goûter quelques-uns avant la saison ordinaire. S'il s'imprime quelque comédie ou quelque roman, il faut en avoir des feuilles à quelque prix que ce soit, dès auparavant même que les dernières soient achevées, afin de contenter les dames qui aiment la lecture. Que s'il y a des pièces curieuses qui ne s'impriment point, il faut en avoir la copie bien écrite, soit qu'elles soient de médisance, ou de galanterie et d'autre sujet, d'autant que l'on oblige une maîtresse en lui en faisant la lecture, et l'on se divertit et s'instruit pareillement.

XIV

Nous avons déjà permis aux adroits de se servir de la bourse de leurs associés pour fournir à plusieurs dépenses, où l'on croira qu'ils auront la meilleure part, et nous leur enjoignons aussi de prendre garde à toutes les gentillesses qui se passeront, pour faire que les dames en soient averties, et en aient le divertissement. Mais outre cela, nous entendons que chacun fasse quelque dépense véritable ou manifeste pour se mettre en crédit, et qu'en cela il mesure au moins ses facultés. Nul ne peut être dit vrai galant, qui de sa vie n'a donné ni le bal ni la musique, et si chacun n'est pas entièrement porté à ces récréations, ceux qui n'aiment ni à danser ni à ouïr chanter, pour lourdauds qu'ils soient, paraîtront assez en donnant une collation, laquelle sera toujours bien ordonnée si l'on se sert du conseil de quelque illustre traiteur, sans qu'il soit besoin de se donner autre peine que de lui ouvrir sa bourse pour y prendre ce qui sera nécessaire aux frais. Ainsi l'on pourra acquérir de la réputation pour son argent, et cela fera que l'on parlera en bons termes de ceux qui ont fait une telle dépense, les appelant magnifiques. Ceux qui se seront trouvés à ce festin en étant fort satisfaits en diront des merveilles à tous leurs amis, tellement que cela volera d'une bouche à l'autre avec beaucoup de louange. Vous ne devez pas manquer non plus de faire voir les nouvelles pièces de théâtre aux dames, soit que vous fassiez venir les comédiens chez elles, ou que vous reteniez une loge à l'hôtel de Bourgogne, ou au Marais, et si vous n'avez le moyen de leur donner la comédie, au moins donnez-leur les marionnettes ; en de certaines occasions elles se contenteront de cet abrégé comique, ce divertissement qui est si commun aux petites gens étant quelquefois capable de plaire aux gens de condition qui en ont peu souvent la vue.

XV

En ce qui est de la manière de vous gouverner dans les visites des dames que vous ferez, il faut que, dès l'entrée de la porte de leur chambre, vous commenciez vos révérences, tenant le chapeau en main, et penchant la tête et la moitié du corps tantôt d'un côté et tantôt de l'autre, ce qu'on aurait autrefois appelé « dandiner », mais aujourd'hui la posture en est estimée galante. Vous vous avancerez ainsi en croisant les jambes les unes sur les autres, sans que le nombre de révérences puisse avoir d'autres limites que jusqu'au lieu où les dames sont placées. Après que vous serez assis, et que vous aurez fait vos premiers compliments, auxquels vous aurez ajouté quelque nouvelle de la cour ou de la ville, il sera bienséant d'ôter le gant de votre main droite et de tirer de votre poche un grand peigne de corne, dont les dents soient fort éloignées l'une de l'autre, et de peigner doucement vos cheveux, soit qu'ils soient naturels ou empruntés. À un certain temps de là, vous tirerez un mouchoir de votre poche que vous étalerez un peu pour en faire paraître la grandeur et la beauté de la toile, plutôt que pour vous moucher ; puis, l'ayant resserré dans votre poche, vous recouvrirez aussi votre main droite de son gant et, quelques moments après, vous retirerez le gant de la gauche, soit pour toucher à vos cheveux, ou à quelque autre chose, ou par simple contenance. Or prenez garde que toutes ces actions soient réitérées dans des espaces raisonnables, et qu'elles ne se fassent que lorsque vous vous serez un peu tenu en repos, car cette diversité de contenance plaît beaucoup aux dames, et même elle sert d'entretien quand l'on ne dit mot, parce que les galants se regardent souvent l'un l'autre pour voir celui qui a la meilleure grâce à ce qu'il fait, et les dames se plaisent aussi à une telle vue. Si l'on veut parler, telles actions n'y doivent pas nuire, à cause qu'alors on les fait plus doucement. Mais, comme je viens de vous faire entendre, il faut être instruit parfaitement à cette méthode pour savoir les moments et les intervalles du temps auxquels on s'y doit appliquer. Ceux qui ont une montre sur eux où ils regardent les heures, les demi-heures et les quarts d'heure s'en peuvent quelquefois servir pour la même [*sic*] de leur contenance et de leur visite. Néanmoins, cela sent trop son homme d'affaires d'y regarder en présence de chacun ; de plus, cela est désobligeant envers les personnes chez qui vous êtes, d'autant qu'il semble que vous ayez promis ailleurs, et qu'il vous tarde d'y aller. Pour les montres sonnantes, elles sont fort incommodes, à cause qu'elles interrompent la conversation. C'est pourquoi il faudrait mettre en usage de certaines montres nouvelles, où les marques d'heures et des demi-heures fussent si relevées qu'en les tâtant du doigt on les pût reconnaître, sans qu'il fût besoin de les tirer de sa poche pour les regarder. Ces montres seraient fort commodes aux galants pour régler la mesure de leur contenance et de leurs entretiens.

XVI

Il est besoin de vous prescrire ici des lois pour le langage, qui est l'instrument de l'âme dont il se faut servir dans la société. Vous parlerez toujours dans les termes les plus polis dont la cour reçoive l'usage, fuyant ceux qui sont trop pédantesques ou trop anciens, desquels vous n'userez jamais, si ce n'est par raillerie, d'autant qu'il n'y a qu'au style comique ou satirique qu'il soit permis d'user d'un tel langage. Vous vous garderez surtout d'user des proverbes et de quolibets, si ce n'est aux endroits où il y a moyen d'en faire quelque raillerie à propos. Si vous vous en serviez autrement, ce serait parler en bourgeois, et en langage des halles. S'il y a des mots inventés depuis peu, et dont les gens du monde prennent plaisir de se servir, ce sont ceux-là qu'on doit avoir incessamment en la bouche. Il en faut faire comme des modes nouvelles des habits, c'est-à-dire qu'il s'en faut servir hardiment, quelque bizarrerie qu'on y puisse trouver et quoique les grammairiens et faiseurs de livres les reprennent. Par exemple, en louant un homme, il ne faut pas être si mal avisé que de dire « Il a de l'esprit », ce qui sent son vieil Gaulois, il faut dire « Il a esprit », sans se soucier de ce que l'on vous objecte que vous oubliez l'article, et que l'on pourrait dire de même « Il a folie », ou « Il a prudence », car il y a des endroits où cela peut avoir meilleure grâce qu'en d'autres*. Toutefois on peut dire maintenant « Cet homme a de l'esprit », pourvu qu'on y ajoute « infiniment », et même cela se répète aussi avec affectation. « Il a de l'esprit infiniment, et de l'esprit du beau monde, et du monde civilisé ». Ou bien l'on dira : il a de l'esprit « furieusement », car il faut savoir que ce mot de « furieusement » s'emploie aujourd'hui à tout, jusque-là même que dans l'un de nos romans les plus estimés, il y a qu'une dame était « furieusement belle ». Ce mot est énergique pour signifier tout ce qui est excessif, et qui porte les uns ou les autres à la furie. En parlant de la naissance de quelqu'un, l'on doit dire « Il est bien gentilhomme » ; et qui prononce ce mot autrement ne sait pas que la plupart de ceux qui sont véritablement nobles se nomment ainsi eux-mêmes. Vous vous servirez encore des façons de parler que l'on a apprises des gens de Languedoc, de Guyenne, ou de Poitou, pour ce que cela est énergique, et sert à abréger le discours, comme de dire « Je l'ai envoyé à l'académie pour qu'il s'instruise, je lui ai dit d'aller au Louvre, je l'ai sorti de son malheur »**. Il faut aussi parler très souvent de « justesse », de « conjoncture », d'« exactitude », de « gratitude », d'« emportement », d'« accablement », d'« enjouement », et dire « que l'on donne un certain tour aux choses, que l'on les fait de la belle manière, que cela est de la dernière conséquence, que l'on a des sentiments fins, délicats, que l'on raisonne juste, que l'on a de nobles et fortes expressions, qu'il y a du tendre ou de la tendresse en quelque chose », et se

---

* Dans l'édition de 1644, on passe de « meilleure grâce qu'en d'autres » à « En parlant de la naissance... ».

** Dans la même édition, on passe de « sorti de son malheur » à « plusieurs termes, lesquels... ».

servir de plusieurs termes lesquels sont d'autant plus estimables qu'ils sont nouveaux et que des hommes d'importance s'en servent, de sorte que qui parlerait autrement, pourrait passer pour bourgeois, et pour un homme qui ne voit pas les honnêtes gens. Il faut bien se garder aussi de dire que l'on a traité quelqu'un en faquin, il faut dire que l'on l'a traité « de faquin » ; car à ce peu de mots l'on connaît si un homme sait les coutumes et le langage des galants et polis, qu'il faut observer si on veut être bien reçu parmi eux. Il y a beaucoup d'autres mots que l'on apprendra dans leur fréquentation, et dans tous nos discours nous en avons épandu quelques-uns en guise de quelques fleurettes*. Pour faire l'habile, vous nommerez ordinairement tous les savants de Paris, et direz qu'ils sont de votre connaissance, et qu'il ne font point d'ouvrage qu'ils ne vous le communiquent pour avoir votre approbation, que vous vous trouvez souvent dans leurs assemblées et conférences, et que vous savez à point nommé à quel jour et à quelle heure elles se tiennent, qu'il y en a pour chaque jour de la semaine, ou peu s'en faut, que les unes sont mercuriales, les autres joviales, les autres sabbatiques. Il y en pourrait bien aussi avoir de martiales, tant pour être destinées à parler des exercices de Mars que se tenir le mardi, mais gardons-nous des lunatiques et des vénériennes ; employons à d'autres occupations les jours qui leur donneraient ce nom. Or, en considération de ce que vous vous pouvez vanter d'y avoir été au moins une fois en votre vie, lorsque vous serez en conversation, vous prendrez la hardiesse de parler davantage qu'aucun autre, afin que rien ne soit estimé que ce que vous dites, et que vous soyez mis au nombre des plus beaux esprits. Quant aux sujets de l'entretien, ce sera premièrement sur les louanges des personnes à qui on parle, principalement si ce sont des femmes, car c'est la coutume des honnêtes gens de louer toujours ce beau sexe. Que si l'on parle à des hommes de qui on attend quelque support dans ses affaires, ou à qui on désire de plaire à cause de leur haute condition, il faut toujours être dans l'admiration de leur mérite, au commencement ou à la fin de l'entretien, et dans les occasions qui se présentent par le discours. Au reste, pour paraître de bonne compagnie, il faut souvent conter quelque nouvelle agréable : il faut tâcher de savoir toutes les intrigues et les amours des personnes les plus remarquables, quels mariages se font ou quelles querelles, quels bons tours on a joué depuis peu à des niais qui servent de jouet aux autres, et surtout avoir cette adresse qu'encore que véritablement on soit médisant, ceux qui vous écoutent ne se défient point de vous, et ne s'imaginent pas que vous soyez hommes à les aller déchirer ailleurs, comme vous faites des autres, d'autant que vous leur aurez rendu trop de civilités pour vous avoir en cette estime ; et pourtant, s'il y a lieu de les jouer quelque part, ne les épargnez pas, puisqu'il n'y a rien qui fasse tant rechercher votre conversation que cette agréable raillerie**. Au reste, pour montrer le crédit que vous avez parmi les gens d'esprit, il faut toujours avoir ses pochettes pleines de sonnets, épigrammes, madrigaux, élégies, et autres vers, soit qu'ils soient satiriques, ou sur un sujet d'amour. Par ce moyen, vous entretiendrez les compagnies aux dépens d'autrui, lorsque vous n'aurez pas de quoi payer de vous-même. Que si vous êtes obligé, en de certaines occasions, de mettre la main à la plume pour écrire des lettres ou billets, vous tâcherez de vous conformer autant qu'il

---

* Dans la même édition, on passe de « quelques fleurettes » à « Quant au sujet de l'entretien... »

** Dans la même édition, le texte de la loi XVI s'arrête ici.

vous sera possible à ce qu'ont écrit Balzac et Voiture, que l'on doit tenir
aujourd'hui pour les meilleurs auteurs de la langue française, si l'on ne se veut
mettre au hasard de passer pour hérétique en fait d'éloquence.

XVII

Pour régler votre civilité, vous ne manquerez jamais de saluer ceux qui vous
saluent avec une humilité aussi grande que peut être la leur. Que l'on ne
remarque point aussi que vous attendiez qu'un autre mette la main au chapeau
le premier, lui laissant faire la moitié du chemin avant que vous commenciez.
Chacun a en haine ceux qui en usent ainsi. Cela sent ces jeunes bourgeois
venus de bas lieux, et montés jusqu'aux charges de robe ou de finance par leurs
écus, lesquels se gouvernent de cette sorte envers ceux qui les connaissent de
longue main, et en acquièrent par ce moyen le titre de glorieux et de sots.
Quoique l'on méprise dans l'âme de certaines gens, il leur faut faire un bon
accueil, afin que tout le reste du monde vous donne le nom de civil et de
courtois, ce qui convient parfaitement bien à la vraie galanterie. Mais gardez
néanmoins de faire part de vos civilités à ceux que plusieurs mésestiment,
d'autant que cela vous donnerait la réputation d'estimer ceux qui ne la vau-
draient pas. Ainsi en entrant ou en sortant d'une compagnie, vous pouvez saluer
tous ceux qui s'y trouvent, s'ils vous semblent tous gens de condition et de
mérite. Que s'il vous paraît du contraire, à peine les regarderez-vous, et vos
révérences ne seront employées que vers la personne que vous visitez. Quoique
vous vous soyez rencontrés quelquefois avec ces gens-là en un même lieu, et
assis près l'un de l'autre, à peine les regarderez-vous, et s'ils sont assez hardis
pour parler, vous serez assez dédaigneux pour ne pas faire semblant de prendre
garde à ce qu'ils disent, et n'y répondant point, vous poursuivrez votre discours,
et agirez de même sorte en toutes choses que s'ils n'étaient point là, ou s'ils
n'étaient ni vus ni ouïs. S'il arrive que ceux avec qui vous vous entretiendrez
vous nomment quelqu'un qui vous semble être de trop bas aloi pour avoir de
l'affinité avec vous, il faut dire avec un ton méprisant « Je ne connais point
cela », comme ne sachant pas même de quoi c'est qu'on vous parle, et se
gardant bien de dire « Je ne le connais point », parce que ce serait encore faire
trop d'honneur à une telle personne. Quand il sera aussi question de mépriser
quelqu'un en sa présence, il se faudra bien garder de répéter le nom de « Monsieur » en parlant de lui à quelqu'autre qui se trouvera là ; comme, par exemple,
il ne faut pas dire « N'entendez-vous pas ce que Monsieur vous dit ? » mais
seulement « N'entendez-vous pas ce qu'il dit ? », de même que si on disait « ce
que celui-là vous dit », ce qui témoigne un vrai dédain. Et en parlant à de telles
gens, il ne faut jamais les appeler simplement « Monsieur », mais y ajouter
toujours leur nom. Que si vous arrivez dans une chambre où ils soient déjà
placés, vous pouvez hardiment prendre place au-dessus d'eux, pour leur montrer
ce que vous êtes, et ce qu'ils sont. Et s'ils vous sont venus voir, quoique vous
en reconduisiez d'autres jusqu'à la rue, lesquels vous estimez à cause de leurs
richesses et de leurs grands offices, quant à eux vous les pouvez laisser aller
seuls dès la porte de votre chambre ou cabinet, sachant bien qu'ils ne s'égareront
pas. Que si vous vous trouvez en humeur de descendre, que ce soit plutôt pour
faire exercice que pour aucun respect que vous leur vouliez rendre, ainsi que

vous leur témoignerez assez ; et gardez-vous bien de marcher après eux, mais prenez le devant, ou tout au moins la main droite, et les quittez en tel lieu qui vous plaira, les y surprenant même lorsqu'ils n'y penseront pas pour leur montrer que ce n'est pas à eux à limiter votre cérémonie, et que vous ne faites que ce qui vous plaît, sans y être obligé. Enfin, pratiquant toutes ces cérémonies et grimaces mondaines où il y a tant de mystère, vous croirez que c'est ce que l'on doit appeler une « noble fierté », nouvelle vertu de ce siècle dont les anciens philosophes n'ont jamais eu l'esprit de s'aviser*, et qui est tant exaltée dans les plus beaux romans de notre siècle.

XVIII

Nous vous déclarons que toutes ces lois étant générales doivent être observées par tous ceux qui voudront faire profession de galanterie, et qu'il y en a quantité d'autres particulières appropriées à de certaines personnes, tant pour les élever aux honneurs et aux richesses qu'à l'amour des dames et autres parties de notre souverain bien, lesquelles sont contenues en des articles secrets, et vous seront communiquées après quelques mois de probation. Mais vous serez avertis de ne vous point tellement arrêter ni aux unes ni aux autres que vous ne songiez toujours que leur changement est perpétuel, et que vous ne vous prépariez à en recevoir de nouvelles de notre part, quand il nous plaira de vous en donner. Au reste nous croyons avoir si bien imprimé ici, et ailleurs, le vrai caractère de la galanterie française que, quand nos seings manuels n'y seraient point apposés, vous pourriez bien remarquer que cela ne peut procéder que de gens qui sont consommés en cette matière, et qui peuvent servir de modèle à tous ceux qui voudront suivre nos lois, puisque nous sommes toujours les premiers à les observer.

Il ne faut pas que les dames s'étonnent de ce qu'il n'y a eu ici aucune ordonnance pour elles, puisque leur galanterie est autre que celle des hommes, et s'appelle proprement coquetterie, de laquelle il leur siérait encore mieux qu'à nous de donner les règles les plus importantes. Mais, en attendant, on peut voir ce qui en a été ingénieusement écrit dans la Description du royaume de la Coquetterie *de nouveau mise en lumière.*

---

* Le texte s'arrête ici dans l'édition de 1644.

Portrait des précieuses

Ce texte, commenté supra, *p. 169-170, est tiré des* Divers Portraits *publiés en 1659. Dans l'exemplaire conservé à la Bibliothèque nationale de France, on lit cette mention manuscrite : « À Caen, par ordre et aux dépens de Mademoiselle [de Montpensier], sous les yeux et par les soins de D. Huet, évêque d'Avranches. Il n'en a été tiré que soixante exemplaires. » Dans ce recueil confidentiel, qui contient cinquante-neuf portraits, six seulement ne sont pas signés. Mademoiselle, qui en a elle-même signé quinze, n'a pas signé celui-là, qui reste anonyme. On s'accorde néanmoins à le lui attribuer. Si elle ne l'a pas écrit elle-même, elle l'a du moins inspiré de très près.*

*
* *

L'on a fait quantité de Portraits, mais ce n'a été que d'une personne seule ; maintenant j'entreprends celui de plusieurs qui vivent dans un même esprit et d'une même manière. Ce serait quasi une sorte de république si ces personnes n'étaient pas nées dans un État monarchique, où l'on aurait grande peine à en souffrir. Toutefois, la leur est d'une nature qu'elle n'est pas à redouter. Les forces de leurs armes, ni celles de leurs charmes ne doivent faire craindre personne, et quelque inclination que les Français aient pour les nouveautés, assurément cette secte ne sera point suivie, puisqu'elle est généralement désapprouvée de tout le monde, et le sujet ordinaire de la raillerie de ceux qui ont l'autorité d'en faire impunément de qui il leur plaît. Après cela, l'on ne trouvera nulle témérité en moi d'avoir entrepris leur portrait ; au contraire, l'on dira que je suis fort du monde et de la cour, que le torrent m'emporte, que peut-être sans cela je ne m'en serais pas avisé, que ce n'est que pour faire comme les autres. L'on dira vrai, car je suis de ces gens qui sont persuadés qu'il faut vivre avec les vivants, et qu'il ne se faut distinguer en rien par affectation et par choix, et que si l'on est du reste du monde, il faut que ce soit par l'approbation qu'il donne à notre conduite, que notre vertu nous attire cela, et non pas mille façons inutiles, qui ne sont jamais dans les personnes qui en ont une véritable.

Il me serait difficile de parler de leur beauté, car je n'étais pas en âge de discernement lorsque celles à qui l'on en voit quelque reste, l'étaient en perfection ; pour celles dont j'en pourrais maintenant juger, elles n'en ont aucune, car de peindre comme les Beaubrun*, ce n'est pas mon talent. Il me serait difficile de faire des visages d'un ovale bien proportionné à celles qui les ont d'une longueur démesurée, de faire de beaux nez à celles qui les ont longs et

---

* Henri (1603-1677) et Charles (1604-1692) Beaubrun, portraitistes, peintres de cour, avaient la réputation d'embellir leurs modèles.

pointus, ou d'autres fort camardes ; cela m'est impossible, aussi bien que de petits yeux enfoncés, d'en faire de grands, et d'en appetisser de gros qui sortent de la tête, quoique toutefois il fût plus aisé de les y faire rentrer, puisque le tour en est fort décharné et creux. S'il y en a qui aient de faux cheveux, soit blonds cendrés, ou clairs bruns, il faut bien les leur laisser, et il serait difficile de les donner à celles qui les ont roux*. Pour la bouche, peu l'ont petite, mais elles ont quasi toutes les dents assez passables, et quoiqu'elles soient et trop grandes, et trop plates, et même enfoncées, je vous assure que c'est sur quoi la vérité leur est plus favorable. Quant à la taille, il y en a qui l'ont passable, mais pas une fort belle, puisqu'il n'y en a point de qui la gorge le soit, y en ayant dont le sein est de la grosseur des meilleures nourrices de la vallée de Montmorency, ce qui fait pour l'ordinaire un fort grand creux au-dessus du sein ; les autres l'ont plate au dernier point, et je vous assure que quand leurs tailles n'auraient pas le désagrément que je viens de dire, leur air contraint et décontenancé serait capable de les gâter ; elles penchent la tête sur l'épaule, font des mines des yeux et de la bouche, ont une mine méprisante, et une certaine affectation en tous leurs procédés, qui est extrêmement déplaisante. Quand dans une compagnie il ne se trouve qu'une seule précieuse, elle est dans un ennui et un chagrin qui la fatigue fort, elle bâille, ne répond point à tout ce que l'on lui dit, et si elle y répond, c'est tout de travers, pour faire voir qu'elle ne songe pas à ce qu'elle dit. Si c'est à des gens assez hardis pour l'en reprendre, ou, pour mieux dire, assez charitables pour l'aviser de ce qu'elle a dit, ce sont des éclats de rire, disant : « Ah Dame, c'est que l'on ne songe pas à ce que l'on dit, le moyen, ah Jésus, est-il possible ? » S'il arrive dans cette compagnie une autre précieuse, elles se rallient ensemble et, sans songer qu'elles ne sont pas les plus fortes, elles chargent le prochain, et personne n'en est exempt, et cela fort hardiment, car ce sont des emportements à rire au nez des gens les plus insupportables du monde**.

Elles ont quasi une langue particulière, car à moins que de les pratiquer, on ne les entend [comprend] pas. Elles trouvent à redire à tout ce que l'on fait et à tout ce que l'on dit, et désapprouvent généralement la conduite de tout le monde. Il y en a parmi elles qui font les dévotes, parce qu'elles ont des raisons de famille qui les obligent à prendre ce parti, pour pouvoir vivre avec plus de douceur que si elles en usaient autrement ; il y en a qui ne sont pas de religion propre à cela***, et elles font entendre que c'est la seule cause qui les en empêche.

Tout cela se fait par politique, parce que les maris sont rares pour ces demoiselles, et une noce entre elles est de ces choses qui n'arrivent qu'une fois en un siècle ; la plus grande partie d'elles n'étant pas remplies d'autant de trésors dans leurs coffres qu'elles en croient avoir dans l'esprit.

Elles affectent fort de paraître retirées, quoiqu'elles cherchent fort le monde, ne bougeant de toutes les maisons de qualité où il va le plus d'honnêtes gens, et même cela ne leur suffit pas, puisqu'elles vont dans celles où la marchandise est la plus mêlée, enfin chez les personnes qui reçoivent toutes sortes de gens sans distinction ; je dis quelques-unes des précieuses, car il y en a qui ne se

---

* Claire-Angélique de Rambouillet était rousse.

** C'est le comportement que Mlle de Montpensier prête aux sœurs d'Aumale lors de leur visite à Saint-Fargeau.

*** Les demoiselles d'Aumale étaient huguenotes.

mettent pas tant à tous les jours. Pour les dames qu'elles hantent, c'est sans en faire différence, car elles en voient qui leur sont fort opposées : elles font profession, comme j'ai dit, de s'éloigner du monde, et ne laissent pas de voir les plus coquettes et les plus évaporées femmes de Paris, sans que leur hantise les en corrige. Pour la cour, elles y vont rarement, parce qu'elles n'y sont pas les bienvenues. Si elles sont coquettes je n'en dirai rien, car je fais profession d'être un auteur fort véritable et point médisant. Ainsi je ne toucherai point ce chapitre, étant aussi persuadé qu'il n'y a rien à en dire.

Elles sont en matière d'amitié comme elles font profession d'être sur l'amour, car elles n'en ont pour personne ; elles ont la bonté de souffrir celle des autres, et d'agréer leurs services, quand elles en ont besoin, mais craignant de trop fatiguer les personnes de qui elles les souffrent, elles veulent honorer plusieurs de la gloire de les servir, chacun à son temps, et leur grand jugement fait son effet ordinaire, car leur mémoire n'en est point chargée. Il y en a peu qui dansent, parce qu'elles dansent mal. Elles jouent pour être en quelque chose à la mode. Elles sont fort railleuses, et moqueuses, et même des gens qui ne leur en donnent pas de sujet. Je pense qu'en voilà assez dit pour les faire fort bien reconnaître. Quand j'ai commencé, je craignais ne pouvoir pas faire un bon tableau, car les peintres font mal d'ordinaire les choses à quoi ils ne prennent pas de plaisir, et assurément leurs personnes et leurs visages ne sont pas plaisants à regarder, et même je craignais que les traits de mon Portrait ne fussent aussi effacés que ceux de leurs visages, mais je pense que leur caractère est si bien écrit ici qu'il réparera en une manière ce qui sera effacé en l'autre.

La déroute des précieuses

Ce texte, commenté supra, *p. 173-174, a été imprimé anonymement chez Alexandre Lasselin en 1659, sans précision de mois ni de jour. On a supposé, sans preuves, qu'il aurait été composé antérieurement. On l'a attribué à Subligny ou, plus vraisemblablement, à Faure, l'auteur de* La Fine Galanterie du temps.

*
* *

PREMIÈRE ENTRÉE

L'Amour, voyant que ses lois, qui avaient toujours été fort respectées de tout le monde, n'étaient plus en si grande considération, et que le pouvoir qu'il avait eu jusqu'ici sur les cœurs commençait à se diminuer, depuis que les précieuses s'étaient introduites dans les compagnies, d'où elles avaient résolu de le bannir entièrement, entra dans une colère dont on n'eût jamais cru qu'un enfant eût été capable, et jura de se venger d'elles à quelque prix que ce fût, et voulut même engager ses fidèles sujets en cette occasion, leur ordonnant de se déclarer ouvertement contre ces ennemies communes ; ce qui leur fit chercher un moyen de contenter leur petit dieu, et crurent ne le pouvoir pas mieux faire, qu'en les décréditant parmi le peuple, dépeignant dans un Almanach leurs figures grotesques et leurs belles occupations, ce qui fut aussitôt fait.

Pour l'Amour dépité

J'ai toujours fait sentir aux cœurs les plus rebelles
Ce que peuvent les traits du puissant dieu d'Amour :
Les laides ont appris, aussi bien que les belles,
Qu'il faut que, tôt ou tard, chacun aime à son tour.
J'aperçois cependant que certaines cruelles,
De dépit de se voir déjà sur le retour,
Sans s'être encor soumis quelques amants fidèles,
Empêchent la plupart de me faire leur cour.
Mais, pour bien me venger des fières précieuses,
Qui, pour rendre mes lois en tous lieux odieuses,
M'appellent un enfant, un aveugle, un badin,
Je veux que désormais on n'en voie pas une
Qui ne brûle en secret pour quelque beau blondin,
Et que pas un blondin jamais n'en aime aucune.

ENTRÉE II

*Ces almanachs ayant été imprimés, deux colporteurs chargés de plusieurs pièces nouvelles courent dans les rues avec une précipitation tout à fait grande, et crient à plein gosier l'*Almanach des précieuses, *dont ils font un grand débit.*

Ma foi, je n'ai point de sujet
De déclamer contre les précieuses.
Je veux bien que partout on les trouve orgueilleuses ;
Pour moi, j'en suis fort satisfait,
Car leur figure non commune
Va faire ma bonne fortune.

*Pour le colporteur,
portant des vers contre les précieuses*

Je cours depuis longtemps et je perds tous mes pas :
A présent un chacun se rit de la Gazette ;
Mais je vais mettre en montre une pièce secrète
Que tout le monde n'aura pas.

ENTRÉE III

Dans cet intervalle de temps, trois précieuses viennent à passer, qui, voyant ces colporteurs entourés de monde, et s'entendant nommer, veulent savoir ce que ces gens regardent et achètent avec tant d'empressement ; mais quand elles aperçoivent que c'est une pièce que l'on a faite pour se moquer d'elles, le dépit les saisit, et elles entrent en une telle furie qu'elles prennent leurs buscs pour battre ces colporteurs, qui sont obligés de s'enfuir.

Pour les précieuses

Lorsque nous commencions d'établir notre empire,
Qu'on recevait nos lois ainsi que nos beaux mots,
Tout d'un coup contre nous on fait une satire,
Et partout l'on nous donne à dos.

Mes chères, pourrons-nous après cela paraître,
Sans qu'on nous montre au doigt et qu'on coure après nous ?
Il nous faut épouser un cloître,
N'ayant pu rencontrer d'époux.

ENTRÉE IV

Il se rencontre là, par hasard, un poète qu'elles reconnaissent, à qui elles font toutes les amitiés possibles pour l'obliger à se déclarer de leur parti, et

lui promettent merveille s'il veut s'engager de faire des vers contre cet Alma-
nach ; mais, au lieu de se laisser aller à leurs prières, il se met à chanter la
chanson que l'on a faite contre elles, et à se réjouir du désordre où il les voit.

Chanson

Précieuses, vos maximes
Renversent tous nos plaisirs,

Vous faites passer pour crimes
Nos plus innocents désirs.
Votre erreur est sans égale.
Quoi, ne verra-t-on jamais
L'Amour et votre cabale
Faire un bon traité de paix ?

Vous faites tant les cruelles
Que l'on peut bien vous nommer
Des jansénistes nouvelles
Qui veulent tout réformer ;
Vous gâtez tout le mystère,
Mais j'espère, quelque jour,
Que nous verrons dans Cythère
Une Sorbonne d'Amour.

Pour le poète

Dieux ! qu'une précieuse est un sot animal !
Que les auteurs ont eu de mal,
Tandis que ces vieilles pucelles
Ont régenté dans les ruelles ;
Pour moi, je n'osais mettre au jour
Ni stance, ni rondeau sur le sujet d'amour,
Et je crois que si ces critiques
Eussent eu vogue plus longtemps,
Je perdais toutes mes pratiques
Et restais sans avoir à mettre sous mes dents.

ENTRÉE V

Les galants n'ont pas plutôt appris la consternation où se trouvent les
précieuses qu'ils font paraître le contentement que leur donne cette heureuse
nouvelle, dans l'espérance qu'ils ont de rétablir bientôt leur commerce avec
les coquettes, sans crainte que ces critiques, qui trouvaient toujours à redire
à leur façon d'agir, osent dorénavant les censurer.

Pour les galants

Bannissons la mélancolie,
Et formons de nouveaux désirs.

Ces critiques et leur folie
N'empêcheront plus nos plaisirs.
On n'entendra plus que fleurettes,
Et chacun criera tour à tour :
Vive l'Amour et les Coquettes !
Tous les galants sont de retour.

ENTRÉE VI

Ensuite l'Hymen, voyant que l'on avait banni les prudes qui, n'étant plus en état de donner dans le mariage, pour mieux dissimuler leur dépit, conseillaient à tout le monde de ne se mettre jamais en cet engagement, ne peut se tenir de sauter de joie, voyant que ses autels vont être en leur première vénération, et que ces sacrifices ne seront plus interrompus par les impertinents censeurs de ces ridicules réformations.

Pour l'Hymen

Ce n'est pas sans sujet que je parais content :
Je m'en vais désormais rétablir mon empire.
    Les belles qui m'en voulaient tant
    Et qui prétendaient me détruire
Sont à présent en fuite et ne paraissent plus ;
Mais puisque, comme moi, l'Amour a le dessus,
    Il faut tous deux nous joindre ensemble
Pour unir mille amants avec mille beautés,
Qui, par nos doux liens se voyant arrêtés,
Béniront à jamais le nœud qui les assemble,
    Et chanteront de tous côtés,
    Dedans cette heureuse journée :
Vive le dieu d'Amour et celui d'Hyménée !

Abrégé de la farce des *Précieuses*

Sur la rédaction de ce texte, conservé en manuscrit à l'Arsenal parmi les papiers de Conrart et écrit de sa main, sous le titre Abrégé de la farce des Précieuses fait par Mlle Desjardins, *voir* supra, *p. 221-225.*

*
* *

À Madame de Morangis

J'ai trop de passion de vous obéir toute ma vie pour manquer à vous faire une relation de la farce des *Précieuses*, puisque vous me l'avez ordonné. Imaginez-vous donc, Madame, que vous voyez un vieillard, vêtu comme les paladins français, loyal comme un Amadis, et poli comme un habitant de la Gaule celtique,

> Qui, d'un air d'orateur breton,
> Demande à la jeune soubrette
> De deux filles de grand renom :
> Que font vos maîtresses, fillette ?

Cette petite créature, qui sait bien comme se pratique la civilité, fait une profonde révérence au bonhomme, et lui répond, avec un rengorgement sur le tour de l'épaule :

> Elles sont là-haut, dans leur chambre,
> Qui font des mouches et du fard,
> Des parfums de civette et d'ambre,
> Et de la pommade de lard.

À ces mots, qui ne sont point agréables à l'ancien Gaulois, qui se souvient que du temps de la Ligue on ne s'occupait point à de semblables choses, il allègue le siècle où les femmes portaient des escofions au lieu de perruques, et des sandales au lieu de patins,

> Où les parfums étaient de fine marjolaine,
> Le fard, de claire eau de fontaine,
> Où le talc et le pied de veau
> N'approchaient jamais du museau,
> Où la pommade de la belle
> Était de pur suif de chandelle.

Enfin, que ne dit-il point ! et avec quel empressement fait-il appeler pour leur apprendre comme elles devaient vivre ! « Venez, Madelon et Margot », leur dit-il. Ces deux filles, fort étonnées de ces termes, font trois pas en arrière, et la plus savante des deux répond, avec une mine dédaigneuse :

> Bons dieux ! ces terribles paroles
> Gâteraient le plus beau roman !
> Que vous parlez vulgairement !
> Mon père, hantez les écoles,
> Et vous apprendrez en ces lieux
> Que nous voulons des noms qui soient plus précieux ;
> Pour moi, je m'appelle Climène,
> Et ma cousine, Philimène.

Je crois qu'il serait inutile, Madame, de vous dire que le vieillard reçut fort mal ce discours et que, par la description que j'en ai faite, vous jugez bien qu'il fit une réprimande très aigre à ses filles ; et après les avoir invitées à vivre comme le reste du monde et ne pas se tirer du commun par des manières si ridicules, il leur commande de bien recevoir deux galants, qui doivent leur venir offrir leur service. Et en effet, le bonhomme n'avait pas sitôt donné cet avertissement qu'il paraît deux hommes, que je trouve fort honnêtes gens, pour moi ; mais aussi je ne suis pas précieuse, et je m'en aperçus bien par la manière dont ces illustres filles reçurent ces pauvres amants. Jamais on n'a tant témoigné de froideur qu'elles en témoignèrent. Si elles n'eussent dormi de six mois, elles n'auraient point tant bâillé qu'elles firent, et elles donnèrent, enfin, tant de marques qu'elles s'ennuyaient en la conversation de ces deux hommes, qu'ils les quittèrent, fort mal satisfaits de leur visite, et fort résolus de s'en venger. Sitôt qu'ils furent sortis, Philimène prit la parole :

> Quoi ! Ces gens nous offrent leurs vœux !
> Ah ! ma chère, quels amoureux !
> Ils parlent sans afféterie,
> Ils ont des jambes tout unies,
> Grande indigence de rubans,
> Des chapeaux désarmés de plumes,
> Et ne savent pas les coutumes
> Qu'on pratique à présent, au pays des romans !

Je crois qu'elles en eussent bien dit davantage, car vous voyez bien qu'elles sont en bon chemin ; mais l'arrivée du père les en empêcha et elles furent contraintes de se taire pour écouter les réprimandes que leur fit cet homme de la manière dont elles avaient reçu les gens qu'il leur avait présentés. Quand il eut fini ces reproches :

> Comment ! s'écria lors Climène,
> Pour qui nous prennent ces amants
> De nous conter d'abord leur peine ?
> Est-ce ainsi que l'on fait l'amour dans les romans ?

Alors, elles représentent au bonhomme que ce n'est pas de cette sorte que Cyrus a fait l'amour à Mandane, et l'illustre Aronce à Clélie, et qu'il ne faut pas ainsi aller de plain-pied au mariage. Et voulez-vous qu'on aille au concubinage ? reprit le vieillard irrité. Non, sans doute, mais il faut aimer par les règles.

Règles de l'amour précieux

1

Pour concevoir sa passion,
Il faut se trouver dans un temple,
Et que l'objet qu'on y contemple
Cause beaucoup d'émotion.

2

Il faut choisir la solitude,
Ne reposer plus bien la nuit,
S'éloigner du monde et du bruit,
Sans savoir le sujet de son inquiétude.

3

Il faut chercher l'occasion
De visiter la demoiselle,
La trouver encore plus belle
Et sentir augmenter aussi sa passion.

4

Après, il faut de grands services,
Ne porter plus que ses couleurs,
Partager toutes ses douleurs,
Et causer toutes ses délices,
Donner comédies et cadeaux,
Des bals, des courses de chevaux,
La nuit, d'agréables aubades,
Et le jour, grandes promenades.

5

Puis on déclare son amour,
Et dans cette grande journée,
Il se faut retirer dans une sombre allée,
Pâlir et rougir tour à tour ;
Sentir des frissons, des alarmes,
Enfin, se jeter à genoux,
Et dire, en répandant des larmes,
À mots entrecoupés : Hélas ! je meurs pour vous.

6

Alors, la dame fait la fière,
Appelle l'amant téméraire,

Lui défend de jamais la voir ;
Et le galant, au désespoir,
Lui dit : « Ah ! cruelle Climène,
Il faut mourir pour vos divins appas,
Vous avez prononcé l'arrêt de mon trépas ;
Je vais vous obéir, adorable inhumaine,
Puisque je vous suis odieux,
Je veux expirer à vos yeux ;
Mais apprenez au moins, cruelle,
Que vous perdez, dedans ce jour,
L'adorateur le plus fidèle
Qui jamais ait senti le pouvoir de l'amour. »

7

La belle se trouve attendrie,
À des discours si pleins d'amour,
Lui permet d'espérer, pour lui rendre la vie,
Qu'elle pourra l'aimer un jour.

Voilà comme il faut aimer, poursuivit cette savante fille ; c'est prendre un roman par la queue que d'en user autrement. Le vieillard, qui se souvient que, du temps qu'il faisait l'amour [la cour] à sa femme, on ne faisait point tant de façons, est si fort épouvanté de ces règles qu'il s'enfuit, et l'on vient avertir ses filles qu'un laquais demande à leur parler. Si vous pouviez concevoir combien ce mot de laquais est rude pour des oreilles précieuses, nos héroïnes vous feraient pitié. Elles firent un grand cri, et regardant cette fille avec mépris : « Petite malapprise, lui dirent-elles, quand voulez-vous apprendre à parler ? Ne savez-vous pas que cet officier se nomme un nécessaire ? » La réprimande faite, le nécessaire leur vient demander permission de la part du marquis de Mascarille de venir leur rendre ses devoirs. Le titre et le nom étaient trop précieux pour qu'il ne fût pas bien reçu. Elles commandèrent qu'on le fît entrer ; mais, en attendant, elles demandèrent une soucoupe inférieure et le conseiller des grâces. Vous ne serez pas fort surprise quand je vous dirai que la soubrette ne les entendit pas ; car je m'imagine que vous ne l'entendez pas vous-même. Aussi cette pauvre fille les pria-t-elle bien humblement de parler chrétien, qu'elle n'entendait pas ce langage. Elles se résolurent à démétaphoriser ; et nommer les choses par leur nom. Après quoi, Mascarille entra, et leur fit une révérence, qui faisait bien connaître qu'il était du monde plaisant, et qu'il avait du bel air. Pour moi, je le trouve si charmant que je vous en envoie le crayon. Jugez de l'importance du personnage par cette figure. On lui présente une commodité de conversation et, dès qu'il se fut mis dans un insensible qui lui tendait les bras, ils commencèrent leur conversation en ces termes.

Dialogue de Mascarille, de Philimène et de Climène

CLIMÈNE
L'odeur de votre poudre est des plus agréables,
Et votre propreté me paraît admirable.

MASCARILLE

Madame, vous voulez railler,
À peine ai-je eu le temps de m'habiller.
Que dites-vous, pourtant, de cette garniture ?
La trouvez-vous congruente à l'habit ?

CLIMÈNE

C'est Perdrigeon tout pur !

PHILIMÈNE

Que Monsieur a d'esprit !
L'esprit paraît même dans sa parure.

MASCARILLE

Quoi ! vous aimez l'esprit !

PHILIMÈNE

Oui, mais terriblement.

MASCARILLE

Vous voyez les auteurs ?

CLIMÈNE

Assez peu.

PHILIMÈNE

Rarement.
En vérité, c'est grand dommage.

MASCARILLE

Ah ! Je vous en veux amener ;
Je les ai, tous les jours, à ma table, à dîner.

PHILIMÈNE

On nous promet les compagnies
Des auteurs des *Pièces choisies.*

MASCARILLE

Ah ! ah ! ces faiseurs de chansons ;
Et ce sont d'assez bons garçons ;
Mais ils n'ont jamais fait de pièces d'importance ;
J'aime, pourtant, assez leurs rondeaux et la stance ;
Je trouve quelque esprit à bien faire un sonnet ;
Et je me divertis à faire un bon portrait.
Çà, vous n'en croyez rien ?

CLIMÈNE

Je m'y connais fort mal,
Ou vous aimeriez mieux lire un beau madrigal.

MASCARILLE

Vous avez le goût fin ; ah ! je vous en veux dire
Un assez beau, de moi, qui vous fera bien rire.
   Il est joli, sans vanité,
   Et vous le trouverez fort tendre ;
   Nous autres gens de qualité,
   Nous savons tout, sans rien apprendre.

Madrigal

Oh ! oh ! je n'y prenais point garde ;
Alors que, sans songer à mal,
   Je vous regarde,
Votre œil, en tapinois, vient dérober mon cœur.
Au voleur, au voleur, au voleur, au voleur !

CLIMÈNE

Vraiment, il est inimitable !
Bon Dieu ! ce madrigal me paraît admirable !
Il m'emporte l'esprit.

MASCARILLE

Et ces voleurs, les trouvez-vous plaisants ?
Le mot de tapinois ?

CLIMÈNE

   Tout est juste, à mon sens,
À nos meilleurs auteurs vous feriez bien la nique ;
Et j'aime ce « oh, oh », mieux qu'un poème épique.

MASCARILLE

Puisque cet impromptu vous donne du plaisir,
   J'en veux faire un pour vous tout à loisir.
   Le madrigal me donne peu de peine,
Et mon génie est tel pour les vers inégaux
   Que, dans un mois, en madrigaux,
   J'ai traduit l'Histoire romaine.

Si les vers ne me coûtaient pas plus à faire qu'au marquis de Mascarille, je vous dirais en rime de quelle manière les précieuses applaudirent les vers du précieux ; mais mon enthousiasme commence à me quitter. Et vous trouverez bon, Madame, s'il vous plaît, que je vous dise en prose que Mascarille conta ses exploits à ces dames, et leur dit qu'il avait commandé deux mille chevaux sur les galères de Malte. Un de ses intimes amis survint, qui lui dit qu'il avait eu un coup de mousquet dans la tête et qu'il avait rendu sa balle en éternuant. Enfin, il se trouve que les précieux sont valets des deux amants maltraités, et que les précieuses sont bernées. Voilà comme finit la farce ; et voilà comme finit celle-ci. Je suis, etc.

Récit en prose et en vers de la farce des *Précieuses*

Ce texte, qui est du même auteur que le précédent, parut chez l'éditeur de Luyne dans une édition dont il ne subsiste aucun exemplaire. On le donne ici d'après la seconde édition, parue chez Claude Barbin.

*
* *

Préface

Si j'étais assez heureuse pour être connue de tous ceux qui liront le *Récit des précieuses* je ne serais pas obligée de leur protester qu'on l'a imprimé sans mon consentement, et même sans que je l'aie su. Mais comme la douleur que cet accident m'a causé, et les efforts que j'ai faits pour l'empêcher, sont des choses dont le public est assez mal informé, j'ai cru à propos de l'avertir que cette lettre fut écrite à une personne de qualité, qui m'avait demandé cette marque de mon obéissance dans un temps où je n'avais pas encore vu sur le théâtre *Les Précieuses* ; de sorte qu'elle n'est faite que sur le rapport d'autrui, et je crois qu'il est aisé de connaître cette vérité par l'ordre que je tiens dans mon récit, car il est un peu différent de celui de cette farce. Cette seule circonstance semblait suffire pour sauver ma lettre de la presse, mais M. de Luyne en a autrement ordonné, et malgré des projets plus raisonnables, me voilà, puisqu'il plaît à Dieu, imprimée pour une bagatelle. Cette aventure est assurément fort fâcheuse pour une personne de mon humeur, mais il ne tiendra qu'au public de m'en consoler, non pas en m'accordant son approbation (car j'aurais mauvaise opinion de lui s'il la donnait à si peu de chose), mais en se persuadant que je n'ai appris l'impression de ma lettre que dans un temps où il n'était plus en mon pouvoir de l'empêcher. J'espère cette justice de lui, et le prie de croire que si mon âge et ma façon d'agir lui étaient connues, il jugerait plus favorablement de moi que cette lettre ne semble le mériter.

Dédicace

Madame,

Je ne prétends pas vous donner une grande marque de mon esprit, en vous envoyant ce *Récit des précieuses*, mais au moins ai-je lieu de croire que vous le recevrez comme un témoignage de la promptitude avec laquelle je vous obéis, puisque je n'en reçus l'ordre de vous que hier au soir, et que je l'exécute ce matin. Le peu de temps que votre impatience m'a donné doit vous obliger à souffrir les fautes qui sont dans cet ouvrage, et j'aurai l'avantage de les voir toutes effacées par la gloire qu'il y a de vous obéir promptement. Je crois même que c'est par cette raison que je n'ose vous faire un plus long discours.

Imaginez-vous donc, Madame, que vous voyez un vieillard vêtu comme les paladins français, et poli comme un habitant de la Gaule celtique,

> Qui d'un sévère et grave ton
> Demande à la jeune soubrette
> De deux filles de grand renom :
> Que font vos maîtresses, fillette ?

Cette fille, qui sait bien comme se pratique la civilité, fait une profonde révérence au bonhomme, et lui répond humblement :

> Elles sont là-haut dans leur chambre
> Qui font des mouches et du fard,
> Des parfums de civette et d'ambre,
> Et de la pommade de lard.

Comme ces sortes d'occupations n'étaient pas trop en usage du temps du bonhomme, il fut extrêmement étonné de la réponse de la soubrette, et regretta le temps où les femmes portaient des escofions au lieu de perruques, et des pantoufles au lieu de patins,

> Où les parfums étaient de fine marjolaine,
> Le fard de claire eau de fontaine,
> Où le talc et le pied de veau
> N'approchaient jamais du museau,
> Où la pommade de la belle
> Était de pur suif de chandelle.

Enfin, Madame, il fit mille imprécations contre les ajustements superflus, et fit promptement appeler ces filles pour leur témoigner son ressentiment. « Venez, Magdelon et Cathos, leur dit-il, que je vous apprenne à vivre. » À ces noms de Magdelon et de Cathos, ces deux filles firent trois pas en arrière, et la plus précieuse des deux lui répliqua en ces termes :

> Bon Dieu, ces terribles paroles
> Gâteraient le plus beau roman.
> Que vous parlez vulgairement !
> Que ne hantez-vous les écoles ?
> Et vous apprendrez dans ces lieux
> Que nous voulons des noms qui soient plus précieux.
> Pour moi, je m'appelle Climène,
> Et ma cousine Philimène.

Vous jugez bien, Madame, que ce changement de noms vulgaires en noms du monde précieux ne plut pas à l'ancien Gaulois. Aussi s'en mit-il fort en colère contre nos dames ; et après les avoir excitées à vivre comme le reste du monde, et à ne pas se tirer du commun par des manies si ridicules, il les avertit qu'il viendrait à l'instant deux hommes les voir qui leur faisaient l'honneur de les rechercher. Et en effet, Madame, peu de temps après la sortie du vieillard, il vint deux galants offrir leurs services aux demoiselles. Il me sembla même qu'ils s'en acquittaient assez bien. Mais aussi je ne suis pas précieuse, je l'ai connu par la manière dont ces deux illustres filles reçurent nos protestants ; elles bâillèrent mille fois, elles demandèrent autant quelle heure il était, et elles donnèrent enfin tant de marques du peu de plaisir qu'elles prenaient dans la compagnie de ces aventuriers qu'ils furent contraints de se retirer très mal satisfaits de la réception qu'on leur avait faite, et fort résolus de s'en venger, comme vous le verrez par la suite. Sitôt qu'ils furent sortis, nos précieuses se regardèrent l'une l'autre, et Philimène, rompant la première le silence, s'écria avec toutes les marques d'un grand étonnement :

> Quoi, ces gens nous offrent leurs vœux,
> Ha, ma chère ! quels amoureux !
> Ils parlent sans afféteries,
> Ils ont des jambes dégarnies,
> Une indigence de rubans,
> Des chapeaux désarmés de plumes,
> Et ne savent pas les coutumes
> Qu'on pratique à présent au pays des romans.

Comme elle achevait cette plainte, le bonhomme revint pour leur témoigner son mécontentement de la réception qu'elles avaient faite aux deux galants. Mais, bon Dieu, à qui s'adressait-il ?

> Comment ! s'écria Philimène,
> Pour qui nous prennent ces amants
> De nous compter d'abord leur peine !
> Est-ce ainsi que l'on fait l'amour dans les romans ?

« Voyez-vous, mon oncle, poursuivit-elle, voilà ma cousine qui vous dira comme moi qu'il ne faut pas aller ainsi de plain-pied au mariage. – Et voulez-vous qu'on aille au concubinage ? interrompit le vieillard irrité. – Non sans doute, mon père, répliqua Climène, mais il ne faut pas aussi prendre le roman par la queue. Et que serait-ce si l'illustre Cyrus épousait Mandane dès la première année, et l'amoureux Aronce la belle Clélie ? Il n'y aurait donc ni aventures, ni combats. Voyez-vous, mon père, il faut prendre un cœur par les formes, et si vous voulez m'écouter, je m'en vais vous apprendre comme on aime dans les belles manières.

Règles de l'amour

I

> Premièrement, les grandes passions
> Naissent presque toujours des inclinations.
> Certain charme secret, que l'on ne peut comprendre,
> Se glisse dans les cœurs sans qu'on sache comment.

Par l'ordre du Destin, l'on s'en laisse surprendre,
Et sans autre raison l'on s'aime en un moment.

II
Pour aider à la sympathie,
Le hasard bien souvent se met de [la] partie.
On se rencontre au cours, au temple, dans un bal ;
C'est là que du roman on commence l'histoire,
Et que les traits d'un œil fatal
Remportent sur un cœur une illustre victoire.

III
Puis on cherche l'occasion
De visiter la demoiselle ;
On la trouve encore plus belle,
Et l'on sent augmenter aussi sa passion.
Lors, on chérit la solitude,
L'on ne repose plus la nuit,
L'on hait le tumulte et le bruit,
Sans savoir le sujet de son inquiétude.

IV
On s'aperçoit enfin que cet éloignement,
Loin de le soulager, augmente le tourment.
Lors on cherche l'objet pour qui le cœur soupire,
On ne porte que ses couleurs,
On a le cœur touché de toutes ses douleurs,
Et ses moindres mépris font souffrir le martyre.

V
Puis on déclare son amour,
Et dans cette grande journée,
Il se faut retirer dans une sombre allée,
Rougir et pâlir tour à tour,
Sentir des frissons, des alarmes,
Enfin, se jeter à genoux,
Et dire en répandant des larmes,
À mots entrecoupés : hélas ! je meurs pour vous.

VI
Ce téméraire aveu met la dame en colère ;
Elle quitte l'amant, lui défend de la voir.
Lui, que ce procédé réduit au désespoir,
Veut servir par la mort, levez [le vœu ?] de sa misère.
Arrêtez, lui dit-il, objet rempli d'appas,
Puisque vous prononcez l'arrêt de mon trépas,
Je vous veux obéir. Mais apprenez, cruelle,
Que vous perdrez dedans ce jour
L'adorateur le plus fidèle

Qui jamais ait senti le pouvoir de l'amour.

VII

Une âme se trouve attendrie
Par ces ardents soupirs, et ces tendres discours.
On se fait un effort pour lui rendre la vie.
De ce torrent de pleurs on fait cesser le cours,
Et d'un charmant objet la puissance suprême
Rappelle du trépas par un seul « je vous aime ».

« Voilà comme il faut aimer, poursuivit cette savante fille, et ce sont des règles dont en bonne galanterie l'on ne peut jamais se dispenser. » Le père fut si épouvanté de ces nouvelles maximes qu'il s'enfuit, en protestant qu'il était bien aisé d'aimer dans le temps qu'il faisait l'amour à sa femme, et que ces filles étaient folles avec leurs règles.

Sitôt qu'il fut sorti, la suivante vint dire à ses maîtresses qu'un laquais demandait à leur parler. Si vous pouviez concevoir, Madame, combien ce mot de laquais est rude pour des oreilles précieuses, nos héroïnes vous feraient pitié. Elles firent un grand cri et, regardant cette créature avec mépris : « Malapprise, lui dirent-elles, ne savez-vous pas que cet officier se nomme un nécessaire ? » La réprimande faite, le nécessaire entra, qui dit aux précieuses que le marquis de Mascarille son maître envoyait savoir s'il ne les incommoderait point de les venir voir. L'offre était trop agréable à nos dames pour la refuser ; aussi l'acceptèrent-elles de grand cœur et, sur la permission qu'elles en donnèrent, le marquis entra dans un équipage si plaisant que j'ai cru ne vous pas déplaire en vous en faisant la description. Imaginez-vous donc, Madame, que sa perruque était si grande qu'elle balayait la place à chaque fois qu'il faisait la révérence, et son chapeau si petit qu'il était aisé de juger que le marquis le portait bien plus souvent dans la main que sur la tête ; son rabat se pouvait appeler un honnête peignoir, et ses canons semblaient n'être faits que pour servir de caches aux enfants qui jouent à cligne-musette [cache-cache]. Et en vérité, Madame, je ne crois pas que les tentes des jeunes Massagètes* soient plus spacieuses que ses honorables canons. Un brandon de galants lui sortait de sa poche comme d'une corne d'abondance, et ses souliers étaient si couverts de rubans qu'il ne m'est pas possible de vous dire s'ils étaient de roussi, de vache d'Angleterre, ou de maroquin ; du moins sais-je bien qu'ils avaient un demi-pied de haut, et que j'étais fort en peine de savoir comment des talons si hauts et si délicats pouvaient porter le corps du marquis, ses rubans, ses canons et la poudre. Jugez de l'importance du personnage sur cette figure, et me dispensez, s'il vous plaît, de vous en dire davantage.

Aussi bien faut-il que je passe au plus plaisant endroit de la pièce et que je vous dise la conversation que nos précieux et nos précieuses eurent ensemble.

Dialogue de Mascarille, de Philimène et de Climène

CLIMÈNE
L'odeur de votre poudre est des plus agréables,
Et votre propreté des plus inimitables.

---

* Peuple contre lequel lutte Cyrus chez Mlle de Scudéry.

MASCARILLE

Ah ! je m'inscris en faux, vous voulez me railler ;
À peine ai-je eu le temps de pouvoir m'habiller.
Que dites-vous pourtant de cette garniture ?
La trouvez-vous congruente à l'habit ?

CLIMÈNE

C'est Perdrigeon tout pur.

PHILIMÈNE

     Que Monsieur a d'esprit !
L'esprit paraît même dans la parure.

MASCARILLE

Ma foi, sans vanité, je crois l'entendre un peu.
Mesdames, trouvez-vous ces canons du vulgaire ?
Ils ont du moins un quart de plus qu'à l'ordinaire,
Et si nous connaissons le beau couleur de feu,
Que dites-vous du mien ?

PHILIMÈNE

     Tout ce qu'on peut en dire.

CLIMÈNE

Il est du dernier beau, sans mentir, je l'admire.

MASCARILLE

Ahy, ahy, ahy, ahy !

PHILIMÈNE

     Hé bon Dieu, qu'avez-vous ?
Vous trouvez-vous point mal ?

MASCARILLE

     Non, mais je crains vos coups ;
Frappez plus doucement, Mesdames, je vous prie.
Vos yeux n'entendent pas la moindre raillerie.
Quoi, sur mon pauvre cœur ! toutes deux à la fois !
Il n'en fallait point tant pour le mettre aux abois,
Ne l'assassinez plus, divines meurtrières !

CLIMÈNE

Ma chère, qu'il sait bien les galantes manières !

PHILIMÈNE

Ha ! c'est un Amilcar, ma chère, assurément.

MASCARILLE

Aimez-vous l'enjoué ?

PHILIMÈNE

     Ouy, mais terriblement.

MASCARILLE

Ma foi, j'en suis ravi, car c'est mon caractère ;
On m'appelle Amilcar aussi pour l'ordinaire.
À propos d'Amilcar, voyez-vous quelque auteur ?

CLIMÈNE

Nous ne jouissons point encore de ce bonheur,
Mais on nous a promis les belles compagnies
            Des auteurs des *Poésies choisies*.

MASCARILLE

            Ah ! je vous en veux amener ;
Je les ai tous les jours à ma table à dîner.
C'est moi seul qui vous puis donner leur connaissance,
Mais ils n'ont jamais fait de pièces d'importance.
J'aime pourtant assez le rondeau, le sonnet,
J'y trouve de l'esprit, et lis un bon portrait
Avec quelque plaisir ; et vous, que vous en semble ?

CLIMÈNE

Lorsque vous le voudrez, nous en lirons ensemble,
Mais ce n'est pas mon goût, et je m'y connais mal,
Ou vous aimeriez mieux lire un beau madrigal ?

MASCARILLE

Vous avez le goût fin, nous nous mêlons d'en faire ;
Je vous en veux dire un qui vous pourra bien plaire.
            Il est joli, sans vanité,
            Et dans le caractère tendre.
            Nous autres gens de qualité,
            Nous savons tout sans rien apprendre.
Vous en allez juger, écoutez seulement.

            Madrigal de Mascarille
            Ho, ho, je n'y prenais pas garde,
            Alors que sans songer à mal je vous regarde,
            Votre œil en tapinois vient dérober mon cœur,
            Au voleur, au voleur, au voleur, au voleur !

CLIMÈNE

Ma chère, il est poussé dans le dernier galant,
Il est du dernier fin, il est inimitable,
Dans le dernier touchant ; je le trouve admirable ;
Il m'emporte l'esprit.

MASCARILLE

Et ces voleurs, les trouvez-vous plaisants ?
Ce mot de tapinois...

CLIMÈNE

Tout est juste à mon sens ;
Aux meilleurs madrigaux, il peut faire la nique,
Et ce « ho, ho » vaut mieux qu'un poème épique.

MASCARILLE

Puisque cet impromptu vous donne du plaisir,
J'en veux faire un pour vous tout à loisir ;
Le madrigal me donne peu de peine,
Et mon génie est tel pour ces vers inégaux
Que j'ai traduit en madrigaux,
Dans un mois, l'histoire romaine.

Si les vers ne me coûtaient pas davantage à faire qu'au marquis de Mascarille, je vous dirais dans ce genre d'écrire tous les applaudissements que les précieuses donnèrent au précieux. Mais, Madame, mon enthousiasme commence à me quitter, et je suis d'avis de vous dire en prose qu'il vint un certain vicomte remplir la ruelle des précieuses, qui se trouva le meilleur des amis du marquis ; ils firent mille caresses, ils dansèrent ensemble, ils cajolèrent les dames. Mais enfin leurs divertissements furent interrompus par l'arrivée des amants maltraités, qui malheureusement étaient les maîtres du précieux. Vous jugez bien de la douleur que cet accident causa, et la honte des précieuses, lorsqu'elles se virent ainsi bernées. Suffit que la farce finit de cette sorte, et que je finis aussi ma longue lettre, en vous protestant que je suis avec tout le respect imaginable,

Madame,

Votre très humble et très obéissante servante,

DDDDDDDD

Les véritables précieuses

Publié d'abord chez Ribou au début de 1660 (voir supra, *p. 226 sq.*), ce texte de Baudeau de Somaize connut un certain succès, puisqu'il fut réimprimé au mois de septembre de la même année. Pour éclairer son prétendu langage précieux, Somaize en a lui-même donné quelques traductions en notes. Nous les avons placées dans le texte, entre crochets.

*
* *

Dédicace de l'éditeur

À Monseigneur messire Henri Louis Habert, chevalier, seigneur de Montmor, La Brosse, Le Fargis et autres lieux, conseiller du roi en tous ses conseils, et maître des requêtes ordinaires en son hôtel.

Monseigneur,
Je n'étalerai point ici la grandeur de votre naissance ni les services considérables que vous avez rendus tous les jours à l'État ; je ne dirai point que, quelque éclat dont vous soyez environné, et que quelque illustres que soient vos charges, elles en tirent plus de vous qu'elles ne vous en donnent. Ce n'est pas à moi d'entreprendre un panégyrique où le mérite surpasse de bien loin la plus haute idée que l'on s'en puisse former. Vous vous devez à vous-même toute votre gloire, et il vous appartient seul de faire quelque chose à votre avantage ; et pour moi, bien que j'aie assez d'ardeur pour souhaiter de dire quelque chose à votre avantage, je n'ai pas assez de témérité pour l'entreprendre ; je serais trop heureux si je puis contribuer quelque chose à votre divertissement et si la lecture de ces *Vraies Précieuses*, que je vous offre, peut vous délasser un moment de vos pénibles et continuelles occupations. Je sais bien qu'à considérer cet ouvrage sortant de mes mains, il perd quelque chose de son prix, et que le nom de son auteur pourrait, par la réputation qu'il s'est acquise, vous le rendre plus considérable : mais je ne veux rien devoir à autrui où il s'agit de vous être obligé. Oui, Monseigneur, je préfère l'honneur de vous être redevable à vous seul de la protection que je vous demande pour cette comédie à tous les avantages que je pourrais avoir de vous offrir un livre qui mériterait, et par lui et par le nom de celui qui l'aurait fait, l'aveu d'une personne illustre comme vous : car au moins vous jugerez qu'un zèle tout pur m'a fait oser ce que j'entreprends, et que qui cherche à vous divertir cherchera toujours avec tout l'empressement possible les moyens de mériter la qualité qu'il prend, avec votre permission, Monseigneur, de votre très humble, très obéissant, et très fidèle serviteur, Jean Ribou.

Préface de l'auteur

Depuis que la modestie et l'insolence sont deux contraires, on ne les a jamais vues mieux unies qu'a fait dans sa préface l'auteur prétendu des *Précieuses ridicules*. Car si nous examinons ses paroles, il semble qu'il soit assez modeste pour craindre de faire mettre son nom sous la presse ; cependant il cache sous cette fausse vertu tout ce que l'insolence a de plus effronté et met sur le théâtre une satire, qui quoique sous des images grotesques, ne laisse pas de blesser tous ceux qu'il a voulu accuser ; il fait plus de critique [(*sic*). Il ne se contente pas de critiquer], il s'érige en juge, et condamne à la berne les singes, sans voir qu'il prononce un arrêt contre lui en le prononçant contre eux, puisqu'il est certain qu'il est singe en tout ce qu'il fait, et que non seulement il a copié les *Précieuses* de Monsieur l'abbé de Pure, jouées par les Italiens ; mais encore qu'il a imité par une singerie dont il est seul capable *Le Médecin volant*, et plusieurs autres pièces des mêmes Italiens qu'il n'imite pas seulement en ce qu'ils ont joué sur leur théâtre, mais encore en leurs postures, contrefaisant sans cesse sur le sien et Trivelin et Scaramouche. Mais qu'attendre d'un homme qui tire toute sa gloire des Mémoires de Guillot-Gorgeu, qu'il a achetés de sa veuve, et dont il s'adopte tous les ouvrages ?

Mais c'est assez parler des précieuses ridicules, il est temps de dire un mot des vraies, et tout ce que j'en dirai, c'est seulement que je leur ai donné ce nom parce qu'elles parlent véritablement le langage qu'on attribue aux précieuses, et que je n'ai pas prétendu par ce titre parler de ces personnes illustres qui sont trop au-dessus de la satire pour faire soupçonner que l'on ait dessein de les y insérer. J'ai encore eu d'autres raisons de les nommer ainsi, qui n'étant connues de personne ne sauraient être condamnées ; que si l'on m'accuse de condamner la satire et pourtant d'en composer, je ne m'en défendrai pas ici, puisqu'elle est toujours permise contre ceux qui font profession de s'exposer au public.

Il ne peut plus rester qu'un scrupule dans l'esprit du lecteur : savoir, pourquoi je fais que mes acteurs parlent tantôt en insensés, et tantôt en gens tout à fait raisonnables ; mais qui examinera bien les personnages qu'ils représentent discernera aisément que ce qu'ils disent de juste, c'est seulement par ouï-dire, et qu'en ce qu'ils disent d'eux-mêmes, ils ne démentent point leurs caractères.

LES VÉRITABLES PRÉCIEUSES

Comédie

PERSONNAGES

ARTÉMISE ⎫
ISCARIE   ⎬ Précieuses.

LE BARON DE LA TAUPINIÈRE
BEATRIX, suivante d'Artémise.
ISABELLE, suivante d'Iscarie.
FLANQUIN, valet de La Taupinière.
PICOTIN, poète.
M. GREVAL, bourgeois, voisin d'Iscarie.

La scène est à Paris.

SCÈNE PREMIÈRE
(Iscarie, Isabelle)

ISCARIE

Que l'attente d'Artémise me cause de chagrin ! Je suis la personne du monde la plus impatiente. Allez lui dire que je suis dans le dernier emportement de ne point la voir.

ISABELLE

Je vais vous obéir, Madame. Mais la voici qui vient.

SCÈNE II
(Iscarie, Artémise, Béatrix, Isabelle)

ISCARIE

Vraiment, ma chère, je suis en humeur de pousser le dernier rude [de me mettre en colère] contre vous. Vous n'avez guère d'exactitude dans vos promesses : le temps a déjà marqué deux pas [deux heures] depuis que je vous attends.

ARTÉMISE

Ah ! ma chère, il faut que vous sachiez qu'un certain marquis m'est venu voir.

ISCARIE

Hé ! comment s'appelle-t-il, ce marquis ?

ARTÉMISE

Il s'appelle le marquis de Mazarcantara. Il sait tout à fait l'air de la ruelle : c'est un galant de plain-pied [bien fait] qui s'explique sans aucune incertitude [sans hésiter] ; et je n'ai jamais vu d'homme qui dise les choses plus congrûment. J'ai pourtant remarqué un défaut en lui qui m'a pensé faire perdre mon sérieux [me faire rire].

ISCARIE

Hé ! quel ?

ARTÉMISE

Il ne peut s'empêcher de faire la révérence en point de Hongrie.

ISCARIE

Ah ! ma chère, il ressemble donc au marquis de Mascarille ?

ARTÉMISE

Ce que vous dites est une vérité toute pure.

ISCARIE

Je crois que vous avez dessein de faire bien des assauts d'appas [des conquêtes] ; je vous trouve dans votre bel aimable [belle] ; l'invincible n'a pas encore gâté l'économie de votre tête [le vent n'a point défrisé votre tête] ; vous ne fûtes jamais mieux sous les armes [habillée] que vous êtes. Que vos taches avantageuses [mouches] sont bien placées ! que vos grâces [perles] donnent d'éclat à votre col ! et que les ténèbres [coiffes] qui environnent votre tête relèvent bien la blancheur de ce beau tout !

ARTÉMISE

Ah ! ma chère ! vous faites trop de dépense en beau discours [vous dites trop de belles choses] pour me dauber [me railler] sérieusement ; mais n'importe : tout vous est licite, et l'empire que vous avez sur mon esprit fait que je n'excite pas mon fiel contre vous.

ISCARIE

Ce que vous me dites là est du dernier obligeant, mais si vous voulez que je vous donne un quart d'heure de divertissement, entrons dans mon cabinet. Je vous ferai voir un innocent [un poulet] que l'on m'a envoyé, dont l'encombrement du style est capable de faire changer l'assiette de votre âme.

SCÈNE III
(Béatrix, Isabelle)

BÉATRIX

Dites-moi donc quelle langue est-ce que parlent nos maîtresses ? Ma foi, je n'entends point ce jargon, et s'il faut qu'elles continuent à parler de la sorte, elles seront contraintes de nous donner un maître pour apprendre ce langage et de nous remettre à l'*abc*.

ISABELLE

Que vous avez peu de lumière et que votre esprit est opaque ! Est-il possible que vous ayez demeuré si longtemps chez une précieuse et que vous n'ayez pas encore pris aucune teinture de l'élégance de leur style ?

BÉATRIX

Vous êtes donc aussi folle qu'elles, à ce que je vois, et vous affectez de dire des mots à longue queue.

ISABELLE

Ah ! plût à Dieu que je pusse être l'inventrice comme je ne suis que l'écho de ces mots graves et ampoulés qui, par un sens mystérieux, étalent la vraie et pure signification des choses !

BÉATRIX

Hé bien ! puisque vous avez cette pensée, l'envie me prend de disputer contre vous. Aussi bien, puisque ce langage n'est inventé que par la fantaisie de certaines femmes, une femme peut bien disputer contre sans que cela paraisse extraordinaire. Et pour vous montrer qu'il n'y a rien de plus extravagant que cette façon de parler, je m'en vais vous dire de certains mots que j'ai retenus qui choquent tout à fait notre langue naturelle.

ISABELLE

Votre engagement est inconsidéré, mais j'ai assez d'indulgence pour vous tirer de l'erreur où vous a précipité l'épaisseur de votre esprit.

BÉATRIX

Bon ! je suis ravie que vous ayez des indulgences chez vous ; j'avais fait dessein d'en aller quérir à Rome, mais vous m'épargnez cette peine.

ISABELLE

Voilà une superfluité dite à contretemps. Venez à votre dispute, et n'alambiquez point mon esprit de fadaises.

BÉATRIX

Çà, dites-moi s'il y a rien de plus ridicule que de nommer un lavement le bouillon des deux sœurs ? A-t-on jamais ouï-dire qu'un médecin est un bâtard d'Hippocrate ? Voilà bien honorer la médecine, ma foi ! et c'est là le moyen d'encourager ces messieurs les médecins à nous tirer des bras du vieil rêveur, ou plutôt de l'empire de Morphée, ou, pour mieux m'expliquer, du lit, à qui vos savantes ont donné ces noms. C'est encore assez bien débuter que de nommer les pieds les chers souffrants, le boire le cher nécessaire, et d'appeler le potage l'union des deux éléments. À quoi bon toutes ces obscurités, et pourquoi dire en quatre mots ce que nous disons en deux ? Est-ce qu'il ne serait pas mieux dit « Soufflez ce feu » que « Excitez cet élément combustible ? » « Donnez-moi du pain » que « Apportez le soutien de la vie » ? « Voilà une maison » que de dire « Voilà une garde nécessaire » ? Et seriez-vous bien assez opiniâtre pour me vouloir soutenir que le pot de chambre que vous nommez l'urinal virginal l'est encore quand les filles et les garçons ont donné dans l'amour permis, qui est, selon le langage de vos précieuses, le mariage ?

ISABELLE

En vérité, votre désordre est terrible et me jette dans une souffrance inconcevable.

BÉATRIX

Il n'est pas encore temps de m'interrompre, et je n'ai pas encore fini.

ISABELLE

Poursuivez donc et rendez vite votre discours complet.

BÉATRIX

Je vous dis encore, quoi que vous puissiez dire, qu'il n'y a rien de plus insupportable que de nommer les dents un ameublement de bouche, et de dire, pour faire voir que l'on a longtemps balancé à faire une chose, qu'il est monté des incertitudes à la gorge. Dites-moi un peu, y a-t-il aucun sens à cela, non plus que de dire qu'une femme a des absences de raison pour expliquer qu'elle est jeune ; et dites-moi enfin s'il y a rien de plus extravagant que d'appeler des traîtres les paravents, le miroir un peintre de la dernière fidélité, un éventail un zéphyr, et une porte la fidèle gardienne. Si par hasard un jaloux qui aurait fermé une porte sur sa femme et en aurait la clef était trompé par un galant qui en aurait une fausse, doit-il, venant à savoir la chose, appeler encore la porte la fidèle gardienne ? Je pourrais vous en dire encore quantité, mais je méprise si fort cette façon de parler que je ne m'en saurais donner la peine.

ISABELLE

Ah ! je vais bien vous montrer... Mais voici Flanquin le précieux.

BÉATRIX

Quoi ! le valet du baron de La Taupinière, qui vous fait les doux yeux, est donc aussi de ce nombre ? Vraiment, il mérite qu'on l'écoute et c'est une chose assez divertissante, à mon avis, que d'entendre un valet parler précieux.

SCÈNE IV
(Isabelle, Béatrix, Flanquin)

FLANQUIN

Ah ! ma chère, ma toute aimable, que je suis heureux de vous voir !

ISABELLE

Qui t'amène ici ?

FLANQUIN

Je viens savoir si votre maîtresse est en pouvoir de recevoir visite.

ISABELLE

Je m'en vais m'en instruire, et dans peu, ma réponse désembarrassera ton âme de cette affaire. (*Elle sort.*)

FLANQUIN

Il faut avouer que la méthode de s'exprimer dont on se sert maintenant est une chose qui sert merveilleusement à nous distinguer du commun et est tout à fait dégagée de la matière ; et à dire vrai, c'est quelque chose de bien satisfaisant de pouvoir fendre la presse et de faire quelque nombre parmi les gens canonisés dans les ruelles.

BÉATRIX

Tirez-moi d'erreur : ce que vous venez de dire, n'est-ce point un compliment que votre maître a composé pour dire en quelque ruelle, et dont vous avez lu le brouillon ?

FLANQUIN

Je vois bien que vous n'êtes pas encore instruite de ce que je vaux, et que la pauvreté de mes habits vous fait juger à mon désavantage de celle de mes pensées. (*Isabelle rentre.*) Mais je vous persuaderai une autre fois. Voici l'enthousiasme de mes yeux, l'aimant de mon cœur, en un mot mon unique. Il faut que je lui fasse connaître qu'elle m'encapucine l'âme et qu'elle m'encendre le cœur [qu'elle m'enflamme].

ISABELLE

Ton maître viendra quand il lui plaira.

FLANQUIN

Ah ! mon ange, que vous avez bien fait de rapporter en ce lieu le mérite qui s'en était éloigné ! Que nous avions besoin, dans l'opacité de cette salle, que vos yeux vinssent servir de supplément au soleil, non que leurs chaleurs ne réduisent mon corps à une sécheresse qui m'apprend qu'un bain intérieur me serait fort utile !

BÉATRIX

La plaisante façon de demander à boire !

FLANQUIN

Oui, un bain intérieur ou l'agrément [lavement] donné entre les deux sœurs peuvent maintenant empêcher la métempsycose de mon âme, qui va bientôt s'émanciper de sa demeure si l'on ne la secourt par l'un de ces remèdes, ou si vous ne souffrez que je goûte avec vous la volupté de l'amour permis [le mariage].

ISABELLE

Voyez, ma compagne, qu'il a bien sucé tout ce que la carte de Coquetterie lui a pu dogmatiser de tendresse !

FLANQUIN

Quoi ! point de quartier ni de trêve ! toujours cette jupe modeste m'empê-chera de contempler la friponne [Cette jupe de dessus m'empêche de voir celle de dessous] !

BÉATRIX

Ce n'est pas une petite joie de voir un valet précieux faire l'amour.

ISABELLE

Vraiment, vous êtes aujourd'hui sur votre grand fécond.

FLANQUIN

Il est vrai, je n'en finesserai [*sic*] point avec vous. Mon estime est trop superlative à votre égard pour ne pas transiger avec vous d'une vérité constante, qui est que mon cœur est enfrangé de mouvements [plein de trouble].

ISABELLE

Il faut tomber d'accord que l'amour a terriblement défriché [attendri] votre cœur.

FLANQUIN

N'aurait-il point défriché le vôtre ? Mais que j'applique la réflexion de ma bouche sur cette belle mouvante. Ah ! Dieu, faut-il qu'un gant du dernier fendu me fasse un si outrageant obstacle ! Ouf ! Une de vos sangsues m'a piqué extrêmement peu.

BÉATRIX

La drôle de sangsue qu'une épingle !

FLANQUIN

Mais j'oublie, à l'opposite de vos appas, que la lenteur de mes chers souffrants peut faire bouillonner le bénin cerveau de mon maître. Je m'en vais donc faire faire diète à mes yeux de leurs astres tutélaires.

ISABELLE

Je pâtirai beaucoup par le contrecoup [la rigueur] de ce quittement.

BÉATRIX

Adieu, beau précieux.

FLANQUIN

Adieu, l'hétéroclite du beau langage.

SCÈNE V
(Artémise, Iscarie, Béatrix, Isabelle)

ARTÉMISE (*tenant un papier à la main*)

Quelle pauvreté, ma chère ! Il n'y a pas une chose raisonnable là-dedans.

ISCARIE

Ah ! pour moi, c'est l'effroi des effrois, et il faut que je vous avoue que les bras m'en tombent [que j'en suis surprise]. Quoi ! scander cinq ou six stances sans y trouver un mot de pompeuse mesure !

ARTÉMISE

Il est vrai que cela n'est point digérable, et surtout, la pénultième ou avant-dernière stance de cet insupportable portrait ne fournit rien à l'oreille qui puisse exercer son avidité : voyez plutôt encore une fois si cela n'est pas du dernier inintelligible !

ISCARIE (*prenant le papier*)

Je me serais contentée du chagrin de la première lecture, mais pour vous, je veux bien faire ce passe-avant. Aussi bien, à quoi tuerions-nous notre Saturne [notre temps], dans l'expectation que nous faisons ici du baron de La Taupinière ?

ARTÉMISE

Lisez donc !

ISCARIE (*Elle lit.*)
Puis, lorsque ton pinceau, d'une légère touche,
Aura tracé ses yeux, tu traceras sa bouche ;
Là, d'un doux coloris, l'agréable rougeur
Par sa vivacité démentira la rose,
Et s'il y manque quelque chose
Pour en peindre l'éclat, tu prendras mon ardeur.

(*Elle poursuit :*) Peut-on voir des vers plus indigestes, et ne connaît-on pas bien, à les voir, que la sévérité des capables n'y a pas passé, et que ce petit vers qui menace de la fin pourrait seul gâter le plus bel ouvrage ? Ah ! ne m'avouerez-vous pas que ceux-ci qui dépeignent le langage des beaux yeux d'une belle ont toute une autre pompe ? (*Elle lit :*)

Par une avidité qui tient de la divine,
Elle chante partout quelle est son origine ;
Son langage pourtant n'a rien que de muet,
Ses sourcilleux ardents font toutes ses harangues,
Elle brave avec eux les plus rapides langues,
Et leurs seuls branlements composent son caquet.

Pour moi, je suis pour ces sortes de vers qui s'éloignent du vulgaire. Mais nous contemplerons le reste à loisir, car voici monsieur le baron.

SCÈNE VI
(Le baron de La Taupinière, Iscarie, Artémise, Isabelle, Béatrix)

LE BARON (*les saluant*)
Vous aurez sujet, Mesdames, de trouver mon procédé audacieux, mais il est bien difficile de ne pas visiter souvent l'extrait [l'abrégé] de l'esprit humain.

.

ISCARIE

Ah ! Monsieur, c'est nous mettre trop avant dans le rang favori de votre pensée, et nous sommes trop sensibles à la gratitude de vos termes de ruelles.

LE BARON

Ce n'est pas d'aujourd'hui que je sais que vous faites les choses justes aimablement [bien], que vous possédez entièrement le vent du Bureau et que devant vous les plus beaux esprits ne sauraient faire feu.

ARTÉMISE

Votre louange se distancie trop de notre mérite pour hasarder le paquet sérieux [les compliments] contre vous.

ISCARIE

Ma commune [suivante] !

ISABELLE

Plaît-il, Madame ?

ISCARIE

Fournissez-nous ici les trônes de la ruelle. (*Isabelle apporte des fauteuils.*)

ARTÉMISE

Monsieur, prenez figure, s'il vous plaît. (*Ils s'assoient tous.*)

LE BARON

Avez-vous grande foule d'alcôvistes [galants] chez vous ? qui préside ? qui est de quartier ?

ISABELLE

Nous en avons plusieurs, et de la vieille roche [nobles], même des femmes de la petite vertu ; et quoique nous ayons quelques diseuses de pas vrai, nous n'avons point de ces diseuses d'inutilités qui ignorent la force des mots, le friand du goût.

LE BARON

Sans doute, quantité de celles qui vous viennent voir vous servent de mouches [sont moins belles que vous], et l'on y en pourrait trouver aussi dont la neige du visage se fond [des vieilles].

ARTÉMISE

Il est vrai que l'on y en pourrait trouver qui lustrent leur visage [qui se fardent], mais, outre que celles-là sont graves par leur antiquité, les troupes auxiliaires de leur esprit soutiennent assez leurs ambiguïtés d'appas.

LE BARON

Il faut avouer, Mesdames, qu'il y a grand plaisir à faire figure dans le monde [à être estimé].

ISCARIE

Vous l'y faites sans doute bien avantageusement, puisque vous avez dix mille livres de rente en fonds d'esprit, qu'aucun créancier ne peut saisir ni arrêter [puisque vous avez beaucoup d'esprit].

LE BARON

De grâce, arrêtez là ce discours obligeant, car je me verrais réduit dans l'incapacité de vous répondre. Mais j'oubliais à vous dire qu'un de mes amis m'a amené ce matin un certain poète nouveau qui fait des vers scientifiquement bien, et comme il avait deux pièces à me lire, je lui ai promis de l'écouter après avoir donné à nature les nécessités méridionales [le dîner]. Flanquin le doit conduire ici dès qu'il sera venu, afin que nous prenions ici les extasiens divertissements de cette lecture.

ISCARIE

Ma chère et moi aimons si démesurément les poèmes dramatiques que nous ne trouvons point de paroles assez énergiques pour vous rendre des grâces conformes à une obligation qui est dans un degré superlatif.

LE BARON

Ce discours continue à me faire voir la magnifique élévation de votre esprit. Mais, à propos, je fus il y a quelque temps chez Madame... Que dites-vous d'elle ?

ARTÉMISE

C'est une personne qui a des lumières éloignées [des connaissances confuses].

ISCARIE

Pour moi, je tiens qu'elle a l'âme mal demeurée [qu'elle n'a point d'esprit].

LE BARON

Et moi, je ne sais qu'en croire. Il y a quantité de gens qui tiennent qu'elle a un œuf caché sous la cendre [qu'elle a de l'esprit et qu'elle n'en a pas la clé].

ARTÉMISE

Si vos sentiments sont partialisés là-dessus, vous devez au moins avouer qu'elle a les miroirs de l'âme [les yeux] fort doux, la bouche bien façonnée, qu'elle est d'une vertu sévère [que l'on n'obtient rien d'elle], et qu'elle articule bien sa voix [qu'elle chante bien].

ISCARIE

Mais ce qui est de plus fâcheux, c'est qu'elle est unie à un inquiet [un homme d'affaires], et qu'elle est de la petite portion [elle a peu de biens].

LE BARON

Je voudrais bien la voir ici, car je ne l'ai jamais vue qu'avec l'instrument de la curiosité [un masque] sur le visage.

ISCARIE

C'est une chose qui est de la dernière impossibilité, car elle ressent à présent le contrecoup de la volupté permise [elle est en couches].

LE BARON

Mais il me semble que notre poète devrait être ici, puisque j'ai ordonné qu'on l'amenât dans mes quatre corniches tirées par deux de mes pluches [mon carrosse tiré par deux de mes chevaux].

ARTÉMISE

Vous n'avez pas mal fait, car le troisième élément [la pluie] qui tombe sur l'éminence des grès [les pavés] l'aurait fait d'un illustre un poète crotté.

ISCARIE

Ce poète n'est donc pas normand, puisqu'il n'a point de carrosse ?

LE BARON (*entendant heurter*)

On fait parler le muet. Sans doute, le voici. Oui, c'est lui-même que Flanquin amène.

SCÈNE VII
(Le baron de La Taupinière, Iscarie, Artémise,
Isabelle, Béatrix, Flanquin, le Poète)

LE POÈTE

Ah ! vraiment, Monsieur, je ferai chanter à ma Calliope en vers bien montés et d'une veine bien guindée les remerciements que je vous dois de l'heureuse et inespérée connaissance que vous me procurez de ces deux divinités charmeresses dont les beaux yeux vont éclairer mon esprit et embraser mon Uranie d'un feu plus dévorant que n'est celui de ce mont si renommé de Sicile où le vieux boiteux tenait jadis sa forge, et bien plus endoctrinant que celui qu'Apollon inspire aux Neuf Sœurs.

ISCARIE

On connaît bien, Monsieur, que vous avez à commandement l'eau d'Hypocrène et que vous êtes le frère aîné des Neuf Sœurs.

ARTÉMISE

Je vous l'avouerai, je n'ai jamais ouï de style plus pompeux et qui fasse plus de tours dans l'oreille que le vôtre.

LE POÈTE

Je sais parler amphibologétiquement [*sic*] ; le langage des dieux m'est ordinaire, et je ne me plains point quand on me dit que l'on ne m'entend pas, car c'est signe que je parle en oracle. (*Ils s'assoient.*)

FLANQUIN (*se mettant en un coin*)

Moi, je m'en vais me mettre ici pour faire inventaire des grands mots qui se diront. Çà, n'en laissons point passer qu'ils ne soient enregistrés sur nos tablettes, et jouons bien notre rôle.

LE BARON

Dites-nous donc un peu, Monsieur, au net votre sentiment sur les pièces qui se sont jouées depuis peu de temps, car j'en ai fort peu vu. Même je fus l'autre jour aux *Précieuses* de Bourbon* ; mais je ne les pus entendre, parce que je ne pouvais régler aucune posture [j'étais trop pressé].

FLANQUIN

Bon ! en voilà un.

LE POÈTE

Pour ce qui est des *Précieuses*, comme ce n'est qu'un ouvrage en prose, je vous en dirai mon sentiment en peu de mots. Premièrement, il faut que vous sachiez qu'elle est plus âgée de trois ans que l'on ne pense, et que, dès ce temps-là, les Comédiens-Italiens y gagnèrent deux mille écus, et cela sans faire courre le billet, comme les Bourbonnais en ont amené la coutume.

LE BARON

Le bruit commun m'a déjà donné quelque légère connaissance de cela, mais Mascarille pourtant soutient n'avoir imité en rien celle des Italiens.

LE POÈTE

Ah ! que dites-vous là ! C'est la même chose : ce sont deux valets tout de même qui se déguisent pour plaire à deux femmes et que leurs maîtres battent à la fin. Il y a seulement cette petite différence que, dans la première, les valets le font à l'insu de leurs maîtres, et que dans la dernière, ce sont eux qui leur font faire. Je ne pus m'empêcher de lui en dire mon sentiment chez un marquis de mes amis qui loge au quartier du Louvre, où il la lut avec son *Dom Garcie* avant que l'on la jouât.

ISCARIE

Ce que vous dites est furieusement incroyable, car il me souvient bien que dans ces *Précieuses* il improuve ceux qui lisent leurs pièces avant qu'on les représente, et par là vous me diriez qu'il s'est lui-même tourné en ridicule.

LE POÈTE

Il est vrai que je n'aurais pas pensé qu'il eût brigué comme il fait. Mais je sais de bonne part qu'il a tiré des limbes son *Dépit amoureux* à force de coups de chapeau et d'offrir des loges à deux pistoles.

LE BARON

C'est assez parlé de sa méthode, et puisque vous avez ouï lire son *Dom Garcie*, dites-nous un peu ce que c'est.

---

* *Les Précieuses ridicules* de Molière jouées au théâtre du Petit-Bourbon.

LE POÈTE

Ma foi, si nous consultons son dessein, il a prétendu faire une pièce sérieuse. Mais si nous en consultons le sens commun, c'est une fort méchante comédie, car l'on y compte plus d'incidents que dans son *Étourdi*.

LE BARON

Mais, Monsieur...

ARTÉMISE

Ah ! c'est trop d'interruptions ; brisons là nos interrogations, et sachons au long de Monsieur son sentiment sur toutes les pièces que l'on a jouées cet hiver.

LE BARON

Volontiers.

FLANQUIN (*à demi-bas*)

Nous aurons tantôt de quoi faire une autre *Précieuse*.

LE POÈTE

Je veux bien, Mesdames, vous obéir en cette rencontre, et malgré cette animosité que le destin du Parnasse a semé entre les poètes, je les vois trop au-dessous de moi pour appréhender aucunement de vous être suspect en parlant d'eux. Je vous dirai donc en quel ordre il les faut mettre et le cas qu'il en faut faire. Il y en a de certains qui ne méritent pas d'être mentionnés dans le catalogue des illustres, pour n'être venus au monde qu'incognito, n'y avoir paru qu'en passant, et avoir fait naufrage avant que d'avoir été en pleine mer ; il y en a d'autres aussi dont la voix publique parle assez sans que j'en dise mot, et parmi les dramatiques dont est question, Corneille l'aîné tient seul cette place. Il n'en va pas tout à fait de même de son cadet, et quoique ce soit une divinité parmi les comédiens, les encens qu'on lui donne ne sont pas si généraux que ceux de son frère. Ne croyez pourtant pas que j'en veuille dire du mal ; au contraire, je tiens que c'est celui de tous les auteurs qui pense plus profondément, et sans doute l'envie avouera elle-même que son *Stilicon* est tout à fait beau. Nous avons encore vu cet hiver le *Fédéric* qui a fort réussi, et c'est sans doute avec quelque raison, puisqu'il ne part rien de la veine de son auteur qui ne soit plein de feu, témoin sa *Clotilde*, où la boutade est bien exprimée. Ces deux pièces ont été accompagnées de la *Stratonice*, dont le style est tout différent, l'auteur de cette pièce ne s'attachant qu'à faire des vers tendres, où il réussit fort bien. Quoique je ne me sois engagé qu'à vous parler des auteurs dont on a joué les pièces cet hiver, je ne me puis empêcher de vous dire que le théâtre a perdu l'illustre abbé de Boisrobert, qui par générosité s'en est retiré lui-même, de peur que ses pièces n'étouffassent celles des fameux auteurs qui se sont remis au théâtre depuis peu. Il y en a encore un dont je n'ai point parlé, qui joint l'épée à la plume ; il sait faire des vers mieux qu'Homère et se bat aussi bien qu'Alexandre. On a joué cet hiver au Petit-Bourbon une pièce de lui nommée *Zénobie*.

ARTÉMISE

Il est vrai que j'ai ouï dire qu'il avait de fort beaux vers.

LE POÈTE

Comment, de beaux vers ! Nos plus grands auteurs en mettraient moins dans une douzaine qu'il n'y en a dans celle-là. On y remarquait pourtant un grand défaut.

ISCARIE

Hé ! quel défaut ?

LE BARON

Ah ! je sais quel est ce défaut mieux que personne, et un de mes amis le dit plaisamment à son auteur. Il fut jusque chez lui le trouver. Lui, ne le connaissant point, lui demanda ce qu'il souhaitait, mais il fut bien surpris quand il entendit qu'on avait trouvé un grand défaut dans sa pièce, qui n'était inconnu à personne.

ISCARIE

Ah ! ne nous tenez plus en langueur, dites-le-nous vite.

LE BARON

Ce défaut est, en un mot, que les comédiens ne jouaient rien qui vaille, et qu'ils ne sont bons à rien qu'à jouer la farce.

LE POÈTE

Il est tout vrai que si l'hôtel de Bourgogne eût joué cette pièce, elle eût extrêmement réussi, car c'est un merveilleux assaisonnement à une pièce que les bons comédiens, et tels, malgré toute la fortune de leur nom, tels, malgré la force de leur brigue, ne réussiraient pas comme ils font si l'on jouait leurs pièces à Bourbon.

ARTÉMISE

Quoi ! Monsieur, il ne brigue donc point du tout ?

LE POÈTE

Point du tout, et il n'a jamais lu sa pièce qu'à deux de ses amis ; encore les y a-t-il fait entrer pour rien.

LE BARON

Mais, Monsieur, c'est assez parler des autres, et je crois que ces dames sont dans une furieuse impatience d'entendre la lecture de vos pièces, et qu'elles sont déjà assez persuadées de votre mérite pour vous promettre avec moi, même sans les entendre, d'y applaudir de la belle manière quand on les représentera.

ISCARIE

Sans doute.

LE POÈTE

Je vous dirai donc, pour entrer d'abord en matière, que j'ai fait deux pièces de style différent, car l'une est une tragédie nommée *La Mort de Lusse-tu-cru*.

ARTÉMISE

Le sujet est bien du temps.

ISCARIE

Mais quelle en est la catastrophe ? Car c'est là la pierre d'achoppement des tragédies.

LE POÈTE

Je le fais lapider par les femmes.

LE BARON

Ah ! Mesdames, qu'il a bien rencontré ! qu'elle est bien imaginée ! qu'il s'est bien dévulgarisé ! Ah ! cela me met dans la dernière démangeaison de savoir le nom de votre comédie.

LE POÈTE

Je l'intitule *Les Noces de Pantagruel*.

LE BARON

Il ne s'est point démenti : le titre est incomparable.

ISABELLE

Cela stupéficie [*sic*] mon âme.

ARTÉMISE

Pour moi, cela m'enlève jusqu'au troisième ciel.

LE POÈTE

Je m'en vais donc commencer.

LA MORT DE LUSSE-TU-CRU LAPIDÉ PAR LES FEMMES

Tragédie

SCÈNE 1
(Lusse-tu-cru seul ouvre le théâtre.)

Jamais l'hydre fécond en mille et mille têtes
N'excita tant de bruit et de telles tempêtes,
Que cause de douleurs en moi Lusse-tu-cru,
La femme acariâtre et gueuse de vertu.
Par sa langue maudite et toujours empestée,
À me persécuter on la voit aheurtée.
Je l'ai voulu changer ; mais, ô grands dieux ! hélas !
Bien loin d'en retirer profit, los ou soulas,
La mauvaise me suit de taverne en taverne,
Me frappe, m'injurie, m'égratigne et me berne.
J'en ai partout la fièvre, et je ne sais pas où,
Pour pouvoir me fourrer, je puis trouver un trou.

LE BARON

Ah ! Monsieur, arrêtez, et donnez-nous le loisir de nous extasier sur la magnificence de vos signifiantes expressions.

ISCARIE

Il faut avouer que ces vers sonnent délicatement bien.

LE POÈTE

Ils parlent un peu contre le sexe, mais dans mon *Pantagruel* je le justifie comme il faut.

ARTÉMISE

Ah ! que j'ai d'empressement d'ouïr ce qu'il fait pour nous !

LE BARON

Je crois que vous avez raison, car aussi bien il faut avoir plus de temps pour lire une pièce sérieuse.

LE POÈTE

Hé bien ! je commence sans façonner.
Pantagruel entre avec un confident, et dit :
             Où sont les violons ? As-tu vu Dulcinée,
             Pour qui mon âme est, fut et sera calcinée ?

LE BARON

Calcinée ! que ce mot est emphatique !

LE POÈTE

                Le confident
    Les violons sont prêts, et vous allez dans peu
    Œillader comme il faut l'objet de votre feu !

                Pantagruel
    Ah ! que de tourbillons excitent dans mon âme
    La bouillonnante ardeur de ma flottante flamme !
    Ah ! je sens que l'amour, ce frétillant nabot,
    Drisle [sic] dedans mon cœur, comme les pois en pot ;
    Il virevolte, il se tourne, il y fait la patrouille,
    Sautille comme en l'eau ferait une grenouille ;
    Il regimbe, il s'étend comme un cheval fougueux
    Qui prend le mors aux dents et bondit furieux ;
    Il va, monte et descend dans la chambre et le bouge ;
    Il furte [sic] tous les coins, et si jamais ne bouge.

ISCARIE

Ah ! laissez-moi admirer ces similitudes. Je trouve ces vers-là tout à fait épais [ampoulés].

LE POÈTE

Hé ! de grâce, ne m'interrompez point : ces sortes de choses veulent de larges poumons, et pour les faire paraître il ne faut pas s'arrêter au milieu.

ARTÉMISE

Ah ! vous les lisez à pleine bouche [gravement].

LE POÈTE

Sans mon écoulement de nez, je les aurais lues d'un ton bien plus fortifié.

FLANQUIN

Elles donnent dans le panneau.

SCÈNE VIII ET DERNIÈRE

(Le baron de La Taupinière, Iscarie, Artémise, Béatrix, Isabelle, Flanquin, le Poète, M. Greval)

ISABELLE

Madame, voilà monsieur de Greval qui vient.

ISCARIE

Il peut entrer.

LE POÈTE (*en se levant*)

Ah ! qu'il vient mal à propos empêcher mon apologie d'éclater ! Car j'en suis à cet endroit.

ISCARIE

Monsieur, vous pourrez poursuivre. Bien que ce soit un bourgeois, il n'est point façonnier et n'a point un esprit de marguillier [sombre et vulgaire].

ARTÉMISE

C'est une âme du premier ordre [une grande âme].

FLANQUIN (*à part*)

Je n'oublierai pas ceux-ci.

ISCARIE (*à sa suivante*)

Ne vous éloignez pas de la portée de ma voix.

GREVAL
(*les ayant saluées et se tournant devers le poète*)

Mesdames, que faites-vous donc de cet honnête homme ici ?

LE POÈTE (*à part*)

Tout est gâté.

FLANQUIN (*à part*)

La mèche est découverte !

ISCARIE (*montrant le baron*)

C'est un grand poète que Monsieur nous a amené, et qui nous a charmés des beaux vers qu'il nous a récités.

GREVAL

Vous voulez m'en donner : c'est le valet de feu M. Durier ; je l'ai vu cent fois chez lui.

LE POÈTE

Ma foi, puisque vous me connaissez si bien, je m'en vais vous dire la vérité de la chose. Mon maître étant mort, je me trouvai fort embarrassé de ma personne, parce que je me trouvais fort gueux, et que je n'avais gagné à son service que la méthode de faire des vers couci-couça. Le sieur de La Force, dit Gilles le Niais, voyant que je ne savais où donner de la tête et que je lui pouvais être utile dans sa troupe, me pria d'y entrer. J'y résistai d'abord, ne voulant point passer pour un farceur ; mais il me représenta que toutes les personnes les plus illustres de Paris allaient tous les jours voir la farce au Petit-Bourbon, et me persuada si bien que les siennes étaient aussi honnêtes que plusieurs de celles que Mascarille a faites, que je me laissai vaincre et que j'entrai dans sa troupe. Quelque temps après, voyant que Bourbon nous ôtait tous nos chalands, il fit dessein de jouer dans un lieu fermé, de me faire composer quelques comédies, de mettre de bonnes farces au bout, et d'y prendre de l'argent de même que les autres. Et comme il savait que le succès des pièces ne dépendait pas tant de leur bonté que de la brigue de leurs auteurs, il a trouvé le moyen de m'introduire dans les compagnies, et il y a déjà plus de deux cents personnes qui sont infatuées de mes pièces.

ISCARIE

Eh ! quoi, Monsieur, souffrez-vous, sans l'assommer, qu'un coquin vous joue de la sorte ! Car enfin c'est vous qui avez été le premier dupé ?

LE BARON

Dites, dites plutôt qu'il n'y a plus que vous seules, et pour vous le persuader, apprenez que je suis La Force, dit Gilles le Niais en mon nom de théâtre ; que je vous ai rendu trois ou quatre visites pour connaître votre humeur, et qu'ayant vu que vous étiez faciles à décevoir, nous nous sommes enquis, mon camarade et moi, de la réputation de tous les auteurs, de leurs pièces nouvelles. Nous avons appris quelques mots précieux et nous sommes après demeurés d'accord qu'il viendrait ici quand je serais avec vous, qu'il lirait ses pièces et que j'admirerais tout pour vous faire donner dans le panneau. Flanquin, que voilà avec moi et qui est de notre troupe, a bien joué aussi son rôle, et en contrefaisant le précieux, a bien su duper la suivante.

ARTÉMISE

Je demeure muette d'étonnement.

GREVAL

Ce trait est hardi et, s'il était arrivé à quelques autres qu'à vous, j'en rirais de bon cœur.

ISCARIE

Un farceur chez moi ! Ah ! si vous ne fuyez...

LE BARON

Nous craignons peu vos menaces, et nous sommes tous trois bien résolus de nous défendre, si l'on nous attaque. Sachez donc, avant que je sorte, que, puisque Mascarille vous rend visite, vous devez bien me souffrir ; que s'il s'est acquis par ses farces la réputation d'avoir de l'esprit, que j'en fais aussi bien que lui sans l'aide des Italiens, et qu'enfin, si la veuve de Guillot-Gorjeu, mon maître et le sien, ne lui eût vendu les Mémoires de son mari, ces farces ne lui eussent jamais donné tant de gloire.

ISCARIE

Ah ! je me lasse de vous entendre, et si vous ne sortez, j'enverrai quérir un mauvais ange des criminels [un sergent].

LE BARON

Puisque mon rôle est achevé, il faut bien que je sorte. Allons, mes compagnons, Adieu, mes dames.

FLANQUIN (*à part, en tirant Isabelle*)

Si tu veux venir dans notre troupe, nous gagnerons bien de l'argent, car nous allons jouer *Les Trois Docteurs* et les *Précieuses ridicules*.

Les Précieuses Ridicules mises en vers

Sur les circonstances de la publication, chez Ribou, de cette mise en vers de la pièce de Molière par Somaize, voir supra, *p. 230-231. La page de titre de la première édition manque. Elle devait probablement être sur le modèle de celle de la seconde, qui porte* Les Précieuses ridicules, comédie représentée au Petit-Bourbon, nouvellement mises en vers, seconde édition, à Paris, 1661, avec privilège du roi. *C'est le texte de cette édition d'une mise en vers qui n'a jamais été réimprimée que nous donnons ici.*

*
* *

À Mademoiselle Marie de Mancini

Mademoiselle,

Encore que je sache, avec toute la France, que vous n'êtes née que pour les grandes choses, et qu'il n'appartient qu'à ceux du sang dont vous sortez de mettre la dernière main à tout ce qui paraît impossible, et qu'ainsi, soit pour vous divertir, soit pour vous louer, on est toujours téméraire quoi qu'on ose entreprendre, je ne laisse pas, Mademoiselle, de vous faire un présent vulgaire en vous offrant cette comédie, qui, quelque réputation qu'elle ait eue en prose, m'a semblé ne pas avoir tous les agréments qu'on lui pouvait donner, et c'est ce qui m'a fait résoudre à la tourner en vers pour la mettre en état de mériter avec un peu plus de justice les applaudissements qu'elle a reçus de tout le monde plutôt par bonheur que par mérite. Je sais bien qu'il doit sembler étrange de me voir abaisser une chose que j'ose vous offrir, mais je ne prétends pas qu'elle me donne ni sa gloire ni son abaissement, et je ne réglerai l'estime que j'en dois faire qu'au jugement que vous en ferez. Que si je lui laisse maintenant quelques avantages des acclamations publiques qu'elle a reçues, et en italien* et en français, ce n'est que parce qu'ils me fournissent l'occasion de vous donner une preuve de mon respect en mettant cette version que j'en ai faite sous votre protection. Je ne suis pas assez vain pour m'imaginer que ce faible hommage m'acquitte de ce que je vous dois, ou qu'il ait rien de proportionné à ce mérite qui vous met autant au-dessus du commun par son éclat que vous l'êtes déjà par celui du rang que vous donne votre naissance. Je sais trop bien comme vous savez juger de tout ce que peuvent produire les plus beaux génies pour vous offrir comme un ouvrage considérable une satire qui doit sa plus grande réussite à ce certain

---

* Lors de la prétendue comédie de l'abbé de Pure donnée par les Italiens au Petit-Bourbon.

courant des choses qui les fait recevoir de quelque nature qu'elles soient et que nous appelons la mode, et lorsque je vous l'offre, je ne fais qu'imiter les Romains qui présentaient autrefois des lauriers aux vainqueurs, non pas pour payer leurs victoires, mais seulement pour témoigner qu'ils connaissaient ce qui leur était dû et pour servir comme de préludes à la pompe des triomphes qui leur étaient destinés. Je ne me promets, Mademoiselle, que ce que ces maîtres du monde accordaient à leurs moindres citoyens, et je vous présente une bagatelle comme le dernier Romain avait la liberté d'offrir des branches de laurier. Je laisse, dis-je, à des plumes plus savantes et plus hardies disposer des ornements dont on peut composer votre panégyrique, de même que le peuple laissait au Sénat le pouvoir et le soin de décerner des triomphes à ceux dont les grandes actions en méritaient. Je ne me sens pas assez fort pour une si haute entreprise, et je borne mes plus vastes projets à celui d'obtenir de vous la permission de me dire,

Mademoiselle,

Votre très humble et très obéissant serviteur,

SOMAIZE.

Préface

L'usage des préfaces m'a semblé si utile à ceux qui mettent quelque chose en public qu'encore que je sache qu'il n'est pas généralement approuvé, je n'ai pourtant pu m'empêcher de le suivre, résolu, quoi qu'il arrive, de prendre pour garant de ce que je fais la coutume qui les a jusques ici autorisées.

Ce n'est pas que je veuille suivre celle de ces auteurs avides de louanges qui, craignant qu'on ne leur rende pas tout l'honneur qu'ils croyaient mériter, y insérèrent eux-mêmes leurs panégyriques et font souvent leur apologie avant qu'on les accuse. Mon but est de divertir le lecteur, et de me divertir moi-même. Toutefois, comme il s'en peut trouver d'assez scrupuleux pour croire que c'est trop hasarder d'exposer aux yeux de tout le monde un ouvrage aussi rempli de défauts que celui-ci sans leur [*sic*] donner du moins quelques apparentes excuses, je veux bien en cet endroit dire quelque chose pour le contenter.

Je dirai d'abord qu'il semblera extraordinaire qu'après avoir loué Mascarille [Molière] comme j'ai fait dans les *Véritables Précieuses,* je me sois donné la peine de mettre en vers un ouvrage dont il se dit l'auteur et qui sans doute lui doit quelque chose, si ce n'est parce qu'il y a ajouté de son estoc au vol qu'il a fait aux Italiens, à qui l'abbé de Pure les avait données, du moins pour y avoir ajouté beaucoup par son jeu qui a plu à assez de gens pour lui donner la vanité d'être le premier farceur de France. C'est toujours quelque chose d'exceller en quelque métier que ce soit et, pour parler selon le vulgaire, il vaut mieux être le premier d'un village que le dernier d'une ville, bon farceur que mauvais comédien. Mais quittons la parenthèse et retournons aux *Précieuses.* Elles ont été trop généralement reçues et approuvées pour ne pas avouer que j'y ai pris plaisir, et qu'elles n'ont rien perdu en français de ce qui les fit suivre en Italien, et ce serait faire le modeste à contre-temps de ne pas dire que je crois ne leur avoir rien dérobé de leurs agréments en les mettant en vers. Même si j'en voulais croire ceux qui les ont vues, je me vanterais d'y en avoir beaucoup ajouté. Mais quand je le dirais, on ne serait pas obligé de s'en rapporter à moi, et quand mon lecteur me donnerait un démenti, il serait de ceux qui se souffrent sans peine, et qui ne coûtent jamais de sang. Aussi ne veux-je pas les louer et, bien loin de le faire, je dis ingénument que ce n'est, en bien des endroits, que de la prose rimée ; qu'on y trouvera plusieurs vers sans repos et dont la cadence est fort rude. Mais le lecteur verra aisément que ce n'est qu'aux endroits où j'ai voulu conserver mot à mot le sens de la prose et lorsque je les ai trouvés tout faits. L'on y verra encore des vers dont le sens est lié et qui sont enchaînés les uns avec les autres comme de pauvres forçats et d'autres enfin dont les rimes n'ont pas toute la richesse qu'on leur pouvait donner ; je n'en donnerai pourtant point d'excuse, ne croyant pas être obligé de suivre, dans une comédie comme celle-ci, une règle que les meilleures plumes n'observent pas dans leurs ouvrages les plus sérieux. Enfin, je ne dirai rien des *Précieuses* en vers qui puisse exiger de ceux qui les verront une bonté forcée. Je ne veux rien que le plaisir du lecteur, et serais bien fâché d'ôter le moyen de critiquer à ceux qui se plaisent à le faire. Ainsi, quoiqu'il me fût aisé de dire bien des choses pour justifier mes défauts, et quoique je n'eusse qu'à m'étendre sur la difficulté qu'il y a de mettre en vers mot à mot une prose aussi bizarre que celle que j'ai eu à tourner, que je pusse facilement faire voir que tout le plaisant des *Précieuses* consistait presque en des mots aussi contraires à la douceur des vers que nécessaires aux agréments de cette comédie, je laisse pourtant toutes ces choses pour laisser le lecteur en liberté, et je proteste ici que la critique ne m'épouvante point et que je serais fort marri de dire le moindre mot pour l'éviter, et non seulement je la souffre pour cette version, mais je consens que l'on s'en serve encore à l'égard du *Procès des Précieuses,* qui est de mon invention pure, et qui, si tout le monde est de mon sentiment, divertira fort ; au moins ne l'ai-je fait que dans cette pensée.

Cette préface aurait à peu près la longueur qu'elle devrait avoir, et je la finirais volontiers en cet endroit, s'il ne me restait encore un peu de papier qu'il me faut remplir de quoi que ce puisse être, quand ce ne serait que pour grossir le livre. Toutefois, pour ne pas m'éloigner de mon sujet, je dirai, quoique sans dessein de me défendre, que j'aurais eu bien plus de facilité de traduire une pièce de toute autre langue en vers français que d'y mettre une prose faite en ma propre langue ; dans toute autre, j'aurais assez fait de rendre les pensées de mon auteur. Les termes auraient été à ma discrétion, et tout aurait presque dépendu de mon choix, mais je suis ici pour rendre la chose fidèlement. Je n'ai pas seulement été contraint de mettre les pensées, il m'a fallu mettre aussi les mêmes termes. Que si j'ai ajouté ou diminué selon que les rimes m'y ont obligé, je n'ai rien à répondre à cela sinon que pour les rendre comme elles étaient, il fallait les laisser en prose. Peut-être qu'au sentiment de plusieurs, j'aurais mieux fait que de les mettre en rimes. Peut-être qu'au jugement de ceux qui aiment les vers, j'aurai fort bien réussi. Tout cela est douteux. Mais il est certain que ce n'est pas là mon plus grand chagrin, et que si ceux pour qui je les ai faites les trouvent à leur gré, il m'est bien indifférent que les autres les condamnent ou les approuvent. En tout cas, que ceux qui ne s'y divertiront pas aient recours au Dictionnaire des précieuses ou à la *Satire*. Comme tout dépend du caprice, peut-être qu'ils y trouveront mieux leur compte pourvu qu'ils se divertissent de quelque manière que ce soit.

À Mademoiselle Marie de Mancini,

Élégie

Épris, charmé, rempli de la plus belle idée
Dont une âme jamais puisse être possédée,
Je me laisse emporter à ces nobles ardeurs
Qui détruisent la crainte et rassurent les cœurs.
Je conçois un dessein qui m'étonne moi-même,
Mais comme le danger, la gloire en est extrême.
Quand j'y succomberais, je serais glorieux,
C'est périr noblement que périr à vos yeux.
On ne se repent point d'une belle entreprise,
Et de quelque terreur qu'une âme soit surprise,
Pour en venir à bout, on la voit tout oser,
Aux plus fâcheux revers on la voit s'exposer.
Pour moi, dans le projet que je viens de me faire,
On ne peut m'accuser que d'être téméraire.
Mais qui peut ignorer que la témérité
Surpasse bien souvent la générosité ?
Parlons mieux, et disons qu'il n'est pas ordinaire
De voir un généreux n'être point téméraire,
Qu'on ne peut que par elle affronter les hasards,
Qu'elle a seule formé les premiers des Césars,
Et que les conquérants que nous vante l'histoire,
Sans leur témérité, n'auraient pas tant de gloire.
Cette vertu propice aux belles passions
Peut seule vous conduire aux belles actions.
Rien que l'événement ne la rend criminelle.
Mais lorsqu'on réussit, elle n'est jamais telle.
Osons donc, dans l'ardeur qui nous brûle le sein,
Incertain du succès, suivre notre dessein.
Vous, illustre Marie, à qui mes vers s'adressent,
Souffrez qu'en votre nom tous mes vers s'intéressent,
Que je chante sa gloire et fasse voir à tous
Les belles qualités qui se trouvent en vous.
Que peuvent toutefois mes faibles témoignages ?
Vos yeux parlent assez de tous vos avantages.
Il n'importe ; achevons. En un dessein si beau,
Ces yeux nous serviront d'objet et de flambeau.
En effet si les yeux sont les miroirs de l'âme,
Que ne verrai-je pas au travers de leur flamme ?
Je trouverai d'abord d'une suite d'aïeux
La grandeur exprimée en ces aimables yeux,
Et de leur majesté la vénérable image,
Avec des traits plus doux, peinte sur ce visage.
J'y connaîtrai ce droit, naturel aux Romains,
D'étendre leur pouvoir dessus tous les humains,

Et que ce qu'ils faisaient par l'effet de leurs armes,
Vous savez l'achever par celui de vos charmes.
Mais vous faites bien plus que ces premiers vainqueurs.
Ils triomphaient des corps ; vous triomphez des cœurs.
On évitait leurs fers, on adore vos chaînes.
Si l'on en sent le poids, on en chérit les peines,
Et votre empire est tel dessus les libertés
Que même vous forcez jusques aux volontés.
Oui, tel est de vos yeux la douceur et l'empire
Qu'ils peuvent beaucoup plus que je ne saurais dire.
Mais si, voyant vos yeux, j'y trouve tant d'appas,
Consultant votre esprit, que ne verrai-je pas ?
Et si, poussant plus loin ce dessein qui m'étonne,
Je voulais regarder toute votre personne,
Et voir séparément les aimables trésors
De votre âme à loisir consulter les accords,
En tracer une idée et vous y peindre entière,
Combien de vous louer verrais-je de matière ?
Je le laisse à juger, et borne tous mes vœux
À montrer dans mes vers ce qu'on voit dans vos yeux.
Mais après que ces yeux m'ont su faire connaître
La noblesse du sang dont on vous a vue naître,
Et que, par leur éclat instruit de leur pouvoir,
J'ai tâché d'exprimer ce qu'ils m'en ont fait voir,
Souffrez, sans vous lasser, que mes faibles paupières
En empruntent encor de nouvelles lumières,
Et que, par vos regards instruit de mieux en mieux,
Je puisse peindre au vif ce qu'on lit dans vos yeux.
Mais je m'y perds moi-même et vois mon impuissance.
Il faudrait, pour le faire, avoir leur éloquence,
Ou du moins que mes vers eussent les agréments
Que l'on peut remarquer dedans leurs mouvements,
Qu'on y vît cette ardeur qui brille en vos prunelles,
Qu'à leur force on connût que je veux parler d'elles,
Et qu'enfin mes accents, plus coulants et plus doux,
Méritassent l'honneur d'être estimés de vous.
Alors, par ce penser, ma veine ranimée
Tracerait ces vertus dont mon âme est charmée,
Et suivant, de vos yeux, l'éclat et les rayons,
J'en ferais à plaisir les illustres crayons.
Dans ce vaste tableau, chacune aurait sa place.
On y verrait d'abord une divine audace,
Et, sous divers habits, on verrait tour à tour
Les grâces et l'honneur qui vous feraient la cour.
Plus loin, on y verrait la discrète prudence
Régler vos actions d'une juste balance,
En soutenir partout le poids et la grandeur.
Pour compagne, elle aurait une fière pudeur ;
Outre cette pudeur, on y verrait encore
Toutes ces qualités qui font qu'on vous adore,

Et surtout on verrait la libéralité
Parler de vos excès de générosité.
Je ferais mes efforts pour y pouvoir dépeindre
Cette grande vertu qu'autre part il faut feindre,
Et pour ne perdre pas et ma peine et mes soins
J'en peindrais à vos pieds cent illustres témoins,
Et saurais faire voir par tant d'illustres marques
Que vous devez régner sur le cœur des monarques,
Que tout le monde entier, reconnaissant vos droits,
Tiendrait à grand bonheur de recevoir vos lois.
Mais attendant l'aveu d'une telle entreprise,
De grâce, laissez-moi jouir de ma surprise,
Par mon étonnement montrer votre pouvoir.
Il en marquera plus que je n'en ai fait voir.
Quand pour louer quelqu'un, l'on manque d'éloquence,
C'est en dire beaucoup que garder le silence.
Ainsi je ne crains pas que le mien soit suspect,
Puisqu'en ne disant rien, je prouve mon respect.

SOMAIZE.

Extrait du privilège du roi

Par grâce et privilège du roi, il est permis au sieur de Somaize de faire imprimer par tel imprimeur et libraire qu'il voudra *Les Précieuses ridicules mises en vers,* représentées au Petit-Bourbon, pendant l'espace de cinq ans, et défense à tous autres de les contrefaire, comme il est porté sur ledit privilège. Donné à Paris, le troisième jour de mars 1660, par le roi en son Conseil.

COUPEAU.

Et ledit sieur Somaize a cédé et transmis son privilège à Jean Ribou, marchand libraire à Paris selon l'accord fait entre eux.

Registré sur le livre de la communauté le 8 avril 1660 selon l'arrêt du Parlement en date du 9 avril 1653. Signé : Josse.

Les exemplaires ont été fournis.

Achevé d'imprimer le 12 mars 1661.

LES PRÉCIEUSES RIDICULES

Comédie
représentée au Petit-Bourbon,
mise en vers

LES PERSONNAGES

La Grange ⎫
Du Croisy ⎭ amants rebutés.
Gorgibus, bon bourgeois.
Magdelon, fille de Gorgibus ⎫
Cathos, nièce de Gorgibus ⎭ Précieuses ridicules.
Marotte, servante des Précieuses ridicules.
Almanzor, laquais des Précieuses ridicules.
Le marquis de Mascarille, valet de La Grange.
Le vicomte de Jodelet, valet de Du Croisy.
Deux porteurs de chaise
Voisines
Violons

SCÈNE I
(La Grange, Du Croisy)

DU CROISY

Seigneur La Grange...

LA GRANGE
Hé bien ?

DU CROISY
Regardez-moi sans rire.

LA GRANGE
Parlez, je vous entends. Qu'avez-vous à me dire ?
Quoi ?

DU CROISY
De notre visite, êtes-vous satisfait ?

LA GRANGE
Pas trop, à dire vrai. Mais vous ?

DU CROISY
Pas tout à fait.

LA GRANGE

J'en suis scandalisé, pour moi, je le confesse.
Un procédé semblable et me choque et me blesse.
Deux pecques de province ont-elles, dites-moi,
Jamais plus fièrement tenu leur quant à moi ?
Et deux hommes jamais, en pareille occurrence,
Ont-ils été reçus avec plus d'arrogance ?
Pendant que nous avons demeuré pour les voir,
À peine elles nous ont priés de nous asseoir.
Je suis encor surpris d'une chose pareille,
On n'a jamais tant vu se parler à l'oreille,
Tant se frotter les yeux, tant bâiller, tant moucher,
Tant s'enquérir de l'heure et si souvent cracher.
Nous ont-elles jamais dit quatre mots de suite ?
Oui ou non, ont-elles pas payé notre visite ?
Et quand nous aurions été de vrais gredins,
Nous auraient-elles pu montrer plus de dédains ?

DU CROISY

À vous ouïr parler de cet accueil farouche,
Il semble, tout du bon, que la chose vous touche.

LA GRANGE

Sans doute, elle me touche, et de telle façon
Que devant qu'il soit peu, j'en veux tirer raison.
Je connais ce que c'est. L'air précieux, sans doute,
Dans la campagne aussi vient de prendre sa route,
Et de Paris enfin, courant de part en part,
Nos donzelles en ont humé leur bonne part.
On connaît aisément, en voyant leur personne,
Que c'est la vérité que ce que je soupçonne.
On y voit certain air coquet et précieux
Et qui n'est, en un mot, qu'un ambigu des deux.
Pour en être reçu, je vois ce qu'il faut être,
Je vois ce qu'à leurs yeux il faut enfin paraître,
Et si vous me croyez, nous leur devons jouer
Un tour pour leur apprendre à ne se plus louer.
La pièce, assurément, paraîtra sans seconde
Et leur montrera mieux à connaître leur monde.

DU CROISY

Comment ?

LA GRANGE

J'ai Mascarille, un certain grand laquais
Qui passe, au sentiment d'esprits assez mal faits,
Pour être un bel esprit. Car au siècle où nous sommes,
Il est à bon marché chez la plupart des hommes.
C'est un extravagant, qui, par ambition,
Tâche d'être partout cru de condition.

Il se pique d'esprit, de vers, de raillerie,
Croit fort bien réussir dans la galanterie,
Fait le maître pour tout, dédaigne ses égaux,
Jusques à les traiter d'ignorants, de brutaux.

DU CROISY
Hé bien ! de ce valet, que prétendez-vous faire ?

LA GRANGE
Mon dessein n'a jamais été de vous le taire.
Il nous faut... Mais sortons, car nous n'irons pas bien
Si Gorgibus, qui vient, savait notre entretien.

SCÈNE II
(Gorgibus, Du Croisy, La Grange)

DU CROISY
Hé bien ? Vous avez vu ma nièce avec ma fille,
Avez-vous résolu d'entrer dans ma famille ?
D'une pareille affaire, enfin, que dites-vous ?

LA GRANGE
Vous le saurez, Monsieur, mieux d'elles que de nous.
Tout ce que nous pouvons à présent vous apprendre,
C'est que nous avons trop de grâces à vous rendre
De toutes vos bontés, de toutes vos faveurs,
Et que nous demeurons vos humbles serviteurs.

GORGIBUS
Ouais ? Ils sont fort mal contents. Que cela veut-il dire ?
Faisons venir quelqu'un qui nous en puisse instruire.
Je veux m'en enquérir et savoir promptement
D'où leur pouvait venir ce mécontentement.
Ces coquines toujours me causent mille angoisses.
Holà !

SCÈNE III
(Marotte, Gorgibus)

MAROTTE
Plaît-il, Monsieur ?

GORGIBUS
Où sont donc vos maîtresses ?
Qu'on les fasse venir.

MAROTTE

Je pense qu'elles sont

Dedans leur cabinet.

GORGIBUS

Qu'est-ce qu'elles y font ?

MAROTTE

Pour les lèvres, Monsieur...

GORGIBUS

Hé, quoi ?

MAROTTE

De la pommade.

GORGIBUS

Nous avons tous les jours une semblable aubade.
Tout cela me déplaît, et c'est trop pommader.
Qu'on les fasse descendre. Allez, et sans tarder,
Car ces pendardes enfin, faut que je le confesse,
Me veulent ruiner en pommade, sans cesse.
Mais je me fâcherai si l'on me pousse à bout.
Je ne vois que blancs d'œufs, lait virginal partout.
Partout, dans le logis, je ne vois que paraître
Mille brimborions, que je ne puis connaître.
Elles ont employé le lard de dix cochons,
Et je puis assurer que, des pieds de moutons
Dont ici, chaque jour, elles font la dépense,
Six valets en auraient plus que leur suffisance.

SCÈNE IV
(Magdelon, Cathos, Gorgibus)

GORGIBUS

Cela n'est, par ma foi, du tout ni bien ni beau,
Et c'est trop dépenser pour graisser son museau.
Dites ? Qu'ont ces messieurs ? qu'avez-vous pu leur faire ?
Ils sortent froidement et, me semble, en colère.
Puisque je l'avais dit, que ne les traitiez-vous
Comme gens destinés pour être vos époux ?

MAGDELON

Ah ! Que dites-vous là ? Quelle estime, mon père,
Pourrions-nous toutes deux et devrions-nous faire
(Quand bien vous nous l'auriez vous-même commandé)
De ces sortes de gens, de qui le procédé
Est irrégulier ?

CATHOS

Des filles raisonnables
Ne peuvent accepter des personnes semblables,
Mon oncle. Quel moyen de s'en accommoder ?

GORGIBUS

Que trouvez-vous en eux ?

MAGDELON

Qu'osez-vous demander ?
Ils n'ont fait leur début que par le mariage.

GORGIBUS

Devaient-ils débuter par le concubinage ?
Était-ce le moyen de gagner votre cœur ?
Ne devriez-vous pas estimer leur ardeur ?
Quoi ? Pouvaient-ils tous deux parler d'une manière
Qui fût plus obligeante et dût plus satisfaire ?
Et ce lien sacré, qu'ils prétendent tous deux,
Ne marque-t-il pas bien la vertu de leurs vœux ?

MAGDELON

Mon père, songez mieux à tout ce que vous dites,
Ces fautes tout de bon ne sont pas trop petites.
Mais faites-vous, de grâce, instruire une autre fois :
Ce que vous avez dit est du dernier bourgeois.
Je ne puis vous ouïr et la honte m'accable
Lorsque je vous entends faire un discours semblable.
J'en suis encor surprise et confuse, bon dieu !
Pour vous désabuser, il vous faudrait un peu
Apprendre ce que c'est que le bel air des choses.

GORGIBUS

Quel discours est-ce là ? Quelles métamorphoses !
Je n'ai que faire ici ni d'air ni de chanson.
Ce discours me déplaît et paraît sans raison.
Et je te dis encor que c'est être très sage
Que d'en user ainsi, puisque le mariage,
De chacun, aujourd'hui, doit être révéré,
Et qu'il n'a rien du tout que de saint et sacré.

MAGDELON

Dieux, si chacun était de votre humeur, mon père,
Que la fin d'un roman serait facile à faire !
Que cela serait beau si Cyrus, dans l'abord,
Sans éprouver du tout les caprices du sort,
Avait Mandane, et si sans hasarder sa vie,
Aronce, de plain-pied, épousait sa Clélie !

GORGIBUS

Qu'est-ce que celle-là me vient ici conter ?
À la fin je serai bientôt las d'écouter.

MAGDELON

Si vous vouliez, mon père, un moment nous entendre ?
Et ma cousine et moi, nous pourrions vous apprendre
Que jamais un hymen ne se doit accorder
Qu'après les accidents qui doivent précéder.
Il faut que, dans l'abord, un amant véritable,
Afin qu'à sa maîtresse il se rende agréable,
Exprime adroitement ses plus cruels tourments,
Il sache bien pousser et le doux et le tendre,
Que pour montrer combien son cœur est enchaîné
Il fasse tout cela d'un air passionné,
Et s'il prétend, enfin, avancer ses affaires,
Que sa procédure ait les formes ordinaires.
Il doit dedans le temple, ou dedans d'autres lieux,
Voir l'aimable beauté qui cause tous ses vœux,
Ou bien être conduit fatalement chez elle
Par de bons amis ou parents de la belle.
Il sort après cela tout chagrin, tout rêveur,
À l'objet de ses vœux, cache un temps son ardeur.
Cependant, il lui rend de fréquentes visites,
Et puis le plus souvent, après bien des redites,
On voit sur le tapis mettre une question
Qui fait adroitement savoir sa passion,
Et qui, quoique la belle en paraisse troublée,
Exerce les esprits de toute l'assemblée.
De déclarer son feu, le jour arrive enfin,
Ce qui se fait souvent dedans quelque jardin,
Lorsque par un bonheur que le hasard amène,
La compagnie quitte, ou plus loin se promène.
D'abord à cet aveu succède un prompt courroux
Qui bannit quelque temps l'amant d'auprès de nous.
Il trouve, après, moyen de rassurer notre âme,
De nous accoutumer aux discours de sa flamme,
Et de tirer de nous cet important aveu
Qui nous fait tant de peine et lui coûte si peu.
Viennent, après cela, toutes les aventures,
Les jaloux désespoirs, les craintes, les murmures,
Les plaintes sans sujet, les cris et les rivaux,
Qui, d'un parfait amour, sont les plus cruels maux,
Quand par une soudaine et fâcheuse saillie
Ils viennent traverser une flamme établie.
On voit venir encor les persécutions
D'un père qui combat de fortes passions,
Qui s'obstine à les vaincre. On voit la jalousie,
Qui sur de faux soupçons trouble la fantaisie.
On voit enfin les pleurs et les emportements,

Les fureurs d'un amant et les enlèvements,
Et tout ce qui s'ensuit. Dans les belles manières,
C'est ainsi que chacun doit traiter ses affaires,
Ce sont les règles enfin, dont il faut confesser
Que quiconque est galant ne peut se dispenser.
Mais peut-on jamais voir recherche plus brutale ?
Parler de but en blanc d'union conjugale,
Venir rendre visite et, dans le même jour,
Vouloir passer contrat pour montrer son amour,
Et prendre justement (sans voir ce qu'il faut faire)
Le roman par la queue ! Encore un coup, mon père,
Vous pourriez bientôt voir, si vous preniez conseil,
Qu'il n'est rien plus marchand qu'un procédé pareil.
Pour moi, j'ai mal au cœur et me sens inquiète
De la vision seule où ce discours me jette.

GORGIBUS

Voici bien du haut style ! Hé ! que vient celle-ci,
Avec son jargon, de me conter ici ?

CATHOS

Ah ! mon oncle, en effet, je vous dirai, si j'ose,
Qu'elle vient de donner dans le vrai de la chose.
Eh ! le moyen aussi de recevoir des gens
Qu'à faire leur devoir on voit si négligents,
Qui n'ont, de dire un mot, pas même l'industrie,
Et qui sont incongrus dans la galanterie ?
Pour moi, sans croire ici follement m'engager,
Contre qui le voudra, j'oserai bien gager
Que leur esprit jamais ne fut fait pour apprendre
Ce que c'est que l'amour, et la carte de Tendre,
Qu'ils ont le jugement tout à fait de travers,
Et que billets galants, petits soins, jolis vers,
Billets doux, sont pour eux des terres inconnues,
Comme si maintenant ils descendaient des nues.
Je vous puis dire encor, sans en demeurer là,
Que tout leur procédé marque assez bien cela,
Et qu'on ne trouve point, dans toute leur personne,
Ce je ne sais quel charme, et qui dès l'abord donne,
Par un air attirant et de condition,
De quantité de gens, fort bonne opinion.
Vit-on, jamais encor, chose plus merveilleuse ?
Oser venir tous deux en visite amoureuse
Avec des chapeaux de plumes désarmés,
Ne paraître, tous deux, nullement enflammés,
Avoir, avec cela, la jambe tout unie,
La tête de cheveux tout à fait dégarnie,
Tout irrégulière, et des habits enfin
Qui ressemblent à ceux de quelque vrai gredin,
Et souffrent, de rubans, une extrême indigence.

Ah ! mon dieu, quels amants ! J'en rougis quand j'y pense.
Quelle frugalité d'ajustement, bons dieux !
Est-ce ainsi que l'on doit venir offrir ses vœux ?
Quelle indigence en tout, et quelle sécheresse
De conversation ! Ah ! tout cela me blesse.
Toujours, on y languit, on n'y tient point. Hélas !
J'ai remarqué de plus, encor, que leurs rabats,
Par l'excès surprenant d'une avarice honteuse,
N'ont jamais été faits par la bonne faiseuse,
Qu'il s'en faut demi-pied (je le dis sans erreur),
Que leurs chausses enfin n'aient assez de largeur.

GORGIBUS

Voilà de grands discours que je ne puis entendre.
À tout ce baragouin, qui pourrait rien comprendre ?
Elles sont folles. Vous, Cathos et Magdelon,
Apprenez aujourd'hui que je veux, tout de bon,
Que vous vous prépariez...

MAGDELON

Eh ! de grâce, mon père,
De ces malheureux noms, tâchez de vous défaire,
Et, si vous le pouvez, nommez-nous autrement.

GORGIBUS

Ô dieux, qu'entends-je dire ? étranges noms ? comment ?
Et ne sont-ce pas là vos vrais noms de baptême ?

MAGDELON

Votre stupidité va jusques à l'extrême,
Que vous êtes vulgaire, avec ces sentiments !
Ah ! pour moi, le plus grand de mes étonnements,
Est que vous ayez fait une fille si sage,
Et si pleine d'esprit. Dedans le beau langage,
Ouït-on jamais nommer Magdelon et Cathos,
Et n'avouerez-vous pas qu'enfin des noms si sots
Pourraient, par leur rudesse affreuse et sans seconde,
Décrier le roman le plus charmant du monde ?

CATHOS

Mon oncle, il est très vrai que ces sortes de noms
Ont un je ne sais quoi de bas dedans leurs sons,
Qui n'a rien d'attirant, qui n'a rien qui ne blesse,
Et, pour peu qu'une oreille ait de la délicatesse,
On voit qu'elle pâtit très furieusement,
Entendant prononcer ces mots-là seulement.
D'Aminte, le beau nom, celui de Polyxène,
Que ma cousine et moi, nous avons pris sans peine,
Ont des attraits en eux, dont vous devrez d'abord,
Sans aucun contredit, être avec moi d'accord.

GORGIBUS

Écoutez, toutes deux, il n'est qu'un mot qui serve :
Quand je dis une chose, il faut que l'on l'observe,
Et je ne prétends pas tomber jamais d'accord
De ces noms, que je vois qui vous plaisent si fort.
Quittez-les, car je veux que vous gardiez les vôtres.
Je ne saurais souffrir que vous en ayez d'autres
Que ceux que vos parents vous ont jadis donnés.
Pour ces messieurs aussi, lesquels vous dédaignez,
Je sais quels sont leurs biens, je connais leurs familles,
Et comme je suis las de tant garder de filles,
Je veux qu'absolument vous songiez toutes deux
À recevoir bientôt leur main avec leur vœu.
De deux filles la garde est une rude charge,
Et ne peine que trop un homme de mon âge.

CATHOS

Ce que je puis vous dire ici, mon oncle, hélas,
C'est que le mariage est pour moi sans appas,
Que je trouve que c'est une chose choquante,
Et qu'enfin le penser seulement m'épouvante
D'être couchée auprès d'un homme vraiment nu.

MAGDELON

Mon père, notre nom sera bientôt connu.
C'est pourquoi vous devez nous permettre sans peine
Qu'avec les beaux esprits nous reprenions haleine.
Et comme dans Paris, nous venons d'arriver,
Vous devez, s'il vous plaît, nous laisser achever
De notre beau roman le tissu sans exemple,
Et n'en pas tant presser, par un pouvoir trop ample,
La conclusion.

GORGIBUS

Dieu ! qu'entends-je ici conter ?
Leur folie est visible, il n'en faut plus douter.
Encor un coup, sachez que je ne puis comprendre
Ces balivernes-ci, que je veux sans attendre,
Et sans qu'on me réponde, être maître absolu,
Et que l'on fasse enfin ce que j'ai résolu.
C'est pourquoi ces messieurs seront dans ma famille,
Ou chacune de vous restera toujours fille
Ou sera par ma foi mise dorénavant,
Puisque je l'ai juré, dedans un bon couvent.

SCÈNE V
(Cathos, Magdelon)

CATHOS

Quelle stupidité ! que vois-je ? Ah, Dieu, ma chère !
Que ton père a la forme avant dans la matière,
Qu'il a l'intelligence épaisse, qu'il est dur,
Et qu'il fait dans son âme étrangement obscur !

MAGDELON

Ma chère, que veux-tu ? pour lui, j'en suis confuse.
Rien ne m'étonne tant que de le voir si buse.
Mais je me persuade, et fort malaisément,
Que je puisse être aussi sa fille assurément,
Et je crois qu'il viendra quelque journée heureuse,
Qui par quelque aventure et nouvelle et fameuse,
Me développera, sans doute avec raison,
Un père plus illustre, et d'une autre maison.

CATHOS

Je le croirais bien, oui, car enfin sans médire,
J'y vois grande apparence, et je ne sais qu'en dire.
Pour moi, quand je me vois aussi...

SCÈNE VI
(Magdelon, Cathos, Marotte)

MAROTTE
Madame...

MAGDELON
                              Quoi ?
Qu'est-ce ? Que voulez-vous ? Veut-on parler à moi ?

MAROTTE

Un laquais, que voilà, souhaite qu'on lui dise
Si vous êtes céans, afin qu'il en instruise
Son maître, qui l'envoie ici pour le savoir,
Parce, dit-il, qu'il veut bientôt vous venir voir.

MAGDELON

Et vous, apprenez, sotte, à moins parler vulgaire,
Et dites, pour nous mieux annoncer d'ordinaire,
Un nécessaire est là qui demande instamment
Si vous ne pourriez pas être présentement
En commodité d'être visibles.

MAROTTE

Ah ! dame,
Je n'entends point, ma foi, ce latin-là, Madame,
Et l'on ne m'a jamais enseigné, comme à vous,
La filofie dedans le Grand Cyre.

MAGDELON

À nous
Tenir de tels propos, voyez l'impertinente !
Le moyen de souffrir toujours cette insolente ?
Mais encor quel est-il, le maître à ce laquais ?

MAROTTE

Il me l'a nommé le... le marquis de... de... ouais,
Marquis de Mascarille.

MAGDELON

Un marquis, ah ! ma chère,
Oui, retournez lui dire, et ne demeurez guère,
Qu'on nous voit à présent ; c'est quelque bel esprit
Que notre renommée a jusqu'ici conduit.

CATHOS

Assurément, ma chère.

MAGDELON

En cette salle basse,
Il faut le recevoir ; nous aurons plus de grâce
Que dedans notre chambre. Ajustons nos cheveux
Au moins, et soutenons en ce jour bienheureux
La réputation que nous avons acquise.

CATHOS

La visite me plaît, bien que j'en sois surprise.

MAGDELON

Vite, venez nous tendre ici le conseiller
Des grâces.

MAROTTE

Que ce mot vient mal pour m'embrouiller !
Ma foi, je ne sais point si c'est là quelque bête.
Il faut parler chrétien pour mettre dans ma tête
Ce que vous voulez dire.

CATHOS

Apportez le miroir,
Pécore, et gardez bien, en vous y faisant voir,
D'en obscurcir la glace et de lui faire outrage
En lui communiquant de trop près votre image.

SCÈNE VII
(Mascarille, deux porteurs)

MASCARILLE
(*dans sa chaise, faisant arrêter ces porteurs*)
Là, là, porteurs, holà, là, là, là, là, holà,
Je crois que ces marauds me veulent briser là
À force de heurter les pavés, la muraille.

UN PORTEUR
Dame, c'est que la porte est étroite d'entrailles.
Vous avez commandé que l'on entrât ici,
Nous avons obéi.

MASCARILLE (*sortant de sa chaise*)
Je le crois bien aussi.
Voudriez-vous, faquins, que pour vous j'exposasse
Ou mes plumes à l'air, ou bien que je laissasse
Perdre leur embonpoint ? Et n'ai-je pas raison
De les en garantir, durant cette saison
Pluvieuse, incommode, ou bien que j'imprimasse
Mes souliers en la boue. Ah ! de vous, je me lasse.
Ôtez-moi votre chaise.

LES DEUX PORTEURS
Eh bien donc, payez-nous.

MASCARILLE
Hem ?

LES DEUX PORTEURS
Je vous dis, Monsieur...

MASCARILLE
Que me dis-tu ?

LES DEUX PORTEURS
Que vous
Nous donniez de l'argent.

MASCARILLE (*lui donnant un soufflet*)
Quelle insolence !
Demander de l'argent à ceux de ma naissance.

LES DEUX PORTEURS
N'avez-vous que cela, Monsieur, à nous donner ?
Et votre qualité nous fait-elle dîner ?

MASCARILLE

Ah ! je vous apprendrai, coquins, à vous connaître.
Vous osez-vous, marauds, jouer à votre maître ?

UN PORTEUR (*prenant un des bâtons de sa chaise*)

Çà, vite, payez-nous !

MASCARILLE

Quoi ?

UN PORTEUR

Je dis que je veux
De l'argent tout à l'heure.

MASCARILLE

On ne peut dire mieux.
Il est très raisonnable.

UN PORTEUR

Eh bien ! vite, vous dis-je.

MASCARILLE

Tu parles comme il faut, voilà comme on m'oblige,
Mais l'autre est un coquin qui ne sait ce qu'il dit !
Là, tiens, es-tu content ?

UN PORTEUR

Nenni, j'ai du dépit,
Et ne saurais souffrir votre rodomontade.
Vous avez, devant moi, battu mon camarade,
Et si...

MASCARILLE

Doucement, tiens, voilà pour le soufflet.
On obtient tout de moi, je suis comme un poulet.
Et lorsque l'on s'y prend de la belle manière,
Je me laisse fléchir à la moindre prière.
Allez vite, sortez, et venez me chercher
Tantôt, pour aller au Louvre au petit coucher.

SCÈNE VIII
(Marotte, Mascarille)

MAROTTE

Mes maîtresses, Monsieur, vont venir tout à l'heure.

MASCARILLE

Je ne suis pas pressé, je vous jure, ou je meure.
Je suis dedans ce lieu posté commodément,
Et je puis, à loisir, les attendre aisément.

MAROTTE

Elles viennent, Monsieur...

SCÈNE IX
(Magdelon, Cathos, Mascarille, Almanzor)

MASCARILLE

Mesdames, mon audace
Pourra vous étonner, mais cette aimable grâce,
Que l'on admire en vous, vous cause ce malheur.
La réputation, qui parle à votre honneur,
M'a forcé, ce jour d'hui, de vous rendre visite,
Car, pour moi, je poursuis en tous lieux le mérite.

MAGDELON

Si vous le poursuivez, ce n'est pas en ces lieux
Que vous devez chasser.

CATHOS

Pour le voir à nos yeux,
Il a fallu, Monsieur, qu'il vint sous votre auspice.

MASCARILLE

Ah ! je m'inscris en faux contre cette injustice.
Le renom parle juste, en contant vos vertus.
Par là, les plus galants seront bientôt battus.
Vous allez faire pic, repic et capot même
Tout ce que, dans Paris, l'on chérit et l'on aime.

MAGDELON

Nous n'attendions pas moins d'un homme tel que vous.
Mais votre complaisance est trop grande envers nous,
Et vous poussez si loin votre injuste louange
Que ma cousine et moi, pour éviter le change,
Nous ne donnerons pas de notre sérieux
Dedans un compliment qu'on ne peut faire mieux,
Car enfin, nous craignons de tomber dans le piège.

CATHOS

Mais, ma chère, il faudrait faire apporter un siège.

MAGDELON (à Almanzor)

Voiturez-nous ici, vite, petit garçon,
Les commodités de la conversation.

MASCARILLE

Mais aurai-je du moins sûreté de personne ?

CATHOS

Que craignez-vous de nous ? Que rien ne vous étonne.

MASCARILLE

J'ai tout à redouter, tout me doit faire peur.
Je crains premièrement quelque vol de mon cœur,
Ou quelque assassinat de ma pauvre franchise.
Je vois ici des yeux, dont mon âme est surprise.
Ils ont mine surtout d'être mauvais garçons,
De faire insulte aux gens et les ôter d'arçons,
Ravir les libertés, faire qu'on les adore,
Et même de traiter un cœur de Turc à More.
Comment, diable ! D'abord que l'on s'approche d'eux,
Ils se mettent en garde. Ah ! qu'ils sont dangereux !
Ma foi, je m'en défie, et vais prendre la fuite,
Ou je veux caution de leur bonne conduite.

MAGDELON

Ma chère, ce qu'il dit est tout plein d'enjouement.

CATHOS

Il efface Amilcar, tant il a d'agrément.

MAGDELON

Ne craignez rien, nos yeux sont exempts de malice,
Leurs desseins innocents, et sans nul artifice.
Votre cœur peut dormir en toute sûreté
Dessus leur prud'homie et dessus leur bonté.

CATHOS

Mais, de grâce, Monsieur, rendez-vous exorable
Aux vœux de ce fauteuil, dont le soin équitable
Lui fait ouvrir les bras, contentez son dessein.
Depuis près d'un quart d'heure, il vous ouvre son sein.
Souffrez qu'il vous embrasse.

MASCARILLE

(*Après s'être peigné et avoir ajusté ses canons*)
Eh ! Bien, dites, Mesdames,
Que vous semble Paris ? Car c'est aux belles âmes
D'en porter jugement.

MAGDELON

Qu'en dirons-nous, hélas !
Tout le monde est d'accord qu'il est rempli d'appas,
Que c'est le Grand Bureau de toutes les merveilles,
Le centre du bon goût, le charme des oreilles,
Le plaisir des esprits, le lieu des agréments,
Et le refuge enfin des plus nobles amants.

MASCARILLE

Je tiens qu'hors de Paris, pour les hommes illustres,
Il n'est point de salut ; les campagnes sont rustres.

CATHOS

On ne dispute point de cette vérité.

MASCARILLE

Ce qu'il a de fâcheux, c'est qu'il y fait crotté.
Mais nous avons la chaise.

MAGDELON

Il est vrai que la chaise
Est un retranchement où l'on est à son aise,
Un propice instrument pour les honnêtes gens,
Un merveilleux abri contre le mauvais temps.

MASCARILLE

Vous recevez beaucoup et de belles visites ?
Car tous les beaux esprits cherchent les grands mérites.
Mais encor, qui sont ceux qu'attirent vos appas ?
Dites ?

MAGDELON

Hélas, Monsieur, l'on ne nous connaît pas.
Mais peut-être bientôt qu'on nous pourra connaître,
Nous sommes en état de nous faire paraître.
Nous avons une amie, et qui nous a promis
Qu'elle nous ferait voir des gens de ses amis,
Qui sont dans les recueils des belles poésies,
Ces messieurs des romans et des pièces choisies.

CATHOS

Et de certains encor, connus et renommés,
Que comme gens savants elle nous a nommés,
Qui décident aussi de ces sortes de choses,
Et qui savent l'Histoire et les Métamorphoses.

MASCARILLE

Je ferai votre affaire. Ils me visitent tous,
Et je puis aisément les amener chez vous.
J'en ai tous les matins une demi-douzaine.

MAGDELON

Eh ! mon Dieu, voudriez-vous vous donner cette peine ?
Nous vous aurons la dernière obligation
Si vous nous procurez leur conversation,
Car enfin, vous savez que, sans leur connaissance,
On n'est point du beau monde, et voilà l'importance.

D'eux dépend, dans Paris, la réputation.
Aussi l'on doit chercher leur fréquentation.
Une femme, par là, peut devenir heureuse,
Et même s'acquérir le bruit de connaisseuse.
Et j'en connais beaucoup qui l'ont acquis par là,
Quoique l'on n'y trouvât rien du tout que cela.
Et principalement ce que je considère,
Ce qu'à tout autre bien aisément je préfère,
C'est que, par ce moyen, des choses l'on s'instruit
Qu'il faut qu'on sache enfin pour être bel esprit.
Puis l'on sait, chaque jour, les petites nouvelles,
Tout ce que les galants écrivent à leurs belles,
Les commerces de prose aussi bien que de vers,
Tout ce que l'on écrit sur cent sujets divers.
On sait à point nommé : tel a fait une pièce
Jolie autant qu'on peut, unique en son espèce ;
Tout le monde l'estime à cause du sujet.
Une telle personne a fait un beau portrait.
Sur un tel air nouveau, telle a fait des paroles.
L'anagramme d'un tel est pleine d'hyperboles.
Un tel auteur gascon a fait un madrigal
Sur une jouissance. Un tel donne le bal.
Cet autre a composé des sonnets et des stances
Sur des yeux, sur un teint, et sur des inconstances.
Un tel, hier au soir, écrivit un sizain
Pour une demoiselle. Elle, par un dizain,
Le lendemain matin, en envoya réponse.
On poursuit le roman de Clélie et d'Aronce.
Tel poète fort illustre a fait un tel dessein.
La pièce de cet autre est un public larcin.
Un tel fait un roman parce que l'on l'en presse.
Les ouvrages d'un tel se mettent sous la presse.
C'est là, sans contredit, ce que l'on doit savoir
Pour se faire connaître et se faire valoir
Dedans les lieux connus, et j'ose dire encore
Que quelque esprit qu'on ait, alors qu'on les ignore,
Il ne vaut pas un clou.

CATHOS
Je trouve qu'en effet
Sans cela, l'on ne peut avoir l'esprit bien fait,
Et j'avouerai pour moi, c'est là tout mon scrupule ;
Je crois qu'on s'enrichit dessus le ridicule
De se piquer d'esprit et de ne savoir pas
Jusqu'au moindre quatrain. Pour moi, j'en fais amas,
Et si l'on me venait demander quelque chose,
Que je n'aurais pas vu, soit de vers, soit de prose,
J'en aurais de la honte.

MASCARILLE
On n'estime point ceux
Qui n'ont pas des premiers tous les vers amoureux,
Et même ce qu'on fait d'une plus longue haleine.
Mais fiez-vous sur moi, n'en soyez point en peine,
J'assemblerai chez vous nombre de beaux esprits.
Vos mains, de leurs travaux, leur donneront le prix,
Et je veux qu'à Paris pas un vers ne se fasse
Que dans votre mémoire il n'occupe une place
Avant qu'aucun l'ait vu. Tel que vous me voyez,
Je m'en escrime un peu. Je veux que vous sachiez
Que vous verrez courir, dans les belles ruelles,
Plus de deux cents chansons, presque toutes nouvelles,
Des sonnets tout autant sur de divers sujets,
Bien mille madrigaux pour différents objets,
Et même sans compter plus de cent élégies
Faites sur des dédains, sans les apologies,
Énigmes et portraits.

MAGDELON
Ah ! furieusement,
Je suis pour les portraits ; rien n'est de plus charmant
Ni rien de plus galant.

MASCARILLE
Ils sont bien difficiles
Et veulent des esprits profonds, savants, habiles.
Vous en verrez de moi qui ne déplaisent pas.

CATHOS
Une énigme a pour moi terriblement d'appas.

MASCARILLE
Par là, l'esprit s'exerce, et j'en ai tracé quatre
Encore ce matin, qu'afin de vous ébattre
Vous pourrez deviner.

MAGDELON
J'aime les madrigaux.
Quand ils sont bien tournés, ils sont tout à fait beaux.

MASCARILLE
Ah ! c'est là mon talent, et je donne mes peines
À mettre en madrigal les annales romaines.

MAGDELON
Ce dessein est illustre autant qu'il est nouveau ;
Cet ouvrage, Monsieur, sera du dernier beau,
Et si vous l'imprimez, j'en veux un exemplaire.

MASCARILLE

Je sais trop mon devoir pour n'y pas satisfaire,
Et je vous en promets au moins à chacune un
Qui seront reliés mieux que ceux du commun.
Pour ma condition, c'est un bas exercice ;
Je le fais seulement pour rendre un bon office
Au libraire importun qui m'en vient accabler,
Et ce matin encor m'en est venu parler.

MAGDELON

Le plaisir est bien grand d'être mis sous la presse.

MASCARILLE

Sans doute, il est bien doux que notre nom paraisse,
Et les noms imprimés ont une autre vertu.
Mais à propos, il faut vous dire un impromptu
Que je fis avant hier, chez certaine duchesse,
Que je fus visiter. Il est plein de tendresse.
Tous les plus fiers esprits s'en verraient combattus,
Car je suis diablement fort sur les impromptus.

CATHOS

L'impromptu justement est la pierre de touche
De l'esprit ; il nous plaît, il nous charme, il nous touche.

MASCARILLE

Écoutez.

MAGDELON

Ce sera, Monsieur, avec plaisir,
Et vous pouvez parler avecque tout loisir.
Dans le juste désir d'ouïr tant de merveilles,
Nous y sommes déjà de toutes nos oreilles.

MASCARILLE

Oh ! oh ! Je n'y prenais pas garde,
Tandis que sans songer à mal je vous regarde,
Votre œil en tapinois me dérobe mon cœur,
Au voleur, au voleur, au voleur, au voleur !

CATHOS

Ah ! mon dieu, que ces vers ont des attraits puissants !
Par leur délicatesse, ils enchantent les sens.
Ces vers-là sont poussés, sans nulle flatterie,
Jusques au dernier point de la galanterie.

MASCARILLE

Je ne fais rien du tout qui n'ait l'air cavalier.
Je n'ai rien de pédant, encor moins d'écolier.

CATHOS

Il en est éloigné, tout autant qu'on peut l'être,
Et vous avez bien l'art de vous faire paraître.

MASCARILLE

Avez-vous remarqué, dans ce commencement,
« Oh ! oh ! » Ce n'est pas là parler vulgairement.
« Oh ! oh ! » En s'étonnant, un homme qui s'avise,
Tout d'un coup, « Oh ! oh ! oh ! » Voyez-vous la surprise ?
« Oh ! oh ! »

MAGDELON

Oui, ce « Oh ! oh ! » ne peut pas être mieux.

MASCARILLE

Cela ne semble rien.

CATHOS

Il est miraculeux,
Et ce sont là, Monsieur, des choses si belles
Qu'on ne les peut payer.

MAGDELON

Sans doute, elles sont telles,
Et j'aimerais bien mieux avoir fait ce « Oh ! oh ! »
Que tout un poème épique.

MASCARILLE

En effet, il est beau.
Vous avez le goût bon, tudieu ! vous êtes fine.

MAGDELON

Je ne l'ai pas mauvais, et souvent je raffine.

MASCARILLE

Je m'en aperçois bien. Mais n'admirez-vous pas
« Je n'y prenais pas garde ». On ne voit rien de bas
Dedans cette façon : « Je n'y prenais pas garde ».
Elle est fort naturelle et de plus fort mignarde.
« Tandis que sans songer à mal », qu'innocemment,
Comme un pauvre mouton, tandis que bonnement
« Je vous regarde », moi. C'est justement dire
Que je vous considère et que je vous admire,
Ou bien que je m'amuse à contempler vos yeux.
« Votre œil en tapinois », peut-on s'énoncer mieux ?
« Tapinois », de ce mot encor, que vous en semble ?
N'est-il pas bien choisi ?

CATHOS

Dieux ! Qu'ils sont bien ensemble !

MAGDELON

Tapinois, en cachette ; il semble qu'un bon chat
Ait pris une souris, ou bien quelque gros rat.
« Tapinois ».

MAGDELON

Il est vrai ; cette pensée est forte.

MASCARILLE

« Me dérobe mon cœur », me l'ôte, me l'emporte
« Au voleur, au voleur, au voleur, au voleur ! »
N'est-ce pas peindre au vif la perte de son cœur ?
Et ne diriez-vous pas qu'on crie à pleine tête
Après quelque voleur, arrête, arrête, arrête,
Comme en le poursuivant, tout saisi de frayeur ?
« Au voleur, au voleur, au voleur, au voleur ! »

MAGDELON

J'avouerai que cela, sans qu'ici on vous flatte,
Délecte et plaît au goût de la plus délicate,
Tant le tour est galant, spirituel et beau.

MASCARILLE

L'air que j'ai fait dessus me semble assez nouveau.
Faut que je vous le die.

CATHOS

À quoi bon ne pas dire
Que vous avez appris la musique ? Ah ! sans rire,
Vous ne faites pas bien.

MASCARILLE

Quoi ? moi, j'aurais appris
La musique ? Ah ! jamais.

CATHOS

Mes sens en sont surpris,
Car comment donc, Monsieur, cela se peut-il faire ?

MASCARILLE

Les gens de qualité n'ont rien qui soit vulgaire ;
Sans avoir rien appris, ils savent toujours faire.

MAGDELON

Ma chère, assurément.

MASCARILLE

Voyons si votre goût
En trouvera l'air bon ; écoutez, je commence.
Hem, hem, la, la, la, la. J'ai fort peu d'éloquence.

Ouais, la brutalité de la saison qu'il fait
Est furieusement contraire à mon projet.
Elle a gâté ma voix, mais certes il n'importe,
C'est à la cavalière.

(Il chante.)
Oh, oh, je n'y prenais pas...

CATHOS
Ah ! dieux, cela m'emporte ;
Que je trouve cet air pressant, passionné.
Est-ce qu'on n'en meurt point ?

MAGDELON
Il est assaisonné
De la bonne façon. Mais dans cette musique
L'on voit bien qu'on a mis beaucoup de chromatique.

CATHOS
Cet air assurément est tout rempli d'appas.

MASCARILLE
Dites-moi donc un peu si vous ne trouvez pas
La pensée assez bien dans le chant exprimée ?
« Au voleur ! » Et comme une personne animée,
Qui pleine de transport se mettant en chaleur
Bien fort crie : « Au au au au, au, au, au voleur »,
Et tout d'un coup après, tout comme une personne
Essoufflée, « Au voleur ». Quoi ? cela vous étonne ?

MAGDELON
C'est là savoir le fin des choses, le grand fin,
Le fin du fin ; tout brille et tout y charme enfin.
Je vous promets, car j'ai de l'air et des paroles
L'âme enthousiasmée.

CATHOS
Et moi, sans hyperboles,
Je n'ai jamais rien vu de cette force-là.

MASCARILLE
Ah ! tout ce que je fais me vient comme cela,
Fort naturellement et sans aucune étude.

MAGDELON
C'est pour ne pas avoir beaucoup d'inquiétude,
Et nous persuader que la nature aussi
Vous a vraiment traité, Monsieur, jusques ici,
Comme une vraie mère, un peu passionnée,
Et ce génie ardent, dont je suis étonnée,
Vous fait bien remarquer pour son enfant gâté !

MASCARILLE

À quoi donc passez-vous le temps ?

CATHOS

En vérité,

Monsieur, à rien du tout.

MAGDELON

Par un sort incroyable,
Nous avons demeuré dans un jeûne effroyable
De divertissement...

MASCARILLE

Je m'offre à vous mener,
Le jour qu'il vous plaira, Mesdames, destiner,
Voir quelque comédie. On en doit jouer une
Dont je connais l'auteur et qui n'est pas commune,
Que je serai bien aise au moins que nous puissions,
S'il se peut, voir ensemble.

MAGDELON

Ah ! telles passions

Ne sont pas de refus.

MASCARILLE

Aussi je vous demande,
Lorsque nous serons là, que toute votre bande
Admire, approuve tout, applaudisse bien fort,
Pour qu'on trouve tout beau, fasse tout son effort.
Je veux vous engager, comme on m'en sollicite,
De faire que la pièce ait grande réussite ;
Car pour m'en conjurer, je vous jure ma foi
Que l'auteur, ce matin, m'est venu voir chez moi,
Qu'à toute heure, en tous lieux, il m'en prie et m'en presse,
Et fait que mes amis me le disent sans cesse.
C'est la coutume ici qu'à des gens comme nous,
Pour tous les vers qu'ils font, les poètes viennent tous
Implorer nos bontés, et des pièces nouvelles
Faire lecture afin que nous les trouvions belles,
Et qu'ils puissent aussi, par là, nous engager
À leur donner grand bruit. Je vous laisse à juger
Si d'une pièce enfin, quoi que nous puissions dire,
Le parterre jamais ose nous contredire.
Pour moi, j'y suis exact, et dès que quelque auteur
M'est venu conjurer d'être son protecteur,
Je crie avant qu'on ait allumé les chandelles
Que ses vers sont pompeux, sa pièce des plus belles.

MAGDELON

Non, ne m'en parlez point, Paris est bien charmant.
Tous les jours il s'y passe, et fort évidemment,
Cent choses qu'en province on y ignore,
Quelque spirituelle et quelque soin encore
Que l'on puisse apporter...

CATHOS

C'est assez, il suffit,
Personne à tout cela n'a jamais contredit.
Mais, Monsieur, puisqu'enfin nous en sommes instruites,
Nous ferons sûrement tout ce que vous nous dites,
Et nous nous récrierons aussi comme il faudra
Sur tout ce que d'esprit et de beau l'on dira.

MASCARILLE

Je ne vous dirai pas du tout si je devine,
Mais je me trompe fort, ou vous avez la mine
De quelque comédie avoir fait le tissu.

MAGDELON

Eh, il pourrait bien être, et sans que l'on l'ait su,
De cela quelque chose.

MASCARILLE

Eh bien ! si bon vous semble
Ma foi, nous la verrons, quand vous voudrez, ensemble.
Mais puisqu'il est ainsi, je veux, sans différer,
Un secret important ici vous déclarer.
Entre nous, j'en ai fait une, je vous l'avoue,
Que je veux, dedans peu, faire en sorte qu'on joue.

CATHOS

Et quels comédiens la représenteront ?

MASCARILLE

Ah ! la belle demande ! et ma foi, ce seront
Les Grands Comédiens ; ils en sont seuls capables.
Leur récit a toujours des grâces admirables.
Dans leurs bouches, les vers sont beaucoup apparents.
Pour les autres, on sait qu'ils sont des ignorants.
Tous leurs gestes n'ont rien qui ne soient du vulgaire,
Et comme on parle enfin, récitent d'ordinaire.
Les vers ne ronflent point, qu'articule leur voix.
Ils ne s'arrêtent point du tout aux bons endroits.
Et quel moyen a-t-on de les pouvoir connaître
Si le comédien ne les fait pas paraître,
S'il n'y fait une pause, et n'avertit par là
À quels endroits il faut faire le brouhaha ?

CATHOS

Il est une manière, en effet, qui fait même
Sentir à ses auteurs tous les attraits d'un poème,
Et les choses souvent ne valent du tout rien
S'ils ne sont dans leur jour et ne se disent bien.

MASCARILLE (*montrant le ruban de ses chausses*)
Ma petite oie est-elle à l'habit congruante ?

CATHOS

Tout à fait.

MASCARILLE
Le ruban est d'une main savante.
N'est-il pas bien choisi ?

MAGDELON
Furieusement bien.
C'est Perdrigon tout pur.

MASCARILLE (*étalant ses canons*)
Ne me direz-vous rien
Aussi de mes canons ? Ont-ils l'heur de vous plaire ?
Dites, que vous en semble ?

MAGDELON
Ah ! je ne m'en puis taire,
Et confesse qu'ils ont un tout à fait bon air.

MASCARILLE
Par ma foi, je me plais à vous ouïr parler.
Je trouve que leur air n'a rien que d'admirable,
Et je puis me vanter qu'il n'est rien de semblable,
Qu'avec raison j'en suis tout à fait satisfait,
Puisqu'ils ont un quartier plus que tous ceux qu'on fait.

MAGDELON
Je dois bien l'avouer, car je n'ai, que je pense,
Jamais d'ajustement vu porter l'élégance
Dedans un si haut point. Que vous donnez d'éclat
À ce que vous avez !

MASCARILLE (*lui donnant ses gants à tenir*)
Mais de votre odorat
Que la réflexion dessus ces gants s'attache.

MAGDELON
Je n'eus jamais d'odeur plus douce, que je sache,
Et je puis confesser, sans doute avec raison,
Qu'ils sentent en effet et terriblement bon.

CATHOS

Je n'ai point respiré, depuis que je suis née,
D'odeur qui me parût mieux conditionnée.

MASCARILLE (*lui faisant sentir ses cheveux*)

Et celle-là ?

MAGDELON

Je dis avec vérité
Que je la trouve aussi de bonne qualité.
Je sens qu'elle me plaît, et sens que je l'estime
À cause qu'elle est bonne, et qu'enfin le sublime
En est certes touché délicieusement.

MASCARILLE (*montrant ses plumes*)

Vous ne me dites rien de mes plumes. Comment
Les trouvez-vous, enfin ?

CATHOS

On peut bien dire d'elles
Qu'elles sont, en effet, effroyablement belles.

MASCARILLE

Vous vous y connaissez, je le vois ; mais encor
Savez-vous que le brin me coûte un louis d'or ?
Pour moi, sans me vanter, il faut que je vous die
Que depuis bien longtemps j'ai pris cette manie
De donner, par ma foi, trop généralement
Sur tout ce que l'on voit de rare et de charmant.

MAGDELON

Nous sympathisons fort ensemble, je vous jure,
Et c'est, sans vous mentir, qu'ici je vous assure
Que je suis délicate, et furieusement,
Pour tout ce qui me sert en mon habillement,
Et jusqu'à des chaussons, je n'en puis d'ordinaire
Souffrir s'ils ne sont faits de la bonne ouvrière.

MASCARILLE (*s'écriant brusquement*)

Mesdames, ahy, ahy, ahy, de grâce doucement,
Ce n'est pas, Dieu me damne, en user prudemment.
De votre procédé, j'aurais lieu de me plaindre.
Cela n'est pas honnête, et vous me faites craindre...

CATHOS

Qu'est-ce donc ? Qu'avez-vous ? Qui vous trouble, Monsieur ?

MASCARILLE

Toutes deux à la fois s'attaquer à mon cœur,
Me prendre à droit, à gauche, ah ! certes, la partie
N'est pas du tout égale, et de vous garantie,
Ou puisque vous allez contre le droit des gens,
Je vais crier au meurtre, et sortir de céans.

CATHOS

Il ne dit rien du tout qu'avec une manière
Tout à fait agréable, et qui n'est point vulgaire.

MAGDELON

Il a dedans l'esprit un tour, mais sans égal.

CATHOS

Vous avez bien, Monsieur, plus de peur que de mal,
Et votre cœur craintif crie avant qu'on l'écorche.

MASCARILLE

J'ai sujet, toutefois, de faire ce reproche :
Comment diable, je sens que quoi que vous disiez,
Il est depuis la tête écorché jusqu'aux pieds.

SCÈNE X
(Marotte, Mascarille, Cathos, Magdelon)

MAROTTE

On demande à vous voir.

MAGDELON

Et qui ?

MAROTTE
C'est le vicomte

De Jodelet, qui veut...

MAGDELON
Cette visite est prompte.

MASCARILLE

Quoi ! le vicomte de...

MAROTTE
C'est lui, Monsieur, vraiment.

MAGDELON

Et le connaissez-vous ?

MASCARILLE

C'est mon meilleur ami.

MAGDELON

Vite, faites entrer.

MASCARILLE

Certes cette aventure
Me charme et me ravit, car ma foi, je vous jure
Que depuis fort longtemps nous ne nous sommes vus.

SCÈNE XI
(Jodelet, Mascarille, Cathos, Magdelon, Marotte)

MASCARILLE

Ah ! vicomte.

JODELET (*s'embrassant l'un l'autre*)
Ah ! marquis.

MASCARILLE

Que tous mes sens émus
Marquent bien le plaisir que j'ai de ta rencontre !

JODELET

Et de la joie que j'ai, mon visage le montre.

MASCARILLE

Baise-moi donc encor, vicomte, baise-moi,
Je t'en conjure.

JODELET (*l'ayant baisé*)
Il t'en faut de plus doux, ma foi.

MAGDELON

Nous commençons, ma bonne, enfin d'être connues ;
Du beau monde chez nous, nous allons être vues,
Puisqu'il prend le chemin de nous y visiter.

MASCARILLE

Mesdames, s'il vous plaît, de ma part, d'accepter
Ce gentilhomme-ci ; sans que je le cajole,
Il est assurément digne (sur ma parole)
D'être connu de vous.

JODELET

Il est juste et de droit
De vous venir chez vous rendre ce qu'on vous doit,
Car enfin vos attraits exigent sur les hommes
Leurs droits seigneuriaux.

MAGDELON
Nous savons qui nous sommes,
Monsieur, et c'est pousser pour nos esprits peu fins
Votre civilité jusqu'aux derniers confins
De la galanterie.

CATHOS
Ah ! dieux, cette journée
Doit être comme grande, ensemble et fortunée,
Marquée dans notre almanach.

MAGDELON (*à Almanzor*)
Petit garçon,
Quoi, vous faut-il toujours faire votre leçon ?
Ne voyez-vous pas bien surcroît de compagnie,
Et qu'il faut un fauteuil ?

JODELET (*qui s'assied.*)
C'est sans cérémonie.

MASCARILLE
Ne vous étonnez pas s'il est si déconfit ;
Il ne fait que sortir d'un mal qui l'a bouffi
Comme vous le voyez. C'est pourquoi son visage
Est si maigre et si pâle.

JODELET
Et c'est tout l'avantage
Et les fruits qu'on reçoit des veilles de la cour,
Des travaux de la guerre et des soins de l'amour.

MASCARILLE
Mais dites cependant, savez-vous bien, Mesdames,
Qu'on place le vicomte au rang des belles âmes,
Qu'il est de ces vaillants à qui le fer sied bien ?
C'est un brave à trois poils.

JODELET
Vous ne m'en devez rien,
Marquis, et nous savons ce que vous savez faire.

MASCARILLE
Ah ! ma foi, ma science auprès de vous doit se taire.
Il est vrai que tous deux, nous nous sommes souvent
Vus dans l'occasion.

JODELET
Quelquefois trop avant,
Et même en des endroits où l'on avait sans doute
Bien du chaud à souffrir.

MASCARILLE
Oui, mais vicomte, écoute,
Pas tant de chaud qu'ici, hay, hay, hay !

JODELET
Nous avons
Fait notre connaissance à l'armée, et vivons
Depuis en amitié. Le jour que nous nous vîmes
Pour la première fois, ma foi, tous deux, nous fîmes
Ce pacte d'être amis. Il commandait alors
Un fort beau régiment de cavaliers très forts
Sur, si je m'en souviens, les galères de Malte.

MASCARILLE
Il est vrai, mais vicomte, ici trop l'on m'exalte.
Vous étiez toutefois dans l'emploi, devant moi,
Et je me souviens bien à présent, sur ma foi,
Que je n'avais encor qu'une charge assez basse,
Que vous étiez déjà dans une belle passe,
Et que vous commandiez les deux mille chevaux.

JODELET
La guerre est belle, mais on a trop de travaux,
Et la cour, aujourd'hui, pour des gens de services,
Nous récompense mal.

MASCARILLE
Ce ne sont qu'injustices.
C'est pourquoi, je veux pendre aussi l'épée au croc,
Et ne plus m'exposer du tout à pas un choc.

CATHOS
J'ai, pour les gens d'épée, un très furieux tendre.

MAGDELON
Ils me plaisent aussi, mais il faut, pour me prendre,
Assaisonner d'esprit la bravoure et le cœur.

MASCARILLE
Te souvient-il, vicomte, avec quelle vigueur
Nous prîmes, toutefois suivis de la fortune,
Dessus nos ennemis, dis cette demi-lune,
Étant devant Arras ?

JODELET
Que veux-tu dire, toi,
Avec ta demi-lune ? Hé ! tu rêves, je crois.
Penses-y, c'était bien toute une lune entière.

MASCARILLE

Il a parbleu raison.

JODELET

J'y crus mon cimetière,
Il m'en souvient, ma foi, car j'y fus fort blessé
D'un grand coup de grenade, à la jambe, et je sais
Que j'en porte la marque encore ; mais de grâce...
(Faisant tâter à sa jambe)
Tâtez, vous sentirez le coup ; voilà la place.

CATHOS *(ayant porté la main)*

La cicatrice est grande.

MASCARILLE

Apportez donc aussi
Votre main, et tâtez justement celui-ci.
Là, là, le trouvez-vous ? là, derrière la tête.

MAGDELON
(ayant la main derrière la tête de Mascarille)

Oui, je sens quelque chose. Un tel coup vous apprête
Aussi force lauriers.

MASCARILLE

Je reçus ce coup-là
Ma dernière campagne.

JODELET *(à Cathos)*

Ah ! tâtez donc, voilà
Encore un autre coup, je l'eus à Graveline
Et depuis, j'ai souffert d'une fièvre maligne
De fort âpres douleurs.

MASCARILLE
(mettant la main sur le bouton de son haut-de-chausses)

Moi, je vais vous montrer
Une effroyable plaie.

MAGDELON

Ah ! c'est trop folâtrer.
Sans y voir on vous croit, et vos faits admirables.

MASCARILLE

Ce sont, à dire vrai, des marques honorables
Qui font voir ce qu'on est.

CATHOS

Ah ! Monsieur, sans cela
Nous vous connaissons bien.

MASCARILLE

Dis, vicomte, as-tu là

Ton carrosse ?

JODELET

Pourquoi ?

MASCARILLE

Nous mènerions ces dames
Prendre, hors des portes, l'air pour délecter leurs âmes,
Et puis leur donnerions, par après, un cadeau.
Le temps nous y convie ; il est tout à fait beau.

MAGDELON

Nous ne saurions sortir d'aujourd'hui.

MASCARILLE

Faut remettre
À quelques jours d'ici la partie, et promettre
Aussi que vous viendrez.

CATHOS

Eh bien, nous le voulons.

MASCARILLE

Ayons donc, pour danser ici, les violons.

JODELET

C'est fort bien avisé.

MAGDELON

Pour cela, c'est sans peine
Que nous y consentons. Mais faut qu'on nous amène
Surcroît de compagnie.

MASCARILLE

Holà, oh ! Poitevin,
Bourguignon, Provençal, Champagne, Langevin,
La Verdure, Lorrain, Basque, La Violette,
La Ramée, Picart, Cascaret, La Valette,
Aux diables les laquais ! pour moi, je ne crois pas
Que je ne rompe à tous les jambes et les bras.
Non, je ne trouve point de gentilhomme en France
Plus mal servi que moi de ces races, je pense,
Car ces canailles-là ne m'entendent jamais.

MAGDELON

Allez vite, Almanzor, là-bas dire aux laquais
De Monsieur qu'à présent ici l'on nous amène
Des violons.

(*À Marotte*)
Et vous, prenez aussi la peine
De nous faire venir ces dames et messieurs
D'ici près, pour peupler avec tous les leurs
De notre bal si prompt la triste solitude.

MASCARILLE
Ces yeux n'auraient-ils point détruit ta quiétude ?
Vicomte, qu'en dis-tu ?

JODELET
Mais toi-même, marquis,
Qu'en pourrais-tu penser ?

MASCARILLE
Moi, par ma foi, je dis
Qu'ici nos libertés sont à demi sujettes,
Qu'à peine elles pourront sortir les braies nettes ;
Au moins pour moi, je sens qu'en mon cœur je reçois
Une étrange secousse, et même aussi je crois
Qu'il n'est plus retenu que par fort peu de chose.
Mais quand je le perdrais, j'en chérirais la cause.

MAGDELON
Dieux, que tout ce qu'il dit est fort et naturel !
Qu'on voit bien qu'il n'a rien qui soit matériel,
Et qu'il tourne à miracle une douceur, ma chère !

CATHOS
Il est vrai qu'il est seul, je crois, qui puisse faire
Une telle dépense en esprit et savoir.

MASCARILLE
Mesdames, toutefois, pour vous mieux faire voir
Que je ne vous mens point, je prétends, ou je meure,
Vous faire un impromptu, là-dessus, tout à l'heure.

CATHOS
Hé ! je vous en conjure avec toute l'ardeur
Et la dévotion ensemble de mon cœur,
Que nous ayons au moins quelque chose qu'on sache
Que l'on ait fait pour nous.

JODELET
Peste, cela me fâche.
J'avais envie aussi d'en faire tout autant.
Mais faut que vous sachiez et teniez pour constant
Que je suis aujourd'hui, s'il faut que je m'explique,
Beaucoup incommodé de la veine poétique
Pour lui trop avoir fait de saignées, ma foi,
Ces jours passés.

CATHOS

Monsieur, sans cela je vous crois.

MASCARILLE

Que diable est donc cela ? Je fais toujours sans peine
Fort bien le premier vers, mais je suis à la gêne
Pour poursuivre. Ma foi, ceci presse trop fort.
À loisir, je ferai pour vous, sans nul effort,
En vers, un impromptu qui sans doute, je gage,
Ne vous déplaira pas.

JODELET

Il a, pour son partage,
À mon sens, de l'esprit en démon.

MAGDELON

Mais du grand,
Du bien tourné, du fin, même du plus galant.

MASCARILLE

Vicomte, depuis quand as-tu vu la comtesse ?

JODELET

Elle aurait bien raison d'accuser ma paresse,
Car il s'est écoulé trois semaines et plus
Depuis que je l'ai vue.

MASCARILLE

Ah ! Dieu, j'en suis confus.
Quoi ! l'aller voir si peu ? Mais faut que je te conte
Que le duc ce matin m'est venu voir, vicomte,
Et m'a voulu mener courir avec lui
Un cerf à la campagne.

JODELET

Et tu l'as éconduit ?

MASCARILLE

Quoi donc ?

MAGDELON

Messieurs, voici nos amies qui viennent.

MASCARILLE

Nous sommes obligés aux peines qu'elles prennent.

SCÈNE XII
(Jodelet, Mascarille, Cathos, Magdelon, Marotte, Lucile)

MAGDELON

Mon Dieu, vous nous devez, mes chères, pardonner,
Car Messieurs ayant eu dessein de nous donner
Chez nous l'âme des pieds, nous vous avons choisies
Pour pouvoir mieux répondre à telles fantaisies,
Et pour remplir aussi les vides incongrus
Qui sont dans notre bal.

LUCILE

Ah ! ne nous tenez plus
De semblables discours. Nous sommes obligées
À votre souvenir, et serions affligées
Si vous ne vouliez pas toujours agir ainsi.

MASCARILLE

Ce n'est qu'un bal pressé que nous faisons ici.
Mais quelqu'un de ces jours, nous avons bien envie
De vous en donner un, au péril de la vie,
Dans les formes. Mais quoi que les violons enfin [*sic*],
Sont-ils là ?

ALMANZOR

Oui, Monsieur.

CATHOS

C'est trop être à la fin
Sur ses pieds. Allons donc, mes chères, prenez place.

MASCARILLE (*dansant lui seul comme par prélude*)

La, la, la, la, la, la.

MAGDELON

Dieux, qu'il a bonne grâce,
Et la taille élégante.

CATHOS

Et la mine, je crois,
De danser proprement.

MASCARILLE (*ayant pris Madelon*)

Ma franchise avec moi,
Aussi bien que mes pieds, va danser la courante.
Violons, en cadence... Ah ! cadence pesante.
Oh ! qu'ils sont ignorants ! ma foi, l'on ne peut pas
Rien danser avec eux. Quel étrange fracas !
L'on ne sait ce qu'on fait. Le diable vous emporte !

Quoi donc ? Ne sauriez-vous jouer d'une autre sorte,
Et de mesure la, la, la, la, la, la, la,
La, ferme, ô violons de village.

JODELET (*dansant ensuite*)
Oh ! holà ?
Messieurs, ne pressez pas si fort votre cadence.
Je ne fais que sortir de maladie.

MASCARILLE
Eh ! danse,
Vicomte.

SCÈNE XIII
(Du Croisy, La Grange, Mascarille)

LA GRANGE
Ah ! ah ! coquins, que faites-vous céans ?
Trois heures sont déjà passées, fainéants,
Depuis que nous cherchons de tous côtés. Ah ! lâche ?

MASCARILLE (*se sentant battre*)
Ahy, ahy, ahy ! Je n'ai point ouï, Monsieur, que je sache,
Que les coups en seraient.

JODELET
Ahy, ahy !

LA GRANGE
C'est bien à vous,
Infâme, à vouloir faire, en ce lieu, les yeux doux
Et l'homme d'importance...

DU CROISY
Ah ! vous voulez paraître.
Cela vous apprendra, certes, à vous connaître.
(*Ils sortent.*)

SCÈNE XIV
(Mascarille, Jodelet, Cathos, Magdelon)

CATHOS
Que viens-je donc de voir ?

MASCARILLE
Une gageure.

MAGDELON

Non.

Ou vous vous plaisez fort à sentir le bâton.

CATHOS

Vous laisser, devant nous, battre de cette sorte !

MASCARILLE

Mon dieu, facilement, je sais que je m'emporte,
Et je n'ai pas voulu faire semblant de rien.

MAGDELON

Pour votre honneur pourtant, cela ne va bien.
Quoi ? tous deux ! Qui l'eût cru ? Même en notre présence
Endurer un affront, et de cette importance...

MASCARILLE

N'importe, toutefois achevons, ce n'est rien.
Depuis longtemps déjà, nous nous connaissons bien !
Vous savez qu'entre amis, quoi qu'on fasse et qu'on ose,
On ne se pique pas pour si petite chose.

SCÈNE XV
(Du Croisy, La Grange, Mascarille, Jodelet, Magdelon, Cathos)

LA GRANGE

Ma foi, c'est trop, marauds, vous divertir de nous,
Et vous n'en rirez plus, je vous jure, entre vous.

MAGDELON

Quoi ? Dans notre logis, votre audace redouble.
Et qui vous y fait donc venir mettre le trouble ?

DU CROISY

Hé ! Mesdames, comment devons-nous endurer
Que nos laquais ici se fassent révérer,
Que par des lâchetés, que l'on peut dire extrêmes,
Ils soient ici, de vous, mieux reçus que nous-mêmes,
Qu'à nos propres dépens, par un trait sans égal,
Ils vous montrent leur flamme et vous donnent le bal ?

MAGDELON

Vos laquais ?

LA GRANGE

Nos laquais. Ces tours sont malhonnêtes
De nous les débaucher de même que vous faites.

MAGDELON

Quelle haute insolence ! Ô ciel !

LA GRANGE

               Ils n'auront pas
Le bien que nos habits leur donnent des appas
Pour vous pouvoir par eux donner dedans la vue.
Si vous aimez leur peau, ce sera toute nue,
Et quand vous les verrez sans vêtements et gueux,
Vous les estimerez, ma foi, pour leurs beaux yeux.
Vite ! qu'on se dépouille, ou bien dans ma furie...

JODELET

Et je ne suis plus rien, adieu la braverie !

MASCARILLE

Adieu le marquisat, adieu la vicomté !

DU CROISY

Qu'est-ce ? Qui vit jamais rien de plus effronté ?
Vos victoires, coquins, seront plus malaisées,
Et vous ne pourrez plus aller sur nos brisées,
Ou vous irez, ma foi, chercher en d'autres lieux
De quoi paraître beaux et contenter les yeux
De ces rares beautés, et je vous en assure.

LA GRANGE

Aurait-on pu prévoir une telle aventure ?
Et qui plus justement dût jamais s'emporter ?
Ah ! C'était trop, faquins, que de nous supplanter
Avecque nos habits !

MASCARILLE

            Ta fureur est extrême,
Ô sort !

DU CROISY

         Que l'on leur ôte et jusqu'aux chausses même
Qui sont peu d'importance.

MASCARILLE

        Hé...

LA GRANGE

               Sans raisonnement,
Que tous ces habits-là soient ôtés promptement.
Dedans l'état qu'ils sont, dès à présent, Mesdames,
Vous pouvez avec eux continuer vos flammes.
Ici, nous vous laissons en pleine liberté,
Et nous vous protestons tous deux, en vérité,
Que nous n'aurons jamais aucune jalousie.

CATHOS

Quelle confusion !

MAGDELON
J'en suis toute saisie !

LES VIOLONS (*au marquis*)
Donnez-nous de l'argent, je n'entends point ceci.
Lequel donc de vous deux doit nous payer ici ?

MASCARILLE (*le premier vers à part*)
Quand je vois ce revers, pour moi, je meurs de honte.
Demandez, s'il vous plaît, à Monsieur le vicomte.
(*Les Violons se tournent vers Jodelet*)

JODELET (*le premier vers à part*)
D'un semblable revers, mes sens sont ébahis.
Demandez, s'il vous plaît, à monsieur le marquis.

SCÈNE XVI
(Gorgibus, Jodelet, Mascarille, Magdelon)

GORGIBUS
Coquines, qu'ai-je ouï ? Vous nous venez de mettre
Dedans de beaux draps blancs. On m'a, sans rien omettre,
Dit toute votre affaire, et ces Messieurs aussi
Me l'ont trop fait savoir en s'en allant d'ici.

MAGDELON
Mon père, on nous a fait cette sanglante pièce.

GORGIBUS
Je sais qu'elle est sanglante et marque leur adresse,
Mais votre impertinence en est le fondement.
Ils se sont ressentis du mauvais traitement
Que vous leur avez fait, infâmes que vous êtes,
Et leurs flammes ont droit d'être mal satisfaites.
Il faut que, cependant, malheureux que je suis,
Je boive cet affront pour croître mes ennuis.

MAGDELON
Ne nous dites plus rien, je vous donne assurance
Que de ce procédé nous tirerons vengeance,
Que, contre nous, aucun ne les peut secourir.
Oh ! qu'en la peine, enfin, l'on vous verra périr.
Et vous, marauds, encor vous avez l'assurance
De rester dans ces lieux après votre insolence !

MASCARILLE

Un marquis, comme moi, se voir ainsi traité !
Certes, un tel affront ne peut être goûté.
Ah ! par cette froideur injuste et sans seconde,
Je ne connais que trop ce que c'est que le monde.
À la moindre disgrâce, on vous méprise tous.
Qui vous aimait le plus s'ose railler de vous.
Puis donc qu'il est ainsi, souffrons cette injustice.
D'un sort commun à tous, endurons le caprice.
Allons, cher camarade, allons-nous-en ailleurs.
La fortune, pour nous, aura plus de douceurs ;
La vertu, sans grandeurs, n'est point ici connue,
Et l'on l'en fait sortir, quand elle est toute nue.

SCÈNE XVII
(Gorgibus, Magdelon, Cathos et Violons)

VIOLONS

Nous attendons ici, Monsieur, à leur défaut,
De recevoir enfin, de vous, ce qu'il nous faut.
Car puisque tout travail mérite son salaire,
Il faut payer celui que nous venons de faire.

GORGIBUS (*en les battant*)

Je m'en vais maintenant tous deux vous contenter,
Et c'est ici l'argent que je veux vous compter.
Et vous, qui tous les jours faites tant d'incartades,
Qui consommez le temps à faire des pommades,
Je ne sais qui m'empêche et me retient ici
Que, dedans ma fureur, je ne vous frotte aussi.
Partout notre maison se verra méprisée.
Nous servirons partout de fable et de risée.
Chacun dira son mot pour nous déshonorer.
Voilà ce que sur nous vient enfin d'attirer
Et votre impertinence et vos humeurs hautaines.
Allez donc vous cacher, allez, grandes vilaines !
Et vous, des gens oisifs lâches amusements,
Vers, sonnets et chansons, sonnettes et romans,
Livres pernicieux, folles et vaines fables,
Puissiez-vous, pour jamais, aller à tous les diables !

Le grand dictionnaire des Précieuses
Ou la Clé de la langue des ruelles

Il y eut deux éditions de ce premier dictionnaire de Somaize, qui porte sur la langue prétendue des précieuses (voir supra, p. 232-235*). L'achevé d'imprimer de la première, chez Ribou, date du 12 avril 1660 ; celui de la seconde du 20 octobre. Nous reproduisons ici la seconde, qui parut chez Étienne Loyson, et qui fut « revue, corrigée et augmentée de quantité de mots » selon la page de titre. Comme dans l'édition de Charles Livet, parue en 1856 sous le titre* Dictionnaire des précieuses, *dont nous reprenons ici le texte, nous avons mis en tête de chaque article, entre crochets, le mot du texte expliqué.*

*

* *

Seconde édition
Revue, corrigée et augmentée de quantité de mots

À Paris
chez Estienne Loyson
MDCLX.

Préface

Ce serait me faire une injustice de vouloir que je me rendisse garant du Dictionnaire des précieuses : ce n'est pas mon ouvrage et, bien que j'aie fait un corps des parties qui le composent, je n'en attends pourtant point d'autre avantage que celui de divertir le lecteur par l'extravagance des mots que j'ai recueillis, et dont elles sont les inventrices. Cependant, comme le fonds des précieuses est inépuisable, les ministres de leur empire, ayant su que je travaillais au bien de leur république et que je rendais leur langue célèbre à toute la terre par ce Dictionnaire, ont pris soin de m'envoyer des mémoires utiles à ce dessein, qui me sont venus de tant d'endroits et en si grand nombre que je me vois contraint d'ajouter un second Dictionnaire à ce premier, que je promets dans peu de jours. Les matières de ce second seront différentes de celles-ci, et les précieuses véritables y auront part aussi bien que les ridicules (en attendant, il est bon d'avertir que les ridicules se débitent en vers pour divertir les véritables), que je prie de prendre ce divertissement durant que je mettrai cette autre partie en état de paraître.

Là, elles pourront satisfaire tout ce que la curiosité peut exiger sur le chapitre des précieuses : car ce nouveau Dictionnaire contiendra leur histoire, leur poétique, leur cosmographie, leur chronologie ; on y verra, de plus, toutes les prédictions astrologiques qui concernent leurs états et empires ; l'on y connaîtra aussi ce que c'est que les précieuses et leurs mœurs. Il y aura, de plus, un sommaire de leur origine, progrès, guerres, conquêtes et victoires, etc., avec un dénombrement des villes plus remarquables et des princesses du royaume des précieuses, comme aussi des autres personnes illustres de ce pays, ensemble les éloges de ceux et celles qui ont excellé en quelque chose ; outre cela, un traité des hérésies qui s'y sont glissées, ensemble la description de tous leurs états, empires, villes, provinces, îles, mers, fleuves, fontaines, et leur géographie, tant ancienne que moderne. Peut-être que ce dessein paraîtra assez ample pour faire craindre la fatigue d'une longue et ennuyeuse lecture, mais je leur fais ici plus de peur que de mal, et je réduirai cet ouvrage en assez petit volume pour servir de divertissement à ceux qui appréhendent le plus les grandes lectures, outre que la diversité des choses qui y seront renfermées sera assez plaisante d'elle-même pour se faire souffrir, quand elle serait dépourvue de tous les agréments que je tâcherai d'y renfermer.

A

[Ajusté]. Cet homme-là n'est pas ajusté : *Cet homme-là est nécessiteux d'agrément.*

[Asseoir (s')]. Seyez-vous, s'il vous plaît : *Contentez, s'il vous plaît, l'envie que ce siège a de vous embrasser.*

[Ajuster]. Je n'ai jamais vu personne qui s'ajustât mieux que vous : *Je n'ai jamais vu personne qui portât plus loin que vous l'élégance de l'ajustement.*

[Aimer]. J'aime beaucoup les gens d'esprit : *J'ai un furieux tendre pour les gens d'esprit.*

[Achever]. Achevez votre discours : *Rendez votre discours complet.*

[Attendrir]. L'amour a bien attendri mon cœur : *L'amour a terriblement défriché mon cœur.*

[Asseoir]. Seyez-vous, monsieur, s'il vous plaît : *Prenez figure, monsieur, s'il vous plaît.*

[Affaire]. Un homme d'affaire : *Un inquiet.*

[Affection]. Vous me témoignez une grande affection : *Vous m'encendrez et m'encapucinez le cœur.*

[Almanach]. L'almanach : *Le mémoire de l'avenir.*

[Astre]. Les astres : *Les pères de la fortune et des inclinations.*

[Âme]. Vous avez l'âme matérielle : *Vous avez la forme enfoncée dans la matière.*

[Amitié]. L'amitié qu'il a pour vous commence trop tard : *Il a pour vous une amitié indue.*

Ce mot a encore une autre signification, et l'on dit aussi : Avoir de l'amitié pour des gens qui ne le méritent pas : *Avoir une amitié indue.*

B

[Bonne]. Cette odeur est tout à fait bonne : *Cette odeur est tout à fait de qualité.*

[Belle]. Être belle : *Être dans son bel aimable.*

[Boire]. Le boire : *Le cher nécessaire.*

[Balancer]. J'ai balancé cinq ou six fois avant que de faire cela : *Il m'est passé cinq ou six incertitudes à la gorge avant que de faire cela.*

[Belle]. La plupart de celles qui vous voient sont moins belles que vous : *La plupart de celles qui vous voient vous servent de mouches.*

Vous avez la bouche belle : *Vous avez la bouche bien façonnée.*

[Bien]. Avoir peu de bien : *Être de la petite portion.*

[Belles choses]. Cette personne connaît bien toutes les belles choses : *Cette personne connaît bien la force des mots et le friand du goût.*

[Beau]. Ah ! ma chère, je n'ai rien vu de beau aujourd'hui : *Quelle pauvreté ! ma chère, je n'ai pas vu une chose raisonnable aujourd'hui.*

[Balai]. Le balai à balayer : *L'instrument de la propreté.*

[Boutique]. La boutique d'un libraire : *Le cimetière des vivants et des morts.*

C

[Choses]. Ces gens-là ne font pas les choses comme il faut : *Ces gens-là ont un procédé tout à fait irrégulier.*

Les choses que vous dites sont fort communes : *Les choses que vous dites sont du dernier bourgeois.*

Il faut avouer que vous dites les choses comme il faut : *Il faut avouer que vous donnez dans le vrai de la chose.*

[Canons]. N'avoir point de canons : *Avoir la jambe tout unie.*

[Conversation]. Ils n'ont point de conversation : *Ils sont secs de conversation.*

[Crotter]. Crotter ses souliers : *Imprimer ses souliers en boue.*

[Compliment]. Nous ne saurions répondre à la douceur de votre compliment : *Nous ne saurions donner de notre sérieux dans le doux de votre flatterie.*

[Chaise]. La chaise empêche que l'on ne se crotte : *La chaise est un admirable retranchement contre les insultes de la boue et du mauvais temps.*

[Chandelle]. Laquais, mouchez la chandelle : *Inutile* [*sic*], ôtez le superflu de cet ardent.

[Cerveau]. Le cerveau : *Le sublime.*

[Chaise]. Des porteurs de chaise : *Des mulets baptisés.*

[Colère]. Je me suis mis en colère contre mademoiselle une telle : *J'ai poussé le dernier rude contre mademoiselle une telle.*

[Coiffer]. Vous êtes tantôt bien et tantôt mal coiffée : *L'économie de votre tête est tantôt bien et tantôt mal gardée.*

[Coiffes]. Des coiffes noires : *Des ténèbres.*

[Colère]. Ne vous mettez pas en colère contre moi : *N'excitez pas votre fier contre moi.*

[Chandelle]. La chandelle : *Le supplément du soleil* ou *l'ardent.*

[Compliment]. Le compliment : *Le paquet sérieux.*

[Connaissances]. Vous avez des connaissances, mais bien confuses : *Vous avez des lumières éloignées.*

[Chanter]. Vous chantez tout à fait bien : *Vous articulez tout à fait bien votre voix.*

[Couches]. Être en couches : *Sentir les contre-coups de l'amour permis.*

[Carrosse]. Un carrosse : *L'assemblage de quatre corniches.*

[Cheval]. Des chevaux : *Des pluches.*

[Colère]. Être en colère contre quelqu'un : *Avoir du fier contre quelqu'un.*

[Chandelle]. Le moucheron de la chandelle : *Le superflu de l'ardent.*

[Chaise percée]. La chaise percée : *La soucoupe inférieure.*

[Cul]. Le cul : *Le rusé inférieur.*

[Chien]. Votre chien fait son ordure : *Votre chien s'ouvre furieusement.*

[Cabinet]. Ma suivante, allez quérir mon éventail dans mon cabinet : *Ma commune, allez quérir mon zéphyr dans mon précieux.*

[Chien]. La terrible chose de voir un chien qui pisse ! : *La terrible chose de voir un chien nu !*

[Compagnie]. Une compagnie sans ordre : *Un peuple de frange.*

[Cheveux]. Les cheveux : *La petite oie de la tête.*

[Chandelier]. Le chandelier : *Le soutien de la lumière* ou *la commodité de l'ardent.*

[Coffre]. Un coffre : *Un bouge portatif.*

[Crémaillère]. La crémaillère : *La grimacière commode.*

[Chapeau]. Le chapeau : *L'affronteur des temps.*

[Chenets]. Les chenets : *Les bras de Vulcain.*

[Chemise]. La chemise : *La compagne perpétuelle des morts et des vivants.*

[Cannes]. Les cannes remplies de rubans dont on se sert depuis peu : *Les filles de la mode et de la galanterie.*

[Comète]. La comète : *L'interprète du courroux des dieux.*

[Ciel]. Le ciel : *Le muable.*

[Concevoir]. Concevoir mal les choses : *Avoir l'intelligence épaisse.*

[Canons]. Les canons de linge : *L'ajustement bizarre et incommode.*

[Cours]. Le cours : *L'empire des œillades* ou *l'écueil des libertés.*

Aller au cours : *Aller à l'écueil des libertés* ou *à l'empire des œillades.*

[Comédie]. La comédie : *Le mélange des vices et des vertus.*

[Cheminée]. La cheminée : *Le siège de Vulcain* ou *l'empire de Vulcain.*

D

[Danser]. Il danse bien : *Il danse proprement.*

[Dire]. Être en humeur de dire de belles choses : *Être sur son grand fécond.*

Vous dites de belles choses : *Vous faites dépense en beaux discours.*

[Dents]. Les dents : *L'ameublement de touche.*

[Dîner]. Nous allons dîner : *Nous allons prendre les nécessités méridionales* ou *Nous allons donner à la nature son tribut accoutumé.*

[Demeurer]. Demeurez avec moi : *Ne vous éloignez pas de la portée de ma voix.*

[Démêler]. Démêler les cheveux : *Délabyrinther les cheveux.*

[Divertir]. Je ne me suis point divertie jusques ici : *J'ai été jusques ici dans un jeûne effroyable de divertissement.*

E

[Esprit]. Je n'ai pas l'esprit de répondre à ce compliment : *Je n'ai pas de quoi fournir à ce compliment.*

Mademoiselle une telle a beaucoup d'esprit : *Est un extrait de l'esprit humain.*

[Enjoué]. Être enjoué : *Être un Amilcar.*

Ceux qui ont lu la *Clélie* savent pour quelle raison l'on appelle un homme enjoué un Amilcar.

[Encore]. Il faut encore un fauteuil : *Il faut le surcroît d'un fauteuil.*

[Éventail]. Un éventail : *Un zéphyr.*

[Eau]. Un verre d'eau : *Un bain intérieur.*

[Épingles]. Je voudrais bien avoir des épingles : *Je voudrais bien avoir des sangsues.*

[Esprit]. Mademoiselle une telle a beaucoup d'esprit : *Mademoiselle une telle est un extrait de l'esprit humain.*

Avoir beaucoup d'esprit : *Avoir dix mille livres de rente en fonds d'esprit qu'aucun créancier ne peut saisir ni arrêter.*

N'avoir point d'esprit : *Avoir l'âme bien demeurée.*

Avoir de l'esprit et n'en avoir point la clef : *Avoir un œuf caché sous la cendre.*

[Estimer]. Être estimé : *Faire figure dans le monde.*

[Éloignement]. Que je serais heureux sans votre éloignement ! : *Que je serais heureux sans votre quitterie !*

[Écho]. L'écho : *L'invisible solitaire* ou *le consolateur des amants* ou *l'entretien de ceux qui n'en ont point.*

[Eau]. L'eau : *L'élément liquide.*

[Esprit]. Faites que vos actions marquent de l'esprit : *Rendez votre sensible spirituel.*

[Écran]. L'écran : *La contenance utile des dames quand elles sont devant l'élément combustible.*

F

[Friser]. Ces personnes-là ne sont point frisées : *Ces personnes-là ont la tête irrégulière en cheveux.*

[Flatter]. Vous nous flattez par vos civilités : *Vous poussez vos civilités jusqu'aux derniers confins de la flatterie.*

[Feu]. De grâce, soufflez ce feu : *De grâce, excitez cet élément combustible.*

[Femme]. Cette femme est jeune : *Cette femme a des absences de raison.*

[Faire]. Vous faites les choses tout à fait bien : *Vous faites les choses juste aimablement.*

[Fauteuils]. Les fauteuils : *Les trônes de la ruelle.*

[Farder]. Se farder : *Lustrer son visage.*

[Fleurettes]. Conter fleurettes : *Pousser le dernier doux.*

[Fenêtre]. Une fenêtre : *La porte du jour.*

[Femme]. Les femmes : *Les sujets de la belle conversation ou l'agrément des sociétés, la politesse du langage et les divinités visibles.*
L'on ne peut nier justement que les femmes n'aient pas toutes ces qualités, puisqu'il est certain que, sans elles, les conversations sont sans agréments, les sociétés sans plaisir ; que c'est chez elles que l'on apprend la délicatesse du langage, et en un mot, qu'elles sont les divinités de la terre, puisque les hommes les adorent.

[Fille]. Une vieille fille, et qui a de l'esprit : *Une précieuse véritable.*
Une fille coquette et qui veut passer pour un bel esprit : *Une précieuse ridicule.*

[Forêt]. Une forêt : *Un agrément rustique.*

[Fortune]. La Fortune : *La déesse des courtisans.*

G

[Galanterie]. Ils ne savent pas du tout la galanterie : *Ils sont tout à fait incongrus en galanterie.*

[Galant]. Vous allez surpasser tout ce qu'il y a de plus galant dans Paris : *Vous allez faire pic, repic et capot tout ce qu'il y a de plus galant dans Paris.*

[Grand]. Je vous ai une grande obligation : *Je vous ai la dernière obligation.*
Il faut prendre garde que, dans le langage précieux, le mot de *dernière* a plusieurs significations, comme vous allez voir dans les exemples que je vous en vais donner. Il signifie tantôt *grande*, comme l'on voit dans cette phrase : *Je vous ai la dernière obligation* ; tantôt il signifie *tout à fait*, comme l'on peut voir par cet exemple : *Cela est du dernier galant,* pour dire : *Cela est tout à fait galant* ; et enfin il signifie *première*. C'est pourquoi les précieuses disent *la dernière beauté* pour signifier *la première*.
J'ai cru que cet avis était nécessaire, puisque ce mot a jusques ici embarrassé plusieurs personnes. Quelques-uns tiennent que c'est un des plus anciens mots de la langue précieuse, quoiqu'il y en ait beaucoup d'autres qui lui disputent.

[Garniture]. Ma garniture vient-elle bien à mon habit ? : *Ma garniture est-elle congruente à mon habit ?*

[Grands mots]. Vous dites bien des grands mots : *Vous dites bien des mots à longue queue.*

[Gant]. Un gant coupé : *Un gant du dernier fendu.*

[Galants]. Des galants : *Des alcôvistes.*

[Galante]. Être galante : *Être de la petite vertu.*

[Gravement]. Vous lisez gravement : *Vous lisez à pleine bouche.*

[Grossesse]. On doit craindre la grossesse : *On doit craindre le mal d'amour permis.*

[Guéridon]. Les guéridons : *La petite oie du précieux.*
Nous avons expliqué ci-devant ce que c'est qu'un *précieux* [un cabinet].

[Guerre]. La guerre : *La fille du Chaos ou la mère du Désordre.*

H

[Heure]. Il y a deux heures que nous sommes ici : *Le temps de quatre postes s'est déjà passé depuis que nous sommes ici.*

[Hésiter]. S'expliquer sans hésiter : *S'expliquer sans incertitudes.*

[Habiller]. Vous êtes tout à fait bien habillée : *Vous êtes tout à fait bien sous les armes.*

[Heurter]. On heurte à la porte : *On fait parler le muet.*

Le heurtoir : *Le muet.*

[Hermaphrodite]. On soupçonne cette femme-là d'être hermaphrodite : *On soupçonne cette femme-là d'être doublée.*

I

[Idée]. Les choses que vous m'avez dites me donnent une idée ridicule : *Les choses que vous m'avez dites me font une vision ridicule.*

J

[Jupe]. La jupe de dessus : *La modeste.*

La seconde jupe : *La friponne.*

La jupe de dessous : *La secrète.*

[Justaucorps]. Un justaucorps : *Un suédois.*

[Joues]. Les joues : *Les trônes de la pudeur.*

L'on nomme les joues les trônes de la pudeur parce que la pudeur rougit cette partie du visage, comme la crainte en rougit le haut, la colère les extrémités, et ainsi des autres passions ; et celle-ci étant plus ordinaire au sexe qui rougit souvent d'entendre dire ou de voir faire les choses qui lui plaisent le plus, on appelle les joues les trônes de la pudeur, parce qu'elle y règne avec empire.

[Jansénistes]. Les jansénistes : *Les courtisans zélés de la grâce* ou *les partisans de l'efficacité de la grâce.*

[Jalousie]. La jalousie : *La mère des soupçons* ou *la perturbatrice du repos des amants.*

[Joie]. La joie : *L'indiscrète.*

On lui donne ce nom parce que, dans l'épanouissement qu'elle cause, on ne peut rien cacher, et qu'elle découvre même ce qui doit être le plus secret.

K

Les précieuses, qui ne veulent pas que l'on connaisse rien à leurs K [cas], l'ont ôté de leur alphabet.

L

[Laquais]. Un laquais : *Un nécessaire* ou *un fidèle*.

[Louer]. Votre complaisance fait que vous nous louez de la sorte : *Votre complaisance vous fait pousser ainsi la libéralité de vos louanges*.

[Lavement]. Un lavement : *Un agrément* ou *le bouillon des deux sœurs*.

[Lit]. Le lit : *Le vieil rêveur* ou *l'empire de Morphée*.

[Lune]. La lune : *Le flambeau du silence* ou *de la nuit*.

[Larmes]. Les larmes : *Les perles d'Iris* ou *les filles de la douleur et de la joie*.

[Livre]. Les livres : *Les occupations des beaux esprits* ou *les maîtres muets*.

[Ongle]. L'ongle : *Le plaisir innocent de la chair*.

[Langue]. Langue : *L'interprète de l'âme* ou *la friponne*.

M

[Manière]. Il ne sait pas du tout la manière de faire les choses : *Il ne sait pas du tout le bel air des choses*.

[Miroir]. Le miroir : *Le conseiller des grâces* ou *le peintre de la dernière fidélité, le singe de la nature, le caméléon*.

[Meilleur]. Je n'ai jamais senti une meilleure odeur : *Je n'ai jamais respiré d'odeur mieux conditionnée*.

[Mouche]. Des mouches : *Des taches avantageuses*.

[Médecin]. Un médecin : *Un bâtard d'Hippocrate*.

[Maison]. Une maison : *Une garde nécessaire*.

[Marier]. Se marier : *Donner dans l'amour permis*.

[Main]. Une belle main : *Une belle mouvante*.

[Mentir]. Sans mentir, vous m'estimez trop : *Sans mentir, je suis trop avant dans le rang favori de votre pensée*.

[Menteuse]. Vous êtes une grande menteuse : *Vous êtes une grande diseuse de pas vrai*.

[Masque]. Un masque : *Le rempart du beau teint* ou *l'instrument de la curiosité*.

[Mort]. La mort : *La toute-puissante*.

[Mélancolique]. Être mélancolique et chagrin : *Avoir l'âme sombre*.

[Mode]. La mode : *L'idole de la cour*.

[Musique]. La musique : *Le paradis des oreilles*.

N

[Navire]. Un navire : *Une maison flottante et ailée*.

[Nager]. Nager : *Visiter les Naïades*.

[Nuit]. La nuit : *La déesse des ombres* ou *la mère du silence*.

[Nautonier]. Les nautoniers : *Les sujets de Neptune*.

[Nez]. Le nez : *La porte du cerveau* ou *les écluses du cerveau*.

O

[Obtenir]. On n'obtient rien de vous : *Vous êtes d'une vertu sévère.*
On obtient tout de mademoiselle une telle : *Mademoiselle une telle est d'une vertu commode.*

[Ombre]. Les ombres qui se font durant le jour : *Les filles du soleil.*
Les ombres nocturnes : *Les complices innocentes des crimes.*
Par ce mot d'ombre l'on ne veut pas dire les fantômes, mais les voiles de la nuit.

[Oreille]. Les oreilles : *Les portes de l'entendement.*

[Oignon]. Les oignons : *Les dieux des Égyptiens.*

P

[Plaire]. Ces personnes-là n'ont point cet air qui plaît : *Ces personnes-là n'ont point cet air qui donne bonne opinion des gens.*

[Plumes]. N'avoir point de plumes à son chapeau : *Avoir son chapeau désarmé de plumes.*

[Paris]. Il faudrait n'avoir point de raison pour ne pas confesser que toutes les bonnes choses abondent dans Paris : *Il faudrait être l'antipode de la raison pour ne pas confesser que Paris est le grand bureau des merveilles et le centre du bon goût.*

[Peupler]. Peupler un bal : *Remplir la solitude d'un bal* ou *remplir ses vides.*

[Perle]. Des perles : *Des grâces.*

[Poulet]. Un poulet : *Un innocent.*

[Pied]. Les pieds : *Les chers souffrants.*

[Précieuse]. Une précieuse : *Une illustre.*

[Pain]. Le pain : *Le soutien de la vie.*

[Pot]. Le pot de chambre : *L'urinal virginal.*

[Paravent]. De grâce, ôtez-moi ces paravents : *De grâce, délivrez-moi de ces traîtres.*

[Porte]. Une porte : *Une fidèle gardienne.*

[Paroles]. Vous dites bien des paroles superflues : *Vous dites bien des inutilités.*

[Pleuvoir]. Il pleut : *Le troisième élément tombe.*

[Pavés]. La superficie des pavés : *L'éminence des grès.*

[Presser]. Être pressé : *Ne pouvoir régler aucune posture.*

[Passer]. J'ai bien passé l'après-dîner avec mademoiselle une telle : *J'ai eu plusieurs conversations avec mademoiselle une telle.*

[Peigne]. Apportez-moi un peigne, que je démêle mes cheveux : *Apportez-moi un dédale, que je délabyrinthe mes cheveux.*

[Portrait]. J'avoue que ce portrait est tout à fait beau : *J'avoue que ce charmant insensible est furieusement beau.*

[Papier]. Le papier : *L'interprète muet des cœurs* ou *l'effronté qui ne rougit point.*

[Poésie]. La poésie : *Les filles des dieux.*

[Poivre]. Le poivre : *Le subtil.*

[Pensée]. Je trouve que cette pensée est belle : *Selon moi, cette pensée est belle.* Quelques-uns tiennent que ce mot n'est que demi précieux.

[Poète]. Un poète : *Un nourrisson des Muses.*

[Poissons]. Les poissons : *Les habitants au royaume de Neptune.*

[Paris]. Paris : *Le centre de la belle galanterie.*

[Perruque]. La perruque : *La jeunesse des vieillards* ou *la trompeuse apparence.*

[Paix]. La paix : *L'idole des peuples* ou *le symbole de la joie, la nourrice des vertus.*

[Parnasse]. Le Parnasse : *L'empire où tout le monde est maître.*

[Procès]. Le procès : *La source des chagrins.*

[Pont]. Le Pont-Neuf : *Les Alpes de Paris* ou *le pont des bandits français.*

[Perruque]. Avoir une perruque : *Avoir les cheveux lustrés.*

[Petit]. Avoir la bouche petite : *Avoir la bouche bien bornée.*

[Parler]. Vous parlez un peu trop lentement : *Il semble qu'en parlant vous ayez les gouttes à l'esprit.*

[Prendre garde]. Vous prenez garde à toutes sortes de choses et vous les censurez : *Vous êtes un mouchard de vie et de mœurs.*

Q

[Cadran (quadran)]. Le cadran : *L'immobile qui marche toujours* ou bien l'on dit encore : *Le mémoire des heures et la mémoire du jour.*

R

[Rubans]. Leurs habits n'ont pas assez de rubans : *Leurs habits souffrent indigence de rubans.*

[Rire]. Rire : *Perdre son sérieux.*

[Railler]. Railler : *Dauber sérieusement.*

[Réputation]. Avoir de la réputation : *Fendre la presse et faire nombre dans le monde.*

[Rhume]. Je suis grandement enrhumé : *J'ai un grand écoulement de nez.*

[Rude]. Ce mot-là est tout à fait rude, et il n'y a pas moyen de le prononcer : *Ce mot est capable d'écorcher en passant un pauvre gosier* ou *un passage de gens de guerre n'est pas plus rude à pauvres gens ; il faut avoir humé l'air du Rhin et respiré à l'allemande pour le prononcer ; il tient longtemps un homme à la gorge et, sans quelque favorable hoquet, il court grand risque de ne passer jamais.*

[Roman]. Les romans : *Les agréables menteurs* ou *la folie des sages.* Le mot de sage a deux significations différentes, parce que les romans s'appellent folie au regard de deux sortes de personnes, à savoir de ceux qui les composent, qui, pour l'ordinaire, sont des hommes illustres, et de ceux dont ils tracent l'histoire sous des couleurs éclatantes, et qui tiennent quelque chose de la fable, qui sont aussi, pour la plupart, des personnes extraordinaires, qu'ils font agir d'une façon bizarre, et à qui ils font faire des folies pour donner quelques agréments à la grandeur de leurs actions sérieuses, dont ils tracent les tableaux.

[Rire]. Cela me fait rire : *Cela excite en moi le naturel de l'homme.*

[Rudes]. Ces mots-là sont tout à fait rudes à l'oreille : *Une oreille un peu délicate pâtit furieusement d'entendre prononcer ces mots-là.*

S

[Siège]. Les sièges : *Les commodités de la conversation.*

[Sentir]. Sentez un peu ces gants-là : *Attachez un peu la réflexion de votre odorat sur ces gants-là.*

[Sortie]. Votre sortie me fera beaucoup pâtir : *Je pâtirai beaucoup par le contre-coup de votre quittement.*

[Surpris]. Je suis surprise de cela : *Je suis si surprise de cela que les bras m'en tombent.*

[Suivante]. Une suivante : *Une commune.*

[Sergent]. Un sergent : *L'ange du Châtelet* ou *le mauvais ange des criminels.*

[Soleil]. Le soleil : *Le flambeau du jour* ou *l'aimable éclairant.*

[Soufflet]. Un soufflet à souffler le feu : *La petite maison d'Éole.*

[Soupir]. Les soupirs : *Les enfants de l'air.*

[Sel]. Le sel : *L'assaisonnement nécessaire.*

[Songe]. Le songe : *Le père des métamorphoses* ou *l'enchanteur sans charme* ou *le second Protée* ou *l'interprète des Dieux.*

On l'appelle *l'interprète des Dieux* parce que souvent les Dieux nous expliquent leurs desseins durant le sommeil par son moyen.

[Secret]. Le secret : *Le sceau de l'amitié.*

T

[Tout à fait]. Tout à fait : *Furieusement.*

Épouvantablement et *terriblement* ont aussi la même signification.

Furieusement, dans la langue précieuse, combat d'antiquité avec le mot de *dernière*, dont nous avons parlé ci-devant ; mais, sans examiner les raisons que l'on allègue, je puis dire que *furieusement* se rencontre plus souvent que *dernière*, et qu'il n'est point de précieuse qui ne le dise plus de cent fois par jour, et que ceux qui affectent le langage des précieuses l'ont toujours à la bouche.

[Taille]. Il est de belle taille : *Il a la taille tout à fait élégante.*

[Trouble]. J'ai le cœur plein de troubles : *J'ai le cœur enfrangé de mouvements.*

[Termes]. Les termes choisis : *Les termes de cabinet.*

Les termes des précieuses : *Les termes des ruelles.*

Les termes vulgaires et grossiers : *Les termes de corps de garde.*

[Tableau]. Les tableaux : *Les divinités des curieux* [des collectionneurs].

[Tapisserie]. Les tapisseries : *Les ornements historiques.*

[Table]. Une table : *L'universelle commodité.*

[Temps]. Le temps : *L'immortel* ou *le père des années.*

[Téton]. Les tétons : *Les coussinets d'amour.*

[Tristesse]. La tristesse : *Le partage des vieillards* ou *l'ennemie de la santé.*

[Tête]. Vous avez la tête tout à fait belle : *Vous avez les cheveux tout à fait bien plantés.*

[Toucher]. Que les baisers d'un mari touchent peu ! : *Que les baisers d'un mari sont fades !*

[Tête]. Votre tête n'est point frisée aujourd'hui : *Votre tête est toute unie aujourd'hui.*

V

[Vulgaire]. Le procédé de ces messieurs est tout à fait vulgaire : *Le procédé de ces messieurs est tout à fait marchand.*

[Voir]. Dites-moi, s'il vous plaît, si l'on peut voir Madame : *Dites-moi, s'il vous plaît, si Madame est en commodité d'être visible.*

[Violon]. Les violons : *L'âme des pieds.*

[Vent]. Le vent n'a point défrisé vos cheveux : *L'invisible n'a point gâté l'économie de votre tête.*

[Voir]. Qui est-ce qui vous vient souvent voir ? : *Qui est-ce qui préside, qui est de quartier chez vous ?*

[Vieillir]. Mademoiselle une telle commence à vieillir : *La neige du visage de mademoiselle une telle commence à se fondre.*

[Vers]. Ces vers-là sont tout à fait rudes : *Ces vers-là sont tout à fait épais.*

[Vin]. Donnez-moi, s'il vous plaît, un verre d'eau sans vin : *Donnez-moi, s'il vous plaît, un verre d'eau tout unie.*

[Viande]. Cette viande est bien dure : *Cette viande n'est pas digérable.*

[Verre]. Les verres : *Les fils du vent et de l'argile.*

[Vrai]. Cela est vrai : *Cela est constamment vrai.*

X

Comme il ne se trouve point de mots dans la langue française qui commencent par X, si ce n'est les noms de villes, les précieuses ne se sont pas encore crues assez puissantes pour faire un si grand bouleversement dans le royaume ; c'est pourquoi elles n'ont point voulu changer les noms des villes qui commencent par X.

Y

[Yeux]. Les yeux : *Les miroirs de l'âme.*

Z

[Zéphyr]. Le zéphyr : *L'amant des fleurs, parce qu'il les épanouit.*
On l'appelle encore *le favori des amants*, à cause que, durant les chaleurs de l'été, il seconde leurs désirs ou du moins en favorise l'ardeur, produisant cent petits hasards qui leur découvrent ce que pour l'ordinaire on leur tient caché.

*
* *

Les véritables précieuses, étant pour l'ordinaire vieilles, ne veulent point de conjonction : c'est pourquoi elles ont retranché l'*etc.** de leur alphabet.

SUPPLÉMENT AU GRAND DICTIONNAIRE DES PRÉCIEUSES**

Le libraire au lecteur

Les applaudissements que l'on a donnés au Dictionnaire des précieuses et aux Précieuses en vers ont été si généraux que non seulement dans Paris, mais encore dans la plus grande partie des villes de ce royaume, mes confrères ont bien osé les contrefaire, malgré le privilège qui m'en a été donné. C'est ce qui m'y a fait ajouter plusieurs mots, afin de vous avertir que les véritables Dictionnaires des précieuses et les Précieuses en vers se vendent chez moi, et que ceux que l'on a contrefaits sont remplis de fautes, et même défectueux en beaucoup d'endroits. Je prie aussi ceux qui envoient si souvent à ma boutique demander le second Dictionnaire des précieuses de se donner un peu de patience et de songer qu'il faut non seulement du temps pour le faire, mais encore pour imprimer un ouvrage si grand et si mystérieux. Vous vous étonnerez peut-être pourquoi l'auteur a retranché quelques mots qui étaient dans la première impression de celui-ci, au même temps qu'il y en a ajouté d'autres ; mais vous devez être ravis d'apprendre que ce qu'il en a ôté est dans l'autre Dictionnaire que j'imprime, et que là vous apprendrez par quelles personnes ces mots ont été faits, comment et pourquoi.

Cependant, si vous cherchez à vous divertir, je vous donne avis que, si vous voulez avoir *Le Cocu* et *La Cocue imaginaire*, vous ne les devez pas chercher autre part que chez moi, puisque je suis le seul qui ait imprimé ces deux pièces.

Mots précieux nouvellement ajoutés à ce Dictionnaire

D'où vient que vous êtes si salope et que vous n'avez point de linge blanc ? : *D'où vient que vous êtes si salope et que vous n'avez point de linge dominical ?*

---

* *Etc.* n'est pas une « conjonction », mais cette abréviation figure encore dans le Littré à l'article *Et*, qui en est une (*et caetera*).
** Ajouté lors de la seconde édition.

Mademoiselle une telle est allée aux lieux communs : *Mademoiselle une telle est allée à la lucarne des antipodes.*

Tous ces messieurs dont vous me parlez sont des poètes à la douzaine : *Tous ces messieurs dont vous parlez sont des avortons du Parnasse.*

Ah ! ma chère, nous ne saurions sortir, tant le soleil a de chaleur aujourd'hui ! : *Ah ! ma chère, nous ne saurions sortir, tant le plus beau du monde est aujourd'hui perçant !*

Donnez-moi ce couteau, s'il vous plaît : *Administrez-moi, s'il vous plaît, ce couteau.*

Le busc : *Le garde virginal.*

Je ne sais ce que j'ai, je ne me porte pas bien : *Je ne sais ce que j'ai, je suis mal conditionné.*

Je viens de prendre tout à l'heure une médecine : *Je viens de prendre tout à l'heure une physique.*

L'Éternité : *La déesse au grand œil tout voyant,* ou *la reine et maîtresse des ans, des siècles et des âges.*

Les soupirs, craintes, soupçons, jalousies, sont appelés tous ensemble en précieux *la petite oie de l'amour.*

L'Amour : *Le dieu de la propreté, de l'invention et de la galanterie.*

Le Destin : *Le favori des poètes* ou *leur pis-aller.*

Le Destin est tout à fait bien nommé *le favori des poètes,* puisqu'il n'est rien de plus confiant, que les poètes de ce siècle l'aiment beaucoup, et qu'ils ne sauraient faire un ouvrage de cent vers sans qu'il y soit placé sept ou huit fois.

Leur pis-aller est encore un nom qui ne lui convient pas mal, puisque, dès lors qu'ils ne savent plus où ils en sont, ils se jettent aussitôt au collet du Sort et du Destin.

Cette femme est chaste : *Cette femme est une vraie Pénélope.*

Cet homme est un efféminé : *Cet homme est un vrai Sardanapale.*

Laquais, apportez-moi vite les mouchettes : *Nécessaire, administrez-moi vite l'aide de l'élément.*

L'éclair : *Le messager de la foudre.*

Il me semble, Monsieur, que vous avez des cheveux gris : *Il me semble, Monsieur, que vous avez des quittances d'amour.*

L'argent : *Le tourment de l'avaricieux, l'honneur du libéral.*

Vous êtes un véritable ami : *Vous êtes un Pylade.*

La dissimulation : *La vertu du siècle.*

L'espérance : *La mère des vanités* ou *la mère des crédules.*

Dialogue de deux précieuses
sur les affaires de leur communauté

Ce dialogue de Somaize parut en septembre 1660, à la suite de la seconde édition de ses Véritables Précieuses. *Voir* supra, *p. 238-239.*

*
* *

ISTÉRIE

Oui, ma chère, je vous le dis encore, je ne veux plus passer pour précieuse, et quelques puissantes raisons que vous me puissiez apporter, je hais maintenant ce nom à l'égal de ce que je l'ai aimé autrefois.

AMALTHÉE

Certes, il faut que je vous avoue que ma surprise n'a point de limites, et que quand j'aurais l'esprit du monde le plus pénétrant, je ne pourrais qu'à peine m'imaginer pourquoi vous méprisez ce que je vous ai vu aimer avec tant d'ardeur.

ISTÉRIE

C'est (si vous en voulez savoir la cause) que je n'aime pas à servir de divertissement à toute la France, et que j'ai un dépit qui n'est pas concevable quand je vois les libraires qui font arrêter les passants devant leurs boutiques en leur criant : « Messieurs, voilà les *Précieuses ridicules* nouvellement mises en vers. Voilà le *Grand Dictionnaire des précieuses* et leur *Procès* qui n'est imprimé que de cette semaine ». Dites-moi, je vous prie, si ce n'est pas là le moyen d'obscurcir la gloire des précieuses, puisque dès lors qu'une chose devient populaire, elle perd beaucoup de son éclat, et n'est plus ce qu'elle était auparavant.

AMALTHÉE

Ah ! que dites-vous là, ma toute bonne ? Si nous n'avions point d'esprit, l'on ne parlerait pas tant de nous. Ne savez-vous pas bien que c'est une nécessité que les choses extraordinaires s'épandent dans le monde, et qu'elles le font avec tant d'impétuosité que, pendant un certain espace de temps les gens de toutes sortes d'états en parlent tous ensemble ? Ne savez-vous pas bien aussi que le peuple tient conseil d'état au coin des rues et sur le Pont-Neuf ? qu'il y marie les plus grands du royaume ? qu'il y ordonne à son gré du bâtiment du Louvre ? et qu'il y gouverne non seulement la France, mais encore toute l'Europe ? et qu'enfin, il est de la dernière impossibilité de l'empêcher de parler ?

ISTÉRIE

J'aimerais mieux qu'il eût parlé de nous de son propre mouvement que d'avoir été jouées sur le théâtre du Petit-Bourbon ; il nous aurait peut-être décrites plus avantageusement, au lieu que l'on nous a tellement défigurées qu'à présent nous ne nous connaissons plus du tout.

AMALTHÉE

Ce n'est pas nous aussi que l'auteur a voulu décrire, ce ne sont que des campagnardes qui se sont exposées à la raillerie d'un chacun pour nous avoir mal imitées, et vous pouvez bien juger que, sans cela, ils n'auraient jamais donné le nom de ridicules à des précieuses.

ISTÉRIE

Cela n'a pas toutefois laissé que de nous faire grand tort, puisque ceux qui ne savaient qui nous étions, et qui ne connaissaient que notre nom, se sont attachés à ce qu'ils ont vu représenter, et ont cru que les précieuses étaient toutes ridicules, et pour vous persuader cette vérité, je n'ai qu'a vous dire que l'on a imprimé des *Précieuses* à qui l'on a donné le titre de véritables, qui par l'extravagance de leurs mots m'ont paru encore plus ridicules que celles que l'on a jouées sur le théâtre du Petit-Bourbon, et à qui l'on a donné le nom de ridicules.

AMALTHÉE

Ce que vous dites est véritable, mais ne croyez pas, pour cela, que l'auteur se soit trompé, il savait bien qu'elles étaient tout à fait ridicules ; mais il ne l'a fait que par un motif caché et que pour faire pièce à certaines personnes qui ne valent pas la peine d'être nommées, et si vous voulez vous donner le loisir de lire le *Procès des précieuses*, nouvellement mis au jour par le même auteur, vous verrez de quelle manière il parle des précieuses, et comme dans le plaidoyer que fait une d'entre elles pour défendre leur parti, elle confond tous ceux qui parlent contre l'illustre et nouveau langage des précieuses.

ISTÉRIE

Je ne sais que trop que les véritables précieuses sont femmes d'esprit.

AMALTHÉE

C'est une chose que l'on ne peut nier, mais elles se sont trop tôt alarmées quand elles ont vu représenter des précieuses qui ne leur ressemblaient en rien, et si l'on les a reconnues et si l'on s'est moqué d'elles, ce n'est qu'à cause du dépit qu'elles ont montré de ce que l'on en représentait qui portaient leur nom, ce qui [a] fait connaître qu'il y avait des précieuses, dont plusieurs doutaient, et ce qui a même fait penser à quantité de gens qu'elles étaient toutes ridicules, ce que vous confirmez aujourd'hui, en publiant hautement que vous ne voulez plus être précieuse.

ISTÉRIE

Tout ce que vous me dites n'est pas suffisant pour me faire changer de volonté, et j'ai peur qu'après avoir fait notre procès, l'on ne nous fasse mourir.

AMALTHÉE

Il est vrai que l'on travaille à une pièce qui aura pour titre *La Pompe funèbre d'une précieuse*, mais et notre *Procès* et nos *Funérailles* ne serviront qu'à augmenter notre réputation et à nous faire vivre plus longtemps dans le temple de Mémoire.

ISTÉRIE

Si nous en croyons le bruit commun, l'on nous promet un second Dictionnaire, qui fera plus de bruit que toutes ces pièces ensemble.

AMALTHÉE

Je sais ce que vous voulez dire, il y a déjà longtemps que l'on y travaille ; cet ouvrage sera tout à fait mystérieux, et renfermera plus de choses que l'on ne croit.

ISTÉRIE

Je vous prie que j'en puisse voir une des premières.

AMALTHÉE

Je ne manquerai pas de satisfaire votre curiosité ; mais ce ne sera pas encore si tôt, puisque l'on ne commence qu'à le mettre sous la presse.

ISTÉRIE

Il faut avouer que voilà bien des choses que l'on fait sur nous.

AMALTHÉE

Vous ne devez pas vous en étonner, notre sexe en fournit la matière et le fond des femmes est inépuisable.

ISTÉRIE

Mais je crois qu'il est heure d'aller au cours si nous y voulons aller aujourd'hui.

AMALTHÉE

Nous descendrons quand il vous plaira ; les chevaux sont au carrosse.

ISTÉRIE

Allons donc, ma chère, sans différer davantage.

AMALTHÉE

Allons, ma toute bonne, je vous suis.

Nous donnons ici, pour la première fois réimprimé depuis l'édition de Charles Livet de 1856, et pour la seconde depuis l'édition originale de juin 1661, le texte intégral du *Grand Dictionnaire des précieuses*. Pour des raisons de commodité, nous avons pris pour base la réimpression et, pour en faciliter la lecture, nous en avons modernisé l'orthographe. À de rares exceptions près, nous en avons au contraire conservé la ponctuation.

Somaize avait joint au second tome de son *Dictionnaire* une clé qui suivait l'ordre d'apparition de ses personnages. Charles Livet a placé les noms correspondant aux surnoms en bas de page. Nous les avons placés dans le texte, au fur et à mesure, entre crochets. Dans Somaize, les noms sont parfois orthographiés de façon phonétique ou du moins différente de l'usage actuel, que nous avons rétabli. Nous les avons aussi simplifiés (Valère, M. de Voiture, devient Voiture, et ainsi de suite). Quant aux noms de lieux, en voici la clé :

Abascène : Abbeville
Acaris : Bordeaux
Amazie : Venise
Argos : Poitiers
Athènes : Paris
Athène (petite) : faubourg Saint-Germain
Athènes (rive d') : quai de la Tournelle
Ausonie : Italie
Capolie : Valence
Césarée : Tours
Chrisopolis : Constantinople
Cirque (grand) : hôtel de Bourgogne
Clusium : Turin
Corinthe : Aix-en-Provence
Délos (île de) : île Notre-Dame
Dorique (place) : place Royale
Étrurie : Toscane

Grèce : France
Hespérie : Espagne
Lacédémone : Toulouse
Léolie : marais du Temple
Murcie : Moulins
Narbis : Narbonne
Normanie : quartier Saint-Honoré
palais d'Athènes : Louvre
palais de Caton : palais Mazarin
palais Jupiter : Arsenal
palais de Sénèque : Palais-Royal
palais de Solon : hôtel Séguier
Romaine (porte) : porte Saint-Victor
Rotemburge : Rouen
Saliens (circuit des) : cloître Saint-Germain-l'Auxerrois
Scythie : Suède
Thèbes : Arles

Le grand dictionnaire des Précieuses

historique, poétique, géographique,
cosmographique, chronologique et armoirique

Où l'on verra leur antiquité, coutumes, devises, éloges, études, guerres, hérésies, jeux, lois, langage, mœurs, mariages, morale, noblesse ; avec leur politique, prédictions, questions, richesses, réduits et victoires ; comme aussi les noms de ceux et de celles qui ont jusques ici inventé des mots précieux.

Dédié à Monseigneur le Duc De Guise

Par le Sieur De Somaize, secrétaire de Madame la connétable Colonna.

À Paris,
Chez Jean Ribou, sur le quai des Augustins, à l'Image Saint Louis.
M. DCLXI
Avec privilège du roi

À *Monseigneur le duc de Guise*

Monseigneur,

La juste crainte que j'avais de ne pouvoir rien offrir à Votre Altesse qui fût digne d'être honoré d'un de ses regards m'a longtemps empêché de satisfaire à mon devoir ; mais enfin, après l'avoir bien examiné et avoir connu que j'étais en danger de ne vous jamais rien offrir, ne pouvant rien entreprendre qui eût assez de mérite pour vous plaire, je me suis résolu de vous présenter ce livre plutôt qu'aucun autre, dans la pensée qu'il vous divertirait d'autant plus que Votre Altesse, connaissant tout ce qu'il y a de personnes d'esprit dans le monde, prendrait plaisir à en entendre parler. Je me suis encore imaginé que le grand nombre des intéressés lui devant faire avoir un grand débit, j'aurais lieu de faire connaître à tous ceux qui liront ce livre que j'ai quelquefois eu l'honneur d'être favorablement écouté du plus grand et du plus généreux prince de la terre ; et si la violence de ce désir ne m'eût poussé à cette noble et téméraire entreprise, le grand nombre de ceux qui vous importunent tous les jours de leurs ouvrages m'aurait arrêté une seconde fois, de crainte de passer plutôt pour importun que pour reconnaissant ; mais enfin j'ai cru que je devais agir comme les autres, puisqu'il n'est point de muse naissante qui ne fasse tous ses efforts pour être connue de vous, qu'il n'en est point de chancelante qui n'implore votre protection, et qu'enfin il n'en est point de si bien affermie qui ne déploie tous ses talents pour vous divertir et vous prier tout ensemble de ne la pas abandonner ; ce qui fait que l'on voit peu de livres qui n'aient en tête le grand et fameux nom de Guise. C'est par ces fréquentes dédicaces que l'on peut voir que vous avez toutes les perfections imaginables, puisque, si votre bonté pousse les uns à vous consacrer leurs ouvrages, votre douceur, votre civilité et l'obligeant accueil que vous faites à tout le monde n'y poussent pas moins les autres. D'autre part, votre générosité fait seule autant que toutes ces choses, et vous rend recommandable dans le même temps qu'elle diminue beaucoup de la réputation de ceux que l'intérêt fait agir. Il y a encore de [*sic*] deux sortes de personnes qui vous dédient par de plus illustres motifs : les unes sont celles à qui vos éminentes qualités donnent lieu de faire des panégyriques inimitables, sans avoir besoin que de décrire nûment et sans art une partie de vos éclatantes actions, et les autres celles qui, sachant que vous n'ignorez rien et que vous avez l'esprit universel, vous apportent leurs ouvrages parce qu'ils savent que vous en connaîtrez aussitôt les beautés ; ce qui leur donne plus de satisfaction que toutes les richesses imaginables, et ce qui doit, Monseigneur, faire avouer à votre modestie que ce n'est pas sans raison que l'on vous rend des hommages de toutes parts, et que, si l'on vous dédie plus qu'à un autre, c'est parce que vous possédez seul plus de qualités que tous les autres ensemble. Je crois que toutes ces choses font assez voir la vénération que l'on doit avoir pour vous, et que, bien que vos ancêtres aient été les plus grands hommes de leur siècle, vous ne leur devez rien des louanges que l'on vous donne. Ce que l'on remarque dans leurs vies qu'ils ont eu par-dessus tous ceux de leurs temps est ce que vous possédez le plus éminemment : c'est, Monseigneur, les cœurs de tous les peuples, qui ont tant de vénération et d'amour pour vous que vous vous pouvez dire roi de tout le monde, si c'est là (comme l'ont écrit quelques-uns des plus grands hommes des siècles passés) la véritable marque de la souveraineté. Après avoir dit tant de belles et d'illustres vérités, ne puis-je pas,

Monseigneur, m'écrier avec justice que vous êtes le plus généreux, le plus galant, le plus civil, le plus vaillant, le plus adroit, le mieux fait, et pour renfermer dans un mot toutes ces nobles qualités, le plus accompli de tous les princes de la terre ? Je sais bien que toutes ces paroles sont bientôt dites, et qu'il n'y a pas tant de difficulté à les trouver qu'à s'en servir avec justice ; aussi ne les presserais-je pas de la sorte si je n'avais fait voir dans toute cette épître que c'est avec raison que je m'en sers. Après ce respectueux hommage, toute la grâce que je demande à Votre Altesse est de croire que je suis avec autant de passion que de respect,

Monseigneur,
De Votre Altesse,

Le très humble, très obéissant et très passionné serviteur,

SOMAIZE.

Préface d'un des amis de l'auteur

Comme l'on ne condamne jamais un homme avant que d'avoir ouï ses défenses, de même l'on ne devrait jamais condamner un livre avant que d'en avoir lu la préface, puisque le lecteur serait bien souvent éclairci de quantité de choses qui l'embarrassent en le lisant, et qui sont cause que, pour n'avoir pas lu quelquefois deux ou trois feuillets, il accuse un auteur, qui aurait sujet de s'emporter contre lui. C'est pourquoi je le prie de lire cette préface, qui, bien qu'elle ne soit pas si belle que si elle était sortie de la plume de l'auteur de ce livre, ne laissera pas que de lui faire voir qu'il n'a rien fait qu'avec autant de conduite que de jugement, comme je vous ferai voir quand j'aurai répondu aux choses que l'on lui pourrait dire touchant la manière dont il a traité ce Dictionnaire : car je me persuade que ceux qui ne sont pas adonnés à la galanterie, et qui n'ont pas l'esprit du monde, diront d'abord, en voyant les deux tomes de ce Dictionnaire, que cet ouvrage n'est pas assez sérieux pour avoir employé tant de papier, et qu'il ne traite que d'une chose dont jusqu'ici l'on n'a pu connaître que le nom ; et comme je sais que plusieurs autres sont aussi dans cette pensée, je suis résolu de faire voir intelligiblement ce que c'est que précieuse ; et, pour en venir plus facilement à bout, il est nécessaire de savoir qu'il n'y a que quatre sortes de femmes.

Les premières sont tout à fait ignorantes, ne savent ce que c'est que de livres et de vers, et sont incapables de dire quatre mots de suite. Les secondes ne lisent pas plus que les premières, et quoiqu'elles ne se mêlent ni de juger des vers, ni d'en lire, elles ne laissent pas que d'avoir autant d'esprit que de jugement ; et comme elles n'ont point la tête pleine d'une infinité de connaissances confuses qui ne font que charger l'esprit, elles parlent en conversation et répondent à ce que l'on dit avec autant de promptitude qu'elles s'expliquent nettement et avec facilité ; et c'est de ces sortes de femmes dont il y a le plus dans le monde, et dont nous entendons parler quand nous disons un esprit de femme, c'est-à-dire un esprit borné, qui ne s'élève ni ne s'abaisse et qui doit tout à la nature et rien à l'art. Les troisièmes sont celles qui, ayant ou un peu plus de bien ou un peu plus de beauté que les autres, tâchent de se tirer hors du commun ; et pour cet effet elles lisent tous les romans et tous les ouvrages de galanterie qui se font. Toutes sortes de personnes sont bienvenues chez elles ; elles reçoivent des vers de tous ceux qui leur en envoient, et elles se mêlent bien souvent d'en juger, bien qu'elles n'en fassent pas, s'imaginant qu'elles les connaissent parfaitement parce qu'elles en lisent beaucoup. Elles ne sauraient souffrir ceux qui ne savent ce que c'est que galanterie, et comme elles tâchent de bien parler, disent quelquefois des mots nouveaux sans s'en apercevoir, qui, étant prononcés avec un air dégagé et avec toute la délicatesse imaginable, paraissent souvent aussi bons qu'ils sont extraordinaires ; et ce sont ces aimables personnes que Mascarille [Molière] a traitées de ridicules dans ses *Précieuses*, et qui le sont en effet sur son théâtre par le caractère qu'il leur a donné, qui n'a rien qu'une personne puisse faire naturellement, à moins que d'être folle ou innocente. Les quatrièmes sont celles qui, ayant de tout temps cultivé l'esprit que la nature leur a donné, et qui, s'étant adonnées à toutes sortes de sciences, sont devenues aussi savantes que les plus grands auteurs de leur siècle et ont appris à parler plusieurs belles langues aussi bien qu'à faire des vers et de la prose. Ce sont de ces deux dernières sortes de femmes dont M. de Somaize parle dans son Dictionnaire sous le nom de précieuses : les unes sont des précieuses galantes ou précieuses du second ordre, et les autres sont de véritables précieuses. Les premières sont cause qu'il parle des hommes dans leur histoire, parce qu'elles ont beaucoup de galants, et les secondes parce qu'elles sont visitées de beaucoup d'auteurs, avec qui elles ont un perpétuel commerce d'esprit.

Après avoir fait ce long discours, que je n'ai pas jugé hors de sujet puisqu'il doit faire connaître ce que c'est que précieuse à ceux qui jusqu'ici ne l'ont pu comprendre, je crois qu'il est à propos de répondre à ceux qui pourraient dire que cet ouvrage ne méritait pas que l'on y employât tant de temps, et de leur dire que s'ils savaient avec quelle facilité M. de Somaize écrit et le peu que lui coûtent tous les ouvrages qu'il met au jour, ils ne tiendraient pas ce discours. Mais comme cette raison ne suffit pas pour leur faire voir qu'ils se trompent, je leur dirai qu'étant constant que les précieuses dont on a jusqu'ici parlé comme d'une fable ont inventé, comme l'on peut voir dans ce Dictionnaire, la plupart des mots qu'on leur impute il y a longtemps, et qu'elles jugent de tout souverainement, il n'y a point eu de siècle où l'on ait ouï parler d'une chose semblable ; et que les Français, contre l'ordinaire de parler si longtemps d'une chose [*sic*], en parlant de plus en plus depuis sept ou huit ans, ce nom passera à la postérité comme une chose qui n'a jamais eu d'exemple ; qu'ainsi M. de Somaize a eu raison de faire ce Dictionnaire, puisqu'il ne traite plus une bagatelle, mais bien une histoire véritable et dont les siècles futurs doivent s'entretenir.

Après avoir fait voir ce que c'est que précieuse, et avoir montré qu'elles sont assez illustres pour mériter que l'on travaille à leur histoire, celles qui sont dans ce Dictionnaire auraient tort de s'emporter, puisqu'elles n'y sont que comme tout à fait galantes ou comme tout à fait spirituelles, et que, de quelque manière que l'on en parle, elles y sont toujours comme des personnes qui sont au-dessus du commun ; et ce qui leur doit persuader que c'est la pure vérité que ce que je leur dis, c'est que l'auteur n'a pas répondu au désir de toutes celles qui souhaitaient que l'on parlât d'elles. Ce n'est pas qu'il ne crût qu'il y en a plusieurs de celles dont il parle qui auraient bien voulu que l'on les eût passées sous silence, parce que leur modestie a de la peine à souffrir les louanges qu'elles méritent, et qu'il ne sût aussi qu'il y en a d'autres qui, s'imaginant que l'on ne peut dire que du mal d'elles, s'emporteront d'abord que l'on leur apprendra qu'elles sont dans ce Dictionnaire avant que de voir comment on les traite ; mais leur emportement ne servira qu'à faire découvrir ce que la prudence de l'auteur a voulu cacher. C'est pourquoi nous les laisserons en repos pour répondre à ceux qui pourraient dire que ce Dictionnaire a trop de rapport aux portraits qui étaient en vogue il y a quelque temps, bien qu'il y ait une notable différence, puisque les portraits décrivent seulement l'humeur et le visage des personnes qu'ils représentent, sans que les incidents qui leur sont arrivés y puissent entrer, ces sortes de choses n'étant pas de la nature du portrait, ce qui se fait le plus souvent dans ce Dictionnaire et ce qui fait voir que ce sont plutôt des histoires que des portraits. Je sais bien que, si elles étaient toutes liées ensemble en forme de roman, elles seraient plus divertissantes ; mais trois choses ont empêché M. de Somaize de le faire : la première, que cela était contraire à l'ordre du Dictionnaire historique, où l'on doit dire en six lignes ce que les poètes et faiseurs de romans ne disent pas en cent pages ; la seconde, que M. l'abbé de Pure ayant déjà fait un roman sur cette matière, c'était se beaucoup hasarder que d'en vouloir faire un après les applaudissements que cet illustre et galant homme a reçus du sien, qui a été trouvé si beau que l'on en a fait plusieurs impressions ; la troisième est que, pour mettre des histoires en roman, on n'a besoin que des aventures de vingt ou trente personnes pour en composer plus de dix tomes, ce qui montre l'impossibilité qu'il y avait de traiter ce Dictionnaire en roman, puisqu'il contient une partie de celles de plus de sept cents personnes.

Outre ces raisons, qui font voir que M. de Somaize n'a rien fait qu'avec jugement, comme il sait que les choses qui sont dans les règles ne sont pas toujours celles qui plaisent le plus, il en a encore eu d'autres par lesquelles il était assuré de la réussite de ce livre, qui sont la quantité de galanteries qui se trouvent à la tête de chaque lettre, le nombre prodigieux d'incidents véritables qui se rencontrent dans les histoires de celles dont il parle, le désir que plusieurs auront de connaître l'élite des plus spirituelles personnes de France, et enfin la quantité de mots précieux que l'on y trouvera, avec le nom de ceux et de celles par qui ils ont été inventés, ce qui prouvera plus que tout ce que j'ai dit ci-dessus que le précieux n'est point une fable. Vous voyez bien par là que M. de Somaize n'a pas entrepris témérairement de traiter ce livre de la manière qu'il a fait, puisque non seulement il avait des raisons pour montrer qu'il est dans les règles et qu'il ne se pouvait faire autrement, mais qu'il en avait d'autres qui l'assuraient que, de quelque manière qu'il traitât ce livre, sa réussite était infaillible. Puisqu'il a si bien su ce qu'il faisait en entreprenant cet ouvrage, vous devez vous persuader qu'il ne l'a pas exécuté moins prudemment qu'il l'a judicieusement entrepris ; c'est pourquoi, lorsque vous trouverez des choses qui ne sont pas présentement telles qu'il les raconte, il vous prie de croire que, comme il n'y a rien d'arrêté dans ce monde, elles ont changé de face depuis que l'on a commencé à imprimer ce livre, et que plusieurs précieuses ont en peu de temps quitté le nom de fille pour prendre celui de femme. Vous devez encore prendre garde qu'il ne dit point si les personnes dont il parle sont mortes ou non, et que, comme il tire l'origine du précieux du temps de feu Voiture, comme l'on voit au commencement de ce livre, il n'entend pas dire qu'une personne soit morte quand il dit qu'elle était ou florissait de ce temps, de même qu'il n'entend pas dire aussi qu'elle soit encore au monde, mais bien que dès le règne de feu Voiture elle avait toutes les qualités nécessaires à une précieuse ; et de fait, il ne parle d'aucune de ce temps-là non plus que de celui-ci qui n'ait tout ce qu'il faut pour l'être encore, bien que pour divertir le lecteur il raconte quelquefois des incidents qui n'ont rien de précieux.

Je dois encore vous avertir, avant que de finir cette préface, que M. de Somaize n'a mis dans ce livre que dix ou douze mots précieux de ceux qui sont dans le Dictionnaire des précieuses qu'il vous donna il y a un an, parce qu'il n'en a voulu mettre aucun sans savoir le nom de celle qui l'avait fait, si elle s'en était servi dans quelque ouvrage ou si elle n'avait fait que le dire, bien que, par des raisons cachées, il se soit en quelques endroits contenté de mettre le mot sans en dire davantage. J'ai cru, pour une plus parfaite intelligence de ce livre et pour vous le mieux faire goûter, [qu']il était à propos que vous sussiez toutes ces choses. Je sais bien qu'il aurait été plus correct si l'auteur avait été en cette ville pendant que l'on l'a imprimé, et qu'il y aurait même ajouté des aventures tout à fait divertissantes. Il est bien juste qu'après vous avoir tant parlé de son livre, je vous entretienne un peu de sa personne.

C'est un des galants hommes de ce siècle et, quoique ses ennemis n'aient rien oublié pour noircir sa réputation, il a néanmoins eu l'honneur d'être estimé de tout ce qu'il y a de personnes de qualité et de gens raisonnables à Paris ; et si ses ennemis étaient de ce nombre, le public aurait lieu de croire des personnes désintéressées et dignes de foi ; mais comme ce sont des gens de lettres aussi bien que lui, il doit être glorieux d'en avoir, puisqu'il n'y a rien qui prouve davantage qu'il s'est acquis beaucoup de réputation parmi les honnêtes gens, et qu'ils ne sont ses ennemis que parce qu'ils ne peuvent s'élever aussi haut que lui. C'est pourquoi nous les nommerons des envieux et des jaloux de sa gloire. Ils l'ont accusé d'être satirique, afin d'avoir quelque prétexte pour couvrir leur envie ; mais, bien loin d'avoir cette humeur, il n'a jamais fait de satires que contre ceux qui font profession ouverte de satiriser les autres, afin de montrer par là combien il avait d'aversion pour ce genre d'écrire. Ils ont ensuite dit, comme une chose fort injurieuse, que ses ouvrages ne se vendaient pas au Palais ; mais il faut qu'ils aient été bien dépourvus de jugement en faisant ce reproche, puisqu'ils travaillent à la gloire de leur ennemi en pensant lui nuire. En effet, y a-t-il rien de plus glorieux pour M. de Somaize que d'avoir fait vendre neuf ou dix ouvrages dans un lieu où l'on n'avait jamais rien fait imprimer de nouveau, et où ils seraient éternellement demeurés si le mérite et la réputation de l'auteur ne les en fussent venus tirer ? Et ce qui rend encore cette injure prétendue plus ridicule, c'est qu'après que les premières éditions ont été vendues en ce lieu, les libraires du Palais se sont accommodés avec celui de M. de Somaize afin d'avoir part aux secondes. Enfin, jamais homme n'a tant fait de bruit que lui dans un âge si peu avancé. Il a eu l'honneur de faire assembler deux ou trois fois l'Académie française ; il a fait parler de lui par toute la France ; il s'est fait craindre, il s'est fait aimer ; il a toujours paru si peu intéressé, quoique ses ennemis lui reprochent ce vice, qu'ayant refusé des présents d'une généreuse princesse, parce que l'on croyait que l'intérêt le faisait agir, elle trouva cette action si belle et faite si à propos, vu l'imprudence qu'il y a souvent d'agir ainsi, que dès ce temps elle lui promit de faire beaucoup de choses pour lui. Les effets ont de bien près suivi les paroles, puisqu'elle l'a mené en Italie avec elle. Je vous laisse à penser si tous les ouvrages qu'il fera dorénavant ne surpasseront pas tout ce qu'il a fait jusqu'ici, puisque outre les lumières de son esprit, qui sont déjà bien grandes, l'habitude qu'il aura avec les plus grands hommes de ce pays lui donnera de nouvelles connaissances.

Voilà une partie des belles qualités qui rendent M. de Somaize recommandable et, quelque chose que j'en dise, vous en devez croire encore davantage, puisque, quelque chaleur que l'on ait à louer un ami, on en dit toujours beaucoup moins d'autrui que l'on ne ferait de soi-même.

Le libraire m'a prié de vous avertir qu'il vous préparait une galanterie nouvelle, intitulée *L'Heure du berger*.

Extrait du privilège du Roi

Notre cher et bien amé le sieur de Somaize nous a fait très humblement remontrer qu'il a composé un *Dictionnaire des Précieuses, poétique, cosmographique, géographique, historique, chronologique et armoirique*, qu'il désirerait faire imprimer, s'il nous plaisait de lui accorder nos lettres sur ce nécessaires. À ces causes, après avoir vu l'approbation du sieur Ballesdens, nous avons permis et permettons par ces présentes à l'exposant de le faire imprimer, vendre et débiter, dans tous les lieux de notre obéissance, en tel volume et caractère que bon lui semblera, pendant le temps et espace de sept ans entiers et accomplis, à compter du jour que ledit livre sera achevé d'imprimer pour la première fois [...].

Donné à Paris le quinzième jour de février l'an de grâce mille six cent soixante et un, et de notre règne le dix-huitième.

Par le roi en son conseil,

DEFAYE.

Ce Dictionnaire historique des précieuses est un extrait fidèle de toutes les galanteries qui regardent cette matière dans les meilleurs romans du temps, et mérite d'être imprimé, afin qu'on connaisse les habitants et la langue du pays des alcôves et des ruelles.

BALLESDENS.

Registré sur le livre de la communauté des libraires et imprimeurs, suivant l'arrêt du Parlement du 8 avril 1653.
À Paris, le 12 mai 1661.

Signé : JOSSE, syndic.

Ledit sieur de Somaize a cédé et transporté son privilège à Jean Ribou, marchand libraire à Paris, selon l'accord fait entre eux.

Les exemplaires ont été fournis.

Achevé d'imprimer pour la première fois le 28 juin 1661.

LE GRAND DICTIONNAIRE HISTORIQUE DES PRÉCIEUSES

A

ANTIQUITÉ. Les modes, comme les empires, ont un commencement, un progrès et une fin ; et souvent ce qui a le moins fait de bruit à sa naissance vient en un point que tout le monde en parle, et qu'il est généralement suivi.

Les précieuses, dont je veux prouver l'antiquité, sont de ce nombre. De tout temps on a vu des assemblées, de tout temps on a vu des ruelles, de tout temps on a vu des femmes d'esprit, et par cette raison, il est vrai de dire que de tout temps il y a eu des précieuses. Mais, comme il est constant que la politesse est l'une de ces choses que l'âge augmente, il est constant aussi que c'est du temps de Valère [Voiture] que cette belle qualité, à force de vieillir, étant venue à un période à durer quelque temps dans le même état, fut introduite dans les ruelles, en accrut le pouvoir, et donna commencement à ce qui depuis a si fort éclaté. C'est, dis-je, en ce temps que ces sortes de femmes appelées précieuses, après avoir été dans les ténèbres et n'avoir jugé des vers et de la prose qu'en secret, commencèrent à le faire en public, et que rien n'était plus approuvé sans leurs suffrages. Cette puissance, qu'alors elles usurpèrent, s'est depuis augmentée, et elles ont porté si loin leur empire que, non contentes de juger des productions d'esprit de tout le monde, elles ont voulu se mêler elles-mêmes d'écrire ; et, pour ajouter quelque chose à ce qui avait paru devant elles, on les a vues faire un nouveau langage, et donner à notre langue cent façons de parler qui n'avaient point encore vu le jour. L'origine des précieuses est donc assez ancienne pour ne point mettre en doute leur antiquité ; mais, pour de l'origine passer à ce qu'elles sont elles-mêmes, il faut savoir quelles sont les parties essentielles d'une précieuse. Quoi que l'on en ait dit, quoi que l'on en ait écrit, quoi que l'on en puisse dire ou écrire, je puis assurer qu'assez peu de gens s'accordent sur ce point ; mais je suis certain que la première partie d'une précieuse est l'esprit, et que pour porter ce nom, il est absolument nécessaire qu'une personne en ait ou affecte de paraître en avoir, ou du moins qu'elle soit persuadée qu'elle en a. Si l'esprit leur est absolument nécessaire, de tout temps on a vu des filles et des femmes spirituelles. Qu'on ne me vienne donc pas conter toutes ces chimères : que les précieuses sont des filles qui ne se veulent point marier, qu'il faut qu'elles soient âgées de quarante-cinq ans, qu'elles soient laides, et cent autres choses de cette nature, que l'erreur du vulgaire a produites avec aussi peu de raison que de fondement. Je sais bien que l'on me demandera si toutes les femmes d'esprit sont précieuses ; je réponds à cette demande que non, et que ce sont seulement celles qui se mêlent d'écrire ou de corriger ce que les autres écrivent, celles qui font leur principal de la lecture des romans, et surtout celles qui inventent des façons de parler bizarres par leur nouveauté et extraordinaires dans leurs significations. J'ajouterai à cela qu'il faut encore qu'elles soient connues de ces messieurs que l'on appelle auteurs, et qu'il serait malaisé ou même impossible de parler d'elles sans les y mêler ; qu'ainsi l'on verra dans ce livre que non seulement les auteurs ont donné le jour aux précieuses, mais encore qu'ils servent à étendre leur empire et à conserver leur réputation et leur puissance, ce qui se fait réciproquement entre elles et les auteurs. Aussi y en a-t-il plusieurs dont, si nous consultons les façons de parler, nous les mettrons justement au rang de celles que les précieuses ont inventées et, par cette raison, à qui nous donnerons le même nom.

ARMOIRIES. Voyez *Blason*.

ARTÉMISE [Mme Arragonais] est une précieuse veuve, âgée de cinquante ans, qui loge au quartier de Léolie. Comme cette personne est dans un âge où la plus grande partie de son règne est passée, il ne faut pas s'étonner si je n'en parle point.

ARAMANTE [la duchesse d'Angoulême] est une veuve de grande extraction et de grand esprit. Elle loge proche de la place Dorique. Elle a de tous temps aimé les lettres aussi bien que son mari.

AMALTHÉE et sa sœur [Mlles Atalante] sont deux précieuses qui régnaient du temps de Valère [Voiture]. Voyez le même Valère en ses *Œuvres*.

ALMALZIE [Mme Aubry], précieuse du temps de Valère, fut célèbre pour sa beauté, son esprit et le crédit de son mari.

AMALTIDE [Mlle Amory] est une précieuse des plus bizarres et des plus spirituelles. Polidate [M. de Poinville], son amant, ne l'est pas moins qu'elle, et c'est sans doute un grand plaisir de voir les façons d'agir de ces deux personnes. Elle ne le regarde jamais de bon œil que quand il marque avoir de la froideur pour elle, et il n'est jamais dans un plus grand transport d'amour que lorsqu'il en est méprisé. Aussi la complaisance n'est-elle pas ce qui les lie, et ils seraient toujours mal ensemble si leurs sentiments n'étaient toujours opposés. Cette règle ne se dément point lorsqu'ils s'écrivent des vers ou de la prose, et c'est un coup sûr que, si Polidate écrit des douceurs à son Amaltide, elle lui écrira des injures, et que, s'il en reçoit quelque marque de tendresse, elle en verra de son inégalité. Cependant ils ont tous deux de l'esprit, de l'agrément ; ils parlent tous deux fort bien, et disent du moins autant de grands mots que pas un de ceux dont nous avons parlé et dont nous parlerons ; et avec tout cela, ils ne laissent pas de s'aimer comme s'ils se haïssaient ; et si l'on n'avait eu de fortes marques de la jalousie qu'ils ont l'un pour l'autre, on les aurait pris pour deux personnes qui se jouent et se haïssent mortellement : tant il est vrai que les mêmes passions produisent de différents effets. Cette Amaltide loge en la petite Athènes.

ARGÉNICE [Mme André] est une précieuse qui loge proche le grand Cirque. Elle est bien faite de sa personne, elle voit grand monde, et passe pour belle et pour spirituelle. Je ne sais pas si elle aime la musique, mais je sais bien que son alcôviste Décébale [M. d'Anglure] aime passionnément les violons, et que tous ses esclaves [serviteurs] en jouent fort bien. L'intelligence qui est entre eux est en partie un effet du voisinage, en partie de leur sympathie. La ruelle d'Argénice a été depuis longtemps une des plus galantes d'Athènes, et les jeux et les ris ont fait, il y a plus de cinq ans, élection de domicile chez elle. Aussi peut-on dire qu'elle est plus née pour la joie que pour le chagrin, et ce n'est pas, à mon sens, un petit avantage d'être de cette humeur ; puisque l'on en vit plus longtemps et que la vie en est moins ennuyeuse.

ARISTÉNIE [Mlle d'Hautefeuille] est âgée de vingt-huit ans. C'est une agréable précieuse, et qui aurait la taille admirable, si par malheur elle ne boitait pas un peu. Cela ne lui messied pourtant point, et n'empêche pas que Bitrane [Bernard] n'en soit fort amoureux. Aussi a-t-elle des qualités fort propres à donner de l'amour, car elle a la conversation douce et sait parler de cent choses différentes ; et comme elle a été à la suite d'une grande princesse, elle sait son monde admirablement. Elle écrit avec une facilité si grande qu'on lui a vu écrire vingt billets différents en une matinée, et même en faire quelques-uns en vers. Elle touche aussi le théorbe, et Bitrane, son amant, chante fort agréablement et sait assez bien jouer de la mandole ; il sait aussi faire des vers, mais il est paresseux de son naturel, et n'en fait que quand il croit avoir quelque sujet de jalousie, et elle lui en donne rarement occasion, parce qu'elle sait parfaitement ménager son humeur, et qu'il est de ces gens qui aiment mieux se croire heureux que se rendre eux-mêmes misérables, ce qui vient de cette paresse que j'ai marquée être en lui, et qu'apparemment il ne changera pas, puisque à trente-cinq ans un homme a pris son pli pour toute sa vie.

*

Un auteur intéressé : *Un regrattier de gloire.* (De Filante [Furetière], en son *Histoire des quarante barons* [l'allégorie de monsieur de Furetière*].)

Une grande âme : *Une âme du premier ordre, et véritablement souveraine.* (De Bélisandre [Balzac].)

L'on a cru que cette façon de parler était des plus nouvelles, que Sophie [Mlle de Scudéry] l'avait inventée, et que l'on n'en avait jamais entendu parler avant que la *Romanie* [*Clélie*] eût vu le jour, et cependant il est constant que Bélisandre l'avait mise en usage de son temps.

Accorder tout à un amant : *Ne laisser point de vide dans les désirs d'un amant.* (De Sophie, dans la *Romanie.*)

Doride a plus de cinquante ans passés : *Il ne croît plus de fleurs au jardin de Doride.* (De Rodolphe [Robinet].)

RODOLPHE, pour n'être dans ce Dictionnaire que pour quelques mots, ne laisse pas d'être des plus spirituels de ceux dont nous parlerons, et d'avoir pour témoins de la douceur de ses vers et de l'élégance de sa prose toute l'Europe, qui pourrait en rendre témoignage.

Être de difficile abord : *Avoir l'abord peu cherchant.* (De Thessalonice [Mlle de La Trémoille].)

Vous devez penser deux fois à vos actions dans cette cour : *Vous devez aller fort retenu dans cette cour.* (De Gobrias [Gomberville].)

Une belle amour : *Une passion bien tournée.*

B

BLASON. Les jeunes précieuses portent d'argent semé de pierreries au chef de gueules à deux langues affrontées, pour supports deux sirènes, et en cimier un perroquet becqué d'or.

Les anciennes précieuses portent écartelé au premier et quatrième d'azur au cœur armé à cru, au second et troisième de gueules à deux pies affrontées, et en cimier un phénix.

---

* *La Nouvelle allégorique ou histoire des derniers troubles arrivés au royaume d'Éloquence*, où Furetière parle des « quarante barons » de l'Académie française.

Ce blason, comme les autres, a ses explications allégoriques et, de même que parmi la noblesse, la couleur de gueule ou le rouge signifie l'honneur, le sang, etc., de même ici les couleurs y ont leur explication : l'argent des jeunes dénote la beauté et la blancheur du teint ; les pierreries expliquent la richesse des pensées ; le chef de gueule marque leur amour, et les deux langues affrontées signifient leurs conversations, où tout le plaisir dépend de la contrariété des sentiments ; les deux sirènes découvrent deux choses : l'une, l'inclination qu'elles ont pour la musique, qui fait un des plus agréables divertissements de la vie ; l'autre, que les jeunes dames sont dissimulées ; et le perroquet becqué d'or qui est en cimier nous découvre, ce qui se connaît par l'expérience, que les femmes parlent de tout, bien qu'elles ne sachent pas toutes choses ; et l'or dont son bec est garni montre que par cette délicatesse, qui leur est naturelle, des choses mêmes qu'elles ne savent pas, elles en parlent d'or.

L'azur qui fait le fond du premier et quatrième des anciennes précieuses donne à connaître l'empire qu'elles ont acquis dans les ruelles ; ce cœur armé à cru qui est dessus l'écusson fait voir qu'elles sont au-dessus de toutes les attaques, et que les billets doux, les propos tendres, les soupirs ni les larmes, le fer ni la flamme, ne peuvent rien sur elles, et que l'estime est la plus grande grâce que l'on puisse en espérer ; la couleur de gueule qui est au second et troisième dénote leurs amours passées ; les deux pies affrontées dont l'écusson est chargé dénotent leurs entretiens et conversations, où les vieilles font d'autant plus de bruit que, dans cet âge avancé, on les écoute peu ; les muses qui supportent le tout nous marquent leur savoir et leur inclination pour les sciences, et surtout pour la poésie ; le phénix qui est en cimier nous apprend que de la cendre d'une précieuse il en renaît une autre, qu'un sentiment attire un sentiment, qu'une pensée produit une pensée. Ainsi de tout ce qui regarde les précieuses.

BÉRILISCE [Mlle Bobus]. Cette fille est une des premières précieuses de cet empire ; elle est aussi des plus anciennes, ayant bien quarante-sept ans. C'est une de celles qui lisent le plus de romans et de nouveautés, et surtout de celles qui critiquent avec le plus de penchant et de facilité. Il est bien vrai qu'elle est dans un âge où cela est comme naturel à celles de son sexe.

BEAUMÉRINE, première du nom [Mlle de Beaumont, fille de feu M. de Beaumont, premier maître d'hôtel du roi], précieuse qui loge au quartier de Léolie.

BELISE et sa sœur [Mlles Bocquet] sont deux précieuses âgées, qui jouent fort bien du luth, et qui ont une grande habitude à toucher les instruments. Elles logent aussi au quartier de Léolie, qui est le lieu où les précieuses font le plus de bruit.

BRADAMISE [la marquise de Belleval] est une précieuse de qualité, âgée de quarante ans. Elle se tient dans l'île de Délos, où elle reçoit tout le beau monde, et entre les autres, Persandre [le marquis de Persan] et Sestianès [le comte de La Suze] sont ses principaux alcôvistes.

BÉRÉNICE [Mlle de Bombon], précieuse, a l'esprit enjoué et aime les vers burlesques ; on dit même qu'elle en fait. Elle loge dans Léolie.

BARCINE [Mlle de Beaumesnil] est une précieuse âgée de quarante ans. Elle est célèbre dans l'île de Délos, où elle réside.

BARSILÉE [Mme de Bouchavanne] est une vieille précieuse, qui tient alcôve dans l'île de Délos, où elle demeure. Je ne parle point de ses occupations, parce qu'elles n'ont rien qui ne soit commun à toutes les précieuses.

BÉLINDE [la comtesse de Brancas] est une précieuse de qualité. Elle loge du côté de la Normanie, proche le palais de Caton. On en parle par tout Athènes, et son faste fait qu'elle n'est inconnue à personne ; mais deux choses autorisent sa dépense : l'une, sa condition ; l'autre, qu'elle a un fonds que l'on sait assez qui est inépuisable. On la loue d'être grande politique, et le silence qu'elle observe aisément en est une marque. Ce n'est pas qu'en toutes choses, elle s'attache à l'économie, qui fait une partie de la politique, car elle suit absolument les modes, quoi qu'il en coûte, et n'épargne rien pour le jeu, qu'elle aime passionnément ; elle fait aussi des présents considérables par ce caprice, et oblige de bonne grâce quand on la prend dans son humeur obligeante. Le confident de ses affaires, et surtout de celles qui concernent la préciosité, se nomme Barsamon [l'abbé de Boisrobert] ; mais comme cet homme a un de ces esprits agréables qui ne font pas grand scrupule de dire les secrets qui ne sont que bagatelles, et que l'on dit qu'il lui en échappe quelquefois d'autres, ce que je ne crois pas, on tient que la politique de Bélinde empêche qu'il ne sache tout. On dit d'elle encore qu'elle ne craint ni la tempête ni le retour du beau temps, et que son vaisseau est toujours à l'ancre. En effet, elle a pour devise un vaisseau à l'ancre, et pour âme : *Honni soit qui mal y pense.*

BRISÉIS [Mlle de Barême] est une jeune précieuse de la ville de Thèbes. Son esprit est de ceux qu'il faut avoir pour être de ce nombre, car elle parle bien, dit des mots extraordinaires et a un procédé qui ne l'est pas moins : aussi son histoire est-elle de ces histoires embarrassées qui en enferment trois ou quatre avec elles, et c'est pour cela que je la nomme une précieuse d'intrigue. L'on peut en effet assurer qu'il s'en lit dans les romans de moins obscures que la sienne ; je n'ajouterai pourtant rien à la vérité, et garderai cette fidélité indispensable aux historiens de dire les choses comme elles sont. Pour dire quelque chose de sa naissance, elle est de qualité. Florimon [Fontanille], son oncle, l'éleva dans sa maison à dessein de la marier à Ranulphe [Ravocet], son cousin ; mais Briséis, qui aimait sa liberté, fut bien aise de voir que son inclination l'engageait ailleurs. Il fut malheureux en ses amours, et se vit enfin obligé d'épouser Florice [Mlle du Flos], qu'il n'aimait point et dont il n'était pas aimé. Cette précieuse était éprise des charmes de Dorante de Montenor [Dicar de Montmorency], nouveau venu d'Athènes, et qui avait pris le bel air dans cette grande ville. Il était bien fait de sa personne, galant, spirituel, et c'est celui dont nous parlerons le plus dans la suite de cette histoire. Ce fut aux noces de Ranulphe et de Florice que Dorante devint amoureux de Briséis, qui s'y était trouvée comme parente de Florice. Je ne dirai point que, malgré l'embarras qui est inséparable de ces sortes de fêtes, ils ne laissèrent pas d'avoir des conversations où nos deux précieux firent paraître leur esprit : Dorante fit des vers ; en un mot, rien ne s'oublia, ni d'un côté ni de l'autre, pour le plaisir de ceux qui étaient spectateurs de leur galanterie. Florice aimait Dorante, Briséis en était aimée et ne le haïssait pas, et la jalousie était d'autant plus grande et plus juste entre ces deux belles que Dorante était en effet partagé entre elles. Il aimait Briséis et, comme son ardeur était nouvelle, elle était violente. Il avait lié une amitié avec Florice, d'autant mieux cimentée et établie entre eux qu'ils logeaient en un même corps de logis. Ainsi, l'habitude de voir l'une et de l'aimer, disputant de rang avec la nouveauté d'adorer l'autre, causait un embarras en sa personne, une contrainte en ses actions et une incertitude en ses désirs, aussi agréable pour ces deux belles que fâcheuse pour lui, qui ne pouvait faire aucun choix. Ce n'est pas que, parmi cet agrément, la jalousie leur donnât quelque peine, mais l'humeur précieuse, qui était la plus forte en leur âme, étouffait la violence de tous les autres mouvements ; et, outre cela, Florice, que l'on mariait avec Ranulphe (quoiqu'ils n'eussent point d'inclination l'un pour l'autre), ne combattant plus qu'en retraite la conquête du cœur que Briséis lui disputait, elle se vit bientôt vaincue et, dès lors qu'elle eut cédé toutes les justes prétentions qu'une longue amitié lui avait données, Briséis s'en rendit si absolument maîtresse qu'il ne fit plus rien que dans la pensée de lui plaire, et qu'ils ne firent plus qu'un cœur. Cette union était d'autant plus charmante qu'ils avaient tous deux de l'esprit. Il venait d'Athènes, où il avait appris les belles-lettres et ce que l'usage enseigne à ceux qui sont déjà naturellement éclairés. Elle était d'une famille féconde en esprit, et possédait tout ce que la nature et l'art peuvent donner aux plus accomplis. Toutes ces choses faisaient qu'ils étaient fortement piqués l'un de l'autre. Durant cette intelligence, il y eut des lettres de part et d'autre, des bals, des promenades, des conversations fréquentes dont je ne parlerai point ; je dirai seulement que cette grande union fut à la fin traversée, et cet agréable commerce rompu par une chose aussi extraordinaire que peu vraisemblable : ce fut un enlèvement que Dorante fit de Bradamante [Mlle de Beauvieu], du consentement du frère de cette fille, nommé Bragistane [M. de Beauvieu], qui lui livra sa sœur. Il emmena cette fille en sa maison. Elle avait de l'esprit et assez d'enjouement. Ils furent quelque temps ensemble dans sa maison de campagne en assez bonne intelligence ; mais enfin, ou par le remords qu'il eut d'avoir quitté Briséis, ou par le déplaisir de voir qu'elle s'était retirée chez une prêtresse de Diane [l'abbesse d'un couvent], où l'on a cru que le déplaisir de la perte de cet amant l'avait fait aller, il revint auprès d'elle, et l'intelligence qui se renoua entre eux dès qu'il reprit sa première façon d'agir en est une assez grande preuve, puisque, loin d'avoir diminué l'estime qu'ils avaient l'un pour l'autre, ils furent plus étroitement liés qu'ils n'avaient jamais été. Dans cette attache réciproque qui s'était renouée entre eux, il survint des rivaux qui troublèrent leurs contentements et qui causèrent à Dorante de grandes inquiétudes. Il est vrai qu'elles étaient bien justes, puisqu'il y en eut un qui lui déroba sa conquête : Bélisaire [M. de Baras] et Bradamire [M. de Baye] furent ces deux rivaux. L'un s'était engagé dans les fers de Briséis par la lecture d'une lettre qu'il avait vue d'elle et qui lui avait fait naître l'envie de connaître celle qui l'avait écrite, parce qu'elle était tout à fait spirituelle ; l'autre l'avait connue durant l'absence de Dorante. Le premier était Bélisaire, de qui la mère était liée avec Florimon par un mariage secret, et cette raison lui avait donné un accès facile auprès de Briséis ; l'autre était Bradamire, qui, par adresse, par présents et par collations, s'était acquis la bienveillance de tous les affranchis et de tous les esclaves de sa maîtresse. Mais, quoiqu'il eût avec cet avantage celui de débiter agréablement, il n'était pas si brave que Dorante, et il l'appréhendait ; et ce fut cette bravoure qui lui fut fatale et qui rendit son rival heureux, car le chevalier Bradamire, son frère, s'étant engagé en un combat avec Dorante de Montenor, y fut tué ; ce qui obligea le vainqueur à quitter pour quelque temps Thèbes, et cette absence donna lieu à Bradamire d'adoucir Briséis, qui consentit enfin à l'épouser. Elle a conservé quelque temps après son mariage les sentiments d'inclination qu'elle avait pour Dorante ; mais enfin elle l'a oublié, ou du moins agit comme si elle ne s'en souvenait point, et même elle commence à s'accoutumer à l'humeur fantasque de son mari, ce qui lui est d'autant plus aisé qu'elle est véritablement précieuse, c'est-à-dire véritablement spirituelle, et qu'un livre agréable peut lui donner tous les plaisirs qu'elle pouvait attendre de la conservation de cet amant.

BÉRONICE [Mlle Bailly] est une précieuse âgée de trente-deux ans. Elle a deux amants ; le plus considéré et le plus sérieux est Licurgus [Le Lièvre] ; le plus enjoué est Créon [Cousin]. Elle a de l'estime pour le premier, de l'inclination pour le second. L'un est un homme de mérite qui est dans un emploi où la doctrine et l'expérience le rendent considérable ; l'autre est d'une profession où la bravoure le fait estimer, et il ajoute à cette humeur martiale l'agrément des lettres ; et, quoique d'une muse cavalière et plus réglée par le son des tambours que par l'harmonie de la lyre, il ne laisse pas de conter assez naïvement ses peines. Licurgus fait aussi quelquefois des vers, mais l'embarras des affaires lui en dérobe si fort le temps qu'il ne s'y amuse que rarement. Béronice cependant, qui a beaucoup d'esprit et à qui la lecture des romans a donné une incroyable facilité de répondre à toutes les cajoleries, les entretient tous deux dans une telle incertitude qu'ils ne savent s'ils en sont aimés, s'ils peuvent espérer d'elle qu'elle puisse un jour voguer, sous leur conduite, sur les mers du royaume de Tendre, ou s'ils demeureront toujours au port de l'Estime, où il y a déjà longtemps qu'ils ont ancré leurs vaisseaux : car cette belle fille leur rend des civilités si réglées et si égales qu'elle les engage, les embarrasse et leur ôte tout lieu de se plaindre d'elle. Ils s'efforcent pourtant tous deux de la prendre par son sensible et, comme ils sont instruits de l'estime qu'elle fait de tous ceux qui parlent bien, et qu'elle-même parle à la mode, c'est-à-dire en précieuse, ils s'attachent tous deux à cette politesse de langage qui les peut faire aimer d'elle. Et ce qui est plaisant, c'est que, l'un étant comme abîmé dans les affaires, il ne peut pas si bien être maître de sa langue qu'il ne lui échappe des termes inconnus et barbares pour les oreilles d'une fille précieuse ; et l'autre, ayant sucé avec le lait l'inclination de la guerre et y ayant passé toute sa vie, mêle assez souvent des mots de cet art, qui ne sont connus que de ceux qui savent les mathématiques. Et ainsi, n'ayant point d'avantage l'un sur l'autre de ce côté, Béronice, qui veut absolument qu'on parle purement et à la mode, n'a point encore pu se résoudre à choisir l'un ou l'autre pour son principal alcôviste. Elle fera le choix quand il lui plaira. Je la laisse dans cette incertitude où elle vit depuis dix ans, et passe à l'histoire d'une autre.

BÉRÉLISE [Mlle de Brienne] est une précieuse illustre par sa naissance. Elle loge dans la petite Athènes.

BELARMIS [la comtesse de Brégy] est une précieuse qui vit en célibat, quoique son mari soit encore vivant. Son esprit a fait parler d'elle et l'a fait connaître pour précieuse, non seulement parce qu'elle parle comme elles, mais encore parce qu'elle écrit fort bien en vers et en prose. Toute la Grèce s'est partagée à l'occasion d'une querelle qu'elle eut avec une autre belle dont je tais le nom ; elle tient ruelle et voit des auteurs des plus célèbres. Sa demeure est dans le palais que Sénèque [le cardinal de Richelieu] a fait bâtir dans le quartier de la Normanie.

BASILIDE [la marquise de Boisdauphin] a du mérite, et est aussi illustre par toutes ses belles qualités qu'aucune précieuse du royaume.

BEAUMÉRINE [Mlle de Beaumont], deuxième du nom, est une précieuse qui loge proche de la ville d'Acaris. Son esprit, sa jeunesse et son enjouement la rendent agréable à tous ceux qui la connaissent.

BOLISANDRE et sa sœur [Mlles du Bois] sont deux précieuses âgées environ de quarante-trois à quarante-quatre ans. Elles voient grand monde ; on joue chez elles, et les sonnets et les élégies qui passent par leurs mains n'en sortent pas comme ils y sont entrés. Il n'en est pas de même des libertés, car elles n'ont rien à craindre chez elles, et l'on vit en sûreté dans leur maison, qui est vis-à-vis le palais de Sénèque.

BARTANE [Mme des Brosses] est une précieuse qui a d'autant plus de connaissance qu'effectivement elle est sage, et sa prudence est connue de tout le monde. Elle fait profession de dire ingénument son sentiment et de connaître les belles choses ; elle est âgée de trente-deux ans, et loge proche de la place Dorique.

BARSANE [Mlle Brice], jeune précieuse veuve, est une femme de taille médiocre, également belle et spirituelle. Elle voit des gens d'esprit et aime assez les vers : elle s'y connaît et parle avec une politesse plus naturelle qu'étudiée. Elle ne fait pas de mots nouveaux, mais elle se sert fréquemment de ceux qui se font ; elle lit beaucoup, et néanmoins plus par divertissement que par étude, ou que par aucune attache qu'elle y ait. C'est une des plus raisonnables que je connaisse et une des plus agréables. Elle peut avoir vingt-huit ans, et loge dans le quartier de la Normanie.

BERNISE [Mme de Beauregard], précieuse entre deux âges, ni belle ni laide, mais dans un certain milieu supportable, qui ne choque ni ne charme, et qui pourtant ne laisse pas d'avoir attaché Licandre [M. de La Salle] auprès d'elle par les qualités de son esprit. Ce n'est pas qu'elle ne soit quelquefois inégale ; mais comme cela est ordinaire à tout le monde, ce n'est pas un défaut, ou, si c'en est un, il est si général qu'on ne le reprend en personne. Elle parle beaucoup, et ces mots : *tendrement*, *furieusement*, *fortement*, *terriblement*, *accortement* et *indiciblement*, sont ceux d'ordinaire qui ouvrent et ferment tous ses sentiments, et qui se fourrent dans tous ses discours. Si bien que l'on peut dire d'elle qu'elle parle furieusement, qu'elle écrit tendrement, qu'elle rit fortement, qu'elle est belle terriblement, qu'elle dit des mots nouveaux fréquemment, et qu'elle est précieuse indiciblement ; au moins c'est une vérité, si point on ne me ment.

BÉROÉ [Mlle Bourlon] a reçu en partage toutes les qualités qui sont inséparables d'une précieuse, et qui servent à la devenir quand on ne l'est pas. Elle est fille, et n'a pour parente qu'une tante chez qui elle demeure, et de qui elle fait tout ce qu'elle veut. Cette tante a une amour toute particulière pour la musique, et la nièce, qui aime généralement tous les arts et toutes les sciences, n'a pas peine à lui fournir toutes les occasions possibles de la contenter ; et c'est ce qui a mis Dioclès [M. d'Aubigny] bien avec elle, car il chante bien, et a toujours après lui deux ou trois musiciens, et joint avec cela la géographie ; si bien que Béroé a appris sous sa conduite, et comme on aime, et comme on chante, et comme on divise les empires, les royaumes, les terres, les mers, et toutes les choses qui concernent la géographie. Elle a même appris de lui quelques règles des fortifications ; mais il ne lui a montré que comme on attaque les places, et ne lui a pas appris l'art de les défendre. Il est vrai que naturellement elle est de celles qui se défendent bien, et qui ne se rendent jamais que dans les formes et selon les règles. Au reste, cette précieuse n'a pas fait de roman ; mais elle a aidé à un sien parent qui en a voulu mettre un au jour, et qui peut-être l'y mettra bientôt, et toutes les conversations qui sont dedans, elle les a réglées et en a composé une bonne partie.

BARCIDIANE [Mlle de Beaulieu] est une jeune précieuse à qui l'amour n'a point encore fait sentir ses atteintes, et qui n'a eu de sensible que pour le seigneur Aronce*. Elle ne trouve que lui à son gré : il est seul aimable et seul digne d'être aimé ; elle jure qu'elle n'a pour rivale que Clélie, et elle est si fort persuadée qu'une fille d'esprit et bien faite, comme elle, ne doit point se marier qu'elle n'ait trouvé un amant aussi parfait que celui-là, qu'elle a même déjà refusé plus de quatre amants dans cette pensée ; si bien qu'on peut dire d'elle qu'elle ne fait l'amour qu'en idée. Elle ne laisse pas d'être fort agréable en conversation et de dire de jolies choses ; elle fait même des bouts-rimés qui, pour n'être pas dans toute la justesse qu'exigent les vers, ne laissent pas d'être assez justes. Elle est aussi fort enjouée, et est d'une humeur agréable en compagnie, pourvu qu'on ne lui parle point d'amour : car sur ce chapitre elle n'entend point raillerie, et penserait faire tort au seigneur Aronce d'écouter des soupirs d'un homme moins parfait que lui.

BARSILÉE [Mlle Baudoin] est une précieuse âgée de quarante ans. Elle a toute sa vie été parmi les lettres, et avait un amant qui faisait profession de savoir un peu de tout ; mais comme cet amant est mort, je n'en parlerai point, et dirai seulement qu'elle aime les nouvelles, qu'elle parle la langue d'Ausonie aussi bien que celle de Grèce, et qu'elle a fait quantité de mots qu'elle a tirés de cette langue pour les rendre propres à la nôtre.

BARSINDE [Mme de Boismoran] est une précieuse qui a d'autant plus de connaissance qu'elle est naturellement spirituelle, et qu'elle a connu dans Athènes Virginie [la marquise de Vilaine], qui est une précieuse des plus considérées de cette grande ville, et que c'est chez elle qu'elle a fait son noviciat. Elle demeure dans Argos.

BOSILINDE [la comtesse de Barlemont] et BRITONIDE [la princesse de Barbançon], sont deux anciennes précieuses de grande naissance dont on a beaucoup parlé du temps de Valère [Voiture].

BALANDANE [Mme de Balan] est une précieuse qui, pour n'avoir pas été longtemps dans Athènes, n'a pas laissé d'y prendre de grandes teintures de préciosité, et de la devenir avec d'autant plus de facilité qu'elle a naturellement de l'esprit. Elle est belle et chante bien ; elle demeure proche d'Argos, et est âgée de vingt-huit ans.

BARISTIDE [Mme de Blérancour] est une précieuse qui a plus fait de bruit qu'elle n'en fait à présent ; mais chaque chose a son temps.

BARTHÉNOÏDE [la marquise de Boudarnault]. Il faut n'avoir jamais ouï parler de précieuses pour ne pas savoir que Barthénoïde est une des plus fameuses et des plus spirituelles de leur empire.

BASINARIS [Mme de La Bazinière] est une précieuse illustre en beauté, qui est pour le soleil, et non pour la lune ; elle a beaucoup de vertu, et une de ses bonnes qualités est qu'elle a passé le cap de Bonne-Espérance, et qu'elle est arrivée à bon port à l'île d'Abondance. Son logis est situé dans la petite Athènes.

BLÉNEINDE [la comtesse de Blain] est une femme de qualité, précieuse, d'un esprit agréable.

BRAGAMINTE [Mlle Barjamon] est une ancienne précieuse de la ville de Corinthe. Pisandre [M. du Pinet] n'en est pas haï ; elle passe pour spirituelle aussi bien que pour amie emportée et violente.

BEAUMÉRINE [Mme de Beaumont], troisième du nom, ancienne précieuse de la ville de Corinthe, est une des plus célèbres de ce pays ; elle est sœur de

---

* Héros de la *Clélie* de Mlle de Scudéry.

Volagès [M. de Vauvenargues], et l'illustre Valante [le comte de Vaillac] fut autrefois le doyen de ses alcôvistes. Elle n'en a point à présent d'ordinaire, tous étant dans une grande égalité auprès d'elle. La plupart des dames de Corinthe en sont jalouses, et portent une envie extraordinaire à ses belles perfections, à son adresse, à la facilité qu'elle a de bien parler et à tout ce qui lui a acquis la réputation de véritable précieuse. Elle est encore aujourd'hui au milieu des divertissements dont elle est protectrice. Sa devise est une étoile au milieu d'un nuage épais, et pour âme : *Mon éclat s'affaiblit.*

BARADONTE [Mme de Barbentane] est une précieuse de Corinthe qui a l'esprit vif et turbulent ; elle est assez connue dans cette grande ville, où elle se tient d'ordinaire : c'est pourquoi je n'en parle point.

BERTÉNIE [Mlle Babinet] est une précieuse dont l'esprit est enjoué. Elle a un grand commerce de lettres avec deux précieuses du quartier de Léolie et avec Philinte [Pinchêne], parent de feu Valère [Voiture], qui la visite souvent. Son mari s'est rendu Brutus à force de la caresser ; sa vertu nous fait voir que la victoire de nos passions est en notre puissance : car naturellement elle a un penchant tout à fait friand pour les choses dont on se passe quand on est séparée d'avec son mari. Elle a de la beauté, et l'on peut dire d'elle qu'elle ne fait pas tout ce qu'elle dit, quoiqu'elle dise tout ce qu'elle ne fait pas. Elle est de celles qui ne peuvent demeurer en repos, et à qui l'action est une chose nécessaire. Elle loge du côté de la Normanie, et est âgée d'environ trente ans.

BRUNDESIUS [l'abbé de Bélesbat] est un homme d'esprit, de mérite et de qualité, logé au quartier de Léolie. Il est le grand introducteur des ruelles : car c'est chez lui que les jeunes gens de maison vont s'instruire des qualités nécessaires à un homme qui veut hanter les ruelles, et qu'après le noviciat qu'ils font dans sa maison, ils sont conduits par cette illustre personne dans toutes les belles assemblées, où il est fort considéré, et où il a une libre entrée.

BUSEUS [Bouchardeau] est un homme agréable, qui a la qualité de grand chansonnier de cet empire, où il est fort estimé pour son esprit. Il donne toutes les chansons qu'il fait à Léonte [Lambert], et ce charme des musiciens y met des airs qui répondent agréablement à la douceur des paroles que Buseus lui donne, et ainsi ils se procurent l'un l'autre une estime générale de tout ce qu'ils font, et attirent l'inclination de toutes les dames.

BÉRODATE [Benserade] est un galant précieux qui est entièrement attaché à la cour ; il était jadis contemporain de Valère [Voiture], et ce fut lui qui fut son rival. La guerre qui se fit à l'occasion de ces deux rivaux est une des plus grandes et des plus célèbres qui soit arrivée dans l'empire des précieuses, qui se divisèrent toutes en deux, les unes défendant le parti de Valère, qui avait fait le sonnet d'Uranie, les autres celui de Bérodate, qui en avait fait un dessus Job. Ces deux sonnets ont longtemps fait l'entretien des ruelles et de la cour, et servi d'occupation aux plus délicates plumes. Il est assez connu par son esprit et par toutes les galanteries qu'il fait tous les jours, et qui servent de divertissement au grand Alexandre [le roi]. Sa demeure est dans le palais d'Athènes.

BARSINIAN [l'abbé du Buisson] est un homme de qualité qui a autant d'esprit qu'on peut en avoir ; il fait des vers avec toute la facilité imaginable, et non seulement il en fait de sérieux, mais même d'enjoués et de satiriques. C'est encore un des introducteurs des ruelles et un des protecteurs des jeux du Cirque [la comédie] ; mais toutes ces perfections, qui le rendent considérable et qui le font aimer de toutes les précieuses, le font en même temps craindre de tous ses rivaux, pour qui il est fort redoutable. Il loge derrière le palais de Caton.

BUDINUS [Boucher], disciple de la précieuse Doralise [la comtesse de La Suze], jadis femme de Sestianès [séparée du comte de La Suze]. Nous parlerons à son lieu de cette célèbre précieuse.

BÉROLAS [Bary] est un auteur qui a travaillé pour l'endoctrinement des précieuses qui ne savent point de latin : car il a fait une philosophie et une rhétorique en notre langue pour une plus facile intelligence de ces sciences, qu'elles peuvent maintenant apprendre sans peine.

BARSAMON [l'abbé de Boisrobert] est un ancien et moderne auteur, le Ciel lui ayant donné l'avantage de vivre longtemps. Il a cela de particulier en lui qu'il se divertit en divertissant les autres ; c'est la joie des ruelles, où il se fait écouter pour plus d'une raison ; et la principale, c'est qu'il sait parfaitement la chronique scandaleuse de la ville d'Athènes. Il a de tout temps vu la cour, et il a fait des pièces de cirque [de théâtre], des nouvelles, des galanteries en prose et en vers ; mais surtout il a toujours réussi à bien faire des contes, ce qui le fait souhaiter dans toutes les ruelles, qu'il fréquente autant qu'aucun autre.

BASTRIDE [La Bare], maison de plaisance où les précieuses s'allaient divertir du temps de Valère [Voiture] ; autrement dit, réduit de campagne.

*

Avoir de belles lèvres : *Avoir des lèvres bien ourlées.* (De Léonice [Mlle Lartigue].)

Avoir les lèvres bien faites : *Avoir les lèvres bien bordées.* (De Mélinte [Mlle Maçon].)

Il fait des bâtards partout : *Il laisse partout des traces de lui-même.*

Le bonnet de nuit : *Le complice innocent du mensonge.*

L'on ne trouve rien de bon dans ce livre : *L'on ne trouve point de quoi s'arrêter dans ce livre.* (De Crisante [Chapelain].)

Cet homme-là bute où l'on ne croit pas : *Les actions de cet homme sont masquées.*

C

COUTUME. Comme la coutume, en cet endroit, se prend seulement pour l'habitude, il est certain que chaque précieuse a la sienne particulière, que l'on pourra connaître dans les histoires qui sont dans ce Dictionnaire, où l'on dépeint la plupart des précieuses ; et pour les générales, on peut dire qu'elles se rapportent à deux ou trois choses, qui sont de voir beaucoup de monde, et surtout des gens de lettres, l'autre de parler de toutes choses, et la troisième de mettre au monde quelque auteur, ce que chacune d'elles affecte en particulier, faisant gloire de donner de la réputation à ceux qui s'attachent à leur montrer ce qu'ils font de nouveau. Voyez *Lois.*

CONQUÊTES. Voyez *Victoires.*

CLORINDE [Christine, reine de Suède], reine des Scythes [les Suédois], est une précieuse dont l'esprit fait voir que les femmes sont capables des choses les plus difficiles, et que la science est aussi bien naturellement à leur sexe qu'au nôtre. Elle sait huit ou neuf sortes de langues, et son mépris pour la couronne l'a fait connaître pour la plus hardie princesse du monde. Elle reçut beaucoup d'honneur en Grèce, et fut régalée du grand Alexandre [le roi] d'une manière si splendide, qu'elle vit bien qu'il était non seulement le plus vaillant, mais encore le plus généreux prince de la terre. Son entrée dans la grande ville d'Athènes n'est pas une des choses la moins remarquable de sa vie, et l'avantage d'avoir été reçue par Marcelle [Son Altesse de Guise] est si grand qu'il était plus digne d'envie que la couronne même qu'elle avait par le droit de sa naissance. Alexandre choisit ce prince, entre tous ceux de sa cour, comme le plus galant de son empire et comme le plus ami des lettres, jugeant bien qu'il était presque le seul qui fût capable de cet illustre emploi. En effet, ce choix était si juste que Clorinde et Marcelle ensemble pouvaient se vanter de n'avoir point de semblables. Elle était extraordinairement savante : il n'ignorait rien ; elle parlait avec un poids et une délicatesse de reine : les plus délicats et les plus accomplis de la cour d'Alexandre regardaient Marcelle comme le modèle le plus parfait qu'ils pussent imiter, soit pour le langage, soit pour les actions ; et en un mot, Clorinde méritait d'être reçue par Marcelle, et Marcelle méritait seul de recevoir Clorinde. Cette princesse trouva dans Athènes plus de charmes que dans toutes les autres villes par où elle avait passé. Elle vit que c'était véritablement le séjour des lettres et le pays natal des sciences ; que ce qu'on apprenait en Scythie, on ne le savait que par rapport, et que toutes les sciences n'y étaient que dans un faux jour. Deux choses lui donnèrent de l'admiration et de la surprise dans cette grande ville : l'une, le nombre incroyable de ses citoyens ; l'autre, la prodigieuse quantité de sonnets, d'élégies et de poèmes qui lui furent présentés à son arrivée.

CLORINICE et sa fille [Mme et Mlle de Congis] sont deux précieuses de naissance dont l'esprit est connu de tout le monde, et surtout de ceux d'Athènes. La fille est une des plus galantes de cette grande ville, et ses alcôvistes ont assez paru sans qu'il soit besoin de les nommer. Au reste, elle est bien faite et a toutes les qualités du corps et de l'esprit les plus touchantes et les plus propres à plaire dans les ruelles et à faire des conquêtes. Elles logent dans le grand jardin du grand palais d'Athènes.

CLOMIRE [Mlle Clisson] est une fille de qualité, ancienne précieuse. Elle est assez retirée et, quoiqu'elle voie le grand monde, elle ne hait pourtant pas la solitude. La vertu a fait bien du bruit dans sa maison. Comme elle loge dans l'île de Délos, elle se sert d'une ancre des plus fermes qui ne lui manque jamais au besoin, et la met à couvert des plus fortes tempêtes. Elle est fort recommandable par sa douceur.

CLÉOBULIE [Mme Cornuel] est une précieuse dont le nom a jadis fait grand bruit dans Athènes et par toute la Grèce. Elle loge à présent au quartier de Léolie.

CLARISTÉE [Mme Chesnelon] est une précieuse âgée de quarante-cinq ans. Elle est fort bien faite, et l'âge n'a pas encore emporté tous les vestiges de sa beauté. C'est chez elle que l'on garde les livres de vie et de mort*. Elle est logée au quartier de Léolie, proche le palais de Marcelle.

CLYTIE et sa sœur [Mlles La Chesnaie] sont deux précieuses vestales [religieuses] âgées de quarante-six à quarante-sept ans, et cet âge leur a donné la fermeté d'entreprendre ce que de plus jeunes n'auraient osé tenter, et même le pouvoir de s'exempter d'une partie des vœux qu'elles ne négligent qu'en ce

---

* Probablement les registres du greffe.

qui abaisse la grandeur de leurs esprits, dont elles ont infiniment, et en ce qui contraint cette liberté nécessaire aux précieuses. C'est à dessein d'en jouir qu'elles sont sorties de leur temple pour voir le grand monde et pour en être vues, et c'est ce qui les a fait nommer des vestales révoltées.

CLÉONE [Mme de Caravas] est une précieuse âgée de vingt-quatre ans. Elle a beaucoup d'esprit, et est bonne amie à Bradamise [la marquise de Belleval] ; elles ont toutes deux les mêmes alcôvistes et sont à peu près de même humeur, ce qui fait que, contre la coutume des femmes, elles vivent en une grande intelligence. Elles logent en même quartier, dans l'île de Délos.

CANERIDE [Mme du Canet] est une ancienne précieuse des plus illustres familles de Corinthe. Sa maison a été une des plus célèbres de toutes celles des précieuses de cette province. Elle a attiré chez elle, par son esprit, plusieurs personnes de la plus haute qualité et, comme elle a le port avantageux, la taille riche, l'esprit enjoué et agréable, et qu'elle est belle, on peut dire qu'elle en a même arrêté quelques-uns dans ses chaînes. Son équité lui a fait bien des amis, et la justice a toujours été de son côté. Elle est âgée de quarante ans.

CANERIDE [Mme du Canet], seconde du nom, est une précieuse de Corinthe qui, par la force de son esprit, se met au-dessus de la fortune et se moque de l'inconstance. Elle a eu de grandes affaires, et sa ruelle est en vogue pour plus d'un accident. Elle est séparée d'avec son époux, ce qui lui donne plus de facilité de recevoir les beaux esprits chez elle.

CLYTEMNESTRE [Mme Colongue, de la maison Foresta] est une précieuse de la même ville. Elle voit toutes les personnes de qualité de son pays, qu'elle attire chez elle par la douceur de son esprit. Démocrate [le président d'Oppède] a longtemps été son alcôviste, et leurs conversations ont longtemps fait celles de plusieurs autres.

CRISOLIS [Mme de Chavigny] est une ancienne précieuse dont la maison a de tout temps été le séjour de la galanterie et des lettres, et qui l'est encore aujourd'hui. Il y a assemblée chez elle, et les questions galantes y servent de divertissements aux plus spirituels de l'un et de l'autre sexe. Elle loge auprès de la place Dorique, et n'est pas moins connue de tout le monde par sa vertu que par son esprit.

CALPURNIE [Mme de La Calprenède] est une précieuse connue de toute la Grèce. Elle a donné durant quelque temps trêve à ses écrits pour penser aux affaires que lui donnait son divorce avec Calpurnius [La Calprenède], son mari, dont elle est séparée ; mais enfin elle pense plus que jamais à faire voir la délicatesse de sa plume, et a déjà commencé par les nouvelles qu'elle a données depuis peu de jours au public. Sa ruelle a été des plus fréquentées et des plus fameuses de la petite Athènes, où les précieuses sont en grande vogue et où elle loge.

CLORESTE [Mlle Deschamps] est une jeune précieuse qui parle bien, qui sait plusieurs langues, et qui a enseigné le droit publiquement avant qu'un homme de qualité, qui l'a épousée à cause de son esprit, fût son mari. Elle est assez belle, et logeait en ce temps proche du grand Cirque, où son père faisait comme elle profession d'enseigner les lois.

CANDACE [la duchesse de Chevreuse] est une femme de grande naissance. Cette ancienne précieuse ne s'est pas seulement acquis beaucoup d'estime par sa beauté, mais encore par la grandeur de son âme, qui l'a rendue capable des plus hautes entreprises ; et son esprit ne s'est pas seulement arrêté à la bagatelle et aux sonnets, mais il s'est élevé jusqu'aux affaires de la première importance.

CARINTE [la marquise de Conros] est une précieuse de condition qui aime passionnément les romans. Elle loge sur le rivage, proche une des portes de la petite Athènes.

CLÉROPHISE [la maréchale de Castelnau] est une ancienne précieuse d'assez bonne humeur. Elle aime la raillerie, et y réussit assez bien, parce qu'outre qu'elle a de l'esprit, elle a beaucoup d'expérience à cause de son âge, qui est de quarante ans. Elle loge devers la place Dorique.

CLIDARIS [la duchesse de Chaulnes] est une précieuse du premier rang, et qui, soit pour la naissance, soit pour la beauté, soit pour l'esprit, ne le cède pas à une autre. Elle a plus de commerce d'amitié et de lettres avec Sophronie [la marquise de Sévigné] et Bartane [Mme des Brosses] qu'avec aucune autre. Elle n'est mal avec personne, tant la douceur de son esprit a de correspondance à celle de ses yeux, qui la font également aimer et respecter de tous ceux qui la voient. Elle loge proche le palais de Sénèque.

CLEOPHE [Mlle Colletet] est une précieuse remariée. Elle fait des vers et écrit en prose. Elle a autrefois tenu ruelle du second ordre, et Braçamon [Gilles Boileau] a été quelque temps son alcôviste. Elle est âgée de trente-trois à trente-quatre ans, et logeait du temps de son premier mari auprès du grand Cirque.

CESONIE [Mme de Cominges] est une précieuse de cour. Elle a beaucoup d'esprit, la gorge belle, et se sert quelquefois des choses que produit l'Hespérie. Elle aime la comédie, et ne tient pas d'alcôve réglée, parce que les femmes de cour n'observent point de règles en cette rencontre. Elle loge dans le palais de Sénèque.

CASSANDRE [la comtesse de Clermont] est une ancienne précieuse du temps de Valère [Voiture]. Elle a deux filles, qui sont aussi du nombre des précieuses, et qui ont toutes deux beaucoup d'esprit.

CÉLIE [Mme de Choisy] est une précieuse dont l'esprit a toujours fait grand bruit. L'on saura assez qu'elle a de belles qualités, qu'elle est bien faite et qu'elle a de l'esprit, quand je dirai que la princesse Cassandane [Mlle de Montpensier] a fait son portrait, et que la reine Clorinde [Christine, reine de Suède] ne lui a pas pu refuser son estime, bien que naturellement elle soit fort avare de cette marchandise, et qu'elle trouve plus facilement des matières pour autoriser l'amour que pour justifier l'estime. Elle est aussi fort considérée de la Bonne Déesse [la reine mère], et certes ce n'est pas sans raison, puisque c'est une vérité que ce qu'elle ignore, pas une précieuse ne le saura jamais. Elle loge dans le palais où demeure à présent la princesse Cassandane [le palais du Luxembourg], qui est le plus superbe palais de la petite Athènes. Elle est parente de Brundesius [l'abbé de Bélesbat], et sa maison était autrefois l'abord général de tout ce qu'il y a de galants et de gens de lettres dans toute la Grèce. Sa ruelle n'est pas à présent des plus nombreuses, mais bien des plus illustres, soit par la qualité de ceux qui s'y rencontrent, soit par l'agrément des conversations qui s'y font. L'humeur de cette femme est agréable, quoique naturellement elle soit impérieuse. Elle est bonne amie, mais elle choisit, et ne donne pas aisément son estime. Elle a beaucoup d'attache pour le jeu. Il y a longtemps que l'on parle d'elle, et l'on en parlera encore pendant plusieurs lustres, car on en a parlé de bonne heure, à cause de la beauté de son esprit, qui n'a pas été de ces esprits tardifs qui ne paraissent que quand ils sont déjà sur l'âge, et dont l'éclat est toujours médiocre, mais bien de ces esprits brillants qui se portent jusque dans les yeux de celles qui les ont, et qui font que l'on parle d'elles durant plusieurs siècles. Aussi ses agréments sont-ils les plus solides que l'on puisse avoir.

CLÉODARIE [Mlle Canu] est une jeune précieuse qui fait fort bien des vers, et qui, malgré sa jeunesse, ne laisse pas de tenir pour les anciennes précieuses, d'avoir aussi bien qu'elles le cœur armé à cru, et de n'avoir de sensibilité que pour celles de son sexe, comme elle-même le déclare dans ses écrits.

CLORANTE [la comtesse de Clère] est une précieuse veuve de grande qualité. Elle voit grand monde, et plus de gens de province que d'Athènes ; mais elle n'en voit que l'élite, soit pour l'esprit, soit pour le rang. Aussi est-elle fort considérable elle-même par son esprit et toutes ses nobles inclinations, qui sont d'aimer les lettres, de chercher avec empressement tous les ouvrages qui sont estimés, et de donner même de l'estime à ceux qu'elle approuve. Elle va peu à la cour, parce que l'embarras et le trouble de ce lieu, tout agréable qu'il est, lui semble contraire à cette douceur de vie que doivent chercher les précieuses. Elle a cet art de traiter ceux qui la voient d'une manière si égale et si franche que l'on ne connaît point à sa façon d'agir qui sont ceux qui lui touchent le cœur. Ainsi je dirai seulement qu'elle loge dans la petite Athènes.

CAMILLE [Mme de Carlisle], ancienne précieuse, qui florissait du temps de Valère [Voiture].

CAMILLE [la comtesse de Carlisle], seconde du nom, est une précieuse âgée de trente-sept à trente-huit ans. Elle est logée hors de la porte Romaine, et logeait autrefois dans le quartier de la Normanie. Elle a beaucoup d'esprit, parle avec une grande politesse ; elle est passionnée pour les sciences. Elle a été longtemps fille, et depuis trois ans elle a épousé un étranger fort riche.

CLÉOPHILE [Mme Cornuel] est une célèbre précieuse. Elle a deux filles qui ne cèdent pas leur part de ce titre, et qui ont en elles tout ce qui est nécessaire pour le soutenir. Elles logent au quartier de Léolie.

CASSANDACE [Mme de Chalais] est une précieuse illustre du temps de Valère. Son esprit n'a pas fait moins de bruit que sa beauté, quoiqu'elle ait fait parler d'elle tout Athènes, et qu'elle ait toujours eu la réputation d'avoir le plus beau corps de toute la Grèce.

CASIOPPE [Mme de Cavoie] est aussi une ancienne précieuse du temps de Valère [Voiture], et a été des plus en vogue de son siècle.

CIRCÉ [Mlle de Chataignères]. Si pour être précieuse il était indispensable de connaître les plaisirs que l'amour donne aux amants quand ils sont en bonne intelligence, Circé, qui ne l'a jamais été six mois de suite avec qui que ce soit, et qui souvent ne l'est pas avec elle-même, ne serait sans doute point dans ce Dictionnaire ; mais comme la science et l'esprit en sont les parties essentielles, elle y a trouvé place. De toutes celles dont j'ai fait mention, il n'y en a point qui lui ressemble, soit pour la figure du corps, soit pour l'inclination de l'âme. Premièrement, elle a le corps fort long, les jambes fort courtes, le nez fort grand, les mains fort petites, la gorge fort pleine, et est fort menue par derrière : si bien qu'elle paraît fort bien faite quand elle est assise, et qu'elle a fort peu de mine quand elle est debout. Avec cela, contre toute apparence, elle ne laisse pas de danser fort bien, de chanter agréablement. Elle hait pourtant à mort la danse et la musique, ou du moins elle ne les aime que par humeur. Les sciences dont elle fait le plus d'état sont celles de dire la bonne aventure, de connaître dans la main, de faire l'horoscope, et surtout de la chimie (elle a des fourneaux dans sa maison à ce dessein) et travailler perpétuellement à trouver la pierre philosophale. Je ne sais pas ce qui en arrivera, mais je suis fort instruit qu'elle prend encore quelquefois du temps pour lire les romans, ce qu'elle fait avec tant d'attache quand elle s'y met qu'elle en lit plus en un mois qu'une autre en une année. Les compagnies qu'elle voit sont de femmes, et rarement elle souffre celle des hommes, qu'elle ne voit que par rencontre. Ce n'est pas qu'elle ne les aime quelquefois avec emportement, mais, sitôt qu'ils sont devant ses yeux, elle change, et n'en est jamais si fort passionnée que quand ils sont absents. Sa bibliothèque n'est composée que de livres de chimie, qu'elle a perpétuellement dans les mains.

CLÉODAMIE [Mlle Charron] est une précieuse des plus agréables ; son humeur est toujours dans l'égalité, et la douceur de son esprit ne contredit en rien à celle de ses actions ; son penchant est du côté de la mélancolie, et les choses sérieuses lui plaisent davantage que les enjouées. Les poèmes héroïques font son plus grand divertissement ; elle a même fait quelques élégies, où elle plaint la mort d'une de ses amies, qui était morte huit jours après son mariage, et avec qui elle était si bien unie que, depuis cette mort, elle n'a point voulu entendre parler d'aucunes propositions d'hymen, et même elle fuit les amants qu'elle traitait le mieux.

CARINTE [Mlle Chanut], seconde du nom, est une femme enjouée, précieuse pour plus d'une raison, puisque non seulement elle a de l'esprit comme les autres, mais encore parce qu'elle voit des auteurs, qu'elle compose des vers et qu'elle lit des romans. Les vers principalement qu'elle fait sont des sonnets, et il y en a même d'imprimés d'elle. Elle est âgée de vingt-cinq ans, et avait un amant qu'elle a perdu à l'armée.

CORBULON [Corbinelli] est illustre dans l'empire des précieuses pour avoir fait le portrait de Sophronie [la marquise de Sévigné], où il a parfaitement bien réussi, et pour être de plus son lecteur. Il est natif de l'Étrurie et fort noble. Il a l'esprit fin et beaucoup de douceur ; il aime fort la musique, et loge au quartier de Léolie.

CLITIPHON [l'abbé Cotin] est un auteur qui a beaucoup d'invention ; il est en grande guerre avec Sophie [Mlle de Scudéry] pour des épigrammes qu'il a faites dessus elle, auxquelles les amis de cette précieuse ont répondu même à son déçu. Il y a un gros volume des guerres de ces deux personnes, qui ne se sont pourtant battues qu'à coups de plumes. J'ai depuis entendu parler d'une trêve entre eux, qui ne durera que jusqu'à tant que la démangeaison d'écrire lui revienne et qu'il n'ait rien autre chose à faire, car, à bien parler, ces petites invectives sont des enfants de l'oisiveté.

CLÉOXÈNE [Valentin Conrart] est un fameux ministre des précieuses qui instruit ceux qui veulent entrer dans les ruelles et parmi le beau monde, comme le témoigne Filante [Furetière]. « La maison de Cléoxène », dit cet auteur, en son *Histoire des quarante barons*, « est un séminaire d'honnêtes gens, qui, après y avoir fait leur noviciat pendant quelque temps, sont dignes d'entrer au palais de Roselinde [l'hôtel de Rambouillet], où l'on fait profession solennelle de sagesse, de science, de vers et de vertu ».

CLÉONYME [Charleval] est un homme de qualité, fréquentant les alcôves et chérissant les gens d'esprit ; il fait fort bien des vers, et ses œuvres courent parmi les ruelles et ornent les tablettes des plus spirituelles.

CHYPRE [le château de Chantilly] est un lieu où les précieuses s'allaient ordinairement divertir du temps de Valère [Voiture] ; c'est un lieu agréable, et qui par ses charmes attirait toutes les belles, qui faisaient de fréquentes parties pour s'y aller promener et y prendre les divertissements de la chasse. Sésostris [Sarrasin] y a fait parler de lui, et Valère en fait souvent mention dans ses œuvres. Ce palais des plaisirs était jadis au grand Montenor [le duc de Montmorency].

CORTONE [Auscaves] est une maison de campagne appartenant à Bogislas [Bouthillier], fort fréquentée par les précieuses, et où jadis elles s'allaient ordinairement divertir.

*

Je rencontre toujours cet homme de condition : *Ce demi-dieu borne incessamment ma vue.* (De Corinne [Mme de Castries].)

Un chapelet : *Une chaîne spirituelle.* (De la même.)

Ne savoir pas chanter : *Être vide de voix.* (De la même.)

Exciter son courage : *Ramasser son courage.* (De Vaxence [Le Vert], en son *Héros d'Hespérie* [*Tolédan*].)

Leurs compositions sont extraordinaires : *Leurs compositions ont de l'étrange et de l'inouï.* (De Bélisandre [Balzac], en ses œuvres diverses des jeux du Cirque.)

Je fais craindre tout le monde quand je suis en colère : *Mon courroux répand partout des frayeurs.* (De Bardesanne [Brébeuf].)

Une dévotion qui n'est pas continuelle : *Une dévotion intercadente.* (De Calpurnie [Mme de La Calprenède].)

Les précieuses ont été en conversation toute l'après-dîner : *Les précieuses ont tenu bureau tout le midi.*

Une chanson faite sur-le-champ : *Une chanson d'improviste.* (De Sophie [Mlle de Scudéry].)

Mes cheveux ne sont ni blonds ni roux, mais ils participent de l'un et de l'autre : *Mes cheveux sont d'un blond hardi.* (De Gabine [la marquise de La Grenouillère].)

Je n'ai pas encore vu cette chanson : *Cette chanson a pour moi l'air du nouveau.* (De Sténobée [Mme de Saint-Martin].)

Les soins, les complaisances, les soupirs, les désirs et emportements : *Les meubles d'amour.* (De Cléocrite le jeune [Thomas Corneille].)

Je crains la connaissance des gens qui n'ont pas vu le monde : *Je crains de m'encanailler.* (De Mandaris [la marquise de Maulny].)

Je ne me chagrine pas de peu : *J'ai l'âme raide au souci* (De Sapurnius [Saint-Amant].)

Cet effet de votre bonté m'a fait rougir, dans la connaissance de mon peu de mérite : *Cet effet de bonté a fait rougir mon affection, par la connaissance de mon défaut.* (De Madare [Malherbe].)

Un souper qui n'est pas assez cuit : *Un souper incuit.* (De Béatrix [Mlle Besnies], de la ville de Césarée.)

Elle aime la compagnie : *Elle est d'une humeur communicative.* (De Polidor [Perrot].)

D

DEVISES. Leurs devises étant dispersées selon les histoires de celles qui en ont, on les trouvera dans leurs endroits.

DORISTHÈNE et sa sœur [Mlles d'Astri] sont deux précieuses assez bien faites, mais qui sont déjà sur les frontières de l'antiquité, ayant l'une trente-trois ans et l'autre trente-quatre. On peut néanmoins dire qu'en elles ce n'est pas un défaut, puisqu'elles sont fort agréables et qu'elles ne paraissent pas cet âge. Elles logent dans l'île de Délos, où leur esprit les fait connaître et chercher de tous ceux et celles qui aiment la conversation des précieuses.

DAMASTHÉE [Mme Danty] est une précieuse bien faite de corps, qui a la voix belle et le port grand ; elle est un peu emportée et ne hait pas la cajolerie ; elle touche un peu le théorbe et, pour les autres instruments, elle n'y réussit qu'en partie ; mais elle concerte assez agréablement. Elle voit plus d'hommes que de femmes ; elle est un peu changeante, et cela vient de la vivacité de son esprit, qui ne s'est pas sitôt arrêté sur un objet qu'il en cherche un autre. Ses alcôvistes sont rarement bien avec elle longtemps, mais l'on peut dire que leurs divorces sont agréables, et que chez elle tout doit céder au plaisir de se rac-commoder. Elle logeait autrefois hors une des portes d'Athènes, proche de celle à qui Sénèque [le cardinal de Richelieu] a donné son nom.

DALMOTIE [Mme d'Oradour] est une illustre précieuse qui a beaucoup d'esprit. Elle n'est pas seulement propre pour les ruelles, où elle est fort estimée, mais encore pour la cour, où elle a beaucoup d'amis ; elle est encore célèbre pour avoir mis au monde un auteur qui chancelait sans son secours ; ce jeune homme a fait parler de lui dans toute Athènes, et a, sans mentir, eu plus de bonheur que de mérite. Les derniers succès de ses ouvrages en font foi, et nous font assez connaître qu'il faut quelque autre chose que la routine ordinaire de faire des vers pour bien traiter des allégories. Cet auteur s'appelle Quirinus [Quinault], et a autrefois été à Tisimante [Tristan], gentilhomme fort estimé parmi le grand monde pour les beaux ouvrages qu'il a faits, et dont Quirinus s'est assez bien servi. Cette aimable précieuse le releva de son penchant, il y a environ trois ans, qu'il tournait vers son occident. Elle est logée dans le palais de Jupiter, et est âgée d'environ trente-deux ans.

DORINDE [Mme d'Aumelas] est une précieuse de la ville de Corinthe, dont la ruelle est fort fréquentée des étrangers. Elle sait beaucoup, et a fait assez d'expériences pour passer pour savante en plus d'une chose.

DIOCLÉE [Mme Deshoulières] est une jeune précieuse agréable et bien faite. Elle a fait des portraits en vers, à quoi elle réussit fort bien ; entre les autres elle a fait celui de Léonce [Lignières], à qui elle dit fort agréablement ses vérités. Elle est intime amie de Mélanire [Mme de Montbas et de Daphné [Mme d'Asnières]. On la croit rivale de Mélise [Mme de Montbel] ; mais, pour moi qui ne crois pas qu'elle soit fort sensible à l'amour, je m'imagine que, comme elle estime Léonce, la jalousie qu'elle a de lui n'est qu'une jalousie galante, qui ne met ni haine ni division entre elle et Mélise. Elle sait parfaite-ment la langue d'Hespérie et d'Ausonie.

DORALISE [la comtesse de La Suze, précédemment d'Adington], est une pré-cieuse de qualité, qui a autant fait parler d'elle que pas une femme du royaume. Ses écrits sont agréables et touchants ; elle réussit fort bien en prose, mais elle charme en vers. Tout ce qu'il y a de gens de lettres dans Athènes et de galants ont suivi cette belle. On dit même qu'elle a écouté les soupirs de quelques-uns, mais il ne le faut pas croire. Elle a longtemps demeuré du côté de Césarée, où elle était fort estimée de toute la province, et surtout de Licidas [le comte du Lude], qui a un château dans ce pays. Elle s'appelait autrefois Sestiane, parce qu'elle était mariée avec Sestianès [le comte de La Suze] ; mais un divorce est survenu, qui lui a rendu cette liberté nécessaire à une précieuse. Elle a logé dans le quartier de la Normanie ; à présent elle habite celui de Léolie, et sa ruelle est toujours une des plus considérables de l'empire des précieuses.

DAPHNÉ [Mme d'Asnières] est une jeune précieuse, fille, dont les charmes attachent quantité de beaux esprits auprès d'elle. Il est vrai que ceux de l'esprit étant en elle soutenus de ceux de la beauté, il ne faut pas s'étonner si elle a l'art de plaire, même sans dessein ; elle a pour amie Dioclée [Mme Deshoulières] et Léonce [Lignières], et est de leur coterie.

DÉMOPHONTE [la marquise d'Humières] est âgée d'environ vingt-cinq ans ; elle est plus belle que laide et, comme elle a de la naissance, de l'esprit, qu'elle voit des gens de lettres, qu'elle aime la lecture, il ne faut pas s'étonner si elle est précieuse et si elle parle leur langage ; sa réputation est établie dans Athènes comme d'une personne également vertueuse et spirituelle. Elle loge du côté de la Normanie, dans la rue où est le palais de Solon.

DAMOPHILE [Mme du Buisson] est une précieuse qui voit grand monde. Elle loge auprès du grand palais d'Athènes. C'est une grande économe ; elle sait bien les mécaniques et parle fort bien la langue d'Hespérie.

DIOPHANISE [Mlle Dupré], première du nom, est une fille qui m'a fait pester, bien que je ne l'aie jamais vue ; aussi n'est-ce pas se moquer d'écrire à un homme : « Je vous prie de ne pas oublier Diophanise dans votre Dictionnaire des précieuses ; elle l'est en vérité », et d'ajouter : « Je suis vôtre », etc., sans me mander si elle est belle ou laide, jeune ou vieille, grande ou petite, si elle n'a qu'un alcôviste ou si elle en a plusieurs, comme si j'avais le don de deviner toutes ces choses sans qu'on me les eût dites ? Ainsi, si je ne dis rien d'elle, sinon qu'elle aime passionnément les romans, qu'elle n'en hait pas la conclusion et qu'elle est vraiment précieuse, ne vous en plaignez pas à moi, car je voudrais vous en pouvoir dire davantage ; mais à l'impossible nul n'est obligé.

DIOPHANISE [Mlle Dupré], seconde du nom. Comme je ne l'ai vue qu'une fois en passant, je ne voudrais pas assurer que ce fût une beauté achevée, mais je suis certain qu'elle est plus belle que laide, et que ses yeux pourraient faire des conquêtes sans le secours de son esprit. Ainsi il est bien naturel de dire qu'elle a des amants, puisqu'il n'est rien de si conforme à la nature que d'aimer ; mais, comme l'amour n'est pas la partie la plus absolument nécessaire à une précieuse, et que c'est assez qu'elle en sache ce qu'il en faut pour soutenir la conversation, je ne parlerai ni de ses amours ni de ses amants, ne voulant pas même assurer qu'elle ait jamais rien aimé. Je dirai seulement d'elle qu'elle fait profession ouverte de science, de lettres, de vers, de romans et de toutes les choses qui servent d'entretien ordinaire à celles qui sont précieuses. Quand je dis qu'elle fait profession, je n'entends pas seulement qu'elle lit, mais encore qu'elle compose, ce qui est très constant, puisque ses vers sont comparés à ceux de nos meilleurs écrivains. Elle loge dans le circuit des Saliens.

DORISTÉNIE [Mlle Desmarets] est une précieuse qui a toute l'obligation de ce titre à sa mère, car après l'avoir tenue dans l'oisiveté de toutes choses jusqu'à quatorze ans, et voyant que cette fille n'avait point l'esprit du monde et ne savait rien dire en conversation, elle s'imagina que les romans pourraient servir à changer en elle cette stupidité naturelle, que la crainte et la jeunesse causaient plutôt que le manquement d'esprit. Et dans cette pensée elle lui a tant fait lire de romans, de vers et de toutes sortes d'autres livres qu'à présent qu'elle a dix-neuf ans, il n'y a point de fille dans Athènes qui ait tant lu, ni qui ait une plus parfaite connaissance de toutes les galanteries qui occupent les précieuses qu'elle ; et ce que d'abord elle ne faisait que par complaisance, elle le fait aujourd'hui avec étude et par attache. Ce qui est de singulier en elle, c'est que, comme dans les romans, si l'on y peint un héros, on le fait brave extraordinairement ; si l'on y trace un homme galant, on le fait comme n'ignorant rien de ce qu'un parfait galant doit savoir ; en un mot, que la plupart des tableaux que l'on y dessine sont des originaux achevés ; de là vient que, par la longue lecture, elle s'est si bien imprimé ces différentes images que, quelque homme qu'elle voie, pourvu qu'elle s'imagine qu'il réussit parfaitement en quelque chose, elle est aussitôt capable de tendresse pour lui. Si bien que, si elle n'avait pas ce penchant à changer, qui fait que la dernière idée efface toujours la précédente, on la verrait aimer tout à la fois celui qui ferait profession des armes, et celui qui serait attaché aux affaires publiques, et celui qui ne ferait profession que de galanterie.

DOROTHÉE [Mlle d'Auceresses] est une précieuse de la ville de Narbis ; elle a infiniment de l'esprit, et elle réussit fort bien en tout ce qu'elle entreprend. Une des plus grandes marques de la vivacité de son imagination et de la facilité de son génie, c'est qu'elle fait des vers sur-le-champ, et qu'elle fait réponse sur l'heure à ceux que l'on lui écrit. Il ne faut pas douter qu'elle n'ait quantité d'alcôvistes, étant dans une ville des plus galantes, et où l'amour se fait avec plus de liberté qu'en ville de Grèce. Mais, comme elle est un peu éloignée d'Athènes, et que, quand bien je nommerais ses amants, à peine les y connaî-trait-on, puisque l'on ne se connaît pas souvent dans une même rue, ainsi je me contenterai de dire qu'elle a quelque commerce de lettres avec Madate [La Ménardière].

DIRCÉ [Mme d'Escluzel] est une précieuse qui, pour vivre plus en repos, veut être séparée de son mari. Elle est à présent chez des vestales [religieuses] ; sa ruelle est en désordre depuis ces embarras, qui finiront quand ils pourront. Ce n'est pas là mon affaire, et ses alcôvistes s'en mettront plus en peine que moi. Pour elle, ayant beaucoup d'esprit, elle se tirera aisément de ces pas, quoique apparemment ils soient fort glissants.

DORÉNICE [la duchesse d'Arpajon] est une précieuse dont l'esprit ne le cède à pas une et l'emporte sur la plupart. Sa naissance répond à son mérite, et sa qualité ne fait point de honte à la grandeur de son âme. Elle a longtemps vu l'élite d'Athènes, et voit encore la plupart des plus galants et des plus galantes de cette grande ville. Cependant la plus noire médisance ne l'a jamais pu accuser que de trop de froideur, tant sa vertu est connue de tout le monde, et tant l'on en est bien persuadé. Ce n'est pas qu'elle soit de ces femmes qui sont sages par force, car les charmes de son visage ont de quoi disputer avec ceux des plus belles ; mais c'est qu'elle a reçu du ciel une âme dont l'harmonie s'accorde si bien avec celle de son corps qu'elles forment ensemble un concert charmant de belles qualités. Elle écrit fort bien en prose, et discerne admirablement les bons vers d'avec les mauvais.

DORIDE [Mme d'Angennes, marquise de Maintenon] est une ancienne pré-cieuse, qui florissait du temps de Valère [Voiture].

DINAMISE [Mlle Desjardins] est une précieuse âgée de vingt-huit ans, logée près du palais de Jupiter ; elle fait des vers et compose des romans, elle a fait bruit dans Athènes, depuis peu de jours, par des « Jouissances » qui passent pour fort agréables. Elle avoue dans ses écrits qu'elle est fort sensible aux charmes de Tircis [M. de Villedieu] et, puisqu'elle le dit elle-même, nous ne lui ferons point de tort d'avancer qu'elle a un grand penchant à l'amour ; elle a été fort bien avec l'illustre Mélinde [Mlle de Montbazon] ; mais on dit que cette charmante personne a maintenant quelque froideur pour elle. Cette Dinamise a eu bien des amants et en a encore à présent ; entre ceux-là, le nommé Sidroaste [Sauval] n'est pas le moins extraordinaire de ceux qui la servent. C'est un savant qui compose les antiquités de la ville d'Athènes ; comme il a du mérite, il veut que l'on ait de la déférence pour lui, et je ne sais si ce n'est point pour cette raison que Dinamise et lui ont déjà été plus de cent fois mal ensemble ; comme il est volage, l'on peut dire qu'Éole est un dieu dont il fait grand cas ; rarement le calme est chez lui, et il est malaisé de lui plaire, et fort aisé de faire le contraire : c'est ce qui cause ces fréquents divorces entre eux. Elle a encore un autre amant, cavalier de profession, attaché au service du grand Alexandre [un mousquetaire du roi] : ce cavalier a été troublé en ses amours par une prison dont on ignore la cause, et qui a donné lieu à des billets doux, à des vers, à des plaintes faites sur ce sujet. Pour elle, elle se pique d'écrire fort tendrement ; et, en effet, elle réussit mieux en ce genre qu'en pas un autre ; elle a un roman sous la presse qui verra bientôt le jour.

DORISTÉE [Mlle de Grille] est une jeune précieuse de Thèbes ; elle est de bonne maison, et des plus belles de cette ville ; malgré sa grande jeunesse, il y a près de six ans qu'elle est mariée avec Doristénius [Grille]. Sa taille est médiocre, mais elle a beaucoup de douceur, et cette douceur n'est pas de celles que la stupidité cause en la plupart des femmes ; au contraire, elle a infiniment de l'esprit. Autrefois ses parents avaient donné espérance au jeune Ranulphe [Ravocet], gentilhomme bien fait de sa personne et fort galant, mais qui n'a pas tout le brillant d'esprit possible, et dont la conduite n'est pas des plus réglées, ce qui a fait que depuis ils se résolurent, par des raisons considérables, de la donner à Doristénius, ce qui pacifia ces deux grandes familles, que les guerres civiles avaient désunies. Le jeune Ranulphe fut bien affligé de cet accident, et sa conduite un peu trop emportée occasionna deux combats, que Doristénius le jeune fit, et où ce malheureux amant fut toutes les deux fois malheureux, et les blessures du dernier l'ont rendu plus modéré qu'il n'était auparavant. Doristénius, cependant, vivait avec une tendresse pour Doristée que rien ne pouvait, ce semble, altérer ; mais, comme cette jeune personne attirait par sa beauté et par son esprit tout ce qu'il y avait de gens les plus accomplis dans la ville, et qu'elle avait des commerces innocents de lettres galantes, on fut fort étonné de voir que tout d'un coup, elle s'éclipsa des compagnies et ne reçut plus de visites, n'écrivit plus de billets, et ne conversa plus qu'avec des livres. Tous les gens d'esprit de la ville trouvèrent bientôt à dire dans les ruelles, on murmura contre le mari ; mais ces murmures augmentaient sa jalousie. L'origine de cette passion venait d'un jeune cavalier inconnu, bien fait de corps et d'esprit, qui composait bien en vers et en prose, et qui était fort galant et intime ami de l'oncle de cette femme. Cet inconnu avait, en effet, beaucoup d'estime pour elle, mais la vertu de Doristée ne donnait point de lieu à son espérance, et ainsi leur intelligence était fort innocente et n'avait point de plus ferme fondement que celui que les lettres établissent entre les gens d'esprit ;

et ce commerce néanmoins augmenta étrangement les soupçons du mari : car, un jour que cette belle ne sortait point, et qu'il ne l'abandonnait plus de vue, un esclave [serviteur] de son oncle lui vint apporter un tome de la *Persaïde* [*Cyrus*] de la part de son maître. Le mari le reçut et, par malheur, il y trouva un billet du cavalier inconnu ; alors il ne douta plus qu'il n'eût intelligence avec Doristée, et ôta dès ce jour tout le reste de liberté qu'elle pouvait avoir, ne lui donnant pas même celle de voir ses parents. Cela obligea notre inconnu d'aller faire un voyage en Ausonie, d'où il est revenu il n'y a pas fort longtemps. Mais, à son retour, n'ayant point d'espoir de vaincre les obstacles que la jalousie du mari et la vertu de cette aimable précieuse mettaient à sa passion, et voyant bien qu'encore qu'elle fût capable d'aimer ses vers et sa prose, elle ne l'était pas d'aimer sa personne, ou du moins de lui faire paraître, et d'ailleurs le mari en étant toujours fort amoureux et l'ayant emmenée à la campagne, où ils passent une partie de l'année, ce cavalier s'est marié à une jeune héritière fort riche, ce qui fait que Doristénius commence à donner quelque relâche à ses soupçons et à rendre une partie de la liberté à Doristée, ce qui fait qu'elle a renouvelé son ancien commerce de lettres avec les plus spirituelles de Thèbes : car, pour d'hommes, elle en voit peu.

DORIMÈNE [Mlle Dumont]. On pourrait douter que Dorimène fût précieuse si l'on ne la voyait qu'une fois en sa vie, et que l'on ne l'entendît parler que dans une seule conversation : car elle parle peu et ne dit jamais que oui et non la première fois qu'on la voit. Si bien qu'un jour un homme, étant fort amoureux d'elle, et voulant se déclarer, chercha les moyens de la voir et, en ayant trouvé l'occasion, il fut bien surpris de voir qu'une fille qu'on lui avait fait passer pour spirituelle ne répondait à toutes ses douceurs et à tout ce qu'il lui disait que oui et non. Il crut qu'elle était stupide, et voulut la pousser plus loin, pour connaître s'il se trompait ; et, à ce dessein, il lui écrivit un billet à peu près en ces termes :

« Je vous ai vue, aimable Dorimène, et ne vous ai pas trouvée où vous étiez : au moins je vous y ai si peu trouvée à vous-même que j'ai eu tout sujet de penser que vous croyiez être seule, ou qu'en effet vous pensiez être ailleurs. Cela m'a surpris, et ne vous étonnez pas que je vous en donne des marques par ce billet, dont j'espère réponse.

ALPICE [M. d'Almeras]. »

Il lui écrivit ce billet seulement pour voir comme elle le recevrait, et si elle lui répondrait comme elle avait fait lorsqu'il l'avait vue ; mais il changea bien de pensée quand il vit que cette fille lui envoyait avec la réponse de son billet les raisons qui l'obligeaient à en user ainsi, et qu'elle ajouta aux motifs de son silence son portrait. Comme cet homme est de mes amis, j'ai tiré de lui et son billet et la réponse qu'elle y fit :

Réponse de Dorimène à Alpice

« Le silence que j'ai fait paraître à vos yeux n'est pas si fort un effet de ma stupidité que de l'habitude que j'ai contractée de ne parler jamais devant ceux que je ne connais point. Si vous me demandez la cause de cette habitude, elle me vient d'une humeur craintive qui est née avec moi, et qu'une marâtre que j'ai a encore augmentée ; et cette crainte ne me quitte qu'à mesure que je prends confiance en ceux que je vois. Ce n'est pas que je ne discerne assez bien ce qui fait l'agrément d'un homme, et que je ne me veuille du mal de ne me pouvoir vaincre en de certaines rencontres ; mais, d'un autre côté, je m'en suis si bien trouvée, et j'ai si souvent étonné ces diseurs de fleurettes qui aiment toutes celles qu'ils n'ont jamais vues, et qui en content en tous lieux, que vous ne devez pas vous étonner si je vous ai donné lieu ou de me prendre pour stupide, ou de croire que j'avais l'esprit fort éloigné de mon corps. Cependant, comme votre billet me donne à connaître que ma façon d'agir vous a scandalisé, voici à peu près comme je suis faite ; c'est à vous de prendre vos mesures là-dessus et de voir ce que vous voulez que je pense de vous par ce que vous penserez de moi. Mon visage vous est connu, et vous savez aussi bien que moi si je suis plus belle que laide, ou si la laideur en moi l'emporte sur la beauté : ainsi je n'ai rien à vous dire, sinon que je suis plus grasse que maigre, que ma peau s'est assez éloignée de mes os pour en cacher la grosseur ; et, du reste, vous l'avez pu présumer, ou vous pouvez vous l'imaginer tel qu'il vous plaira. Je n'ai donc qu'à vous parler de mon esprit et, pour ne pas vous ennuyer et ne vous en dire que ce qu'il faut pour vous ôter quelque chose de la mauvaise impression que vous a laissée ma première vue, vous saurez que je suis mélancolique par habitude, et néanmoins que je penche du côté de la joie ; que j'aime les livres et voudrais en pouvoir lire autant que l'on en fait ; que je suis craintive, défiante et soupçonneuse, et que, comme j'aime à dire des choses agréables et nouvelles, je ne parle jamais que devant ceux que j'ai vus plusieurs fois, et que je crois qui auront quelque indulgence pour moi, car je suis tendre à la raillerie et ne la puis souffrir. Réglez-vous là-dessus, et pardonnez le silence à une personne qui craint tout ce qu'elle ne connaît pas, et qui se persuade qu'il est malaisé de connaître bien l'esprit d'un homme.

DORIMÈNE. »

Comme cet homme ne m'a jamais voulu dire autre chose de cette fille, et qu'il s'est contenté de m'assurer qu'elle était vraiment précieuse, ce que je me suis aisément persuadé par sa façon d'écrire, je finis son histoire à ce qu'il m'en a dit, n'en sachant pas davantage.

DIDON [Mlle d'Orgemont] est une précieuse de qualité qui, pour avoir eu trop d'amants et les avoir traités trop mal, a presque été abandonnée de tous : car en ce temps la mode est venue que les amants ne veulent plus être si mal traités ; qu'il faut leur promettre, ou leur donner lieu d'espérer, la fierté et la froideur n'étant plus des vertus propres à les conserver, dans un temps où la cruauté n'est plus de mise ; aussi a-t-elle un peu changé cette façon d'agir qui la faisait passer pour la moins reconnaissante femme du monde et, depuis que Théagène [Talon] lui rend ses assiduités, elle est un peu plus traitable ; et ce n'est pas sans raison qu'elle le traite moins mal que les autres, puisqu'il est bien fait, qu'il a une complaisance aveugle pour elle, qu'il ne se fait point de nouveauté qu'aussitôt il ne lui apporte, et qu'il n'oublie rien de ce que peut faire un galant homme pour se mettre bien auprès d'une maîtresse ; qu'avec cela il a un esprit enjoué et si inventif qu'en une après-dîner ils ont inventé ensemble plus de vingt façons de parler nouvelles, plus de quinze manières d'écrire des billets doux, sans que d'autres y pussent rien connaître qu'eux, et ainsi de toutes les choses qui peuvent donner des preuves d'une invention admirable. Elle, de son côté, se pique de faire aussi bien une lettre que fille de Grèce, et même elle a fait des remarques sur celles de Bélisandre [Balzac] et de Valère [Voiture], qu'on parle de mettre au jour. Elle est âgée de vingt-neuf ans, et a pour devise une montagne où plusieurs personnes veulent monter par un même chemin, mais qui en sont empêchés par celui qui occupe le passage ; et pour âme : *Plusieurs le tentent, mais un seul l'occupe.*

Si cette devise n'est pas dans toute la rigueur des règles, je n'en dois pas être accusé, puisque je ne fais pas les choses, et que je les raconte simplement ; mais, pour en ôter toute l'obscurité, il ne faut que savoir que cette montagne, c'est son cœur ; le chemin, les moyens de lui plaire ; ceux qui tâchent d'y monter, tous ses amants ; celui qui l'occupe, Théagène.

DIDACERIE [Mme d'Estrades], précieuse du temps de Valère [Voiture], fréquentait le palais de Rozelinde [le palais de la marquise de Rambouillet], et en était fort considérée.

DORINICE [Mlle d'Aumale] est une précieuse de grand esprit et de grande naissance ; cette fille voit le grand monde et écrit fort bien en vers et en prose.

DINOCRIS [l'abbesse d'Épagne] est une précieuse, prêtresse d'un temple de vestales [abbesse d'un couvent de religieuses] qui est dans la ville d'Abascène ; elle a beaucoup de feu et de brillant d'esprit. Le lieu où elle rend ses oracles est des plus fréquentés, non seulement de toute la ville, mais de toute la province ; les étrangers s'écartent d'ordinaire de leur chemin pour la venir voir : aussi les reçoit-elle parfaitement bien. Elle parle beaucoup, mais avec sens, et sa conversation est des plus agréables et des plus élevées ; elle sait aussi font bien jouer du luth, et le tour de son esprit est fort touchant ; elle écrit facilement et a un fort grand commerce de lettres en plusieurs provinces ; ce n'est pas une des plus scrupuleuses prêtresses du monde, ce qui ne vient pas d'un manque de vertu, mais d'une inclination très forte qu'elle a pour elle-même, ce qui ne l'empêche pas d'être bonne amie.

DORANIDE [Mlle d'Haucourt] est une précieuse des plus fameuses de cet empire, et son nom la fait assez connaître sans qu'il soit besoin d'y ajouter son histoire.

DIOPHANTE [Mlle du Fargis] est une précieuse d'assez belle taille ; elle est de celles qui s'expliquent par de grandes périphrases, et elle lit des romans autant que pas une autre. Voici ce qui lui arriva dans le fameux Lycée [la foire Saint-Germain], qui ne commence que devers le temps des Bacchanales [le carnaval], et où elle se trouva avec Cléobuline [Mlle de La Croix], aussi précieuse de ses amies : ces deux personnes après en avoir considéré avec admiration toutes les richesses, Diophante voulut acheter des vases de porcelaine et, en effet, elle entra chez un marchand et, comme elle les marchandait, Cléobuline dit à celui qui en était le maître : « Monsieur, cela est bien fragile », et Diophante lui répondit : « Ah ! ma chère ! cela est fragile comme la nature humaine. » Il est aisé de voir par cet exemple qu'elles parlent d'une façon toute singulière.

DISIMÈNE [Mlle Desloges, puis Mme de Calages] est une précieuse de Lacédémone qui a fait un poème appelé *Judic* ; elle est fille, et voit tout ce qu'il y a de plus accompli dans cette grande ville où elle demeure.

DINAMON [l'abbé du Pille] est un jeune homme fort estimé des précieuses, qui fait quantité de petites pièces qui courent de ruelle en ruelle ; il a l'esprit vif, parle bien en public, et il voit fort clair, bien qu'il n'ait pas les yeux fort bons.

*

Il me demanda pourquoi je changeais mon histoire : *Il me demanda pourquoi je débiaisais mon histoire.* (De Vaxence [Le Vert], en son *Histoire d'Hespérie [Tolédan]*.)

Il faut que ce cœur soit nourri et accoutumé à souffrir ces disgrâces : *Il faut que ce cœur ait pris une habitude de fermeté contre ces disgrâces.* (De Bélisandre [Balzac], *Lettre au grand Valérius* [le cardinal de La Valette].)

Le discours : *Le visage de l'âme.* (De Démophon [Dumas], en ses *Entretiens.*)

Vos yeux peuvent disputer avec ceux de Philis : *Vos yeux peuvent faire assauts d'appas avec ceux de Philis.* (De Léonce [Lignières], dans ses *Portraits.*)

Danser : *Tracer des chiffres d'amour.* (De Gallus [Gilbert], en son *Ovide moderne [L'Art de plaire]*.)

Les paroles de Tircis donnèrent quelque relâche à la douleur d'Aminte : *Les paroles de Tircis firent naître des intervalles et des suspensions à la douleur d'Aminte.*

Je veux que vos désirs soient satisfaits : *Je ne veux pas que vos désirs languissent dans une situation incertaine.*

Digne de nos désirs : *Digne de nos anciens.* (De Martianus [le président Mainard], en ses *Œuvres.*)

E

ÉLOGES. Les éloges que l'on donne aux précieuses sont différents, parce que les pensées que l'on en a ne se rapportent pas toutes ; mais les plus ordinaires sont d'aimer fort la lecture, les vers et surtout la conversation, qui fait le principal de leurs divertissements, comme aussi la plus belle de leurs occupations. On les loue encore de savoir bien coucher par écrit, d'avoir de grandes connaissances, de faire des romans, de bien parler et de savoir inventer des mots nouveaux. Voyez *Antiquité*.

ÉTUDE. Leur étude est un rien galant, un je ne sais quoi de fin et le beau tour des choses.

ÉMILIE [Mlle d'Espagny] et LÉOSTÈNE [Mlle Lanquais] sont deux des plus illustres précieuses dont j'ai encore parlé ; je les joins dans cette histoire, qui leur est commune, et que je ne mets ici que pour faire voir que ce n'est pas une fable de dire qu'il y a des précieuses. En effet, il est bien aisé de juger qu'elles le sont autant que l'on peut l'être par ce qui suit.

Un jour Félix [Foucaut], qui les voit souvent, étant chez Émilie, où Léostène se trouva, et voyant qu'elle lui parlait d'une façon extraordinaire, il se mit à les railler dessus leur langage comme il avait coutume. Elles se défendirent d'autant mieux qu'elles ont beaucoup d'esprit, et de celui qui est vif et propre à soutenir la conversation. La dispute fut si loin qu'il fut dit que le lendemain elles se défendraient par l'exemple des auteurs qui parlaient aussi extraordinairement qu'elles, et qu'il n'aurait qu'à les attaquer de même. Félix y consentit et les quitta là-dessus, parce qu'il se faisait tard. Nos deux précieuses demeurèrent aussi embarrassées que vous pouvez vous l'imaginer ; néanmoins il fallut faire de nécessité vertu, et à ce dessein elles résolurent de coucher cette nuit ensemble, afin de lire quelque livre pour en tirer de quoi se défendre et justifier leur langage. *Le Criminel innocent* [*Œdipe*], qui est le dernier ouvrage de Cléocrite l'aîné [Pierre Corneille], fut le livre qu'elles choisirent pour cet effet, à cause de sa nouveauté et de la grande réputation de son auteur ; elles le lurent et en tirèrent les remarques que vous verrez dans la suite, et qui firent le sujet de la dispute qui continua le lendemain entre ces trois personnes. Je ne parlerai point de tout ce qu'elles dirent en lisant cette pièce ; et, pour passer tout d'un coup à ce qui se fit le lendemain, je dirai que, Félix s'étant rendu à l'issue du dîner chez Émilie, il fut question de parler tout de bon de ce qu'ils avaient déjà agité entre eux ; chacun de son côté se tenait le plus fort ; nos deux précieuses avaient de leur part les remarques qu'elles avaient écrites, et Félix, de son côté, avait le dictionnaire où sont contenus les mots des précieuses. Il commença le premier à les attaquer, et à l'ouverture du livre il leur fit voir toutes les façons de parler bizarres que vous pouvez lire dans ce Dictionnaire des mots, qui se vend où tout le monde sait. Elles avouèrent qu'elles parlaient ainsi et, pour lui montrer qu'elles avaient raison, elles lui firent voir ce qui les avait occupées tout le soir précédent. Leurs remarques commençaient par ces vers :

> *Mais aujourd'hui qu'on voit un héros magnanime*
> *Témoigner pour ton nom une tout autre estime*
> *Et répandre l'éclat de sa propre bonté*
> *Sur l'endurcissement de ton oisiveté.*

Félix n'eut pas lu quatre lignes qu'il connut qu'elles étaient du remerciement que Cléocrite fait à l'illustre Mécène [Fouquet, surintendant des Finances], à la tête de son *Criminel innocent* ; si bien qu'il s'écria : Quoi ! vous vous attaquez à ce grand homme ! Ah ! vous deviez mieux choisir. – Nous ne pouvions, interrompit Léostène, et plus la réputation de cet auteur est grande, et mieux nous pourrons faire voir que nous avons raison d'enrichir la langue de façons de parler grandes et nouvelles, et surtout de ces nobles expressions qui sont inconnues au peuple, comme vous en pouvez remarquer dans ce que vous venez de lire au second vers. « Témoigner une autre estime », pour dire « une estime toute dif-férente », ou, si vous voulez, « une plus grande estime » ; et comme vous pouvez voir encore aux vers trois et quatre, où il y a « répandre l'éclat de sa bonté sur l'endurcissement de l'oisiveté ». Il prend en cet endroit « l'éclat de sa bonté » pour dire « les présents et les faveurs », et « l'endurcissement de son oisiveté » pour dire « un homme qui ne travaille plus », si bien que l'on peut dire, avec l'autorité de ce grand et fameux auteur, en parlant notre vrai langage : « Cette personne me fait de grands présents afin que je quitte la paresse qui m'empêche de travailler : Cette personne répand l'éclat de sa bonté sur l'endurcissement de mon oisiveté. » Et ensuite ce même auteur ajoute, s'écria-t-elle : « Il te serait honteux d'affermir ton silence », pour dire « garder plus longtemps le silence ». Félix voulut parler en cet endroit, mais Émilie le pria de différer et de l'écouter encore quelque temps, disant qu'elle lui montrerait des façons de parler bien plus extraordinaires, comme par exemple dans les vers suivants :

> *Ce serait présumer que d'une seule vue*
> *J'aurais vu de ton cœur la plus vaste étendue.*

Il est aisé de voir, poursuivit Émilie, que par ces mots, « d'une seule vue », il prétend dire « au premier aspect je te connaîtrais entier », car il ne faut pas douter qu'en cet endroit il n'ait pris « vu » pour « connu » ; ce que je dis, ajouta-t-elle, se montre par deux vers qui sont plus bas :

Mais, pour te voir entier, il faudrait un loisir
Que tes délassements daignassent me choisir.

Il explique par cette pensée qu'il faudrait pour le connaître entier qu'il lui donnât plus de temps à le considérer, et il faut que vous m'avouiez qu'elle ne reçoit d'éclat que de son expression extraordinaire : « Un loisir que tes délassements daignassent choisir ». Ici Félix rendit justice au mérite de Cléocrite et, après avoir dit que les grands hommes pouvaient hasarder des choses que l'on condamnerait en d'autres, il avoua que ce qu'elles avaient remarqué était assurément extraordinaire ; mais il dit que dans la prose il n'aurait pas tant donné à l'expression, et se serait rendu plus facile à entendre que dans cette petite pièce dont elles avaient tiré ce qu'elles alléguaient. Léostène répondit à ce que lui objectait Félix que dans la prose elles ne trouveraient pas moins lieu de se défendre que dans ces vers. Puis elle poursuivit ainsi : c'est ce que je vous montre dans l'endroit de la préface de cet illustre, dont je n'allègue les façons de parler extraordinaires et délicates que pour nous justifier de vos accusations, et non pour les condamner, et vous le pouvez lire vous-même. Félix prit le papier et lut ce qui suit : « Et qui n'ait rendu les hommages que nous devons à ce concert éclatant et merveilleux de rares qualités et de vertus extraordinaires, etc. » Émilie prit la parole en cet endroit et dit : Eh bien ! brave Félix, qu'en dites-vous ? « un concert éclatant de rares qualités et de vertus extraordinaires », pour dire « un grand homme » ou « un homme parfait ». En faisons-nous de plus nouvelles ? et n'avons-nous pas pour guides les grands hommes quand nous faisons des mots nouveaux ? Mais, si nous lisons la même préface, ne trouverons-nous pas encore qu'il ajoute : « le sang ferait soulever la délicatesse de nos dames », pour dire « le sang ferait horreur à nos dames » ? Félix, qui, quelque raisons qu'elles lui alléguassent, ne pouvait digérer que le grand Cléocrite parlât précieux, voulut lire lui-même les endroits dont elles avaient tiré ces exemples ; mais Léostène l'arrêta et lui dit qu'elles n'avaient pas encore fait, et que, lorsqu'elles auraient tout dit, elles lui feraient voir ce qu'elles lui disaient, et comme elles ne lui imposaient point en cette rencontre. Puis, poursuivant, elle ajouta : Vous pouvez lire les remarques que nous avons faites dans la pièce, ensuite de celles de la préface, qui ne font pas moins pour nous que les précédentes. Félix y consentit et trouva ensuite ces deux vers :

Et par toute la Grèce animer trop d'horreur
Contre une ombre chérie avec tant de fureur.

Il n'eut pas fini ces deux vers qu'Émilie prit la parole, et lui dit : Pourquoi voulez-vous que nous ne disions pas « terriblement beau », pour dire « extraordinairement », puisqu'il met bien « une ombre chérie avec fureur », pour dire « avec tendresse », ou, si vous voulez, « avec emportement » ? et plus bas nous trouvons encore :

J'ai pris l'occasion que m'ont faite les dieux

pour dire « que m'ont présentée les dieux ». Il se sert encore plusieurs fois de cette façon de s'énoncer ; mais, avant de vous en donner d'autres exemples, je vous en veux montrer un autre, que je trouve d'autant plus beau qu'il est extraordinaire :

À ce terrible aspect la reine s'est troublée,
La frayeur a couru dans toute l'assemblée.

N'est-il pas vrai que cette manière n'a rien de commun, et qu'il est nouveau de s'exprimer comme il fait par ce dernier vers : « La frayeur a couru », etc., pour dire « la frayeur a saisi tous les cœurs de ceux qui étaient présents » ? Il ne fait pas encore difficulté de prendre « dans » pour « parmi ». Celle qui suit est comme je vous en ai déjà cité, et il se sert encore du mot « faire » pour dire « causer », comme il a déjà fait ci-devant pour dire « donner ».

Et j'aurais cette honte en ce funeste sort
D'avoir prêté mon crime à faire votre mort

pour dire « à causer votre mort ». Félix dit alors qu'elles ne devaient pas s'étonner qu'il se servît d'une façon de parler commune à plusieurs nations, et que c'était ce que l'on devait admirer en ce grand homme, de ce qu'il rendait si naturellement toutes les pensées des étrangers. Léostène lui repartit aussitôt : Aussi voulons-nous nous défendre par son exemple, non pas l'attaquer, et plus nous irons avant, et plus il nous sera facile de vous prouver que nous parlons comme les grands auteurs, et je vous donnerai encore plusieurs preuves de cette vérité par les exemples qui suivent :

Je n'ose demander si de pareils avis
Portent des sentiments que vous ayez suivis.

Vous voyez qu'il dit « portent » pour dire « marquent », et qu'avec cela il ne fait pas difficulté, pour s'exprimer d'une façon peu commune, de mettre « avis » comme s'il pouvait servir de nominatif au verbe « portent ». Mais, sans m'arrêter à cela, je passe plus outre pour vous lire ce vers, où j'ai trouvé :

Qu'un frère a pour des sœurs une ardeur plus remise.

Il dit que les ardeurs d'un frère sont « remises », pour dire qu'un frère aime avec moins de chaleur, ou, pour l'expliquer autrement, pour dire qu'un frère n'aime pas une sœur avec tant de force ni de violence. Celui que voici n'est pas moins extraordinaire que les autres et, pour vous parler comme vous nous faites souvent, n'est pas moins précieux :

Vous n'êtes point mon fils si vous n'êtes méchant :
Le ciel sur sa naissance imprima ce penchant.

Et, selon ma pensée, nous ne faillons pas quand nous disons, pour dire « elle s'est mariée », « elle a donné dans l'amour permis », puisqu'il ne fait pas de difficulté de dire « imprimer un penchant sur une naissance », pour dire « recevoir une inclination à sa naissance » ou « être incliné par l'astre qui préside à sa naissance ». Mais voyez encore par ce qui suit qu'il nous imite ou que nous suivons de bien près ses sentiments, puisque après avoir mis « c'est d'amour qu'il gémit, etc. », il ajoute plus bas dans le même sens :

De mes plus chers désirs ce partisan sincère.

Par cette phrase il entend l'amour, comme nous faisons quand nous disons, pour appeler un laquais, « un nécessaire », l'amour, « le partisan des désirs ». Émilie, qui ne voulait pas que Léostène eût toute la gloire de cette conversation, prit alors la parole et dit qu'elle ne trouvait pas cette façon de parler moins nouvelle ni moins belle que les autres. « Transmettre son sang », pour dire « faire des enfants », c'est ce que Cléocrite fait quand il dit :

Et s'il faut après tout qu'un grand crime s'efface
Par le sang que Laïus a transmis à sa race

pour dire « par les enfants de Laïus ». Plus bas, ajouta la même, nous trouvons encore un exemple de la raison qu'il y a de se servir en vers et en prose de ces grandes et hardies expressions, quelque étranges qu'elles paraissent :

Osez me désunir
De la nécessité d'aimer et de punir

pour dire : « Ôtez-moi la nécessité d'aimer et de punir », et néanmoins ne m'avouerez-vous pas que, sans cette hardie façon de parler, il n'eût jamais achevé ce premier vers : « Osez me désunir » ? Pour moi, dit Léostène, je ne me suis point étonnée de voir Cléocrite s'énoncer par des paroles semblables à celles qui nous sont ordinaires. Mais celles-ci m'ont donné de la surprise :

Et leur antipathie inspire à leur colère
Des préludes secrets de ce qu'il vous faut faire.

Ce n'est pas que par ces mots de « préludes secrets, etc. », je ne présume qu'il entende quelque chose de fort énergique, et que je ne sache par moi-même que nous disons quelquefois des mots qui expliquent assez obscurément ce que nous pensons, et qu'il n'y a que nous qui les entendons ; c'est ce qu'il fait en cet endroit. Il n'en va pas de même de la pensée qu'il met dans ces deux vers :

Vous, Seigneur, si Dircé garde encore sur votre âme
L'empire que lui fit une si belle flamme.

Car j'entends bien que par ces mots, « l'empire que lui fit, etc. », il veut dire « que lui donna ». À peine Léostène avait-elle achevé de parler qu'Émilie s'écria : Il est temps de donner trêve à Félix ; et quand je lui aurai montré la dernière de nos remarques, je lui donnerai toute la liberté de nous dire que nous parlons un langage que l'on n'entend point, et tout ce qu'il nous reproche d'ordinaire.

La surprenante horreur de cet accablement
Ne coûte à sa grande âme aucun égarement.

Il faudrait être bien obstiné, poursuivit-elle, pour dire que nous faisons des façons de parler bizarres et inouïes, après ces deux vers, qui ne signifient rien, sinon que celui dont Cléocrite parle en cet endroit ne s'effrayait point à la vue d'un malheur. « L'horreur de l'accablement ne lui coûte aucun égarement : L'horreur de ce malheur ne l'étonne point. » Alors Félix avoua que, de la façon qu'elles le prenaient, elles avaient raison, et que sans doute il n'y avait point d'auteur qui n'eût ces façons de parler particulières et extraordinaires, soit qu'il écrivît en prose ou en vers. Ils s'étendirent quelque temps sur cette matière, et ensuite la conversation prit un autre tour, et l'on changea de sujet. Mais enfin l'on en revint sur les louanges de Cléocrite, et chacun d'une même voix dit que c'était le plus grand homme qui ait jamais écrit des jeux du cirque [des pièces de théâtre] ; enfin il fut question de se séparer, et Félix ayant dit adieu à Émilie, et Léostène en ayant fait autant, elle sortit avec lui, qui la ramena chez elle. Ainsi finit la conversation, où je finis mon histoire.

ÉRIMANTE [Jacques Émile Esprit] est un de ceux qui a le plus de pouvoir parmi les précieuses et, comme il était dans un rang fort considéré auprès d'elles dès le temps de Valère [Voiture], il a (depuis que Valère et Sésostris [Sarrasin], son successeur, sont morts) partagé une bonne partie du gouvernement avec les autres dont j'ai parlé dans leur endroit ; c'est un des plus galants hommes d'Athènes, et qui a dans sa personne, outre cent belles qualités qui le font chérir des dames, et surtout des précieuses, un esprit qui ne l'abandonne jamais.

*

Cet homme-là n'est pas enjoué : *Cet homme-là est de ces gens de bon sens qui ne divertissent guère.* (De Calpurnius [La Calprenède].)

Avoir l'esprit dur : *Être de dure compréhension.* (De Vaxence [Le Vert], en son *Héros d'Hespérie* [*Tolédan*].)

Avec toutes ses troupes il s'étendit dans la campagne *: Avec toutes ses troupes il fit un grand débordement dans la campagne.* (De Filante [Furetière], en son *Histoire des quarante barons* [l'allégorie de Furetière].)

L'eau : *Le miroir céleste.* (De Sapurnius [Saint-Amant].)

Je sais bien ce que je veux dire, mais je ne puis m'expliquer comme je voudrais : *Je sais bien ce que je veux dire, mais le mot me manque.*

Un homme qui a infiniment de l'esprit : *Un concert éclatant de rares qualités et de vertus extraordinaires.* (De Cléocrite l'aîné [Corneille], en son *Criminel innocent* [*Œdipe*].)

Expliquer ses pensées avec énergie : *Revêtir ses pensées d'expressions nobles et vigoureuses.*

Entrer dans les sentiments d'une personne : *Être pénétré des sentiments d'une personne.* (De Sarsanne [le marquis de Sourdis].)

L'embonpoint unit le teint et en augmente la blancheur : *L'embonpoint fournit un fond de blanc et de poli.* (De Palliante [Perrin], en ses *Portraits.*)

L'eau est calme et sans vague : *L'eau est égalée.* (De Crisante [Chapelain], en son *Héroïne* [*La Pucelle*].)

J'ai trouvé en cette personne de l'esprit, mais j'ai reconnu en elle quelque chose de provincial et de défectueux : *J'ai trouvé en cette personne un rayon d'esprit assez beau, mais brouillé et engagé dans un principe provincial et nécessiteux.*

L'eau court avec rapidité : *L'eau roule à sauts murmurants.* (De Madate [La Ménardière].)

Ce malheur ne l'étonne point : *La surprenante horreur de cet accable-ment / Ne coûte à sa grande âme aucun égarement.* (De Cléocrite l'aîné, en son *Criminel innocent.*)

F

FOI. Leur foi n'abonde qu'en la créance qu'elles ont de donner la vogue à tout ce qu'elles approuvent.

FLORINIE [Mme du Four] est une précieuse âgée de trente-huit ans. Elle est connue par un menton fait à la Diane, quand elle n'est pas en son plein. En récompense, elle a le teint admirablement beau, et pourrait aisément cacher cinq ou six années de son âge, sans que son visage accusât sa bouche du mensonge qu'elle ferait. Elle est célèbre dans les ruelles par le nombre de précieuses qu'elle voit, et qui lui rendent visite. On a parlé d'elle autant que d'aucune autre pour cent belles qualités qu'elle possède. Elle est plus grande que petite, et un habit un peu large ne lui est pas mal propre. Elle a les yeux fort doux ; mais, pour moi, qui ne parle des choses qu'avec connaissance, je ne dirai rien de la douceur de son âme. Il y a d'autres personnes qui en parleront avec plus de connaissance que je ne saurais faire. Elle est logée derrière le grand palais d'Athènes.

FÉLICIANE [Mme de La Fayette] est une précieuse aimable, jeune et spiri-tuelle, d'un esprit enjoué, d'un abord agréable ; elle est civile, obligeante et un peu railleuse ; mais elle raille de si bonne grâce qu'elle se fait aimer de ceux qu'elle traite le plus mal, ou du moins qu'elle ne s'en fait pas haïr. Elle écrit bien en prose, comme il est aisé de voir par le portrait qu'elle a fait de Sophronie [la marquise de Sévigné], dont elle est intime amie. Elle loge en la petite Athènes.

FLORESTIE [Mlle de Filers] est une jeune précieuse qui fait des vers, et qui réussit admirablement bien dans ce genre d'écrire.

FÉLIXANE [la marquise du Fresnoy] est une précieuse de qualité, qui est célèbre par la quantité de portraits que l'on voit de sa façon. Cette précieuse a infiniment d'esprit.

FÉLICIE [la comtesse de Fiesque] est une précieuse de haute naissance, qui florissait du temps de Valère [Voiture], bien qu'elle fût dans un âge où à peine les autres savent-elles parler. Sa ruelle est encore aujourd'hui la plus fréquentée de tout Athènes, et l'esprit de cette illustre femme est généralement cherché de tout ce qu'il y a de plus grand et de plus spirituel dans cette grande ville. Les auteurs les plus connus et qui ont le plus de réputation font gloire de soumettre leurs ouvrages à son jugement ; aussi a-t-elle des lumières qui ne sont pas communes à celles de son sexe, ce qui est aisé de juger par les visites que les deux Scipions [le prince de Condé et son fils] lui rendent, et que son esprit a attirés chez elle ; en effet, il est constant que son mérite a rendu sa maison la plus fréquentée de toutes celles des précieuses. La belle Doriménide [Mme d'Olonne] est une de ses plus intimes amies.

FESTINE [Mlle Forcade] est une précieuse fort spirituelle ; on la loue surtout de deux choses, d'une grande curiosité et d'une grande constance. Elle sait toutes les nouvelles de son quartier, et souvent elle s'imagine en savoir plus qu'il n'y en a ; elle fait aussi fort fréquemment des mariages à quoi personne ne pense qu'elle. Elle écrit des lettres avec une facilité tout à fait grande, et est âgée de trente-huit bonnes années ; son alcôviste se nomme Métane [M. de Montiramon], et leur occupation est de lire des nouvelles et de jouer au trictrac, ce qui fait son principal divertissement depuis sept ans que ses maladies l'empê-chent d'aller dans les ruelles, comme elle avait coutume, et de faire toutes les fonctions d'une véritable précieuse.

FLORELINDE [Mlle de Fournille] est une précieuse entre deux âges, ni jeune ni vieille, ni belle ni laide ; elle demeurait autrefois chez l'illustre et spirituel Tiridate [M. Têtu, chevalier du guet], son cousin, protecteur des jeux du cirque et surtout de ceux de l'auteur Quirinus [Quinault]. Aux noces de cette précieuse, qui fut mariée chez lui, il ne manqua pas de faire jouer une pièce de ce même Quirinus, dont les ouvrages ont plus d'obligation aux louanges de ce galant homme qu'à leurs naturels agréments. Mais, pour les laisser en paix avec leur auteur et retourner à Florelinde, elle est bien faite de corps, elle l'est encore mieux d'esprit ; je puis dire, pour l'avoir entendue, qu'elle parle bien, qu'elle est d'une humeur tout à fait obligeante, et que si Cléophon [le marquis de Chambonard], son mari, ne valait pas tout ce qu'il vaut, je plaindrais également et les ruelles d'Athènes d'être privées de cette illustre et spirituelle personne, et elle-même de l'être d'Athènes, pour qui je crois qu'elle n'a point d'aversion ; mais le plus fort l'emporte, et il faut céder au destin, qui la veut à la campagne, où Cléophon, son mari, a établi sa résidence ordinaire.

FÉLIXERIE [Mlle Ferrand] est une précieuse dont l'humeur est, à mon sens, des plus singulières ; l'on voit pourtant tous les jours des dames qui affectent son caractère et qui s'efforcent d'avoir par étude ce qu'elle a naturellement, c'est-à-dire d'être insensible à l'amour. Peut-être que ce que je dis ici touchant la froideur apparente qu'elles affectent s'adresse à plus que je ne crois ; mais, comme je parle d'une personne vraiment insensible, je laisse ces humeurs fardées pour décrire celle d'une fille en qui l'indifférence n'est ni une vertu, ni un vice ; puisque, comme elle est innocente de ce que la nature lui a donné de contraire et d'opposé à la douceur des passions les plus fortes et les plus agréables, elle ne tire point d'avantage de la facilité qu'elle a d'éviter les pièges que l'amour tend tous les jours aux belles, qui sont presque inévitables, et dont les accidents ne deviennent jamais heureux ni malheureux que par la suite, et que l'événement seul rend agréables ou fâcheux. Pour moi, qui la connais, j'avoue que, si un autre me faisait le portrait d'une personne qui lui ressemblât, je le prendrais pour une idée, et le regarderais comme la figure d'une chose impossible. En effet, le moyen de se persuader qu'une fille belle, enjouée, spirituelle, environnée de plusieurs amants, et à l'âge de vingt-six ans, n'ait jamais eu le moindre mouvement d'amour, et qu'elle proteste elle-même qu'elle ne sait ce que c'est que cette passion, dont on lui parle sans cesse ; que toutes ses actions, tous ses gestes, toutes ses paroles, tout ce qu'elle écrit, et le témoignage général de tous ceux qui la connaissent, fassent voir que c'est une vérité ? Il ne faut pas s'imaginer que cette insensibilité vienne en elle de n'avoir pas vu le monde, de n'avoir pas été cajolée, de n'avoir pas vu les romans et les comédies, qui sont, à bien parler, les semences les plus fortes de cette passion, puisqu'il n'y a point de fille qui soit plus souvent dans les compagnies, ni qui fréquente davantage les ruelles, qu'elle fait ; puisqu'elle voit ce qu'il y a de plus accompli parmi celles de son sexe, et que ceux qui sont attachés auprès d'elle sont les hommes les plus capables de donner de l'amour ; qu'ils n'épargnent rien ni pour la divertir, ni pour la toucher, et qu'étant de qualité, elle est sans cesse parmi ceux qui peuvent servir à son instruction et à ses plaisirs ; qu'elle-même a tout mis en usage pour connaître si elle serait capable d'en concevoir les premiers sentiments, soit en lisant toutes les nouveautés, soit en voyant toutes les comédies et les romans, et en un mot, en cherchant toutes les occasions dont l'amour a coutume de se servir pour ranger les cœurs sous son pouvoir. Et il semble que ce dieu ait refusé cette conquête parce qu'elle était volontaire, et que Félixerie cherchait les occasions de perdre sa liberté : en effet, elle a tout mis en usage pour connaître ses mouvements, soit par la pensée d'en savoir les plaisirs, soit par celle d'en connaître les malheurs, et elle a été longtemps dans le dessein de savoir les plaisirs et les chagrins des amants, et pour cela elle a marqué de la complaisance à ceux pour qui elle n'avait que de la civilité, et s'est efforcée de rendre véritable ce qui n'était qu'artificiel en elle, et la curiosité d'éprouver une passion si naturelle à celles de son sexe l'a souvent irritée contre elle-même de s'en voir privée. Cependant tous ses efforts, toute son étude et tous ses soins jusqu'ici ont tous été inutiles et vains, et elle confesse que, si elle n'aime pas, ce n'est pas sa faute, puisqu'il lui est si impossible de le faire qu'elle ne conçoit pas seulement ce que c'est que l'amour, et qu'elle s'est souvent examinée elle-même pour voir ce qu'elle était, croyant que, puisque l'on lui disait sans cesse que l'amour ne respectait personne, que tout le monde suivait son pouvoir, que c'était une loi indispensable d'aimer, et qu'elle s'en trouvait incapable, il fallait absolument qu'elle fût d'un genre tout particulier, et qu'il y eût quelque chose d'extraordinaire en sa personne. Voilà, pour le tempérament, quelle est Félixerie, qui, avec toute cette froideur et cette insensibilité, ne laisse pas de marquer une forte estime pour les auteurs, et d'avoir pour eux des sentiments dont on la croirait peu capable. Mais deux choses causent en elle cette estime et cette vénération : l'une, l'amitié et l'attache qu'elle a pour tout ce qu'ils composent ; l'autre, qu'elle est fortement persuadée que c'est d'eux absolument que dépend la réputation non seulement de celles qui se piquent d'esprit et de galanterie, mais encore des autres, et dans cette pensée, elle les voit et les considère avec toute la satisfaction et l'empressement qu'une insensible peut avoir. Sa devise est un cœur contre qui l'amour épuise son carquois, et dont toutes les flèches ne peuvent aller jusqu'à lui ; cette devise a pour âme : *Je connais ses desseins et ne sens point ses coups.*

*

Faire des compliments : *Se fonder en compliments.* (De Vaxence [Le Vert], en son *Héros d'Hespérie* [*Tolédan*].)

Faire fuir ses ennemis : *Tourner en fuite ses ennemis.* (De Varsamon [Vaumorière], en son *Histoire de Mauritanie* [*Scipion*].)

Cet homme est intrépide à l'une et à l'autre fortune : *Les succès irréguliers ne démentent point les conjectures de cet homme.* (De Bélisandre [Balzac], en son *Prince des Muses* [*Mécénas*].)

Des figures de marbre : *De beaux aveugles* ou *des muets illustres.* (De Mégaste [le père Lemoine], en ses *Passions*.)

Une belle fille : *L'aliment d'amour.* (De Rodolphe [Robinet].)

Les Filous : *Les braves incommodes.* (De Gallus [Gilbert], en ses *Vraies et fausses précieuses*.)

Que les baisers des maris sont fades : *Que les baisers permis touchent peu.*
(De Beaumerine [Mlle de Beaumont], seconde du nom.)

Il daigne me faire des présents et me regarder de bon œil, encore que je ne
travaille plus : *Il répand l'éclat de sa propre bonté sur l'endurcissement de mon
oisiveté.* (De Cléocrite l'aîné [Corneille], dans son *Criminel innocent* [*Œdipe*].)

G

GUERRES. Elles font une guerre continuelle contre le vieux langage, l'ancien
style, les mots barbares, les esprits pédants et les modes passées. Leur humilité
les a même fait déclarer ennemies de tous ceux qui les appellent du nom de
précieuse, que leur esprit seul leur a fait donner.

GARSILÉE [la marquise de Gêvres] est une précieuse de naissance, spirituelle
et bien faite de corps ; elle a l'âme grande et belle, et aime les gens de lettres ;
mais il faut qu'ils joignent la galanterie à la science et à l'étude. Elle loge dans
la Normanie, du côté du palais de Caton.

GALERICE [Mme de Guedreville] est une précieuse logée en l'île de Délos.
Elle est bien faite, a l'âme grande, et ne voit point d'entreprise difficile ; mais,
bien que son corps ait des qualités à donner de l'amour, qu'il soit accompli,
on ne laisse pas de dire qu'elle est bien plus considérable par son esprit : car
sa beauté lui est commune avec toutes les belles. Mais elle a cette qualité qui
lui est particulière, ou du moins qu'elle partage avec peu d'autres, d'apprendre
la philosophie, et elle a un maître qui vient tous les jours lui enseigner, comme
aussi pour les mathématiques, pour la magie blanche, pour la chiromancie, la
physionomie, le droit et les langues d'Ausonie et d'Hespérie [l'italien et l'espa-
gnol], et pour chaque chose elle a une personne différente qui lui montre ; si
bien qu'elle donne tous les jours la meilleure partie de son temps à ces différentes études, et ce qui est de remarquable en elle, c'est qu'elle n'a pas encore
vingt-six ans ; mais ce n'est pas d'aujourd'hui qu'il se trouve des précieuses
admirables.

GRIMALTIDE [Mlle de Grimault] est une précieuse âgée de vingt-huit ans ;
elle loge en l'île de Délos chez Barsilée [Mlle Baudouin], et ce sont les deux
inséparables.

GALATHÉE [la comtesse de Saint-Géran] est une femme de qualité, qui voit
les plus célèbres précieuses d'Athènes. Il y a même assemblée chez elle, et elle
est fréquemment visitée des plus grands ministres de cet empire ; elle loge dans
la place Dorique.

GALILIANE [Mme Gouille] est une précieuse de la petite Athènes, qui n'est
pas des moins célèbres d'entre elles ; l'on pourra juger par son histoire quelle
est son humeur. Pour en jeter les fondements, je dirai que, si la beauté est un
objet nécessaire à l'amour, il faut absolument qu'elle en ait. Ce fondement jeté,
il ne reste plus qu'à savoir qu'un homme étant fort amoureux d'elle la visita
fort souvent, et apparemment plus au contentement de l'un que de l'autre,
comme la suite le découvre. Cet amant, après quelque temps d'assiduités, de
respects et d'offres de services, la pressa fort de lui donner son portrait. D'abord
ce fut en vain ; mais il l'importuna tant qu'à la fin elle se résolut de se défaire
d'un homme qui l'importunait, et le moyen dont elle se servit est assez spirituel

pour paraître agréable et extraordinaire ; car cette précieuse se résolut de promettre toute chose, pour ne rien accorder ; et pour le tromper plus facilement, elle lui demanda le sien. Je vous laisse à penser quel préjugé c'est quand une maîtresse demande à un amant son portrait. Cet appât surprit ce pauvre malheureux, et il pensa faire enrager son peintre à force de le presser. Jugez, quand il fut fait, quelle fut sa joie et son espérance ; mais elles ne seront pas de longue durée : il s'en est trop promis pour en avoir longtemps. Et de vrai, quand il lui porta, il fut bien étonné que Galiliane lui dît de le mettre entre les mains de son portier. Du commencement, ne sachant ce que cela voulait dire, il voulut se le faire expliquer ; mais l'énigme ne dura pas longtemps, et il vit bien qu'elle n'avait dissimulé quelque temps que pour l'éloigner avec plus d'outrage, lorsque, ayant pris ce portrait et fait monter son portier, elle lui donna et lui dit de le mettre dans sa chambre et de le consulter bien toutes les fois que l'on la demanderait, afin de ne point laisser entrer celui à qui il ressemblait. Il ne faut pas demander ce que fit cette harangue : elle éloigna cet amant. Pour les suites, je les ignore, et je sais seulement que Galiliane tient sa ruelle dans la petite Athènes, et qu'elle visite souvent une grande princesse dont nous parlerons en son lieu.

GRÉMIONE [la marquise de La Grenouillère] est une précieuse enjouée ; elle aime la satire et ne s'épargne pas elle-même. Elle écrit bien en prose, et l'on peut bien le connaître par son portrait qu'elle a fait.

GALILÉIDE [Mlle Gradafilée] est une ancienne précieuse du temps de Valère.

GARAMANTIDE [Mme Guidy], de la ville de Corinthe, est une ancienne précieuse qui a de l'esprit, qui parle bien, qui écrit de même. Son nom a fait grand bruit dans tout ce pays, et l'on a surtout loué sa bonté et sa douceur. Elle a pour devise un amour qui tient d'une main un flambeau allumé, de l'autre un vase plein d'eau, et l'âme de cette devise est : *J'ai dans mes mains le mal et le remède.*

GÉLINTE [la princesse de Guéméné] est une précieuse qui est de haute naissance, qui sait beaucoup, qui parle bien, et dont la vertu n'est pas moins connue que la beauté ; mais, comme elle a maintenant d'autres occupations que les divertissements, je ne veux point l'en détourner pour voir ici ce que je dirais d'elle, étant satisfait de rendre seulement un léger et sincère témoignage à son mérite.

GABALIDE [Mlle de Saint-Gabriel] est une jeune fille précieuse, qui a un père fort amoureux du sexe, et qui est panégyriste de toutes les dames, dont il a fait les éloges. Il ne faut pas demander si cette fille est savante, puisqu'elle est fille d'un auteur, et que, sans tirer cette conséquence, il est vrai de dire qu'elle sait beaucoup ; elle loge au quartier de la Normanie.

GADARIE [Mlle de Gournay] est une ancienne précieuse des plus célèbres et des plus savantes ; elle a beaucoup écrit, et ses œuvres sont des marques de son esprit comme de sa préciosité.

GALAZIE [la chevalière Garnier] est une précieuse qui, devant que d'être mariée, s'appelait Policrite [Mlle de La Porte, fille d'honneur de la reine mère] : elle était auprès de la Bonne Déesse [la reine mère] considérée pour son esprit. Elle est raisonnablement belle, mais un peu trop pleine, toutefois fort agréable. Elle a toujours aimé les vers, soit à les lire, soit à les entendre réciter ; mais à présent la complaisance qu'elle a pour son mari l'empêche d'y donner tout le temps qu'elle y employait autrefois, et même de voir ceux qui pouvaient lui faire lire toutes les nouveautés ; et cela vient de ce qu'il est un peu sensible à cette passion qui suit toujours la violente amour ; et l'on sait assez que cette ardeur emportée ne consulte pas toujours s'il y a sujet d'en avoir ou non, et qu'il n'est point d'antidote contre la peur.

GALAXÉE [la baronne de La Garde] et sa fille sont deux précieuses logées derrière le grand palais d'Athènes. Pour la mère, comme son temps commence à pencher vers la retraite et qu'elle est sur son déclin, nous n'en dirons mot en cet endroit ; il suffit seulement de savoir qu'elle ne cède point sa part des divertissements, et qu'elle n'a pas moins d'attache pour les plaisirs honnêtes que sa fille, qu'elle élève et qu'elle a toujours élevée en véritable précieuse, et pour cela elle lui a donné des maîtres, soit pour les langues, soit pour les arts galants, et même pour la philosophie, et cette fille réussit à toutes ces choses avec une facilité incroyable. Elle n'a pas tout l'éclat de la beauté, mais sa jeunesse fait qu'elle ne laisse pas de plaire, et ses mains savent prendre les cœurs, et ne font point de plus grands larcins que quand on les regarde attentivement. Elle a été mariée à Sigismond [M. de Saint-Movieux], sénateur de Rotemburge, et à présent elle est veuve, bien qu'il ne soit pas mort. Depuis ce veuvage, arrivé environ au bout de l'année de son hymen, elle a été parmi des vestales [religieuses] ; mais elle a trouvé cette résidence trop contraire à la liberté des précieuses pour y demeurer longtemps, et elle en est bientôt sortie pour être plus dans le monde que jamais. Sa ruelle est fréquentée des auteurs, qui lui lisent leurs ouvrages, et surtout les pièces destinées pour le Cirque. On a donné une devise à Sigismond, jadis son mari, qui est une fontaine glacée, et pour âme : *Mon eau ne coule point*.

À cette devise on a ajouté celle de Galaxée, et c'est un mont qui jette des feux sur un étang glacé, et ces mots lui servent d'âme : *Mon feu ne la peut fondre*. Elle n'est âgée que de dix-huit ans.

GLICERIE [Mlle Le Gendre] est une précieuse âgée de quarante ans, qui loge dans Léolie : elle est de la grande cabale, mais à cet âge l'on ne parle plus d'alcôviste, et c'est une vieille coutume de ne s'en point passer ; et qui dit précieuse explique tout ce que l'on peut dire sur ce chapitre et sur celui de l'esprit.

GALACERIE [Mme Galois] est une précieuse bien faite de corps, aussi bien que d'esprit, et bien qu'elle soit d'une qualité à satisfaire celles qui aiment l'éclat et le grand monde, elle ne laisse pas d'agir d'une manière qui marque encore une âme au-dessus de tout ce qu'elle est ; et en effet l'abaissement est si opposé à son humeur qu'elle ne rend jamais aucune visite, et par là il est aisé de juger qu'elle n'est pas fort visitée de celles de son sexe, qui s'attachent fort à ces petits points d'honneur. Mais, si elle voit peu de femmes, sa maison en récompense est une retraite de tous les galants de la cour, qui lui rendent leurs assiduités ; et, quand elle n'est pas dans cette occupation continuelle de visites ou de jeu, Ligdamon [M. de Lannoy] ne lui manque jamais au besoin, et ils s'occupent sans cesse ensemble à lire les romans. J'aurais peine à vous dire dans quelle pensée ils les lisent : car Galacerie a un esprit si délié qu'elle trouve peu de chose à son gré ; et, puisque Ligdamon est si fort dans ses intérêts et dans ses sentiments qu'il ne l'abandonne presque point, il y a grande apparence qu'il participe beaucoup de cette délicatesse scrupuleuse, qui fait qu'elle trouve souvent des défauts dans des ouvrages les plus approuvés, et qu'on la peut nommer un juge un peu trop sévère, et dire qu'elle est assez attachée à son opinion pour ne pas donner beaucoup au plus de voix, quand le nombre n'est pas de son côté.

GÉSIPPE [Mme Gaillonnet] est une précieuse dont le fort n'est pas de beaucoup lire, ni de romans, ni de vers, ni même d'autres livres, et si quelquefois elle s'y divertit, ce n'est que pour bien peu de temps. Il est vrai que, comme le monde est un livre bien grand, et où l'on apprend tous les jours de bien différentes choses, et qu'elle est perpétuellement en compagnie, cela n'empêche pas qu'elle ne soit savante et qu'elle ne parle avec autant de facilité de toutes choses que si elle avait passé toute sa vie à lire ; et même son expérience l'a rendue docte en de certaines affaires que d'autres qui ont la réputation de ne rien ignorer ne savent pas si bien qu'elle. La plupart des galants de la cour ont été ses alcôvistes : aussi a-t-elle passé pour une des plus belles femmes d'Athènes, et pour avoir le teint aussi uni et être aussi superbe en propreté et ajustements de nuit que femme de Grèce. Elle loge dans le quartier du palais de Caton.

*

Je goûtai ces raisons : *Ces raisons descendirent profondément dans mon imagination.* (De Vaxence [Le Vert].)

Un gueux : *Un enfant de la nécessité.*

Cette personne n'est pas si généreuse qu'elle paraît : *Cette personne n'a que le masque de la générosité.* (De Démophon [Dumas], en ses *Entretiens*.)

Goûter les plaisirs comme il faut : *Mitonner les plaisirs.*

Un jeune cœur goûte mal les plaisirs et ne les connaît pas : *Un jeune cœur n'a qu'un goût vert et des plaisirs informes.*

H

HÉRÉSIES. Leurs hérésies sont en assez petit nombre, parce qu'elles n'ont pas beaucoup de choses à croire. On ne laisse pas de tenir pour hérétique toute précieuse qui ne s'habille pas à la mode, eût-elle cinquante ans passés, comme aussi tous ceux et celles qui n'estiment pas la *Persaïde* [*Cyrus*] et la *Romanie* [*Clélie*], et généralement tout ce que font Sarraïdès [Scudéry] et sa sœur Sophie [Mlle de Scudéry], et tous leurs cabalistes, qui sont les plus puissants de l'empire des précieuses, et qui assurément ont beaucoup de mérite. Depuis quelque temps, il s'est encore glissé une opinion parmi elles qui a divisé ce grand corps en deux, et la question sur quoi elles sont partagées est de savoir si les ouvrages de Quirinus [Quinault] sont bons ou s'ils ne le sont pas, et elles croient toutes séparément que celles qui ne sont pas de leur parti sont dans l'erreur. Il faudrait avoir entendu les raisons des unes et des autres pour en juger, et pour moi, qui ne suis qu'historien, et non pas juge de leurs affaires, j'en laisse le discernement au lecteur et avoue ingénument que, quoique je sache bien lequel est le plus juste parti, je ne voudrais pas néanmoins contraindre personne à croire ce que j'en dirais ; mais, avouant que la chose est en doute, il m'est permis de rendre témoignage à la vérité, et de dire que l'opinion qui les condamne est soutenue et autorisée de l'aveu des plus célèbres précieuses et de celles à qui l'on doit le plus de déférence et de respect, comme l'on pourra lire dans la suite de ce livre.

HÉSIONIDE [Mlle Hardy] est une précieuse âgée de trente-quatre ans. Elle n'est pas de celles qui lisent beaucoup de livres différents : car, quoiqu'elle aime la lecture, il n'y a que les œuvres de Crisante [Chapelain] et de Valère [Voiture] qui lui plaisent et qui lui servent d'entretien quand elle est seule, ce qui ne lui arrive pas souvent, puisque c'est une des femmes du monde qui aime le plus la société : non que l'embarras du grand monde ait pour elle de fort grands agréments, mais elle se passe malaisément de quatre ou cinq personnes ; encore est-elle fort aise de ne pas voir toujours les mêmes visages, ce qui lui vient d'une pente au changement qui lui est commune avec quantité d'autres personnes de l'un et de l'autre sexe ; ce qu'elle ne conserve pas seulement à l'égard des gens qu'elle voit, mais encore à l'égard des divertissements, qui ne lui plaisent jamais qu'un temps ; à l'égard des vers, qu'elle trouve bons la première fois qu'elle les voit, et qu'elle désapprouve ensuite ; en un mot, à l'égard généralement de toutes choses, n'ayant de fermeté pour quoi que se soit que dans l'estime qu'elle a conçue de Crisante et de Valère, et pour les façons de parler qu'elle a mises au jour, qui sont à peu près celles-ci : *effrayer un cœur à force de fleurettes*, pour dire « surprendre un cœur, etc. » ; *des yeux à faire pester l'indifférence et à crever la froideur*, pour dire « des yeux capables d'inspirer de l'amour aux plus froids et aux plus indifférents » ; et ainsi des autres.

HERMIONE [Mme de Hautefort] est une ancienne précieuse de la plus haute qualité, célèbre dans les écrits de plusieurs, dans toutes les ruelles, à la cour et à la ville, et généralement par tout l'empire des précieuses. Straton [M. Scarron] en donne des preuves dans tous ses ouvrages.

*

Les hommes de bronze et de marbre : *Les idoles des curieux.* (De Mégaste [le père Lemoine].)

Quoiqu'il habillât ses laquais de gris, on ne laissa pas, etc. : *Quoiqu'il se servît de la mode débauchée d'habiller ses laquais de gris.*

Le sang ferait horreur à nos dames : *Le sang ferait soulever la délicatesse de nos dames.* (De Cléocrite l'aîné [Corneille], en son *Criminel innocent* [*Œdipe*].)

L'histoire : *Le témoin des temps, le mémoire des âges, la maîtresse des ans, le tableau des humains, le miroir des ignorants, la vie des morts.* (De Pharnace [La Porte].)

L'homme : *L'aîné de la nature.*

Rien ne m'a si fort touché que l'excès d'honneur que vous m'avez fait : *Rien ne m'a si fort touché comme la superfluité d'honneur que vous m'avez fait.* (De Madare [Malherbe].)

I

ÎLES. Il y a plusieurs îles dans l'empire des précieuses, mais l'île de Délos est la plus considérable.

JEUX. Elles n'admettent point les jeux publics, que les spectacles du cirque [la comédie] ; mais elles souffrent le jeu de deux, pour qui elles ont grande inclination.

ISTRINE [Mlle Juvigny*] est une précieuse âgée de trente-deux ans ; elle a vu dans les fers Sidroaste [Sauval], qui l'a aimée quelque temps, et qui l'aimerait peut-être encore s'il avait trouvé en elle autant de douceur que d'esprit ; ce n'est pas que la chronique n'allègue une autre raison de ce changement, et que les sentiments ne soient partagés en ce rencontre ; mais, quelque chose que l'on puisse dire à son désavantage, l'on n'est pas toujours cagneux pour l'être estimé, et il ne faut pas toujours croire l'apparence. Et, pour finir cette parenthèse, cette précieuse, comme beaucoup d'autres, loge dans l'île de Délos.

ISTÉRIE [Mlle d'Isigny]. Je ne sais point l'âge de cette précieuse. Son humeur m'est inconnue, et tout ce qu'un rapport confus m'en a pu apprendre n'est pas assez fort pour en tirer aucune conjecture juste ; néanmoins, puisqu'elle est dans le rang de celles dont je suis obligé de parler, je dirai d'elle, suivant la connaissance confuse que j'en ai, que c'est une fille bien faite, dont l'esprit est vif, qui reçoit et écrit quantité de lettres, ayant de grands commerces avec ceux que nous appelons des auteurs modernes.

IRIS, première du nom, à présent Ménopée [Mlle Josse, première du nom, à présent Mme Melson], est une précieuse qui, après avoir vécu jusqu'à l'âge de trente-trois ans, s'est alliée de deux autres précieuses. Elle a pour partage une grande douceur d'esprit dans la conversation ; elle aime la lecture, et a semblé, jusqu'au jour de son hymen, n'avoir nul penchant pour le nœud conjugal ; cependant, soit par grandeur d'âme, soit par une force de raisonnement, soit pour satisfaire aux prières de ses amis, son mariage a été conclu en fort peu de temps ; cela ne l'empêche pas de faire tout ce qu'elle faisait avant que d'être mariée ; au contraire, elle en voit avec plus de facilité les belles compagnies de son quartier. Elle est de taille médiocre, assez déliée et suffisamment bien faite pour donner de l'amour à un indifférent. Elle a le teint beau et le tour du visage raisonnablement bien pris, n'y ayant point de défaut considérable ; elle parle avec facilité et, quoiqu'elle ait la langue un peu grasse ou qu'elle feigne de l'avoir, elle ne laisse pas de dire des mots extraordinaires et de pousser les grands sentiments. Elle loge sur les frontières de l'île de Délos.

IRIS [Mlle Josse], seconde du nom, est une précieuse qui n'est ni du nombre de celles qui écrivent, ni du nombre de celles qui lisent extraordinairement ; pour écrire, elle y réussirait sans doute avec beaucoup de facilité si elle l'entreprenait ; pour lire, comme elle est délicate, elle ne trouve pas aisément des livres assez attachants pour se passionner pour eux, et ne le fait qu'aux heures perdues ; et pour juger des choses, on peut dire que cela lui est naturel, puisqu'elle se trompe rarement, et que, dès lors qu'elle porte jugement d'une chose, les plus délicats pourraient suivre ses sentiments sans se faire tort. Elle est enviée de celles de son sexe et estimée des hommes, qui ont beaucoup de respect pour elle. Elle a l'intelligence fine, et aurait entendu la malice aussi bien que fille du royaume si elle s'y était autant attachée qu'elle s'en est éloignée. Il faut avouer que les contraires se trouvent quelquefois en nous, et cette vérité se manifeste à tous ceux qui la connaissent : car d'un côté elle a tant de douceur qu'il serait malaisé de rencontrer un esprit plus doux que le sien, et de l'autre tant de fierté qu'il est impossible de trouver une personne plus sérieuse et plus fière qu'elle ; si son esprit est bien fait, et si elle a assurément les deux parties nécessaires à une fille

---

* La clé porte Isménie.

vertueuse qui voit le grand monde, elle n'a pas moins celle du corps : car elle est grande et d'une taille aisée ; elle a les yeux beaux et le tour du visage agréable, la bouche petite et l'air d'une personne de qualité ; aussi est-elle bien avec tous ceux qui la voient, et Célie [Mme de Choisy] l'a toujours considérée pour son esprit et pour toutes ses bonnes qualités. Elle ne voit pas tant de monde qu'elle en a vu, et le nombre des auteurs qu'elle considère est assez petit. Sa devise est un amour dont le flambeau est presque éteint, et qui est languissamment couché sur un tombeau. L'âme de cette devise est : *L'amour ne peut rien sur la mort.* Cette devise lui a été donnée parce qu'elle considérait fort un gentilhomme qui est mort, et qui en était fort amoureux et fort aimé.

ISMÉNIUS [Izarn] est un homme qui visite plusieurs précieuses illustres, à qui il montre toutes les galanteries qu'il fait chaque jour. Il réussit bien en prose et en vers, et pour cette raison il est estimé d'elles.

*

Cet ameublement est bien imaginé : *Cet ameublement est bien entendu.* (De Sophie [Mlle de Scudéry].)

Il commence à faire jour : *Le ciel est gros de lumière,* ou *l'ombre se décolore et se désépaissit.* (De Crisante [Chapelain].)

Je suis ici absent de mes Muses, étant à quatre lieues de mon cabinet. Quelle peine pour un homme d'esprit ! quelle disette d'entretien et quelle indigence de livres ! : *Je suis ici absent de mes Muses, étant à quatre lieues de mon cabinet. Bon Dieu ! quel exil pour une âme raisonnable ! quelle sécheresse de conversation et quelle solitude de livres !* (De Bélisandre [Balzac], en sa réponse à Priscus [dans une lettre de réponse à Priézac].)

Quand je n'aurais pas déjà fait voir l'antiquité des précieuses, et par conséquent celle de leur langage, cet exemple suffirait à prouver l'un et l'autre, puisque c'est de cet endroit que l'on a tiré ce que l'on a fait dire de plus extraordinaire, et l'on pourrait ajouter qu'il n'y a pas plus d'injure de dire d'une personne qu'elle parle précieux que si l'on disait qu'elle parle Bélisandre [qu'elle parle comme Balzac].

Imiter un auteur : *Parler la manière d'un auteur.*

Un esprit d'intrigue : *Un esprit d'expédient.* (De Sophie [Mlle de Scudéry].)

L'imprimerie : *La sœur des Muses,* ou *la fille de Mémoire.* (De Pharnace [La Porte].)

K

KUNIGONDE [Mlle de Kercy] est l'unique précieuse dont le nom commence par un K. Elle est célèbre dans l'empire des précieuses, mais comme son nom lui est particulier et qu'il ne faut point craindre qu'on la prenne pour une autre, je n'en dirai rien.

L

LIMITES. Les limites de leur empire sont aussi vastes qu'il est de grande étendue ; du côté d'orient, il est borné par l'Imagination, du couchant par le Tendre, du nord par les côtes de la Lecture, et du midi par la Coquetterie.

Leur LANGAGE est nouveau, et elles ont condamné toutes les phrases anciennes. Il n'en est point qui se soient pu garantir de leur censure ; il n'y a que le seul *Vous m'entendez bien* et le *Et cætera* à qui elles n'aient rien trouvé à dire.

LOIS. Les lois des précieuses consistent en l'observance exacte des modes, en l'attache indispensable de la nouveauté, en la nécessité d'avoir un alcôviste particulier, ou du moins d'en recevoir plusieurs ; en celle de tenir ruelle, ce qui peut passer pour la principale : car, pour être précieuse, il faut tenir assemblée chez soi, ou aller chez celles qui en tiennent. C'est encore une loi assez reçue parmi elles de lire toutes les nouveautés et surtout les romans, de savoir faire des vers et des billets doux.

LÉRINE [Mlle de La Martinière] a passé, jusqu'à dix-huit ans, sa vie dans un lieu où l'on ne connaît le monde que par un bruit confus et des rapports certains ; mais à cet âge ses parents, l'ayant fait venir dans Athènes, l'ont si fort mise dans le grand monde et parmi les gens d'esprit, qu'elle en a plus vu en un an que d'autres, qui y sont nées, n'en voient en toute leur vie : si bien que Lérine, qui, pour n'avoir pas vu le monde, ne laissait pas d'avoir l'esprit fort agréable et de mêler dans ses discours de certaines ingénuités où celles qui n'ont pas été élevées dans la cour et parmi les compagnies tombent aisément, était devenue l'objet des soupirs et des vœux de tous ceux qui la voyaient. Elle se trouvait dans toutes les assemblées, et l'on trouvait en cette personne des agréments d'autant plus naturels qu'ils étaient peu étudiés. Il est vrai que cela ne dura pas longtemps, et qu'elle changea bientôt cet air qu'elle avait pris dans la solitude. Ce n'était plus la même : elle ne disait plus les choses qu'avec un esprit et une délicatesse incroyable ; ce n'était plus que vers faits à sa gloire, que billets doux, que vœux déclarés, que respects apparents, que rivaux en campagne et, de simple qu'elle avait paru d'abord, elle devint en moins de quinze mois une des plus grandes précieuses qui fut et qui sera jamais, et commença à donner des règles de ce qu'auparavant elle avait toujours ignoré, et même elle fit une description des différentes sortes d'estimes qu'à peine aurait-on pu attendre du plus spirituel de ses amants et de la plus délicate précieuse d'Athènes. Celui qu'elle avait choisi pour confident me les envoya, et je fus obligé d'estimer à la mode de cette belle.

– Voici la copie que j'en ai gardée :

« *Différentes manières d'estime, de Lérine à Anaxandre.*

« Vous m'écrivez, illustre Anaxandre [Amat], que vous souhaitez que je vous donne mon estime ; mais savez-vous bien que je ne crois pas que vous ayez trop bien pensé à ce que vous me demandez, puisqu'à mes yeux l'on peut estimer d'une façon que je trouverais aussi dangereuse que le mépris, encore qu'assurément elle ne nous fît pas tant d'injure ; mais, comme je vous ai quelque obligation, je veux bien vous donner lieu d'y penser en vous envoyant ce que je crois des différentes sortes d'estime, afin que vous voyiez de laquelle vous voulez que j'aie pour vous ; et, pour vous le dire en peu de mots, je vous dirai que j'en trouve de neuf sortes : la première est l'estime d'*inclination*, celle *de préoccupation*, celle *d'intérêt*, celle *de reconnaissance*, celle *d'amitié*, celle *d'amour*, celle *d'alliance*, celle *de complaisance* et celle *de jalousie*.

« Je vous écris bien en combien de façons l'estime se glisse dans nos cœurs, et combien de motifs la rendent légitime ; mais j'appréhende horriblement de ne vous pouvoir expliquer ma pensée sur toutes ces différentes manières. Toutefois le précipice que l'estime me prépare est trop beau pour me laisser emporter à la surprise qu'il me cause et, quand je devrais faire naufrage sur cette matière, je veux bien vous en dire ma pensée. Je commencerai par l'estime d'inclination.

« L'estime que l'inclination forme en nos cœurs est, selon moi, la plus naturelle et la plus aisée à concevoir ; elle ne nous laisse point la liberté d'examiner le sexe, ni la condition et la conformité d'humeur, où les rapports inconnus des sentiments en sont pour l'ordinaire cause. C'est cette estime qui lie les premières amitiés et qui forme les premiers nœuds des sociétés, qui produit les confidences et qui fait que, sans savoir pourquoi, nous nous abandonnons presque entiers à ceux que nous estimons de cette manière.

« La seconde est celle de préoccupation, et l'on la peut nommer estime aveugle, puisque tous ses fondements les plus solides ne sont établis que sur le bruit que l'on fait des personnes qui nous forcent [*sic*] à les estimer sans que nous les connaissions, et dont la renommée exige de nous cette estime de préoccupation qui nous conduit dans les pays inconnus, où nous n'avons pour guide que l'opinion générale et où nous aurions bien de la peine à dire ce que nous estimons et pourquoi nous le faisons ; et c'est là proprement l'estime que produit en nous l'ignorance ou le torrent des applaudissements publics (si l'on peut parler ainsi), et souvent elle règne avec tant d'empire sur l'esprit du peuple qu'elle lui fait approuver dans une personne des défauts qu'il condamnerait en toute autre ; et c'est à cette estime, que la fortune produit presque aussi souvent que le mérite, que plusieurs hommes ont dû ces épithètes avantageuses de *grand*, d'*illustre* et d'*incomparable*.

« Ensuite de l'estime de préoccupation vient celle d'intérêt, et c'est celle dont les âmes basses sont capables, et qui ne laisse pas de se glisser souvent dans les esprits les plus épurés et de former des nuages et des erreurs en des personnes fort considérables.

« C'est cette estime qui fait donner le pas aux richesses devant les vertus, et qui fait que l'on considère plutôt un homme parce qu'il a fait sa fortune que parce qu'il est honnête homme. Cette estime a rendu à la noblesse un bien presque imaginaire, faisant mépriser ceux de qui il n'y a rien à espérer, quelque nobles qu'ils soient, pour suivre ceux de qui l'on attend quelque récompense ; elle met aussi au jour les flatteries, les faux respects et les encens, et c'est un poison si fort qu'il se rend souvent naturel en ceux chez qui il n'était qu'étudié ; et nous voyons des partisans de la fortune se rendre si fort esclaves de l'estime qu'ils ont conçue pour ceux que le sort favorise qu'on les a vus capables de tout entreprendre pour leur en donner des marques. Il y a encore d'autres intérêts qui font naître l'estime ; mais, comme ils tombent sous d'autres manières d'estimer, je n'en parle point et passe à l'estime que je nomme de reconnaissance.

« Il est si vrai que la reconnaissance cause de l'estime, que c'est même une vérité qu'elle produit l'amour, au moins à ce que l'on dit : car je n'ai jamais eu assez de reconnaissance pour concevoir ce que l'on appelle du nom d'amour ; mais, pour expliquer ce que c'est, je dirai que c'est un certain mouvement que la vue d'un bienfait ou d'une estime réciproque excite en nous, qui fait que nous y sentons un certain je ne sais quoi, à l'aspect de ceux qui le font naître, qui ne se peut expliquer ; et c'est ce mouvement qui nous met des paroles obligeantes dans la bouche, qui nous ouvre le visage et qui nous fait, pour ceux que nous estimons ainsi, tout autres que nous ne sommes pour le reste de ceux que nous voyons, et c'est celle-là que causent généralement toutes les obligations que l'on nous donne et tous les services que l'on nous rend.

« L'amitié produit aussi une sorte d'estime qui lui est particulière, et qui se règle à la force de [ses] mouvements. Cette estime est la plus connue et la plus commune, car tous les amis en ont pour leurs amis, et c'est, à bien parler, un commerce éternel et réciproque entre ceux qui sont liés de ces agréables nœuds.

« L'amour traîne aussi une estime avec lui qui n'a rien de semblable à toutes celles dont j'ai parlé, car, comme ses transports et ses effets sont mêlés avec cette passion, qui n'en laisse jamais aucune sans l'altérer et la corrompre, aussi est-elle plus emportée et plus violente que les autres. Je dis que l'amour a une estime en lui qui lui est attachée, et je mets une différence entre ces deux choses, qui, ce semble, sont inséparables, parce qu'il est constant que l'amour n'en est pas toujours accompagné, et que l'on peut quelquefois aimer un homme bien fait ou une belle femme sans en aimer le mérite, ou plutôt sans y en voir. Ce n'est pas que l'amour puisse jamais être parfait s'il n'est joint avec elle ; mais il n'est pas toujours vrai qu'ils soient inséparables. Aussi faut-il avouer que cette sorte d'estime est un peu trop inquiétante et que son penchant est trop dangereux pour ne la pas éviter, et je vous avoue que c'est celle dont je me défierai toute ma vie avec le plus de soin.

« L'alliance en fait aussi fort souvent naître, et ce n'est pas une chose fort nouvelle de voir des personnes en estimer d'autres parce que ce sont leurs parents, à qui elles ne penseraient pas sans l'alliance qui les unit ; et cette estime, penchant un peu du côté de l'intéressée, a de grands rapports avec elle. Il est vrai que, comme l'honneur en forme les mouvements, ils sont plus excusables et l'estime qu'ils produisent plus juste.

« La complaisance, aux yeux de ceux qui en connaissent le pouvoir, est assez forte pour leur faire voir la nécessité qu'il y a qu'elle produise une estime particulière ; aussi en fait-elle naître une d'autant plus délicate qu'elle est inconnue à ceux même qui ne font profession que d'estimer. Le mérite ne la fait pas naître et n'en est pas tout à fait séparé ; l'amour ne la met pas au jour et peut aisément se rencontrer avec elle. L'intérêt n'est pas aussi ce qui la cause ; aussi n'en est-il pas si fort éloigné que, comme l'intérêt produit quelquefois la complaisance, il soit absolument banni de l'estime que la complaisance fait naître en nos cœurs. C'est donc une chose qui est une et qui participe néanmoins de toutes les autres. Le mérite n'en est pas l'auteur, car la complaisance ne s'attache pas toujours à la raison ni au mérite ; l'amour ne l'est pas non plus, puisqu'il est certain que l'on a souvent de la complaisance pour ce que l'on n'aime pas, au moins de cet amour de passion à qui l'on peut seul donner ce nom. L'intérêt ne peut pas la former seul, puisque la complaisance intéressée est si fort éloignée de celle dont je parle qu'elle la détruit. C'est donc une certaine habitude qui est attachée à de certaines humeurs qui en sont seules capables, ou du moins qui en conçoivent le plus facilement, et c'est cette habitude qui fait l'agrément des compagnies, qui se glisse dans l'âme d'un amant, qui en conçoit les pensées avec d'autant plus de facilité que l'amour est lui-même attaché à la complaisance ; ce qui fait qu'un amant estime non seulement ce qui est estimable en sa maîtresse, mais encore tout ce qu'elle estime. Ce que je dis de l'amour se peut dire des autres motifs qui nous donnent de la complaisance, et j'aurai expliqué entièrement l'estime de complaisance quand je vous ajouterai qu'il s'en trouve de si peu attachés à leurs sentiments qu'ils sont capables de complaisance pour tout ce qu'ils ne haïssent pas, et par conséquent qui estiment généralement tout ce que les autres approuvent ; et, à bien parler, cette approbation, et cette estime, et cette complaisance, sont des enfants jumeaux de la civilité, et dont l'empire ne s'étend que sur les choses indifférentes et bagatelles.

« L'estime de mérite, ou de justice, est, à proprement parler, celle qui a donné l'être à tout ce qui s'appelle estime, et c'est de cette manière que la vertu est estimée, que l'amitié est honorée et que l'on fait état de toutes les choses de cette nature, et elle ne se refuse à qui que ce soit, et même nous la donnons souvent malgré nous. Je n'ai plus à vous parler que de l'estime que j'ai nommée estime de jalousie.

« Vous aurez peut-être de la peine à concevoir que la jalousie produise de l'estime ; il est pourtant tout vrai qu'elle en fait naître en nos cœurs de très légitimes et, pour en parler plus proprement, elle cause cette émulation qui n'est formée que de l'état que l'on fait de quelque chose que l'on n'a pas ; et, pour rendre la pensée plus manifeste par un exemple, une femme sera jalouse d'en voir une plus belle, plus enjouée et plus spirituelle qu'elle n'est, et cette jalousie ne part que de l'estime qu'elle fait de la beauté ; il semble même que ces désirs jaloux expliquent avec plus d'énergie la passion avec laquelle elle regarde cette perfection, qui est moindre en elle qu'en la personne dont elle est jalouse. Il arrive le même d'un homme à un autre : l'un sera jaloux de ce que celui-là aura mieux fait sa charge, sera plus galant ou aura plus d'esprit que lui. Cette jalousie ne formera point de fougues en son cœur, et les plus forts mouvements qu'elle produira se borneront à souhaiter ses qualités, et s'attacher à réussir aussi bien que lui. Ainsi, étant jaloux sans haine, il aura infailliblement de l'estime pour l'objet de sa jalousie.

« Voilà, brave Anaxandre, ce que j'avais à vous dire des différentes manières d'estimer, et dont vous pouvez choisir ; et je vous promets que je vous dirai sincèrement si celle que je consens d'avoir pour vous aura du rapport à celle que vous exigerez de moi. Mais, en vous envoyant cette carte blanche pour ainsi dire, et vous laissant la liberté du choix, j'attends de vous la même chose à l'égard de vos soupirs et, puisqu'il faut en écouter, je veux avoir du moins le choix de ceux à qui je dois prêter l'oreille.

LÉRINE. »

Après ce que cet ami m'avait fait voir de cette précieuse (car, ensuite de ce que vous venez de lire, ce serait lui faire injure de douter qu'elle ne le fût), j'eus une curiosité fort grande de voir ce qu'Anaxandre lui répondrait et, par le moyen de cet ami de qui je tenais ces différentes manières d'estimer, je tirai une copie de la réponse :

« *Réponse d'Anaxandre à Lérine.*

« Je ne vous dis rien, charmante Lérine, de l'admiration que votre lettre m'a causée, puisque je suis persuadé que tout ce que vous faites en donne à tous ceux qui vous connaissent, et qu'il est également impossible de vous voir sans vous aimer et de vous connaître sans vous admirer ; mais, pour répondre juste à ce que vous m'avez fait la grâce de m'écrire, je vous dirai, pour commencer à vous répondre par où vous finissez, que je tâcherai de vous demander une estime que vous ne me puissiez refuser. Après cette protestation, permettez-moi de vous dire que, dans votre estime de jalousie, qui est la dernière dont vous me parlez, et qui est l'estime que vous causerez à toutes celles de votre sexe, je me suis fort étonné que vous n'ayez point parlé de celle dont on est capable pour ses rivaux, qui tombait à mon sens sous cette dernière ; comme en vous aimant il est impossible que l'on n'en ait une infinité, et que, parmi le grand nombre, il est bien malaisé qu'il ne s'en trouve d'assez accomplis pour nous forcer à les considérer malgré nous, j'avais une forte passion de voir de quelle estime vous vouliez que l'on fût capable pour eux, et si vous jugiez à propos que l'on leur en donnât, ou si vous étiez du sentiment de ceux qui disent que l'on ne doit être capable que de haine en leur endroit, ou si vous vouliez que l'on suivît indispensablement cette aveugle générosité qui nous ordonne d'estimer en tous temps et en tous lieux tous ceux qui sont estimables. De là, montant à celle qui est au-dessus, je vous avoue que la plus grande de mes peines est que vous ne puissiez pas trouver en moi assez de choses pour l'obtenir de vous après que je vous l'ai donnée préférablement à toute autre personne.

« Pour cette estime de complaisance, encore que j'en conçoive fort difficilement pour bien des gens, je puis vous jurer que vous m'en ferez toujours facilement concevoir les sentiments ; mais, quand je l'ai pour vous, je ne vous demande pas que vous l'ayez pour moi : je suis trop juste pour exiger de vous ce que je ne mérite pas. Pour celle d'alliance, je ne vous en parle point et, l'amour et le sang n'étant pas souvent bien ensemble, je ne puis être marri, dans les sentiments que j'ai pour vous, de voir cette estime bien éloignée de celle dont nous pouvons être capables l'un pour l'autre.

« Pour ce qui regarde l'estime d'amour, vous ne voulez pas que l'on vous en parle. Ainsi, sans faire qu'un souhait que je crains inutile, je vous jure de l'avoir toute ma vie pour vous. Ce sera assez vous en dire si vous avez les moindres sentiments de bonté pour moi. L'estime d'amitié me semble un peu trop froide pour la souhaiter fort ardemment. Ces nœuds n'ont rien qui me plaise quand il s'agit d'estimer une belle personne, et je ferais en vérité infiniment plus d'état de celle de reconnaissance si, par mes services, je pouvais vous obliger d'en avoir pour moi. Je croirais me faire tort de parler de celle d'intérêt, tous les intérêts étant sans doute absolument condamnables, excepté celui de l'amour. L'estime que la réputation produit est trop légère, trop infructueuse et trop vaine pour la désirer ; et, quoique ce soit un grand bien de préoccuper les esprits par le bruit de son nom, il est, à mon sens, bien plus avantageux de ne pas tant promettre et de donner davantage, soit dans la conversation, soit autrement, que de former de grandes espérances dans les esprits et ne les pas remplir suffisamment.

« Mais si je mets dans l'indifférence ce que la préoccupation donne d'estime, celle que l'inclination produit dans les cœurs a des charmes pour moi si grands que je me tiendrais heureux d'en avoir fait naître en vous les premiers sentiments. Voilà, belle Lérine, ce que j'avais à vous répondre touchant vos différentes manières d'estimer ; et il vous sera aisé de juger celle que je souhaite de vous. Je n'ai plus qu'à vous répondre touchant mes soupirs et, bien que je pusse vous dire justement que je n'en compte que d'une sorte, je veux bien pourtant vous dire de combien de façons je crois que l'on peut soupirer.

« La commune opinion, touchant les soupirs, est que l'on le fait en deux manières : ou en secret, ou en public ; mais, comme cette différence n'est pas assez vaste et ne dit pas assez à mon sens, puisque les soupirs publics échappent aussi facilement en secret que les secrets le font à la vue de tout le monde, je dirai, pour vous expliquer ma pensée tout au long, que l'on soupire en douze façons, et qu'il y a douze raisons qui arrachent des soupirs de ceux même qui sont les moins accoutumés à les laisser échapper, et je les appelle du nom qu'ils reçoivent de leurs motifs. Ainsi, quand un homme soupire pour de beaux yeux, je dis que ce sont *des soupirs d'amour* ; et de même de tous les autres, que je nomme à dessein de rendre ma pensée plus visible.

« Je dis donc qu'il y a le *soupir d'amour*, le *soupir d'amitié*, le *soupir d'ambition*, celui *de douleur*, celui *de jalousie*, celui *de crainte*, celui *de vengeance*, celui *de joie*, celui *d'impuissance*, celui *d'incertitude*, celui *de pitié*, et le dernier, que je nomme *de cour*.

« Naturellement l'on soupire par douze motifs différents ; mais même l'amour nous fait souvent soupirer de plus d'une façon. En effet, quand l'amour est volontaire, l'on soupire volontairement ; quand il est forcé, et que c'est une chose nouvelle pour nous de sentir ses atteintes et d'éprouver sa tyrannie, que nous voulons nous en défaire ou en combattre le pouvoir et les mouvements, alors les soupirs qu'il nous fait pousser sont involontaires et forcés. L'on en pousse encore qui diffèrent de ceux dont je viens de parler, et ce sont ceux qui nous echappent lorsque, par respect ou par crainte, ou par quelque autre raison puissante, nous voulons cacher notre passion, encore qu'elle nous flatte et nous plaise ; et ces soupirs ne sont pas seulement dissemblables par le temps et la manière de les former, mais encore par leur propre nature. Je sais bien que cette matière est un peu délicate, qu'elle pourra paraître bizarre aux yeux de bien des gens, mais si ceux qui sont amoureux s'étudient bien eux-mêmes et s'ils consultent les effets de cette passion, ils verront bien que je dis vrai. Et pour vous rendre cette vérité sensible, je n'ai qu'à vous expliquer comment ils diffèrent en nature.

« Il n'est pas besoin d'une fort grande étude ni d'une fort grande application, et il ne faut que s'être examiné soi-même et avoir une légère connaissance des passions pour savoir et pour être persuadé qu'il ne faut qu'une circonstance pour en changer la nature, pourvu qu'elle en soit inséparable et essentielle. Or il n'y a point de doute que, dans ces trois différentes manières de soupirer, il ne s'en rencontre d'essentielles et d'inséparables, et c'est ce qui me fait dire qu'il est constant que ces soupirs diffèrent en nature.

« La circonstance essentielle que je remarque dans les soupirs qu'un amant forme aux yeux de sa maîtresse, et qui en est inséparable, c'est le plaisir : je dis le plaisir, et non pas la joie, car je soutiens qu'il y a des plaisirs dont la joie est bannie, et c'est ce que j'expliquerai en parlant des soupirs de joie. Je dis donc que le plaisir est attaché à ces premiers soupirs, et la raison qui me le fait avancer est que c'est toujours un plaisir fort grand de donner à celle que l'on aime des marques de sa passion, et que, puisque les soupirs que nous faisons en présence de celle pour qui nous avons de l'amour en sont toujours des témoins assurés, il est toujours vrai que, quelque autre masque dont on les déguise, le plaisir et la satisfaction en est [*sic*] toujours inséparable. Ainsi, quelque triste qu'un amant paraisse, quelque plaintifs et languissants que soient ses soupirs, il a toujours nécessairement du plaisir quand il les forme devant l'objet de sa flamme.

« La circonstance qui suit nécessairement et inséparablement les soupirs que l'amour forme dans nos cœurs et met dans notre bouche, quand nous ne suivons ses lois qu'à regret, est la violence qu'ils nous font à nous-même ; et l'on peut les nommer des enfants illégitimes, puisqu'ils sont produits d'un accouplement involontaire, et que l'amour, qui les engendre, pour parler ainsi, le fait malgré la volonté qui leur sert comme de mère ; et l'on ne peut pas douter que la différence ne soit essentielle entre le mouvement volontaire et le mouvement forcé ; qu'ainsi, conséquemment, il ne s'en rencontre entre les soupirs dont je parle et ceux dont j'ai parlé ci-dessus, et que ce ne soit une différence naturelle, effective et spécifique, qui les rende dissemblables les uns des autres. Il ne me reste plus à parler que des soupirs volontaires que nous formons en secret, et que nous nous attachons à cacher avec soin, et qui ont une nature qui leur est toute particulière, en ce qu'ils sont dépourvus de l'espérance et de toutes les autres qualités qui peuvent rendre les soupirs utiles : car enfin on ne témoigne point par eux sa passion, on n'attend point de soulagement d'eux, et ils ne doivent le jour qu'à un mouvement aveugle qui les forme sans objet ; ce sont des enfants qui meurent en naissant, qui ne voient jamais le jour, et qui, produits dans les ténèbres, semblent être destinés à la mort ; ce sont des tristes victimes qu'on immole en secret, et qui n'ont rien de semblable aux autres que l'être et le sentiment qui les produit.

« L'amitié nous arrache des soupirs, mais ce sont pour l'ordinaire des soupirs de complaisance ; leur principe est honnête, leurs mouvements tempérés et leur empire est borné, ou, pour m'expliquer plus clairement, ce sont des soupirs qui n'ont qu'un temps et que l'on donne aux déplaisirs de ses amis, et qui ne sont produits en nous-même que par le contrecoup que nous sentons des malheurs que ceux à qui nous avons donné notre amitié ressentent.

« L'ambition porte aussi naturellement avec elle des soupirs, puisqu'il est certain que toutes les fortes passions en ont qui leur sont naturels, et de qui elles sont inséparables, ou, pour m'expliquer mieux, que leur mouvement et leur empire produisent nécessairement, et que l'ambition est une des plus violentes et des plus fougueuses dont une âme puisse être tourmentée ; c'est même, en quelque façon, celle qui peut servir d'antidote à l'amour, et dont la tyrannie lui peut être comparée.

« La douleur explique assez quels sont ses soupirs ; personne n'en a éprouvé les atteintes qui ne sache de quelle manière on les forme, et je ne crois pas à propos de vous en entretenir.

« Les soupirs que forme la jalousie, bien qu'aussi communs, ne sont pas néanmoins si aisés à expliquer que ceux de la douleur, car il semble qu'ils soient absolument unis à ceux que l'amour cause en nous, bien qu'ils soient tout à fait dissemblables les uns des autres. J'avouerai bien qu'ils tirent leur origine d'une même cause ; mais les soupirs d'amour sont tous pleins de tendresse et d'agréments, et ceux de la jalousie sont tous remplis d'inquiétude et de fureur. La tendresse s'y mêle bien, mais elle perd son nom dans les fougueuses agitations et dans les violentes incertitudes que cause la jalousie, et les soupirs que cette passion nous arrache retiennent si peu de la douceur des autres qu'on les méconnaît et qu'on les prendrait bien souvent pour des enfants de la haine, bien qu'ils soient fort amoureux. Il est vrai qu'il ne faut pas s'en étonner, et que, comme ils participent de la passion qui les forme, ils ne peuvent être que violents et déréglés, puisqu'ils ont pour compagnons inséparables et le trouble du cœur, et le changement du visage, et en un mot, l'altération générale de toute l'harmonie du corps humain ; avec tout cela, pour être irréguliers, ils ne laissent pas d'être bien communs, et il est si mal aisé de s'en garantir qu'il n'y a que les heureux qui en échappent. La jalousie est un mal, mais c'est un mal inévitable, et cependant la cure en est aussi difficile que la pente en est aisée. Je pourrais mettre encore au rang des soupirs de jalousie ceux que l'émulation exige de nous, et les désirs ou de paraître autant qu'un autre, ou d'être autant estimé, en pourraient former qui seraient bien nommés des soupirs jaloux, mais comme je ne parle que de celle que l'amour fait naître, je laisse les autres, qui peuvent plus naturelle-ment tomber sous ceux de l'ambition.

« Pour les soupirs qu'on forme dans la crainte, ce sont des soupirs pas-sagers, et qui sont plus froids que ceux de la jalousie, avec qui ils se mêlent quelquefois si bien qu'on a de la peine à les connaître ; on les peut pourtant discerner à cette marque, qui est qu'ils sont plus serrés que les autres, et qu'ils ont plus de ressemblance avec ceux de la douleur, bien qu'ils ne soient pas si plaintifs et qu'ils soient plus pleins d'erreur, parce que la crainte, pour l'ordinaire, s'emparant de l'imagination, la remplit d'images qui dissipent la raison, ce que ne fait pas la douleur, qui n'agit en nous qu'après la connaissance des malheurs qui la produisent.

« Puisque tous les mouvements naturels produisent naturellement des soupirs, et que la vengeance est une des passions la plus naturelle et dont le penchant est plus facile, il est bien juste de dire qu'elle nous fait soupirer d'une façon toute différente de toutes celles dont j'ai parlé ; aussi dit-on, pour en exprimer le désir, alors qu'il presse un cœur avec violence, *il soupire une vengeance* ; ou, pour parler plus juste, *il soupire après une vengeance*.

« Vous n'aurez pas bien de la peine à croire que la jalousie, la crainte et la vengeance exigent de nos cœurs des soupirs ; mais peut-être aurez-vous quelque scrupule en voyant que j'avance que la joie en produit aussi dans nos cœurs ; mais, si vous songez bien qu'il n'y a point de mouvement violent qui n'ait besoin de soupirs pour délivrer le cœur des oppressions que les grands transports lui causent, vous jugerez bientôt que, puisque la joie est assez forte pour causer la mort, il n'est pas fort malaisé qu'elle ait des mouvements assez grands et assez puissants pour causer des soupirs. J'ai fait une différence du plaisir à la joie et de la joie au plaisir, qu'il faut selon moi que je mette dans son jour, et cette différence vient de ce que la joie produit toujours le plaisir, et qu'il est constant que le plaisir ne produit pas toujours la joie : comme, par exemple, l'on trouve du plaisir à se plaindre, et ce n'est pas toujours une vérité de dire que ce plaisir cause de la joie ; et ainsi de tout ce que je pourrais alléguer en cette rencontre.

« L'impuissance fait aussi que l'on soupire et, si l'impuissance généralement prise est le plus grand de nos malheurs et celui qui nous marque notre faiblesse avec des caractères plus honteux, il est bien vrai qu'elle nous fait soupirer, puisque l'on ne peut refuser de soupirs aux grands malheurs.

« Je compte encore une manière de soupirs qui n'est pas moins extraordinaire en apparence qu'en effet elle est naturelle et commune à tout le monde, et c'est celle que je nomme d'embarras ou d'incertitude ; et ces soupirs sont ceux qui se forment dans les ruptures que les amants font avec leurs maîtresses, et presque dans tous les démêlés qui arrivent dans la vie, lorsque l'on veut des choses dont l'exécution est difficile et où la volonté se trouve combattue par quelque autre sentiment qui cause cette incertitude et cet embarras qui nous fait soupirer.

« La pitié a aussi le privilège de nous arracher des soupirs ; et ceux qu'elle nous fait pousser sont assez connus, et se donnent d'ordinaire à la vue des grands malheurs qui arrivent aux personnes qui nous sont étrangères.

« Il ne me reste plus qu'à vous entretenir des soupirs de cour ; ils sont malaisés à définir, parce qu'ils n'ont point de règle certaine et, pour vous en dire la vérité, ces soupirs sont, pour en bien parler, les enfants bâtards de toutes les passions ; et s'il s'en forme de naturels, ce sont ceux de l'ambition : car dans ce lieu l'on n'est amoureux que par politique, jaloux que par grimace, ami qu'en apparence ; la pitié y est feinte, la douleur y est étrangère, et même l'embarras dont j'ai parlé ne s'y rencontre presque jamais, car l'on a dans ce lieu une pente si grande au changement et une telle facilité à tourner à tout vent que l'on ne s'y surprend de rien et que rien n'y paraît embarrassant ; en un mot, toutes les passions y sont peintes avec des couleurs inconnues, et les tableaux qu'elles forment sur le front des courtisans sont des tableaux en détrempe, qui ne sont qu'à l'épreuve d'un peu d'eau. Les soupirs qui s'y forment sont d'ordinaire des soupirs trompeurs et dangereux, et qui expliquent assez ce que l'on en doit attendre par le nom qu'ils portent : ce sont des soupirs de cour.

« Belle Lérine, après vous avoir obéi assez aveuglement pour ne pas examiner dans mon obéissance ce que je faisais contre moi, permettez que je laisse aller quelquefois jusqu'à vous ces soupirs que la tendresse forme dans les cœurs, et qui sont les plus touchants quand un respect comme le mien les accompagne.

ANAXANDRE. »

Comme le commerce qui est entre ces deux personnes est assez nouveau pour n'y avoir point encore d'aventure plus remarquable que celle-ci, je finis leur histoire, et je crois qu'après ce que l'on a vu d'eux, on ne peut pas douter que je n'aie eu raison de les mettre dans le Dictionnaire des précieuses.

LUCELLIE [Mlle La Flotte] est une fille âgée de trente-deux ans, qui est dans le dessein de ne se marier jamais, et qui, dans cette pensée, cultive toutes les choses qui concernent les précieuses et traite tous ses amants avec égalité, n'en ayant point qu'elle voie de meilleur œil que les autres ; que si quelquefois elle a une estime plus déclarée pour quelqu'un de ceux qui la servent, elle ne vient que de ce qu'elle croit qu'il a plus d'esprit que ses rivaux, et non de ce qu'elle l'aime davantage : car, comme la conversation est ce qui lui donne le plus de plaisir et ce qu'elle souhaite conserver avec plus d'attache, elle considère davantage ceux qu'elle croit les plus capables d'y fournir ; elle fait cas surtout de ceux et de celles qui ont l'esprit universel et qui parlent de tout, et se persuade que c'est la plus belle qualité que l'on puisse avoir, ne trouvant rien, à son gré, si insupportable que d'être avec ces gens qui ne savent parler que de rubans, de jupes et de bagatelles. L'histoire est son occupation ordinaire ; l'on dit qu'elle en cherche une qui puisse servir de sujet à un roman, mais que sa peine est de n'en trouver point qui lui fournisse de héros comme elle en voudrait choisir un, qui est un héros sans amour, au moins sans amour violent, et qui ne fût pas si sujet à ces larmes et à cette tendresse qu'elle juge indigne d'un grand homme ; et une héroïne, un peu moins faible et moins sujette aux enlèvements que celles dont jusqu'ici elle a vu les portraits ; et, en attendant qu'elle les ait trouvés, je passe plus loin.

LÉONDICE [Mme la présidente Larcher], précieuse logée dans la place Dorique, âgée de trente ans ; elle tient alcôve, et l'assemblée qui se trouve chez elle est une des plus considérables de toute cette place ; aussi a-t-elle bien plus d'une belle qualité pour attirer le monde, puisqu'elle est bien faite, qu'elle a beaucoup d'esprit et qu'elle fait cas de tous ceux et celles qui en ont.

LIGDARIDE [Mme de Launay-Gravé] est une précieuse dont l'esprit est connu de tout le monde, et qui est estimée pour cette raison de plusieurs personnes illustres, qui la considèrent parce qu'elle en a infiniment. Ses passions dominantes sont les lettres et le jeu. Elle loge dans le quartier de la Normanie, proche le palais de Caton. Elle est âgée de trente-sept ans, et a toujours passé pour une fort belle personne.

LIGDAMIRE [la duchesse de Longueville] est une précieuse d'un rang à n'en point parler, de crainte de n'en pas assez dire de bien, ou du moins de ne le pas dire assez bien ; si pourtant on peut donner un éloge à celles qui sont au-dessus de toutes louanges, je dirai qu'elle est de celles qui font bien tout ce qu'elles font, et que, du temps de Valère [Voiture], lorsqu'elle donnait un peu plus de son temps à la galanterie, c'était chez elle que la parfaite se pratiquait, et qu'à présent qu'elle a d'autres pensées, c'est chez elle que l'on apprend les plus austères vertus. Mais, comme cette matière est éloignée de celle que je traite, je la quitte pour passer outre, après cette marque d'un respect aussi sincère pour elle qu'elle le mérite véritablement, et par ce qu'elle est et par ce qu'elle fait.

LICINE [Mme de Lorme] est une ancienne précieuse de la ville de Murcie. Elle loge dans Athènes, chez deux précieuses ses nièces, vis-à-vis le palais de Sénèque.

LISIMÈNE [la maréchale de L'Hôpital] est une précieuse des plus considérées de tout Athènes. Elle est belle et, avant que d'être dans l'embarras où elle est, sa ruelle était une des plus agréables et des plus fréquentées. Elle aime la musique et protège les auteurs, et surtout ceux qui travaillent pour les jeux du cirque [la comédie].

LÉONTINE [Mlle Le Hou], jeune précieuse d'auprès du palais de Solon, est remarquable par sa douceur et sa grande docilité. Elle est belle et voit quelques-uns de ceux qui font des vers galants et enjoués. Elle joue de l'angélique, et aime à lire des romans, et s'y attache assez pour en faire une partie de son occupation. Elle a une sœur qui est aussi précieuse, et fille comme elle ; mais, comme je connais moins son humeur, je n'en dirai rien. J'ai parlé ci-devant d'une précieuse qui est aussi sa sœur, et l'on peut voir ce que j'en ai dit où j'ai parlé de Camille [la comtesse de Carlisle].

LIDASPASIE et sa sœur [Mlles Lesseville]* sont deux précieuses, l'une âgée de vingt-cinq ans, l'autre de vingt ; leur maison est d'autant plus la maison des divertissements qu'elles sont maîtresses de leurs volontés, et que, n'ayant point de mère et aimant les grandes compagnies, les promenades, et généralement tous les plaisirs honnêtes, elles ne rebutent personne de ceux qui peuvent contribuer à leur en fournir les occasions ; et, bien que l'humeur enjouée de l'aînée soit différente de celle de la cadette, qui est plus mélancolique, elles ne laissent pas de s'accorder en ce point et de chercher également et les plaisirs, et les assemblées, et les modes nouvelles, qu'elles ne suivent pas seulement, mais encore qu'elles inventent pour l'ordinaire, ayant toutes deux une invention toute particulière pour imaginer de nouveaux ajustements, ce qui se remarque surtout pendant le temps des Bacchanales [le carnaval], où elles changent presque tous les jours d'habits, n'allant jamais deux fois dans un bal dans le même équipage. C'est aussi dans ce temps que la galanterie de leurs amants éclate avec plus de pompe, puisqu'ils ont un soin tout particulier de savoir où elles vont ; et, comme durant ce temps on masque et l'on se déguise, ils ne manquent pas d'avoir le signal pour les connaître et pour les faire remarquer dans l'assemblée, et en même temps les faire admirer. Ils font faire des vers que l'on peut appeler des manifestes de leurs perfections : car c'est à qui fera imprimer les plus galants et qui aura trouvé de meilleurs panégyristes, et ils jettent ces vers dans les assemblées alors qu'elles y arrivent. Ce n'est pas qu'elles soient les deux plus belles personnes d'Athènes, puisque l'aînée n'a pas assurément tous les agréments du visage nécessaires pour faire même une médiocre beauté ; mais en récompense elle a la taille fort dégagée et est fort bien faite, ce qui, joint à une humeur agréable et enjouée, suffit sans doute pour avoir des amants et pour faire des conquêtes. La cadette n'est pas de si bonne humeur : elle est plus mélancolique, mais elle est plus belle ; cependant, quoique leurs charmes ne paraissent pas tout d'un coup, qu'elles n'aient pas ces brillants qui surprennent, il est pourtant vrai que, si on compte leurs appas par le nombre et la foule de leurs adorateurs, on verra bientôt qu'il faut qu'elles en aient infiniment, puisqu'il y a peu de filles qui en aient plus qu'elles. Entre les autres Bristennius** [M. Baurin] tient le premier rang, et pour la constance, et pour l'assiduité, et pour les marques fréquentes qu'il donne de son amour, au moins si c'est une vérité que les présents sont de sensibles preuves de cette passion. Démocare [M. de Bonneval] y est encore fort attaché, et sa façon d'agir ne marque guère moins d'empressement que celle de Bristennius. Ces deux premiers sont attachés auprès de l'aînée ; et l'on remarque entre ceux de la cadette un homme nommé Maxime [Morin], qui est officier du grand Alexandre [le roi], et celui-là fait de plus grandes démarches qu'aucun de ses rivaux, du moins de plus apparentes. L'aînée, à qui un carrosse paraît absolument nécessaire pour la douceur de la vie, et qui, bien qu'elle ait du bien, ne croit pas en avoir assez pour épouser un homme qui lui en donne un bien fondé : car de ces carosses à toutes mains qui ne servent qu'en hiver à la ville, et l'été sont à plus d'un usage à la campagne, Lidaspasie n'en veut point ; et, dans cette vue, elle a formé le dessein de vivre encore cinq ou six ans de l'air qu'elle

* La clé porte Liselie.
** La clé porte Britomare.

fait aujourd'hui, c'est-à-dire dans la joie et les plaisirs, et puis de faire une banqueroute au monde et se retirer parmi des vestales [des religieuses]. Pour la cadette, comme elle parle fort peu, il est bien malaisé de deviner ses pensées ; et en effet on remarque une chose toute particulière en elle, qui est que, quoi que vous lui disiez, elle est un quart d'heure à vous répondre, et n'est pas moins de temps à faire sa réponse qu'à la chercher ; et, quand ses bons amis lui en demandent la raison, elle dit que c'est que l'on ne parle que de bagatelles et de choses inutiles : ce qui ne peut partir que de l'esprit d'une véritable précieuse, comme elles le sont toutes deux. Au reste, comme elles n'ont point de temps de reste, et que tout se consomme chez elles à voir et à être vues, elles ne lisent pas extraordinairement : non qu'elles n'aiment les livres, et surtout les comédies et les romans ; mais c'est qu'on ne peut pas faire tant de choses différentes à la fois. J'ai oublié, en parlant de leurs alcôvistes, d'y mêler Polixénide [Pajot] et Carimante [Chézières] ; mais, comme leurs vœux sont incertains, et qu'ils semblent partagés entre la cadette et l'aînée, je n'ai point trouvé de lieu plus propre à les nommer que celui-ci. Elles logent sur la rive d'Athènes, proche le grand palais d'Alexandre.

LÉNODARIDE [Mlle Lavergne] est une veuve précieuse, âgée de quarante ans ; son humeur est différente des autres, en ce qu'elle ne trouve rien de toutes les nouveautés qui se font à son goût, excepté les mots nouveaux : car, pour le reste, *Théagène et Cariclée* et les autres romans de cet âge lui plaisent plus que la *Persaïde* [*Cyrus*], la *Romanie* [*Clélie*] et la *Belle Égyptienne* [*Cléopâtre*]. Théophraste [Théophile] a mieux fait des vers que tous ceux qui s'en mêlent aujourd'hui ; en un mot, il faut que l'auteur soit dans le tombeau afin que l'ouvrage lui plaise. Il n'en va pas de même pour ce qui est des amants, car elle veut qu'ils soient jeunes, parce qu'elle croit qu'il est plus aisé de les attacher, avant qu'une longue expérience leur ait appris la méthode de changer et de se rendre les maîtres, que d'attendre qu'ils soient tout à fait instruits de ces règles qui ne se savent que trop tôt, à son sens. Les plus sûrs moyens de lui plaire sont d'être fort assidu auprès d'elle, d'être fort soumis à tous ses sentiments lorsqu'on se trouve avec elle en compagnie : car elle est aussi jalouse de ce qu'elle dit et de ce qu'elle approuve que précieuse qui soit. Comme elle n'est pas toujours dans Athènes et qu'elle va tantôt d'un côté, tantôt de l'autre, en différentes maisons de campagne, je ne dis point où elle demeure.

LÉONIDE [Mme de Lucques] est une de ces précieuses d'autant plus agréable qu'elle est en parfaite liberté : car Léonidus [M. de Lucques], son mari, étant fort grand ami des lettres galantes et les aimant à la manière des femmes, rien ne l'empêche de recevoir généralement tout ce qu'il y a de gens de l'un et de l'autre sexe qui en font profession. C'est dans l'île de Délos où elle demeure, et où toutes les personnes d'esprit sont bien reçues.

LISE [Mlle de La Haye] a sans doute plus d'esprit que de beauté ; mais cette précieuse est si mélancolique qu'à moins de la voir hors de ce grand abattement où elle est d'ordinaire, il est malaisé de se le [*sic*] figurer. Cette mélancolie lui est pourtant funeste, en ce qu'elle altère la beauté de son teint et le colore d'un jaune qui fait penser d'elle tout ce qui n'est point. Elle a pourtant des jours assez enjoués et, lorsqu'elle s'échauffe en conversation, elle fait voir que, sous une froideur apparente et une languissante humeur, elle cache tout ce qui fait les plus grands agréments des ruelles : car elle parle bien et, comme dans cet abattement où elle vit elle est quasi toujours attachée à lire, elle a beaucoup appris ; il n'est rien de quoi elle ne parle fort juste ; outre cette qualité, elle a encore celle de conter une histoire avec tout l'agrément possible ; aussi semble-t-il que ce soit une chose attachée aux personnes mélancoliques de faire des contes plus agréablement que les autres ; c'est ce qui arrive à cette précieuse toutes les fois qu'elle récite quelque aventure.

LISIDE [Mlle de La Chapelle] est une jeune précieuse âgée de vingt-quatre ans et, malgré cette jeunesse, elle n'ignore presque rien ; mais ceux qui la voient ne s'en étonnent pas, d'autant qu'elle porte dans les yeux toutes les clartés dont son esprit est avantagé. L'amour se traite chez elle d'une façon toute particulière et, bien que les plaisirs n'y soient pas permis, les soupirs y sont si fort défendus, et l'usage en est si fort interdit à ceux qui la servent, que c'est une nécessité pour eux de marquer toujours de la joie, même dans leurs plus grands chagrins. Quelques-unes de ses amies lui ont demandé la raison de cette politique, et elle leur a fait connaître que c'était l'invention du monde la plus propre pour n'être jamais embarrassée. En effet, elle en use de cette manière pour ôter tout l'espoir à ses amants d'obtenir d'elle les dernières faveurs : car, comme, pour les demander, c'est en quelque façon une nécessité de se plaindre et de languir, et qu'elle ne souffre point de languissants auprès d'elle, elle n'est jamais embarrassée, outre que sa méthode est de n'avoir jamais pour [sic] un amant à la fois, et de n'en recevoir jamais chez elle lorsqu'elle est seule, tenant pour maxime assurée que toute précieuse qui veut avoir du plaisir en conversation, qui veut être servie sans intérêt, et que l'on l'aime constamment et sans espoir de récompense, doit ôter toute occasion à ses amants de se plaindre d'elle, de lui rien demander, et n'en jamais voir que lorsqu'ils sont deux ensemble, parce que, par la vue l'un de l'autre, ils s'animent davantage à lui plaire et à lui donner des marques et de leur amour et de leur esprit. De cette manière elle vit contente, ne manque point de compagnie, est toujours dans les conversations agréables, ne laisse aucun sujet de se plaindre d'elle et n'expose jamais que les dehors. Il est vrai qu'elle reçoit des billets ; mais elle n'y répond que lorsqu'ils sont dans les termes de l'estime, faisant toujours semblant de n'avoir pas vu les autres, et s'exemptant, par cette adresse, de répondre aux emportements de ceux qui lui écrivent, elle les embarrasse, les laisse dans l'incertitude et se divertit des maux dont ils n'osent se plaindre.

LUCIPPE [Mlle Langeois] est une fille de trente-cinq ans. La beauté ne fait pas son avantage ; aussi ne fait-elle pas peur et ne laisse-t-elle pas de se faire souhaiter de ceux qui la connaissent, et par son humeur complaisante et par son enjouement. Elle fait raillerie de tout, et commence d'ordinaire par elle-même ; sa raillerie n'est pourtant point choquante, et elle a cela de bon, qu'elle ne dit jamais rien des gens qu'en leur présence et le fait d'une manière à ne les pas pousser à bout. Elle aime à lire, et surtout quand elle a quelqu'une de ses amies avec elle, car, son humeur étant agréable, elle prend plaisir à se divertir de ce qui fait l'admiration des autres, non qu'elle n'en connaisse la beauté, mais c'est qu'elle croit que l'on lit plus les livres de galanterie, les romans et les autres semblables pour se divertir que pour s'instruire. Sur tout, elle raille la valeur de ces héros dont les romans font les portraits ; elle se moque de leur constance, se rit de leurs respects, se raille de leur mélancolie, et ne trouve de juste dans leur procédé que leurs sentiments, leur politesse et l'agrément de leurs conversations. Elle loge dans le quartier de la Normanie. Pour d'amants, je n'en connais point qui soient attachés auprès d'elle : aussi seraient-ils en méchante main pour être heureux, puisque c'est la fille du monde le plus propre à se rire des langueurs et des languissants.

LICASPIS [Mlle de Lestre] est une jeune précieuse qui aime la musique et les vers ; elle n'est pas insensible à l'amour, mais elle sait bien dissimuler ; ce n'est pas que l'on dise qu'elle en a donné des marques à un de ses amants, mais comme son infidélité ne peut venir du manque de beauté de cette fille, qui est assurément belle, il est plus juste de croire que la fierté de cette précieuse ait occasionné le changement de cet infidèle ; et le peu de changement que son éloignement a causé à Licaspis est une marque qu'il n'a pas été si heureux que l'on dit. On tient pourtant qu'ils sont prêts à renouer ; mais elle s'éloigne fort des propositions que l'on lui fait de renouer avec ce volage ; et Léonte [Lambert], second du nom, qui est présentement son alcôviste, lui rend présentement des assiduités si réglées et des respects si charmants, et y mêle tant d'esprit, qu'il pourrait bien nuire à ce raccommodement. Ce Léonte est un homme bien fait de taille, qui fait bien des vers, quoiqu'il ne s'y soit occupé que depuis qu'il est amoureux de Licaspis ; mais l'amour est un grand maître ; et, comme cette fille les aime, et qu'elle en fait, ce n'est pas une chose fort surprenante que Léonte se soit étudié à lui en écrire. Ce commerce continue entre eux, et il semble qu'elle prenne plaisir à l'entretenir avec plus de soin, pour ôter la pensée que l'on pourrait avoir qu'elle garde encore l'idée de son premier amant, que je ne nomme point, pour des raisons que je ne puis dire, ou, si le lecteur veut, parce que je ne sais pas son nom. Elle loge dans le quartier de Léolie.

LÉONCE [Lignières] est un fort galant homme qui passe pour inconstant, et qui s'est peint lui-même avec tant d'art que je ne voudrais pas gâter sa peinture par aucun de mes traits ; aussi serait-ce lui faire tort, puisque assez de belles ont pris ce soin pour m'empêcher de la faire quand je serais persuadé d'y réussir parfaitement. Il suffit de dire qu'il voit quantité de précieuses des plus jolies et des plus spirituelles, à qui il sert d'alcôviste par quartier.

LÉPANTE [Lontier] est un homme qui voit des précieuses, et qui a sans doute l'esprit fort galant et fort propre à converser avec elles. Il est connu de Sophie [Mlle de Scudéry], et l'*Almanach d'amour*, dont il est l'auteur, fait assez voir qu'il aime et réussit bien à la galanterie.

*

L'or et l'argent sont les nerfs du commerce, et sont absolument nécessaires à la navigation : *L'or et l'argent sont les dieux du commerce, les seconds soleils des villes et les jumeaux qui président à la navigation.* (De Mégaste [le père Lemoine], en ses *Passions*.)

Il a laissé bien des enfants : *Il a bien transmis du sang à sa race.* (De Cléocrite l'aîné [Corneille], en son *Criminel innocent* [*Œdipe*].)

L'amour : *Le partisan des désirs.* (De Cléocrite l'aîné, en la même pièce.)

Vous êtes trop longues à donner des louanges : *Le contrecoup de vos louanges donne jusque dans la conversation.*

Cet homme est longtemps à lire ce livre : *Cet homme fait un grand séjour sur ce livre.*

Une laide : *Une belle à faire peur.* (De Mitrane [l'abbé de Montreuil], dans un de ses sonnets.)

L'encens : *Le conducteur des vœux.**

---

* L'édition originale porte ici « Fin de la première partie », c'est-à-dire fin du premier tome. Elle reproduit la page de titre en tête du second volume.

M

MŒURS. Les mœurs de celles qui affectent de passer pour précieuses sont duplicité, grimace, fausse affectation de bonté.

MERS. Les mers de leur empire sont venteuses, profondes, et portent partout.

MARIAGES. Dans tous les empires et parmi tous les peuples, il y a de certaines façons de s'allier les uns aux autres, et d'entretenir l'amitié chez soi. Et, comme celui des précieuses est fort en vogue depuis quelques années, il n'est pas hors de sujet de montrer comment elles s'unissent, et ce qui les a rendues puissantes ; c'est ce que l'on ne peut mieux faire qu'en expliquant de quelle façon on se marie chez elles, et de quelle sorte d'alliance elles font plus d'état. Comme tous les habitants de cet empire sont fort spirituels, aussi leurs alliances sont-elles fort détachées de la matière et fort spirituelles. Parmi le commun des hommes, on se prend par les yeux, mais ici ce n'est que par les oreilles ; ailleurs on soupire, ici l'on écrit, et les langueurs et les transports qui servent aux amants d'interprètes ne sont autres ici que les vers et les billets, et l'on n'y languit jamais que sur le papier. Leur coutume générale est de s'unir seulement d'esprit, non de corps, et quand elles se dispensent de cette coutume, ce n'est que par droit de *committimus*.

MORALE. Chez les précieuses comme ailleurs, la morale est, à bien parler, la science des mœurs ; et quoique ce soit une chose qui ait des règles générales et infaillibles, il est pourtant certain que chacun, en se les appropriant, les change et s'en fait de particulières. Ces règles s'appellent du nom de maximes, et ces maximes sont en tout temps et en tous lieux presque différentes les unes des autres : ainsi l'on pourrait dire que chacune a la sienne particulière. Mais, comme en toutes choses il faut des principes qu'on tienne assurés, je mettrai ici leurs maximes générales.

MAXIME I

Comme la liberté, surtout des pensées, des paroles et des inventions, est la chose du monde la plus respectée parmi elles, aussi leur gouvernement n'est-il pas monarchique, et c'est une maxime établie dès le commencement de leur Empire de ne recevoir point d'autre gouvernement que le libre.

II

Encore que leur gouvernement soit libre, leur morale est pourtant de reconnaître quelque puissance de qui, du moins en apparence, elles suivent les ordres, et l'on n'arrive à ce degré de pouvoir que par l'estime générale que l'on s'attire, et cette estime ne s'acquiert que par la beauté des ouvrages.

III

Leur troisième maxime est de refuser les dehors à l'amour, parce qu'elles sont persuadées qu'on ne peut les accuser que de ce qui est visible.

IV

Le quatrième point est de donner plus à l'imagination à l'égard des plaisirs qu'à la vérité, et cela par ce principe de morale que l'imagination ne peut pécher réellement.

V

C'est encore un point de morale bien approuvé entre elles, de ne dire leurs sentiments que devant ceux qu'elles estiment, et de ne dire jamais les défauts d'une personne sans y joindre quelque louange, et cela pour adoucir l'aigreur de la critique.

VI

La sixième maxime qu'elles suivent est de faire toujours plus d'état du présent que du passé ni que de l'avenir, et principalement en ce qui est du langage et des modes.

VII

La morale qu'elles ont encore, en ce qui est des amitiés, est fort observée de toutes les véritables précieuses, qui ont cette maxime de donner en ce rencontre beaucoup à l'apparence, tenant pour une vérité constante qu'il ne faut jamais lier si fort en effet avec une personne que la séparation et la mésintelligence puisse [sic] troubler l'âme ou altérer le divertissement nécessaire de la conversation.

VIII

Elles sont encore fortement persuadées qu'une pensée ne vaut rien lorsqu'elle est entendue [comprise] de tout le monde, et c'est une de leurs maximes de dire qu'il faut nécessairement qu'une précieuse parle autrement que le peuple, afin que ses pensées ne soient entendues que de ceux qui ont des clartés au-dessus du vulgaire, et c'est à ce dessein qu'elles font tous leurs efforts pour détruire le vieux langage, et qu'elles en ont fait un, non seulement qui est nouveau, mais encore qui leur est particulier.

IX

L'esprit étant le fondement de tout ce qui regarde les précieuses, et le silence en dérobant la connaissance, elles ont cette maxime de n'en observer jamais sans l'accompagner de gestes et de signes par où elles puissent découvrir ce qu'elles ne disent pas, et qui mettent sur leur visage les sentiments qu'elles ont, ou de ce qui se dit, ou de ce qui se fait devant elles.

X

Leur gouvernement étant paisible, leur politique est d'étudier les moyens de détourner toutes les divisions et toutes les guerres de leur empire, et pour cela leur morale est d'attirer dans leur parti toutes les personnes de qualité, afin d'avoir l'empire dessus toutes les alcôves considérables et d'être en état de goûter en repos le plaisir de tenir de paisibles assemblées, et où les combats ne soient que comme des jeux de barrière, d'où les vainqueurs et les vaincus sortent en bonne intelligence.

MÉLAZIE [Mme Morin] est une précieuse qui fait sa plus grande passion des jeux du cirque [la comédie], qu'elle préfère à tous les autres divertissements, pour suivre celui qu'apporte ce spectacle, et la raison qu'elle allègue pour les préférer aux romans est que les amours romanesques sont trop embarrassées, que les intrigues en sont trop confuses, les actions des héros trop extraordinaires, les vertus que l'on y pratique, et principalement la constance à souffrir les malheurs y est d'un trop difficile usage pour divertir l'imagination par des peintures et des idées qui sont trop confuses pour les débrouiller aisément ; elle dit qu'il n'en va pas de même de ce spectacle ; qu'il commence et finit dans le même jour, et que, quelque peine ou quelque pitié que l'on ait eue de ceux que l'on représente sur la scène, elle est toujours effacée par les plaisantes images que les dernières scènes laissent au spectateur ; que si quelquefois un coup de foudre en forme la catastrophe, il est bien plus ordinaire de voir des contents que des malheureux ; qu'outre cela, dans ces courtes images, l'on voit souvent la vertu récompensée et le crime puni, ce qui n'arrive pas dans les romans de la même manière, car, si l'on y donne des peines et des récompenses selon le mérite, c'est après une longue suite de travaux ; que l'on n'est presque plus capable d'en goûter la douceur, et que lire dix ou douze volumes mêlés de bonnes et de méchantes choses est sans doute trop acheter le plaisir que peut donner la pensée qu'un héros et sa maîtresse goûteront enfin les plaisirs que goûtent les amants les plus heureux.

MÉNÉCLIDE [Mlle Morel] et NOROMANTE [Mlle Neuilly] sont deux précieuses que je mets dans le même endroit parce qu'il y a un extrême rapport en leurs humeurs, en leurs actions, et qu'elles sont toutes deux également critiques. En effet, cette passion de reprendre les accompagne tellement qu'il est presque impossible de leur montrer quatre lignes où elles ne trouvent à redire, et il leur arriva un jour que, s'étant trouvées dans une assemblée où un des plus célèbres musiciens d'Athènes se trouva, comme, par complaisance, il se fut mis à chanter, l'on fut tout étonné que l'on entendît un murmure semblable à celui d'un écho, qui répétait mot à mot toutes les paroles qu'il proférait. C'était nos deux précieuses qui, à mesure qu'il chantait, critiquaient les paroles de sa chanson, au lieu de penser à la douceur de la voix de celui qui les proférait, qui est pourtant des plus douées et des plus charmantes. Cette démangeaison ne les tient pas seulement en ce qui est des vers ou de la prose, mais leur critique s'étend encore sur les actions et sur les visages de tout le monde, et les traits les plus réguliers ne sont pas exempts de leur censure ; et si quelque belle femme se présente à leurs yeux, au lieu de rendre justice à ses charmes, elles s'efforceront d'y rencontrer des défauts ; ce n'est pas qu'elles soient belles, mais c'est qu'elles seraient bien fâchées de voir ou d'approuver en autrui ce qu'elles n'ont pas.

MÉLISE [Mme de Motteville] peut passer pour une des plus raisonnables précieuses de l'île de Délos, où elle loge ; je ne sais pas si elle est belle ou laide, car je ne l'ai jamais vue ; je la verrai quand elle voudra, et dirai avec connaissance ce que je n'écris ici que sur la foi de mes mémoires, qui est qu'elle a beaucoup d'esprit, qu'elle voit des gens qui s'en piquent, etc.

MÉLITE [Mme Mareschal] est une ancienne précieuse dont Lisippe [Lesclache] est le héros. En effet, rien n'est bien fait au logis si Lisippe ne l'approuve, rien n'est beau que ce qu'il juge beau, rien n'est bien écrit que ce qu'il écrit. Il est pour elle l'unique philosophe d'Athènes. Il sait seul les belles sciences et, pour ne rien omettre, et dire en peu de mots la vérité comme elle est, tout est bien fait quand Lisippe y met la main, et tout est mal lorsqu'il n'y touche pas. Il faut que tous ceux qui la visitent applaudissent aux bons sentiments qu'elle a pour lui s'ils veulent avoir la paix avec elle, et elle n'est de bonne humeur que quand elle l'a vu. Mais surtout ce qu'elle prise en lui, c'est qu'il sait parfaitement la physique, soit en ce qui regarde la théorie, soit en ce qui est de la pratique. Ils logent tous deux dans l'île de Délos, où ils sont estimés et connus de tout le monde.

MÉLINTE [Mlle Maçon], pour avoir plusieurs années de veuvage, n'en paraît ni moins belle, ni plus chagrine, ni moins jeune ; aussi a-t-elle été mariée dans un âge où à peine est-on encore sorti de l'enfance. Elle a été fort peu de temps mariée, et par là elle a eu de bonne heure cette liberté nécessaire à une précieuse, de voir tous ceux qu'elles veulent ; et comme elle a beaucoup d'esprit, ceux qui ont l'esprit bien fait ont toujours été les bienvenus chez elle. Les passions ne lui font point la guerre ; elle dit qu'elle est insensible à l'amour, et en use d'une manière à en convaincre ceux qui en voudraient douter. La vengeance pourrait lui plaire, si son humeur nonchalante ne lui faisait voir trop de difficulté de la pousser à bout. Les plaisirs lui sont indifférents et les déplaisirs ne la troublent point. Son plus grand divertissement consiste à lire des romans et à voir compagnie ; mais, bien qu'elle l'aime fort, elle ne se déplaît pas néanmoins dans la solitude. L'ambition serait sa plus grande passion, car elle ne hait pas le faste, et je la croirais plus sensible à ses promesses qu'à toutes les autres, si tout ne lui était comme indifférent. Il est pourtant vrai qu'elle ne se laisse point toucher à ses faux brillants et qu'elle en a souvent méprisé de solides, puisqu'il est constant qu'elle a vu une partie de ce qu'il y a de plus galant et de la plus haute qualité d'Athènes sans en beaucoup écouter. Elle aime les jeux du cirque [la comédie], les vers, et généralement tous les divertissements spirituels. Elle n'a pas encore trente ans et loge au quartier de Léolie.

MARIANE [Mlle Magnon] est une jeune précieuse qui a eu le surnom de belle et qui le conserve encore. Il est assez malaisé de dire absolument quelle est son humeur, et quoique l'on n'y remarque point de défaut, je ne crois pas que bien des gens de sa connaissance puissent se vanter de la connaître. Au reste elle a la taille belle et le port d'une personne qui était née pour quelque chose de plus grand, et elle est de celles à qui la fortune, après avoir longtemps fait bonne mine, même rendu justes leurs plus hautes espérances, les trahit plutôt par cette inégalité dont elle est inséparable que par aucune justice ; mais, si l'éclat ne l'accompagne pas en toutes choses, au moins est-il fort inséparable de toutes ses actions, car naturellement elle agit en princesse. Elle est autant spirituelle qu'elle est bien faite, et n'a pas le goût des lettres moins délicat que la peau déliée. Mais il ne faut pas s'en étonner, puisque, si la science se communique, elle a un mari qui ne promet que des prodiges. Sa ruelle ne pèche pas en quantité, mais ceux qui lui rendent visite sont des plus honnêtes gens d'Athènes et le cèdent à peu d'autres du côté de la naissance.

MÉLANIRE [Mme de Montbas] est une précieuse dont j'ai déjà parlé dans l'histoire de Dioclée [Mme Deshoulières]. Elle fait fort bien des vers ; elle est plus belle que laide. L'on peut voir par ce que j'ai dit ci-devant quelles sont les personnes de sa cabale, et l'on pourra voir, dans le portrait de Léonce [Lignières], que cette femme a fait, et dans celui que Léonce a fait pour elle, qu'ils se voient ordinairement. Il suffit de savoir que Dioclée lui reproche fort spirituellement qu'elle aime un inconstant, et que l'amour a conduit son pinceau dans le portrait qu'elle en a tracé.

MANDARIS [la marquise de Maulny] est une femme de qualité, précieuse des plus spirituelles. Ses actions sont réglées, ses conversations agréables, et elle a une économie la plus juste du monde pour les choses de sa maison. Elle n'aime pas les gens de basse naissance, et les mots qu'elle a inventés pour marquer son aversion en sont des témoins fort convaincants, comme on peut lire dans ce Dictionnaire. Elle aime le jeu et se partage toute à quatre choses : à ses amis, dont elle n'aime pas le grand nombre, à sa lecture, à son jeu et à ses affaires domestiques.

MENALIPPE [Mlle de Milac] est une jeune fille qui fait des vers et qui a sans doute tout l'esprit d'une véritable précieuse.

MYRICE [Mme de Moncontour], précieuse d'esprit, loge vis-à-vis les écuries de la Bonne Déesse [la reine mère], dans un canton fort agréable, et où il y a trois ou quatre précieuses des plus célèbres. La grandeur de son âme passe jusque sur son visage, qui conserve parmi les charmes naturels aux femmes quelque chose de mâle ; aussi s'est-elle généreusement désunie d'avec son époux, trouvant quelque honte à ne pas commander. Ses passions sont pour les galanteries nouvelles, et surtout pour le jeu, qui la domine. Galaxée [la baronne de La Garde] ayant de semblables inclinations, et leur hymen ayant eu à peu près la même destinée, elles ont aussi les mêmes attaches, sont toutes deux bonnes amies et ont toutes deux épousé le jeu à la place de leurs maris. Sa devise est une rivière qui perd ses eaux dans une autre, et pour âme : *Sans fruit j'ai perdu mon nom.*

MÉRONTE [Mme Moron] est une des belles femmes d'Athènes et celle qui fait le plus de bruit dans le quartier de la Normanie. Cette précieuse a une douceur également grande dans sa conversation et dans ses yeux ; sa maison est un séjour agréable et un abord de tout ce qu'il y a de plus galant et de plus spirituel dans son quartier. Elle parle bien, et les jugements qu'elle porte des choses sont accompagnés de tant d'esprit et de tant d'agrément qu'on trouve du plaisir à les suivre. Aussi a-t-elle le discernement juste et ne dit jamais rien qu'avec une connaissance toute particulière. Elle est de l'humeur des autres précieuses qui aiment les nouveautés et qui lisent des vers et des romans.

MÉNALIDE [la marquise de Montausier] et STÉPHANIE [la marquise de Sablé] sont deux des premières précieuses et des plus considérées qui aient jamais été ; et, pour autoriser cette vérité d'un témoignage illustre et irréprochable, tiré de la préface de Philinte [Pinchêne] qui est au-devant des œuvres de Valère [Voiture], voici ce qu'il en écrit : « Mélanide et Stéphanie ne sont pas sitôt nommées que notre âme se remplit de l'image de deux personnes accomplies en elles-mêmes et dans toutes les belles connaissances. Je n'entreprends pas leurs éloges ; mais je sais que des princes, des ambassadeurs et des secrétaires d'État gardent leurs lettres comme le vrai modèle des pensées raisonnables et de la pureté de notre langage. » Je crois que ce témoignage est suffisant de montrer que leurs ruelles sont des plus fréquentées et des plus illustres, et que le palais de Rozelinde [l'hôtel de Rambouillet], où Ménalide loge, est l'endroit le plus connu de tout l'empire des précieuses. Aussi Ménalidus [le marquis de Montausier], son mari, est-il la personne du monde qui joint le plus de lettres et de connaissance des belles choses à plus de valeur : car il ne sait pas moins bien connaître un ouvrage, soit galant, soit sérieux et docte, qu'il sait attaquer une place et rompre un escadron ; il ne sait pas moins faire une ode ou une élégie que former un siège, et n'est pas moins un bon ami qu'un grand capitaine ; mais ce n'est pas ici le lieu de s'étendre sur des vérités dont l'histoire peut être pleine.

MÉLÉAZIE [Mme Mandat] est une précieuse du temps de Valère [Voiture].

MÉGISTE [la comtesse de Moret] est une précieuse du même temps.

MADONTE [la comtesse de Maure] est une femme de qualité, âgée de soixante ans, précieuse, par conséquent, des plus anciennes. Elle a de tout temps passé pour une des plus spirituelles d'Athènes. Les lettres ont fait ses divertissements durant les fréquentes maladies de sa jeunesse ; à présent elle mène une vie des plus extraordinaires, faisant du jour la nuit et de la nuit le jour, dînant à cinq heures du soir et soupant à deux heures après minuit. Elle loge au quartier de Léolie.

MÉLINDE [Mlle de Montbazon] est une précieuse de naissance, parfaitement belle, grande et d'un port de princesse. Aussi est-elle d'un rang où elle n'en voit pas beaucoup au-dessus d'elle. Je ne dirai rien autre chose de cette illustre précieuse, parce que Dinamise [Mlle Desjardins] l'a choisie pour l'héroïne du roman qu'elle fait imprimer, et que je lui veux laisser l'avantage d'avoir peint et décrit une personne également accomplie de corps et d'esprit, et en cette rencontre je lui rends un office d'autant plus grand, à mon sens, que je me fais une grande violence en ne disant pas avec combien d'estime, de respect et d'inclination (puisque je ne puis me servir d'un autre terme) je considère cette charmante fille.

MAXIMILIANE [Mlle de Mancini, à présent Mme la connétable Colonna]. Si toute l'Europe ne connaissait pas les belles qualités qui rendent Maximiliane une des plus admirables personnes de son sexe, j'aurais de la peine à me résoudre à la mettre dans ce Dictionnaire, n'ignorant pas que l'on n'aurait pas manqué de publier que j'étais obligé de dire du bien de celle de qui j'en ai tant reçu ; mais, puisque la connaissance que chacun a de son mérite a levé cet obstacle, je puis dire, sans être soupçonné de flatterie, que c'est la personne du monde la plus spirituelle, qu'elle n'ignore rien, qu'elle a lu tous les bons livres, qu'elle écrit avec une facilité qui ne se peut imaginer, et qu'encore qu'elle ne soit pas de Grèce, elle en sait si bien la langue que les plus spirituels d'Athènes, et ceux même qui sont de l'assemblée des quarante barons [l'Académie française], confessent qu'elle en connaît tout à fait bien la délicatesse ; de quoi Madate [La Ménardière], qui avait l'honneur de la voir souvent, peut rendre témoignage. J'oserai ajouter à ceci que le ciel ne lui a pas seulement donné un esprit propre aux lettres, mais encore capable de régner sur les cœurs des plus puissants princes de l'Europe. Ce que je veux dire est assez connu sans qu'il soit besoin de m'expliquer davantage.

MÉNOPPÉE et sa sœur [Mlles Melson] sont deux filles précieuses logées proche le grand Cirque. Elles sont assez bien faites et, pour de l'esprit, elles en ont assurément beaucoup. Ce sont elles qui donnèrent à Quirinus [Quinault] le sujet d'une allégorie intitulée *L'Empire de la mode*, et l'on tient même qu'elles y mirent beaucoup du leur, et cela est assez vraisemblable, puisqu'elles font bien des vers et qu'elles se piquent de réussir en prose aussi bien que pas une de leur sexe. Je ne parle point de leur âge, n'en sachant rien de certain. Tout ce que je puis dire d'elles est qu'elles ont fait alliance, il n'y a pas longtemps, avec une précieuse des frontières de l'île de Délos.

MÉTROBATE [Montplaisir] est un homme de qualité qui fait fort bien des vers : le *Songe* qu'il a fait et dédié à Galérius [Guiche, futur maréchal de Grammont], en est une illustre marque pour lui, et je crois qu'il est peu de louange plus considérable que celle de dire qu'il en est considéré, puisque l'estime de Galérius peut passer pour celle d'un des hommes le plus accompli de la cour. Ces galanteries n'en sont pas moins les justes marques de ses grands emplois, et l'estime générale que tout le monde en fait, accompagnée de cette joie qu'il porte dans tous les lieux où il va, nous fait assez connaître qu'il faut que Métrobate soit fort accompli, puisqu'il en est considéré.

MÉNODORE [M. de Mayenville] est une personne d'esprit qui sans doute fait fort bien des vers, ou du moins qui sait fort comme il se faut prendre pour en faire, et je tire cette conséquence de ce qu'il est sur mes mémoires, mais puisque l'on ne m'a pas dit autre chose de lui, je suis d'avis, pour me venger de ces gens chiches d'écrire deux lignes, de n'en pas dire davantage.

MÉLANDRE [l'abbé de Mareuil] est un homme qui a du moins autant d'esprit que celui qui est ci-dessus, dont je n'ai rien voulu dire. Il loge dans l'île de Délos, chez Mégistane [Mlle Metay]. Il est fort bien fait de sa personne ; je veux croire qu'il le sait bien, car rarement l'on ignore ces sortes de choses. Il sait fort bien faire des vers, aime les jeux du cirque [la comédie] et juge des ouvrages avec une grande connaissance, mais il n'y est pas moins délicat qu'il est fier. On l'accuse d'être un peu inconstant ; je n'assurerais pas que cela fût aussi vrai que cela l'était autrefois, et même je dirais s'il voulait qu'il n'en est rien, et si je croyais par là obliger ses amis. Il voit grand monde, et est reçu dans les plus belles assemblées des précieuses.

MÉNOCRATE [M. de Marigny] est un homme aussi spirituel qu'il est enjoué. Il est des plus agréables d'entre ceux qui hantent les ruelles, et c'est une des personnes du monde qui entend le mieux la belle galanterie. Il écrit également bien en vers et en prose ; le grand Scipion [le prince de Condé] le considère, et l'on peut dire qu'il mérite infiniment l'estime des honnêtes gens, puisqu'il est fort honnête homme.

MÉNANDRE [Ménage] est un des plus grands ministres des précieuses ; il est des plus galants d'Athènes, et dans l'empire des lettres, on parle de lui comme d'un homme universel ; aussi fait-il des vers en toutes sortes de langues ; il est des plus considérés dans les ruelles et, quoiqu'il ait une mine judicieuse, un port grave et une grande doctrine, on ne laisse pas de voir qu'il est né pour la galanterie. Il est dans l'amitié de Sophie [Mlle de Scudéry], qu'il visite souvent, et tout ce qu'il y a de femmes spirituelles en font estime. Aussi est-il considérable pour bien des raisons ; car, outre qu'il fait autant de pièces nouvelles et galantes que pas un autre, il est encore, pour ainsi dire, le juge de ce que les autres font, et tient une académie en sa maison, fréquentée des plus beaux esprits.

MITRANE [l'abbé de Montreuil] est d'une profession qui semble être attachée à la galanterie ; aussi est-ce un fort galant homme. Il a un art tout particulier pour se faire estimer des dames ; entre les autres, Bertaminde [Mme Burin] est une de celles dans la confidence de qui il a été le plus avant ; je ne voudrais pas dire qu'il en ait été aimé, car je jure qu'il ne m'en a jamais fait de confidence, mais je sais bien qu'il a fait des vers fort touchants et fort estimés de tout le monde, que l'on disait être faits a ce sujet. Il réussit admirablement en matière de tendresse, et se tire à son honneur de tout ce qu'il entreprend dessus d'autres matières.

*

Mon crime est cause de votre mort : *J'ai prêté mon crime à faire votre mort.* (De Cléocrite l'aîné [Corneille], en son *Criminel innocent* [*Œdipe*].)

Je ne sais pas comment cette personne a pu se marier avec un homme qui n'a point d'esprit : *Ah ! ma chère ! je ne sais pas comment notre chère a pu se résoudre à brutaliser avec un homme purement de chair.*

Ce mot a été mis en usage au mariage d'une des plus fameuses précieuses de tout leur empire, et dit par une des plus célèbres et des plus connues.

Donner un coup d'épée mortel : *Enfoncer une épée jusqu'au siège de la vie.* (De Calpurnius [Calprenède].)

Le mariage : *L'amour fini.*

Les précieuses ont donné ce nom au mariage, parce qu'il semble que ses nœuds ne soient faits que pour en allentir la force et finir la tyrannie.

Un homme mal fait : *Un homme de chétive représentation.* (De Bélisandre [Balzac].)

Avoir des mouvements déréglés : *Avoir des mouvements irréguliers.* (De Vaxence [Le Vert].)

Être mélancolique : *Avoir le front chargé d'un sombre nuage.* (De Vaxence.)

On dit encore, pour dire un cocu : *Un homme qui a le front chargé d'un sombre nuage.*

Vous ne dites mot : *Votre bouche est en silence.* (De Crisante [Chapelain].)

Une montre : *La mesure du temps.* (De Rodolphe [Robinet].)

Être marri de la prospérité d'autrui : *Être maigre de la prospérité d'autrui.*

Juger d'un grand malheur : *Juger d'un haut malheur.* (De Cléocrite le jeune [Thomas Corneille].)

Des mots à la mode : *Des mots du bel usage.*

Décrire les mouvements d'un cœur : *Faire l'anatomie d'un cœur.* [De Sophie (Mlle de Scudéry].)

Le mariage : *L'abîme de la liberté.*

Se marier : *Donner dans l'amour permis.* (De Néophise [Mme de Nouveau].)

Le Marais : *La république de Platon.*

N

NOBLESSE. Parmi les précieuses il y a deux sortes de noblesses spirituelles : l'une héréditaire, l'autre que l'on obtient par lettres. L'héréditaire est celle qui est de droit chez certaines précieuses, comme par exemple quand la mère d'une précieuse est ou a été de ce nombre ; alors elle est noble d'extraction, et l'esprit est un fief inséparable de sa maison. D'autres qui, ayant passé une partie de leur vie sans être tout à fait dans le grand monde, et qui n'ont fréquenté les ruelles que quand le goût des lettres et de la galanterie les a fait sortir de leur première oisiveté ; et pour lors, après quelque temps, pour ainsi dire de noviciat, elles sont admises dans toutes les assemblées, et ont voix délibérative dans toutes les alcôves quand il s'agit d'y juger des ouvrages qu'on y examine, et sont reconnues pour nobles par lettres, et jouissent de tous les privilèges des autres. Cette seule différence se rencontre parmi elles, car il n'y a point de roturiers dans leur empire, les sciences et la galanterie n'ayant rien que d'illustre et de noble.

NÉRÉSIE [Mlle Nervèse]. Quand Nérésie ne serait pas dans ce Dictionnaire, chacun sait assez qu'elle est véritable précieuse.

NITOCRIS [la duchesse de Nemours]. Je n'aurais garde de parler de cette illustre personne si je n'avais par avance détrompé le peuple de l'opinion ridicule qu'il a conçue du nom de précieuse, et si je n'avais fait voir que l'esprit en fait la plus essentielle partie, et comme il est certain que les connaissances sont d'ordinaire proportionnées à la naissance, il ne faut pas s'étonner que le nom de l'illustre Nitocris se rencontre dans un rang que son esprit lui a donné, puisque assurément il n'est rien de plus avantageux pour les femmes spirituelles, soit celles qui écrivent ou celles qui se contentent de lire et de connaître le bon et le mauvais, le fort et le faible des ouvrages qu'elles lisent, que d'avoir à leur tête l'illustre Nitocris, qui sans doute ne voit presque point d'égale ni pour la naissance, ni pour les clartés et les lumières de son esprit. Au reste, elle ne voit pas seulement ceux qui composent des vers et de la prose, mais même elle sert de sujet et d'idée à ceux et celles qui nous tracent des héroïnes, et qui nous donnent des objets pour servir de modèle à ceux qui aspirent à la perfection. Je finirais avec cette vérité, si je ne m'étais engagé ci-devant de montrer que le nombre des personnes d'esprit qui sont du parti contraire à Quirinus [Quinault], et qui n'estiment pas ses ouvrages, est plus grand et plus considérable que celui de ceux qui le soutiennent : c'est ce que je montre par l'exemple de Nitocris, qui s'est pour ainsi dire repentie d'avoir applaudi à la représentation de ses deux plus belles pièces, où sans doute ceux qui les représentaient s'acquirent toute la réputation imaginable ; et je mettrai ici ses propres termes, pour n'être suspect ni de haine ni d'envie : « Je ne me pardonnerai jamais d'avoir applaudi à de si méchantes choses », dit-elle un jour à une de celles qui jouent aux jeux du Cirque qui est dans le quartier de Léolie [Mlle des Œillets, actrice au théâtre du Marais], « et en vérité j'ai été déçue à la représentation de ces deux pièces ». On peut voir par là quelle opinion l'on a de lui, et en même temps que l'on peut bien surprendre les personnes de cette qualité, mais qu'on ne peut pas les tromper longtemps, et qu'elles distinguent bientôt le véritable éclat d'avec les faux brillants.

NIDALIE, autrement LIGDAMISE [Ninon, dite Mlle de Lenclos]. C'est une étrange chose que le penchant que nous avons à juger des gens par l'apparence, et qu'elle l'emporte presque toujours sur la raison. Ce prélude peut-être semblera inutile en parlant d'une précieuse, mais à le bien examiner, l'on verra que, parlant de Nidalie, j'avais sujet de poser ces fondements, puisque ceux qui l'ont mal connue l'ont voulu faire passer pour tout ce qu'elle n'est point. Mais, pour en parler plus juste que ceux-là n'ont fait, je dirai que c'est une fille fort rêveuse, et qui se laisse aller à une mélancolie dont ceux qui ne la verraient qu'en compagnie la croiraient peu capable, car elle y paraît agréable, et y marque une vivacité d'esprit qui la fait chercher de tous ceux qui savent goûter le plaisir de converser avec les personnes spirituelles. Pour de la beauté, quoique l'on soit assez instruit qu'elle en a ce qu'il en faut pour donner de l'amour, il faut pourtant avouer que son esprit est plus charmant que son visage, et que beaucoup échapperaient de ses fers s'ils ne faisaient que la voir, qui ne s'en pourraient pas défendre s'ils l'entendaient parler, tant il est vrai qu'elle parle bien ; et c'est cette aimable qualité qui a si longtemps attaché Gabinius [le comte de Guiche] auprès d'elle. Cette illustre personne est connue pour un des plus accomplis courtisans de la cour d'Alexandre [le roi], et il est vrai qu'il ne la cherchait que pour son esprit, non pas dans la pensée que beaucoup ont eue, qu'il y avait quelque intrigue entre eux, ce que l'on n'a jamais que soupçonné sur les conjectures de ses visites. Je sais bien que qui voudrait écrire tout ce que l'on pourrait dire d'elle n'aurait jamais fait ; qu'on l'a soupçonnée d'avoir eu des amants qui n'étaient pas mal auprès d'elle ; qu'on l'a même accusée d'avoir des emportements pour eux ; mais moi, qui n'aime à parler des choses qu'avec connaissance, je me contente d'ajouter à ce que j'en ai dit qu'elle loge proche la place Dorique.

NÉOPHISE [Mme Nouveau] est une précieuse de la place Dorique, qui est aussi connue que pas une autre de ce quartier. Elle est belle et a beaucoup d'esprit ; on ne laisse pas de l'accuser d'être un peu inégale, mais comme j'aurais tort de m'en plaindre, je la croirai, si elle veut, la plus constante personne du monde.

NÉRINE [Mlle de Neuville] est une précieuse du temps de Valère [Voiture].

NÉRINE [Mlle de Neuville], seconde du nom, est une fille qui a beaucoup d'esprit, et l'on peut dire de cette précieuse qu'il est héréditaire dans sa maison, qui est une des plus considérables de la Grèce. Elle a vu grand monde et voit encore ceux qui sont dans la galanterie ; et les belles-lettres, qu'elle aime passionnément, en font foi. Elle a l'humeur douce, elle s'emporte quelquefois avec facilité, et je pense même qu'elle aime la vengeance ; mais ce n'est pas sa plus grande passion, puisque le jeu est la plus forte qu'elle ait.

*

Un nouvel amant : *Un novice en chaleur*. (De Rodamire [Mme Roger].)

O

ORTHOGRAPHE. L'on ne saurait parler de l'orthographe des précieuses sans rapporter son origine et dire de quelle manière elles l'inventèrent, qui ce fut et ce qui les poussa à le faire. C'était au commencement que les précieuses (par le droit que la nouveauté a sur les Grecs) faisaient l'entretien de tous ceux d'Athènes, que l'on ne parlait que de la beauté de leur langage, que chacun en disait son sentiment et qu'il fallait nécessairement en dire du bien ou en dire du mal, ou ne point parler du tout, puisque l'on ne s'entretenait plus d'autre chose dans toutes les compagnies. L'éclat qu'elles faisaient en tous lieux les encourageait toutes aux plus hardies entreprises, et celles dont je vais parler, voyant que chacune d'elles inventait de jour en jour des mots nouveaux et des phrases extraordinaires, voulurent aussi faire quelque chose digne de les mettre en estime parmi leurs semblables, et enfin, s'étant trouvées ensemble avec Claristène [Le Clerc], elles se mirent à dire qu'il fallait faire une nouvelle orthographe, afin que les femmes pussent écrire aussi assurément et aussi correctement que les hommes. Roxalie [Mme Le Roy], qui fut celle qui trouva cette invention, avait à peine achevé de la proposer que Silénie [Mlle de Saint-Maurice] s'écria que la chose était faisable. Didamie [Mlle de La Durandière] ajouta que cela était même facile, et que, pour peu que Claristène leur voulût aider, elles en viendraient bientôt à bout. Il était trop civil pour ne pas répondre à leur prière en galant homme ; ainsi la question ne fut plus que de voir comment on se prendrait à l'exécution d'une si belle entreprise. Roxalie dit qu'il fallait faire en sorte que l'on pût écrire de même que l'on parlait et, pour exécuter ce dessein, Didamie prit un livre, Claristène prit une plume, et Roxalie et Silénie se préparèrent à décider ce qu'il fallait ajouter ou diminuer dans les mots pour en rendre l'usage plus facile et l'orthographe plus commode. Toutes ces choses faites, voici à peu près ce qui fut décidé entre ces quatre personnes : que l'on diminuerait tous les mots et que l'on en ôterait toutes les lettres superflues. Je vous donne ici une partie de ceux qu'elles corrigèrent et, vous mettant celui qui se dit et s'écrit communément dessus [à côté] celui qu'elles ont corrigé, il vous sera aisé d'en voir la différence et de connaître leur orthographe.

Teste : *téte* ; prosne : *prône* ; autheur : *auteur* ; hostel : *hôtel* ; raisonne : *résonne* ; supresme : *supréme* ; meschant : *méchant* ; troisiesme : *troisiéme* ; deffunct : *défunt* ; patenostre : *patenôtre* ; dis-je : *dî-je* ; pressentiment : *présentiment* ; esclairée : *éclairée* ; extraordinaire : extr'ordinaire ; efficace : *éficace* ; respondre : *répondre* ; extresme : *extréme* ; s'esleve : *s'éleve* ; esloigner : *éloigner* ; seureté : *seûrté* ; resjouissances : *réjouissances* ; escloses : *écloses* ; s'esvertue : *s'évertue* ; flustes : *flûtes* ; tousjours : *toûjours* ; goust : *goût* ; d'esclat : *d'éclat* ; escrits : *écrits* ; solemnité : *solennité* ; estale : *étale* ; establir : *établir* ; eschantillon : *échantillon* ; l'aisné : *l'aîné* ; effarez : *éfarez* ; plust : *plût* ; s'esriger : *s'ériger* ; nostre : *nôtre* ; mareschal : *maréchal* ; des-ja : *dé-ja* ; estrange : *étrange* ; espanouir : *épanouir* ; aussi-tost : *aussi-tôt* ; tesmoigner : *témoigner* ; esclaircissement : *éclaircissement* ; treize : *tréze* ; esvaporez : *évaporez* ; sixiesme : *sixiéme* ; desbauchez : *debauchez* ; taist : *taît* ; diadesme : *diadéme* ; estoit : *étoit* ; masles : *mâles* ; adjoute : *adjoûte* ; lasches : *lâches* ; esblouis : *éblouis* ; veu : *vû* ; chrestien : *chrétien* ; paroist : *parét* ; accommode : *acomode* ; grands : *grans* ; defferat : *déferat* ; thresors : *trésors* ; entousiasme : *entousiâme* ; huictiesme : *huictiéme* ; escuelle : *écuelle* ; jeusner : *jûner* ; blesmir : *blémir* ; effroy : *éfroy* ; empesche : *empéche* ; aage : *âge* ; plaist : *plaît* ; crespule : *crépules* ; coustait : *coûtait* ; mesler : *méler* ; chaisne : *chaîne* ; mesconnoissante : *méconnoissante* ; paraistre : *parétre* ; eslargir : *élargir* ; espoux : *époux* ; vostre : *vôtre* ; mesme : *méme* ; apostre : *apôtre* ; estre : *étre* ; fleschir : *fléchir* ; mettre : *métre* ; tantost : *tantôt* ; unziesme : *unziéme* ; menast : *menât* ; chasteau : *château* ; laschement : *lâchement* ; reconnoistre : *reconnétre* ; maistre : *maître* ; tasche : *tâche* ; carême : *caresme* ; despit : *dépit* ; catechisme : *catechîme* ; descouvre : *découvre* ; folastre : *folâtre* ; advis : *avis* ; naistre : *naître* ; brusle : *brûle* ; doutast : *doutât* ; connoist : *conaît* ; souffert : *soûfert* ; gastoit : *gâtait* ; vouste : *voûte* ; bastit : *bâtit* ; quester : *quéter* ; roideur : *rédeur* ; nopces : *nôces* ; faicts : *faits* ; l'esté : *l'été* ; dosme : *dôme* ; opiniastreté : *opiniâtreté* ; qualité : *calité* ; froideur : *frédeur* ; vieux : *vieu* ; effects : *éfets* ; desplust : *déplût* ; brusle : *brûle* ; coustume : *coûtume* ; fantosmes : *fantômes* ; avecque : *avéque* ; indomptable : *indontable* ; attend : *atten* ; sçait : *sait* ; aisles : *aîles* ; aspre : *âpre* ; vistres : *vîtres* ; triomphans : *trionfans* ; advocat : *avocat* ; pied : *pié* ; reprend : *repren* ; sçavoir : *savoir*.

OXARIS et sa sœur [Mlles Ogier] sont deux filles aussi précieuses l'une que l'autre, et comme le droit d'aînesse ne se distingue presque plus entre elles, aussi leurs sentiments sont-ils à peu près de même âge, une année faisant toute la différence qui est entre elles. Il ne faut pas demander si elles ont voix dans les ruelles, puisqu'elles peuvent passer maintenant pour doyennes des assemblées, ayant l'une quarante et l'autre trente-neuf ans. D'alcôvistes, elles n'en ont point d'arrêté et, pour l'ordinaire, c'est à elles que va l'écart, ou pour m'expliquer mieux, elles ont presque toujours ce que les autres ne veulent pas, en ce qui est des amants : car, pour d'amis, elles en ont beaucoup. Sidroaste

[Sauval] est de leur cabale, et les régala à la superbe et magnifique entrée d'Alexandre [le roi] et de la divine Olympe [la reine de France]. Elles logent dans l'île de Délos.

*

À Rome l'on est toujours oisif : *L'oisiveté est à Rome nuit et jour occupée.* (De Bélisandre [Balzac].)

Un oui qui a fait de la peine : *Un oui façonné.*

P

POLITIQUE. Voyez *Lois, Coutumes* et *Mœurs.*
PROGRÈS. Voyez *Victoires.*
PRÉDICTIONS touchant l'empire des précieuses.

I

Environ l'an 1647 [en fait, 1648], Valère [Voiture], le grand ministre des précieuses et le fondateur de leur empire, passera la barque inévitable. Cette mort causera un fort grand trouble parmi elles jusqu'à l'élection d'un nouveau ministre.

II

Dans la même année, on fera élection de Sésostris [Sarasin] à la place de Valère, ce qui donnera de la jalousie à plusieurs.

III

Sésostris, après son élection, songera aux funérailles de Valère et, avec l'aide de quelques anciens auteurs ausoniens [italiens], publiera sa *Pompe funèbre,* ce qui fera l'entretien de toutes les ruelles.

IV

Soupçons contre Sésostris, qui sera accusé de jalousie à l'endroit de feu Valère.

V

Mort de Sésostris environ l'an 1655 [décembre 1654], qui sera regrettée d'une partie des précieuses.

VI

La mort de Parténie [Mlle Paulet] ne leur causera pas moins de regret.

VII

En l'an mille six cent quarante-quatre, il naîtra une héroïne [Cassandre] qui apprendra aux précieuses et à leurs alcôvistes à bien faire l'amour [le roman de La Calprenède], et jusque-là que l'on fera des chansons pour montrer son pouvoir.

VIII

Ensuite, le même auteur donnera la *Belle Égyptienne* [le roman de *Cléopâtre*] et, dans la septième année de son âge, elle attirera les yeux de tout le monde sur elle ; mais la fin ne sera pas si heureuse et, les deux dernières années de son règne, son pouvoir s'affaiblira.

IX

La *Persaïde* [*Cyrus*] verra le jour et s'introduira dans les ruelles sous les auspices du grand Scipion [le prince de Condé].

X

Naissance de la *Romanie* [le roman de *Clélie*], en l'année mille six cent cinquante-quatre. Royaume de Tendre en vogue.

XI

Horace [Hédelin, abbé d'Aubignac] sera mal avec Sophie [Mlle de Scudéry] à l'occasion de ce royaume, dont il dira avoir trouvé l'origine avant elle.

XII

Froideur entre quelques auteurs précieux.

XIII

En l'année 1655, l'*Héroïne* de Crisante [la *Pucelle* de Chapelain] fera l'entretien des précieuses, et on y verra les aventures d'une célèbre guerrière de la maison de Léonidas [le duc de Longueville]. Partialités sur ce sujet.

XIV

Froideur entre Sophie et Crisante.

XV

Crisante cherchera les moyens d'accommoder.

XVI

Trêve arrivera entre Sophie et Crisante, mais ce sera sans entrevue.

XVII

Les amis de cet auteur le condamneront d'avoir rompu avec cette charmante fille.

XVIII

Les précieuses viendront en une si grande vogue en l'année 1656, et leur empire s'étendra si fort dans les ruelles, que l'on en fera des chroniques aussi spirituelles que pleines de mystères.

XIX

Troubles imprévus à l'occasion des fausses *Précieuses*.

XX

Les précieuses se verront dans une consternation fort grande, lorsque les

Ausoniens [Italiens] se serviront de leur nom pour attirer le monde dans leur cirque [leur théâtre] et pour rendre leurs spectacles plus agréables.

XXI

En ce temps, la connaissance qu'elles auront que Prospère [l'abbé de Pure] n'aura voulu attaquer que les fausses précieuses dans le jeu du Cirque qu'il aura composé rendra le calme à leurs esprits. Fausses précieuses en déroute.

XXII

Grand trouble parmi les précieuses à l'occasion de Clitifon [l'abbé Cotin], qui fera de grands remuements contre Sophie. Ses amis voudront la défendre, et elle les en détournera.

XXIII

L'année 1656 donnera naissance au *Dompteur de villes* [*Scipion*], qui sera protégé par l'incomparable princesse Cassandride [la princesse de Conti].

XXIV

Clorinde [Christine, reine de Suède] visitera le conseil privé des auteurs [l'Académie française], et y présidera. Madate [La Ménardière] lui fera une harangue au nom de la compagnie, et l'on disputera à l'ordinaire en sa présence, et cela dans l'année 1658.

XXV

En l'an 1659, l'*Invisible* [l'*Histoire du siècle futur*, de l'abbé de Pure] paraîtra sous les auspices de Guénemonde [Mme de Gouvernet], et ceux qui auront assez d'esprit pour en connaître le fin s'y divertiront beaucoup.

XXVI

Les précieuses seront de nouveau inquiétées en l'an 1659 par où elles l'avaient été quelque temps auparavant, c'est-à-dire parce que leur nom servira une seconde fois à attirer le monde dans le Cirque des Grecs, comme auparavant dans celui des Ausoniens [les Italiens]. Grand concours au Cirque [le théâtre], pour voir ce que l'on y joue sous leurs noms.

XXVII

Elles intéresseront les galants à prendre leur parti. Un alcôviste de qualité interdira ce spectacle pour quelques jours. Nouveau concours au Cirque lorsqu'elles reparaîtront.

XXVIII

Gallus [Gilbert] voudra faire paraître au Cirque un ouvrage à la louange des précieuses ; mais le succès de la satire sera plus heureux que celui du panégyrique.

XXIX

Enfin les précieuses feront tant qu'elles établiront leur langage et le feront recevoir partout ; l'on fera même le Dictionnaire de leurs mots, ce qui arrivera dans l'année 1660.

XXX

Sarraïdès [Scudéry] promettra de faire voir par son *Histoire des Mores* [le roman d'*Almaïde*] que, du temps de la *Romanie* [le roman de *Clélie*], l'empire des lettres était tombé en quenouille.

XXXI

La princesse des Mores [Almaïde] sera en guerre avec celle de la Romanie [Clélie] : cette cadette voudra disputer de rang avec son aînée ; mais elle sera reléguée dans le pays de Mauritanie.

XXXII

L'année 1660, la *Belle Reine* [*Laodice*] tâchera de faire parler d'elle.

XXXIII

La même année, le récit des honneurs funèbres rendus à Straton [*La Pompe funèbre de Monsieur Scarron en prose*] fera assembler les quarante barons [MM. de l'Académie française] ; les auteurs les plus célèbres ne s'en choqueront point, mais ceux qui aspirent à cette dignité feront du bruit à leur confusion.

XXXIV

Calpurnie [Mme de La Calprenède] mettra un livre de divertissements au jour en l'année 1661.

XXXV

Dinamise [Mlle Desjardins] fera paraître *La Princesse des Canariens**, sous le plus bel habit qu'elle lui pourra donner, et cela dans la même année.

XXXVI

L'amour se défera de sa puissance entre les mains de Camma [la duchesse de Châtillon] et lui donnera tout ce qu'il possède, ce qui s'appellera du nom de *Métamorphose galante* [*La Loterie d'amour*].

XXXVII

Dans la même année 1661, les dames pourront choisir des galants, et l'on fera un traité des qualités qu'ils ont et des différents caractères de ceux qui aiment. Peu de temps après, les galants auront leur tour, et pourront choisir des maîtresses, puisqu'on leur donnera le moyen de se satisfaire, quelque choix qu'ils aient fait.

XXXVIII

La *Cadette de la Romanie* [la *Célinte* de Mlle de Scudéry] paraîtra en 1661.

XXXIX

Dans le milieu de cette année, le *Grand Dictionnaire* s'achèvera et, si l'on en croit le libraire, il s'en vendra plus de cent mille.

---

* Les Canariens sont les Anglais. Cette pièce, *Alcidamie*, n'est pas indiquée dans la clé.

XL

En la même année l'on parlera des *Victoires de l'illustre Gaulois* [le roman de *Pharamond*], dernier ouvrage de Calpurnius [La Calprenède].

XLI

En l'année 1661, les *Entretiens de Victorianus* [*Les Événements* de M. Le Vasseur] seront en lumière.

XLII

Sur la fin de l'année 1661, *Le Père et l'enfant de tout le monde* [*L'Amour échappé* de Doneau de Visé] se divertira aux dépens de ceux et de celles qui n'y pensent pas, et fera un grand ravage dans le monde.

La plupart des livres qui sont dans ces prédictions étant du gibier de précieuse, elles les liront dans leurs assemblées, et donneront des arrêts en pleine ruelle pour faire connaître s'ils seront bons ou mauvais, ce qui souvent ne plaira pas aux libraires.

PANTHÉE [Mlle Petit] est une jeune précieuse du quartier de la Normanie qui aime les livres et la conversation ; elle sait les langues, et surtout elle possède fort bien les mathématiques. On peut même dire qu'elle ferait aussi bien un coup d'épée qu'un homme ; cela n'empêche pas qu'avec cette humeur martiale elle n'ait l'agrément, la douceur et la civilité attachées à celles de son sexe.

PARTHÉNIE [Mlle Paulet]. Rousses, voici votre consolation, et Parthénie, dont je parle, et qui a eu les cheveux de cette couleur, est une précieuse dont l'exemple suffit pour faire voir qu'elles sont autant capables de donner de l'amour que les brunes et les blondes. Cette beauté régnait du temps de Valère [Voiture], qui lui adressait une partie de ses lettres, et qui avait un commerce de galanterie avec elle qu'on a rarement quand on est indifférent. Aussi, bien loin de l'être pour elle, il en était fort amoureux. Fulcinian [Le Febvre], dont les écrits ont tant fait de bruit, cet illustre chronologiste qui tenait académie chez lui, en a été puissamment amoureux. Aussi avait-elle deux cordes à son arc dont il est malaisé de se parer : une extrême blancheur de teint, et une extrême vivacité d'esprit ; ce qui l'a fait considérer par les plus illustres de son siècle, et qui nous apprend, par conséquent, qu'on peut aimer les rousses, et que les belles qualités, et les plus propres à faire naître cette passion, se rencontrent quelquefois avec autant d'avantage chez elles que chez les autres beautés. Il serait inutile d'ajouter à ceci qu'elle écrivait galamment : le commerce qu'elle avait avec Valère, et presque généralement avec tous les amis et les amies de ce galant homme, en est une assez grande preuve et, si ce que j'en dis ici n'est pas suffisant, les œuvres de cet agréable écrivain vous en diront plus que moi.

PARTÉMIONE [Mlle Perrin] est une précieuse de la ville de Thèbes. Elle est fort bien faite, et Giridate [M. de Grille] en a été longtemps amoureux ; mais comme la bravoure de ce galant éloignait tous les autres, il était un peu à charge à cette belle, parce qu'il lui ôtait cette liberté nécessaire à une précieuse, qu'il faut qu'elles aient nécessairement pour entretenir cet agréable commerce de lettres et d'esprit. Depuis sa mort, elle a renoué avec ses amants, qui craignaient en Giridate un des plus braves de la ville : en effet il était si redouté, même des dames, que celles qui ne souffraient personne auprès d'elles étaient obligées d'avoir de la complaisance pour lui. Cette belle Partémione s'est vue maltraitée de son mari, qui, jaloux de voir le grand nombre d'amants que son esprit et sa beauté lui attiraient, l'a plusieurs fois enfermée, et même tenté quelque chose de plus violent contre elle ; mais à présent ses transports se refroidissent, et ils commencent à vivre en bonne intelligence.

POLÉNIE [Mme Paget] est une précieuse fort spirituelle, qui a beaucoup de mérite, et qui voit quantité de gens d'esprit de l'un et de l'autre sexe. Barsamon [l'abbé de Boisrobert] est de ses bons amis, et il est peu d'auteurs qui ne cherchent ses bonnes grâces.

PHILOCLÉE [Mlle Dupin], ancienne précieuse du temps de Valère [Voiture]. C'était une fille d'esprit et du beau monde, qui se mêlait d'écrire. (Le même Valère, en ses *Œuvres*.)

PHILODICE [Mlle du Plessis] est une précieuse du même temps, et l'on pourra connaître qu'elle était souhaitée des plus belles ruelles, si l'on en consulte le même auteur.

PHILODAMIE [Mme de Pomereuil] est si connue par elle-même qu'il est inutile d'entreprendre de la rendre plus célèbre par ce que j'en dirais ici. C'est assez de savoir qu'elle préside dans les ruelles avec la même autorité que son mari fait en d'autres lieux, et son esprit ne fait pas moins de bruit à la cour qu'à la ville. Elle est, comme beaucoup d'autres, séparée d'avec son mari.

PHÉDIME [Mlle de La Parisière] est une précieuse bien faite de corps, âgée de vingt-neuf à trente ans. La suite fera assez voir quelle est son humeur, et que c'est une des plus curieuses femmes de tout l'empire des précieuses ; et la question qu'elle proposa en pleine assemblée est une marque puissante qu'elle est des plus railleuses et qu'elle penche un peu du côté de la satire, puisqu'un jour, après plusieurs interrogations sur cent choses différentes, comme : savoir si la raison fait plus de bien que de mal ; si les chiens ont de l'esprit ; si le plaisir des hommes en amour est plus grand que celui des femmes, et cent autres de cette nature, elle demanda audience et dit qu'elle avait une proposition à faire, capable de donner matière à une longue et agréable conversation. Comme elle est de celles qui se font écouter malgré que l'on en ait, et qu'encore qu'elle parle trop pour dire toujours de bonnes choses, elle ne laisse pas d'en dire le plus souvent les plus plaisantes du monde, ce qui fit que l'on lui donna l'audience qu'elle voulut, alors elle commença ainsi sa proposition : « Je fais plus d'état de l'agréable, en fait de conversation, que de l'utile, et la moralité n'est pas mon fait si elle n'est galante ; ainsi je crois que ceux qui me connaissent ne s'étonneront pas que je propose une question plus divertissante qu'utile ; c'est ce que je fais en vous demandant lequel, à votre avis, est plus injurieux pour un homme d'épouser une femme qui lui apporterait en dot un panache de bois, et qui, étant marié, ne lui donnerait point de nourriture pour le faire croître, ou d'une autre qui, ensuite du mariage, lui ferait cette belle acquisition. » Le ris que cela fit naître n'était pas cessé que l'on vit toute l'assemblée se séparer en deux, et ce qui fut de plus plaisant est que dans cette compagnie, il y avait des hommes et des femmes, des garçons et des filles ; que les hommes et les filles furent d'un parti, les femmes et les garçons de l'autre, chacun ayant des intérêts différents. Les premiers disaient qu'il valait mieux qu'une femme eût fait galanterie et eût une intrigue devant le mariage qu'après, et les hommes disaient cela pour détourner l'orage qui leur pend en tout temps sur la tête. Les filles, dans la pensée qu'il ne leur serait pas avantageux que l'on y regardât de si près, et qu'il y en aurait bien qui ne seraient jamais mariées si l'opinion contraire avait le dessus ; d'autre part les femmes, qui font cas de leur liberté et qui s'imaginent que c'est beaucoup pour elles d'avoir été sages étant filles, défendaient leurs intérêts ; et les garçons, qui étaient dans la juste pensée qu'un mal douteux et incertain n'est que demi-mal, soutenaient si opiniâtrement le parti des femmes qu'on eût cru même qu'ils avaient quelque intérêt plus fort que celui dont je viens de parler. Ainsi cette grande question ne fut point décidée, et l'on dit seulement que les premiers avaient raison et que les derniers n'avaient pas tort. Au reste cette précieuse a pour alcôviste Procule [M. de Pecquigny] ; elle a même une devise dont on ne m'a pas voulu dire le corps ; mais je sais bien qu'elle a pour âme : *De tout bois je fais flèches.*

PHILIDIE [Mme Parisot] est une précieuse remariée qui a un esprit plus propre à l'enjouement qu'aux choses sérieuses ; elle parle beaucoup et dit des mots qui lui sont particuliers ; son penchant est, à l'égard des divertissements, du côté du changement, et elle n'aime pas à prendre deux fois de suite les mêmes. Elle est assez belle pour attirer les yeux dans les assemblées où elle se rencontre, ce qui lui arrive ordinairement, puisqu'elle masque durant les bacchanales [le carnaval] autant qu'aucune précieuse. Philidias [M. Parisot], son mari, est heureux aux jeux de hasard et ne contredit point aux volontés de sa femme, si bien qu'il est facile de croire qu'ils vivent en grande intelligence et qu'ils sont tous deux fort amis de la joie.

POLÉMONIE [Mlle Pillois] est une précieuse dont l'esprit est agréable et qui est fort célèbre dans la *Romanie* [le roman de *Clélie*].

PALLIANTE [Perrin] est le grand peintre des précieuses ; c'est un galant homme, qui voit grand nombre de femmes et qui a fait quantité de leurs portraits, tandis qu'ils étaient à la mode ; il a de l'esprit et sait fort bien le monde.

PISISTRATE [Pons] est un homme d'esprit qui voit souvent Sophie [Mlle de Scudéry] ; il est de taille médiocre ; il a les cheveux blonds ; mais il ne fait point de contrats pour surprendre ses maîtresses et, s'il change en amour, on le peut louer d'être le plus ferme ami du monde. Comme le premier aspect d'une dame le surprend aisément, un nouvel objet efface facilement de son imagination l'idée du premier : ce n'est pas que, durant qu'il est amoureux, il ne fasse tout ce que l'amant le plus constant a coutume de faire, puisqu'il est certain qu'il enchérit encore par-dessus les plus adroits ; et je crois que le ciel ne lui a donné cette pente au changement que pour sauver de ses mains celles qu'il attaque et pour l'empêcher de rendre tous ses rivaux malheureux : car il a dans sa personne la plus grande partie des qualités nécessaires pour surprendre et pour attaquer. Il est bien fait dans sa taille, il est propre, il est enjoué quand il le faut être, il est complaisant, il est libéral, il chante agréablement, il danse de même ; il écrit fort bien en prose et fait des vers aussi galamment que pas un de ceux qui s'en mêlent, et avec une facilité extraordinaire ; et comme il n'en fait pas profession, il n'en ferait jamais si cela lui donnait la moindre peine. Il a un commerce de lettres avec Sophie, et c'est assez de le dire pour faire connaître qu'il est fort agréable, puisqu'ils ne font rien ni l'un ni l'autre qui ne le soit. Je dirai encore de lui qu'il a l'humeur tout à fait égale et que c'est un de ceux qui ennuient le moins dans la conversation. Il loge au quartier de la Normanie.

PHILÉMON [Dupin, aide des cérémonies] est un galant homme qui a été rival de Straton [Scarron] dans la composition de la *Gazette burlesque*, qu'il a faite durant quelque temps sous le nom de la *Muse de la cour*. On pourrait dire encore quantité de choses de lui ; mais je me contente de dire qu'il loge dans la petite Athènes, sachant qu'il est assez connu.

POLIDOR [Perrot] est un jeune homme d'esprit et de mérite, qui a fait des galanteries en vers et en prose, entre autres un dialogue estimé dans toutes les ruelles, et le portrait d'Iris, qui est un des plus beaux qui aient été faits, et que Quirinus [Quinault] s'est longtemps attribué, ne faisant pas difficulté de publier chez des princes qu'il en était l'auteur, et même d'en donner des copies ; mais en cela je le loue d'avoir au moins une fois en sa vie connu les belles choses.

POLIGÈNE [Pontacle] est un homme d'esprit, estimé des dames pour plusieurs raisons : car il parle bien en public et en particulier, et fait des vers et a des commerces de lettres et de galanteries avec les plus agréables et les plus spirituelles femmes d'Athènes.

PROSPÈRE [l'abbé de Pure] est un homme de qualité de qui l'on ne peut parler sans parler de son esprit, puisqu'il est certain que c'est le plus inventif et le plus agréable de tous ceux qui se mêlent d'écrire. On peut ajouter à cela que la nature lui a donné le privilège d'achever ses ouvrages dès la première fois qu'il y touche, puisque, encore qu'il ne relise jamais deux fois ce qu'il écrit, nous ne laissons pas de voir des pièces de lui où l'on trouve tout le plaisir et tout l'utile qui se rencontre dans celles des autres après qu'ils ont mis la dernière main. Les preuves de son esprit l'accompagnent également dans les compagnies où il se trouve et dans le cabinet où il se divertit, et pas un de ceux qui l'ont connu ou qui ont vu ses écrits n'en a souhaité de plus grandes pour les mettre au rang de ceux qui se font toujours souhaiter. Son invention ne lui a jamais fait faux bond, et il semble qu'il soit né plus pour inventer que pour imiter ; et cela se voit par les *Chroniques des précieuses*, et encore plus récemment par son *Histoire de l'invisible* [*Histoire du siècle futur*], qui est sans doute une des plus belles inventions que l'on ait jamais trouvées. Aussi a-t-il un discernement admirable pour les bonnes choses, et une complaisance qui fait qu'il excuse plutôt les méchantes qu'il ne les condamne ; aussi son humeur est-elle d'obliger tout le monde et de ne désobliger personne. Quand j'ai dit qu'il avait composé la *Chronique des précieuses* [le roman intitulé *La Précieuse ou le Mystère des ruelles*], j'ai assez expliqué qu'il les connaissait.

Je ne crois pas à propos de nommer celle qui se mêla un jour dans une conversation de vouloir excuser une pièce en vers intitulée *Le Priapisme*, disant que celui de Burcinus [Bussy] n'était pas celui de Solinus [Mgr S***]. Je mets seulement ce léger témoignage d'une aventure fort célèbre parmi les précieuses, qui sauront bien de qui je parle, et qui verront bien que je suis historien fidèle.

*

Cet homme ne parle point en conversation : *Cet homme laisse mourir la conversation*. (De Calpurnius [La Calprenède].)

Cette personne parle trop en compagnie : *Cette personne tyrannise la conversation*.

Le discours d'une femme qui parle trop est toujours plein de méchantes choses *: Le discours d'une femme qui parle trop est un torrent de bagatelles*.

La pudeur : *Le vermillon de la honte*. (De Mélisandre [La Mothe Le Vayer].)

La poésie de cet homme est bien nette : *La poésie de cet homme est bien châtiée*. (De Madate [La Ménardière].)

Passer une heure à une chose : *Dépenser une heure à une chose.*

Quelles sont les pensées secrètes : *Quels sont les particuliers de votre âme.*

Les peintres : *Les poètes muets.* (De Brundésiane [Mlle Le Brun].)

La peinture : *La sœur de la poésie, la seconde rivale de la nature.* (De Gobrias [Gomberville], dans son *Miroir de l'âme* [le livre de la *Doctrine des mœurs*].)

Pester contre une personne et n'oser ouvrir la bouche pour se plaindre : *Jurer entre cuir et chair.* (De Bartanide [Mlle Bardou].)

Si je n'ai point parlé de cette précieuse en son lieu, c'est qu'elle n'était point encore sur mes mémoires ; elle est une des plus grandes précieuses d'Athènes, quoiqu'elle n'ait point encore trente ans. Elle loge dans le circuit des Saliens.

On parlait de la chose du monde la plus agréable : *La conversation avait pris un penchant friand.*

Un mauvais poète : *Un bâtard d'Apollon.*

Savoir les particularités d'une maison : *Savoir le fin du domestique.*

Le procès : *L'hydre français.* (De Pharnace [La Porte].)

Manger des confitures avec une fourchette, c'est pécher contre la débauche : *Manger des confitures avec une fourchette, c'est faire une impiété en débauche.* (De Uristène [Mlle de Villebois].)

Q

QUESTIONS. Entre toutes les questions douteuses qui sont entre elles, et dont elles ne conviennent point, il y en a deux principales : l'une, savoir si la grimace sied ou non ; l'autre, si la règle des arnophiliens [les jansénistes], qui ordonne des vestes trouées aux femmes, laisse une idée supportable ou non.

QUARTIERS. Leurs quartiers principaux : la petite Athènes, la place Dorique, l'île de Délos, et le quartier de Léolie.

QUISIDACE [Mme de Quergroy] est une femme de qualité, précieuse de grand mérite ; autrefois elle a été dans le commerce agréable des lettres avec ceux et celles qui faisaient des vers et de la prose, j'entends de celle que l'on imprime ; je crois qu'elle a quitté ces occupations pour d'autres plus sérieuses.

QUIRINUS [Quinault] est un jeune auteur dont je ne dirai pas grand-chose, parce que je ne crois pas qu'il y en ait beaucoup à dire de lui, tout le monde commençant assez à savoir quel il est, que les précieuses l'ont mis au monde, et que tant qu'il a trouvé jour à débiter la bagatelle, il a eu une approbation plus générale qu'elle n'a été de longue durée. Il pille si adroitement les vers et les incidents de ceux qui l'ont devancé, qu'on l'a souvent cru auteur de ce qu'il s'était adopté ; ce n'est pas qu'il n'ait de l'esprit, qu'il n'invente quelquefois ; mais il lui faut pardonner : cela ne lui arrive pas souvent. Pour son humeur, il se vante d'être d'une complexion fort amoureuse et d'être fort brave auprès des dames. Il est plus grand que petit et, si l'on ne savait parfaitement la mort du roi d'Éthiopie, on le prendrait aisément pour lui : car il est fort noir de visage, il a la main fort grande et fort maigre, la bouche extraordinairement fendue, les lèvres grosses et de côté, la tête fort belle, grâce au perruquier qui lui en fournit la plus belle partie, ou, si vous voulez, grâce à des coins ; sa conversation est douce, et il ne rompt jamais la tête à personne, parce qu'il ne parle presque point que lorsqu'il récite quelques vers ; ses yeux sont noirs et enfoncés, pétillants et sans arrêt. Au reste, il est d'une fort belle encolure, et dans son déshabillé on le prendrait presque pour Adonis l'aîné.

*

Voir les belles qualités d'une personne : *Voir les mieux d'une personne.*

R

RICHESSES. Leurs richesses consistent en mots nouveaux, vers bien tournés, propos tendres, doux sentiments, dont elles font commerce public dans les ruelles, et ce, sous l'autorité de celles qui commandent ou qui sont les plus considérées dans leur empire.

RÉDUITS. Les réduits chez les précieuses sont des places fortes où l'on s'assemble, autrement dit des ruelles illustres où elles tiennent conversation. Et voici les plus connus et les plus considérables, que j'ai cru être obligé de mettre en cet endroit, ayant déjà mis une partie de ceux de campagne : la maison de Salmis [Mlle de Sully] ; celle de Sarraïde [Mme de Scudéry] ; celle de Sophie [Mlle de Scudéry] ; celle de l'illustre Célie [Mme de Choisy] ; celle de Stratonice [Mme Scarron] ; celle de la charmante Féliciane [Mme de La Fayette] ; celle de l'aimable Sophronie [la marquise de Sévigné] ; celle de Félicie [la comtesse de Fiesque] ; le palais de Rozelinde [la marquise de Rambouillet] ; la maison de Sténobée [Mme de Saint-Martin] ; celle de Dalmotie [Mme d'Oradour] ; celle de Tiridate [M. Têtu, chevalier du guet], qui est célèbre parce que toutes les pièces destinées pour le Cirque [le théâtre] se lisent chez lui ; celle de Polénie [Mme Paget] ; celle de Madonte [la comtesse de Maure], vulgairement appelée le Palais nocturne, pour les raisons qu'on peut lire dans son histoire ; celle de Galaxée [la baronne de La Garde] ; celle de Doralise [la comtesse de La Suze] ; celle de Nidalie [Mlle de Lenclos] ; celle de l'incomparable Virginie [la marquise de Vilaine] ; et celle de Calpurnie [Mme de La Calprenède]. Il y en a encore quantité ; mais, n'ayant pas jugé à propos de les mettre, je les ai omis.

ROXANE [Mlle Robineau], comme l'on peut juger par les quarante-cinq ans dont elle date son âge, n'est pas des moins anciennes précieuses d'Athènes : aussi a-t-elle toute la connaissance que peut apporter une longue expérience, et pourrait enseigner publiquement tout ce qui concerne les précieuses ; elle a beaucoup d'esprit, et est des bonnes amies de la docte Sophie, qui lui fait une confidence générale de tous ses ouvrages ; elle loge dans Léolie.

RODIANE [Mlle de Batilly] est une fille de naissance qui loge proche le grand palais d'Athènes, qui depuis trente ans fait des vers, ayant commencé dès l'âge de dix ans à faire des sonnets et toutes sortes d'autres pièces de cette nature ; jugez de là si elle y réussit parfaitement, puisque, quand elle n'aurait pas autant d'esprit qu'elle en a en effet, elle en pourrait faire en perfection après une si longue habitude ; aussi y est-elle tellement accoutumée qu'elle en fait aussi aisément que de la prose. On dit même d'elle qu'elle fait des factums, placets et requêtes en vers, et que, si tous ceux qui ont des procès lui ressemblaient, on plaiderait en rimes ; mais les chicaneurs ne cherchent les veines que d'argent et que l'ouverture des bourses, non pas la veine poétique ni l'ouverture de l'esprit ou des belles imaginations.

RODAMIRE [Mme Roger] est une précieuse qui est âgée de quarante-six ans ; elle a été fort belle, et a tant de peine à l'oublier qu'elle agit encore comme si cela était aussi vrai qu'autrefois, et elle écoute une galanterie avec le même plaisir que si elle n'avait que vingt-cinq ans. Elle ne peut souffrir que l'on ait plus de déférence pour les autres que pour elle, et même elle ne pouvait s'empêcher de marquer quelque joie quand Oxaraste [Oduille] lui donnait quelque marque d'estime, tout son parent qu'il était. Elle se pique d'être fort discrète, et l'on peut dire qu'elle a toujours quantité de ces petits secrets de réserve dont elle fait confidence à tout le monde. Elle ne fait pas de vers ; mais elle voudrait bien en savoir faire, et s'en piquerait aussi aisément qu'elle fait d'avoir toujours soumis dessous son pouvoir tous ceux qui l'ont vue, ce que je veux bien croire. Il n'est pas fort malaisé de lui mettre dans l'esprit que l'on la respecte, puisqu'elle ne voit pas grande difficulté à s'imaginer que l'on l'aime, et que le moindre serrement de main passe chez elle pour un puissant aveu de la passion que l'on lui porte. Au reste, si les autres précieuses composent des livres, celle-ci règle les mœurs, et les deux Méléagre et Méléagiste [MM. de Machaux], qu'elle a formés au bel air du monde, en sont de suffisants exemples, puisqu'ils ont été ses deux écoliers, comme elle le dit elle-même. On la peut louer d'une grande complaisance en compagnie, puisqu'elle souscrit toujours à tout ce que celles de son sexe exigent d'elle. Elle répond aussi avec douceur aux douceurs qu'on lui dit, et l'on peut ajouter que ses amants seraient toujours heureux si le plaisir de l'oreille était l'objet de leurs désirs ; mais du reste, il n'y a rien à espérer. Elle a pour sa devise un bois désert au fond duquel on voit la tête d'une femme, et pour âme : *Je réponds à tout.*

Cette devise fait assez voir que ceux qui savent son humeur l'ont comparée à l'Écho, qui est cette femme qui fait le corps de sa devise, et qui n'a que la tête, comme elle n'a que des paroles.

ROZANIDE [la marquise de Rambure]. Si la beauté de Rozanide répondait à celle de son esprit, elle serait une des plus belles personnes de l'Europe, aussi bien qu'elle est une des plus spirituelles.

ROZELINDE [la marquise de Rambouillet] est une précieuse de grande naissance, dont la maison est la plus connue de cet empire. Elle a deux filles, l'une dont nous avons déjà parlé sous le nom de Ménalide [la marquise de Montausier], et l'autre qui a épousé depuis peu le brave Gariman [le marquis de Grignan]. La première avait épousé Ménalidus [le marquis de Montausier], et ces deux personnes sont estimées, non seulement de tous ceux qui les connaissent, mais encore de ceux qui ne les connaissent pas, et leur nom n'est pas moins célèbre parmi les gens de lettres que celui des plus grands capitaines parmi leurs soldats ; et ce qui est d'admirable en Ménalidus, c'est qu'il joint les choses qui semblent les plus éloignées : car il est vaillant et docte, galant et brave, fier et civil ; en un mot, c'est un homme accompli. J'en parlerais plus au long si je n'avais pas dit ci-devant une partie de ces belles vérités. Pour Ménalide, c'est une nécessité indispensable à tous ceux qui veulent parler d'elle de faire son panégyrique, car on ne dit rien d'avantageux de personne, soit à l'égard de l'esprit, soit à l'égard du corps, que l'on ne soit obligé de le dire d'elle. C'est ce qui obligea l'agréable Valère [Voiture] à la prendre pour son héroïne en toutes les idées qu'il nous a tracées d'une fille parfaite ; et c'est à elle qu'il adressait la plupart de ses lettres, et de qui il en recevait fort souvent.

Toutes ces belles qualités rendirent Ménalidus amoureux d'elle ; il soupira longtemps avant de la posséder ; mais comme un grand mérite en lui secondait une grande passion, quelque estime qu'elle fît de sa liberté, elle crut qu'elle ne pouvait l'engager plus heureusement qu'en l'immolant aux soins de cet illustre amant. Damoxède [la duchesse d'Aiguillon], qui les considérait tous deux infiniment, voulut, être témoin de leur alliance, et ce fut dans sa maison de campagne [le château de Rueil] que leur hymen s'accomplit avec toute la magnificence que l'on peut s'imaginer d'une personne de sa naissance en une occasion semblable. Je ne parlerai point des jeux, des fêtes et de toutes les choses qui le suivirent, et je passerai à Rozelinde, sa sœur, qui a aussi beaucoup d'esprit, et dont le mérite a attaché Gariman, qui, après lui avoir donné des marques de son estime, a enfin reçu sa main pour récompense de ses services. Cette maison a de tout temps été le séjour des Muses, l'asile des gens d'esprit ; le mérite y a toujours été en estime, et la vertu y est encore aujourd'hui en la même considération que du temps de Valère.

Rosenire et sa sœur [Mlles de Ricardy] sont deux précieuses de Lacédémone qui ont beaucoup d'esprit et de noblesse, mais peu de bien. Rozenius [M. de Ricardy], leur père, enseigne la langue d'Hespérie. Mérogaste, leur frère [Mayolas], fait des vers ; mais, pour retourner à elles, je dirai que le feu de leur esprit a consommé leur graisse et les a rendues un peu maigres ; mais cet effet de leur tempérament n'empêche pas qu'elles ne soient assez blanches et qu'elles n'aient quelques agréments. Elles parlent aussi extraordinairement qu'aucune précieuse, et le soleil se mêle si souvent dans leurs discours et de telle manière qu'elles éblouissent les oreilles comme cet astre fait les yeux ; ou, pour parler plus clairement, elles ont des pensées si hautes et les expliquent de [telle] façon qu'on ne les entend guère. Elles chantent et jouent des instruments, et voient plus de Lacédémoniens que non pas de ceux d'Athènes.

*

Rire spirituellement : *Avoir le ris fin.*
Regarder avec précipitation : *Regarder en sursaut.* (De Vaxence [Le Vert].)
Une rage ouverte : *Une rage déployée.*
Je serais mal conseillé de me présenter sur la carrière et de vouloir être votre rival de réputation : *Je serais mal conseillé de me présenter sur la carrière et de vouloir faire assaut de réputation avec vous.* (De Bélisandre [Balzac].)
On me reproche que je ne suis pas reconnaissante ; mais, à dire vrai, c'est plutôt par un je ne sais quel oubli paresseux que par méconnaissance *: On me reproche certaine sécheresse de reconnaissance ; mais, à dire vrai, c'est plutôt paresse et absence de cœur que dureté et sécheresse.* (De Féliciane [Mme de La Fayette].)
Il repartit sérieusement aux paroles enjouées de Damon : *Il repartit d'un sérieux contrepointé au bel air gai de Damon.*
Être deux de concert pour railler une personne : *Rire d'intelligence d'un autre avec quelqu'un.* (De Sophie [Mlle de Scudéry].)

S

SAVOIR. L'objet de leur savoir est tout.

SILENCE. Le silence, chez les précieuses, est un effort de nature dont elles souffrent infiniment, qui ne reçoit de soulagement que de certaines grimaces affectées qui en disent autant que le babil.

SINÉSIS [la duchesse de Saint-Simon] est une précieuse de grande naissance qui est logée dans la petite Athènes. Elle est belle ; plus sérieuse qu'enjouée ; elle écrit bien en prose, mais elle ne veut pas que ce qu'elle fait paraisse dans le grand jour, et se contente de le mettre en lumière parmi ses amis. Elle est estimée de tout le monde par sa haute vertu, qui ne l'empêche pas de donner quelques moments au divertissement de la lecture et des lettres. Elle est plus proche de la partie qui confine à l'imagination, qui est une des limites de l'empire des précieuses, que de toutes les autres.

SOSIANE [Mme Salo] est une femme qui ne se pique pas de beauté, mais qui a cet avantage de passer pour la personne du monde qui reçoit de meilleure grâce ceux qui la visitent. Elle voit autant de compagnies que précieuses d'Athènes, et sa ruelle est souvent le lieu de la scène de cent conversations différentes ; aussi, Beaumérine [Mlle de Beaumont], quatrième du nom, en étant pour l'ordinaire l'agrément le plus considérable, il ne faut pas en être fort surpris, puisqu'elle est belle, et que la beauté fournit toujours cent occasions de parler de choses agréables. La maison de Sosiane est encore considérable parce que l'on y joue beaucoup.

SARRAÏDE [Mme de Scudéry], femme de Sarraïdès [Scudéry], et non pas sa sœur, est une personne qui peut se vanter de quelque beauté ; mais son esprit l'emporte sur les traits de son visage. Aussi est-elle une des plus grandes précieuses du royaume : car non seulement elle voit tous ceux et celles qui se mêlent d'écrire, mais encore elle aide à Sarraïdès, qui est un des plus fameux auteurs que nous ayons ; et l'on peut dire d'eux que leur mariage s'est plutôt fait et lié par leurs écrits que par les nœuds ordinaires : car leurs inclinations ne sont venues que de la sympathie de leur style, qui du moins a précédé leur hymen. On a imprimé un roman de Sarraïdès des guerres des Maures en Hespérie [*Almaïde*], qui ne peut être que beau, puisqu'il vient de lui, et que Sarraïde y a mis la main. Puisque nous en sommes sur leurs louanges, il n'est pas hors de sujet de dire que Sarraïdès est l'homme du monde qui entend le mieux les termes des arts. En effet, j'ai vu dans un livre de lui quarante termes particuliers de l'art de la peinture sur un seul portrait. Pour ceux de marine, il les sait comme celui qui les a inventés, et ceux qui le connaissent ne s'en étonnent pas, sachant qu'il a commandé sur la côte.

SOPHIE [Mlle de Scudéry]. Si tous les historiens étaient obligés de suivre les inclinations de ceux dont ils ont à parler, ils se tairaient souvent contre leur gré, et parleraient aussi souvent sans dessein ; mais peut-être que jamais aucun ne s'est trouvé dans la peine où je suis, par le motif qui m'embarrasse, et qu'il est à naître qu'une personne ait appréhendé de dire la vérité d'une autre où il s'agissait de la louer. Cependant c'est ce qui m'embarrasse et, si l'envie de rendre justice à l'illustre Sophie ne l'emportait dessus la connaissance de sa modestie naturelle, je me verrais obligé de passer sous silence la plus remarquable de toutes les précieuses. En effet, Sophie l'emporte sur toutes celles de son sexe à l'égard de l'esprit, de la facilité d'écrire en vers et en prose, et de toutes les connaissances qui rendent un esprit accompli, et n'en voit point ou peu parmi les hommes les plus habiles qui ne la regardent comme une digne rivale ; mais cette vivacité ne lui attire la haine de personne, et cause de l'admiration à plusieurs et de l'estime à tous, et elle n'a d'ennemis que ceux qui le sont du mérite et de la vertu. L'on sait assez comme elle est faite, sans que j'aie besoin d'en parler, et, pour ses alcôvistes, on ne les peut compter que par le nombre de ceux qui la connaissent, sa douceur et son esprit attirant chez elle la plus grande et la plus illustre partie de ceux qui écrivent. Ménalidus [le marquis de Montausier], dont j'ai parlé ci-devant, l'a toujours considérée pour les belles qualités de son esprit. Ménandre [Ménage] est aussi de ses amis, et plusieurs autres dont le nombre est si grand qu'à peine pourrais-je trouver place pour dire que je l'estime, si je les voulais tous nommer. Elle loge au quartier de Léolie, et ses œuvres font le divertissement et l'occupation de toutes les ruelles de la Grèce, et l'on en vend un [*sic*] depuis peu d'elle où l'on voit une admirable peinture de l'entrée du grand Alexandre [le roi] et de la reine Olympe [la reine de France] dans la ville d'Athènes.

SITALIE [Mme de Saint-Clément] est une précieuse de la ville de Corinthe. Elle est fort brune, elle a de l'esprit et de l'enjouement, et ne passe pas pour la plus cruelle personne du monde. Doroaste [Dudon] a été de ses alcôvistes, et leur intrigue a fait bruit dans la ville d'où ils sont. Sa devise est un soleil en son midi qui frappe un arbre de ses rayons, et cette devise a pour âme : *Il noircit autant qu'il éclaire.*

SIDNON [Mlle Sciroeste] est une jeune précieuse, fille de Fulcian [M. de La Flasche], de la ville d'Argire. C'est une dame fort jeune, d'une maison fort illustre, d'un esprit fort agréable et fort enjoué ; elle tient quelque chose de l'amazone et réussit fort bien, [soit] dans la conversation, soit à faire des lettres, des vers et d'autres galanteries de cette nature. C'est une des plus belles personnes de la province et, ce qui est de plus estimable en elle, c'est que sa beauté est accompagnée d'une haute vertu. Aussi est-elle aimée de tous ceux qui la connaissent. Entre les autres, le grand Mithridate [le duc de Mercœur] lui a donné des preuves de la sienne par ses visites ; Diophante de Cléonidas [M. d'Oraison, marquis de Cadenet] n'a rien négligé pour lui faire connaître la sienne. Cependant cette jeune amazone demeure ferme et voit sans orgueil et sans faiblesse les soins et les soupirs de ceux qui la servent ; en un mot, elle est une de celles que l'on peut proposer pour un exemple de vertu, de sagesse, d'agrément, de beauté, et généralement de tout ce que l'on peut s'imaginer d'accompli.

SCIBARIS et ses trois filles [Mlles La Sonnière] font quatre, comme je crois. De ces quatre, il y en aura trois dont nous parlerons, et une dont nous ne dirons rien ; et, pour commencer par la mère, c'est une précieuse qui, bien qu'elle soit dans un âge avancé, et qu'elle ait déjà quelques plis sur le front, ne laisse pas de vouloir passer pour jeune et de souffrir dans cette humeur tous ceux qui en content à la jeune Scibaris [Mlle La Sonnière la jeune]. Cette fille sert d'exemple à rendre vraies et probables toutes les métamorphoses, puisque, de noire qu'elle était autrefois, l'art de sa mère l'a rendue si blanche que, quand la Bonne Déesse [la reine mère], revenant de Lacédémone, la vit, elle fut surprise de sa grande blancheur et voulut voir si elle avait la gorge comme le visage. Avec ce grand fond de blanc, elle a encore un grand fonds des instructions de sa mère, pour ainsi dire, auquel elle s'attache, ne pouvant faire autrement parce qu'elle est auprès d'elle. Cette fille a de l'esprit, fait des vers du mieux qu'elle peut, ou, pour mieux dire, a voulu tâcher d'en faire. Elle a pour amant Pausanias [Pin], qui a été reçu depuis cinq ou six mois, et que la mère voit de meilleur œil que son rival, dont il a troublé l'intrigue par des rubans, mouchoirs et autres bagatelles. La fille en vaut la peine, car elle n'a pas dix-huit ans et a beaucoup d'esprit. Cette Scibaris a encore une sœur, qui est son aînée, qui a été quelque temps mal avec son mari. Ils sont à présent en paix. C'est une personne spirituelle qui n'ignore rien de ce qui peut faire une véritable précieuse. Elle a eu autrefois trois amants rivaux l'un de l'autre : le premier était un jeune homme marié qui en était passionnément amoureux ; mais, comme il ne parlait point et qu'il écrivait peu, elle a longtemps ignoré sa passion ; mais le frère de la demoiselle n'en faisait pas de même, car il prenait un plaisir singulier à recevoir les présents de dentelles, d'étoffes et de bijoux que cet amant, nommé Cléobis [Châtillon], envoyait à sa sœur ; et si quelquefois ils étaient accompagnés de lettres, il faisait réponse au nom de sa sœur, et se servait des présents qu'on lui faisait pour faire ses affaires en d'autres lieux, cependant que Scibaris ne savait rien de tout ce qui se passait ; mais comme elle était extrêmement belle, Cléobis ne se rebutait point, outre que rarement on cède sa maîtresse à ses rivaux, et qu'il n'y a point de femmes mieux aimées ni mieux servies que celles qui ont plusieurs amants. Il appréhendait de faire aimer ses rivaux en l'abandonnant. Déidamas [le cadet d'Artalan], de la race des pacifiques, est le second, et l'autre est Bellofon [Boue, ou Bove]. Le premier de ces deux était le mieux reçu de cette fille, parce qu'il écrivait galamment ; mais, comme j'ai déjà dit, il était pacifique, et même s'éloignait quelquefois de sa maîtresse pour éviter les querelles. Toutes ces choses demeurèrent quelque temps dans le même état, la belle étant toujours servie de ses trois amants, que la mère entretenait dans d'égales espérances ; mais enfin, je ne sais par quelle pensée ni pourquoi, un soir, en revenant du bal, Bellofon l'enleva, du consentement de la mère, et ne l'emmena qu'à un demi-mille du lieu où il l'avait prise, et huit jours après le mariage fut rendu public. Depuis, les deux autres ont obsédé la maison du plus heureux, mais en vain, la conduite de Scibaris leur ôtant tout lieu d'espérer ; et quoique ce dernier fût le moindre parti, elle ne laissa pas de s'en tenir là avec beaucoup de conduite. Elle a elle-même écrit ses aventures en prose et en vers et, par les railleries qu'elle a faites de tout ce qu'il lui est arrivé, elle a donné à connaître qu'elle était une des plus spirituelles précieuses de Thèbes.

SALMIS [Mlle de Sully] est une précieuse de qualité. Cette fille, apparemment, n'a pas grand dessein de se marier. Elle est des mieux alliées de la Grèce ; sa maison est ouverte aux gens d'esprit ; elle a de l'inclination pour la poésie, connaît fort bien les vers et juge juste de la prose, et l'on peut dire qu'il est peu de personnes de sa naissance qui en usent aussi obligeamment qu'elle, et qui mêlent plus de douceur à plus de cette fierté de bienséance, ce qui part non de son orgueil, mais de la connaissance de son rang.

STATIRA [Mlle Schurman] est une précieuse d'Islande. Les écrits de cette fille sont connus de tout le monde, et personne n'ignore qu'elle ne soit une des [plus] savantes précieuses qui ait jamais été. Elle a composé des livres en plusieurs langues, et Cléophus [Colletet le père] en a traduit quelques-uns en la nôtre.

SIRANIDE [Mlle de Saint-Mégrin] est une précieuse qui florissait du temps de Valère [Voiture] et, puisqu'il lui rendait ses assiduités, il ne faut pas mettre en doute qu'elle n'eût beaucoup d'esprit, car il en voyait peu d'autres.

SPURINE [Mme de Saint-Ange] est une femme de qualité qui a toujours passé pour belle, et qui l'est en effet. La vie de cette précieuse est aussi particulière qu'on se la puisse imaginer ; mais il n'est pas permis de dire toujours toute chose, et c'est assez que je rende un témoignage sincère de son esprit et de sa beauté, sans aller pénétrer les particuliers de son domestique ; et, quoi que l'on veuille dire de la froideur qui est entre elle et son mari, je sais qu'ils vivent dans une intelligence fort grande, et qu'ils s'écrivent deux ou trois fois la semaine, ce qui ne peut partir que d'une union accompagnée d'une civilité et d'un esprit fort agréable, qui marquent une galanterie qu'il faut que tout le monde estime.

STATÉNOÏDE [Mme de Saintot] est une précieuse du temps de Valère [Voiture] et de celui-ci. L'amitié qu'elle a eue pour ce galant homme est trop connue pour ne la pas mettre ici. Elle conserve son portrait comme la chose du monde qui lui est la plus chère, et elle l'a si bien gravé dans son esprit qu'encore qu'il soit mort il y a plus de douze ans, elle ne le veut pourtant pas croire et ne se le peut imaginer. Elle a tourmenté pendant plus de six mois Beaumérinus [M. de Beaumont] pour savoir de lui ce qu'il était devenu, tant elle est bien persuadée de la pensée qu'il vit encore. Elle dit à tout le monde que c'est un infidèle, et qu'il est accoutumé à en user ainsi avec toutes ses maîtresses, qu'il abandonne souvent pour suivre d'autres appas ; que les honneurs funèbres que l'on lui a rendus ne sont que des stratagèmes dont on s'est servi pour l'abuser, et que l'on a porté une bûche en terre, feignant que ce fût son corps ; qu'il reviendra quelque jour ; et même, dans l'impatience de le revoir, elle a fait un voyage aux côtes d'Hespérie pour le chercher, et elle n'en est revenue que depuis fort peu de jours. Au reste, si vous la séparez de cette forte imagination, c'est une femme fort spirituelle, qui parle bien de toutes choses, et qui ne paraît point du tout susceptible d'une impression de cette nature.

SOPHRONIE [la marquise de Sévigné] est une jeune veuve de qualité. Le mérite de cette précieuse est égal à sa grande naissance. Son esprit est vif et enjoué, et elle est plus propre à la joie qu'au chagrin ; cependant il est aisé de juger par sa conduite que la joie, chez elle, ne produit pas l'amour : car elle n'en a que pour celles de son sexe, et se contente de donner son estime aux hommes, encore ne la donne-t-elle pas aisément. Elle a une promptitude d'esprit la plus grande du monde à connaître les choses et à en juger. Elle est blonde, et a une blancheur qui répond admirablement à la beauté de ses cheveux. Les traits de son visage sont déliés, son teint est uni, et tout cela ensemble compose une des plus agréables femmes d'Athènes ; mais, si son visage attire les regards, son esprit charme les oreilles, et engage tous ceux qui l'entendent ou qui lisent ce qu'elle écrit. Les plus habiles font vanité d'avoir son approbation. Ménandre [Ménage] a chanté dans ses vers les louanges de cette illustre personne ; Crisante [Chapelain] est aussi un de ceux qui la visitent souvent. Elle aime la musique et hait mortellement la satire ; elle loge au quartier de Léolie.

STRATONICE [Mme Scarron] est une jeune précieuse des plus agréables et des plus spirituelles. Elle est veuve sans avoir été femme : l'on saura assez le sens de cette énigme quand on saura que Straton [Scarron] était son mari. Elle est native d'auprès d'Argos ; elle a de la beauté, et est d'une taille aisée. Pour de l'esprit, la voix publique en dit assez en sa faveur, et tous ceux qui la connaissent sont assez persuadés que c'est une des plus enjouées personnes d'Athènes. Elle sait faire des vers et de la prose, et, quand elle n'aurait que les connaissances qu'elle a acquises avec Straton, elle y réussirait aussi bien que pas une autre de celles qui s'en mêlent. Son humeur est douce, et elle a fait voir par sa façon d'agir qu'elle voyait le monde plus par une bienséance civile que par une attache particulière, en se retirant dans une maison de vestales [un couvent] après sa mort [de son mari].

STÉNOBÉE [Mme de Saint-Martin] est une précieuse dont la ruelle est des plus fréquentées ; mais ce ne sont pas les auteurs qui en font la plus grande foule, et les gens qui composent la plus grande partie de ceux qui la voient sont des courtisans. Elle ne fait pas profession ouverte d'écrire, et ne se pique ni de vers ni de prose ; mais, pour le langage, elle parle aussi bien que pas une de son sexe, et dit une quantité de mots nouveaux et extraordinaires. Elle lit prodigieusement, et il n'est point de romans vieux ni nouveaux, ni de galanteries de cette nature, qu'elle n'ait lues. Elle est de celles dont le visage plaît et dont il ne faut pas examiner les traits séparément, et il est certain qu'il y a plus de belles personnes de ce genre de beauté que d'aucune autre. Elle loge derrière le grand palais d'Athènes.

STÉNOBÉE [Mlle de Saint-Martin], seconde du nom, est une précieuse du temps de Valère [Voiture] et, puisque son siècle est passé, nous n'en dirons rien.

SINAIDE [la marquise de Saint-Chaumont] est une précieuse de qualité fort spirituelle et fort sage, et qui écrit fort poliment en prose.

STRATONICE [Mlle Scarron], seconde du nom, est une précieuse sœur de feu Straton [Scarron]. Elle a beaucoup d'esprit, et l'on dit que son nom de Stratonice s'est métamorphosé en celui de Théomède [le marquis de Termes] par un nœud secret ; mais sur ce sujet on n'avance rien de certain : l'on assure seulement que son humeur agréable, la vivacité de son esprit et sa facilité à réussir à tout ce qu'elle entreprend lui ont acquis ses soins depuis longtemps, et qu'il est son alcôviste ordinaire ; qu'elle a reçu de lui de sensibles marques d'estime. Elle est âgée de trente-huit à trente-neuf ans.

SPAGARIS DE BRITONIDE [Mme de Saint-Germain-Beaupré], fille de Caïus [Le Coigneux], sœur de Domitia [Mme d'Huxelles] et de Théodamie [Mme du Tillet], est une précieuse bien alliée. Elle est âgée d'environ trente-trois ou trente-quatre ans, mais elle n'en paraît pas plus de vingt-six. Elle n'est ni trop grande ni trop petite, mais elle est fort bien faite dans sa taille ; son embonpoint est en elle un fort grand agrément et lui sied fort bien. Elle a un grand fond de blancheur, les yeux fort beaux, et danse admirablement bien. Toutes ces perfections ensemble la font aimer passionnément de son mari Sporus Britonidus [Saint-Germain-Beaupré], qui en est jaloux, et qui dans les accès de ce mal, qui suit d'ordinaire le grand amour, la fait observer ; et il semble être dans la crainte perpétuelle de perdre ce bien qu'il possède, et que l'on ne lui peut ôter. Elle a vu autrefois quantité de personnes du premier rang, qui ont cherché sa bienveillance et soupiré pour elle. Ce sont, à bien parler, de ces messieurs que l'on appelle des galants de la belle volée, ou des alcôvistes rivaux, qui aspirent à la qualité de confidence, ou, pour parler comme celles dont j'écris l'histoire, qui veulent être des galants de plain-pied. Entre les autres, l'illustre Brundésius [l'abbé de Belesbat] lui a longtemps rendu ses assiduités, et pour le présent, Damétus [le marquis d'Alluye] est un de ceux qui marque le plus d'empressement pour obtenir cette place et savoir le secret de cette charmante précieuse ; mais ses desseins sont traversés par les soins que Basian [M. de Bercy], son rival, lui rend de son côté. Ce rival est frère de Cassander [le comte de Clère], et Damétus et lui sont les deux qui témoignent le plus hautement le respect qu'ils ont pour elle. Il faut encore savoir qu'elle a un esprit agréable, qu'elle écrit galamment, et qu'elle est si enjouée de son naturel qu'elle ne marque aucun chagrin de toutes les jalousies de son mari. Il est vrai qu'elle est précieuse, et que sa vertu les lui rend d'autant plus supportables qu'elle n'en a rien à craindre, et que dans le fond ce sont des preuves convaincantes de la passion qu'il a pour elle. Je crois que c'est assez en parler, et que je puis finir ce que j'en écris en mettant qu'elle a la gorge admirable, et où l'on ne peut trouver de défauts ; et comme à cette marque on peut juger de toutes les autres beautés de son corps que je n'ai point vues, et dont personne ne peut parler que par conjecture, je les laisse à conjecturer, et avoue seulement que si j'étais en la place de son mari, je ne posséderais pas avec moins de jalousie que lui tous les aimables trésors dont il est le maître.

SILÉNIE [Mme de Saint-Loup], femme de Procas [Le Page], est une précieuse des mieux faites. Elle a l'esprit vif aussi bien que les yeux, et n'attache pas moins par la conversation que par la vue. Son mérite lui a attiré grand nombre de soupirants. L'épée a plus fait de bruit chez elle que la robe. Comme cette précieuse est plus de cour que de ville, je ne parlerai point de ses alcôvistes, ni des lettres galantes dont elle fait commerce ; je ne dirai rien non plus de l'histoire des trois rivaux, ni de ce qu'ils firent pour se mettre bien auprès d'elle. Comme j'en ignore le succès, j'en veux taire les aventures, et me contente de dire qu'elle est belle, spirituelle, et qu'elle loge proche du palais bâti par Sénèque [le Palais-Royal, bâti par le cardinal de Richelieu]. Elle a pour sa devise un Cupidon qui traîne après son char une troupe de guerriers, et cette devise a pour âme : *Je fais céder Mars à l'Amour.*

SUZARION [Somaize]*. Je ne sais pas si Suzarion est du nombre de ceux que l'on doit appeler précieux, mais je sais bien que si l'on mérite ce titre par la fréquentation et par la connaissance des précieuses, il peut sans doute trouver sa place dans le lieu où l'on parle d'elles, puisqu'il en voit quelques-unes, qu'il en connaît la plus grande partie, et qu'avec cela il a fait leur histoire. C'est un jeune homme qui fait des vers et de la prose avec assez de facilité ; son penchant est du côté de la raillerie, et il se persuade qu'il est bien difficile de ne point écrire de satires ; mais, quelque plaisir qu'il trouve à dire les vérité des autres, il sait pourtant bien cacher celles que l'honneur nous oblige à taire, et n'a pas assez de malice pour inventer une fausseté, ni pour assurer une chose douteuse, quelque plaisante qu'elle fût. Cependant il passe pour l'homme du monde qui laisse le moins échapper les occasions de se divertir aux dépens d'autrui et, dès lors qu'il se fait quelque pièce satirique, il en est aussitôt accusé ; même il est souvent arrivé que l'on lui a fait dire des choses à quoi il n'avait pensé de sa vie. On passe plus loin, et l'on veut encore, lorsqu'il fait des panégyriques, que ce soit des satires, et l'on cherche des sens dans ses écrits qui sont fort éloignés de ses pensées, pour trouver des railleries dans les louanges qu'il donne ; toutefois l'on peut dire de lui qu'il est véritable ami et qu'il sait aussi bien les lois d'une parfaite amitié qu'il sait bien les maximes d'une légitime guerre ; qu'il n'est jamais traître, et que l'on ne peut accuser ses actions que d'une franchise trop ouverte, soit à servir ceux qu'il estime, soit à pousser ceux qui le méprisent ; et cette franchise a donné lieu de croire de lui des choses dont il ne fut jamais capable. On lui a donné pour devise un soleil en son midi

---

* Autoportrait de l'auteur.

qui brûle une vaste campagne, et l'on a ajouté à cette devise : *Il brûle autant qu'il éclaire.*

*

Mes compliments sont sincères : *Mes compliments ne travestissent point ma pensée.* (De Martianus [Mainard], en ses lettres.)

Amarante veut des amants spirituels et exempts de faiblesse *: Amarante veut des amants d'esprit dégagés de la faiblesse des sens et des impuretés de la matière.*

Ma curiosité n'est pas entièrement satisfaite : *Il reste des vides à ma curiosité.* (De Bélagius [Bonnard].)

Les secrets de conséquence se gardent aisément : *Les gros secrets se gardent aisément.* (De Sophie [Mlle de Scudéry].)

Faire des soupirs par compliment : *Soupirer cérémonieusement.* (De Vaxence [Le Vert].)

Un souris forcé : *Un souris amer.* (De Vaxence.)

Bien qu'elle fût sérieuse, elle ne put s'empêcher de rire : *Il échappa un rire de son sérieux.*

Dire rarement ses sentiments : *Être sobre dans ses sentiments.*

Ma chère, le soleil est bien chaud aujourd'hui : *Ah ! ma chère, le plus beau du monde est aujourd'hui bien pressant.*

Un souris dédaigneux : *Un bouillon d'orgueil.*

Avoir la gorge unie et bien faite : *Avoir le sein fin et délicat.* (De Bérélise [Mlle de Brienne].)

J'aime mieux être seule avec une personne que d'être en grande compagnie *: Le tête-à-tête me plaît infiniment plus que le chorus.* (De Gabine [la marquise de La Grenouillère].)

Un homme qui fait profession de soupirer en tous lieux : *Un soupirant d'office.* (De Cléocrite le jeune [Thomas Corneille].)

Le soleil : *L'époux de la nature.* (De Madate [La Ménardière].)

La frayeur a saisi toute l'assemblée : *La frayeur a couru dans toute l'assemblée.* (De Cléocrite l'aîné [Corneille], en son *Criminel innocent* [*Œdipe*].)

Un silence obstiné : *Un silence affermi.* (Du même, en la même pièce.)

Je ne sais pas pourquoi cet homme est si bête, vu qu'il sort de gens assez spirituels : *Je ne sais pas pourquoi cet homme est si bête, vu qu'il sort d'une estampe assez correcte.*

T

TRAFIC. Voyez *Richesses.*

TRASIMÈNE [Mme de Toussy] est une précieuse de qualité qui loge au quartier de Léolie. C'est une femme qui voit autant de gens d'esprit que précieuse du monde ; la robe est plus en estime chez elle que l'épée : aussi les gens de lettres se jettent-ils plutôt de ce côté que de celui de la guerre. On parle de sa galanterie, qui passe, au sentiment des plus connaissants, pour de la plus fine et de la plus agréable. Il est certain que les vers, la musique et les cadeaux sont ses divertissements ordinaires, et que Lucilius [La Rivière] est un de ses premiers alcôvistes : sa qualité et l'estime où son esprit l'a mis en sont des raisons assez grandes sans que je sois obligé d'en alléguer d'autres, que je veux ignorer et que peu de gens peuvent savoir.

TIMOCLÉE [Mme Tarteron] n'est pas une des plus jeunes précieuses de celles dont j'ai parlé, puisqu'il y en a de dix-huit, de vingt, de vingt-deux, de vingt-six, de trente et de quarante [ans], et qu'elle en possède quarante-cinq à sa part, comme mes mémoires me l'apprennent. Ce n'est pas assurément être à la fleur de son âge que d'être arrivé jusque-là ; et ainsi, sans parler d'alcôvistes ni d'amants, de vers ni de galanterie, je me contente de dire qu'elle a de l'esprit, qu'elle parle extraordinairement et qu'elle loge au quartier de Léolie.

THIAMISE [Mlle Thomassin]. Si la beauté était une partie nécessaire aux précieuses, Thiamise, qui ne peut pas passer pour belle, ne serait sans doute point de ce nombre ; mais comme l'esprit en est la plus essentielle, et qu'en avoir beaucoup, faire des vers ou des romans, écrire ou parler extraordinairement, suffisent pour être mise dans ce rang, elle a tout le droit possible d'y prétendre, puisqu'elle parle d'une manière qui ne tient rien de la commune. Pour ses alcôvistes, je ne les compte point, de peur d'être trop long : car on ne parle pas de moins que d'un régiment, et ces histoires fournissent d'entretien à la plupart de ceux de Corinthe, d'où elle est.

TAXILÉE [Mme de Templery], nièce de Garamantide [Mme Guidy], est une précieuse aussi de Corinthe ; elle est jeune, elle est belle, elle est spirituelle, elle est galante, elle fait des vers, elle parle gras, elle dit des mots nouveaux, elle a des amants, elle a un mari, elle a un alcôviste, elle sympathise avec Garamantide et, si l'une a l'humeur docile, la fierté de l'autre n'est pas insupportable. Aussi l'on peut conclure sans médisance que sa conversation est fort tendre, et que Memnon [Maubousquet], qui est de tous ceux qu'elle voit celui qu'elle considère le plus, n'est pas un des plus malheureux de ceux à qui l'amour a fait sentir son pouvoir, puisque, quand on est le mieux traité de ses rivaux, on a toujours lieu d'être fort satisfait.

THESSALONICE et sa fille [Mme et Mlle de La Trémouille] sont deux précieuses de grande naissance, l'une du temps de Valère [Voiture], l'autre est encore aujourd'hui une des agréables personnes de son siècle. Elle écrit galamment en prose, et elle a fait elle-même son portrait.

TISIMÈNE [Mme de Thianges], fille de Métrobarzane [M. de Mortemart], est une précieuse âgée de trente ans. Sa beauté et sa naissance ont tout le rapport imaginable, et son enjouement a toujours donné des marques de son esprit ; c'est encore aujourd'hui une des plus agréables femmes de la cour ; mais, puisqu'elle est fille de Métrobarzane, il ne faut pas s'en étonner, car c'est un homme fort galant, et qui fait fort bien des vers ; aussi Tisimène a-t-elle conservé cette inclination pour les lettres et l'estime pour tous ceux qui s'en mêlent, qu'elle voit d'assez bon œil, pourvu qu'ils aient quelque enjouement : car les choses trop mélancoliques lui déplaisent. À présent elle n'a point d'alcôviste particulier, et conserve une grande égalité pour tous ceux qui la voient.

TIMARÈTE [la présidente de Thoré] est assez connue par son nom, et l'on sait assez qu'elle est belle et que les gens d'esprit sont bienvenus chez elle. Le voyage de Bracamon [Gilles Boileau] en sa maison de campagne a fait assez de bruit sans qu'il soit besoin d'en parler ; il suffit de dire que Barsamon [l'abbé de Boisrobert] et Bracamon sont les deux auteurs qu'elle voit le plus souvent ; l'on peut inférer de là que les choses satiriques et enjouées ont plus d'agrément pour elle que les sérieuses et les mélancoliques.

THÉODAMIE [Mme du Tillet], sœur de Spagaris [Mme de Saint-Germain-Beaupré], est une de ces précieuses de qui l'on ne parle point, de crainte d'en trop dire.

TOXARIS [Mme Tallemant] est une précieuse du quartier de Léolie qui voit toutes les précieuses de son quartier, et l'amour qu'elle a pour les vers, et surtout pour les jeux du cirque, est connu de tous ceux qui la visitent ; elle en est même protectrice, et ne voit pas seulement les auteurs, mais même Bavius [Boyer] est logé dans sa maison. C'est un homme qui fait fort bien des vers et qui a du mérite ; mais, ô temps malheureux ! ô modes étranges ! les applaudissements s'achètent à force de lectures, il les faut briguer, et Quirinus [Quinault] a amené cette coutume ridicule de mendier les approbations, et l'a si bien établie qu'il faut que les autres la suivent. Bavius, malgré sa fierté naturelle, y a été contraint, et Toxaris a bien fait son devoir à vanter ses ouvrages ; mais au moins avait-elle cette consolation que leurs beautés propres autorisaient ses soins, et lui celle de voir que l'on faisait quelque différence des siens avec ceux de celui dont j'ai parlé ci-dessus, et que ses partisans soutenaient en lui le mérite, et non la bagatelle.

TIRIANE [Mlle Tournon]. Je ferais un grand péché si je parlais de cette précieuse, puisqu'il n'y a rien de si dangereux que de s'engager à parler de ce que l'on ne connaît pas, et que c'est de toutes celles dont j'ai parlé celle que je connais le moins ; je la veux pourtant croire fort accomplie, puisque l'on nous ordonne de croire toujours du bien de notre prochain.

TIRIDATE II, de Memnon [l'abbé Têtu de Mauroy], est un homme fort galant, qui fréquente toutes les belles ruelles de la ville d'Athènes, et qui fait plus de petites pièces galantes en vers que pas un de ceux dont on en imprime tous les jours.

TIRIDATE, troisième du nom [l'abbé Têtu, frère du chevalier du guet], est un homme dont l'esprit est connu de toutes celles qui tiennent alcôves, qui le reçoivent avec d'autant plus de joie qu'il porte avec lui tous les agréments qu'on peut attendre d'un parfait galant. Il lui est arrivé une aventure qui fera voir qu'il est peu de personnes qui voient plus de précieuses que lui, et qui montrera en même temps que non seulement les femmes s'assemblent dans Athènes, mais encore qu'elles le font à la campagne. En effet, elles s'assemblèrent un jour pour acheter une place à la campagne, pour y bâtir une maison qui fût en commun et où chacune eût son appartement ; et, n'ayant pas seulement proposé l'affaire, mais mise en exécution, et ayant convié Tiridate d'y faire faire un appartement pour lui, il leur dit qu'il n'avait point d'argent. Alors une d'entre elles lui dit qu'il n'avait qu'à y faire bâtir, et qu'elle satisferait les ouvriers : ce que Tiridate exécuta aussitôt ; mais, la dame s'étant dédite à la fin du paiement, Tiridate fit une épigramme par laquelle il fit connaître à tout le monde son ressentiment, disant que cette femme bâtissait aisément, son mari ne manquant point de bois ni elle de plâtre.

*

Cet homme-là n'a aucune tendresse et n'est capable d'aucune passion : *Cet homme a l'âme paralytique.* (De Sophie [Mlle de Scudéry].)

Le trouble de la cour : *La turbulence de la cour.* (De Crisante [Chapelain].)

La foudre : *Une ardeur pénétrante, un orage fumant, une brûlante vague, un torrent enflammé.* (De Bardésane [Brébeuf].)

Tuer plusieurs personnes : *Faire un meurtre épais.* (Du même.)

Traiter mal un amant : *Faire des rudesses à un amant.* (De Sophie.)

La terre : *Le piédestal du bas monde.* (De Madate [M. de La Ménardière].)

Il faudrait que vous me donnassiez vous-même le temps de vous considérer : *Il faudrait, pour vous voir entier, que vos délassements daignassent me choisir un loisir.* (De Cléocrite l'aîné [Corneille], en son *Criminel innocent* [*Œdipe*].)

Une ombre chérie avec tendresse : *Une ombre chérie avec fureur.* (Du même, en la même pièce.)

U-V

VICTOIRES. Elles ont gagné en divers combats l'oriflamme du bien dire, emporté d'emblée quelques alcôves, et réduit en deux batailles rangées toutes les ruelles considérables sous une domination, et y ont établi l'ancien culte de la galanterie, et ont rappelé la liberté des conversations, que la rudesse des esprits en avait bannie.

URIONE [Mlle Le Vieux] est de ces précieuses qui n'attendent pas qu'elles aient quarante ans pour se mêler des lettres, puisque, encore qu'elle n'ait que dix-neuf à vingt ans, elle ne laisse pas d'en avoir la connaissance, et de savoir distinguer les bonnes choses d'avec les méchantes ; mais, comme elle est belle, cela ne me surprend pas, puisque, encore qu'il y ait de belles stupides, il est bien plus naturel et bien plus ordinaire que les belles soient spirituelles. Au moins cela se rencontre-t-il chez elle, puisqu'elle a également de l'esprit et de la beauté. Ces fondements promettent d'elle tout ce que l'on peut attendre de la précieuse la plus parfaite ; et si à présent elle lit les romans, les galanteries de vers et de prose, nous avons lieu d'espérer qu'elle y mettra quelque jour la main. Comme elle est belle, ses propres aventures lui en donnent assez de matière, puisque la beauté en fournit souvent aux moins intrigantes, outre que les siennes ont déjà commencé en la personne de son alcôviste, Mégaclès [l'abbé de Moissy], qui cherche avec tout l'empressement possible les moyens de lui donner des preuves de son estime, et que cela suffit pour occasionner tous les jours entre eux cent petites galanteries spirituelles, dont ils nous feront part quand ils voudront : car, s'ils ne sont pas d'humeur à le faire, je ne suis pas d'humeur à découvrir leurs secrets, malgré qu'ils en aient ; et je borne ce que j'en veux dire au lieu même où elle fait sa résidence ordinaire, qui est sur un des fossés d'Athènes.

VARSAMÈNE [Mme de Vlogny] est une illustre précieuse de la ville de Lescalle. Elle passe six mois de l'année à Athènes. C'est la femme de Grèce qui a le plus de passion pour le jeu, aussi bien que Varsamon [M. de Vlogny] son mari. Elle est de la coterie de Lidaspasie [Mlle Lesseville] et de sa sœur, dont nous avons parlé ci-devant, et ce sont elles, à ce que l'on dit, qui lui ont inspiré l'humeur précieuse. Cette Lidaspasie et sa sœur sont souvent visitées du chevalier Galérius [Guiche, futur Grammont], qui est un des plus galants, des plus lestes, des plus enjoués et des plus spirituels courtisans du grand Alexandre [le roi].

URISTÈNE et sa sœur [Mlles de Villebois] logent dans l'île de Délos. Elles passent toutes deux vingt ans, et ont toutes les qualités nécessaires à deux précieuses : car, premièrement, elles n'ont point de mère, elles ont beaucoup d'esprit, aiment fort les vers et les romans ; mais, pour reprendre plus au long leur histoire, il faut savoir que la grande naissance chez elles n'a pas été suivie des grands biens, ou du moins que la guerre les a empêchées d'en jouir jusqu'ici. Cela n'a pourtant pas empêché que leur maison n'ait été de tout temps un abord perpétuel de monde, et qu'elles n'aient toujours vu des gens de la première qualité, même que des princes n'aient soupiré pour elles ; ou, si cela n'a pas été jusqu'aux soupirs, au moins y a-t-il eu de fréquentes visites et des assiduités considérables. Ce n'est pas qu'elles soient les deux plus belles personnes du monde ; mais c'est que, quand on a beaucoup d'esprit comme elles en ont, et que l'on n'épouvante pas les yeux, on captive aisément, surtout quand l'agrément du visage est soutenu par celui de la conversation, et que l'enjouement accompagne les beaux sentiments, que l'on y mêle la voix et les plus agréables chansons, comme fait Uristène la cadette, qui chante assez juste pour une personne qui ne s'en pique pas. Elles font toutes deux des vers et parlent assez bien, pour des Grecques, la langue d'Hespérie. Elles ont de grands commerces de galanterie, écrivent et reçoivent quantité de billets doux. Tiribaze [Tourville] rend ses assiduités et donne ses soins à la plus jeune ; Caziodore [Cailly] les rendait à l'aînée ; mais un malheur a causé quelque refroidissement entre eux : la cause de ce malheur vient de ce qu'Uristène avait dit que Caziodore était dans ses fers ; et en effet, il l'a souvent dit lui-même dans ses chansons, et en a donné de plus grandes preuves ; mais comme sa foi le tient ailleurs engagé, et que les gens mariés veulent bien aimer et ne veulent pas qu'on le dise, et qu'ils cachent toujours du manteau de l'estime leurs plus violentes passions, ou même par quelque sentiment de froideur, il voulut ôter l'opinion qu'il avait fait naître, et fit quelques vers qui démentaient tout à fait ceux dont jusque-là il l'avait entretenue. Il ne les lui envoya pourtant pas ; mais, soit qu'il le fît à dessein ou que ce fût par hasard, Uristène les vit. Comme elle a l'esprit fort vif, elle s'emporta aisément ; ainsi ce ne fut plus que reproches et que menaces de son côté, jusques là que leurs mépris éclatèrent à tous deux dans un lieu où ils se trouvèrent. Si Uristène eût été homme et que Caziodore eût été cavalier, il y eût sans doute eu du sang répandu ; mais le sexe de l'une et la vieillesse de l'autre empêchèrent que la chose n'allât plus avant. Je ne me suis point informé savoir s'ils se sont raccommodés, et je laisse cette affaire où elle en demeura pour lors pour dire qu'elles aiment le jeu ; qu'Uristenius [Villebois], leur père, ne le hait pas, et qu'il va souvent chez Tubérine [Mme de Tigery], qu'elles visitent aussi. Cette Tubérine est une précieuse de qualité logée dans la place Dorique, chez qui on joue fort, et qui voit beaucoup de gens de lettres ; mais ce sont ceux qui n'en font pas profession et qui n'écrivent que quand ils sont engagés dans quelque affaire de galanterie. Polidor, second du nom [Perrot], les voit aussi quelquefois : c'est un jeune homme de l'île de Délos qui fait des vers du mieux qu'il peut, et qui les considère comme deux filles d'esprit. L'aînée aime la chasse et est de taille à se bien mettre à cheval ; la cadette a les inclinations plus tendres ; mais chacune en particulier est fort aimable. J'oubliais à dire qu'elles parlent de la manière des précieuses, et qu'elles se piquent de dire des choses qui n'ont jamais été. Je ne sais pas si cela est possible, mais je sais bien que, si elles peuvent dire quelque chose de nouveau, nous ne pouvons, ni elles ni moi, rien faire que nos pères n'aient aussi fait avant nous.

VIRGINIE et sa fille [Mme et Mlle de Villaine] sont deux précieuses de grande naissance, et dont la ruelle est des plus fréquentées. Elles passent toutes deux pour fort spirituelles et fort aimables. Virginius [le marquis de Villaine], mari de l'une et père de l'autre, a rendu le métier d'astrologue illustre par son *Almanach galant*. C'est chez eux que toutes les pièces se lisent, et on en juge avec autant de connaissance qu'en aucun autre lieu. Du reste, leur nom est assez connu dans Athènes, sans qu'il soit besoin d'en dire davantage.

VALÉRIE [Mlle du Vigean] est une précieuse ancienne des plus illustres du temps de Valère [Voiture].

VALÈRE [Voiture] est si connu parmi les anciennes précieuses, si estimé parmi les jeunes, si célèbre dans les écrits de tous ceux de son temps, et ses œuvres si bien imprimées dans les esprits de tous ceux qui font profession soit de lettres, soit de galanterie, qu'il est presque impossible d'en dire quelque chose qui ne soit su de ceux qui liront ceci. Cependant, bien que j'en aie parlé dans plusieurs histoires dont il a causé les principaux incidents, je ne laisse pas de rendre encore ici un témoignage à son mérite, conforme à la voix publique ; et je le fais avec d'autant plus de facilité que je trouve en lui un exemple qui justifie tout ce que j'ai dit des femmes spirituelles sous le nom de précieuses, et qui me sert d'autorité en ce que j'ai écrit des hommes, et surtout de ceux qui se piquent de galanterie, dans un livre qui semble n'être fait que pour elles : car Valère me donne de quoi me défendre et de quoi rendre juste tout ce que j'ai fait à l'égard des uns et des autres. Pour les femmes, il est certain que, si les hommes font quelque chose pour leur gloire, ce sont elles qui donnent le prix aux choses et qui mettent les ouvrages en réputation. Pour les hommes, c'est une vérité constante qu'il n'y en a point, entre ceux dont j'ai parlé, qui ne soient inséparables des précieuses, ou parce qu'ils en suivent les sentiments, ou parce qu'ils parlent comme elles, ou parce qu'ils les aiment et qu'ils font profession ouverte de galanterie, ou parce qu'ils leur doivent l'estime qu'ils ont dans le monde ; et c'est ce que je montre par la preuve que Philinte [Pinchêne] me fournit dans la préface qu'il a mise à la tête des œuvres de Valère, où, parlant de ce chef-d'œuvre des dames, ou, pour m'expliquer plus clairement, du plus galant de son siècle, il dit : « Mais je me trompe fort si le suffrage d'un homme, pour qualifié qu'il soit dans l'ordre de la fortune et de la suffisance, lui est plus avantageux que l'approbation de ces femmes illustres qui ont fait de son entretien et de ses écrits un de leurs plus agréables divertissements. Ce sexe a le goût très exquis pour la délicatesse de l'esprit, et il faut prendre ses mesures bien justes pour être toujours lu ou écouté favorablement au cercle et au cabinet. C'est en quoi celui dont je t'entretiens a été un grand maître ; il a très bien pratiqué cet oracle d'un ancien, que c'est bien souvent un tour d'adresse que d'éviter de plaire aux docteurs. Aussi voulait-il plaire à d'autres, je veux dire à la cour, dont les dames font la plus belle partie. Je me contenterai d'en nommer trois, qui tireront facilement après elles le consentement des autres, protestant qu'en cet endroit je fais beaucoup moins de réflexion sur la condition de mes témoins que sur leur mérite. » Les trois témoins dont Philinte veut parler sont la princesse Léodamie [la duchesse de Longueville], l'illustre Stéphanie [la marquise de Sablé] et l'agréable Ménalide [la marquise de Montausier] ; puis il ajoute : « Cette princesse et ces dames veulent bien que je dise d'elles, pour la gloire de notre auteur, qu'elles ont jugé qu'il approchait de fort près des perfections qu'elles se sont proposées pour former celui que les Ausoniens nous décrivent sous le nom de parfait courtisan, et que les Grecs appellent un galant homme. » Je me suis servi des termes de Philinte pour montrer la vérité que j'ai avancée, que les dames forment les hommes, et qu'elles s'en forment elles-mêmes des idées particulières, comme il est aisé de voir par ces mots : « Elles ont jugé qu'il approchait de fort près des perfections qu'elles se sont proposées, etc. » On peut encore tirer du commencement de cette citation que c'est une chose qui ne reçoit point de doute que c'est aux femmes que les auteurs veulent plaire, et que c'est pour acquérir la gloire dont les précieuses sont maîtresses qu'ils travaillent ; et c'est cette sorte de gloire que Valère s'était acquise au plus haut point qu'elle puisse monter, puisqu'il n'était pas moins l'agrément des ruelles que les plus belles d'entre les dames qu'il fréquentait.

Volusius [le chevalier de Villegaignon]. Si je n'eusse rien oublié à l'histoire de Barténoïde [la marquise de Boudreno], ou plutôt si je l'eusse sue tout entière, le chevalier Volusius aurait des premiers tenu son rang dans ce Dictionnaire. C'est un des plus galants hommes d'Athènes et des plus élo-quents de ceux de sa profession ; et, si vous voulez savoir pourquoi je lui donne ces éloges, je vais en peu de mots satisfaire à votre curiosité. Volusius étant devenu éperdument amoureux de sa belle cousine Barténoïde, il chercha tous les moyens imaginables de lui déclarer son feu ; et, comme il vit qu'il ne pouvait trouver d'occasion assez favorable pour lui pouvoir découvrir jusqu'au fond de son âme, il feignit d'avoir quelque grande affaire à lui communiquer et, pour cet effet, la pria de lui vouloir donner audience. Barténoïde, voyant qu'elle ne se pouvait exempter de l'entendre, lui donna rendez-vous dans son jardin. Volusius ne manqua pas de s'y rendre et, après avoir salué son incomparable cousine, qui s'y trouva aussitôt que lui, il fut longtemps à louer sa beauté ; de là, il passa à la déclaration de son amour et, comme il vit qu'elle ne lui répondait rien, il se mit sur le chapitre de sa cruauté ; à quoi elle répondit comme aux deux précédents. Pendant que cet amant déployait toute son éloquence pour prouver son amour et sa fidélité, Barténoïde, qui avait dessein de s'échapper de lui, l'amena insensiblement auprès de la porte et, comme ils y furent arrivés, elle s'arrêta et lui dit : « Mon cousin, si vous n'avez que cela à me dire, je n'ai rien à vous répondre, sinon que vous êtes trop éloquent pour être fort amoureux. Adieu. » Après cela elle sortit promptement et s'alla enfermer dans sa chambre. La surprise de Volusius fut si grande qu'il n'eut pas la force de la suivre, et tout ce qu'il fit quand il fut un peu revenu à soi, ce fut de pester contre les précieuses et de les admirer tout ensemble.

*

Cet homme entre à toute heure chez Sylvie, et la voit en quelque état qu'elle soit, et on ne lui demande jamais où il va ni ce qu'il veut : *Cet homme entre chez Sylvie sans prélude, et est pour elle un galant de plain-pied.*

Un homme de qualité, parent d'une précieuse fort illustre, fut un jour chez elle, et étant entré jusque dans un cabinet où elle était sans parler à personne, il trouva un amant avec elle ; et voyant quelque émotion sur leur visage, il se retira, disant qu'étant entré sans préluder et de plain-pied comme ami, il devait le secret comme parent. Depuis on a dit, pour exprimer un homme qui a le pouvoir d'entrer à toute heure sans rien dire chez quelque femme, et qui va la trouver jusque dans les lieux les plus secrets, *un homme qui entre sans préluder et un galant de plain-pied.*

Si je mets cette aventure sans nommer personne, l'on peut juger de là que je sais taire les choses qu'il ne faut pas dire, et que la naissance de ceux à qui elle est arrivée m'a obligé d'en dérober les noms à la connaissance du public.

On la fait vieille avant le temps : *On lui fait venir une vieillesse précipitée.* (De Bélisandre [Balzac].)

La vérité : *L'âme de la probité.*

Je fais des vers sans art, et je vous aime parfaitement et avec raison : *Je ne fais des vers qu'en rêvant, mais je vous aime avec étude, et de tout mon sens.* (De Mégaste [le père Le Moine].)

Votre vertu vous empêche de vous ébranler à la vue des troubles : *Vous voyez les troubles du haut de votre vertu.* (De Bardésane [Brébeuf].)

Qui voit Daphné la connaît : *Daphné a toute son âme dans les yeux.*

Un visage vieil *: Un visage dont les traits sont désordonnés.* (De Ménandre [Ménage].)

APOSTILLE

La ville de Milet étant une des plus grandes villes de Grèce et une de celles où il se passe le plus de galanteries, je n'ai pas voulu vous priver du plaisir que vous devez avoir en lisant les aventures de tant d'illustres précieuses de cette charmante ville ; et comme les mémoires que j'en ai reçus me sont venus trop tard, et que j'avais déjà fait commencer à mettre ce Dictionnaire sous la presse pour satisfaire à l'impatience de ceux qui le demandaient avec empressement, j'ai cru que les personnes dont j'ai à parler étaient assez illustres, et les incidents que j'ai à raconter assez remarquables, pour me faire retourner à l'A, B, C.

B

BARIMÉNIDE [Mme de Bernon] est une précieuse âgée de trente ans ; elle est brune, et elle a la taille grande et bien faite, l'œil noir, brillant et plein de douceur, la bouche un peu grande, les dents blanches et bien rangées, la gorge admirable, et le teint aussi frais qu'elle avait à l'âge de quatorze ans, qu'elle fut mariée. L'humeur précieuse règne si fort chez elle, et elle aime si fort l'indépendance, que, si on ne l'eût mariée à cet âge, elle n'aurait jamais pu se résoudre à recevoir un maître. Elle a l'esprit fin et flatteur, et ses amants l'accusent d'avoir l'âme un peu inégale ; mais ils ne savent pas que c'est une qualité nécessaire à une précieuse, qui ne doit pas toujours faire bonne mine à ceux qui la visitent depuis longtemps, de crainte d'empêcher que d'autres ne la viennent voir, ce qu'elle doit toujours rechercher afin d'avoir une alcôve toujours pleine de toutes sortes de personnes, et d'y faire admirer son esprit en jugeant souverainement de toutes choses ; et c'est là d'où vient l'estime que l'on a d'abord conçue pour les précieuses et d'où vient que l'on a tant parlé d'elles. Jamais personne n'a tant brûlé de cœurs et ne s'est tant plu à faire des martyrs d'amour que l'incomparable Bariménide ; aussi ne s'est-elle, à la fin, pu défendre d'avoir quelque penchant d'amitié pour l'illustre Bagoras [M. de

La Baroullière] ; mais cet amant jaloux se mit bientôt mal avec elle, parce qu'elle écoutait les soupirs d'un autre, au moins à ce qu'il se figurait ; mais elle lui fit bientôt voir qu'il devait mieux conserver la place qu'il avait dans son amitié, et qu'étant véritablement précieuse, elle était encore assez maîtresse d'elle-même pour le perdre sans regret, et même sans inquiétude ; et de fait, voyant qu'il continuait d'avoir cette pensée, elle se résolut de ne le plus voir ; et, contre l'ordinaire de toutes les femmes, qui ne peuvent être longtemps en colère contre ceux pour qui elles ont eu quelque chose de plus que de l'estime, elle fut six ans sans vouloir entendre parler de raccommodement avec Bagoras, bien qu'ils se rencontrassent fort souvent en compagnie : car, quoique cet amant fût obligé d'aller passer une partie de l'année à Athènes, où il avait une très belle charge dans une cour souveraine, où toutes les charges sont semestres, il ne laissait pas que de venir à Milet aussitôt que ses affaires lui permettaient. Mais tous ces voyages se faisaient sans fruit et sans qu'il pût rentrer en grâce auprès de Bariménide ; toutefois ils se sont vus, depuis trois mois, dans une maison de cette ville où il y a toujours grand monde, et où l'on joue incessamment ; et, s'étant insensiblement mis à parler et à jouer ensemble, l'on ne doute point qu'ils ne soient à présent en bonne intelligence, car depuis (à ce que l'on dit) cet amant a vu Bariménide chez elle ; mais ce qui est de plus admirable, c'est que le mari de Bariménide, qui est aussi officier dans une cour souveraine, avait, il y a longtemps, une amitié très grande pour une dame qui se nomme Martane [Mlle de Monrozat la mère], qui, quoiqu'elle soit sur le déclin de son âge, peut encore plaire à une personne qui en a été éprise, car elle a encore la taille belle, le teint et les yeux admirables, et la main aussi belle que l'on puisse imaginer ; c'est pourquoi, voyant que cet amant de sa femme avait renoué avec elle, il en a autant fait avec Martane ; ainsi l'on remarque dans Milet qu'après une rude guerre entre quatre personnes, deux paix fort considérables se sont faites en fort peu de temps. Au reste, si chacun de ces messieurs goûte des douceurs avec sa dame, ce ne sont que celles de la conversation, Bariménide étant véritablement précieuse, comme vous venez de voir, et ne se laissant pas gouverner par l'amour, comme le temps qu'elle a été à renouer avec Bagoras fait assez connaître. Pour ce qui regarde le mari de Bariménide, comme il aime la conversation, et que présentement il ne peut pas toujours jouir de celle de sa femme, il ne faut pas s'étonner s'il a renoué avec Martane.

BLOMESTRIS [Mme Blauf] est une femme âgée de vingt-cinq ans, qui a été mariée fort jeune ; mais, comme ce mariage se fit plutôt par raison que par amour, l'ardeur qu'elle a pour son mari ne l'incommode point : ce n'est pas qu'il n'ait le cœur grand, les inclinations nobles, et qu'il ne sache bien user de son grand bien, car il tient un équipage de chasse digne d'un prince et reçoit si admirablement bien tous ceux qui le vont voir, soit à sa maison de ville, soit à celle de campagne, que l'on n'en revient jamais sans s'entretenir de sa magnificence : aussi toutes ces choses ne déplurent-elles point d'abord à Blomestris, qui naturellement a l'âme grande ; mais elles n'empêchèrent pas que, parmi une foule incroyable d'adorateurs, elle ne jetât les yeux sur Pisidore [Prost] pour l'écouter plus favorablement que les autres, et bientôt après il se noua une telle amitié entre eux que l'on ne vit jamais rien de semblable, et la conversation de Blomestris plaisait si fort à Pisidore, et celle de Pisidore à Blomestris, qu'ils se donnaient partout des rendez-vous pour en pouvoir goûter les douceurs sans être interrompus. Mais leur bonheur ne dura pas longtemps, et ils se virent bientôt traversés par Calisténès [Croppel], qui est frère de Blomestris, et qui prit plaisir à les interrompre par sa présence et à les suivre dans tous les lieux où ils allaient, ce qui le fit haïr et de l'un et de l'autre. Mais hélas ! ce malheur fut bientôt suivi d'un plus grand, et notre précieuse en ressentit bien plus vivement les atteintes : car Pisidore, qui ne s'était jamais pu résoudre à se marier, se résolut de le faire, et s'y résolut même sans lui vouloir dire et, voyant que l'on lui présentait un parti fort avantageux, il prêta l'oreille à cette alliance et ne la voulut point différer de crainte que Blomestris n'y apportât quelque obstacle ; toutefois la femme qu'il prenait appréhendait fort de se marier avec lui, craignant de n'être point aimée de son mari, car tout Milet savait l'intrigue qu'il avait avec Blomestris ; mais, quoiqu'elle craignît avec beaucoup de fondement, sa crainte néanmoins ne laissa pas que d'être vaine ; car Pisidore ne fut pas plutôt marié qu'il devint éperdument amoureux d'elle. Blomestris ne pouvait souffrir ce changement et, croyant que cet homme, après les premiers jours de son mariage, renouerait sans doute avec elle, elle ne voulut point rompre avec lui ; et pour cet effet, elle lui fit le même accueil qu'auparavant ; elle visita même sa femme ; et pour mieux jouer son jeu, elle fit grande amitié avec elle. Mais tout cela ne lui servit de rien : car Pisidore, bien loin de continuer l'amitié qu'il avait pour elle, la quitta, et devint si puissamment amoureux de sa femme qu'il ne l'avait jamais tant été de personne ; mais ce qui est le plus à remarquer dans cette histoire, c'est que Cloridan [Contenson, comte de Saint-Jean], qui était confident de Pisidore pendant qu'il aimait Blomestris, et qui l'aimait aussi lui-même, voyant que son ami l'avait quittée pour se donner entièrement à sa femme, se résolut de poursuivre ce que Pisidore n'avait fait qu'ébaucher ; et comme par le rapport de son ami il avait une entière connaissance de l'humeur de Blomestris, il crut qu'il trouverait facilement le moyen d'en être favorablement écouté, ce qui l'engagea à la servir, comme il a toujours fait depuis. D'un autre côté, il se trouva que Calisténès, frère de Blomestris, soit par amour, soit par vengeance, entreprit de servir la femme de Pisidore. Ces aventures firent parler tout Milet ; et ce qui donna encore plus de divertissement, c'est que Pisidore, qui avait encore un reste d'amitié pour Blomestris, devint en même temps jaloux du frère de sa première inclination, qui aimait sa femme, et de son ami, qui aimait sa maîtresse.

BAZARE [Basset] est un homme de trente-deux à trente-trois ans, qui, avant que d'avoir l'emploi qu'il a présentement, faisait parler de lui comme d'un des plus beaux génies de Milet. Il a fait représenter aux jeux du Cirque [la comédie], étant encore fort jeune, un ouvrage de sa façon, qui a été généralement approuvé de tous ceux de cette ville ; il ne travaille plus présentement, son emploi ne lui laissant pas de temps de reste.

C

CORIANE [Mme Coutton] est une veuve d'un des principaux magistrats de cette ville, qui lui a laissé beaucoup de bien ; et quoiqu'elle ait soixante et dix ans passés, l'âge ne lui a point encore fait perdre l'inclination qu'elle a toujours eue pour la galanterie. Elle n'a présentement rien de beau que le bras et la main : car, pour son visage, il est tel qu'il faudrait avoir de l'encre plus noire que la mienne pour vous en faire la peinture ; toutefois, comme elle est une des plus grandes précieuses de Milet, son esprit la fait adorer d'une personne de la première condition de cette ville, qu'on nomme Didonius [M. de Pierre-Clos] ; il est âgé de vingt à trente ans, il est bien fait, et il a des qualités capables de le faire aimer des plus belles et des plus spirituelles personnes du monde ; néanmoins il ne laisse pas de voir Coriane tous les jours, de la suivre en tous lieux ; il la mène au Cours et aux jeux du Cirque [la comédie], et paraît aussi vain d'être bien auprès de cette vieille que s'il était aimé de toutes les plus belles dames de Milet ; mais ce qui fait l'admiration de tous ceux qui savent la vérité de leurs amours, c'est que Didonius ressent effectivement dans le cœur tout le feu qu'il fait paraître, et qu'il ne ressemble point aux jeunes gens, qui n'ont pour l'ordinaire que des amours intéressées pour des personnes de cet âge ; mais lui, tout au contraire, consomme une infinité d'argent auprès d'elle, et fait tout ce que feraient ceux qui voudraient enchaîner un jeune cœur. Cette femme aime plus que jamais tous les divertissements ; elle ne perd aucun des jeux du Cirque et se trouve dans toutes les assemblées de plaisirs ; il est vrai qu'elle ne va pas au bal ; mais, n'y pouvant aller avec bienséance, elle se prive souvent de cette satisfaction, plutôt par politique que parce qu'elle le doit. Elle a néanmoins une nièce, avec laquelle on sait qu'elle n'est bien que dans l'hiver, afin d'avoir lieu d'y aller quelquefois sous prétexte de l'y mener ; mais elle rompt avec elle dès que le carême est venu, pour n'avoir point de surveillants. Elle aime encore les vers et toutes les galanteries de cette nature comme ferait une précieuse de vingt-cinq ans.

CAMESTRIS [Mme de Camot] est une précieuse de qualité, de trente-deux ans ; elle est une des mieux faites de Milet, et si elle était un peu plus grande il n'y aurait rien à souhaiter en sa personne, ayant les yeux beaux, la bouche petite, les dents bien rangées et le teint des plus déliés. Comme avec ces avantages de la nature elle a de l'esprit infiniment, plusieurs galants hommes lui ont adressé leurs vœux, et surtout Rosomane [M. de Robbio]. Cet amant a été le plus opiniâtre de tous et, la fierté de Camestris ne l'ayant point rebuté, il a enfin connu, après l'avoir servie longtemps, qu'il est peu de femmes qui résistent à un homme qui joint la persévérance à l'amour : car il acquit par là l'estime de cette personne jusques à un tel point qu'elle avait une entière confiance en lui ; mais, comme tout est sujet au changement, ils rompirent bientôt ensemble, et je ne sais par quelle raison cet amant la quitta. Il fit un voyage à la cour, où, étant appuyé d'une personne de la première qualité, il trouva un emploi considérable, ce qui l'obligea de faire céder l'amour à l'ambition. On dit que ce départ fâcha fort Camestris, et que même, depuis la paix entre les deux premières couronnes de l'Europe, que cet amant est revenu à Milet, elle a fait quelques démarches pour renouer avec lui, quoiqu'elle ne l'ait jamais avoué : car, comme elle est aussi fière qu'elle est belle et, qui plus est, précieuse, elle mourrait plutôt que d'en donner la moindre connaissance. Elle est présentement tout à fait retirée, ne fréquente plus personne et n'a point d'autre occupation que les livres, avec qui les précieuses disent qu'elles aiment souvent mieux s'entretenir qu'avec une infinité d'ignorants dont la conversation est très ennuyeuse.

CORIOLANE [Mme Chartier] est une précieuse qui approche de sa trentième année ; elle est brune et bien faite, et n'a rien en sa personne qui ne plaise infiniment ; elle aime le faste, et par cette raison elle permit autrefois à Gisimaque [Gueston] de soupirer pour elle, qui, ayant avec trente mille livres de rente un esprit des plus galants, se mit en peu de temps bien avec elle, et l'on peut dire que l'amitié qui se lia entre eux devint si forte que l'on ne douta bientôt plus que la dame n'aimât autant qu'elle était aimée : témoin l'aventure que je vous vais raconter, et qui arriva un jour que ces amants se rencontrèrent dans une assemblée qui était composée de tout ce qu'il y a de plus illustre dans Milet. Là s'étant mis tous deux à jouer, Coriolane, qui faisait de moitié avec Gisimaque, ayant la fortune assez favorable, ne put s'empêcher de se tourner de son côté et de lui dire sans penser au monde qui la pouvait entendre : « Mon cœur, viens voir le beau jeu que j'ai. » Gisimaque en rougit pour elle, et toute la compagnie se mit à rire. Elle voulut aussitôt réparer cette faute, disant que l'on avait tant fait la guerre a un homme de la compagnie qui disait incessamment à sa femme : « Mon cœur », qu'elle avait dit cette parole à Gisimaque sans y penser ; et si elle ne se fût point troublée en disant cela, elle se serait tirée en véritable précieuse, c'est-à-dire en femme spirituelle, d'une affaire qui aurait sans doute embarrassé beaucoup d'autres. Quand la compagnie se fut séparée, son amant lui conseilla de cacher l'estime qu'elle avait pour lui, ce qu'elle lui promit, et depuis leur amitié augmenta tellement qu'ils se voyaient réglement tous les jours ; mais, comme Gisimaque avait beaucoup d'amour, il lui sembla qu'il demeurait encore trop de temps sans la voir que de ne lui parler que les après-dîners ; c'est pourquoi, pour trouver un prétexte à des visites plus fréquentes qu'il avait dessein de lui rendre, il résolut d'être son voisin et de faire bâtir une maison contre celle de Coriolane, ce qu'il ne tarda guère à faire exécuter, ayant et beaucoup de bien et beaucoup d'amour ; mais il arriva bientôt après un accident qui mit mal ensemble ces deux amants : car, Coriolane ayant dit à Gisimaque qu'elle le verrait une après-dîner chez sa mère, et Gisimaque ayant été longtemps au rendez-vous sans qu'elle y vînt, s'imagina que c'était une pièce qu'elle lui jouait ; et, comme il est le plus prompt et le plus violent de tous les hommes, il fit appeler celui de ses esclaves [serviteurs] à qui il se fiait le plus et lui commanda d'aller chez Coriolane et de lui dire de sa part qu'il l'attendait chez sa mère comme elle lui avait dit le matin, et qu'elle était bien paresseuse de venir à l'assignation qu'elle lui avait donnée elle-même. Cet esclave s'acquitta de ce que son maître lui avait commandé, qui fut de dire haut ce qu'il lui avait ordonné de dire, et il arriva qu'il lui dit devant une grande compagnie, qui pour son malheur se trouva alors chez elle. Vous pouvez croire quel bruit cela fit dans Milet. Coriolane s'emporta le lendemain contre cet amant et lui dit les choses du monde les plus piquantes et les plus fâcheuses pour lui, ce qui le rebuta de telle sorte qu'il fit dessein de la quitter ; et comme il n'ignorait pas qu'il n'y a rien qui guérisse plutôt l'amour que l'amour même, il s'engagea avec Gallidiane [Mme Giraut], qui est une dame fort bien faite, et dont l'humeur est tout à fait douce. Cette naissante amour de Gisimaque mit Coriolane au désespoir, et elle n'épargna rien pour le faire retourner à son service ; l'on dit même qu'elle eut quelque conférence avec lui ; mais l'amour qu'il avait pour la belle Gallidiane était déjà trop puissante pour lui permettre de changer de résolution, ce qui l'irrita si fort que ses ennemis disent qu'elle prit conseil d'un homme qui savait la médecine, de ce qu'elle pourrait faire pour ramener cet amant à son devoir, et l'on dit qu'il lui donna une certaine poudre, mêlée avec ce que vous savez que L. F. O. T. L. M. [les femmes ont tous les mois] ; qu'il lui ordonna de la faire sécher et qu'il lui dit qu'elle était très merveilleuse pour rappeler un inconstant, et même pour le retenir à son devoir tant qu'elle voudrait. Elle s'efforça d'en faire prendre à Gisimaque dans un cadeau où elle se rencontra avec lui ; mais, comme il s'aperçut de ce qu'elle faisait, il ne voulut jamais goûter de la viande où elle en avait mis, encore qu'elle l'en priât bien fort, ce qui la pensa faire désespérer. Elle s'avisa toutefois encore d'une autre ruse ; et comme Businian [le comte de La Baume], qui, après les gouverneurs de Milet, occupe une des premières places, s'empressait de la servir, elle crut que, pour le rendre extraordinairement amoureux d'elle (non qu'elle l'aimât, comme vous verrez ensuite), elle n'avait qu'à lui mettre de cette poudre sur les cheveux : car l'on lui avait dit qu'il n'importait pas ou que l'on en portât ou que l'on en mangeât ; et pour cet effet elle prit prétexte qu'elle voulait le poudrer, ce que Businian prenant à faveur souffrit avec plaisir ; mais il n'eut pas de cette poudre sur la tête qu'il en pensa mourir, ce qui l'obligea à se faire au plus tôt ramener chez lui ; et, après avoir fait venir son barbier, s'être fait peigner et avoir fait abattre cette poudre (car il se doutait bien d'où venait son mal), on reconnut que c'était de ce que je vous ai dit ; ce qui le mit en une telle colère qu'il déclama contre elle par toute la ville. Ainsi Coriolane perdit encore ce second amant, et fut raillée d'une partie de ceux de Milet qui avaient connaissance de cette aventure. Elle croyait (comme elle a depuis avoué) que le grand amour et la grande qualité de ce second amant donnerait une forte jalousie au premier et le rappellerait peut-être auprès d'elle ; mais elle fut trompée dans sa pensée, car elle les perdit tous deux, sans que ni l'un ni l'autre aient depuis voulu renouer avec elle. Gisimaque, depuis ce temps, s'est si fort attaché auprès de Gallidiane que l'on croit qu'il a pour le moins autant d'amour pour elle qu'il en avait pour Coriolane : car il ne perd aucune occasion de lui plaire et de lui procurer tous les divertissements qu'il peut. Coriolane, depuis la perte de ces deux amants, mène une vie tout à fait retirée, sans avoir autour d'elle cette foule de soupirants qui est toujours inséparable des belles personnes. On m'objectera peut-être que les incidents de cette histoire n'ont rien de précieux ; mais je répondrai que je mets Coriolane dans ce Dictionnaire, non comme une ancienne précieuse, mais parce que, les malheurs qui lui sont arrivés l'ayant contrainte de s'entretenir avec les livres, comme elle a beaucoup d'esprit et qu'elle conçoit aisément ce qu'elle lit, elle est depuis peu devenue une des plus savantes précieuses de Milet.

CIROIS [Mlle Cabry] est une femme qui fait fort bien toutes sortes de pièces galantes, comme portraits, sonnets, rondeaux et autres ouvrages de cette nature. Cette précieuse est fort estimée dans Milet, et ses ouvrages vont de pair avec ceux des plus habiles et des plus galants hommes de cette ville-là.

D

DÉLIANIDE [Mme Desbugné] est une vestale [une religieuse] de Milet ; elle est d'une illustre famille et serait une des plus belles personnes de Grèce sans les maladies et les chagrins qu'elle a eus : car son teint était autrefois le plus beau du monde, sa bouche était admirable, et elle avait avec tout cela les yeux si vifs et si brillants qu'ils embrasaient aussitôt le cœur de celui qui les osait regarder fixement ; mais quoiqu'elle n'ait encore que trente-deux ou trente-trois ans, on ne voit presque plus rien de ces dons si précieux, que la nature ne lui a fait que prêter, et quoiqu'elle soit présentement plus laide que belle, il y a tant d'autres choses aimables en elle qu'il n'y a personne de sa profession qui soit si visitée ni si estimée de tous les gens de mérite. Elle plaît plus dans le particulier que dans le général, bien que dans l'un et dans l'autre elle soit estimée d'un chacun. Son esprit est d'une si grande étendue qu'à peine se le peut-on imaginer. Elle est avec cela véritablement précieuse, car elle parle juste, écrit parfaitement bien en prose et fait des vers que tout le monde estime, et qui ont un certain tour qui fait voir que celle qui les a faits a infiniment de l'esprit. Toutes ces belles qualités lui ont fait des adorateurs de tout âge, de toute condition, de tout sexe et de tous pays ; mais elle s'est si admirablement su conserver qu'elle a donné à tout le monde beaucoup d'amour, sans en avoir jamais pris pour personne ; il est pourtant vrai qu'elle a avoué à une de ses amies que ce n'a pas été sans avoir fait des efforts extraordinaires. Quelques-uns disent qu'elle n'a pu à la fin se défendre de donner son cœur à Mélianus [Manlis], qui est un des mieux faits de cette ville, et qui paraissait alors dans un éclat où il était bien difficile de lui résister ; mais, s'ils disent vrai, la chose a été si secrète que Mélianus lui-même n'en a rien su. Comme l'esprit de Délianide est connu par tout le monde, il ne passe guère d'étrangers par Milet qui ne cherchent les moyens de la pouvoir entretenir. Divers Canariens [Anglais] et Islandais [Hollandais] lui ont sacrifié leur liberté : mais elle a toujours si bien su ménager le pouvoir qu'elle avait sur eux qu'elle a eu assez de crédit pour faire changer de religion à un gentilhomme canarien nommé Vilianus [le comte de Villeneuve] ; et si les autres qui la voient n'en ont pas fait de même, ce n'est pas qu'ils n'en aient été furieusement tentés, et qu'ils n'aient souvent avoué qu'ils n'étaient retenus que par l'appréhension qu'ils avaient de perdre les grands avantages qu'ils possédaient en leur pays. Plus Délianide fait connaî-tre son esprit en faisant de ces éclatantes et généreuses actions, plus elle a d'humilité, et c'est ce qui lui acquiert une estime si générale. Elle lit beaucoup, connaît tous les beaux endroits des meilleurs livres, et elle les a même souvent avant que les autres en aient ouï parler. Elle connaît le faible et le fort d'un ouvrage, et en récite les beautés avec tant d'éloquence et de vivacité d'esprit qu'elle dit souvent les choses en plus beaux termes qu'elle ne les a lues.

DAMESTRIANE [la comtesse de Langalerie] est une beauté parfaite ; elle a l'humeur douce ; elle a longtemps été dans le grand monde, elle a eu quantité d'adorateurs, et plaît dès la première fois à tous ceux qui la voient ; je ne crois pas qu'elle soit beaucoup précieuse, car mes mémoires n'en parlent point. Je ne laisserai pas néanmoins, puisqu'elle s'y rencontre, de dire un mot de son histoire. Elle est mariée depuis sept ou huit mois à un gentilhomme qui n'est pas de Milet, et qui s'engagea à la servir sans savoir lui-même s'il en avait dessein : car il est constant qu'il aimait la mère de cette belle personne, qui est présentement encore assez aimable pour attirer les cœurs à son service ; mais peut-être trouva-t-il dans la fille des qualités si extraordinaires qu'elles l'obli-gèrent à cesser de feindre et à se donner entièrement à elle, ce qu'il fit avec plaisir. L'on ne sait néanmoins comment Damestriane s'y voulut fier, car tout Milet savait qu'il aimait avec beaucoup d'ardeur Filicrite [Mme du Felan], qui est une veuve aussi belle que riche, et l'on a de la peine à concevoir comment il a pu faire pour lui persuader qu'il avait plus d'affection pour elle que pour cette veuve ; mais, de quelque façon qu'il ait agi, le mariage se conclut ; et, après lui avoir témoigné, quelque temps durant, des ardeurs tout à fait violentes, il lui dit un jour en folâtrant avec elle, qu'il la priait que chacun vécût sans se gêner ; qu'il ne s'informerait point de tout ce qu'elle ferait et qu'il la conjurait d'en faire de même ; et, peu de temps après, il continua de voir Filicrite avec beaucoup d'assiduité, ce qui ne plut du tout point à Damestriane, quelque bonne mine qu'elle pût faire ; mais il fallut néanmoins qu'elle prît patience, comme vous allez voir, les hommes voulant toujours être maîtres. Damestriane, comme je vous ai déjà dit, n'avait pas seulement, étant fille, le mari qu'elle a pour amant, mais elle en avait encore quantité d'autres, entre lesquels était Cimachus [Carle], jeune gentilhomme bien fait, qui crut qu'il ne devait point discontinuer de la voir et de l'aimer. Ils se rencontrèrent, il y a environ deux mois, dans une maison où il y avait fort grande compagnie, et, comme les uns jouaient et que les autres s'entretenaient, Cimachus était de ces derniers, et entretenait Damestriane de sa passion, qui toutefois n'y répondait point (comme l'ont rapporté des gens qui les écoutaient), et, justement dans le temps qu'il s'exprimait avec beaucoup d'ardeur et que ses yeux et son visage découvraient ses discours passionnés, le mari de Damestriane entra dans cette compagnie, ce qui surprit tellement Cimachus, qui, n'ignorant pas que cet homme aimait beaucoup sa femme, encore qu'il en aimât une autre, demeura tellement déconcerté qu'il fit dessein de se retirer afin de cacher son trouble ; ce départ fâcha plus que toute autre chose le mari de Damestriane et, croyant qu'il y avait grande intelligence entre eux, il demanda à sa femme pourquoi Cimachus était sorti si brusquement, et lui fit savoir, moitié en raillant, moitié en parlant sérieusement, que cette intrigue ne lui plaisait point, ce qui fâcha d'autant plus Damestriane qu'elle n'a d'attache que pour son mari.

DORDONIUS [M. du Faisan] est un des habiles hommes de la ville de Milet, qui n'ignore rien, et qui parle et écrit admirablement bien en vers et en prose.

DICASTE [M. de La Villardière] est un gentilhomme mieux fait d'esprit que de corps ; et, comme il n'a pas tant d'écus que de belles connaissances, Daglante [M. de Valiac] veut qu'il demeure dans sa maison à Milet. Il fait des vers admirablement bien, et fait encore mieux de la prose, et l'estime que l'on a pour lui fait voir que l'esprit nous fait souvent plus respecter que les richesses.

DISIMANTE [M. de Belair] est un des plus galants hommes de Milet, et un de ceux qui écrit en prose et en vers avec le plus de facilité, et qui divertit le mieux les dames.

DIORANTE [M. de Moulceau] est le secrétaire de la ville de Milet ; il a autant d'esprit et de vivacité que l'on peut avoir, et il ne part rien de sa plume qui ne soit achevé ; mais, pour le malheur de ceux de Milet, l'occupation que sa charge lui donne est si grande qu'il n'a pas un moment de temps pour donner de nouvelles preuves de son esprit.

G

GALLIDIANE [Mlle Giraut la fille], seconde du nom, est une précieuse de trente ans, dont l'humeur est fort enjouée. Elle a eu longtemps Philidian [Palerne] pour amant, qui est un des plus spirituels de Milet : ce galant homme s'engagea à la servir quelque temps, après qu'il eut assuré à une des amies de Gallidiane que, bien loin d'avoir de l'estime pour elle, il avait une certaine aversion dont il ne pouvait savoir la cause ; mais, comme il faut tôt ou tard obéir aux décrets du destin, il arriva qu'à un lycée [une foire], qui se tient ici tous les ans, Philidian rencontra Gallidiane et la trouva plus belle que toutes celles qu'il avait jamais vues, ce qui lui fit condamner l'injuste pensée qu'il avait eue de la croire digne de son aversion : car il en devint si amoureux qu'il était difficile de l'être davantage ; mais, comme l'inconstance est bien plus commune aux hommes qu'aux femmes, cet amant cessa de soupirer pour Gallidiane et offrit son cœur à une autre. Gallidian [Giraut, mari de Gallidiane] prit aussitôt sa place, et cette belle eut plus d'estime pour lui qu'elle n'avait eu pour Philidian, ce qu'elle fit bientôt connaître à tout le monde : car, son mari étant mort, elle l'épousa après l'année de sa viduité.

H

HILARINE [Mlle Hébrais] est une précieuse de vingt-quatre à vingt-cinq ans, qui est maintenant à Athènes ; elle a la taille belle, les cheveux blonds, les yeux bleus et brillants, la bouche un peu grande, les dents blanches et bien rangées ; elle est un peu maigre, et si elle avait autant d'embonpoint qu'elle a de vivacité, il n'y aurait point de fille au monde qui pût aller du pair avec elle. Toutes ses actions sont si pleines d'esprit que l'on dit d'elle qu'elle n'a jamais rien fait que de spirituel ; aussi n'avait-elle pas encore dix ans qu'elle se vit adorée par tout ce qu'il y a de gens raisonnables dans Milet ; et, à mesure que sa beauté croissait, le nombre de ses conquêtes grossissait tellement que toutes les dames de cette ville lui portèrent bientôt envie : car comme elle est d'une condition médiocre et que son bien égale sa qualité, on ne put s'empêcher de parler d'elle ; mais ces bruits cessèrent bientôt, et ceux qui en parlaient avouèrent eux-mêmes (après l'avoir bien connue) qu'elle était au milieu des flammes sans les ressentir ; toutefois le grand nombre de ses esclaves n'a pas laissé que de lui nuire, puisque parmi tant de soupirants elle n'a jamais pu faire un mari : ce n'est pas que quelques-uns n'aient aspiré à cette qualité ; mais, comme elle ne pouvait écouter de soupirs s'ils n'étaient poussés avec esprit, et qu'elle ne voulait se marier qu'à un homme qui en eût, il est arrivé que ceux qui en poussaient pour le mariage n'étant pas à sa fantaisie, elle les a si fort rebutés que parmi un si grand nombre d'adorateurs elle est toujours demeurée fille. Elle a néanmoins une fois pensé perdre ce nom : car Sinésandre [M. de Saint-André], qui est un homme qui a infiniment de l'esprit, et de celui qu'il fallait pour lui plaire, en étant devenu amoureux, fit dessein de l'épouser, et passa même un contrat de mariage avec elle ; mais ce déloyal, allant à Athènes, sans songer à sa foi ni au contrat qu'il venait de faire, se maria avec une autre : il est vrai qu'Hilarine, qui est glorieuse et qui ne voulait jamais entendre parler de lui après sa lâcheté, donna d'elle-même les mains pour faire casser le contrat qu'il avait fait avec elle ; ainsi cette belle, se voyant libre, alla à Athènes avec une dame de qualité de ses amies, et elle fait en ce lieu ce qu'elle faisait à Milet, c'est-à-dire beaucoup de soupirants, mais point d'époux.

M

MÉLIANE [Mlle Manlis] est une précieuse de qualité, extraordinairement belle. Elle a été quelque temps servie de Rosomane [M. de Robbio] et d'un autre dont je ne sais point le nom ; et, comme la première fois que l'on la voit elle paraît de l'humeur du monde la plus douce, et qu'il semble qu'elle ignore ce que c'est que cruauté, Rosomane se laissa tromper à ses fausses apparences, et sans consulter davantage il entreprit de la servir ; mais, comme il eut connu que son rival était favorisé et de la mère et de la fille, parce qu'il avait plus de bien que lui, il résolut de la quitter. Comme ce dessein était difficile à exécuter, il alla à une de ses maisons de campagne, où il ne fut pas plus tôt arrivé qu'il apprit que son rival l'avait vengé, qu'il avait étouffé sa flamme et qu'il était allé à son pays sans avoir aucun regret d'abandonner Méliane. L'on lui manda aussi que chacun croyait qu'après le départ de ce rival il renouerait avec elle ; ce qu'ayant appris, il ne voulut point revenir à Milet, pour montrer que ce n'était pas son dessein ; mais, comme on lui eut derechef mandé qu'il craignait Méliane, puisqu'il prenait tant de soin de la fuir, pour faire perdre cette croyance, il se résolut de la voir, ce qu'il fit dans une assemblée où elle était ; il lui parla même, mais avec autant de civilité que d'indifférence. Quoique la mère de cette aimable fille soit un peu sévère, et qu'elle ne lui donne pas toute la liberté qu'elle souhaiterait avoir, cela n'empêche pas qu'elle ne soit précieuse et qu'une de ses amies, qui est un des piliers de cet empire, ne lui fournisse tout ce qui se fait de nouveau et dans Athènes et dans Milet, à quoi elle prend autant de plaisir qu'à parler juste, délicatement et de bonne grâce.

MARTANE [Mlle de Monrozat la fille], seconde du nom, est une fille de grande taille et de grand esprit, et qui peut avoir environ vingt-cinq ans. Elle est véritablement précieuse : car elle a tout ce qui se fait de nouveau, parle juste, connaît tous les beaux endroits d'un livre, les cite même quand elle se trouve avec des gens qui en savent juger ; elle est fort souvent visitée d'une personne de grande qualité, qui se nomme Nizander [le marquis de Nerestan] ; mais, comme il n'est pas de sa condition, il y va plutôt pour avoir le plaisir d'entretenir une personne si spirituelle que par aucun autre motif. Elle eut une querelle, il y a quelques mois, avec un homme d'épée, qui se trouva extraordinairement surpris des reparties de cette illustre précieuse : car cet homme, ayant eu prise avec elle, ne sachant pas comme il se faut gouverner avec le sexe, lui dit, comme s'il eût parlé à quelque brave, que, puisqu'elle connaissait tant de personnes de sa profession, elle en exposât un pour la venger ; mais elle lui répondit, en raillant avec beaucoup d'esprit, qu'elle n'avait que faire de hasarder ses amis ; qu'elle était seule capable de lui faire peur, et qu'elle n'avait besoin que de sa quenouille pour le bien battre. Cette querelle fut bientôt sue de tout le monde, et ce malheureux guerrier fut raillé de tous ceux de son quartier et de tous ceux de sa connaissance.

MÉZENCE [Margat] est un homme qui ne laisse pas que d'être fort galant, bien qu'il soit âgé de soixante ans ; il fait les choses de la meilleure grâce du monde. C'est l'homme de Milet qui a le génie le plus beau pour les vers, et diverses pièces galantes qu'il a composées en sont des preuves assurées.

P

PALADÉMONTE [Mme Pont-Saint-Pierre] est une précieuse de Milet qui a plus d'agrément que de beauté, et qui va du trente au quarante. Son esprit est de celui que l'on appelle esprit du monde ; elle est flatteuse, civile, complaisante et bonne amie ; elle reçoit admirablement bien chez elle tous ceux qui la vont voir ; elle donne plus souvent des collations que l'on ne lui en donne, et elle est tellement désintéressée qu'elle ne veut pas que ceux qui s'attachent à la servir fassent aucune dépense. L'on peut dire que quantité d'honnêtes gens ont été amoureux d'elle avec autant d'attachement que si elle eût été une des plus belles personnes du monde. Elle s'est vue servie en même temps de Marcius [le comte de Mepeau], d'Hiphidamante [Herre] et de Silennius [Sardy], tous trois de même profession, tous trois amis et tous trois logeant en un même lieu. L'on ne savait en ce temps lequel était le mieux avec elle ; mais depuis un an les choses ont bien changé : car le premier, voyant qu'elle ne se pouvait résoudre à l'aimer, l'a quittée pour une veuve de qualité fort riche, dont il était devenu passionnément amoureux. Le second a été assassiné en allant à Capolie, en Ausonie, et le troisième, par l'éloignement de l'un et la mort de l'autre, a hérité de toute l'estime qu'elle avait pour ces deux rivaux ; ou, pour mieux dire, le voyant seul, elle a suivi le penchant qu'elle avait à l'estimer comme celui qu'elle trouvait le plus accompli. Cette précieuse ayant de l'esprit, comme je l'ai déjà dit, aime tout ce qui est nouveau, a tous les romans et toutes les pièces galantes qui se sont imprimées de son temps ; elle les a même devant tous les autres, et dès que l'on veut voir ou que l'on recherche quelque chose de nouveau à Milet, l'on ne manque jamais de le trouver dans sa bibliothèque.

PHILIDIAN [Palerne], second du nom, est un des plus galants hommes de ce siècle, qui, ayant dépensé une grande partie de son bien auprès des dames, a été contraint d'aller à Clusium pour éviter la persécution de ses créanciers ; mais, comme pour changer de lieu l'on ne change pas de naturel, il fit bientôt connaissance avec les dames de cette cour, et eut bientôt de nouvelles intrigues avec elles, ce qui l'obligea à de si grandes dépenses qu'un homme à qui il devait de l'argent le fit mettre prisonnier. Cet accident n'empêcha qu'il ne fît diverses pièces galantes, qu'il envoya à la princesse Ménodaphile, à présent princesse de Gnide [Marguerite de Savoie, à présent princesse de Parme]. Cette généreuse princesse, pour reconnaître sa peine, paya tout ce qu'il devait à Clusium, et le fit sortir d'une prison où, sans son esprit, il serait longtemps demeuré. Il est depuis peu revenu à Milet, et je crois que depuis son retour il a fait représenter au Cirque [le théâtre] une pièce où l'on voit toutes les intrigues qu'il a eues à Clusium.

PALIMÈNE [Mlle Paschal] est une vieille précieuse. Elle fait fort bien des vers, et l'on a représenté aux jeux du Cirque une pièce qu'elle a composée, et qui a été trouvée fort belle.

R

ROSOMANE [M. de Robbio]. De tous les galants hommes de Milet que j'ai mis dans ce Dictionnaire, il n'y en a pas un qui ne cède à Rosomane. Il écrit admirablement bien en prose et fait des vers avec une facilité inconcevable. Il est bien fait de sa personne, il est obligeant, il sait la fine galanterie, il est brave au dernier point ; ce qui m'oblige à le nommer plutôt un homme accompli qu'un galant homme.

S

Saloïme [Mlle Seigneuret la cadette] étant la plus belle personne non seulement de Milet, mais encore de toute la Grèce, et tous ceux qui la connaissent tombant d'accord de cette vérité, je ne parlerai point des qualités de son corps, de crainte que la peinture que j'en pourrais faire ne pût pas assez bien ressembler à l'original. Pour ce qui regarde l'esprit, l'on ne saurait douter qu'elle n'en ait infiniment, puisqu'elle chante, qu'elle danse, qu'elle joue du luth et qu'elle dessine en perfection. Elle aime la solitude, parce que peu de personnes lui reviennent, et que les choses que l'on dit communément dans le monde l'ennuient effroyablement. On la loue, sur toutes choses, d'être sincère, d'avoir l'âme grande et généreuse, et d'être incapable de faire une lâcheté. Elle est présentement servie par Rosomane [M. de Robbio].

T

Téliodante [M. Le Tellis] est un homme de qualité qui fait fort bien des vers et qui réussit bien à la satire, comme l'on peut voir dans une pièce qu'il a faite, intitulée *Le Tombeau des dames de Milet*. Cette pièce fut trouvée si belle que, l'auteur n'y ayant point mis de nom, plusieurs que je ne veux pas nommer firent ce qu'ils purent pour en être crus auteurs.

*

Voilà tout ce que j'avais à vous dire de Milet, qui est la ville de Grèce, après Athènes, où il y a le plus de précieuses ; et je crois que cette vérité vous est assez connue, après vous avoir fait voir dans la plupart de leurs histoires qu'un galant n'est pas bienvenu auprès d'elles s'il n'a des premiers tous les livres nouveaux qui s'impriment.

AUTRE APOSTILLE

Que le lecteur ne s'étonne pas s'il voit deux apostilles dans ce Dictionnaire, puisque, si j'avais voulu contenter ceux qui m'apportent tous les jours des mémoires, il ne l'aurait pas encore de six mois ; toutefois, malgré le dessein que j'avais fait de tout garder pour la seconde édition que j'espère que l'on en fera, je n'ai pu refuser à des gens de la plus haute qualité de dire un mot des précieuses qui suivent, en attendant que je les mette dans leur rang aussi bien que celles qui me restent.

Ayant été puissamment sollicité par plusieurs personnes d'ajouter ce que vous allez apprendre à l'histoire d'une illustre et spirituelle précieuse que je veux laisser à deviner, après avoir dit qu'elle est au milieu de la lettre C, que l'on trouvera dans les premières feuilles de ce Dictionnaire, j'ai cru ne pouvoir trouver de lieu plus propre que celui-ci pour m'acquitter de la promesse que je leur ai faite. Je dirai donc que, comme cette précieuse a l'esprit universel, et que par cette raison elle est aimée de presque de tous les princes du monde, il arriva qu'étant un jour chez la Bonne Déesse [la reine mère], une personne de grande qualité lui dit qu'elle avait commerce de lettres avec tous les princes et les princesses du monde, et que, si elle ne l'avait pas encore avec la grande Spartanide [la grande sultane], il croyait que ce commerce devait bientôt commencer. À quoi cette précieuse répondit qu'il croyait peut-être la railler en disant cela, mais qu'elle lui ferait voir avant qu'il fût peu qu'il avait dit la vérité. Elle sortit quelque temps après avoir dit ces paroles et, lorsqu'elle fut de retour chez elle, elle entra dans son cabinet, où elle écrivit une lettre pour la grande Spartanide, qu'elle envoya à Déjotare [d'Argenson], pour lors ambassadeur du grand Alexandre [le roi] à Amazie, avec un compliment, pour le prier de la faire tenir à Delfinius [M. de La Haye], ambassadeur de Grèce à Chrisopolis, pour la rendre à la grande Spartanide. Déjotare garda quelque temps cette lettre, après lequel il fit une réponse en langage chrisopolitain, qu'il envoya à notre précieuse de la part de la grande Spartanide. Elle ne manqua pas, après avoir reçu ce paquet, de le montrer à celui qui l'avait voulu railler, qui crut aussi bien qu'elle que cette lettre venait de la grande Spartanide, et l'on assure qu'ils n'en sont pas encore désabusés. Vous pouvez vous imaginer après cela si les précieuses sont connues par toute la terre, puisqu'elles envoient des lettres dans des pays si éloignés et chez des peuples si barbares.

B

BACTRIANUS [le marquis de Bellefonds] est un homme de grande qualité, qui joint la science à la valeur et qui n'est pas moins galant qu'il est grand capitaine. Il aime les beaux vers et a tant d'estime pour les gens d'esprit qu'il fait loger chez lui le divin traducteur de la *Thessalienne* [Brébeuf, traducteur de la *Pharsale* de Lucain], afin d'avoir le plaisir de jouir souvent de l'entretien d'un si grand homme.

C

CÉPHALÉNIE [Mlle de Castera], MÉRIS [Mlle de La Motte], BRITANIE [Mlle de La Barthe] et CÉLÉANE [Mlle de Casaux] sont quatre sœurs précieuses d'auprès de Lacédémone, qui, malgré la différence de leurs humeurs, ne laissent pas que de s'aimer parfaitement et de vivre en bonne intelligence. Céphalénie est extrêmement sérieuse ; elle écoute beaucoup, parle peu et, lorsqu'elle est obligée de parler, elle le fait avec tant de gravité et de jugement qu'il est presque impossible de se l'imaginer. Elle juge tout à fait bien des productions de l'esprit, et particulièrement des lettres ; aussi en fait-elle de très judicieuses et, comme elle sait faire le discernement des bonnes et des mauvaises, elle a une extrême curiosité d'en voir ; et comme c'est, à son goût, le plaisir le plus sensible qu'elle puisse recevoir, elle se le procure par l'ouverture de toutes celles qui passent par ses mains, et elle les referme avec tant d'adresse qu'il est impossible de s'en apercevoir. Cette précieuse a eu beaucoup d'amants, mais elle est présentement dans un âge où ses premiers amants ne doivent point craindre de rivaux ; aussi n'y seraient-ils pas bienvenus, car elle a résolu de s'adonner tout entière

à la préciosité et de ne plus écouter de soupirants. Le plus échauffé de tous ses
amants a été Siridate [le baron de Saint-Lary], illustre par son esprit, par sa
valeur et par une infinité d'autres belles qualités. Il a prétendu l'engager dans
le mariage ; mais, comme elle est extrêmement délicate en ce point et qu'elle
craint plus que la mort un engagement qui doit durer autant que la vie, les
soins de ce galant homme ne l'ont pu toucher. Elle a été insensible à toutes
ses ardeurs, et elle a rejeté opiniâtrement des soumissions qui méritaient du
moins qu'elle donnât son cœur à celui qui les lui rendait. Cet amant a été
contraint d'adresser ses vœux ailleurs, et il a trouvé une personne qui les a
écoutés plus favorablement que Céphalénie. Mais que sa délicatesse a été
contraire au repos de ses sœurs ! qu'elle leur a causé de mauvaises heures ! et
qu'elle leur a fait maudire ceux qui veulent que l'on observe même ordre dans
l'établissement des filles que la nature a gardé en leur donnant la vie, sans
considérer que cette coutume est si fort contraire à leurs nécessités ! Ce qui
me donne lieu de croire que, quelque amitié que se témoignent ces quatre
sœurs, les trois dernières ont souvent murmuré contre l'indifférence de leur
aînée. Méris est la plus âgée après Céphalénie, mais elle ne fait pas comme
elle, car elle ne fait jamais de réponse à ceux qui lui écrivent ; elle lit beaucoup
et examine sévèrement les ouvrages des autres, mais elle n'en fait point, parce
qu'elle ne veut être censurée de personne. La troisième de ces sœurs, qui est
Britanie, est et la plus belle et la plus spirituelle. Elle a l'esprit vif et elle
s'explique avec une facilité merveilleuse, et ses lettres sont si belles que l'on
ne manque jamais d'en recevoir sans en être charmé. Le nombre de ses amants
est si grand, et il faudrait tant de papier pour vous en entretenir, que je ne
parlerai que de deux, afin de pouvoir encore parler de quelques précieuses qui
souhaitent ardemment que l'on parle d'elles dans ce Dictionnaire. Le premier
a été Licofron [M. Lascary], qui est un homme qui fait profession ouverte de
galanterie et qui fait fort bien des vers et des lettres. Il est marié depuis plusieurs
années, mais l'ardeur dont il brûle pour Britanie fait voir que le mariage n'est
pas toujours un rempart contre l'amour. Il est impérieux et bizarre, et est
quelquefois si mélancolique qu'il est non seulement à charge aux compagnies
où il se rencontre, quand cette humeur lui prend, mais encore à lui-même.
Quand il est dans ses jours de silence, rien n'est capable de lui faire rompre ;
mais lorsqu'il sort de ses rêveries, il est tout à fait divertissant et dit cent jolies
choses de la meilleure grâce du monde. Il a tenté tous les moyens imaginables
pour persuader à Britanie qu'il avait de l'amour pour elle, et il aurait sans doute
réussi s'il n'avait oublié l'art de plaire, ou plutôt s'il l'avait su trouver, et s'il
avait eu autant de complaisance pour le sexe que doit avoir un homme d'esprit.
Le second, qui se nomme Tarcis [Tirac], a été le plus respectueux, le plus
persévérant et le plus aimé ; mais il ne faut pas s'en étonner, puisqu'il est aussi
riche qu'il est obligeant, spirituel et galant, et que, sans la maudite coutume
dont j'ai déjà parlé, il aurait épousé il y a longtemps Britanie. Je parlerai peu
de Céléane, qui est la dernière de ces quatre sœurs, parce qu'il y a beaucoup
de rapport de son esprit et de son humeur à celle de Britanie, et que qui connaît
parfaitement l'une connaît entièrement l'autre. Je dirai seulement qu'étant la
plus jeune et dans un âge pourtant à s'accoutumer avec un mari, elle doit
appréhender une longue souffrance, puisqu'il faut, pour ne pas violer la coutume
du pays, que l'établissement de ses sœurs précède le sien. Enfin l'on peut dire
que ces quatre précieuses n'ont pas moins de malheur que de mérite, puisque
Siris [M. de Seler le père] ne les abandonne point, et que, tout vieux qu'il est,

il les éclaire incessamment [surveille] ; puisque Méréus Siris [M. de La Mothe Seler le fils] est leur persécuteur, et que, par une malignité opiniâtre, il s'oppose à tous leurs divertissements.

D

DIOMÉDIE [Mlle de La Vrillière] est une précieuse de qualité. Elle est belle, elle a de l'esprit, elle aime passionnément les vers, et elle se plaît fort aux jeux du Cirque [la comédie].

DELPHINIANE [Mme de Monglat] est une femme de qualité, qui mérite non seulement le nom de précieuse, mais encore celui de véritable, car elle a beaucoup d'esprit ; elle lit tous les beaux livres, elle aime les vers, elle connaît tous les auteurs, elle corrige leurs pièces, elle leur donne souvent des sujets pour accommoder au Cirque [le théâtre], et prend un plaisir tout particulier à converser avec les personnes spirituelles.

F

FÉRODACE [Mme Fery] est une personne tout à fait hors du commun, soit pour ce qui touche les yeux, soit pour ce qui chatouille la partie de l'esprit. Elle n'a plus cette jeunesse qu'on peut comparer à un soleil levant ; mais comme elle n'en est pas aussi fort éloignée et qu'elle l'a eue avec tout ce qui la peut rendre des plus charmantes, elle possède encore assez d'aimables trésors pour faire plusieurs belles personnes, si les biens de la nature étaient divisibles comme ceux de la fortune. Pour mieux faire concevoir son âge, je n'ai qu'à dire qu'elle peut user de bonne grâce de tous les privilèges des plus jeunes individus, même de celui d'appeler encore papa, maman, et qu'il n'y a point de passions du ressort de l'amour dont elle ne soit capable de faire de terribles tempêtes dans le cœur le plus ferme. Son âme, ravie d'être si dignement logée en ce beau corps, pour ne point faire de honte à son hôte, joint mille charmes aux siens, qui se font sentir dans son entretien, et qui rendent la conversation des plus délicieuses. Cette âme délicate et fine se plaît aux productions d'esprit qui le sont, et prouve par les siennes propres qu'elle sait s'en mêler aussi bien que s'y connaître, soit en prose, soit en vers. On l'accuse d'être ce que l'on appelle dévote et ce qu'on appelle scindiqueuse [sic] et railleuse ; mais ce ne sont en elle que de beaux défauts, si l'on doit nommer ainsi des perfections. Sa dévotion, à mon avis, est entièrement dans les bonnes formes, n'ayant rien de la sévérité de celle qui court le grand chemin du cagotage [sic] ; et le surplus est une preuve de son discernement du bon et du mauvais, ou d'une gaieté raisonnable, qui tient la place de cette sotte et timide vénération que certaines gens ont pour toutes les choses. Au reste, cette belle personne a produit un rejeton qu'elle cultive si heureusement qu'on pourra l'appeler le recueil de toutes ses bonnes qualités ; et, si la taille de l'esprit suit celle du corps, on pourra même trouver quelques avantages en la fille par-dessus ceux de la mère, étant, à dire vrai, beaucoup plus haute.

G

Gériane [Mlle de Gensac] est une précieuse âgée de vingt-cinq ans, plus illustre par sa beauté que par ses autres qualités, quoiqu'elle en ait qui soient tout à fait aimables. Jamais femme n'eut la taille mieux prise, les yeux plus beaux, la peau plus blanche, le teint plus délicat, plus d'agrément dans le visage, ni plus de charmes dans la voix. La Bonne Déesse [la reine mère] étant à Lacédémone, admira sa beauté, et dit qu'elle n'en connaissait point en Grèce qui la pût égaler. L'esprit de cette précieuse a ses charmes aussi bien que son corps et, quoiqu'ils n'éclatent pas aux yeux de toutes sortes de personnes, ils ne laissent pas d'être visibles à ceux qui ont assez de lumières pour les connaî-tre. Toutes ses actions sont accompagnées de tant de bonté et de douceur qu'elle est aimée de tous ceux qui la connaissent. Cette illustre précieuse, se trouvant plus riche des dons de la nature que des biens qu'elle pouvait espérer de ses parents, quoiqu'elle fût d'une condition fort relevée, a été obligée, par cette politique qui fait aujourd'hui presque tous les mariages, d'épouser un homme fort riche, mais extrêmement sourd et jaloux au dernier point. Elle se détermina à ce malheur parce qu'elle ne se l'imaginait pas si grand qu'il fut dans la suite ; mais elle ne fut pas longtemps avec lui, car sa surdité et les fréquentes visites que l'on lui rendait portèrent sa jalousie à un tel point qu'il l'enferma dans un temple de vestales [de religieuses] ; et, comme s'il eût été jaloux des filles qui habitaient cette maison, il l'en fit sortir bientôt après pour la renfermer dans une autre. Cependant, comme l'on recherche avec beaucoup d'ardeur les choses qui sont défendues, la difficulté de la voir redoubla la passion de ceux qui l'aimaient, et en donna même à ceux qui n'en avaient point, tellement que l'on peut dire qu'il ne lui arriva pas ce qui arrive souvent aux autres, qui ne conser-vent pas leurs conquêtes, puisque, bien loin d'être abandonnée d'aucun de ses amants, elle en fait tous les jours de nouveaux.

I

Icarie, à présent Ménandrine [Mlle de Jeuzet, à présent Mme de Mun]. Je ne sais si Athènes, que l'on entretient depuis plusieurs années des histoires des précieuses, pourra s'imaginer qu'il s'en trouve dans les montagnes les plus hautes et les plus affreuses du royaume ; il est néanmoins constamment vrai que Icarie, à présent Ménandrine, doit tenir un des premiers rangs dans l'empire des précieuses. Sa condition, sa taille et sa beauté la distinguent du commun ; son esprit ne la fait pas moins admirer, puisqu'elle passe en ce pays pour un oracle, et que l'on n'y craint pas moins sa conversation que l'on la désire. Elle a lu tous les romans, et en a tiré toutes les nouvelles façons de s'expliquer. Son style est si relevé que l'on connaît aisément qu'elle est précieuse ; ses façons d'agir si particulières que l'on ne sait quel jugement l'on en doit porter, et ses connaissances si vastes que l'on en est tout à fait surpris. Il y a quelque temps que la fièvre s'attaqua à cette illustre personne, et qu'elle exerça sa patience d'une cruelle manière ; mais ce qui la toucha le plus sensiblement, ce fut l'application de quelques remèdes sur certaines parties qui ne sont pas accou-tumées au grand jour, tellement qu'elle dit, lorsque l'on lui voulait faire montrer, *que l'on mettait sa pudeur en proie.* Cette précieuse a eu plusieurs amants.

Fulcinius [M. de Fabien] a fait voir par un long attachement, et le plus fort dont un homme soit capable, ce que peut dans un cœur la plus impérieuse et la plus inquiétante de toutes les passions. Darmianus [le vicomte d'Arboust], le mieux fait et le plus galant de tous les hommes, la vit dans un temple éloigné d'un quart de lieue de sa maison, à dessein de lui parler de mariage ; et s'il trouva quelque charme dans sa personne et dans son entretien, je suis assuré qu'elle découvrit en lui des perfections qui la forcèrent de lui donner son estime tout entière. La chose eût été sans doute plus loin, si elle n'eût été traversée. Elle a été enfin mariée à Ménandrinus [M. de Mun], qui a merveilleusement de l'esprit, et qui a tellement appréhendé qu'on ne lui en dérobât la possession, qu'il la fit garder avec cent hommes avant que de l'épouser. Elle fait présentement son séjour à Lacédémone, où l'on est tellement persuadé de son esprit par les preuves qu'elle en a données, que l'on a souvent vu des personnes de cette ville-là avouer qu'ils appréhendaient si fort sa conversation qu'ils ne la voyaient jamais qu'ils ne s'y fussent préparés pendant plus de huit jours par la lecture des plus beaux livres.

L

LAMPASIE [Mlle Lirot] est une précieuse de vingt-six à vingt-sept ans, qui fait bien des vers ; mais il ne faut pas s'en étonner, puisque le docte Madate [La Ménardière], qui demeure chez elle, lui a appris à en faire d'héroïques, et que Liburnius [Loret], qui a eu longtemps le même avantage, mais qui n'y demeure plus, lui a appris à en faire de burlesques, qu'elle ne fait pas toutefois si bien que les héroïques. Le premier de ces deux auteurs en a été longtemps amoureux, et quelques-uns tiennent qu'il l'aime encore, bien qu'il ait rompu avec elle parce qu'elle le pressait trop de se marier, ce qu'il ne voulait point, par les raisons que vous pouvez lire dans une épigramme qu'il lui envoya sur ce sujet, et que vous trouverez dans ses œuvres.

M

MÉDACE [Mme de Monlo] est une précieuse âgée de trente ans. Elle a longtemps demeuré à Lacédémone ; elle aime la galanterie autant que femme de Grèce ; elle a l'esprit vif et, quand l'occasion se présente de dire un bon mot, elle ne la laisse jamais échapper. Elle a eu un grand procès avec son mari, qui voulait ou se séparer d'avec elle, ou qu'elle fût perpétuellement en solitude ; mais, pour pouvoir mener une vie si languissante, elle avait trop de vivacité, comme vous allez voir par ce qui lui arriva en sollicitant son procès. Son mari, la voyant un jour entrer chez le premier sénateur de Lacédémone [le premier président du parlement de Toulouse], qu'il entretenait de son procès, s'écarta pour la laisser parler à son tour ; mais comme il ne l'avait pas fait sans dessein, ils ne furent pas plus tôt entrés en conversation qu'il s'approcha d'eux peu à peu pour les écouter, ayant la tête baissée, afin de n'être pas aperçu si facilement ; ce que Médace ayant reconnu, elle se retourna et dit au premier sénateur : « Vous voyez bien, Monsieur, que je dis la vérité, et que mon mari, qui nous écoute, en a tant de confusion qu'il n'oserait lever la tête. » À quoi son mari repartit aussitôt : « Hélas ! Madame, vous me l'avez si fort chargée qu'il m'est impossible de la lever. » Les paroles de l'un et de l'autre s'épandirent aussitôt par toute la ville ; elles furent plusieurs fois répétées dans les compagnies, et il y eut de grandes contestes, parmi les précieuses, pour savoir si le mari avait bien fait d'avouer qu'il était C [ocu] pour avoir le plaisir de faire une bonne repartie.

N

NOZIANE [la comtesse de Noailles] est une précieuse aussi spirituelle qu'elle a l'humeur douce. Elle aime le jeu ; les vers lui plaisent extraordinairement, mais elle ne les saurait souffrir s'ils ne sont tout à fait beaux, et c'est par cette raison qu'elle protège les deux Cléocrite [les deux Corneille], qui ne font rien que d'achevé, et qui, dans la composition des jeux du Cirque [les pièces de théâtre], surpassent tous les auteurs qui ont jamais écrit.

P

PAMPHILIE [la princesse Palatine], étant l'honneur de son sexe, mérite bien d'être mise au rang de tout ce qui se trouve d'illustres précieuses. C'est une princesse formée du sang des demi-dieux, et que la nature mit si avantageusement en œuvre qu'elle fut plus belle que la mère des amours, et qu'elle égale encore ce qui se peut voir de plus charmant. Elle a pour sœur une célèbre reine, qui a eu l'honneur de recevoir deux fois le sceptre des Sarmates [les Polonais], qu'elle rend tous les jours doublement sujets par sa beauté et par le rang de souveraine. Si elle ne fait pas briller la blancheur de son beau front sous le riche et majestueux tour d'un diadème, ce n'est pas qu'elle en ait été moins digne, mais que la Fortune, qui craignait de rendre son empire plus grand que le sien, ne put se résoudre à la placer dessus le trône. Pamphilius [le prince Palatin], l'un des plus considérables héros qui habitent vers le Rhin et le Danube, a profité du caprice de cette déesse des événements, ayant par son mérite trouvé le moyen de s'insinuer dans le cœur de notre héroïne, de qui tant d'autres cœurs avaient en vain voulu être les victimes, et d'être, en un mot, l'heureux époux de la plus belle moitié du monde. Elle a été longtemps l'un des mobiles de toutes les actions de la cour du grand Alexandre [le roi], joignant les lumières de son bel esprit à celles de ses premiers ministres pour la conduite des plus importantes affaires. Alors les muses latines et françaises prenaient plaisir d'y établir leur Parnasse en sa faveur, n'y ayant personne qui en connût mieux les talents et qui les accueillît plus obligeamment que la divine Pamphilie. Il y avait aussi une forte émulation entre elles à qui aurait l'honneur de se rendre plus agréable à son esprit ; mais ce bonheur fut le précieux partage de celle qui avait le docte et l'ingénieux Rodolphe [Robinet] pour son père, l'un de nos premiers historiographes. Le sort de cette Muse causa tant de jalousie à plusieurs autres qu'elles se retirèrent de dépit et de honte, et la laissèrent dans une paisible jouissance de l'honneur qu'elle s'était acquis, et qui ne donna pas aussi peu d'ombrage à celle qui s'était consacrée au service de la princesse Nitocris [la duchesse de Nemours].

R

ROZENIRE [Mlle de Ricardy], troisième du nom, est une précieuse de Lacédémone âgée de dix-huit ans. Elle a l'esprit fin et agréable ; elle est tout à fait judicieuse ; elle ne lit pas beaucoup, et l'on peut dire qu'elle n'est redevable qu'à la nature de tout ce qu'elle sait. Elle fait des lettres avec tant de facilité et de délicatesse, et elle leur donne un tour si galant et si aisé, que l'on croirait qu'elle a lu avec attachement tous les auteurs qui ont réussi dans ce genre d'écrire. L'illustre Moléon [M. du May] est son principal alcôviste, et s'ils étaient égaux en richesses comme ils le sont en mérite, il y a longtemps qu'ils seraient unis, de corps aussi bien que d'esprit.

S

SIRIDAMIE [Mme de Saint-Amant], grande prêtresse [abbesse] d'un célèbre temple de vestales [religieuses] dans la ville de Rotemburge, mérite bien de n'être pas oubliée en ce catalogue. La renommée en parle trop avantageusement pour s'en taire et ne la pas remarquer comme un astre des plus lumineux au firmament de nos étoiles précieuses. En effet, son esprit n'est que lumière, par ses belles connaissances, qu'on peut dire universelles ; et c'est aussi un aimant si puissant pour les âmes éclairées que sa grille se trouve journellement au milieu d'un cercle de nobles intelligences qui s'y rendent de toutes parts, et recueillent toutes ses paroles plus chèrement qu'on ne rccueilloit autrefois les oracles des sibylles et des prophètes. La Muse de Rodolphe [Robinet], qui a souvent eu l'honneur d'être de la conversation et d'y entretenir une jeune précieuse de qualité, nommée Diothime [Mlle de Souvré], dont même elle a divinement fait le portrait, nous a appris une partie de ces belles vérités ; mais on en a su encore davantage du vénérable Vaisger [le père Gervais, Augustin déchaussé], l'un des galants esprits de ce siècle, qui, ayant beaucoup voyagé, sait en perfection plusieurs langues, entre autres celle d'Ausonie et celle d'Hespérie, et possède tant d'autres bonnes qualités qu'il en a mérité une estime particulière de l'illustre Siridamie, ainsi que de grand nombre d'autres personnes du haut monde et de l'un et de l'autre sexe.

SALMAZIANE [Mlle Simon] est une précieuse âgée de vingt ans, qui n'a plus que sa mère, avec qui elle loge proche le premier temple d'Athènes [l'église Notre-Dame de Paris]. Elle est, au rapport de plusieurs, plus coquette que précieuse ; mais comme l'on ne peut être parfaitement coquette sans lire de romans et de vers, sans dire de mots extraordinaires et sans affecter de bien parler, il est constant, puisque Salmaziane a tout cela, qu'elle n'est pas moins précieuse qu'elle est coquette. Elle a quantité de taches de rousseur sur le visage ; mais si sa beauté ne charme pas, son esprit et son enjouement lui font des adorateurs de tous ceux qui la connaissent. Jamais fille de sa condition et de sa beauté n'en a tant eu ; jamais fille n'a moins fait d'amants jaloux pour prendre de l'un et refuser de l'autre : car elle prend à toutes mains de tous ceux qui lui veulent donner. Aussi jamais fille n'a-t-elle été si leste. Son esprit la fait estimer dans toutes les compagnies ; il n'est point de personne de qualité chez qui elle ne soit bienvenue, sans en excepter même des princesses, dont elle a l'honneur d'être beaucoup estimée.

U

URIMÉDONTE [Mlle Vaugeron] est un objet digne d'estime et d'amour partout où il y aura de la raison et des yeux, et que l'on doit placer au plus noble endroit du royaume de la belle préciosité. Elle n'est ni jeune ni âgée, mais en une saison qu'on pourrait nommer l'entre-chien-et-loup de la jeunesse, si ce proverbe s'appliquait là d'aussi bonne grâce qu'on l'applique ailleurs. Qui que ce soit du beau sexe n'a tant de tendresse pour les nobles sœurs, ni ne peut avoir meilleure part à leurs caresses ; mais, si elle entend le galant tour du vers, elle ne le sait pas moins donner à la prose. Comme elle a l'esprit fort présent et fort vif, elle peut, par un avantage qui, je pense, lui est un attribut particulier, remplir la conversation et une belle lettre tout à la fois, faisant même celle-ci en une langue, tandis qu'elle vous entretient en une autre. Je ne dis rien des autres talents qu'elle possède, et qui l'ont rendue recommandable aux principaux ministres du temple de Thémis, et des plus considérées dans la cour du grand Alexandre [le roi], surtout à la grande et sage ****, qui n'a pu la perdre sans un nombreux épanchement de larmes : car il faut savoir qu'elles étaient dans une particulière union, et que par la malice du sort, qui prend plaisir à traverser les plus nobles amitiés, elles ont été contraintes de se séparer. Urimédonte, qui avait pour elle une affection et même une vénération extraordinaire, n'a pas répondu à la douleur d'**** d'une manière qui fût commune : elle a recherché les solitudes sacrées, et y a passé plusieurs mois à se plaindre de leur séparation. Ce deuil et d'autres disgrâces qui lui sont depuis arrivées ont éteint tout le brillant par lequel la joie s'exprimait dans ses yeux et sur son visage, et c'est la cause que je ne dis rien de l'enjouement qu'elle avait autrefois. Qui croirait que la fortune pût persécuter si insolemment la plus rare vertu ? À mon grand regret, je finis son histoire par une insulte qu'elle lui a faite depuis peu, et qui montre à quoi sont sujets les illustres malheureux. Un méchant faiseur d'horoscope, mais couvert de crimes pour lesquels il avait été condamné à manier la longue plume [la rame sur une galère], ayant été enfin délivré de la chaîne où l'illustre **** et Urimédonte l'avaient vu en un voyage qu'elles firent vers la mer, vint trouver celle-ci, sous prétexte d'avoir plusieurs choses à lui découvrir par les règles de son art ; ensuite de quoi, après l'avoir assurée qu'il avait grandement changé de fortune, étant prêt d'entrer en possession de grands biens et de charges, qui se trouvèrent néanmoins réduits à un office d'environ cent livres de rente, il eut l'impudence de s'offrir à elle avec cette bonne fortune, c'est-à-dire pour son époux.

Index*

---

* Les folios correspondant au dossier sont indiqués en italiques.

Table des matières

Cet ouvrage a été composé par
I.G.S. - Charente Photogravure à L'Isle-d'Espagnac (16)

Impression réalisée sur CAMERON par
BRODARD ET TAUPIN
La Flèche

pour le compte des Éditions Fayard
en septembre 2001

Imprimé en France
Dépôt légal : septembre 2001
N° d'édition : 15264 – N° d'impression : 9061
ISBN : 2-213-60702-8
35-68-0902-01/3